MINORÍAS Y PLURALISMO CULTURAL EN BULGARIA

ANGEL HRISTOV KOLEV

MINORÍAS Y PLURALISMO CULTURAL EN BULGARIA

Dykinson, S.L.

Este libro ha sido sometido a evaluación por parte de nuestro Consejo Editorial
Para mayor información, véase www.dykinson.com/quienessomos

Editorial DYKINSON, S. L. - Meléndez Valdés, 61 - 28015 Madrid
Teléfonos (+34) 91 544 28 46 - (+34) 91 544 28 69
e-mail: info@dykinson.com
http://www.dykinson.es
http//www.dykinson.com

ISBN: 978-84-9148-093-8
Depósito legal: M. 2499-2017

Preimpresión e Impresión:
SAFEKAT, S.L.
Laguna del Marquesado, 32 - Naves J, K, y L - 28021 Madrid
www.safekat.com

Este trabajo desarrolla la Tesis Doctoral «Protección de los Derechos fundamentales de las minorías en el modelo multicultural de Bulgaria», financiada por la UPNA y dirigida por el Profesor Alejandro Torres Gutiérrez, Catedrático de Derecho Constitucional de la UPNA. La Tesis fue defendida, el 26 de septiembre de 2014, en la sala Ada Byron de la Facultad de Ciencias Jurídicas de la UPNA, ante el Tribunal presidido por la Profesora Irena Tzoneva Ilieva, Catedrática de Derecho Internacional Público de la Universidad de Plovdiv «Paisiy Hilendarsky» y de la Academia Búlgara de Ciencias, e integrado por los Profesores José Francisco Alenza García, Profesor Titular de Derecho Administrativo de la UPNA y Óscar Celador Angón, Catedrático de Derecho Eclesiástico del Estado de la Universidad Carlos III de Madrid. Como revisores externos actuaron los Profesores Giovanni Cimbalo, Catedrático de Derecho Eclesiástico de la Universidad de Bolonia, Italia y Jónatas Machado, Profesor de Derecho Internacional Público y Derecho de la Unión Europea de la Universidad de Coímbra, Portugal.

В памет на Стоянка Димитрова

PRECISIONES BIBLIOGRÁFICAS

Con el fin de ser más comprensibles para el lector todos los títulos de libros y artículos en lengua búlgara, citados en el presente trabajo aparecen traducidos al español. Por lo tanto en las notas a pie de página dichas obras se encuentran numeradas, de forma que al lado del nombre del autor se coloca entre paréntesis un número, que es el mismo bajo el cual el libro o el artículo figuran con su título original en la bibliografía con las obras redactadas en búlgaro, contenida en las páginas finales del trabajo.

ABREVIATURAS Y SIGLAS

ACNUR: Alto Comisionado de las Naciones Unidas para los Refugiados.

BOE: Boletín Oficial del Estado Búlgaro[1].

CCPCB: Comité Central del Partido Comunista búlgaro[2].

CCRB: Comité central revolucionario búlgaro[3].

CCSB: Comité central secreto búlgaro[4].

CEDH: Convenio Europeo de Derechos Humanos.

MAECR: Ministerio de los Asuntos Exteriores y las Confesiones Religiosas[5].

MDL: Movimiento por los Derechos y Libertades[6].

ONU: Organización de las Naciones Unidas.

OSCE: Organización para la Seguridad y la Cooperación en Europa.

TEDH: Tribunal Europeo de Derechos Humanos.

UE: Unión Europea.

---

1 En búlgaro: Държавен Вестник.

2 En búlgaro: Централен комитет на Българската комунистическа партия.

3 En búlgaro: Български революционен централен комитет.

4 En búlgaro: Български таен централен революционен комитет.

5 En búlgaro: Министерство на външните работи и вероизповеданията.

6 En búlgaro: Движение за права и свободи.

ÍNDICE

PRÓLOGO

Bulgaria constituye sin duda uno de los más interesantes *melting pot* de culturas, etnias y religiones de Europa. Asentada en plena encrucijada de caminos entre el norte y el sur, el este y el oeste, ha sido históricamente una *tierra de paso* sobre la que dejaron su huella indeleble imperios de la importancia de Bizancio o el propio Imperio Otomano, que no fueron capaces de sofocar la existencia de un sentimiento de pertenencia nacional que aflorará con motivo de la Independencia a finales del siglo XIX. La monografía «Minorías y pluralismo cultural en Bulgaria», de la que es autor Angel Hristov Kolev, constituye sin duda un interesante estudio de uno de los más apasionantes ejemplos de multiculturalismo, llevado a cabo con una precisa minuciosidad y detalle de orfebre.

Ubicada en el extremo oriental de Europa, no por ello deja de sorprender la interconexión de Bulgaria con el resto del Continente, aportando en el mundo de la cultura el alfabeto cirílico, y en el de las ideas, el bogomilismo una corriente ideológica que redefine la posición del hombre en el universo, y cuya influencia *herética* se extenderá hasta el extremo occidental de Europa, especialmente en ciudades del sur de Francia, como Albí, Tolouse o Carcasona, donde sus principios inspirarán a la heterodoxia cátara o albigense.

La invasión musulmana dará lugar a la incorporación de Bulgaria al Imperio Otomano, un imperio *sui generis*, formado a partir de una amalgama de pueblos, etnias y religiones, en que las presiones centrífugas serán continuas, y que aporta la institución del *millet* como un particular ensayo de organización social que permite vertebrar la presencia de comunidades de muy diferente tradición étnico religiosa, con amplias competencias en cuanto a la gestión autónoma de la sociedad, la economía y los asuntos religiosos, sobre la base de un arcaico modelo de tolerancia, que merece la pena ser estudiado, pues constituye un primitivo ensayo de sociedad multicultural mucho antes de las grandes revoluciones liberales o de la aparición de conceptos modernos que apuntan al ensayo de fórmulas que tratan de diseñar una armónica integración de la diversidad, y que permitirá el respeto de una serie de tradiciones comunes y el experimento de fórmulas de convivencia, verdaderamente precursoras de la moderna multiculturalidad.

Algo quedará en el subconsciente búlgaro en pro de la idea de tolerancia y la necesidad de convivencia armónica, cuando tras recobrar la independencia, Bulgaria se vea envuelta en los tristes acontecimientos que desencadenan la II Guerra Mundial, y un sector muy significativo de la sociedad búlgara, con la jerarquía de la iglesia ortodoxa al frente, se niegue a practicar una política de ciego seguidismo de las directrices antisemitas nazis.

Bulgaria no se librará de caer bajo el yugo comunista, con todo lo que de negativo supondrá el diseño de una sociedad totalitaria, en que las libertades públicas brillarán por su ausencia, y cuyas consecuencias últimas las encontramos en la anulación de la libertad de conciencia, ideológica y religiosa, o el cercenamiento de derechos tan esenciales como la libertad de asociación, reunión, manifestación y la libertad de cátedra, y que tendrá en el forzado proceso de *regeneración* de la población de origen turco, uno de sus más aciagos capítulos, por su nefasta naturaleza asimilacionista, y que visto desde una cierta distancia no deja de ser sino la prueba de cómo el progreso de los pueblos, y de la civilización, no se hace sino a base de pasos hacia delante seguidos de retrocesos.

Tras el colapso del sistema comunista, Bulgaria no sufrió las traumáticas tensiones étnicas que se vivieron en la antigua Yugoslavia, que desangraron dicho país, y cuyo reciente recuerdo es causa de vergüenza para la Europa *civilizada*, que no *pudo* o no *supo* hacer nada, limitándose a ser testigo pasivo de sangrientos acontecimientos genocidas. No fue ese el caso de Bulgaria, donde ciudades como Plovdiv, albergan a una mayoría ortodoxa, que ha sabido convivir armónicamente con minorías católicas, evangélicas, armenias, judías y musulmanas, y donde un breve paseo por su *casco viejo* nos permite apreciar con emoción que una convivencia pacífica basada en la tolerancia es perfectamente posible. Bulgaria se ha dotado de un moderno derecho público que (aunque perfeccionable como cualquier obra humana), trata de proteger a las minorías existentes en el país, sobre la base de un amplio reconocimiento de la libertad de conciencia, en cuanto presupuesto básico para asentar de manera sólida y satisfactoria la integración de la diversidad. El ingreso de Bulgaria en la Unión Europea, supone un nuevo paso adelante, que en buena parte puede servir para superar la nefasta experiencia vivida tras la II Guerra Mundial.

Conocí al autor de la mano de la Profesora Irena Ilieva, Catedrática de Derecho Internacional Público de la Universidad de Plovdiv, con la que he tenido la suerte de trabajar durante una década. A ella le debo haber tenido la suerte de haber sido testigo de la elaboración de este trabajo por ÁNGEL HRISTOV Kolev, durante casi siete años, que para mí ha sido durante todo este tiempo un claro ejemplo de superación, y de esfuerzo personal por llevar a cabo un estudio riguroso, para lo cual ha realizado estancias de trabajo en los principales archivos, bibliotecas y centros de investigación búlgaros, especialmente en las Universidades de Sofía y Plovdiv, así como en las Universidades de Bangor, (Reino Unido), Bolonia, (Italia), y Coímbra, (Portugal), contando para ello con una Beca de Investigación Predoctoral de la Universidad Pública de Navarra. La monografía ha sido redactada en un correcto castellano, y cuenta con una rica bibliografía, que prueba la amplia formación lingüística del autor. El resultado nos permite saber más de un modelo poco estudiado y no demasiado bien conocido en España, aprender de esa experiencia y sacar conclusiones. Sólo por ello, este estudio habrá merecido la pena.

Alejandro Torres Gutiérrez
Catedrático de Derecho Constitucional
Departamento de Derecho Público
Universidad Pública de Navarra

INTRODUCCIÓN

Bulgaria constituye uno de los países europeos más atractivos desde la perspectiva del estudio de la regulación jurídica de las minorías, que en el presente trabajo entenderemos siguiendo a GURR y LLAMAZARES, como grupos integrados por personas, nacionales o no, que tienen características comunes, raza y/o religión y/o lengua y/o tradiciones y/o costumbres sociales comunes que los diferencien de la mayoría dominante, las cuales son vividas como parte integrante de su identidad, que se sienten solidarias en razón de ellas y, explícita o implícitamente, están decididos a conservarlas y fomentarlas en condiciones de igualdad, de hecho y de derecho, con el resto de la población, sin separarse de ella[1].

Su estratégica situación en el centro de los Balcanes hizo que Bulgaria experimentase una fecunda historia de convivencia cultural en la Edad Media. Creado en 681 como una alianza militar entre los pueblos eslavos y proto-búlgaros, habitantes de los territorios situados al norte de la Cordillera Balcánica, el nuevo estado constituía una compleja entidad política, compuesta por dos etnias de diversas procedencias, tradiciones lingüísticas y doctrinas religiosas. Será a lo largo del siglo IX cuando, conscientes de lo delicado de esta situación, los monarcas búlgaros emprenden una serie de reformas tendentes a *homogeneizar* la sociedad, llegando a su máxima expresión en la proclamación del cristianismo ortodoxo como la religión oficial del Estado en 865 y en la introducción del alfabeto cirílico un par de años después.

Pese a que a finales del siglo X se consigue la cohesión social y cultural del pueblo búlgaro, debido a varios problemas de carácter político se procede a la descomposición del Estado, que en 1018 es conquistado por el Imperio Bizantino. En 1185 a causa de la imposición de cargas fiscales inasumibles, que se cebaban en especial sobre la población campesina, en los territorios al norte de la Cordillera Balcánica estalla una rebelión, fuertemente apoyada por

---

1 GURR, T. R. *Minorities at Risk. A global view of ethnopolitical conflicts.* United States Institute of Peace Press. Washington. 1993. Página 38. LLAMAZARES FERNÁNDEZ, DIONISIO. *Derecho de la Libertad de Conciencia. II. Libertad de conciencia, identidad personal y solidaridad.* Thomson-Civitas. Madrid. 2003. 2.ª Edición. Páginas 616 y 617.

amplios sectores de la nobleza búlgara y valaca, de forma que a finales del siglo XII se consigue la restauración del Estado, configurándose este último como una amalgama de pueblos, etnias y religiones. Asimismo el fenómeno multicultural de la Bulgaria medieval se ha visto notablemente matizado con la aparición de numerosas colonias de comerciantes venecianos, raguseos y genoveses, que al desempeñar un importante papel en la vida económica del país, durante los siglos XIII y XIV, han sido dotados de numerosos privilegios legales, contenidos en una serie de cédulas expedidas por los despachos de los soberanos búlgaros.

El separatismo feudal, acompañado por la falta de una entente entre los estados balcánicos de oponerse conjuntamente a la invasión otomana de la segunda mitad del siglo XIV, contribuye efectivamente al ocaso político del país en un momento de un significativo desarrollo cultural, que arranca con la introducción de importantes reformas lingüísticas, ortográficas y litúrgicas, cuya influencia dejará su profunda impronta en la cultura de los demás pueblos eslavos.

En 1396 los territorios búlgaros definitivamente pasan a formar parte del Imperio Otomano, que se modeló como un mosaico de nacionalidades, cuya autonomía imperial intentaba encerrar a los individuos en el seno de determinadas comunidades, tomándose como criterio su pertenencia religiosa. De esta manera surgió el denominado sistema de los *millet*, que permitía a los ciudadanos no musulmanes, y en especial, a los griegos ortodoxos, armenios y judíos a disfrutar de una autonomía de gobierno comunitario, bajo la jurisdicción de sus propios ministros de culto.

El liberalismo del XIX deja su huella en el Imperio Otomano, marcándose el inicio de una serie de reformas destinadas a su europeización, que permitieron a las minorías aumentar las reivindicaciones, tendentes a reducir su dependencia de la Sublime Puerta. En términos históricos, este fenómeno corre parejo a la implantación de un buen número de movimientos *autonomistas*, que al ser dirigidos por la elite laica y modernista de los pueblos dominados, se granjea el apoyo y las simpatías de los sectores de la población con mayores sentimientos independentistas.

Respecto a los búlgaros todo ello cristaliza en la preparación del Levantamiento de Abril de 1876, el cual será el primer gran intento organizado de rechazar la dominación otomana. El aplastamiento brutal de la rebelión por parte del ejército turco atrae la atención de los países europeos sobre el asunto nacional búlgaro, desencadenándose la Guerra ruso-turca, (1877-1878), que termina con la restauración de Bulgaria en virtud del Tratado de San Stefano, reemplazado por el Tratado de Berlín, ambos suscritos en 1878 conteniendo normas específicas garantizadoras de los derechos fundamentales de las minorías religiosas y étnicas.

Los recelos de las Grandes Potencias respecto a la división geopolítica de los Balcanes, acompañados por las fuertes tensiones disgregantes experimentadas por el Imperio Otomano en breve se traducirán en un peligroso incremento del sentimiento nacional búlgaro, alcanzando su punto culminante en episodios tales como las Guerras Balcánicas y los intentos de conversión forzosa de los musulmanes habitantes de los territorios anexados.

Serán nuevamente los ideales de *unificación nacional*, los que provocan la intervención de Bulgaria en la Primera Guerra Mundial. Al sufrir una grave derrota militar, el 27 de noviembre de 1919, el Estado búlgaro se ve obligado a suscribir el Tratado de Neuilly, que recoge una serie de disposiciones de especial interés respecto a la tutela de las minorías, garantizándose a tales colectivos el derecho de igualdad y no discriminación y el respeto de sus tradiciones lingüísticas y culturales.

El siglo XX será asimismo testigo de dos acontecimientos dramáticos que convulsionaron la cohesión y la paz sociales:

1) El primero de ellos es la política antisemita, cuyo comienzo se marca por la Ley sobre la protección de la nación de 1941, dándose así una forma jurídica a la persecución de los judíos en Bulgaria. Siendo una proyección de las Leyes de Núremberg, la creación intelectual de esta normativa no guarda raíces en la doctrina legal búlgara, ni se corresponde con los valores sociales del pueblo búlgaro, produciéndose una oleada de manifestaciones y protestas apoyadas por la Iglesia Ortodoxa, que tienen como resultado la salvaguardia de la minoría judía en Bulgaria.
2) El segundo hecho, de connotaciones traumáticas, es la implantación del régimen comunista, el 9 de septiembre de 1944. Durante la segunda mitad del siglo XX esta dictadura sufrirá una evolución desde un modelo inicial de internacionalismo comunista a otro de corte asimilacionista, diseñado después de la llegada al poder de Todor Zhivkov en 1954, iniciándose una sucesiva intentona de asimilación forzosa de los turcos y los búlgaros musulmanes ciudadanos del Estado. Todo ello viene acompañado de una enorme intolerancia religiosa, al caracterizarse este sistema por la promoción del ateísmo, desacreditando por completo a la religión como *opio del pueblo*, que imposibilita la *liberación* de las clases oprimidas, admitiéndose asimismo la persecución por motivos religiosos. Una práctica que se aplicaba especialmente contra el clero católico y protestante.

El 10 de noviembre de 1989, se colapsa definitivamente el régimen comunista búlgaro, aprobándose en julio de 1991 una nueva Constitución democrática, que contribuirá a dotar al país de un avanzado régimen de libertades, incorporando las fórmulas más modernas en materia de protección de los derechos fundamentales, previstas por las normas del Derecho Internacional, que no solamente sirven como un *mínimo* en la regulación jurídica de los derechos fundamentales de los ciudadanos búlgaros, sino a tenor del propio artículo 5, párrafo 4, de la Carta Magna tienen preeminencia sobre las disposiciones del derecho interno, que pudieran estar en contradicción.

Todo esto, junto con la entrada en la Unión Europea, el 1 de enero de 2007, permite al Estado diseñar una regulación jurídica de las minorías en un marco democrático, asumiendo la tarea de interpretar e implementar el cuerpo normativo conforme a las exigencias específicas de los grupos minoritarios y sus miembros, para que éstos últimos participen plenamente en la vida pública y social en condiciones de igualdad, de hecho y de derecho, con el resto de la población, sin separarse de ella y conservando sus características propias.

A tales fines en Bulgaria se promulgan una serie de nuevas normativas entre las cuales conviene destacar:

1) La Ley de Protección contra la Discriminación de 2004, que no solamente desarrolla el principio constitucional de igualdad de trato, sino también contempla varios instrumentos de acción afirmativa, tendentes a reforzar la defensa y la promoción de las minorías y sus representantes.
2) La Ley de Confesiones Religiosas de 2002, que tiene como hitos principales el reconocimiento de los principios fundamentales de igualdad y no discriminación por razón de religión, la separación Estado-Confesiones religiosas, y la libertad de conciencia, religión y culto, obligándose el Estado a colaborar al mantenimiento de la tolerancia y respeto entre los creyentes de los diversos credos, y entre creyentes y no creyentes.
3) La Ley de Registro Civil de 1999, cuyas disposiciones garantizan a todo ciudadano búlgaro el derecho de elegir libremente sus nombres, conforme a sus tradiciones familiares, étnicas o religiosas.
4) La Ley de instrucción popular de 1991, que reconoce a los alumnos para los cuales el búlgaro no es su idioma materno, la oportunidad de estudiar su lengua nativa en todos los centros docentes públicos, en condiciones de igualdad, bajo la protección y el control del Estado.

Todas estas previsiones se complementan por varias disposiciones consagradas en diferentes normativas, garantizadoras del derecho de las minorías y sus representantes de:

1) Desarrollar su propia cultura de conformidad con su pertenencia étnica y religiosa.
2) Participar en la vida política del Estado en los límites previstos por la Ley.
3) Una efectiva tutela penal contra cualquier delito por motivos de odio racial, nacional, étnico o religioso.

Son sin duda muchas las cuestiones abiertas, y de hecho en este trabajo hemos intentado aproximarnos a las mismas, atraídos por el interés, por el conocimiento, y por la formulación de soluciones jurídicas en el ámbito de la protección del pluralismo cultural de Bulgaria, procurando contribuir modestamente a la construcción de una sociedad más justa, la que trata por igual a ciudadanos que son iguales en la titularidad de los derechos fundamentales. Todo ello sin olvidar, que el tiempo en el que estamos viviendo nos da la posibilidad de conocer mejor la diversidad de etnias y culturas existente en la sociedad búlgara, y de valorar las oportunidades para un enriquecimiento mutuo, estimando la importancia que tiene para las minorías en Bulgaria la necesidad de crear las condiciones adecuadas para la protección, conservación y el fomento de sus propias señas de identidad. Así pues, se hace necesario que tanto la mayoría como las minorías representadas en el país, colaboren entre sí en interés del desarrollo y la prosperidad general, a partir de la existencia de una tolerancia fundada sobre la idea de que cada uno es libre de atenerse a sus propias convicciones, y simultáneamente reconocer dichos derechos a las demás personas.

Quisiera por último expresar mi gratitud a mis padres, que nunca dejaron de apoyarme e incluso en sus momentos más difíciles seguían darme sabios consejos. Al profesor Alejandro Torres Gutiérrez, le debo gratitud por varios motivos, en el plano académico por haberme dedicado tantas horas de pacientes indicaciones y por su disponibilidad en todo el momento, y en el ámbito personal, por su amistad y afecto. Este agradecimiento quisiera extenderlo a la Profesora Irena Ilieva por haberme proporcionado la oportunidad de iniciar y realizar mis estudios en la UPNA.

CAPÍTULO I. EL ORIGEN REMOTO DEL FENÓMENO MULTICULTURAL BÚLGARO

1. BULGARIA MEDIEVAL, (680-1396)

1.1. La creación del Primer Estado búlgaro, (680-1018)

1.1.1. Antecedentes históricos

Debido a su estratégica ubicación en el centro de la Península Balcánica, Bulgaria experimentó una fecunda convivencia de diversas culturas, etnias y religiones en toda su existencia desde la Edad Media hasta el presente.

Los territorios que componen el actual Estado búlgaro son unos de los primeros en Europa en ser testigos de la aparición de una vida social, pues a lo largo de la Edad de Bronce en estas tierras nace la civilización de los tracios, calificados por HERÓDOTO como un *pueblo indoeuropeo*, que profesa el politeísmo, organizado mediante una centralizada estructura de tribus[1], compuestas por agricultores y ganaderos, maestros en el trabajo con metales, especialmente oro y plata. Con la institución del Reino Odrisio en el siglo v a.C. la cultura tracia alcanza el período de su máximo apogeo, cuyo ocaso se marcará por el enfrentamiento del poderoso Estado macedonio, que consigue conquistar por completo todos sus territorios durante la segunda mitad del siglo iv a.C. A partir del siglo ii a.C. la región de los Balcanes pasa a formar parte del Imperio Romano. Históricamente tal *statu quo* territorial se mantendrá hasta el comienzo de las *invasiones bárbaras*, un fenómeno migratorio que tuvo lugar entre los siglos iii y vii.

---

[1] *Historia de las guerras griego-persas de Heródoto.* PETROV, PETAR, y PETROVA, GALABINA. (184). *Historia del estado búlgaro y derecho. Fuentes (680-1944).* Editorial «Albatros». Sofía. 2002. 3.ª Edición. Página 13.

1.1.2. FORMACIÓN Y CONSOLIDACIÓN POLÍTICA DEL ESTADO

El nacimiento de Bulgaria comienza a fraguarse a finales de los años 70 del siglo VII con la alianza entre los pueblos proto-búlgaros[2] y los eslavos, habitantes de las tierras al norte del río Danubio, la cual se llevará a cabo en un primer momento sobre la premisa de luchar conjuntamente contra el Imperio Bizantino, que en 681 se ve forzado a reconocer el nuevo país balcánico, definido por las fuentes de la época como un *reino (regnum) de paganos*[3].

Doctrinalmente se considera que la institución del Estado eslavo-búlgaro es resultado del desarrollo político de dos etnias *totalmente diferentes*, al poseer cada una de ellas su propio idioma, cultura y religión[4]. Asimismo es de destacar que en el transcurso de las décadas anteriores de su unión[5], estos dos pueblos han aplicado distintos modelos de organización social, pues como afirma el cronista bizantino PROCOPIO *aunque las tribus eslavas no se gobiernan centralizadamente, éstas viven de una manera democrática*[6] y siempre resuelven los problemas conjuntamente[7]. Ello constituye una importantísima diferencia con respecto a lo que ocurre con los proto-búlgaros, cuya estructura tribal se encontraba mucho más consolidada, de forma que este pueblo nómada gozaba de su propia aristocracia al mando del *kan*[8], la cual a lo largo de los primeros años tras la instauración del

---

[2] Los proto-búlgaros pertenecen a la familia de los pueblos turco-altaicos, habitantes de los territorios al norte del Cáucaso. A principios del siglo VII en las tierras encerradas entre la Cordillera Caucásica y el mar Azov formaron su propia unión tribal de carácter político-militar, conocida como Gran Bulgaria, la cual existió hasta la invasión de los jázaros, que provocó la migración búlgara hacia el Occidente Europeo. PETROVA, GALABINA. (193). *Historia del estado búlgaro y derecho.* Primera parte. *Edad Media.* Editorial Sibi. Sofía. 2002. Páginas 57 y 58.

[3] *Crónica del Confesor Teofán.* PETROV, PETAR, y PETROVA, GALABINA. (184). *Historia del estado búlgaro y derecho. Fuentes (680-1944).* Editorial «Albatros». Sofía. 2002. 3.ª Edición. Página 13.

[4] ANGELOV, DIMITAR. *La formación de la nacionalidad búlgara. Su desarrollo en la época medieval (siglos IX-XIV).* Sofia Press. Sofía. 1978. Página 27.

[5] Tanto las fuentes bizantinas como los occidentales subrayan el carácter federativo del Estado. En este sentido en las crónicas del historiador francés Einhard, (775-840), el mismo se define como *Bulgarorum societate.* ANDREEV, MIKHAIL, y ANGELOV, DIMITAR. (7). *Historia del estado búlgaro y derecho.* Editorial «Nauka i izkustvo». Sofía. 1959. Página 82.

[6] *Historia de las guerras de Procopio.* PETROV, PETAR, y PETROVA, GALABINA. (184). *Historia del estado búlgaro y derecho. Fuentes (680-1944).* Editorial «Albatros». Sofía. 2002. 3.ª Edición. Página 8.

[7] A raíz de varios factores, especialmente geográficos, los eslavos desarrollaron una fórmula de organización social basada en la cooperación familiar denominada *zadruga,* cuyos elementos fundamentales fueron la igualdad social y la democracia, algo que impidió la centralización del poder político y económico, creándose una comunidad *sui géneris* acéfala. FLORIN, CURTA. *The making of the Slavs.* Cambridge University Press. 2001. Páginas 8 y 312.

[8] Se entiende bajo el término *kan* entre los pueblos tártaros, *«príncipe»* o *«jefe».*

Estado ejercerá el poder supremo en el mismo. En este aspecto cabe subrayar el reconocimiento de la plena autonomía territorial y administrativa de las comunidades eslavas, algo que indudablemente hace difícil la formación de una nación búlgara *homogénea* atribuirle a la existencia de un *dualismo estatal.* Consciente de lo delicado de la situación el kan Krum, (803-814), aprovecha su poder legislativo para introducir las primeras *Leyes generales* de carácter obligatorio respecto a todos los ciudadanos de Bulgaria[9], *independientemente de su origen étnico*[10]. A continuación su sucesor el kan Omurtag, (815-831), promueve una serie de reformas administrativas, que consagran la centralización del poder regio. Sin embargo la lucha contra el particularismo nacional requerirá la aplicación de unas fórmulas mucho más integradoras, vinculadas tanto a la eliminación de las diferencias religiosas y lingüísticas entre proto-búlgaros y eslavos, como a la creación y el desarrollo de una cultura común.

1.1.3. La incorporación de Bulgaria en el mundo cristiano y la introducción del alfabeto cirílico

Como ha puesto de manifiesto PROCOPIO, los eslavos profesaban el politeísmo[11], creyendo en la existencia de muchos dioses entre los cuales el más poderoso es *Perún*, el dios del rayo. Por el contrario, los proto-búlgaros aplican la doctrina teológica del monoteísmo, al reconocer un solo ser divino conocido como *Tangra*, el dios del cielo, cuyo sumo sacerdote es el propio kan. Creados en las condiciones de un antiguo orden tribal, los citados cultos constituyen sin duda un serio obstáculo para la consolidación de la sociedad búlgara medieval. Por encima de todo ello, en el campo de las relaciones internacionales el paganismo obstaculiza los contactos entre Bulgaria y los demás países europeos, que en su mayoría ya habían abrazado el cristianismo, absteniéndose estos últimos de contactar y negociar con infieles[12]. A tales efec-

[9] Es significativo destacar que según la tradición legislativa en la Bulgaria medieval las normativas generales, adoptadas por el soberano se proclamaban en un concilio popular. A tales efectos como se alude en *Suidae Lexicon* el kan Krum, (803-814), convocó *Bulgaros omnes* para otorgarles sus Leyes. Algo que resultaría de imposible realización, por lo cual supuestamente se trata de la convocatoria de la nobleza tanto proto-búlgara como eslava en su calidad de representantes de todo habitante del país. SUIDAS. *Suidae Lexicon, Craece & Latine. Tribus volumis. Tomus I.* Cantabrigiae: Typis Academicis. 1705. Página 445.

[10] PETROVA, GALABINA. (193). *Historia del estado búlgaro y derecho.* Primera parte. *Edad Media.* Editorial Sibi. Sofía. 2002. Páginas 20 y 21.

[11] *Historia de las guerras de Procopio.* PETROV, PETAR, y PETROVA, GALABINA. (184). *Historia del estado búlgaro y derecho. Fuentes (680-1944).* Editorial «Albatros». Sofía. 2002. 3.ª Edición. Página 8.

[12] ANDREEV, MIKHAIL, y ANGELOV, DIMITAR. (7). *Historia del estado búlgaro y derecho.* Editorial «Nauka i izkustvo». Sofía. 1959. Páginas 91 y 92.

tos el monarca Borís I, (852-889)[13], tras una larga serie de avatares diplomáticos entre la Santa Sede[14] y Constantinopla proclama el cristianismo ortodoxo como la religión oficial del Estado en 865[15].

A partir de este momento clave en la historia del Estado llaman la atención los problemas planteados en el proceso de la cristianización de la sociedad, derivados por la incapacidad de los misioneros bizantinos de explicar los dogmas cristianos en la lengua griega, incomprensible para la población. Asimismo fuera del citado ámbito eclesiástico, debido a la falta de un alfabeto propio, el país sufre dificultades vinculadas principalmente con la traducción y redacción de las Leyes bizantinas, que deben sustituir la antigua legislación del kan Krum, (803-814), estableciendo un sistema jurídico moderno, que se corresponderá con la ideología de la nueva religión. La resolución de todos esos problemas sólo podría ser la introducción del alfabeto cirílico, obra[16] y gracia de los hermanos San Cirilo, (827-869), y San Metodio, (815-885)[17], cuyo

---

[13] Como afirma MARIA KOSTOVA el soberano Borís I, (852-889), ha sido plenamente consciente, que la conversión al cristianismo contribuirá a que el Estado consiguiera su pleno reconocimiento como sujeto del Derecho Internacional de la época. KOSTOVA, MARIA. (96). *Sobre una contribución búlgara de la historia del Derecho Internacional y la diplomacia*. En: *Derecho Contemporáneo*. Libro número 4/1997. Editorial Sibi. Sofía. 1997. Página 120.

[14] De este mismo período data la fundación de la primera misión apostólica en los territorios búlgaros, que pone las bases de la comunidad católica en el Estado. ELDAROV, SVETLOZAR. (64). *Bulgaria y el Vaticano (1944-1989). Relaciones diplomáticas, eclesiásticas y otras*. Editorial Logis. Sofía. 2002. Páginas 5 y 6.

[15] Este acontecimiento es fijado en muchas fuentes medievales como la Crónica Mundial del monje Ekkehard del siglo XII, donde se alude que en *Anno D (omini) D.CCC.LXV.º (865). Huni cristianitatis nomine agresis*. Otra obra que menciona la conversión al cristianismo son los Anales de Opatia del mismo siglo, cuyo contenido señala que *Anno Domini DCCCLXV.º (865). Huni cristianitatis agressi sunt*. GYUZELEV, VASIL. (47). *Fuentes de la historia medieval de Bulgaria (VII-XV), recogidas en manuscritos, colecciones y archivos austriacos*. Tomo II. *Fuentes italianas, latinas y alemanas*. En: *Los archivos hablan*. Volumen 9. Dirección General de los Archivos. Sofía. 2000. Páginas 70, 85, 242 y 243.

[16] La invención del alfabeto cirílico, se atribuye *tradicionalmente* a los Santos Cirilo y Metodio. Por ello cabe precisar que ambos hermanos son los creadores del alfabeto glagolítico, que sirvió de base al cirílico de Bulgaria. La implantación de tal escritura, considerada como obra de sus discípulos, facilitó la proclamación de la lengua eslavo-búlgara como el idioma oficial del Estado y de la Iglesia Ortodoxa Búlgara. De este modo como afirma GALABINA PETROVA, el eslavo-búlgaro se convirtió en el tercer idioma en el Continente europeo después del griego y el latín, que contaba con su propio alfabeto, y que fue la primera lengua litúrgica de las Iglesias Ortodoxas del mundo eslavo. PETROVA, GALABINA. (189). *Las relaciones entre el Estado búlgaro y la Iglesia Ortodoxa Búlgara durante de la Edad Media*. En: *Pensamiento jurídico*. Libro número 2/2000. Año XXXXI. Academia Búlgara de las Ciencias. 2000. Página 9.

[17] Cirilo y Metodio están canonizados por la Iglesia Ortodoxa como coapóstoles, y a continuación proclamados en 1980 por el Papa Juan Pablo II, (1920-2005), como Patronos de Europa.

papel protagonista en la vida cultural, social y religiosa, no tardaría en tener reflejos en el país, pues como se alude en la crónica del autor árabe IBRAHIM IBN YAKUB a principios del siglo x Bulgaria se convirtió en *el centro cultural de la civilización eslava*[18].

1.2. La influencia del cristianismo en el derecho y la política del Primer Estado búlgaro

1.2.1. El derecho bizantino. Fuente principal del nuevo ordenamiento jurídico de Bulgaria

1.2.1.1. Génesis

La proclamación del cristianismo como religión oficial del Imperio Romano a raíz del Edicto de Tesalónica, el 27 de febrero de 380[19], introduce un nuevo modelo de relación tanto entre poderes, como entre ordenamientos, pues[20]:

1) Consagra el carácter divino del poder del Emperador, de forma que Iglesia y Estado se identifican existiendo las dos autoridades dentro de un único ámbito, donde el poder divino del soberano domina sobre la potestad del pontífice, dado que el Emperador convoca y preside concilios, así como es la jurisdicción suprema que dota de imperatividad formal a las normas de carácter canónico[21], confirmándolas con su autoridad. De este modo el Emperador se convierte en *Pontifex Maximus* de la Iglesia cristiana.
2) En virtud del *Cunctos populos* el cristianismo se proclama como religión oficial del Imperio, considerándose ilegales cualquier otra fe, el cisma y la heterodoxia, que también quedan tipificados como delitos por el derecho civil.

---

[18] *La crónica de Ibrahim Ibn Yakub de 973.* GYUZELEV, VASIL. (46). *El estado búlgaro en actos y documentos.* Editorial «Nauka i izkustvo». Sofía. 1981. Páginas 36 y 37.

[19] Este Edicto decretado por el emperador Teodosio, (378-392), también es conocido como *Cunctos populos.*

[20] LLAMAZARES FERNÁNDEZ, DIONISIO. *Derecho de la Libertad de Conciencia.* Tomo I. *Conciencia, tolerancia y laicidad.* Thomson Reuters. 2011. 4.ª Edición. Páginas 63 y 64.

[21] En este sentido GALABINA PETROVA, también afirma que los cánones adoptados por los Concilios Ecuménicos entran en vigor *únicamente tras haber sido confirmados y suscritos por el propio Emperador.* PETROVA, GALABINA. (188). *Sobre las fuentes del Derecho Canónico.* En: *Pensamiento jurídico.* Libro número 4/1998. Año XXXIX. Academia Búlgara de las Ciencias. Sofía. 1998. Página 21.

En el campo jurídico estas circunstancias conllevan las siguientes consecuencias fundamentales[22]:

1) Se llega a una confesionalidad del Derecho del Estado, teniendo en última instancia su fundamento en la autoridad divina y, por consiguiente, en la fe cristiana.
2) Por otro lado el derecho canónico se seculariza, siendo los delitos canónicos también delitos contra el orden público. Asimismo las penas espirituales se traducen en sanciones seculares.

A continuación tal sistema se desarrollará en el seno del ordenamiento jurídico del Imperio de Oriente[23], que debido a la presencia masiva de herejes en sus territorios los considera como un factor desestabilizador de la paz social y religiosa en el país, que además perturba el poder del Emperador. Por eso desde la perspectiva del derecho bizantino la heterodoxia se tipifica como el delito más grave contra la religión y, por tanto, contra el Estado. La norma 7[24] del III Concilio Ecuménico de 431[25] proscribe bajo la sanción de excomunión[26] la creación, práctica y divulgación de cualquier otra creencia distinta al cristianismo. Esta regla dejará su profunda impronta en la legislación civil de Justiniano I, (527-556), pues tres edictos especiales, adoptados sucesivamente en 527, 528 y 529[27] sancionan a los herejes con privación de varios derechos políticos y civiles, como por ejemplo[28]:

1) La admisión a empleos, cargos y dignidades públicos.
2) El derecho de heredar y testimoniar.

---

[22] LLAMAZARES FERNÁNDEZ, DIONISIO. *Derecho de la Libertad de Conciencia*. Tomo I. *Conciencia, tolerancia y laicidad*. Thomson Reuters. 2011. 4.ª Edición. Página 64.

[23] Como afirma DILYAN NIKOLCHEV el derecho civil bizantino y el derecho canónico de la Iglesia Ortodoxa *son las dos partes fundamentales de un mismo sistema jurídico*. NIKOLCHEV, DILYAN. (173). *El derecho canónico y el derecho romano de Bizancio-dos partes de un mismo orden jurídico, (jurisprudencia y escuelas jurídicas)*. En: *Historia*. Libro número 2/2000. Año VIII. Ministerio de Educación y Ciencia de Bulgaria. Sofía. Página 1.

[24] *Los cánones de la Santa Iglesia Ortodoxa*. En: http://www.sveta-gora-zograph.com/books/Pravila-1/book.html#d0e992

[25] Se conoce también como el *Concilio de Éfeso*.

[26] En esta misma línea los textos del protocolo número XVI del Sexto Concilio Ecuménico que tiene lugar en Constantinopla, el 9 de agosto de 681, consagran: ...*omnibusque haereticis anatema*. GYUZELEV, VASIL. (47). *Fuentes de la historia medieval de Bulgaria (VII-XV), recogidas en manuscritos, colecciones y archivos austriacos*. Tomo II. *Fuentes italianas, latinas y alemanas*. En: *Los archivos hablan*. Volumen 9. Dirección General de los Archivos. Sofía. 2000. Página 24.

[27] CABRERA, EMILIO. *Historia de Bizancio*. Editorial Ariel. S.A. Barcelona. 1998. Página 41.

[28] PETROVA, GALABINA. (198). *Iglesia y Derecho Eclesiástico en la Bulgaria medieval*. Editorial Sibi. Sofía. 2008. Página 183.

Asimismo según el Derecho de Justiniano la heterodoxia es considerada como un crimen de lesa majestad y el hereje como no perteneciente a la comunidad, por ello las señaladas sanciones a veces llevan aparejadas otras penas como la confiscación de bienes y el exilio, que también pueden ser impuestas como sanciones autónomas, llegando incluso a castigarse la herejía con una pena capital[29], por equivalencia de ésta con la excomunión, (muerte espiritual).

Será en la primera mitad del siglo VIII cuando la evolución del régimen feudal en Bizancio conlleva la necesidad de modificar el *Corpus iuris civilis*[30], decretándose en 726 la Égloga[31] bizantina. Una *selección abreviada de Leyes, ordenada por León y Constantino*[32], *los sabios y píos emperadores, según las Instituciones, el Digesto, el Código, las Novelas del gran Justiniano y corregida con intenciones de más amplia humanidad*[33]. Compuesta por 18 títulos, esta normativa establece la regulación básica en materia de derecho real, contractual, familiar, hereditario, penal y procesal, incluyendo una nueva interpretación de la codificación Justinianea, influida por las *Leges Barbarorum*[34], el derecho consuetudinario de la población eslava del Imperio[35], así como por los ordenamientos penales de los pueblos orientales como persas, árabes, armenios y sirios[36], de forma que se procede a la sustitución de la pena de muerte, introducida en la época roma-

---

29 PETROVA, GALABINA. (198). *Iglesia y Derecho Eclesiástico en la Bulgaria medieval.* Editorial Sibi. Sofía. 2008. Página 183.

30 Estas modificaciones de la legislación bizantina también marcan una nueva política, que pretende implantar la justicia social y la defensa de los pobres frente a los poderosos, creando una solidaridad nacional, que consiga oponerse exitosamente a la amenaza árabe y búlgara. BRAVO, ANTONIO. *Bizancio. Perfiles de un Imperio.* Ediciones Akal. S.A. 1997. Página 26.

31 De griego Εκλογή.

32 Se trata de los emperadores León III, (680-741), y su hijo Constantino V, (741-775), de la dinastía *isáurica*, (siria).

33 *El preámbulo de la Égloga bizantina.* PETROV, PETAR, y PETROVA, GALABINA. (184). *Historia del estado búlgaro y derecho. Fuentes (680-1944).* Editorial «Albatros». Sofía. 2002. 3.ª Edición. Páginas 42 a 58.

34 VLADIMIROV, GEORGI. (25). *La Égloga y el espacio jurídico e informativo de Bizancio durante el siglo VIII.* En: *Pensamiento jurídico.* Libro número 1/2001. Año XXXXII. Academia Búlgara de las Ciencias. 2001. Página 104.

35 El influjo de las tradiciones eslavas de igualdad y democracia, que este pueblo aplicaba en el seno de sus comunidades tribales, aparece en especial en materia de derecho familiar. La *patria potestas* queda limitada fuertemente, mientras que los derechos de la mujer y de los hijos son ampliados de manera importante y el matrimonio cuenta con mayor protección. Asimismo la Égloga establece la igualdad de los cónyuges en el delito de adulterio. OSTROGORSKI, GEORG. *Historia del Estado Bizantino.* Akal Editor. Madrid. 1983. Página 169.

36 Como señala KARL ROTH, desde el punto de vista político, a principios del siglo VIII la influencia en el Imperio había pasado a las provincias orientales, fronterizas a los territorios habitados por dichos pueblos. ROTH, KARL. *Historia del Imperio Bizantino.* Segunda Edición. Editorial Labor S.A. Barcelona-Buenos Aires. 1928. Página 54.

na, por un sistema de penas corporales, siguiendo no obstante castigándose con una pena capital la herejía y el paganismo.

En términos históricos la creación de la Égloga viene acompañada al fenómeno de la iconoclastia, que negaba el culto a las sagradas imágenes, las destruía, y perseguía a quienes las veneraban. Dicha doctrina surgida en la segunda década del siglo VIII, fuertemente incentivada por los soberanos bizantinos, presentaba una reacción contra el incremento del poder del clero ortodoxo, que no sólo constituía una auténtica carga económica[37] para el Estado, sino también se convertía en una amenaza para la autoridad de los emperadores[38], los cuales intentaban purificar a la Iglesia, volviendo a los ideales prescritos por los cánones antiguos. Esta política queda reflejada en los preceptos de la Égloga, que sanciona ciertos delitos contra la pureza de la fe y las buenas costumbres con penas corporales como la amputación de la nariz[39] o el vaciado de los ojos[40], que guardan interesantes semejanzas con prácticas penales establecidas en los textos del Viejo Testamento[41].

Destaca también en la etapa iconoclasta el clima de *espera mesiánica* fruto del conflicto entre el Imperio y el Islam[42], que iba adquiriendo los caracteres de una guerra santa. Una actitud bizantina compartida por los propios hebreos, los cuales debido a su enorme influencia social, ponen en peligro la unidad religiosa del país. A resultas de todo ello el emperador León III, (680-741), decreta en 722 la conversión obligatoria de los judíos a la religión cristiana ortodoxa[43], volviendo a practicarse de este modo la política de persecuciones contra hebreos, que tuvo lugar durante de la época de Justiniano I, (527-556).

---

37 ROTH, KARL. *Historia del Imperio Bizantino.* Segunda Edición. Editorial Labor S.A. Barcelona-Buenos Aires. 1928. Página 59.

38 El incremento del número de los monasterios en el país a lo largo del siglo VIII les convirtió en un importante poder, que no sólo fraguaba tendencias contrarias al Estado, sino también tenía una fuerte influencia en el ejército, celebrándose una conjura contra el Emperador en la que tomaban parte tanto los principales dignatarios, como el clero y el propio Patriarca. ROTH, KARL. *Historia del Imperio Bizantino.* Segunda Edición. Editorial Labor S.A. Barcelona-Buenos Aires. 1928. Páginas 59 y 60.

39 Con tal pena prevista en los artículos 23 a 28 y 30 a 34 de la Égloga se sancionan a las personas que tengan ayuntamiento o copula carnal fuera del matrimonio.

40 El artículo 15 de la Égloga prevé dicha sanción en los casos de profanación de lugares sagrados.

41 Sin embargo doctrinalmente se ha señalado también, que algunas disposiciones de la Égloga, dedicadas a la persecución de la brujería y la superstición, así como la prohibición de los amuletos presentan una *directa reminiscencia de ciertas reglas apostólicas.* VLADIMIROV, GEORGI. (25). *La Égloga y el espacio jurídico e informativo de Bizancio durante el siglo VIII.* En: *Pensamiento jurídico.* Libro número 1/2001. Año XXXXII. Academia Búlgara de las Ciencias. 2001. Páginas 106 y 107.

42 VV.AA. *Historia de Bizancio.* Editorial Crítica. Barcelona. 2001. Página 84.

43 TREADGOLD, WARREN. *Breve historia de Bizancio.* Editorial Paidós. Barcelona. 2001. Página 132.

Llama la atención que los herejes, los paganos y los judíos no son los únicos reprimidos por la legislación bizantina, pues la Égloga asimismo prevé severas sanciones contra la bigamia[44], la homosexualidad[45], la fornicación con animales[46], la brujería, la superstición[47] y la idolatría[48].

La derrota sin paliativos de los árabes en la batalla de Akroinón, al sur de Dorileum, en 740 contribuye al progreso económico de Bizancio y, en especial, al comercio marítimo. Un hecho que subyace en el fondo de la aprobación del Código náutico de Rodas[49]. También es objeto de una regulación especial la situación social de los campesinos, que al amparo de la Ley agraria[50] obtienen mayores libertades, aboliéndose el colonato a causa de los cambios de población experimentados en las provincias asiáticas y europeas, provocados por las invasiones eslavas. Asimismo cabe señalar las reformas del sistema militar bizantino, realizados en el seno del Código militar[51], en cuyo contenido destaca el amplio catálogo de sanciones, previstas contra los delitos de desobediencia, deserción, golpe de Estado y adulterio. Teniendo un carácter de leyes especiales estos ordenamientos complementan la Égloga[52], formando en su conjunto la parte esencial del derecho civil bizantino a largo del gobierno de las dinastías *Isáurica* y *Frigia*, (717-867).

Otra fuente legal de carácter general que forma parte integrante del ordenamiento jurídico de Bizancio es el *Nomo-canon*[53], un código de leyes civiles y canónicas, creado a mediados del siglo VI bajo la dirección del Patriarca constantinopolitano Juan III Escolástico, (565-577). Su última redacción data del siglo IX, y es compuesta por 14 títulos[54] que reúnen tanto disposiciones de naturaleza civil equiparadas a los preceptos de la Égloga, como numerosas reglas de carácter canónico, incluyendo en su contenido las Constituciones Apostólicas y los Decretos de los Concilios Ecuménicos[55]. Desde el punto de vista jurídico, no sólo por su peculiar sistemática sino, en especial, por su esen-

---

44 Artículo 35, del Título XVII, de la Égloga.

45 Artículo 38, del Título XVII, de la Égloga.

46 Artículo 39, del Título XVII, de la Égloga.

47 Artículo 43, del Título XVII, de la Égloga.

48 Artículo 44, del Título XVII, de la Égloga.

49 En griego antiguo *Νόμος 'Ροδίων Ναυτικός.*

50 También se conoce como *Código Agrario* de griego antiguo *Νόμος γεωργικός.*

51 En griego antiguo *Νόμος στρατιωτικός.*

52 DAGRON, GILBERT. *Lawful Society and Legitimate Power: «Εννομος πολιτεία, έννομος άρχή»*. En: ANGELIKI, LAIOU, y DIETER, SIMON. *Law and Society in Byzantium: Ninth-Twelfth Centuries.* Dumbarton Oaks. 1994. Página 36.

53 De griego antiguo *Νομοκανών*, (*νόμος*-Ley civil y *κανών* Ley canónica).

54 GARCÍA DE LA MADRID, MIGUEL. *Historia de los tres derechos, romano, canónico y español.* Madrid. 1831. Página 74.

55 La doctrina búlgara considera tal fórmula legal como característica peculiar del sistema jurídico bizantino, donde el Estado y la Iglesia comparten una gran parte de sus jurisdicciones especialmente en el marco del derecho familiar, hereditario y penal. AN-

cia el *Nomo-canon* nos ofrece un ejemplo significativo del modelo de identidad bizantino, al establecer que *ambos poderes político y religioso tienen un mismo origen divino,* así como *un idéntico objetivo de conseguir el bienestar del ser humano*[56].

1.2.1.2. La introducción del derecho bizantino en el sistema jurídico de la Bulgaria medieval

La conversión de los búlgaros al cristianismo en 865 abre el camino de una serie de reformas estatales, que en un primer momento consisten en la sustitución de las antiguas Leyes del kan Krum, (803-814), creadas en un clima pagano, por la doctrina legal griega, desarrollada conforme a las costumbres y las tradiciones cristianas. A tales efectos a finales del siglo IX se decreta la versión eslava de la Égloga bizantina que comprende 16 títulos[57], reguladores de *la promesa de matrimonio*[58], *el matrimonio*[59], *la dote, la donación, el testamento, el patrimonio militar, la herencia por disposición legal, la tutela legitima, la liberación de la esclavitud, la compraventa, el préstamo y la prenda, el depósito, el alquiler, el testimonio, el acuerdo, la repartición del botín y la tipificación de los distintos crímenes y la*

DREEV, MIKHAIL, y ANGELOV, DIMITAR. (7). *Historia del estado búlgaro y derecho.* Editorial «Nauka i izkustvo». Sofía. 1959. Página 24.

[56] PETROVA, GALABINA. (189). *Las relaciones entre el Estado búlgaro y la Iglesia Ortodoxa Búlgara durante de la Edad Media.* En: *Pensamiento jurídico.* Libro número 2/2000. Año XXXXI. Academia Búlgara de las Ciencias. 2000. Página 3.

[57] El legislador búlgaro sigue muy de cerca los textos bizantinos. Sin embargo tras hacer un análisis comparativo entre ambas normativas DIMITAR TOKUSHEV observa las siguientes diferencias de carácter sistemático:

1) En la Égloga eslava son reunidas en un mismo título las disposiciones, reguladoras de la repartición del botín y la tipificación de los distintos crímenes, algo que se debe a un error en la traducción del original.

2) En la redacción búlgara falta la regulación jurídica del instituto del alquiler de inmuebles. Un hecho debido al retraso de las relaciones económicas de la Bulgaria medieval.

TOKUSHEV, DIMITAR. (223). *Historia del estado y del derecho búlgaro medieval.* Editorial Sibi. Sofía. 2009. Página 51.

[58] Es interesante poner de manifiesto que en época anterior a 865, las relaciones matrimoniales se regulaban por las normas del derecho consuetudinario, permitiéndose el matrimonio mixto entre eslavos y proto-búlgaros, sin otorgar importancia de sus diferencias tanto étnicas como religiosas. GEORGIEVA, SASHKA. (38). *La influencia de la legislación bizantina sobre el antiguo derecho matrimonial búlgaro.* En: *Revista histórica.* Libro 1/1997. Año LII. Academia Búlgara de las Ciencias. 1997. Página 58.

[59] Según el Título II de la Égloga tendrían capacidad para contraer matrimonio, los varones que hubieran cumplido los 15 años de edad y las mujeres mayores de 13 años, siempre que ambos prometidos profesen la *religión cristiana ortodoxa y cuenten con el acuerdo de sus padres, exigiéndose también la ausencia de consanguineidad en línea recta o segundo grado en línea colateral y de parentesco legal o espiritual.* PETROVA, GALABINA. (191). *El Derecho Familiar de la Bulgaria medieval.* En: *Mundo jurídico.* Libro número 1/2002. Editorial Sibi. 2002. Página 51.

determinación de sus sanciones [60]. A esta misma época también se remonta la introducción del *Nomo-canon* y la Ley agraria, que junto con la Égloga componen el núcleo esencial de la nueva legislación búlgara.

1.2.2. La Ley de enjuiciamiento de las personas y el fenómeno religioso búlgaro.

Será en los albores del siglo x cuando a raíz de la redacción de dichas codificaciones se aprueba la Ley de enjuiciamiento de las personas[61], la cual se convierte en el primer ordenamiento fundamental propiamente búlgaro escrito en alfabeto cirílico, que comprende 31 títulos[62] dedicados a[63]:

1) La tipificación de los delitos contra la fe cristiana y la unidad de la Iglesia[64].
2) La regulación de la materia de derecho procesal[65] y administrativo[66].
3) La sanción de los delitos contra el patrimonio[67].
4) La regulación de las relaciones familiares y matrimoniales[68].

A diferencia de lo dispuesto en la Égloga, que como se ha puesto de manifiesto sanciona los delitos contra la pureza de la fe y las buenas costumbres con severas penas corporales, la Ley de enjuiciamiento de las personas introduce unas prácticas penales más humanitarias, sustituyendo una buena parte de dichas penas con *sanciones civiles* como exilio, deportación, confiscación de bienes, servidumbre y multas. A raíz de tal ordenamiento también se establece un sistema de *penas canónicas*, que consisten en:

---

60 PETROV, PETAR, y PETROVA, GALABINA. (184). *Historia del estado búlgaro y derecho. Fuentes (680-1944)*. Editorial «Albatros». Sofía. 2002. 3.ª Edición. Páginas 42 a 58.

61 VLADIMIROV, GEORGI. (24). *Una hipótesis de la creación de «Ley de enjuiciamiento de las personas.»* En: *Pensamiento jurídico*. Libro número 3/2000. Año XXXXI. Academia Búlgara de las Ciencias. 2000. Página 101.

62 También existe una redacción más amplia de la Ley de enjuiciamiento de las personas, creada en Rusia durante el siglo xiii, que esencialmente constituye una modificación del texto original búlgaro, compuesta por 77 títulos. ANDREEV, MIKHAIL, y ANGELOV, DIMITAR. (7). *Historia del estado búlgaro y derecho*. Editorial «Nauka i izkustvo». Sofía. 1959. Páginas 24 y 25.

63 *Ley de enjuiciamiento de las personas. (Redacción resumida)*. GYUZELEV, VASIL. (46). *El estado búlgaro en actos y documentos*. Editorial «Nauka i izkustvo». Sofía. 1981. Páginas 28 a 32.

64 Títulos 1, 4,5,6,7,8,9,10,11,12, 13, 21, 27 y 28.

65 Títulos 2, 2a, 16, 17, 18, 20.

66 Títulos 3 y 19.

67 Títulos 14, 15, 22, 23, 24, 25, 26, 29, 30.

68 Título 31.

1) La obligación de guardar ayuno y abstinencia por un período de hasta 15 años, siendo el mínimo de 7 años.
2) La prohibición de asistir a la misa por un espacio de dos años, seguido por un plazo de 4 años a lo largo del cual al delincuente se le permite asistir parcialmente a la misma.

Como afirma DIMITAR TOKUSHEV las citadas penas pueden ser impuestas no solamente como una sanción autónoma, sino como una pena alternativa o accesoria a las *sanciones civiles*[69]. De esta manera el legislador búlgaro procura evitar en la medida de lo *posible* la aplicación de una pena corporal[70], teniendo en consideración la complejidad de la transición del paganismo al cristianismo. Un enfoque muy práctico que reflejará positivamente en el espíritu jurídico de la Ley de enjuiciamiento de las personas, pues:

1) En su contenido faltan disposiciones, sancionadoras de la heterodoxia.
2) Los paganos llegan a castigarse únicamente con una *sanción civil*.
3) La excomunión se impone como una pena de carácter provisional, no reconociéndose ningún tipo de equivalencia entre ésta y la muerte física.

1.2.3. LA LUCHA CONTRA LA DISIDENCIA RELIGIOSA

1.2.3.1. Antecedentes inmediatos

Hasta la implantación del cristianismo ortodoxo en 865 numerosas obras de cronistas bizantinos ponen de relieve las persecuciones contra los cristianos en los territorios búlgaros. En uno de los discursos de San Teodoro de Studion, (759-826), se hace referencia a la pena capital impuesta por el kan Omurtag, (815-831), a 14 cristianos que no cumplieron la orden regia de renegar de su fe. Otras fuentes de la época aluden a la ejecución de Enravota, el hermano del kan Malamir, (831-836), por convertirse a la religión cristiana[71]. La proclamación del cristianismo como religión oficial del Estado conlleva atribuir a este credo un carácter único, excluyente y obligatorio, considerándose ilegales el paganismo, la herejía y la apostasía. Es más, esa identificación

[69] TOKUSHEV, DIMITAR. (223). *Historia del estado y del derecho búlgaro medieval*. Editorial Sibi. Sofía. 2009. Página 69.

[70] Según la Ley de enjuiciamiento de las personas se sancionan con una pena corporal, que consiste en la amputación de la nariz, solamente los delitos de abuso sexual, el incesto y el adulterio.

[71] PETROVA, GALABINA. (193). *Historia del estado búlgaro y derecho. Primera parte. Edad Media*. Editorial Sibi. Sofía. 2002. Páginas 182 y 183.

del discurso religioso con el político exige al Estado asumir el deber de proteger los valores cristianos, de forma que el respeto de las normas canónicas o confesionales oficiales queda estatalmente garantizado, incluido el Derecho penal eclesiástico, que tiene eficacia vinculante en el ámbito civil.

Históricamente el proceso de la cristianización del pueblo búlgaro se prolonga hasta principios del siglo x[72]. Desde el punto de vista religioso, esta situación da lugar a un fenómeno que comprende la coexistencia del paganismo, la apostasía y la heterodoxia, algo frontalmente rechazado por la Iglesia y el Estado, no tardando en tomar las medidas oportunas, pues ya en la *Responsa papae Nicolai I ad consulta bulgarorum* de 866 se reúnen numerosos textos[73], que hacen referencia al tratamiento de los paganos, criptoconversos, heterodoxos y apóstatas, poniéndose especial hincapié en que tales personas *deben ser convertidas o devueltas al seno de la fe cristiana mediante la fuerza de la predicación*, y sin el uso de *violencia excesiva.*

1.2.3.2. El problema del paganismo y la apostasía

Destaca en el proceso de conversión de los búlgaros al cristianismo el clima pagano en el país[74], consecuencia de las fuertes tradiciones paganas arraigadas tanto en la comunidad eslava, como en el pueblo proto-búlgaro. A ello hay que unir el dualismo étnico y religioso preexistente, así como la actitud popular de hostilidad hacia el enemigo bizantino y su religión, factores éstos que adicionalmente obstaculizan la implantación de la nueva fe.

Consciente de la utilidad que para el poder regio tenía la introducción de la doctrina cristiana, el monarca Borís I, (852-889), aprovecha esta situación para reforzar su posición ante la aristocracia feudal. Como alude la respuesta número 17 de la *Responsa papae Nicolai I ad consulta bulgarorum* de 866, el citado soberano sancionó *sin Ley* con pena de muerte[75] a aquellos aristócratas que

---

[72] PETROVA, GALABINA. (198). *Iglesia y Derecho Eclesiástico en la Bulgaria medieval.* Editorial Sibi. Sofía. 2008. Página 134.

[73] Respuestas 17, 18 y 41 de *la Responsa papae Nicolai I ad consulta bulgarorum de 866.* PETROV, PETAR, y PETROVA, GALABINA. (184). *Historia del estado búlgaro y derecho. Fuentes (680-1944).* Editorial «Albatros». Sofía. 2002. 3.ª Edición. Páginas 27 a 36.

[74] PETROVA, GALABINA. (196). *La Iglesia Ortodoxa Búlgara durante la Edad Media. (Primer Estado búlgaro).* En: *Pensamiento jurídico.* Libro número 4/2004. Año XLV. Academia Búlgara de las Ciencias. 2004. Página 7.

[75] Pese a que en aquella época la Égloga no se aplicaba en Bulgaria esta sanción guarda un interesante paralelismo con la disposición del artículo 3 del Título XVII de dicha normativa, que sanciona con una pena capital a quienes *crean un partido contra el Emperador u organizan una conspiración contra el estado de los cristianos.* Este hecho pone de manifiesto el conocimiento por parte del monarca búlgaro de las garantías de protección del poder regio, previstas en la legislación bizantina.

tras haber abrazado el cristianismo se levantaron contra él, considerando que *les dotó de un dogma malo*[76]. Respecto al pueblo ello constituye un significativo ejemplo de que el rey no dudará en perseguir y sancionar severamente a los que pese a su bautismo siguen practicando un culto pagano o se niegan a abrazar la doctrina cristiana.

Con la llegada al trono de Vladimir-Rasate, (889-893), hijo de Borís I, se procede a la restauración del paganismo en el país, dándose lugar a la destrucción de los templos cristianos y la persecución del clero. Un hecho que suscitará un fuerte rechazo en importantes sectores de la sociedad búlgara, recién convertida, convocándose en 893 un concilio popular, que[77]:

1) Destrona a Vladimir-Rasate, proclamando como nuevo soberano su hermano Simeón I, (893-927), quien hasta este momento se preparaba para encabezar la Iglesia búlgara.
2) Traslada la capital de Pliska a Preslav, una ciudad moderna, construida tras la conversión al cristianismo en 865.
3) Toma la decisión de sustituir el clero bizantino en el país por sacerdotes búlgaros. Una medida facilitada por los propios griegos, dado que el VIII Concilio Ecuménico reconoce la autonomía eclesiástica de la Iglesia Ortodoxa Búlgara[78].
4) Proclama definitivamente el eslavo-búlgaro como idioma oficial del Estado y de la Iglesia.

Este momento marcará la intensificación de la lucha contra el paganismo, que se traduce en numerosas persecuciones contra idólatras y politeístas. Será con la adopción de la Égloga cuando dicho trato de hostilidad hacia los paganos extiende su radio de acción, castigándose con penas de confiscación de bienes y exilio a las personas que fabrican amuletos[79]. Siguiendo esa misma línea la Ley de enjuiciamiento de las personas contempla en su artículo 1 *la expropiación a favor de la Iglesia* de los bienes de todos aquellos ciudadanos, in-

---

[76] El citado acontecimiento también es descrito en los Anales de San Bertín del siglo IX, que mencionan a la ejecución de 52 señores ilustres, disconformes con los dogmas cristianos quienes organizaron un complot contra el soberano Borís I, (852-889). PETROV, PETAR, y PETROVA, GALABINA. (184). *Historia del estado búlgaro y derecho. Fuentes (680-1944)*. Editorial «Albatros». Sofía. 2002. 3.ª Edición. Página 63.

[77] HRISTOV, VLADIMIR. (233). *La responsabilidad política de los jefes del Estado en la tradición estatal búlgara*. En: *Pensamiento jurídico*. Libro número 3/2006. Año XLVII. Academia Búlgara de las Ciencias. 2006. Página 7.

[78] PETROVA, GALABINA. (195). *Nuevamente sobre el término «Derecho Canónico»*. En: *Mundo jurídico*. Libro número 2/2003. Editorial Sibi. 2003. Página 67.

[79] Artículo 43, del Título XVII, de la Égloga.

cluidos los fieles[80], que *habitan un pueblo donde se practiquen ritos y ceremonias paganos.*

También es significativa en la historia del fenómeno religioso búlgaro la cuestión apóstata, y especialmente de cara a establecerse en 865, el deber general de todo ciudadano del Estado de profesar la fe ortodoxa. Quien faltara a su respeto mediante la apostasía o renuncia pública, sería condenado por comisión de un *crimen público* a la pena de suspensión de sus derechos políticos y civiles o a expulsión del reino[81]. Como indica GALABINA PETROVA debido a que los apóstatas se niegan a aceptar la religión cristiana, éstos no caerán bajo la jurisdicción eclesiástica y, por consiguiente, dichas sanciones se les impondrán civilmente[82].

1.2.3.3. El asunto de la heterodoxia

Como se ha puesto de manifiesto la cristianización en Bulgaria se realiza en un ámbito pagano, usándose un idioma extranjero incomprensible para el pueblo[83], algo que en breve planteará unas condiciones favorables para la penetración y propagación de diferentes herejías[84] como el maniqueísmo[85],

---

[80] En opinión de GALABINA PETROVA el texto del artículo 1 de la Ley de enjuiciamiento de las personas introduce por primera vez en el derecho búlgaro el instituto de la responsabilidad colectiva, que en los tiempos del Segundo Estado, (1186-1396), se convertirá en un instrumento útil para la persecución de diferentes grupos, siempre que no se pueda encontrar al delincuente, o el colectivo se niegue a colaborar en el proceso de investigación. PETROVA, GALABINA. (192). *Cuestiones sobre el derecho penal en la Bulgaria medieval.* En: *Pensamiento jurídico.* Libro número 2/2002. Año XXXXIII. Academia Búlgara de las Ciencias. 2002. Páginas 13 y 14.

[81] PETROVA, GALABINA. (185). *Los delitos en la Bulgaria medieval.* Servicio de publicaciones de la Universidad de Sofía «San Clemente de Ohrid». Sofía. 1992. Página 34.

[82] PETROVA, GALABINA. (198). *Iglesia y Derecho Eclesiástico en la Bulgaria medieval.* Editorial Sibi. Sofía. 2008. Página 185.

[83] PETROVA, GALABINA. (196). *La Iglesia Ortodoxa Búlgara durante la Edad Media. (Primer Estado búlgaro).* En: *Pensamiento jurídico.* Libro número 4/2004. Año XLV. Academia Búlgara de las Ciencias. 2004. Página 17.

[84] Según respuesta número 17 de la *Responsa papae Nicolai I ad consulta bulgarorum* de 866, un griego que *fingidamente se declaraba como presbítero convirtió mucha gente,* por lo cual ha sido sancionado penalmente con *amputación de la nariz y tras ser fustigado con severidad* le expulsaron del país. Conforme a la respuesta número 104 lo mismo hizo un *judío que no se sabía si hubiese sido cristiano o pagano.* Finalmente en la respuesta número 106 se hace referencia al hecho de que en el Estado búlgaro llegaron personas procedentes de diferentes *países griegos, armenios y otros, que predicaban distintas doctrinas cristianas.*

[85] Se entiende bajo maniqueísmo la tendencia a interpretar la realidad sobre la base de una valoración dicotómica. Creada por el persa Mani, los seguidores de esta herejía practicaban una *vida ascética* sin casarse, negando la riqueza, la crueldad y la delincuencia. PETROVA, GALABINA. (185). *Los delitos en la Bulgaria medieval.* Servicio de publicaciones de la Universidad de Sofía «San Clemente de Ohrid». Sofía. 1992. Página 30.

pelagianismo[86] y bogomilismo[87]. Con el fin de evitar preventivamente la amenaza herética, la Égloga eslava contempla severas sanciones penales contra sus seguidores que pueden llegar hasta la imposición de una pena de muerte[88].

En el ámbito eclesiástico la heterodoxia resulta duramente criticada en la obra del presbítero Cosmas titulada «*Discurso contra los bogomilos*» del siglo X[89]. Según dicho autor los seguidores de esta herejía *incitan al pueblo a desobedecer a sus patrones, aborrecen al Zar*[90]*, vituperan a los sacerdotes, reprenden a los boyardos*[91]*, consideran como renegados a todos los que sirven al monarca, así como obligan a cada sirviente que no obedezca a su amo*[92].

Será en la segunda mitad del siglo X cuando con la decadencia del Primer Estado búlgaro se marcará la creación masiva de comunidades de bogomilos, una señal muy evidente de que algunos sectores de la población desconfían del poder regio, iniciándose una serie de persecuciones contra los seguidores del bogomilismo. En esa situación el zar Pedro, (927-969), pidió la ayuda del Patriarca constantinopolitano Teofilacto, (933-956), quien no dudó en aconsejar el monarca búlgaro que sancionase a los *bogomilos no solamente con penas*

---

[86] Se entiende bajo el pelagianismo, la doctrina de Pelagio, heresiarca del siglo V quien negaba que el pecado de Adán se hubiese transmitido a su descendencia. Dogmáticamente muy cercano al maniqueísmo este movimiento de carácter socio-religioso se arraigó en las masas campesinas del Imperio Bizantino en la segunda mitad del siglo VII. PETROVA, GALABINA. (185). *Los delitos en la Bulgaria medieval.* Servicio de publicaciones de la Universidad de Sofía «San Clemente de Ohrid». Sofía. 1992. Página 30.

[87] El origen del movimiento bogomilo se quiere buscar en la herejía *pauliciana* o de San Pablo de Samosata, que se originó en Persia en el siglo VII, la misma se extendió por Armenia y fue llevada a los Balcanes por un grupo de misioneros, que se establecieron cerca de la ciudad de Plóvdiv. Mezcla de gnosticismo y arrianismo, tenía como rasgo más importante el concepto dualista del mundo, creyendo en un Dios y un universo formados conjuntamente del bien y del mal en igual proporción. Será a lo largo de la primera mitad del siglo X, cuando el hereje llamado Bogomil, o el amado de Dios, crea su doctrina bogomila inspirada en el citado dualismo y empieza su predicación entre la población búlgara. ZÚÑIGA AMARO, JUAN EDUARDO. *La historia y la política de Bulgaria.* Editorial Pace. Madrid.1944. Página 37.

[88] El artículo 52, del Título XVII, de la Égloga eslava establece que todos los seguidores de la secta maniquea serán sancionados con pena de muerte. PETROV, PETAR, y PETROVA, GALABINA. (184). *Historia del estado búlgaro y derecho. Fuentes (680-1944).* Editorial «Albatros». Sofía. 2002. 3.ª Edición. Página 58.

[89] DUVERNOY, JEAN. *L'Histoire des cathares. Le catharisme.* Privat. Toulouse. 1979. Página 7.

[90] Se entiende por *zar* el título que se daba al emperador de Rusia y al soberano de Bulgaria.

[91] Se entiende como *boyardo* señor ilustre, antiguo feudatario de Bulgaria, Rusia o Transilvania.

[92] PETROVA, GALABINA. (196). *La Iglesia Ortodoxa Búlgara durante la Edad Media. (Primer Estado búlgaro).* En: *Pensamiento jurídico.* Libro número 4/2004. Año XLV. Academia Búlgara de las Ciencias. 2004. Página 22.

canónicas, sino también con sanciones civiles, una actitud ésta última que agudiza la aversión de dichos herejes hacia el orden feudal[93].

1.3. La dominación bizantina, (1018-1186)

Pese a que a finales del siglo x se consigue la formación de la nación búlgara[94] a raíz de la superación definitiva de las diferencias preexistentes entre eslavos y proto-búlgaros, la evolución del feudalismo marcará la decadencia del primer reino, pues a comienzos del siglo xi se produce un progresivo crecimiento del poder de la aristocracia provincial, debido a serios problemas dinásticos, traducidos en varias trifulcas sucesorias, zanjadas con la derrota de las potestades del soberano y su control efectivo del país. Esta situación dará lugar a la descomposición del Estado, un hecho especialmente constatable en la primeras dos décadas del siglo xi, cuando en 1018 tras una larga serie de batallas, todos los territorios búlgaros pasan a formar parte de Bizancio.

No obstante la política de represión que se ceba en especial sobre la clase campesina, una buena parte de la población conservó su sentimiento nacional a lo largo de casi 200 años bajo dominación griega, de manera que en 1185 en las tierras al norte de la Cordillera Balcánica se produjo una rebelión organizada y gestionada por dos hermanos *boyardos* de origen búlgaro-valaco[95] Asen, (1189-1196), y Pedro, (1196-1197), cuya consecuencia principal fue la restauración de Bulgaria en 1186.

1.4. El Segundo Estado búlgaro, (1186-1396), y su carácter multicultural

1.4.1. El Derecho del Segundo Estado búlgaro como una amalgama de ordenamientos jurídicos

En términos históricos es llamativo el asunto de la determinación de las fuentes generales del sistema jurídico búlgaro en los tiempos tras la restaura-

---

93 ANDREEV, MIKHAIL, y MILKOVA, FANI. (8). *Historia del estado y derecho búlgaro feudal*. Editorial Sofi-R. Sofía. 1993. Página 112.

94 ANGELOV, DIMITAR. *La formación de la nacionalidad búlgara. Su desarrollo en la época medieval (siglos IX-XIV)*. Sofia Press. Sofía. 1978. Página 44.

95 El origen de los hermanos Asen, (1189-1196), y Pedro, (1196-1197), desata la polémica entre los historiadores búlgaros y rumanos, porque los últimos consideran esta dinastía como procedente de los valacos que en los años de la dominación bizantina invadieron los territorios al norte de la Cordillera Balcánica. Como acertadamente señala ZÚÑIGA AMARO resulta imposible lograr una idea clara en esta discusión a causa de la escasez de referencias y a la confusión de nombres geográficos de que adolecen los cronistas bizantinos. ZÚÑIGA AMARO, JUAN EDUARDO. *La historia y la política de Bulgaria*. Editorial Pace. Madrid. 1944. Página 43.

ción del país en 1186, algo que se convierte en uno de los retos más importantes de la historiografía búlgara, dado que doctrinalmente se ha cuestionado:

1) La posible conservación de la legislación bizantina, vigente a lo largo de la presencia griega, (1018-1186).
2) La restauración de las Leyes del primer reino, (680-1018).

Como apunta GALABINA PETROVA, a partir del 1186, a pesar de la influencia del derecho bizantino en la organización política del Estado, la legislación búlgara *sigue su propio camino de desarrollo*[96]. Así pues, la doctrina científica acepta por unanimidad la reimplantación del *Nomo-canon*, si bien tras unas modificaciones sustanciales realizadas en el siglo XI y XII. Respecto a la Égloga eslava, el Código agrario y la Ley de enjuiciamiento de las personas, se supone que debido a la evolución de las relaciones feudales, estas normas se han aplicado parcialmente[97]. Por ello cabe precisar, que los citados ordenamientos se complementan de una u otra manera por una serie de textos legales griegos y serbios, traducidos al búlgaro como:

1) La *Sintagma*[98] *alfabética*, una compilación de leyes de carácter *nomo-canónico*[99], elaborada en 1335 bajo la dirección del monje bizantino Mateo Blastares, compuesta por 24 títulos[100], que reúnen 303 capítulos[101].

Especialmente interesantes son sus disposiciones iniciales dedicadas a la apostasía, prescribiendo el régimen de readmisión de aquellos apóstatas que declarasen su intención de volver al seno de la ortodoxia[102].

No menos significativo es el contenido del Capítulo II de la citada normativa, que hace referencia a las distintas herejías, al describir detalladamente el maniqueísmo, el montanismo[103], el nestorianismo[104] y el bogomi-

---

96 PETROVA, GALABINA. (193). *Historia del estado búlgaro y derecho. Primera parte. Edad Media*. Editorial Sibi. Sofía. 2002. Página 41.

97 ANDREEV, MIKHAIL, y ANGELOV, DIMITAR. (7). *Historia del estado búlgaro y derecho*. Editorial «Nauka i izkustvo». Sofía. 1959. Página 33.

98 Del griego antiguo *Σύνταγμα* corpus de diferentes leyes: de *σύν*-conjunto y *ταγμα*-norma, regla.

99 PETROVA, GALABINA. (194). *El desarrollo de la enseñanza y los conocimientos de Derecho Canónico*. En: *Mundo jurídico*. Libro número 1/2003. Editorial Sibi. 2003. Página 46.

100 ANDREEV, MIKHAIL, y ANGELOV, DIMITAR. (7). *Historia del estado búlgaro y derecho*. Editorial «Nauka i izkustvo». Sofía. 1959. Páginas 33 a 35.

101 Una copia escaneada de la traducción eslava de la Sintagma bizantina la tenemos en la página electrónica de la Biblioteca Nacional de Serbia. En: https://www.nb.rs

102 Capítulo I del, Título I, de la Sintagma alfabética.

103 Se conoce como *montanismo* la heterodoxia de Montano, fundada en el siglo II, que anunciaba el próximo fin del mundo y recomendaba un riguroso ascetismo.

104 Se entiende bajo *nestorianismo*, la herejía del siglo V, difundida por Nestorio, Patriarca de Constantinopla, que profesaba la existencia de dos personas en Cristo, separando en Él la naturaleza divina de la humana.

lismo, sancionándose a sus seguidores con penas canónicas, previstas por los dogmas de los Concilios Ecuménicos, pudiendo estas últimas llevar aparejadas o ser sustituidas por sanciones de carácter civil como expulsión de la comunidad, bien con carácter definitivo, salvo que hubiera arrepentimiento *(exilio)*, bien con carácter, definido o no, pero, en todo caso, no definitivo *(deportación)*.

A las penas señaladas hay que añadir, además, las siguientes consecuencias civiles de tal disidencia:

a) En el ámbito del Derecho privado:
   1. Los herejes se consideran incapaces para la transmisión de sus bienes *mortis causa*, ni por testamento, ni *ab intestato*, a herederos no ortodoxos, de modo que, de no existir ortodoxos entre los parientes con derecho a sucesión, heredaba el Estado.
   2. Se prevé la confiscación de la dote de la mujer que se convirtió a la heterodoxia tras haber contraído matrimonio con un hombre de fe ortodoxa.
   3. Los heterodoxos quedan privados del derecho de comprar o poseer esclavos.

b) En el campo del Derecho público, siendo proclamados como *infames*, los herejes no pueden:
   1. Ocupar un oficio militar.
   2. Asistir a celebraciones públicas.
   3. Residir en la capital del Estado[105].
   4. Testificar contra los ortodoxos.

Al igual que lo dispuesto en la Égloga, el Capítulo V, del Título I, de la Sintagma proscribe bajo la pena corporal de castración, la fornicación con animales, refiriéndose el resto de las disposiciones de dicha parte a la excomunión de los clérigos, que *han abandonado su comunidad religiosa.*

Estos paralelismos también aparecen en la regulación jurídica de la materia matrimonial, volviendo a considerarse como legítimo únicamente el matrimonio contraído entre cristianos, prohibiéndose a continuación las relaciones sexuales entre ortodoxos y herejes[106].

Asimismo la obra legislativa de Mateo Blastares proclama como ilegales la brujería y la superstición[107], prestando atención en sus disposiciones finales a los *falsos mártires heterodoxos*[108].

---

[105] En el texto original se menciona Constantinopla, la capital del Imperio Bizantino.

[106] Títulos II y III de la Sintagma.

[107] El Título XII de la Sintagma.

[108] Títulos XXIII y XXIV de la Sintagma.

2) El *Hexabiblos*[109] del Constantino Armenópulo, (1320-1380), un manual legislativo compuesto por seis libros, que al sistematizar el Derecho Civil bizantino se convierte en una *Ley común* aplicada tanto en Grecia, como en los demás países balcánicos hasta bien entrado el siglo XV[110].

3) La Ley del zar serbio Stefan Dušan, (1331-1355), una normativa decretada a mediados del siglo XIV, fuertemente influida por la legislación griega y el derecho consuetudinario búlgaro, que regula el estatuto jurídico de la Iglesia, los señores feudales y el campesinado en el Imperio Serbio, cuyos territorios en aquella época también se han habitado por unos importantes grupos de búlgaros y bizantinos[111].

1.4.2. EL PLURALISMO RELIGIOSO DEL SEGUNDO ESTADO BÚLGARO

Transcurridos casi 3 siglos de la proclamación del cristianismo ortodoxo como religión oficial del Estado, Bulgaria dista de ser un país religiosamente homogéneo. Pese a que la mayor parte de la población búlgara es cristiana, existen significativas minorías heterodoxas, entre las cuales la más numerosa resulta ser la herejía bogomila, que se granjea una enorme popularidad, al crearse núcleos bogomilos en las ciudades más grandes del Estado. Su actitud crítica al poder regio y a la Iglesia subyace en el fondo de la celebración de un concilio de carácter eclesiástico-popular, que tiene lugar en 1211 en la capital Veliko Tarnovo. Las decisiones del mismo figuran en el Libro sinodal de zar Boril, (1207-1218),[112] aludiéndose a la *inquina del monarca hacia los bogomilos*, quien al conocer la expansión de la citada heterodoxia ordena el *desarraigo de esta mala hierba, que hace daño a la pureza de fe cristiana.* A tales afectos dicho congreso *presidido personalmente por el Zar con la presencia de todos los obispos, boyardos y representantes del pueblo*, declara a los seguidores del bogomilismo como personas *impías y blasfemas*, las cuales merecen ser privadas de libertad, ser exiliados o expulsados[113] del

---

[109] De griego antiguo *ή Εξάβιλος*. También se conoce como manual legislativo *Πρόχειρον τῶν νόμων.*

[110] PETROVA, GALABINA. (194). *El desarrollo de la enseñanza y los conocimientos de Derecho Canónico*. En: *Mundo jurídico*. Libro número 1/2003. Editorial Sibi. 2003. Página 46.

[111] PETROVA, GALABINA. (193). *Historia del estado búlgaro y derecho. Primera parte. Edad Media*. Editorial Sibi. Sofía. 2002. Página 44.

[112] PETROV, PETAR, y PETROVA, GALABINA. (184). *Historia del estado búlgaro y derecho. Fuentes (680-1944)*. Editorial «Albatros». Sofía. 2002. 3.ª Edición. Páginas 108 a 111.

[113] Como subrayan MIKHAIL ANDREEV, y FANI MILKOVA la sanción de exilio introduce un importante matiz en el derecho búlgaro medieval, de forma que esta pena no supone la privación del condenado de su capacidad jurídica en comparación con la expulsión, la cual tiene como consecuencia la definitiva privación de los derechos políticos y civiles del hereje, al colocarse este último fuera del marco legal del Estado que le impuso el castigo. ANDREEV, MIKHAIL, y MILKOVA, FANI. (8). *Historia del estado y derecho búlgaro feudal*. Editorial Sofi-R. Sofía. 1993. Páginas 159 y 160.

país[114], proclamándose a continuación el *anatema* a los que practican un culto heterodoxo, pagano o han renegado de la religión cristiana[115].

A pesar de las persecuciones y las severas sanciones contra los bogomilos, esta herejía sigue expandiéndose por todo el territorio del país[116], alcanzando su auge en la segunda mitad del siglo XIV. Algo frontalmente rechazado tanto por el Estado, como por la Iglesia, que tratan de reaccionar a resultas de dos concilios eclesiásticos celebrados en 1355 y 1360[117], dedicados especialmente a las heterodoxias, cuyas resoluciones quedan incorporadas en el marco de la Hagiografía de San Teodosio de Tarnovo[118].

Destacan en el primer congreso los castigos crueles impuestos por el soberano búlgaro Iván Alejandro, (1331-1371), a los dos predicadores bogomilos Cirilo Bosota y Stefano, que tras haber sido sancionados con una pena corporal de *quemadura del rostro con hierro candente*, son expulsados del país.

Será exactamente a lo largo de esta misma época cuando en Bulgaria surge el adamismo, un movimiento de naturaleza religioso-ética, que comprende prácticas violadoras de las normas de la moral pública, por un lado, al tener por lícita la poligamia, y por otro, al celebrar los adamitas sus congregaciones desnudos, a semejanza de Adán en el paraíso. Como afirma GALABINA PETROVA en el Concilio de 1355 junto con los demás herejes ha sido castigado el adamita Lázaro[119]. Según la Hagiografía de San Teodosio de este modo se consiguió la *denuncia de la mentirosa doctrina del adamismo*, volviendo todos sus adeptos en el seno de la *fe verdadera*.

Durante el siglo XIV bajo la fuerte influencia bizantina en el ámbito del clero búlgaro arraiga la doctrina del hesicasmo[120], una ideología de carácter religioso-filosófica, cuyos dogmas se encuentran en plena correspondencia con los principios del cristianismo ortodoxo[121]. En su vertiente ideológica el

---

[114] DUYCHEV, IVAN. (56). *Fuentes de la antigua historia búlgara*. Sofía. 1945. Página 224.

[115] Títulos 38 a 112 del Libro sinodal del zar Boril, (1207-1218).

[116] ANGELOV, DIMITAR. (6). *El bogomilismo en Bulgaria*. Editorial «Nauka i izkustvo». Sofía. 1969. Página 446.

[117] PETROVA, GALABINA. (197). *La Iglesia Ortodoxa Búlgara durante la Edad Media. (Segundo Estado búlgaro)*. En: *Pensamiento jurídico*. Libro número 2/2005. Año XLVI. Academia Búlgara de las Ciencias. 2005. Página 17.

[118] PETROV, PETAR, y PETROVA, GALABINA. (184). *Historia del estado búlgaro y derecho. Fuentes (680-1944)*. Editorial «Albatros». Sofía. 2002. 3.ª Edición. Páginas 116 y 117.

[119] PETROVA GALABINA. (186). *Los delitos contra el Estado y la religión a lo largo del Primer y el Segundo Estado búlgaro*. En: *Investigaciones jurídicas*. Academia Búlgara de las Ciencias. Sofía. 1992. Página 55.

[120] Se conoce bajo *hesicasmo, hesiquiasmo* o más raramente, *esicasmo* (del griego; en escritura politónica: *ἡσυχασμός/hēsykhasmós*, derivado de *ἡσυχία/hēsykhía*, «quietud, silencio, paz interior»). Doctrina y práctica ascética fuertemente influida por la tradición eremita del siglo IV.

[121] La compatibilidad del hesicasmo con los conceptos del credo cristiano ortodoxo es proclamada en el Concilio Ecuménico, que tiene lugar en Constantinopla en 1351. Como

fenómeno hesicasta se fundamenta en el establecimiento de un vínculo místico entre el creyente y Dios, basado en el cumplimiento de un sistema de normas prácticas y teóricas, manifestándose un evidente deseo de profesar una vida solitaria, renunciando a todo lo terrenal[122]. Estos conceptos son duramente criticados por el clérigo calabrés Varlaam de Seminara y su discípulo Akindín, al crear y desarrollar su propia doctrina filosófica que persigue el conocimiento de la verdad y, por consiguiente, de la divinidad mediante el estudio de los fenómenos de la naturaleza, aplicándose la metodología del pensamiento lógico. En Bulgaria tales visiones se plasmaron por un monje de nombre Teodolito, que fue condenado a exilio en 1355, proclamándose asimismo la excomunión[123] de todos sus seguidores[124].

La Hagiografía de San Teodosio de Tarnovo también hace referencia a la herejía de los judaizantes, que doctrinalmente guarda interesantes semejanzas con los conceptos del racionalismo y la heterodoxia de Varlaam de Seminara[125]. En términos ideológicos esta secta relacionada generalmente con los habitantes del barrio judío de la capital Veliko Tarnovo, denominado la judería *Zhid*, se encuentra en aparente contradicción con las normas de la religión oficial del Estado, renunciando a la Santísima Trinidad, el origen divino de Jesús, el monacato, la jerarquía eclesiástica, las ceremonias y la inmortalidad del alma. Como se subraya en la Hagiografía, plenamente consciente de los riesgos que planteaba esta predicación, el zar Iván Alejandro, (1331-1371), ordena en 1360 la convocatoria de un Concilio eclesiástico, *donde ante una numerosa presencia de clérigos, el monarca búlgaro realiza personalmente la investigación judicial contra los judaizantes tal y como se prevé por la Ley, sancionándoles con una pena capital*, la cual debido al *humanitarismo del soberano es sustituida por una pena corporal*[126].

---

señala VAKLUSH TOLEV tal ideología se convierte en el defensor principal del dogma ortodoxo de la Santísima Trinidad contra la doctrina católica del Filioque. TOLEV, VAKLUSH. (225). *Las religiones en los territorios búlgaros*. En: PEYKOV, ATANAS. *Actas del Simposio «El problema étnico y la cuestión nacional de los búlgaros»*, celebrado en la ciudad de Plovdiv en 1994. Poligrafía SA-Plovdiv. 1994. Página 206.

122 MUTAFCHIEVA, VERA, y TODOROV, NIKOLAY. *El pasado de Bulgaria*. Sofía Press. 1970. Página 48.

123 Esta sanción también se recoge en el Título 176 del Anexo del Libro sinodal del zar Boril, que se remonta a la segunda mitad del siglo XIV. PETROV, PETAR, y PETROVA, GALABINA. (184). *Historia del estado búlgaro y derecho. Fuentes (680-1944)*. Editorial «Albatros». Sofía. 2002. 3.ª Edición. Páginas 117 y 118.

124 PETROVA, GALABINA. (185). *Los delitos en la Bulgaria medieval*. Servicio de publicaciones de la Universidad de Sofía «San Clemente de Ohrid». Sofía. 1992. Página 33.

125 PETROVA GALABINA. (186). *Los delitos contra el Estado y la religión a lo largo del Primer y el Segundo Estado búlgaro*. En: *Investigaciones jurídicas*. Academia Búlgara de las Ciencias. Sofía. 1992. Página 55.

126 Probablemente ello ocurre bajo el influjo de la segunda esposa de Iván Alejandro, la judía Sarah, hija de un banquero veneciano, que antes de contraer matrimonio con el

Un intento definitivo por eliminar la heterodoxia en Bulgaria se realiza por el último Patriarca del Estado búlgaro medieval San Eutimio de Tarnovo, (1375-1393), manteniendo durante todo su Patriarcado la actitud de guardián de la ortodoxia cristiana contra el bogomilismo, el nestorianismo y la herejía de Varlaam y Akindín. Algo muy bien puesto de manifiesto en la obra del escritor búlgaro y metropolitano de Kiev Gregorio Tsamblak, (1365-1420), «*Discurso panegírico de Eutimio*[127]», escrita en el período tras la caída del país bajo dominación otomana.

Señalan MIKHAIL ANDREEV y FANI MILKOVA *la plena discriminación política* y *jurídica* de los herejes en los tiempos del Segundo Estado búlgaro, poniendo un especial hincapié en su privación de derechos civiles y políticos, considerándose la heterodoxia no solamente como una disidencia religiosa, sino como un factor social reaccionario[128].

Por todo ello la presencia de las herejías va a dejar su indeleble huella en la historia de la Bulgaria medieval, y especialmente en el período de su ocaso, cuando a raíz de su amplia difusión en las distintas capas sociales, el bogomilismo servirá eficazmente a los intereses populares, convirtiéndose en un factor aglutinador del pueblo de enorme utilidad para la lucha contra el separatismo y la opresión feudal. Algo que explicará la importancia de este movimiento religioso para la conservación del sentimiento nacional de los búlgaros en los primeros años de la invasión turca.

1.4.3. La difusión de la doctrina bogomila en Europa Occidental

La aversión popular contra el feudalismo medieval búlgaro, llega a su máxima expresión con la aparición del movimiento bogomilo, en la segunda mitad del siglo x. Herejía ésta que tiene como indisimulado propósito restablecer el cristianismo puro, interpretado como ejemplo de una vida sin contradicciones y desigualdades sociales[129]. En el plano espiritual su creación se caracteriza por la aspiración a un regreso a la pureza del mensaje evangélico, por una rebelión contra la corrupción de la Iglesia y la de sus representantes, por una forma relativamente explícita de rechazo de los sacramentos, en especial del

zar búlgaro en 1345, abraza el cristianismo, aceptando el nombre de Teodora. Una mujer que en opinión de JEAN SEDLAR destacaba con su *inteligencia y astucia política*. SEDLAR, JEAN. *East Central Europe in the Middle Ages, 1000-1500*. University of Washington Press. Seattle and London. 1994. Página 414.

[127] PETROV, PETAR, y PETROVA, GALABINA. (184). *Historia del estado búlgaro y derecho. Fuentes (680-1944)*. Editorial «Albatros». Sofía. 2002. 3.ª Edición. Página 118.

[128] ANDREEV, MIKHAIL, y MILKOVA, FANI. (8). *Historia del estado y derecho búlgaro feudal*. Editorial Sofi-R. Sofía. 1993. Páginas 159 y 160.

[129] ANGELOV, DIMITAR. *La formación de la nacionalidad búlgara. Su desarrollo en la época medieval (siglos IX-XIV)*. Sofia Press. Sofía. 1978. Página 6.

bautismo y de la eucaristía[130]. Siendo profundamente humano por toda su práctica, el bogomilismo incita a los campesinos a no obedecer a los señores feudales, y a no participar en guerras y en el gobierno estatal.

Tras la caída de Bulgaria bajo dominación bizantina en 1018 se produce la primera gran expansión de la doctrina bogomila, que tiene como dirección los estados de Serbia, Bosnia, Croacia, e incluso Italia, donde surge en la zona al Norte del país, principalmente en las marcas de Verona, el Milanesado, Toscana y Lombardía, poniendo los fundamentos de la herejía cátara[131], que a continuación se convertirá en la primera Iglesia Dualista en la Península de los Apeninos[132].

Destaca como momento clave en la *invasión* de la ideología bogomila en Europa Occidental, el contacto entre los adeptos de esta herejía y los miembros de la Segunda Cruzada, (1147-1149), que tiene lugar en Constantinopla, pues como señala PAUL LABAL algunos soldados regresarán a su tierra, siendo portadores de nuevos conceptos religiosos[133]. Esa sería la manera de extensión del bogomilismo al sur del reino francés en las ciudades de Albí, Tolosa, Carcasona y Agen, donde sus principios inspirarán la creación de la heterodoxia albigense a finales del siglo XII. Debido a su gran popularidad, especialmente en la región de Albí, el Papa Inocencio III, (1198-1216), se ve obligado a otorgar las gracias de la cruzada a *todos los que tomen las armas* para combatir dicha herejía[134]. Conocida como *la Cruzada Albigense* ésta es una guerra contra la heterodoxia, que va a durar veinte años, (1209-1229)[135]. En términos históricos, el drama que conlleva el propio conflicto bélico, constituye el primer duro golpe infligido a los movimientos herejes, inspirados por la doctrina bogomila, pues será sobre todo con la institución de los tribunales de la Inquisición[136], a partir de la segunda mitad del siglo XIII, cuando empieza en toda la Europa su lento pero inexorable declive[137].

---

[130] ZAMBON, FRANCESCO. *El legado secreto de los cátaros*. Ediciones Siruela. Madrid. 1997. Página 14.

[131] Los adeptos de la doctrina bogomila en el norte de Italia se conocen como *cátaros*, mientras que en el sur de Francia sus seguidores se denominan como *albigenses*. PITASSO, ARMANDO. *Corso introduttivo allo studio della storia dell'Europa Orientale dall'antichità a Versailles*. Morlacchi Editore. Perugia. 2000. Página 124.

[132] ACEVES, OCTAVIO. *Un largo camino a Montsegur. La herejía cátara*. Heptada. Madrid. 1990. Páginas 42 y 43.

[133] LABAL, PAUL. *Los cátaros. Herejía y crisis social*. Crítica. Barcelona. 2000. Página 56.

[134] LABAL, PAUL. *Los cátaros. Herejía y crisis social*. Crítica. Barcelona. 2000. Página 150.

[135] ALVIRA CABRER, MARTÍN. *La cruzada contra los Albigenses: historia, historiografía y memoria*. En: *Clio & Crimen*. n.º 6 (2009). Página 111.

[136] La lucha contra los albigenses inspira al Papa Inocencio III, (1198-1216), a crear la Inquisición. VUCHKOV, VESELIN. (28). *La presunción de inocencia: génesis, desarrollo histórico, realidad*. En: *Pensamiento jurídico*. Libro número 4/2002. Año XXXXIII. Academia Búlgara de las Ciencias. 2002. Página 82.

[137] ZAMBON, FRANCESCO. *El legado secreto de los cátaros*. Ediciones Siruela. Madrid. 1997. Página 15.

Especial interés presenta el desarrollo del bogomilismo en Bosnia y Herzegovina a lo largo de la primera mitad del siglo XV, cuando tal dogma casi llega a convertirse en la religión oficial del Estado[138]. Un hecho rechazado tanto por la Iglesia Ortodoxa, como por la Santa Sede, intensificándose la política de represión y mano dura contra los seguidores de la heterodoxia bogomila. En términos históricos, todo ello corre parejo al proceso de conquista del país por los otomanos, que declarando su actitud de protección de los herejes frente a los abusos de las autoridades eclesiásticas[139], captan las simpatías de un importante sector de la población bosnia[140]. De este modo MIRA MILOSEVIC supone que para escaparse definitivamente de la *opresión* de ambas iglesias cristianas[141] un importante número de adeptos bogomilos se convierte al Islam, poniéndose el inicio de la formación de la comunidad *etno-confesional* de los musulmanes bosniacos.

1.5. La diversidad étnica del Segundo Estado búlgaro

1.5.1. PLANTEAMIENTO

Después de su liberación en 1186, Bulgaria es un interesante ejemplo de confluencia étnica, que tiene su inicio en la época de la presencia bizantina cuando se produce una serie de invasiones valacas, latinas, normandas y magiares, que tienen como escenario los territorios de la Península Balcánica. Un hecho especialmente constatable a principios del siglo XII, que en opinión de ZÚÑIGA AMARO ha perfilado la actual complejidad cultural del país[142].

---

138 PORTAL, ROGER. *The Slavs*. The Trinity Press. Worcester and London. 1969. Página 95.

139 BIDELEUX, ROBERT, y JEFFRIES, IAN. *A History of Eastern Europe. Crisis and change*. Routledge. London and New York. 1998. Página 65.

140 Como señala ANTONINA ZHELYAZKOVA en el período comprendido entre mayo y junio de 1463 el Sultán Mehmet II, (1444-1446, 1451-1481), realiza una campaña militar contra las ciudades principales situadas en el centro de Bosnia, conquistando más de 70 pueblos muy bien protegidos, que apenas se resistieron a la invasión otomana. Algo calificado por el legado papal en el Estado bosnio Nicola fon Modrush como un *acto de traición* por parte de los bogomilos, que un poco antes de este acontecimiento, para conservar su posición dominante en dicha región, se vieron forzados por el rey Stephen Tomašević, (1461-1463), a convertirse al cristianismo católico. ZHELYAZKOVA, ANTONINA. (69). *El fenómeno de Bosnia*. En: ZHELYAZKOVA, ANTONINA *Bosnia: el caso particular*. Centro internacional de los problemas de las minorías y las relaciones interculturales. Sofía. 2001. Página 16.

141 MILOSEVIC, MIRA. *El proceso de reislamización de los musulmanes de Bosnia y Herzegovina (1990-2000)*. En: *Cuadernos de pensamiento político*. Enero/Marzo. 2006. Página 152.

142 ZÚÑIGA AMARO, JUAN EDUARDO. *La historia y la política de Bulgaria*. Editorial Pace. Madrid. 1944. Página 42.

Por primera vez tras la restauración del reino su nueva configuración nacional queda reflejada en el acuerdo suscrito entre el Papa Inocencio III, (1198-1216), y el zar Kaloyan[143], (1197-1207), en 1204, a raíz del cual al monarca búlgaro se le otorga oficialmente el tratamiento de *Rex Bulgarorum et Blachorum*[144].

Con la llegada al trono de Iván Asen II, que protagonizará un largo reinado, especialmente a raíz del período de paz interna que se extiende entre 1218 y 1241, se alcanza quizás el período de máximo apogeo del Segundo Estado, detectándose un incipiente auge de las relaciones comerciales, mercantiles y del artesanado. Consciente de lo provechoso que para el desarrollo de estas actividades constituía la presencia de la minoría judía en el reino, el monarca búlgaro actuará con una enorme inteligencia al reconocer a los hebreos los derechos de residir libremente en el país, ejercer todo tipo de negocio, así como establecer asociaciones comerciales[145].

1.5.2. El estatuto privilegiado de los comerciantes extranjeros

El fenómeno multicultural del Segundo Estado no puede comprenderse sin poner de relieve el régimen jurídico de las colonias comerciantes de la República de Ragusa[146], Venecia, Génova y la ciudad de Brasov[147], establecidas en el país a partir del siglo XIII. Al gozar de un estatuto especial, reconocido por un significativo número de convenios internacionales[148], sus miembros figuran en las fuentes históricas descritos como *queridos huéspedes*[149], *estimados*

---

143 Zar Kaloyan, (1197-1207), es el hermano menor de Asen, (1189-1196), y Pedro, (1196-1197), que consiguieron la restauración del Estado en 1186.

144 BAKALOV, GEORGI. (12). *La Iglesia y el Estado en la historia búlgara. En: Estado e Iglesia-Iglesia y Estado en la historia búlgara. Colección 135 años de la institución del Exarcado búlgaro.* Universidad de Sofía «San Clemente de Ohrid». Sofía. 2006. Página 21.

145 SEDLAR, JEAN. *East Central Europe in the Middle Ages, 1000-1500.* University of Washington Press. Seattle and London. 1994. Página 414.

146 Se entiende bajo *República de Ragusa*, la antigua ciudad junto al mar Adriático, hoy Dubrovnik, en Croacia.

147 Actualmente la ciudad de *Brașov* en Transilvania, Rumania. La misma se conoce también como *Brassó* en húngaro y *Kronstadt* en alemán.

148 El origen de esta tradición hay que buscarlo en el Tratado búlgaro-bizantino, suscrito en 716, según el cual los comerciantes extranjeros de ambos países deben contar con patente y sello especiales, siendo sancionados con la expropiación de sus mercancías a aquellos negociantes que no dispongan de los mismos. GYUZELEV, VASIL. (46). *El estado búlgaro en actos y documentos.* Editorial «Nauka i izkustvo». Sofía. 1981. Página 19.

149 Es importante subrayar la tradición eslava de hospitalidad hacia los extranjeros, pues como describe el emperador bizantino Mauricio I, (582-602), en su obra *Strategikon... los eslavos acogen bien a los extranjeros, les acompañan durante su camino, castigando a aquellos que por su falta de cuido han permitido que el huésped sufra un daño.* PETROVA, GALABINA. (192).

hermanos, adorados amigos[150] a los que se les garantiza la plena inviolabilidad personal y la de sus propiedades, algo que contrasta fuertemente con las leyes restrictivas en la materia de las épocas anteriores, que generalmente trataban como *hostiles* a todos los extranjeros en el Estado[151].

Desde la perspectiva general con estos tratados se marcará una constante tendencia a conceder a los negociantes extranjeros generosos privilegios en la esfera mercantil que comprenden: libertad de circulación personal y de mercancías[152], libertad de comercio[153], así como numerosos beneficios fiscales[154].

Fuera de este marco común destaca el derecho de adquirir bienes inmuebles ubicados en el territorio del reino, reconocido a los nacionales venecianos y genoveses en la segunda mitad del siglo XIV. En ese sentido en su Carta-Patente, de 4 de octubre de 1352, dirigida al Dux de Venecia Andrea Dandolo, (1306-1354), el zar Iván Alejandro, (1331-1371), afirma que *los venecianos cuentan con la autorización regia de comprar tierras donde pueden edificar su propio templo y depósitos*[155]. Asimismo en el Tratado del señor feudal Ivanco, (1385-1388), con Génova de 1387 se hace especial hincapié en su obligación *de designar y transmitir a favor del Cónsul genovés en Dobrudzha*[156] *un terreno en el que serán construidos almacenes e iglesia*[157].

El estatuto privilegiado de los súbditos de Venecia y Ragusa también queda matizado en el ámbito del derecho hereditario, donde como excepción del

---

Cuestiones sobre el derecho penal en la Bulgaria medieval. En: *Pensamiento jurídico.* Libro número 2/2002. Año XXXXIII. Academia Búlgara de las Ciencias. 2002. Página 4.

150 PETROVA, GALABINA. (193). *Historia del estado búlgaro y derecho. Primera parte. Edad Media.* Editorial Sibi. Sofía. 2002. Página 121.

151 ANDREEV, MIKHAIL, y ANGELOV, DIMITAR. (7). *Historia del estado búlgaro y derecho.* Editorial «Nauka i izkustvo». Sofía. 1959. Página 192.

152 La Patente de la República de Ragusa de 1230, otorgada por el zar Iván Asen II, (1218-1241), y la Patente de la ciudad de Braşov, otorgada por el zar Iván Sratsimir, (1369-1396). PETROV, PETAR, y PETROVA, GALABINA. (184). *Historia del estado búlgaro y derecho. Fuentes (680-1944).* Editorial «Albatros». Sofía. 2002. 3.ª Edición. Páginas 95, 96 y 105.

153 La Patente de la República de Ragusa de 1230 y el Tratado del zar Mijaíl II Asen, (1246-1256), con la República de Ragusa de junio de 1252. PETROV, PETAR, y PETROVA, GALABINA. (184). *Historia del estado búlgaro y derecho. Fuentes (680-1944).* Editorial «Albatros». Sofía. 2002. 3.ª Edición. Páginas 95 a 98.

154 El Tratado del zar Mijaíl II Asen, (1246-1256), con la República de Ragusa de junio de 1253 y el Tratado del zar Iván Alejandro, (1331-1371), con la República de Venecia de 1347. PETROV, PETAR, y PETROVA, GALABINA. (184). *Historia del estado búlgaro y derecho. Fuentes (680-1944).* Editorial «Albatros». Sofía. 2002. 3.ª Edición. Páginas 96 a 99.

155 ANDREEV, MIKHAIL, y ANGELOV, DIMITAR. (7). *Historia del estado búlgaro y derecho.* Editorial «Nauka i izkustvo». Sofía. 1959. Página 193.

156 *Dobrudzha (Добруджа)* es una región geográfica ubicada entre el bajo Danubio y el Mar Negro.

157 Punto 7 del Tratado del señor feudal Ivanco, (1385-1388), con Génova de 1387. PETROV, PETAR, y PETROVA, GALABINA. (184). *Historia del estado búlgaro y derecho. Fuentes (680-1944).* Editorial «Albatros». Sofía. 2002. 3.ª Edición. Páginas 100 a 105.

concepto medieval sobre la capacidad del Estado de ser heredero universal de todos los extranjeros que residen en el mismo[158], a los familiares de tales ciudadanos se les atribuye la aptitud legal de heredar todo su patrimonio situado en territorio búlgaro[159].

Especialmente llamativos son los privilegios convencionales, que se otorgan a los miembros de las colonias mercantiles en el campo de la administración de justicia. El inicio de este sistema tiene lugar en el Tratado del zar Iván Alejandro, (1331-1371), con la república de Venecia de 1347, donde se proscribe la competencia de las autoridades búlgaras de imponer cualquier tipo de medidas cautelares sobre bienes de comercio propiedad de venecianos, salvo aquellas que *sean adoptadas por orden judicial*[160]. A continuación conforme al Tratado del zar Mijaíl II Asen, (1246-1256), con el Estado de Ragusa de 1253[161] se establece que los litigios mixtos entre búlgaros y raguseos caerán bajo la jurisdicción *del tribunal del demandado*, declarándose éstos *exentos de cualquier tasa o impuesto judicial*[162]. En términos legales este régimen privilegiado alcanzará su punto culminante con el Tratado del señor feudal Ivanko, (1385-1388), con los genoveses de 1387, al reconocer a los mismos el derecho de constituir su propio tribunal de fuero especial, pues conforme a su párrafo 6 al Cónsul de Génova se le asigna la jurisdicción extraordinaria de juzgar y sentenciar en juicios civiles y penales, que tengan como partes: *genoveses, genoveses y búlgaros así como genoveses y otros extranjeros residentes en la región de Dobrudzha*. Asimismo cabe añadir que no obstante su función central de administrar justicia, las disposiciones del Convenio conceden al citado diplomático amplia jurisdicción en el marco del procedimiento penal, autorizándole personalmente el ejercicio de la investigación previa y judicial en todos aquellos juicios de carácter criminal con participación de ciudadanos genoveses.

---

[158] Conocido como *droit d'aubaine o jus albinatus*, éste es el derecho reservado al Estado de heredar aquel patrimonio del ciudadano extranjero, que a partir de su muerte se encuentre en los territorios nacionales del mismo. ANDREEV, MIKHAIL, y ANGELOV, DIMITAR. (7). *Historia del estado búlgaro y derecho.* Editorial «Nauka i izkustvo». Sofía. 1959. Página 193.

[159] El Tratado del zar Mijaíl II Asen, (1246-1256), con la República de Ragusa de junio de 1253 y el Tratado del zar Iván Alejandro, (1331-1371), con la República de Venecia de 1347. PETROV, PETAR, y PETROVA, GALABINA. (184). *Historia del estado búlgaro y derecho. Fuentes (680-1944).* Editorial «Albatros». Sofía. 2002. 3.ª Edición. Páginas 96 a 99.

[160] TOKUSHEV, DIMITAR. (223). *Historia del estado y del derecho búlgaro medieval.* Editorial Sibi. Sofía. 2009. Página 189.

[161] GYUZELEV, VASIL. (46). *El estado búlgaro en actos y documentos.* Editorial «Nauka i izkustvo». Sofía. 1981. Páginas 63 a 66.

[162] ALEKSANDROV, EMIL. (2). *El Tratado búlgaro-raguseo de 1253. (Características desde la perspectiva del Derecho Internacional).* En: *Revista histórica.* Libro 12/1991. Año XLVII. Academia Búlgara de las Ciencias. 1991. Página 45.

1.6. Las consecuencias multiculturales de la Bulgaria medieval

Al igual que ocurrió con su antecesor, el Segundo Estado crece y decrece en tamaño, pero casi nunca está libre tanto de amenazas exteriores, como de un *separatismo feudal* interno, factores que vienen a debilitar progresivamente la integridad política del reino[163]. Todo ello acompañado por la falta de una entente entre los países balcánicos de oponerse conjuntamente a la invasión turca de la segunda mitad del siglo XIV, contribuye efectivamente al ocaso de Bulgaria, de forma que en 1396 los otomanos consiguen conquistar por completo todos sus territorios.

Como señala VASIL GYUZELEV, a lo largo de la Edad Media el país experimentó *diferentes tipos de relaciones con más de 60 pueblos y Estados*[164]. Un hecho que sin duda ha dejado su profunda impronta en la tradición multicultural búlgara. En este aspecto cabe señalar que los contactos de mayor duración y dinamismo han sido los sostenidos con Bizancio, seguidos de los mantenidos con la Santa Sede, que han tenido una naturaleza no solamente eclesiástica, sino también política, al constituir un puente diplomático con el mundo occidental[165]. Asimismo son significativas las tensiones bélicas y los conflictos territoriales que tuvo el reino en el Sudoeste europeo, y en especial, con los estados de Serbia, Gran Moravia, Hungría, Valaquia y Moldavia. Respecto a los países al Noroeste de Europa, Bulgaria sufre graves derrotas militares por la Rusia de Kiev y la Horda de Oro tártara. En el ámbito económico de gran importancia resultan las relaciones comerciales con las repúblicas de Venecia, Génova, Pisa, Ragusa, el reino de Nápoles y Cataluña. De carácter episódico han sido los contactos internacionales entre el Estado búlgaro y los reinos carolingios, los normandos y el reino anglosajón del rey Alfredo el Grande, (871-901).

Siendo Bulgaria el pionero en la introducción del sistema político bizantino, el derecho medieval búlgaro servirá como modelo para la creación de los ordenamientos jurídicos del pueblo ruso, letón, serbio y rumano, que al abrazar el cristianismo ortodoxo a partir del siglo IX pasan a formar parte del denominado *Byzantine Commonwealth*[166]. En este sentido GEORGI VLADIMIROV

---

[163] El particularismo feudal es una tendencia progresiva, que guarda raíces en todos los países balcánicos de la época. Como aseguran VERA MUTAFCHIEVA y NIKOLAY TODOROV a resultas del mismo durante la segunda mitad del siglo XIV en los Balcanes existen unos cuarenta micro estados. MUTAFCHIEVA, VERA, y TODOROV, NIKOLAY. *El pasado de Bulgaria*. Sofía Press. 1970. Página 47.

[164] GYUZELEV, VASIL. (46). *El estado búlgaro en actos y documentos*. Editorial «Nauka i izkustvo». Sofía. 1981. Página 11.

[165] GYUZELEV, VASIL. (46). *El estado búlgaro en actos y documentos*. Editorial «Nauka i izkustvo». Sofía. 1981. Página 11.

[166] VLADIMIROV, GEORGI. (25). *La Égloga y el espacio jurídico e informativo de Bizancio durante el siglo VIII*. En: *Pensamiento jurídico*. Libro número 1/2001. Año XXXXII. Academia Búlgara de las Ciencias. 2001. Página 107.

pone especial hincapié en la incorporación de la Ley de enjuiciamiento de las personas en la legislación de un buen número de países de la Europa de Este, convirtiéndose en elemento de la cultura y las tradiciones jurídicas de los eslavos orientales[167].

En opinión de SERAFIM YUSHKOV, *la recepción del derecho bizantino* por el Estado ruso *no se realizó de una manera directa, sino a raíz de la adopción de la doctrina legal búlgara*[168], constituyendo la Ley de enjuiciamiento de las personas una de las normativas generales, aplicadas en la Rusia de Kiev. Si a ello unimos las redacciones rusas del Nomo-canon y la Égloga búlgaros[169], se puede deducir la enorme influencia de la tradición legislativa búlgara en la configuración del modelo jurídico ruso, cuyas primeras obras legales como asegura GEORGI VLADIMIROV pasan a ser uno de los fundamentos del derecho medieval letón[170].

Asimismo es interesante el influjo de la Ley de enjuiciamiento de las personas en el sistema jurídico serbio, y en especial, en la Ley del zar Stefan Dušan, (1331-1355), comprendiendo una serie de disposiciones, protectoras de la religión oficial y la Iglesia, que presentan una reminiscencia directa de la legislación búlgara en la materia. En el ámbito de derecho administrativo es de destacar las semejanzas que guardan las patentes de los monarcas serbios con las cédulas expedidas por el despacho del zar búlgaro Iván Asen II, (1218-1241)[171].

El modelo jurídico de la Bulgaria medieval también resulta enormemente influyente en la configuración del derecho croata, y en particular, en la creación de la *Ley de Constantino Justiniano*, vigente en los territorios serbocroatas hasta el siglo XVII[172].

Doctrinalmente se ha confirmado el uso de los nomo-cánones búlgaros y bizantinos en los principados de Valaquia y Moldavia, un fenómeno que mar-

---

[167] VLADIMIROV, GEORGI. (24). *Una hipótesis de la creación de «Ley de enjuiciamiento de las personas.»* En: *Pensamiento jurídico.* Libro número 3/2000. Año XXXXI. Academia Búlgara de las Ciencias. 2000. Página 104.

[168] YUSHKOV, SERAFIM VLADIMIROVICH. (238). *Orden político-social y derecho del Estado de Kiev.* Moscú. 1949. Páginas 224 a 226.

[169] A lo largo del siglo XIII en Bulgaria se crea una redacción más amplia del *Nomo-canon bizantino,* denominada en antiguo búlgaro *«Кормча книга» (Libro de guía),* una copia de la cual se mandó en 1262 al Metropolitano de Kiev Cirilo, (1243-1281). PETROVA, GALABINA. (187). *Definición de Derecho Eclesiástico.* En: *Pensamiento jurídico.* Libro número 4/1995. Año XXXVI. Academia Búlgara de las Ciencias. 1994. Página 116.

[170] VLADIMIROV, GEORGI. (26). *La contribución de los búlgaros medievales a la cultura jurídica del Este Europeo.* En: *Pensamiento jurídico.* Libro número 3/2001. Año XXXXII. Academia Búlgara de las Ciencias. 2001. Páginas 102 y 103.

[171] VLADIMIROV, GEORGI. (26). *La contribución de los búlgaros medievales a la cultura jurídica del Este Europeo.* En: *Pensamiento jurídico.* Libro número 3/2001. Año XXXXII. Academia Búlgara de las Ciencias. 2001. Página 103.

[172] VLADIMIROV, GEORGI. (26). *La contribución de los búlgaros medievales a la cultura jurídica del Este Europeo.* En: *Pensamiento jurídico.* Libro número 3/2001. Año XXXXII. Academia Búlgara de las Ciencias. 2001. Página 103.

ca el inicio de la larga permanencia de la *tradición nomo-canónica* en dichos países, la cual finaliza durante el reinado de Alejandro Juan Cuza, (1859-1866)[173]. Asimismo llaman la atención las patentes reales, decretadas por los soberanos valacos y moldavos en el período que va del siglo XV al siglo XVII, que son escritas en alfabeto cirílico, empleando el antiguo idioma búlgaro, y regulando semejantes asuntos a los que se incorporaban en las patentes de los monarcas de Bulgaria[174].

Será exactamente en los tiempos de la decadencia del Segundo Estado, cuando el Patriarca Eutimio, (1375-1393), con la colaboración del zar Iván Shishman, (1371-1395), realiza importantes reformas de carácter lingüístico, ortográfico y litúrgico, comenzando con la redacción y la corrección de las traducciones griegas de la Biblia, los Evangelios y las fuentes principales del derecho canónico. Esta labor corre pareja a una significativa actividad escritora de nuevas obras litúrgicas, hagiografías y discursos panegíricos, que tras la caída del Estado bajo dominación otomana son trasladados por los discípulos del Patriarca a Serbia, Rusia, Valaquia y Moldavia. En ese sentido resulta importante poner de relieve la adopción de la nueva liturgia búlgara por la Iglesia Ortodoxa Rusa, obra y gracia de Cipriano Tsamblak, (1381-1406), metropolitano de Kiev y de todo el Rus[175].

Entrando en el ámbito religioso hay que destacar la aparición de la herejía de los judaizantes en Nóvgorod y Moscú en la segunda mitad del siglo XV. Siendo el origen de este fenómeno uno de los retos de la historiografía rusa, queda abierta la cuestión de la posible penetración de dicha heterodoxia a raíz de los flujos migratorios de búlgaros hacia Rusia, que comienzan a manifestarse tras la conquista del país por los turcos en 1396.

Es llamativa la huella dejada por el bogomislismo búlgaro en el campo de la cultura europea. Sus ideas democráticas y humanas manifestadas en un buen número de obras literarias como el Evangelio de Juan, Breviario Cátaro, Aparición de Isaías, Apócrifo de Enoc influirán en el desarrollo del movimiento renacentista, pues como concluye ZÚÑIGA AMARO la mayoría de los escritores del Renacimiento italiano profesaban la doctrina cátara[176]. Asimismo numerosas fuentes históricas aluden al papel protagonista en la vida cultural

---

[173] GRANCHAROV, OGNYAN. (44). *La tradición jurídica búlgara en la Iglesia Rumana Ortodoxa, siglos XV-XVII*. Sofía. 1998. Página 21.

[174] VLADIMIROV, GEORGI. (26). *La contribución de los búlgaros medievales a la cultura jurídica del Este Europeo*. En: *Pensamiento jurídico*. Libro número 3/2001. Año XXXXII. Academia Búlgara de las Ciencias. 2001. Página 104.

[175] PETROVA, GALABINA. (194). *El desarrollo de la enseñanza y los conocimientos de Derecho Canónico*. En: *Mundo jurídico*. Libro número 1/2003. Editorial Sibi. 2003. Páginas 54 y 55.

[176] ZÚÑIGA AMARO, JUAN EDUARDO. *La historia y la política de Bulgaria*. Editorial Pace. Madrid. 1944. Página 39.

de Italia de los búlgaros bogomilos[177], que emigraron a los Apeninos a partir de la segunda mitad del siglo X. En este sentido cabe destacar el nombre de Búlgaro, famoso doctor en leyes por Bolonia y discípulo de Irnerio, quien toma parte en la Dieta de Roncaglia de 1158 como jurisconsulto del propio emperador Federico I Barbarroja, (1155-1190)[178].

Son interesantes en la historia de la libertad de conciencia en Europa, las semejanzas ideológicas que guardan la herejía bogomila y el movimiento husita, surgido durante el siglo XV como un primer antecedente de la Reforma en Bohemia[179], que al igual de lo que ocurrió con el bogomilismo:

1) Arraigará su doctrina entre un campesinado profundamente adverso a un clero cada vez más rico.
2) Supone un intento por purificar a la Iglesia y volver al ideal evangélico de la Iglesia pobre de Cristo.
3) Presenta una reacción contra los privilegios feudales[180].
4) Sufre un trato de hostilidad por parte del poder regio y la Iglesia Católica, que alcanza su punto culminante en las denominadas *Guerras husitas*, (1420-1436), oponiéndose nuevamente los cruzados contra el pueblo, que al experimentar serias tensiones sociales busca mejorar su vida, intentando encontrar la autenticidad religiosa.

2. EL IMPERIO OTOMANO Y SUS CIRCUNSTANCIAS MULTICULTURALES

El fenómeno del multiculturalismo búlgaro no se puede entender sin conocer el pasado reciente del Estado, cuando formaba parte del Imperio Otomano,

---

[177] Subrayan FANI MILKOVA y MIKHAIL ANDREEV la erudición de los capellanes bogomilos, algunos de los cuales fueron educados por los propios discípulos de los hermanos Cirilo y Metodio. ANDREEV, MIKHAIL, y MILKOVA, FANI. (8). *Historia del estado y derecho búlgaro feudal*. Editorial Sofi-R. Sofía. 1993. Páginas 111 y 112.

[178] YANOVSKI, BORIS. (242). *Los juristas, los conocimientos jurídicos y la enseñanza de derecho en la historia de Bulgaria*. En: *Mundo jurídico*. Libro número 2/2000. Editorial Sibi. 2000. Páginas 169 y 170.

[179] La creencia husita envolvía una serie de doctrinas protoprotestantes, que tienen su germen en las prédicas del reformador checo Juan Hus, (1370-1415). TORRES GUTIÉRREZ, ALEJANDRO. *El derecho de libertad de conciencia en Austria*. Editorial Dykinson. Madrid. 2006. Página 23.

[180] Especialmente entre 1419 y 1437 en el Monte Tábor, se llega a abolir la propiedad privada, se instaura un régimen igualitario entre todos los habitantes, y se suprimen los impuestos y los privilegios feudales y eclesiásticos, de modo que Tábor entre 1420 y 1421 será íntegramente dirigido por los predicadores husitas, siguiendo modelos de organización extraídos de la Biblia. MACEK, JOSEF, y MANDROU, ROBERT. *Histoire de la Bohême des origines à 1918*. Fayard. 1984. Página 100.

que se modeló como una amalgama de pueblos, lenguas y religiones[181], con fuertes presiones disgregantes que al final contribuyeron a su colapso, pero que dejará una impronta indudable en la Bulgaria actual. No en vano las minorías que habitan el país en nuestros días: turcos, griegos, judíos, armenios, gitanos, serbios, rumanos, valacos, macedonios, arrúmanos y tártaros, eran parte integrante del mosaico multiétnico de este Imperio que sucumbió hace casi un siglo.

En el Imperio Otomano, al igual que ocurrió con otros muchos estados multinacionales, como ha señalado MICHAEL WALZER, la autoridad imperial tenderá a encerrar a los individuos en el seno de sus comunidades y, por tanto, a situarles dentro de una etnia particular o en una determinada identidad religiosa, de modo que las comunidades en lo esencial son cerradas, imponiéndose una u otra version de auto-gobierno comunitario y manteniendo un modo de vida tradicional[182].

2.1. El pluralismo jurídico del derecho otomano

Tras la incorporación de Bulgaria en el seno del Imperio Otomano, en los territorios búlgaros se introduce el sistema jurídico turco, que se caracteriza por una *complejidad y pluralismo*, derivados por un lado del carácter multinacional del Imperio y por otro de la diversidad de idiomas empleados en las normativas, reguladoras de las relaciones sociales[183].

En este sentido llama la atención la compleja estructura del modelo jurídico otomano, incluyendo las siguientes peculiaridades[184]:

1) Su parte fundamental constituye el derecho musulmán, que establece el régimen jurídico de los miembros de la comunidad musulmana, regulando en general las cuestiones familiares y hereditarias, así como el estatuto de los esclavos y los no musulmanes. Este ordenamiento se coloca en la cúspide de la pirámide del sistema jurídico imperial por tener como fuentes:
   a) El Corán que contiene las revelaciones de Alá, el único legislador[185], incluyendo además normas legales, canónicas y morales.

---

[181] IMBERT, PAUL. *La rénovation de l'Empire Ottoman. Affaires de Turquie.* Librairie Académique Perrin et Cie. París. 1909. Página 4.

[182] WALZER, MICHAEL. *Tratado sobre la tolerancia.* Editorial Paidós. Barcelona. 1998. Páginas 30 y 31.

[183] ANDREEV, MIKHAIL, y MILKOVA, FANI. (8). *Historia del estado y derecho búlgaro feudal.* Editorial Sofi-R. Sofía. 1993. Página 307.

[184] TOKUSHEV, DIMITAR. (223). *Historia del estado y del derecho búlgaro medieval.* Editorial Sibi. Sofía. 2009. Páginas 217 a 226.

[185] CHUKOV, VLADIMIR. (237). *La filosofía jurídica de Abu Hanifah (696-767), el creador de Corpus juris islamicus.* En: *Anuario Jurídico de la Facultad de Derecho de la Universidad Libre de Burgas de 1994.* Año II. Tomo II. Editorial Universidad Libre de Burgas. 1995. Página 162.

b) La Sunna un conjunto de preceptos atribuidos a Mahoma y a los primeros cuatro califas ortodoxos, que deben servir como modelo de conducta y comportamiento de los fieles musulmanes.

c) El *Idjmā* una resolución colectiva sobre asuntos jurídicos, adoptada *por consenso*[186] entre todos los miembros del consejo consultativo de los ulemas.

d) La *deducción por analogía, Qiyās* que en un sentido amplio, designa el razonamiento inductivo, el procedimiento silogístico[187], consistente en inducir de lo conocido a lo desconocido. Constituye un método adoptado por los juristas musulmanes para definir una norma que no ha sido objeto de una formulación expresa[188]. La aplicación de tal mecanismo legal responde a la necesidad de encontrar soluciones no previstas en las disposiciones de las fuentes anteriormente señaladas, procurándose definir reglas reguladoras de situaciones nuevas.

e) Las decisiones del muftí, conocidas como *fetua*, que dicho ministro de culto da al responder a cuestiones religiosas, políticas o jurídicas.

2) Otro elemento importante del sistema presenta el derecho otomano civil, un conjunto de normas susceptibles de regular relaciones jurídicas públicas y privadas, que vienen prescritas en una serie de normativas especiales adoptadas por el poder temporal, incluyendo[189]:

a) Leyes denominadas *canún* o *canunamet.*

b) Decretos del Sultán y el gobierno otomano conocidos como *ferman.*

c) Patentes o estatutos personales *berat*, otorgados por la Sublime Puerta[190] para el goce de un empleo o privilegio.

3) Un fenómeno surgido en el seno de la organización política del Imperio es el *régimen de las capitulaciones*, un complejo haz de Tratados Internacionales, estipulados entre el gobierno otomano y los Estados Occidentales. En virtud de este marco convencional el Imperio asu-

---

186 HALLAQ, WAEL. *A History of Islamic Legal Theories: An introduction to Sunni usul al-fiqh.* Cambridge University Press. 1999. Página 75.

187 La analogía supone en el Derecho del Islam la equiparación de dos entidades a raíz del uso de un término mediador, sin que sea necesariamente relevante que éstas sean iguales; puede hacerlas similares, parecidas en algún aspecto, e incluso copia la una de la otra. GARCÍA CRUZ, JOSÉ FERNANDO. *Un Análisis del derecho islámico: la Escuela Duodecimana o Ya'Fari: historia del pensamiento y la doctrina jurídica y Teoría General de la Ley Islámica.* Editorial Universidad de Extremadura. Cáceres. 2004. Página 61.

188 QUESADA, JUAN MARTOS. *Introducción al mundo jurídico de la España musulmana.* Ediciones G. Martín. Madrid. 1999. Página 128.

189 MANCHEV, KRASTYO. (114). *Historia de los pueblos balcánicos.* Tomo I. (1352-1878). Paradigma. Sofía. 2006. Página 27.

190 Se conoce como *Sublime Puerta* el nombre del Estado y gobierno turcos en el tiempo de los sultanes.

me el compromiso de dotar de un trato privilegiado a los comerciantes extranjeros, reconociéndoles unas competencias especiales, de naturaleza extraterritorial, en materia de derecho contractual, mercantil y penal. De este modo, como apunta DIMITAR TOKUSHEV las relaciones comerciales entre los súbditos del Sultán y los ciudadanos de los países del Occidente[191] quedan fuera de la jurisdicción del gobierno turco. Asimismo a raíz del *derecho de las capitulaciones se crean tribunales penales mixtos*, no pertenecientes al sistema judicial otomano.

4) También destaca como componente del ordenamiento jurídico otomano, el derecho canónico de las confesiones religiosas no musulmanas, que a diferencia de lo que ocurre con el derecho musulmán tiene un ámbito de aplicación limitado, al regular la vida de los fieles cristianos, judíos y otros en cuanto corresponde al fuero interno de su comunidad.
5) Es significativa la incorporación del derecho consuetudinario de la comunidad turca y de los pueblos conquistados en el sistema jurídico del Imperio, convirtiéndose de este modo la costumbre en una importante fuente de regulación jurídica en materia de derecho hereditario, contractual, penal y procesal. Respecto al derecho consuetudinario turco es preciso poner de relieve su perímetro más amplio, al extenderse la aplicación de sus normas además al campo del derecho administrativo, financiero, de propiedad e incluso en el seno de las relaciones internacionales.

2.2. *Categorías de ciudadanos del Imperio Otomano*

Especialmente importantes para el reconocimiento de los derechos fundamentales de los súbditos imperiales presentan las normativas del derecho civil otomano, dado que estas últimas recogen los principios de gobierno del Estado, así como establecen el estatuto jurídico de los ciudadanos de confesión religiosa distinta al Islam. En ese sentido cabe poner de manifiesto la existencia de varios criterios sociales de carácter diferenciador[192]:

---

[191] El inicio de esta tendencia se marca en 1535 cuando el gobierno otomano otorga un régimen excepcional a los comerciantes franceses, suscribiéndose a continuación una serie de convenciones con Italia, Alemania, Inglaterra, Austro-Hungría y Rusia. TOKUSHEV, DIMITAR. (223). *Historia del estado y del derecho búlgaro medieval*. Editorial Sibi. Sofía. 2009. Página 225.

[192] NIKOLOVA, RAINA. (172). *Los derechos de los ciudadanos según la Ley Orgánica de Rumelia Oriental*. En: *Mundo jurídico*. Libro número 2/2008. Editorial Sibi. 2008. Páginas 140 y 147.

1) Desde la perspectiva política los habitantes del Imperio se dividen en[193]:
   a) Musulmanes dotados del pleno reconocimiento de derechos civiles, políticos y socio-económicos.
   b) No musulmanes sujetos a la soberanía otomana, a los cuales se ha tomado la costumbre de denominarles *raïas* o *dhimmī*. Conforme a la legislación turca los miembros del citado estamento quedan privados de derechos políticos, contando únicamente con un mínimo de libertades personales.
   c) Extranjeros no musulmanes residentes del Imperio conocidos como *müstemin*. A tales individuos, las autoridades otomanas les garantizan la plena protección personal, reconociéndoles además la garantía de vivir de conformidad con sus tradiciones religiosas y normas consuetudinarias, siempre que se queden circunscritos al marco de su propia comunidad.
   No obstante cabe añadir que respecto a algunos grupos de extranjeros como franceses, italianos, alemanes, ingleses, austro-húngaros y rusos, esta situación cambia con la instauración del *régimen de las capitulaciones* en el siglo XVI, de modo que a tales ciudadanos se les reconocen los siguientes privilegios:
      1. El derecho de residir libremente en los territorios del Imperio Otomano.
      2. La libertad e inviolabilidad personal.
      3. La inviolabilidad del domicilio.
      4. La libertad de circulación.
      5. La libertad de comercio.
      6. La libertad religiosa.
      7. La libertad de vestirse conforme a sus tradiciones culturales y religiosas.
      8. Ciertas exenciones tributarias.
      9. La administración de justicia civil o penal por especiales tribunales, que no forman parte del sistema judicial otomano.
      10. El derecho a la protección consular.
      11. El derecho de adquirir bienes inmuebles.
   d) En un aspecto político, pero fuera de la soberanía imperial, los poderes otomanos consideran como enemigos, *harbī*, a los habitantes del *Dar al-Harb, (territorio de la guerra)*, conformado por los países no musulmanes. Un mundo de infieles que debe ser combatido por los creyentes musulmanes mediante una guerra santa, *yihad*.

---

[193] CHUKOV, VLADIMIR. (236). *Elementos político-jurídicos de las relaciones islámicas internacionales*. En: *Relaciones Internacionales*. Libro 6/1994. Año XXIII. Sofía. 1994. Páginas 85 y 86.

2) Desde un punto de vista socio-económico, los súbditos del Sultán son distribuidos en dos clases. Ciudadanos libres conocidos como *hurr* y esclavos denominados *rakik*, que carecen de libertad por estar bajo el dominio de un amo musulmán.
3) En términos religiosos se distinguen las siguientes categorías de personas:
   a) Que profesan el Islam, incorporándose en este colectivo:
      1. Los sunís, es decir, todos los musulmanes que reconocen la Sunna.
      2. Los chiítas que consideran a Alí, sucesor de Mahoma, y a sus descendientes, únicos imanes legítimos.
   b) Infieles que poseen Sagradas Escrituras, conocidos como las Gentes del Libro (*Ahl al-Kitāb)*, perteneciendo al citado grupo todos los judíos y cristianos[194]. Sin embargo, basándose en el modelo establecido por los Reglamentos del califa Omar I, (634-644), las autoridades otomanas asociaban a estos últimos también[195]:
      1. Los *zoroastrianos o mazdeístas* adeptos de la antigua religión iraní fundamentada en la prédica del profeta Zaratustra.
      2. Los sabeos miembros de una secta semicristiana, que invoca a Juan el Bautista.
      3. Los samaritanos seguidores de una herejía separada del judaísmo.
   c) Idólatras árabes o extranjeros.
   d) Personas que negaron la fe musulmana.

2.3. *Los derechos de los ciudadanos no musulmanes del Imperio*

2.3.1. El estatuto legal de los no musulmanes en el período del siglo XV al siglo XIX

Esencialmente la regulación jurídica de la población cristiana del Imperio Otomano, en el citado espacio de tiempo, viene recogida en las disposiciones

---

[194] En muchos de sus versículos, el Corán glorifica a Abraham, la religión judía y el cristianismo y ordena respetar a los cristianos y a los judíos. Por ejemplo, el versículo número 69 del sura V, La Mesa servida, dice expresamente: *Los creyentes, los judíos, los sabeos y los cristianos-quienes creen en Dios y en el último día y obran bien-no tienen que temer y no estarán tristes.* CHARFI, MOHAMED. *Islam y libertad. El malentendido histórico.* Almed. 2001. Página 85.

[195] ROULAND, NORBERT, PIERRÉ-CAPS, STÉPHANE, y POUMARÈDE, JACQUES. *Derecho de minorías y de pueblos autóctonos.* Siglo XXI editores. Madrid. 1999. Página 94.

del Pacto del Califa Omar I, (634-644)[196]. Un conjunto de estipulaciones[197], *shurut*, de naturaleza restrictiva que suponen legitimar una desigualdad de trato a los ciudadanos en base a su distinto credo religioso, asumiendo a los no musulmanes el deber de abstenerse de una serie de actividades en la esfera social, cultural y religiosa.

A tales efectos en el marco de las relaciones privadas los infieles son obligados a[198]:

1) Mostar respeto a los musulmanes.
2) No tratar de parecerse a éstos últimos, llevando vestimenta igual que la suya o practicar sus ritos y costumbres.
3) No llevar nombres musulmanes.
4) No usar sellos con inscripciones en árabe.
5) No vender o beber vino en un lugar público.
6) Vestirse de una manera peculiar y distintiva de los musulmanes, sin poner ningún tipo de vestimenta religiosa o tradicional cuando estén fuera de su comunidad[199].
7) No manifestar ritos y costumbres paganas[200].
8) No llevar armas[201].

Como afirma RAINA NIKOLOVA el incumplimiento solamente de una de estas previsiones puede sancionarse con una pena capital, impuesta por los miembros de la comunidad musulmana sin acudir a las autoridades judiciales

---

[196] Este Convenio se estipula tras la conquista de Jerusalén por los árabes en 637 y es muy parecido al Tratado pactado entre Mahoma y los cristianos de Najran de 631, así como al Pacto acordado entre el Profeta y los judíos de Medina de 623, también conocido como la *Constitución de Medina*. IVANOVA, SVETLANA. (72). *Antes de nacer el millet búlgaro*. En: *Estado e Iglesia-Iglesia y Estado en la historia búlgara*. Colección 135 años de la institución del Exarcado búlgaro. Universidad de Sofía «San Clemente de Ohrid». Sofía. 2006. Página 141.

[197] Actualmente se conocen numerosas redacciones del Convenio de Omar, (634-644), existiendo grandes variaciones entre las disposiciones de los distintos textos, algunos de los cuales destacan por su contenido humillante y envilecedor. DE PLANHOL, XAVIER. *Minorías en el Islam. Una geografía de la pluralidad*. Ediciones Bellaterra. Barcelona. 2002. Página 46.

[198] Pacto de Omar. Ordenanzas para los no musulmanes en la Umma primitiva. En: http://www.fordham.edu/halsall/source/pact-umar.asp

[199] En algunas redacciones del Reglamento de Omar se hace especial hincapié en que cuando estén en un espacio público los no musulmanes estarán obligados a llevar un cinturón verde, *zünnar*.

[200] NIKOLOVA, RAINA. (172). *Los derechos de los ciudadanos según la Ley Orgánica de Rumelia Oriental*. En: *Mundo jurídico*. Libro número 2/2008. Editorial Sibi. 2008. Página 141.

[201] IVANOVA, SVETLANA. (72). *Antes de nacer el millet búlgaro*. En: *Estado e Iglesia-Iglesia y Estado en la historia búlgara*. Colección 135 años de la institución del Exarcado búlgaro. Universidad de Sofía «San Clemente de Ohrid». Sofía. 2006. Página 142.

oficiales. Algo que constituye una grave violación de los principios de justicia e inviolabilidad personal[202].

Como se ha puesto de relieve el derecho otomano no consagra el principio de igualdad de los ciudadanos, dando lugar a la existencia de privilegios que a diferencia de lo que ocurre en los países occidentales no están basados en la posición social (riqueza, educación, pertenencia estamental, etc.), sino que se reconocen por razón de la religión. En este sentido cabe hacer especial hincapié en la disminución de la capacidad jurídica de los no musulmanes, que tiene como principales consecuencias[203]:

1) El no reconocimiento de:
   a) El derecho de voto y de petición.
   b) La libertad de la prensa, asociación y reunión, siempre y cuando su ejercicio tenga lugar fuera de la comunidad religiosa.
   c) La capacidad para testificar contra musulmanes, pues *la infidelidad era presunción de inmoralidad*[204].
   d) La posibilidad de admisión a un oficio militar, una restricción vinculada con una serie de factores de distinta índole:
      1. Desde punto de vista religioso, el acceso de cristianos al ejército imperial se traducirá como un trato igualitario entre fieles e infieles, considerándose que ello afectará a la situación privilegiada de los musulmanes en la sociedad otomana, constituyendo el Imperio un sistema estatal organizado jerárquicamente con una estructura militarista, con el Sultán a la cabeza, y en el cual todos los funcionarios, ya fueran soldados o administradores, tenían un rango militar[205].
      2. En lo concerniente a la integridad territorial, incorporando en su cuerpo ciudadanos no musulmanes, el ejército se puede convertir en un instrumento útil para conseguir la liberación nacional de los pueblos dominados.
      3. Desde una perspectiva económica la admisión de los cristianos a cargos públicos conllevará una minoración de los ingresos fiscales a percibir por la hacienda pública.
      4. En términos socio-demográficos esta actitud dotará a las personas colocadas en una situación de inferioridad, beneficios sociales

---

[202] NIKOLOVA, RAINA. (172). *Los derechos de los ciudadanos según la Ley Orgánica de Rumelia Oriental.* En: *Mundo jurídico.* Libro número 2/2008. Editorial Sibi. 2008. Página 141.

[203] NIKOLOVA, RAINA. (172). *Los derechos de los ciudadanos según la Ley Orgánica de Rumelia Oriental.* En: *Mundo jurídico.* Libro número 2/2008. Editorial Sibi. 2008. Páginas 141 a 143.

[204] ROULAND, NORBERT, PIERRÉ-CAPS, STÉPHANE, y POUMARÈDE, JACQUES. *Derecho de minorías y de pueblos autóctonos.* Siglo XXI editores. Madrid. 1999. Página 95.

[205] BRIEUX, PABLO MANDIROLA. *Introducción al Derecho Islámico.* Marcial Pons, Ediciones Jurídicas y Sociales, S. A. Madrid; Barcelona. 1998. Página 33.

reservados a los ciudadanos de confesión religiosa musulmana, algo que debilitaría su influencia tanto en la esfera social, como en el campo político.

2) La diferencia del trato jurídico que reciben los no musulmanes asimismo lleva aparejada:
   a) La incapacidad para comprar o poseer esclavos.
   b) La prohibición de adquirir o erigir edificios y casas iguales o mayores, que los de las personas de credo islámico.

3) Otras importantes características de la disidencia religiosa son:
   a) En materia de la inviolabilidad del domicilio, los infieles asumen el cargo de refugiar a los musulmanes, en cualquier situación, por un período de hasta 3 días, mostrando máxima hospitalidad, al garantizar la plena protección de su huésped.
   b) En el ámbito de derecho matrimonial se reconocen matrimonios mixtos[206], otorgándose únicamente validez a la unión de un varón musulmán con una mujer infiel que practique una religión monoteísta[207]. Por otro lado cabe señalar que el cambio de confesión religiosa, de uno de los cónyuges ya ligados por un matrimonio canónico musulmán, constituye una causa de disolución del mismo[208].
   c) En el campo de la educación el gobierno otomano garantiza cierta autonomía escolar de los no musulmanes, al permitirles abrir en el seno de sus comunidades religiosas sus propios establecimientos docentes. La administración de enseñanza en tales escuelas queda enteramente encomendada al clero de la respectiva confesión religiosa[209].

---

[206] Como afirma SVETLANA IVANOVA en 1550 en el Distrito de Sofía se han contraído dos matrimonios entre musulmanes y cristianas. IVANOVA, SVETLANA. (71). *Las mujeres musulmanas y cristianas ante el Tribunal del cadí en Rumelia del siglo XVIII. Asuntos matrimoniales.* En: *Revista histórica.* Libro 10/1992. Año XLVIII. Academia Búlgara de las Ciencias. 1992. Página 77.

[207] IVANOVA, SVETLANA. (72). *Antes de nacer el millet búlgaro.* En: *Estado e Iglesia-Iglesia y Estado en la historia búlgara.* Colección 135 años de la institución del Exarcado búlgaro. Universidad de Sofía «San Clemente de Ohrid». Sofía. 2006. Página 143.

[208] Un fragmento muy interesante de las tradiciones matrimoniales de la población cristiana en los territorios búlgaros es la práctica de celebrar matrimonios y divorciarse civilmente ante un cadí, evitando los complejos procedimientos previstos por el derecho canónico cristiano, especialmente en materia de nulidad matrimonial. Un fenómeno que provocó las protestas de la Iglesia Ortodoxa, adoptándose a principios del siglo XIX un decreto especial que ordena a los *Tribunales de Cadí no contraer ni disolver matrimonios entre cristianos, sin que estos últimos cuenten con un especial documento, (bula), otorgado por el correspondiente ministro de culto.* IVANOVA, SVETLANA. (71). *Las mujeres musulmanas y cristianas ante el Tribunal del cadí en Rumelia del siglo XVIII. Asuntos matrimoniales.* En: *Revista histórica.* Libro 10/1992. Año XLVIII. Academia Búlgara de las Ciencias. 1992. Páginas 78 y siguientes.

[209] PETROVA, GALABINA. (194). *El desarrollo de la enseñanza y los conocimientos de Derecho Canónico.* En: *Mundo jurídico.* Libro número 1/2003. Editorial Sibi. 2003. Página 55.

Especial interés presenta el reconocimiento limitativo del derecho de libertad religiosa de los ciudadanos no musulmanes, diseñado por las cláusulas del Reglamento de Omar, estableciéndose nuevamente un amplio catálogo de obligaciones que deben ser asumidas por los infieles si deseasen conservar su fe. De este modo el derecho de practicar libremente una religión diferente al Islam, venía acompañado de una serie de restricciones[210]:

1) No construir nuevos templos en los territorios habitados por musulmanes.
2) No reparar aquellos edificios destinados al culto que caigan en ruinas.
3) No obstaculizar a los viajeros musulmanes poder albergarse en iglesias o sinagogas, usándolas como hospedaje gratuito.
4) No enterrar sus muertos cerca de cementerios musulmanes.
5) No alzar la voz en cortejos funerales.
6) No practicar el proselitismo religioso.
7) No manifestar su religión públicamente, ni impedir a ninguna persona convertirse al Islam[211].

A cambio de su dócil sumisión, cumpliendo todos los deberes previstos por el ordenamiento jurídico otomano, a los no musulmanes se les concede el estatuto de *dhimmī*, obteniendo de la Sublime Puerta una protección general, *aman*, que incluye garantías de carácter personal y patrimonial, así como la libertad de las actividades de producción y de comercio, quedando exceptuada la usura, regulada estrictamente por las normas del derecho islámico.

2.3.2. El régimen fiscal de los ciudadanos no musulmanes

Además de la disminución de la capacidad jurídica de los no musulmanes, diseñada por la fórmula *protección-sumisión*, esta categoría de súbditos, también está sujeta a unas cargas fiscales discriminatorias, de forma que[212]:

1) El reconocimiento de su libertad de culto en los límites establecidos por el Pacto de Omar, corre parejo a la imposición de un tributo extraordi-

---

[210] NIKOLOVA, RAINA. (172). *Los derechos de los ciudadanos según la Ley Orgánica de Rumelia Oriental.* En: *Mundo jurídico.* Libro número 2/2008. Editorial Sibi. 2008. Páginas 141 y 142.

[211] IVANOVA, SVETLANA. (72). *Antes de nacer el millet búlgaro.* En: *Estado e Iglesia-Iglesia y Estado en la historia búlgara.* Colección 135 años de la institución del Exarcado búlgaro. Universidad de Sofía «San Clemente de Ohrid». Sofía. 2006. Página 142.

[212] GENOV, GEORGI. (30). *«La Cuestión de Oriente». (Historia política y diplomática).* Primera parte. Sofía. 1924. Página 365.

nario de capitación, *jiziya*, previsto según el versículo número 29 del sura IX del Corán[213].

2) Los agricultores no musulmanes asumen la carga de pagar el impuesto sobre las tierras cultivadas *kharādj*[214], dado que éstas, al haber pasado a ser, por derecho de conquista, propiedad del Sultán, se pueden ceder en usufructo únicamente a cambio del pago de una retribución, o de la participación en el ejército imperial. Un cargo reservado solamente a los ciudadanos musulmanes.
3) La producción agraria de los infieles se gravaba con un diezmo *ushr*, que generalmente se recogía *en especie*[215].

2.3.3. LA PRÁCTICA *DEVŞIRME*

Como se ha señalado anteriormente de conformidad con la legislación otomana queda prohibido el acceso al ejército y a la administración del Imperio a los ciudadanos pertenecientes a un credo distinto del musulmán. Sin embargo esa situación cambia a principios del siglo XV por la introducción del sistema *devşirme*, que consiste en el periódico reclutamiento forzoso de jóvenes adolescentes cristianos[216] en el ejército imperial[217]. Una vez arrebatados de sus familias a estos varones se les impone forzosamente la conversión al Islam, recibiendo una educación militar particularmente cuidada para pasar a formar parte de las tropas de élite, el famoso cuerpo de los *jenízaros*[218], y en el caso de los más inteligentes, servir en las autoridades públicas, pudiendo ocupar oficios de mayor presti-

---

213 Además del citado impuesto general los no musulmanes están obligados a pagar diversas tasas, exigidas en las distintas zonas del Imperio. Como señalan ESTHER BENBASSA y ARON RODRIGUE por el permiso de contar con su propio rabino los judíos de Estambul y Salónica pagaban un tributo particular *rav akçesi* o *cizyei râv*. BENBASSA, ESTHER, y RODRIGUE, ARON. *Juifs des Bakans: espaces judéo-ibériques, XIVe - XXe siècles*. Éditions la Découverte. París. 1993. Página 92.

214 MILLIOT, LOUIS, y BLANC, FRANÇOIS-PAUL. *Introduction à l'étude du droit musulman*. Éditions Dalloz. Paris. 2001. Página 29.

215 ANDREEV, MIKHAIL, y ANGELOV, DIMITAR. (7). *Historia del estado búlgaro y derecho*. Editorial «Nauka i izkustvo». Sofía. 1959. Página 269.

216 Este sistema no se aplicaba respecto a los judíos y los armenios probablemente en virtud de un acuerdo estipulado entre el Sultán y sus líderes, o debido a que dichas comunidades poblaban las ciudades más grandes del Imperio, desempeñando un importante papel económico. SHAW, STANFORD JAY. *History of the Ottoman Empire and Modern Turkey: Volume 1, Empire of the Gazis: The Rise and Decline of the Ottoman Empire 1280-1808*. Cambridge University Press. 1976. Página 114.

217 WITTEK, PAUL. *Devshirme and Shari'a*. En: *Bulletin of the School of Oriental and African Studies*. Volume 17. Issue 2. June 1955. Cambridge University Press. 1955. Página 271.

218 AGUILERA BARCHET, BRUNO. *Iniciación histórica al Derecho Musulmán: seguida de un ensayo sobre la historia jurídica de Al-Andalus*. Instituto de Estudios Jurídicos Internacionales. Dykinson. Madrid. 2007. Página 104.

gio en el Estado, siendo miembros de la Sublime Puerta e incluso detentar el cargo de Gran Visir, pues como apuntan ROULAND, PIERRÉ-CAPS y POUMARÈDE, de 47 personas designadas como primer ministros del Sultán, en el período del 1453 al 1623, únicamente 5 fueron de origen turco[219].

No obstante cabe deducir que la práctica *devşirme*, regulada por el derecho consuetudinario otomano resulta *en principio* incompatible con la ley islámica[220], por violar la libertad personal y religiosa de los no musulmanes, previstas en el estatuto *dhimmī*. Ello junto con el enorme poder político granjeado por el estamento de los *jenízaros* durante el sultanato de Solimán I, (1520-1566), conlleva el descontento de la nobleza, que paulatinamente se va extendiendo en importantes sectores de la población turca, procediéndose a la abolición de la institución de *devşirme* a comienzos del siglo XVIII[221].

Este sistema, que tenía la ventaja de garantizar al Sultán una protección contra cualquier posible traición por parte de la aristocracia otomana, así como proporcionarle una élite militar y dirigente mantenida en el espíritu de sumisión y perfecta lealtad, constituyó un verdadero instrumento de centralización y de homogenización del gobierno del Imperio[222], contribuyendo a su máximo apogeo en el siglo XVII, extendiéndose los territorios otomanos desde las puertas de Viena y del San Gotardo, hasta el Caspio y Yemen, al sur de la Península Arábiga.

2.3.4. El fenómeno del sistema de los *millet*

2.3.4.1. **Características principales**

Será exactamente a lo largo de la presencia turca en los Balcanes, cuando en el marco de los grupos minoritarios surgen instituciones de carácter político-religioso a las cuales se ha tomado la costumbre de darles la denominación de *millet,* (plural de *milla, «rebaño», nación, comunidad*)[223]. Un fenómeno que se convierte en uno de los retos más importantes de la historiografía oto-

---

[219] ROULAND, NORBERT, PIERRÉ-CAPS, STÉPHANE, y POUMARÈDE, JACQUES. *Derecho de minorías y de pueblos autóctonos.* Siglo XXI editores. Madrid. 1999. Páginas 99 y 100.

[220] AGUILERA BARCHET, BRUNO. *Iniciación histórica al Derecho Musulmán: seguida de un ensayo sobre la historia jurídica de Al-Andalus.* Instituto de Estudios Jurídicos Internacionales. Dykinson. Madrid. 2007. Página 104.

[221] GEORGIEVA, TSVETANA. (39). *El impuesto de sangre y la introducción del Islam en los territorios búlgaros.* En: STEFANOV, IVAN. *Asuntos demográficos y etnosociales del Ródope de Este.* Plovdiv. 1988. Página 51.

[222] ROULAND, NORBERT, PIERRÉ-CAPS, STÉPHANE, y POUMARÈDE, JACQUES. *Derecho de minorías y de pueblos autóctonos.* Siglo XXI editores. Madrid. 1999. Página 100.

[223] ROULAND, NORBERT, PIERRÉ-CAPS, STÉPHANE, y POUMARÈDE, JACQUES. *Derecho de minorías y de pueblos autóctonos.* Siglo XXI editores. Madrid. 1999. Páginas 100 y 101.

mana, pues efectivamente durante mucho tiempo las tres principales confesiones no musulmanas del Imperio, los griegos ortodoxos, los armenios y los judíos, se beneficiaron de cierta autonomía interna que les permitió gobernarse autónomamente, bajo la autoridad de su respectivo clero, no solamente en el ámbito religioso y cultural, sino en campos más seculares como la administración de justicia y la enseñanza.

Una de las piezas claves en la formación del sistema de los *millet* fue la necesidad de garantizar la recaudación de impuestos, una actividad bien conocida por los ministros de culto y los clérigos locales, deslizándose con el paso de tiempo hacia significativas competencias judiciales y representativas, las cuales en el ocaso del Imperio cristalizaron en la creación de las *micro-naciones confesionales (taifas)*, que pese a ser privadas de una soberanía territorial, gozan de una amplia autonomía interior, incluyendo el propio ejercicio del poder eclesiástico y civil.

Por ello desde una perspectiva histórica, el empleo del término *millet* no se generalizó realmente hasta el siglo XIX, considerándose que tal institución se configuró verdaderamente con el redescubrimiento del sentimiento nacionalista de los pueblos dominados en la época de las reformas de europeización del Imperio Otomano conocida como el *Tanzimat*, (1839-1878).

2.3.4.2. Formación y estructura del sistema de los *millet*

Con su segunda llegada al trono, el Sultán Mehmet II Fatih, (1444-1446, 1451-1481), reconoce una importante autonomía administrativa a la comunidad de los griegos ortodoxos, *rum millet*, bajo la jurisdicción del Patriarca bizantino[224]. Posteriormente la Sublime Puerta aplica este modelo respecto a las poblaciones armenia y judía, otorgándoles significativas libertades sociales y económicas[225]. Una actitud que mejora notablemente la situación de los no musulmanes en el Imperio[226], y que constituye una gran diferencia con respecto a lo que ocurría con los heterodoxos y hebreos durante esta misma época

---

[224] Como ha puesto de manifiesto GIOVANNI CIMBALO en 1454 el Sultán Mahmet II Fatih, el Conquistador, designa al Patriarca Ecuménico como, *millet-bachi*, jefe supremo del entero *millet* cristiano, reconociéndole el derecho de gobierno, de recaudación de impuestos y de administración de justicia respecto a todos los cristianos en el Imperio Otomano. CIMBALO, GIOVANNI. *Tutela individuale e collettiva della libertà di coscienza e modelli di relazione tra stato e confessioni religiose nei paesi dell'Est Europa*. En: CIMBALO, GIOVANNI, y BOTTI, FEDERICA (Editores). *Libertà di coscienza e diversità di appartenenza religiosa nell'Est Europa*. Bolonia University Press. 2008. Página 20.

[225] IMBER, COLIN. *The Ottoman Empire, 1300-1650. The structure of power.* Basingstoke. Palgrave. 2002. Página 217.

[226] ZHELYAZKOVA, ANTONINA. (67). *La expansión del Islam en los territorios de los Balcanes Occidentales sometidos al dominio otomano (XV-XVIII)*. Servicio de publicaciones de la Academia Búlgara de las Ciencias. Sofía. 1990. Página 160.

en países como España y Portugal[227], los cuales mantenían una política de hostilidad contra la disidencia religiosa.

Tabla 1. La composición religiosa de las principales ciudades del Imperio Otomano entre (1520 y 1530)[228]

Ciudades	Familias musulmanas	Familias cristianas	Familias judías	Total
Estambul	9.517	5.162	1.647	16.326
Bursa	6.165	69	117	6.351
Andrinópolis	3.338	522	201	4.061
Ankara	2.399	277	28	2.704
Atenas	11	2.286	—	2.297
Tokat	818	701	—	1.519
Konya	1.092	22	—	1.114
Sivas	261	750	—	1.011
Sarajevo	1.024	—	—	1.024
Monastir	640	171	34	845
Üsküb	630	200	12	842
Sofía	**471**	**238**	—	**709**
Salónica	1.229	989	2.645	4.863
Siroz	671	357	65	1.093
Trikala	301	343	181	825
Larisa	693	75	—	768
Nicópolis	**438**	**775**	—	**1.243**

Desde el punto de vista de la estructura interior de los distintos *millet*, destaca con su homogeneidad únicamente la comunidad armenia, gobernada por el Patriarcado de los armenios con sede en la ciudad de Echmiadzin.

Respecto a la composición del *rum millet* es preciso subrayar, que con el incremento de las competencias civiles del Patriarca Ecuménico se produce una progresiva tendencia de englobar en el ámbito de este concepto a todos los cristianos ortodoxos, independientemente de su pertenencia étnica. Como señala SVETLANA IVANOVA en los estatutos personales, *berat*, otorgados por

---

[227] Un estudio muy interesante de la regulación jurídica del fenómeno religioso en Portugal, se encuentra en la obra: TORRES GUTIÉRREZ, ALEJANDRO. *El derecho de libertad religiosa en Portugal*. Editorial Dykinson. Madrid. 2010.

[228] BENBASSA, ESTHER, y RODRIGUE, ARON. *Historia de los judíos sefardíes de Toledo a Salónica*. Abada Editores. Madrid. 2004. Página 87.

la Sublime Puerta al Patriarca constantinopolitano, el mismo se titula como cabeza de varias comunidades de infieles[229]. Por otro lado a principios del siglo XVIII un buen número de registros de *jiziya* aluden a la recaudación de tal impuesto entre el *millet* cristiano ortodoxo, empleando *etnónimos* como griegos *(rum)*, búlgaros *(bulgar)*, serbios *(sırb* o sırp) y valacos *(eflâk* o *eflâh)*[230].

Especial interés presenta el colectivo de los judíos en el Imperio Otomano denominado *yahudi millet*, en cuya estructura pasan a formar parte[231]:

1) Los hebreos de habla griega, conocidos como *grecos* o *romaniotas*, procedentes del antiguo Imperio Bizantino.
2) Los judíos alemanes *askenazíes*, que se desplazaron al Estado turco desde la Europa Central y Occidental.
3) Los hebreos españoles *sefardíes* y los judíos portugueses[232], los cuales se han considerado como la elite hebrea en el Imperio[233] (tabla 2).

Un interesante matiz dentro del gobierno de la comunidad judía se introduce con la creación del ministerio del rabino supremo en 1453, cuya jurisdicción en este momento inicial *de facto* se extiende únicamente sobre el territorio de Estambul. Un hecho que se corresponde por un lado con la significativa concentración de población hebrea en la capital otomana en la segunda mitad del siglo XV[234], y por otro con la falta de una jerarquía religiosa en el mundo judío, que a su vez no requiere *a priori* la designación de un ministro de culto general, encargado de dirigir los asuntos de la comunidad judía en todo el Imperio[235].

---

[229] IVANOVA, SVETLANA. (72). *Antes de nacer el millet búlgaro.* En: *Estado e Iglesia-Iglesia y Estado en la historia búlgara. Colección 135 años de la institución del Exarcado búlgaro.* Universidad de Sofía «San Clemente de Ohrid». Sofía. 2006. Página 156.

[230] VV.AA. (60). *Cristianos y judíos en la región de Vidin. Registros fiscales de jiziya del Sandzhak de Vidin de los años 20 del siglo XVIII.* En: *Los archivos hablan.* Volumen 62. Agencia de Archivo del Estado. Sofía. 2010. Páginas 16 a 18.

[231] IVANOVA, SVETLANA. (72). *Antes de nacer el millet búlgaro.* En: *Estado e Iglesia-Iglesia y Estado en la historia búlgara.* Colección 135 años de la institución del Exarcado búlgaro. Universidad de Sofía «San Clemente de Ohrid». Sofía. 2006. Página 147.

[232] En términos históricos se pueden distinguir dos grandes oleadas migratorias de sefardíes en el Imperio Otomano. La primera incluye a los judíos españoles expulsados en 1492, y aquellos que han conseguido abandonar Portugal tras las conversiones forzosas en 1497. La segunda emigración es menos numerosa y procede sobre todo del reino portugués, tras la instalación definitiva de la Inquisición en este país, a mediados del siglo XVI. BENBASSA, ESTHER, y RODRIGUE, ARON. *Historia de los judíos sefardíes de Toledo a Salónica.* Abada Editores. Madrid. 2004. Página 86.

[233] KOEN, DAVID. (91). *Los judíos en Bulgaria (1878-1949).* Sofía. 2008. Página 7.

[234] Tras la caída de Constantinopla en 1453 el Sultán Mehmet II, (1444-1446, 1451-1481), ordena el desplazamiento masivo a la capital otomana de judíos romaniotas de Anatolia y los Balcanes para estimular su renacimiento económico. HOWARD, SACHAR. *Adiós España. Historia de los sefardíes.* Thassàlia. Barcelona. 1995. Página 97.

[235] BENBASSA, ESTHER, y RODRIGUE, ARON. *Historia de los judíos sefardíes de Toledo a Salónica.* Abada Editores. Madrid. 2004. Página 110.

Tabla 2.
Evolución del número de familias judías en la distintas ciudades otomanas entre 1506 y 1613 (según los censos otomanos)[236]

Ciudades	**Reinados de Bayaceto II y Selim I (1506-1519)**	**Comienzos del reinado de Solimán (1520-1530)**	**Mediados del reinado de Solimán (1538-1556)**	**Finales del siglo XVI, comienzos del siglo XVII**
Bursa	—	—	166 250 265	683 404
Edirne	231	—	—	553 341
Jerusalén	—	199	224 324	—
Kratova	10	—	28	—
Larisa	8	42	—	212
Lepanto	—	84	—	120
Mardin	92	131	118	—
Mistra	72	99	—	186
Monastir (Bitola)	—	48	59	—
Nikopol	—	99	—	—
Patras	168	252	—	—
Safed	—	235	719	945
Salónica	2.280	2.699	—	5.139
Serre	54	66	—	—
Skopie	12	—	32	—
Sofía	—	—	52	126
Tebas	—	122	—	—
Tiro	41	64	—	—
Trikkala	19	181	—	111
Vidín	—	7	—	31
Vlora	97	527	—	212 50

236 VEINSTEIN, GILLES. *El Imperio Otomano, desde 1492 hasta finales del siglo XIX*. En: MÉCHOULAN, HENRI. *Los judíos de España. Historia de una diáspora. (1492-1992)*. Editorial Trotta. Madrid. 1993. Página 351.

2.3.4.3. La realidad multicultural en los territorios búlgaros

2.3.4.3.1. Evolución histórica

A lo largo de la presencia turca la Península Balcánica experimentará una rica interacción entre diversos grupos étnicos y religiosos. Para tener una idea clara de la actual complejidad cultural, lingüística y religiosa de Bulgaria y de sus orígenes históricos, basta con dar un repaso al contenido de los registros de *jiziya* de la región de Vidin a principios del *Siglo de las Luces*, figurando como contribuyentes armenios censados como *ermeni*, valacos inscritos como *eflâk* o *eflâh*, judíos registrados como *yahudi*, serbios señalados como *sırb* o sırp y húngaros apuntados como *macar*[237]. Otros documentos fiscales de la época aluden a la concentración en los territorios búlgaros de importantes contingentes de romaníes de credo cristiano ortodoxo[238], así como de varios grupos de personas de origen albanés[239].

Las fuentes otomanas del siglo XVII, asimismo ponen de relieve la presencia de los griegos, *taifa-i rum*, en las grandes ciudades y aldeas búlgaras[240], y especialmente en los pueblos situados a lo largo de la costa del Mar Negro[241], don-

[237] VV.AA. (60). *Cristianos y judíos en la región de Vidin. Registros fiscales de jiziya del Sandzhak de Vidin de los años 20 del siglo XVIII.* En: *Los archivos hablan.* Volumen 62. Agencia de Archivo del Estado. Sofía. 2010. Páginas 16, 17, 141 y siguientes.

[238] Por ejemplo un registro de *jiziya* de la región de Ruse de la segunda mitad del siglo XVII, escrito en francés, alude expresamente al *Refus d' un tzigane chrétien, de la ville de Ruse, de payer son cizye. 23.IX.1656.* VV.AA. (40). *Fuentes turcas, relativas a la historia de Bulgaria.* En: *Los Archivos hablan.* Volumen 13. Dirección General de los Archivos de Consejo de Ministros. Academia Búlgara de las Ciencias Instituto de historia, Instituto de estudios de los Balcanes. Biblioteca Nacional de Bulgaria «Stos. Cirilo y Metodio». Sofía. 2001. Páginas 254 y 255.

[239] VV.AA. (40). *Fuentes turcas, relativas a la historia de Bulgaria.* En: *Los Archivos hablan.* Volumen 13. Dirección General de los Archivos de Consejo de Ministros. Academia Búlgara de las Ciencias Instituto de historia, Instituto de estudios de los Balcanes. Biblioteca Nacional de Bulgaria «Stos. Cirilo y Metodio». Sofía. 2001. Página 7.

[240] Documento número 102 «*Liste des villages et nombre des ménages non musulmans dans la región de Plovdiv et de Pazardzik, relativement à leur imposition de cizye. 28.II.1651*» y Documento número 129 «*Cizye perçu d'arménieses et d'autres non-musulmans, résidant provisoirement dans les sancak de Nikopol et de Silistra. 15.V.1657.* VV.AA. (40). *Fuentes turcas, relativas a la historia de Bulgaria.* En: *Los Archivos hablan.* Volumen 13. Dirección General de los Archivos de Consejo de Ministros. Academia Búlgara de las Ciencias Instituto de historia, Instituto de estudios de los Balcanes. Biblioteca Nacional de Bulgaria «Stos. Cirilo y Metodio». Sofía. 2001. Páginas 214 y siguientes.

[241] Documento número 195 «*Diminution du nombre des ménages non musulmans et taux des revenus du cizye dans le kaza de Varna. 22.II.1685.* VV.AA. (40). *Fuentes turcas, relativas a la historia de Bulgaria.* En: *Los Archivos hablan.* Volumen 13. Dirección General de los Archivos de Consejo de Ministros. Academia Búlgara de las Ciencias Instituto de historia, Instituto de estudios de los Balcanes. Biblioteca Nacional de Bulgaria «Stos. Cirilo y Metodio». Sofía. 2001. Páginas 404 a 413.

de desarrollaron una significativa actividad económica como mercaderes y artesanos. Organizada mediante una centralizada estructura de feligresías ortodoxas, la diáspora griega mantiene contactos constantes con el Patriarcado de Constantinopla, que en aquellos tiempos no solamente sirve como centro de gobierno supremo de los griegos en el Imperio, sino también vigila el progreso económico e incita los contactos mercantiles entre todas las comunidades griegas dispersas por el territorio otomano. Será precisamente la mejor situación económica de las provincias balcánicas a comienzos del siglo XVIII, la que atraerá a una oleada de comerciantes griegos a los centros urbanos búlgaros, donde su fuerte influencia social fomenta el renacimiento de la vida cultural, erigiéndose nuevos establecimientos docentes, bibliotecas e iglesias.

Bulgaria acogió a judíos desde los primeros siglos de la era cristiana. Durante la presencia bizantina en los territorios búlgaros se establecieron *los romaniotas*[242]. Fueron exactamente estos últimos quienes dieron cobijo a los hebreos refugiados en distintas épocas, y en particular a los exiliados de España[243]. A su llegada, en el siglo XV, había tres comunidades judías en las tierras de la antigua Bulgaria *los grecos, los askenazíes* y un pequeño grupo de hebreos italianos. Desde mediados del siglo XVI, *romaniotas* e *italiotas* se fueron fundiendo con los sefardíes, que supieron conservar sus ritos y tradiciones, de forma que la cultura sefardí dominó prácticamente el judaísmo búlgaro, hecho insólito en los Balcanes, al norte de Salónica[244]. Como ponen de manifiesto los registros fiscales otomanos[245] a partir de la segunda década del siglo XVI, se marca un progresivo crecimiento de la población judía en las metrópolis búlgaras[246] y especialmente en las ciudades de Nicópolis que cuenta con 186

---

[242] KAZAKOV, EMIL. (80). *La fuerza de una idea nacional-los judíos búlgaros durante la Segunda Guerra Mundial.* En: *Relaciones Internacionales.* Libro 4/2001. Año XXX. Sofía. 2001. Página 109.

[243] BARUH, EMI. (14). *Judíos.* En: KRASTEVA, ANNA. *Comunidades e identidades en Bulgaria.* Petexton. Sofía. 1998. Página 224.

[244] LOKER, ZVI. *Los judíos sefardíes de Bulgaria.* En: MÉCHOULAN, HENRI. *Los judíos de España. Historia de una diáspora. (1492-1992).* Editorial Trotta. Madrid. 1993. Página 255.

[245] BOSHKOV, VANKO, EPSTEIN ALAN, MARK, y ANDREEV, STEFAN. *Ottoman documents on Balcan Jews. (XVITH-XVIITH) centuries.* Centre international d'information sur les sources de l'histoire balkanique et méditerranéenne. Sofía. 1990. Páginas 5 y siguientes.

[246] En las ciudades balcánicas los judíos erigen sus propias escuelas y bibliotecas modernas, accesibles a los búlgaros, algo que fomenta tanto el renacimiento de la cultura búlgara, como el redescubrimiento de su sentimiento nacional. ROSHKOVSKA, ANNA. (200). *La oleada sefardí y la cultura búlgara del Renacimiento.* En: *Multiculturalismo. La cultura de las minorías en Bulgaria.* Centro internacional de los problemas de las minorías y las relaciones interculturales. Instituto de literatura de la Academia Búlgara de las Ciencias. Sofía. 2001. Páginas 38 y 39.

familias, Sofía con 21, Vidin[247] con 31 y Plóvdiv con 41[248], donde los hebreos se dedican esencialmente a la artesanía y al comercio[249], desempeñan un importante papel en la recaudación y el arrendamiento de impuestos[250]. Tradicionalmente los judíos habitaron barrios segregados, las juderías en las cercanías de las sinagogas. Sin embargo a partir del siglo XVII bajo la presión de la nueva coyuntura de crisis imperial[251], que supone unas cargas fiscales cada vez más elevadas se procede a la unión de las diferentes congregaciones hebreas, en una comunidad urbana *kehillot*[252], gobernada autónomamente por un consejo general, a cuyos representantes también se les atribuye el cargo de recaudar los tributos de los miembros de toda la diáspora judía[253]. Como apunta DAVID KOEN este régimen de autogestión fiscal, que es muy parecido al estatuto de las *aljamas* en España[254], lleva aparejada la *corresponsabilidad*[255] de todos los miembros de la comunidad, siempre y cuando uno de ellos no haya sido capaz de pagar su consignación fiscal. La situación económica de los hebreos en el Imperio Otomano sigue deteriorándose a lo largo del siglo XVIII. Teniendo en cuenta las trabas impuestas a sus actividades económicas, muchos judíos se ven obligados a buscar medios de subsistencia en el pequeño comercio ambulante por la calle o en el mercado. Esa situación se agrava aún más después de la Guerra de Crimea, (1853-1856), pues las nuevas cargas bancarias de la Subli-

---

247 En la región de Vidin los judíos tienen su específica comunidad, *djemaat*, que figura en los registros de *jiziya* de 1723 y 1724 en un libro especial, *defter yahudi*, incluyendo 61 personas. VV.AA. (60). *Cristianos y judíos en la región de Vidin. Registros fiscales de jiziya del Sandzhak de Vidin de los años 20 del siglo XVIII.* En: *Los archivos hablan*. Volumen 62. Agencia de Archivo del Estado. Sofía. 2010. Páginas 17 y 162.

248 BENBASSA, ESTHER, y RODRIGUE, ARON. *Juifs des Bakans: espaces judéo-ibériques, XIVe - XXe siècles*. Éditions la Découverte. París. 1993. Página 69.

249 Las actividades comerciales de los judíos favorecen la vida económica de los búlgaros, así como promueven los contactos de estos últimos con los países europeos no solamente en la esfera mercantil, sino en el ámbito cultural. ROSHKOVSKA, ANNA. (200). *La oleada sefardí y la cultura búlgara del Renacimiento.* En: *Multiculturalismo. La cultura de las minorías en Bulgaria.* Centro internacional de los problemas de las minorías y las relaciones interculturales. Instituto de literatura de la Academia Búlgara de las Ciencias. Sofía. 2001. Páginas 36 y 42.

250 KENDEROVA, STOYANKA. (88). *Recensión sobre: Ottoman documents on Balcan Jews. (XVITH-XVIITH) centuries.* En: *Revista histórica.* Libro 5/1991. Academia Búlgara de las Ciencias. 1991. Página 103.

251 KAZAKOV, EMIL. (80). *La fuerza de una idea nacional-los judíos búlgaros durante la Segunda Guerra Mundial.* En: *Relaciones Internacionales.* Libro 4/2001. Año XXX. Sofía. 2001. Página 107.

252 SHMUELEVITZ, ARYEH. *The Ottoman Jewish Communities and their Role in the Fifteenth and Sixteenth Centuries.* Klaus Schwarz. Freiburg. 1980. Página 13.

253 BENBASSA, ESTHER, y RODRIGUE, ARON. *Historia de los judíos sefardíes de Toledo a Salónica.* Abada Editores. Madrid. 2004. Páginas 105 y 106.

254 Sobre el estatuto de aljamas. PERÉZ, JOSEPH. *Los judíos en España.* Marcial Pons, Ediciones de Historia. Madrid. 2005. Página 140.

255 KOEN, DAVID. (91). *Los judíos en Bulgaria (1878-1949).* Sofía. 2008. Página 7.

me Puerta afectan duramente a los financieros e inversores hebreos. Debido a todo ello un significativo sector de la población judía se distancia de los poderes turcos, simpatizando con el movimiento revolucionario búlgaro, que mantiene una política de tolerancia y respeto a las minorías, que forman parte de la población otomana[256].

Otro grupo étnico que destaca con su significativa presencia en los territorios búlgaros a partir de la segunda mitad del siglo XVI[257] son los armenios[258], los cuales asimismo se establecen en las grandes ciudades como Plovdiv, Silistra, Nikopol, Ruse, Varna y Burgas, formando sus propias comunidades. Pese a que los armenios al igual como los griegos gozan de su propio *millet*, la estructura de mismo no es tan centralizada, de modo que pueda establecerse una conexión entre todos los colectivos de armenios en el Imperio. Un hecho que plantea serias dificultades a las autoridades otomanas a la hora de recaudar el impuesto *jiziya*. En este sentido especial interés presentan los grupos de viajantes armenios *perakende*, procedentes de Anatolia que residen provisionalmente en la ciudades de Nikopol y Silistra, donde se ven obligados a ingresar anualmente dicho tributo dentro del plazo fijado por la Sublime Puerta junto con los demás mercaderes griegos, valacos y serbios, también residentes temporalmente en dichos pueblos[259].

Es llamativa la historia de la minoría romaní en los territorios búlgaros, que en el siglo XV crea comunidades particulares, diferenciadas estrictamente por las normativas otomanas de los restantes grupos étnicos que habitan el Imperio[260]. Al analizar la información del Registro fiscal de la Provincia de Rumelia de 1523 ELENA MARUSHIAKOVA y VESELIN POPOV calculan que en la primera mitad del siglo XVI el actual territorio de Bulgaria estaba habitado por 5.701 familias gitanas[261], que practicaban un modo de vivir relativamen-

---

[256] KOEN, DAVID. (91). *Los judíos en Bulgaria (1878-1949)*. Sofía. 2008. Páginas 8 y 9.

[257] MITSEVA, EVGENIA, y PAPAZYAN-TANIELYAN, SIRANUSH. (122). *Armenios*. En: KRASTEVA, ANNA. *Comunidades e identidades en Bulgaria*. Petexton. Sofía. 1998. Página 139.

[258] La mayor oleada migratoria de armenios a los territorios búlgaros se produce en la segunda década del siglo XX, debido a las persecuciones emprendidos contra este pueblo en el Imperio Otomano. KARAHASAN-CHANAR, IBRAHIM. (86). *Las minorías étnicas en Bulgaria. Historia, cultura, religión y tradiciones*. Editorial LIK. Sofía. 2005. Página 17.

[259] Documento número 129 «*Cizye perçu d'arménieses et d'autres non-musulmans, résidant provisoirement dans les sancak de Nikopol et de Silistra. 15.V.1657*. VV.AA. (40). *Fuentes turcas, relativas a la historia de Bulgaria*. En: *Los Archivos hablan*. Volumen 13. Dirección General de los Archivos de Consejo de Ministros. Academia Búlgara de las Ciencias Instituto de historia, Instituto de estudios de los Balcanes. Biblioteca Nacional de Bulgaria «Stos. Cirilo y Metodio». Páginas 269 y 270.

[260] IVANOVA, SVETLANA. (72). *Antes de nacer el millet búlgaro*. En: *Estado e Iglesia-Iglesia y Estado en la historia búlgara*. Colección 135 años de la institución del Exarcado búlgaro. Universidad de Sofía «San Clemente de Ohrid». Sofía. 2006. Páginas 150 y 149.

[261] MARUSHIAKOVA, ELENA, y POPOV, VESELIN. (118). *Los gitanos en Bulgaria*. Editorial «Club'90». Sofía. 1993. Página 77.

te sedentario, dedicándose en buena parte a la agricultura. Asimismo los romaníes desarrollaban varias actividades artesanales y participaban en el ejército turco, cumpliendo funciones auxiliares[262]. Será en la primera mitad del siglo XVI cuando la Sublime Puerta decreta las primeras normativas especiales, destinadas a la regulación del régimen jurídico y fiscal de los romas habitantes de los territorios otomanos en los Balcanes. En 1530, el Sultán Solimán I, (1520-1566), dicta la Ley de los gitanos en la Provincia de Rumelia, seguida por la Ley del gobernador del enclave romaní de 1541, reguladoras de la recaudación de impuestos en la comunidad gitana[263]. Un interesante matiz del régimen tributario de los romas se introduce por los registros de *jiziya* de la región de Rumelia de la segunda mitad del siglo XVII, al consagrarse expresamente la *collecte de cizye de tziganes musulmans*[264]. Un hecho que en primer lugar pone de manifiesto un doble trato de los ciudadanos musulmanes[265] del Imperio, basado en su pertenencia étnica, y a continuación entra en directa contradicción con la Ley islámica y el propio Corán[266]. Conforme a las citadas normativas, además quedan prohibidos el nomadismo y la convivencia mutua entre romas musulmanes y cristianos[267]. Pese a estas restricciones, el régimen jurídico de la minoría romaní en el Estado turco es mucho más tolerante que el de los restantes países de Europa Central y Occidental, donde en

---

[262] TOMOVA, ILONA. (226). *Romas*. En: KRASTEVA, ANNA. *Comunidades e identidades en Bulgaria*. Petexton. Sofía. 1998. Página 331.

[263] TOMOVA, ILONA. (226). *Romas*. En: KRASTEVA, ANNA. *Comunidades e identidades en Bulgaria*. Petexton. Sofía. 1998. Página 330.

[264] Documento número 114 «*Collecte de cizye de tziganes musulmans en Roumélie. 25.IV-24.V.1656.*». VV.AA. (40). *Fuentes turcas, relativas a la historia de Bulgaria*. En: *Los Archivos hablan*. Volumen 13. Dirección General de los Archivos de Consejo de Ministros. Academia Búlgara de las Ciencias Instituto de historia, Instituto de estudios de los Balcanes. Biblioteca Nacional de Bulgaria «Stos. Cirilo y Metodio». Páginas 251 a 255.

[265] A menudo miembros de la comunidad musulmana romaní han reclamado frente a los tribunales imperiales el pago del *jiziya*, reconociéndose la exoneración del mismo. Pese a tratase de casos particulares ello pone de manifiesto la capacidad de los gitanos para reivindicar sus derechos civiles ante los órganos de justicia otomanos. MARUSHIAKOVA, ELENA, y POPOV, VESELIN. *The Roma-a Nation without a State? Historical Background and Contemporary Tendencies*. En: BERNHARD STRECK (Hg.): *Segmentation und Komplementarität. Organisatorische, ökonomische und kulturelle Aspekte der Interaktion von Nomaden und Sesshaften*. Beiträge der Kolloquia am 25.10.2002 und 27.06.2003. Halle 2004 (Orientwissenschaftliche Hefte 14; Mitteilungen des SFB «*Differenz und Integration*». Número 6. Páginas 72 y 73.

[266] Ello junto con la práctica *devşirme*, pone de manifiesto que de entrada la islamización de los turcos no impuso una derogación absoluta del derecho consuetudinario otomano tradicional, pues mantuvieron su vigencia instituciones en principio incompatibles con la Sharia. AGUILERA BARCHET, BRUNO. *Iniciación histórica al Derecho Musulmán: seguida de un ensayo sobre la historia jurídica de Al-Andalus*. Instituto de Estudios Jurídicos Internacionales. Dykinson. Madrid. 2007. Página 104.

[267] MARUSHIAKOVA, ELENA, y POPOV, VESELIN. *Gypsies in the Ottoman Empire. A Contribution to the History of the Balkans*. Gypsy Research Center and University of Hertfordshire. Bristol. 2001. Página 28.

contra de sus miembros se emprende una política represiva[268], marcada por numerosas persecuciones e intentos de asimilación forzosa[269]. En ese contexto cabe añadir que hasta los años 60 del siglo XIX los Principados de Valaquia y Moldavia reconocen a los romas el estatuto de *semi-esclavos*[270]. A resultas de todo ello a lo largo de los siglos XVII y XVIII, los Balcanes se convierten en un verdadero punto de atracción de gitanos emigrantes de los estados europeos[271]. A principios del siglo XIX se empieza observar la tendencia a la sedentarización masiva de los romaníes, al establecerse en pequeñas aldeas situadas en las cercanías de las grandes ciudades, donde desarrollan mayoritariamente actividades agrícolas.

Tabla 3.
Población romaní en las ciudades de la Provincia de Plóvdiv en 1876[272]

Ciudad	Musulmanes	Cristianos	Total
Plóvdiv	5.474	495	5.969
Pazardzhik	2.120	495	2.615
Haskovo	1.548	145	1.693
Stara Zagora	989	70	1.059
Kazanlak	1.384	24	1.408
Chirpan	420	88	508
Smolyan	377	-	377

---

268 MARUSHIAKOVA, ELENA, y POPOV, VESELIN. *Gypsy/Roma European migration from 15th century till nowadays*. En: *Romani mobilities in Europe: Multidisciplinary perspectives*. International Conference. Refugee Studies Center, University of Oxford 14-15 January 2010. Página 126.

269 Por ejemplo entre 1720 y 1726, Carlos VI, (1711-1740), decreta la persecución y exterminio de los «gitanos y cualquier otra canalla de semejante género». Tanto María Teresa, (1740-1780), como posteriormente José II, (1765-1790), trataron de buscar su sedentarización, incautándose sus carruajes y los animales de tiro, se dictan normas que decretan que los gitanos debían imperativamente vivir fuera de las ciudades, y se proscribe el uso de su lenguaje. La minoría gitana en Austria sufrió durante el Antiguo Régimen, una serie de legislación restrictiva de sus derechos civiles, prohibiéndose por ejemplo el empleo de su lengua, so pena de 24 bastonazos, o decretándose la separación de sus padres de los niños mayores de 5 años de edad, con el fin de encomendarse su educación a padres cristianos. TORRES GUTIÉRREZ, ALEJANDRO. *Minorías y multiculturalidad en Austria*. Dykinson. Madrid. 2007. Página 255.

270 TOMOVA, ILONA. (226). *Romas*. En: KRASTEVA, ANNA. *Comunidades e identidades en Bulgaria*. Petexton. Sofía. 1998. Página 331.

271 MARUSHIAKOVA, ELENA, y POPOV, VESELIN. (118). *Los gitanos en Bulgaria*. Editorial «Club'90». Sofía. 1993. Página 80.

272 MARUSHIAKOVA, ELENA, y POPOV, VESELIN. (118). *Los gitanos en Bulgaria*. Editorial «Club'90». Sofía. 1993. Página 81.

2.3.4.3.2. La diversidad cultural en los territorios búlgaros, según los censos otomanos de la segunda mitad del siglo XIX

Los primeros censos de la población del Imperio Otomano que incluyen los territorios búlgaros se remontan a los años 30 del siglo XIX, cuando se realiza la primera contabilización de la población de las provincias balcánicas[273], cuyo valor es más bien el de un cuadro histórico, al hacerse sin dar publicidad de los resultados censales, señalándose únicamente el incremento de las familias musulmanas, las cuales por aquel entonces ya constituían 2/3 de los hogares cristianos[274].

Especialmente llamativo es el censo celebrado en 1866, que en un primer momento se limitó a contabilizar sólo los habitantes de las ciudades situadas al sur de Danubio, pero a continuación extendió su perímetro, incluyendo la contabilización de la población rural. Históricamente éste resulta el único censo de la población búlgara, celebrado con anterioridad a la liberación de Bulgaria en 1878, respecto al cual son publicados algunos aspectos de su organización, objetivos y metodología, dándose una amplia publicidad a los resultados obtenidos.

En términos estadísticos la actividad censal de 1866 destaca con la detallada descripción de las características étnicas de la población en los territorios búlgaros, que tradicionalmente es vinculada con la pertenencia religiosa de los individuos, pues las autoridades administrativas otomanas reúnen las personas contabilizadas de acuerdo con su confesión religiosa, en tres grandes grupos: musulmanes, cristianos[275] y judíos, si bien en el caso de los hebreos se trata tanto de un credo religioso como de una comunidad étnica.

Según los datos censales de 1866, en el ámbito de los musulmanes entran[276]: *antiguos musulmanes, tártaros, nogáis (nogaylar)*[277], *circasianos, arnaútes*[278], *bosnios, curdos, romaníes musulmanes, romaníes de origen tártaro.*

---

[273] ARKADIEV, DIMITAR. (9). *Investigación de la composición étnica de la población según los censos de Bulgaria*. En: *Revista «Población»*. Libro 6/1992. Instituto de demografía de la Academia Búlgara de Ciencias. Sofía. 1992. Página 49.

[274] TODOROV, NIKOLAY. (217). *La colonización turca y los cambios demográficos en los territorios búlgaros*. En: *Etnogénesis y herencia cultural del pueblo búlgaro*. Anuario del Instituto etnográfico de la Academia Búlgara de Ciencias. Sofía. 1971. Página 72.

[275] RYABUSHKIN, TIMON VASILEVICH, y SIMCHERA, VASILIY MIHAYLOVICH. (201). *Descripción de la Estadística Internacional: metodología y organización*. Editorial «Nauka». Moscú. 1981. Páginas 263 y 264.

[276] ARKADIEV, DIMITAR. (9). *Investigación de la composición étnica de la población según los censos de Bulgaria*. En: *Revista «Población»*. Libro 6/1992. Instituto de demografía de la Academia Búlgara de Ciencias. Sofía. 1992. Página 49.

[277] También se conocen como *mongoles caucásicos*.

[278] Conocidos en aquella época en la Europa Occidental como *albaneses*. KANCHOV, VASIL. (98). *Macedonia: etnografía y estadística*. Segunda Edición. Ediciones Académicas «Profesor Marin Drinov». Sofía. 1996. Página 83.

En el capítulo de los cristianos pasan a formar parte[279]: *griegos, búlgaros, gagauzos, búlgaros shopis, búlgaros arnaútes, moldavos, valacos, armenios ortodoxos, armenios católicos, italianos, franceses, ingleses, húngaros, serbios, alemanes y cosacos (varios grupos).*

Como afirma DIMITAR ARKADIEV *en términos generales las citadas 25 denominaciones describen adecuadamente* la composición étnica de la región sureste de la Península Balcánica[280]. No obstante cabe deducir la existencia de cierta dilución entre la identidad religiosa y étnica de los individuos, así como la incorporación de algunos grupos etnográficos. En lo tocante al primer caso, un ejemplo muy significativo constituye la división de los armenios en dos grupos-*ortodoxos y católicos*, y respecto al segundo llama la atención la distribución de la etnia búlgara en tres colectivos-*búlgaros, búlgaros shopis y búlgaros arnaútes*, así como el uso del etnónimo *cosacos* que es término común compartido de forma independiente por varios grupos de población y unidades militares a lo largo de la historia de Europa Oriental y de los territorios adyacentes.

Especialmente interesante es la abstención de la administración otomana de emplear la denominación *turcos*, utilizándose el término *musulmanes antiguos*, que asimismo sirve para distinción entre la población musulmana autóctona y los nuevos grupos de emigrantes como tártaros y circasianos[281].

2.3.5. La cuestión de los derechos fundamentales de los ciudadanos no musulmanes del Imperio Otomano en la época de las reformas *Tanzimat*, (1839-1878)

En 1837 el Sultán Mahmut II, (1808-1839), hace un viaje en los territorios búlgaros, visitando las ciudades de Varna, Ruse, Nikopol, Tarnovo y otras, donde despacha con delegaciones compuestas por cristianos para conocer sus problemas. De esta manera, por primera vez en la época de la presencia turca, a los búlgaros se les proporciona oficialmente la facultad de presentar peticiones al soberano otomano[282].

---

279 ARKADIEV, DIMITAR. (9). *Investigación de la composición étnica de la población según los censos de Bulgaria.* En: *Revista «Población».* Libro 6/1992. Instituto de demografía de la Academia Búlgara de Ciencias. Sofía. 1992. Página 50.

280 ARKADIEV, DIMITAR. (9). *Investigación de la composición étnica de la población según los censos de Bulgaria.* En: *Revista «Población».* Libro 6/1992. Instituto de demografía de la Academia Búlgara de Ciencias. Sofía. 1992. Página 50.

281 ARKADIEV, DIMITAR. (9). *Investigación de la composición étnica de la población según los censos de Bulgaria.* En: *Revista «Población».* Libro 6/1992. Instituto de demografía de la Academia Búlgara de Ciencias. Sofía. 1992. Página 50.

282 NIKOLOVA, RAINA. (172). *Los derechos de los ciudadanos según la Ley Orgánica de Rumelia Oriental.* En: *Mundo jurídico.* Libro número 2/2008. Editorial Sibi. 2008. Página 142.

Será exactamente el Sultán Abdul Medjit I, (1839-1861), hijo de Mahmut II, a quien se le concederá el mérito de haber lanzado una larga serie de medidas destinadas a europeizar el Imperio y la sociedad, abrazando los principios del liberalismo y la tolerancia[283]. Conocido bajo el nombre de *Tanzimat*, (las Reorganizaciones), este proceso se inicia con la promulgación del *Hatt-i Sherif* del *Gülkhané*, de 3 de noviembre de 1839[284], (el Edicto Imperial del Pabellón de las Rosas). Un primer intento por establecer la igualdad jurídica entre los súbditos del Sultán, sin distinción de su pertenencia religiosa[285] que conlleva como consecuencias principales:

1) El reconocimiento de garantías de la protección de la vida, la dignidad y la propiedad de todos los ciudadanos otomanos sin otorgar importancia de su etnia o religión[286].
2) La realización de reformas fiscales, destinadas a la abolición de los impuestos de *jiziya* y *kharādj*, previéndose que cada uno entregará directamente al Estado tributos[287] proporcionados a sus ingresos[288].
3) El 3 de mayo de 1840, el gobierno turco decreta una nueva Ley Penal, la cual no hace diferencias de trato entre musulmanes e infieles[289].
4) En 1843 bajo la presión del embajador inglés en el Imperio Otomano Stratford Canning, (1841-1858), se procede a la derogación de las normativas canónicas, en virtud de las cuales se sancionaban con pena de muerte a los musulmanes que renuncias a su fe[290].
5) Durante 1846 se adopta una Ley de instrucción popular, introduciéndose un nuevo sistema educativo, que incluye tres etapas de enseñanza primaria, secundaria y superior. Inaugurándose, el 1 de septiembre de

---

[283] PINON, RENÉ. *L'Europe et l'Empire Ottoman. Les Aspects actuels de la Question d'Orient.* Librairie Académique Perrin et Cie. París. 1913. Páginas 16 y 17.

[284] JELAVICH, CHARLES, y BARBARA. *The Establishment of the Balkan National States, 1804-1920.* En: *A History of East Central Europe.* Volume VIII. University of Washington Press. Seattle and London. 1977. Página 105.

[285] BEROV, HRISTO. (15). *Nuevamente sobre la Historia Constitucional Europea del siglo XIX.-Tomo segundo de un libro de guía alemán.* En: *Pensamiento jurídico.* Libro número 4/2012. Año LIII. Academia Búlgara de las Ciencias. Sofía. 2012. Página 74.

[286] GENOV, GEORGI. (30). *«La Cuestión de Oriente». (Historia política y diplomática).* Primera parte. Sofía. 1924. Página 364.

[287] ROULAND, NORBERT, PIERRÉ-CAPS, STÉPHANE, y POUMARÈDE, JACQUES. *Derecho de minorías y de pueblos autóctonos.* Siglo XXI editores. Madrid. 1999. Página 102.

[288] SHAW, STANFORD JAY y SHAW, KURAL EZEL. *History of the Ottoman Empire and Modern Turkey: Volume 2, Reform, Revolution and Republic. The Rise of the Modern Turkey 1808-1975.* Cambridge University Press. 1977. Página 40.

[289] NIKOLOVA, RAINA. (172). *Los derechos de los ciudadanos según la Ley Orgánica de Rumelia Oriental.* En: *Mundo jurídico.* Libro número 2/2008. Editorial Sibi. 2008. Página 143.

[290] GENOV, GEORGI. (30). *«La Cuestión de Oriente». (Historia política y diplomática).* Primera parte. Sofía. 1924. Página 367.

1868, el liceo francés *Galata-Seraï*, que constituye el primer establecimiento educativo de estudios universitarios en el Imperio[291].

6) En 1487 tras varias reformas militares se abole la prohibición del acceso al ejército a los no musulmanes, permitiéndose el reclutamiento de griegos en la marina de guerra[292].
7) Será en 1853 cuando la Sublime Puerta promulga un Decreto especial, regulador de las competencias de las autoridades administrativas municipales, reconociendo a los cristianos el derecho de ocupar un empleo público en el seno de dichos órganos[293].

Sin embargo los citados esfuerzos políticos, que al promover la *liberalización* del Imperio, llevaban la intención de evitar el incremento de las aspiraciones nacionalistas de los pueblos dominados, así como las fuertes tensiones disgregantes, que estaban en el fondo de la denominada *Cuestión de Oriente*[294], tuvieron efectos inversos. La aplicación de los principios consagrados por el *Hatt-i Sherif*, se ve obstaculizada tanto por la crisis interna, como por dificultades externas. En el ámbito interior la proclamada igualdad de los derechos provoca el descontento de importantes sectores de la población musulmana, que temía la pérdida de la situación privilegiada del Islam. Por otro lado, en el plano internacional, la rivalidad entre las Grandes Potencias Europeas y Rusia, producida por sus ambiciones de aumentar su influencia política y económica en los Balcanes, el Mediterráneo Oriental y la Asia Menor, coloca al Imperio Otomano en una situación delicada de cara a la conservación del *statu quo* político y territorial, diseñado por el Congreso de Viena, (1814-1815)[295]. Será a principios de los años 50 del siglo XIX cuando el zar Nicolás I, (1796-1855), convencido de que los problemas surgidos en la campaña de europeización del Estado turco contribuirán a su colapso, decidirá precipitar este proceso, reclamando el derecho ruso de control sobre las prerrogativas eclesiásticas y administrativas de toda la comunidad cristiana ortodoxa en el Imperio Otomano, estipulado por el Tratado de *Küçük Kaynarca*[296],

---

[291] IMBERT, PAUL. *La rénovation de l'Empire Ottoman. Affaires de Turquie.* Librairie Académique Perrin et Cie. París. 1909. Página 204.

[292] NIKOLOVA, RAINA. (172). *Los derechos de los ciudadanos según la Ley Orgánica de Rumelia Oriental.* En: *Mundo jurídico.* Libro número 2/2008. Editorial Sibi. 2008. Página 143.

[293] MAZHDRAKOVA-CHAVDAROVA, OGNYANA. (103). *La representación nacional búlgara-ideas e intentos de su creación (los años 40-60 del siglo XIX).* En: *Revista histórica.* Libro 2/1993. Año XLIX. Academia Búlgara de las Ciencias. 1993. Página 26.

[294] PINON, RENÉ. *L'Europe et l'Empire Ottoman. Les Aspects actuels de la Question d'Orient.* Librairie Académique Perrin et Cie. París. 1913. Página 2.

[295] ALEKSANDROV, VALENTIN. (1). *El Congreso de Viena 1814-1815.* En: *Pensamiento jurídico.* Libro número 3/1999. Año XXXX. Academia Búlgara de las Ciencias. 1999. Páginas 57 a 70.

[296] IMBERT, PAUL. *La rénovation de l'Empire Ottoman. Affaires de Turquie.* Librairie Académique Perrin et Cie. París. 1909. Página 177.

de 21 de junio de 1774[297]. En definitiva, a través de la cuestión religiosa Rusia buscaba establecer una influencia preponderante sobre Constantinopla e intervenir continuamente en sus asuntos interiores, lo que ponía en peligro los privilegios económicos de Francia e Inglaterra establecidos a raíz del *régimen de las capitulaciones*. Una vez rechazada la reivindicación del zar Nicolás I, (1796-1855), Rusia invadió los Principados Danubianos (Moldavia y Valaquia), provocando la Guerra de Crimea, (1853-1856), en la que también toman parte Francia y Gran Bretaña, no estando dispuestas a aceptar la descomposición del Imperio Otomano en beneficio de San Petersburgo. El conflicto bélico terminó con fracaso para Rusia. Las estipulaciones del Tratado de París de 30 de marzo de 1856, confirman la integridad del Estado turco y declaran que la Sublime Puerta *queda admitida a participar de las ventajas del derecho internacional público y del sistema del Concierto Europeo*[298]. Ante el reconocimiento de esta prerrogativa el Sultán se ve obligado a promulgar un decreto especial, *ferman*, tendente a *mejorar la posición jurídica de todos los ciudadanos del Imperio sin distinción de religión o raza*[299]. Las potencias contratantes hacen especial hincapié en el *alto valor de esta resolución, quedando claramente entendido que la misma no puede, en ningún caso, dar a los estados europeos el derecho a intervenir, bien colectiva o separadamente, en las relaciones de la Sublime Puerta con sus súbditos, ni en la administración interna del Imperio*[300].

En realidad tales normas convencionales tienen un carácter confirmador, pues el 18 de febrero de 1856, el Sultán Abdul Medjit I otorgó el *Hatti-humayoun*, un nuevo edicto reformador, referido a la organización política del Imperio que desarrolla las garantías establecidas por el *Hatt-i Sharif* de 1839[301], mediante las siguientes previsiones[302]:

1) Se ratifica el derecho a la protección de la vida, la dignidad y la propiedad de todos los ciudadanos otomanos, con independencia de su credo o pertenencia étnica[303].

---

297 En este sentido es preciso poner de relieve, que el 18 de octubre de 1802, Francia y la Sublime Puerta estipulan la protección francesa de los cristianos católicos y los ciudadanos maronitas del Imperio, confirmándose que los cristianos ortodoxos quedarán bajo la tutela de Rusia. PINON, RENÉ. *L'Europe et l'Empire Ottoman. Les Aspects actuels de la Question d'Orient*. Librairie Académique Perrin et Cie. París. 1913. Página 547.

298 GENOV, GEORGI. (31). *«La Cuestión de Oriente»*. Segunda parte. *Del Congreso de París (1856) al Tratado de Neuilly (1919)*. Imprenta «Houdojnik». Sofía. 1926. Página 88.

299 Artículo 9, párrafo 1, del Tratado de París de 1856. GYUZELEV, VASIL. (46). *El estado búlgaro en actos y documentos*. Editorial «Nauka i izkustvo». Sofía. 1981. Páginas 138 a 141.

300 Artículo 9, párrafo 2, del Tratado de París de 1856.

301 IMBERT, PAUL. *La rénovation de l'Empire Ottoman. Affaires de Turquie*. Librairie Académique Perrin et Cie. París. 1909. Página 195.

302 GENOV, GEORGI. (31). *«La Cuestión de Oriente»*. Segunda parte. *Del Congreso de París (1856) al Tratado de Neuilly (1919)*. Imprenta «Houdojnik». Sofía. 1926. Páginas 115 a 125.

303 BONEVA, VERA. (19). *La petición de los búlgaros de Tsarigrad respecto a soberanía eclesiástica y nacional de 1856, y la evolución del nacionalismo político renacentista*. En: *Cultura espiri-*

2) Se afirman los privilegios y las inmunidades eclesiásticas, concedidas *ab antiquo* de las distintas confesiones no musulmanas, especificándose a continuación que:
   a) Se garantizará la inviolabilidad de los bienes muebles e inmuebles de las entidades eclesiásticas cristianas.
   b) Un consejo compuesto por sacerdotes y legos elegidos por los creyentes detentará el gobierno civil de las comunidades no musulmanas en el Imperio.
   c) Se permite la edificación de templos, siempre y cuando se cuenta con el acuerdo previo de las autoridades públicas.
   d) En las localidades, cuyas poblaciones profesen una única confesión religiosa no se podrá imponer ninguna limitación de las prácticas del culto externo.
   e) Queda permitida la convivencia entre musulmanes y fieles de otros credos en el seno de la misma comunidad.
3) La *distinción del origen étnico no será perjudicial de ningún súbdito* del Sultán para la admisión a empleos, cargos y dignidades públicos.
4) En el campo educativo destaca el reconocimiento de:
   a) La igualdad de todos los ciudadanos otomanos en cuanto al acceso a las escuelas públicas, siempre que cumplan los requisitos previstos por el reglamento del establecimiento correspondiente, respecto a la edad escolar y los exámenes de selectividad.
   b) El derecho de las distintas comunidades étnicas y religiosas de abrir sus propios centros de enseñanza, limitándose el Estado únicamente a controlar la metodología de la instrucción y la elección de los docentes, a través de un consejo de educación, cuyos miembros serán designados por la Sublime Puerta.
5) En el ámbito del sistema judicial se configura el instituto de los *tribunales mixtos* competentes de administrar justicia en materia civil, mercantil y penal, siempre y cuando las partes litigantes pertenezcan a distinta confesión religiosa, prestando juramento de conformidad con los dogmas de su propio credo. Asimismo se reconoce oficialmente la capacidad para testificar de los ciudadanos no musulmanes[304]. En el marco del proceso civil el *Hatti-humayoun* atribuye a los tribunales eclesiásticos de

---

tual. Revista mensual de religión, filosofía, ciencia y arte. Año LXXVI. Libro 5. Sofía. 1996. Página 20.

[304] Cabe señalar que las fuentes judiciales del siglo XVII ya aluden al reconocimiento del derecho de los infieles de prestar declaración ante los tribunales otomanos, pero únicamente en litigios en los que una o ambas partes son de confesión no musulmana, así como en la investigación previa del delito de homicidio. GRADEVA, ROSITSA. (43). *Respecto a las competencias jurídicas del tribunal del cadí durante el siglo XVII.* En: *Revista histórica.* Libro 2/1993. Año XLIX. Academia Búlgara de las Ciencias. 1993. Página 118.

las confesiones religiosas no musulmanas la competencia de conocer juicios matrimoniales y de herencia, que atañan a los miembros de su respectiva comunidad. Además para facilitar el proceso de administración de justicia, dicho edicto prevé la traducción de las Leyes fundamentales otomanas en todas las lenguas empleadas en el Imperio.

6) Se proclama el derecho de voto activo y pasivo de cada súbdito del Estado turco. Los cristianos y los demás no musulmanes contarán con sus representantes en las autoridades administrativas locales y municipales, así como en el Consejo General del Poder Judicial del Imperio.
7) Se introduce un régimen fiscal común para todos los ciudadanos de la Sublime Puerta, sin otorgar importancia de *la pertenencia estamental o religiosa.*

Con el fin que estas disposiciones no quedasen reducidas a papel mojado, así como buscando establecer un exquisito equilibrio entre el liberalismo europeo y el conservadurismo islamista, el gobierno turco decreta una serie de normas fundamentales como:

1) El Código Penal otomano de 1858[305], que confirma las garantías de la igualdad de los ciudadanos en el ámbito del derecho penal, establecidas por la Ley Penal de 3 de mayo de 1840. Sin embargo, pese a ser una redacción inspirada en el *Códe penal* francés de 1810, la normativa turca no incorpora *los principios democrático-liberales* de la doctrina europea en la materia, al comprender esencialmente normas garantizadoras del absolutismo del Sultán, despreciando los derechos y las libertades de los *súbditos* otomanos, haciéndose notar de esta manera la influencia conservadora del derecho islámico[306]. No obstante tal codificación introduce una significativa novedad en el ámbito de la libertad de culto al otorgar una protección penal de las prácticas religiosas de los distintos credos, de forma que en su artículo 132 contempla penas de prisión de hasta tres meses a quien con violencia perturbara o tratara de impedir el ejercicio del cualquier culto público, legalmente reconocido por la Sublime Puerta[307].

---

[305] VV.AA. (228). *El Renacimiento de Bulgaria. La Constitución de Tarnovo y las leyes del Principado búlgaro (1879-1882).* Universidad de Sofía «San Clemente de Ohrid». Club jurídico búlgaro-ruso. Sofía. 2003. Páginas 5 a 70.

[306] YOCHEV, EVGENI. (78). *Historia de la legislación del Principado de Bulgaria.* Servicio de publicaciones de la Universidad de Ruse «Angel Kanchev». Ruse. 2006. Páginas 268 y 269.

[307] En ese mismo sentido conforme a los artículos 217 y 222 del Código Penal otomano de 1858 se considera como delito de hurto calificado, el de una cosa mueble que se encuentre en un lugar destinado a culto, siendo la pena de prisión de 3 meses a 3 años.

2) La Ley otomana de imprenta de 19 de diciembre de 1865, que recoge las primeras garantías legales de la libertad de expresión y de prensa[308], reservándose no obstante el poder estatal, la posibilidad de exigencia de caución, censura o autorización previa respecto a todo tipo de publicación impresa con contenido *político y civil escrito en cualquier idioma* empleado en el Imperio[309].
3) El Código Civil otomano *Medjellé* adoptado en varias etapas entre 1868 y 1876[310], que por su naturaleza jurídica constituye una interesante amalgama de normas de tradición islámica y cláusulas extraídas directamente del Código napoleónico[311], procurando confirmar los privilegios económicos concedidos a los extranjeros a raíz del *régimen de las capitulaciones.* Por otra parte este doble contenido tendrá consecuencias antiliberales y discriminatorias, desde el momento que el discurso religioso se confunde directamente con el discurso jurídico, y por lo tanto, el derecho va a permanecer influenciado por los valores morales y confesionales de la comunidad musulmana.

A los ojos de los tradicionalistas, esta nueva fase de reformas parecía impuesta por las Grandes Potencias, pero paradójicamente fueron, sobre todo, las minorías que recibieron peor las mediadas del *Hatti-humayoun*, al aumentar las reivindicaciones tendentes a ampliar su autonomía administrativa y eclesiástica. Apoyándose en las promesas liberales de los reformadores otomanos, y en oposición a los intentos de estos últimos de homogeneizar la sociedad, las confesiones religiosas no musulmanas se pusieron a reclamar los estatutos particulares, que el *laissez-faire* de la Sublime Puerta acabará por otorgarles. Como apuntan ROULAND, PIERRÉ-CAPS y POUMARÈDE dentro del citado contexto político se debe situar el *renacimiento* del sistema de los *millet.*[312]

Los primeros que se empeñaron con éxito en esa empresa fueron los armenios, al aprobarse en 1863[313] el *Reglamento de la nación armenia.* Una regulación que

---

308 NIKOLOVA, RAINA. (171). *La legislación búlgara de imprenta en el período 1878-1947.* En: *Mundo jurídico.* Libro número 2/2004. Editorial Sibi. 2004. Páginas 118 a 120.

309 Artículos 1 a 9 de la Ley otomana de imprenta de 1865. VV.AA. (228). *El Renacimiento de Bulgaria. La Constitución de Tarnovo y las leyes del Principado búlgaro (1879-1882).* Universidad de Sofía «San Clemente de Ohrid». Club jurídico búlgaro-ruso. Sofía. 2003. Páginas 11 a 71.

310 JELAVICH, CHARLES, y BARBARA. *The Establishment of the Balkan National States, 1804-1920.* En: *A History of East Central Europe.* Volume VIII. University of Washington Press. Seattle and London. 1977. Página 109.

311 ROULAND, NORBERT, PIERRÉ-CAPS, STÉPHANE, y POUMARÈDE, JACQUES. *Derecho de minorías y de pueblos autóctonos.* Siglo XXI editores. Madrid. 1999. Página 102.

312 ROULAND, NORBERT, PIERRÉ-CAPS, STÉPHANE, y POUMARÈDE, JACQUES. *Derecho de minorías y de pueblos autóctonos.* Siglo XXI editores. Madrid. 1999. Página 103.

313 DE PLANHOL, XAVIER. *Minorías en el Islam. Una geografía de la pluralidad.* Ediciones Bellaterra. Barcelona. 2002. Página 272.

no solamente confirma los derechos y las libertades reconocidas en el transcurso del proceso reformador, sino también supone la introducción de una importante novedad, al prever la creación de una asamblea compuesta por 140 delegados, en su mayoría legos, y dos consejos. Uno eclesiástico destinado a la gestión de los asuntos religiosos de la comunidad armenia, y otro civil encargado de las cuestiones económicas y educativas. Fuertemente influida por el nacionalismo armenio tal asamblea no tardará en convertirse en un verdadero parlamento, multiplicando sus posturas políticas e incluso atreviéndose a reivindicar la autonomía de las provincias imperiales de Asia Menor habitadas por población armenia[314].

Siguiendo un modelo similar, en 1865 la Sublime Puerta reconoce oficialmente el *millet* judío. Sin embargo a diferencia de lo que ocurrió con los armenios, la nueva organización política de los hebreos no consigue inmediatamente resultados exitosos, pues las comunidades judías se encontraban demasiado dispersas por el territorio imperial, y carecían de un único gobierno central, que en el caso de los armenios era el Patriarcado de Echmiadzin. No obstante esta actitud permitió a la minoría judía emanciparse cultural y socialmente, procediendo a la creación de sus propias escuelas, establecimientos hospitalarios y asociaciones filantrópicas, un hecho que a largo plazo favoreció la difusión de las tesis sionistas[315].

Se observa en esos movimientos *autonomistas*, el papel protagonista desempeñado por la elite laica y modernista de ambas comunidades minoritarias, que se granjeó el apoyo y la simpatía de los sectores de la población con mayores sentimientos independentistas. Un fenómeno que en lo concerniente a los armenios, brotará en una pesada serie de conflictos.

Respecto a los cristianos ortodoxos el gobierno otomano emprenderá un distinto enfoque político, no tratando de configurar instituciones nuevas, sino procurando reforzar el poder del Patriarcado constantinopolitano, persiguiendo un doble objetivo, de forma que en primer lugar la Sublime Puerta buscaba paralizar mediante la jerarquía eclesiástica, sumamente conservadora, el influjo del laicismo progresista y, ante todo, neutralizar las aspiraciones nacionalistas de los pueblos balcánicos, favoreciendo a un clero ortodoxo dominado por los griegos y controlado por la elite *fanariota*[316], que se esforzaba por helenizar todo el *millet* cristiano[317].

---

314 ROULAND, NORBERT, PIERRÉ-CAPS, STÉPHANE, y POUMARÈDE, JACQUES. *Derecho de minorías y de pueblos autóctonos*. Siglo XXI editores. Madrid. 1999. Página 103.

315 ROULAND, NORBERT, PIERRÉ-CAPS, STÉPHANE, y POUMARÈDE, JACQUES. *Derecho de minorías y de pueblos autóctonos*. Siglo XXI editores. Madrid. 1999. Página 103.

316 Se entiende bajo el término *fanariotas* de griego *Φαναριώτες* un grupo de familias griegas ilustres que desempeñaron un papel destacadísimo en la Guerra de Independencia de Grecia, (1821-1832), residentes en el barrio *Fanar, (hoy en día Fener)*, donde se encuentra situado el Patriarcado Ecuménico.

317 La proclamación de la Independencia de Grecia, el 3 de febrero 1830, y el posterior nacimiento de la *Idea Magna, (Μεγάλη Ιδέα)* en 1844, un concepto irredentista que

Sin embargo estas medidas no resultaron susceptibles de mitigar las fuertes presiones disgregantes. En las provincias balcánicas, las disidencias religiosas procedieron a la creación de iglesias nacionales independientes de Constantinopla. En el resto del Imperio, otras comunidades obtuvieron el rango de *nación*, y no solamente en el caso de los cristianos, como los asirios, caldeos o los maronitas, sino también consiguieron el estatuto de *millet* ciertas sectas musulmanas heterodoxas, que mostrando una actitud sabia se habían transformado en comunidades étnicas, tales como los drusos en Líbano[318].

Consciente de lo delicado de la situación, el gobierno francés elabora el *Sistema de reforma del Imperio Otomano*, formulada so forma de un memorándum especial *Note Sur le Hatti-Houmayoun de 1856*, entregado a la Sublime Puerta, el 24 de febrero de 1867, aconsejando acelerar las reformas uniformadoras e igualitarias, así como garantizar la integración cultural de los cristianos en la sociedad otomana mediante una *fusion morale*[319]. Era muy tarde para darse ese paso diseñado por el país protector del catolicismo en el Estado turco, pues aún con la emancipación de Serbia en 1817 y la posterior independencia de Grecia en 1830 se había desencadenado la inevitable descomposición del Imperio.

---

consagra la restauración del glorioso Imperio Bizantino de la época de Justiniano I el Grande, (527-565), marcarán el incremento de las corrientes asimilacionistas griegas respecto a las poblaciones eslavas ortodoxas, considerándolas por razón de su pertenencia religiosa como principal objetivo de expansión nacional.

[318] ROULAND, NORBERT, PIERRÉ-CAPS, STÉPHANE, y POUMARÈDE, JACQUES. *Derecho de minorías y de pueblos autóctonos*. Siglo XXI editores. Madrid. 1999. Página 103.

[319] GENOV, GEORGI. (31). *«La Cuestión de Oriente»*. Segunda parte. *Del Congreso de París (1856) al Tratado de Neuilly (1919)*. Imprenta «Houdojnik». Sofía. 1926. Páginas 199 a 202.

CAPÍTULO II.
LA CUESTIÓN DEL RESPETO DE LA DIVERSIDAD CULTURAL Y LAS MINORÍAS EN EL PROCESO DE RESTAURACIÓN Y CONSTRUCCIÓN POLÍTICA DEL TERCER ESTADO BÚLGARO

1. LA TOLERANCIA ÉTNICA Y RELIGIOSA EN EL PROCESO DE LIBERACIÓN DE BULGARIA: EL PUNTO DE PARTIDA PARA LA FORMACIÓN DEL MODELO MULTICULTURAL DEL NUEVO ESTADO BÚLGARO

1.1. *El contexto de la época*

El ocaso del Imperio Otomano, un hecho especialmente significativo en la segunda mitad del siglo XIX, y el redescubrimiento del sentimiento nacional búlgaro, cristalizan en la formación de una ideología independentista, que se asienta sobre los siguientes ejes generales:

1) Uno primero consiste en la lucha por la independencia eclesiástica de los búlgaros, procurando crear su propia iglesia nacional, *Exarcado*. Una visión incentivada por la Santa Sede[1], que tiene como consecuencia principal la creación de la comunidad de los búlgaros católicos de rito oriental, *los uniatas*, reconocida por la Sublime Puerta, el 18 de diciem-

[1] En aplicación de los decretos del Concilio de Trento, celebrado entre 1545 y 1563 en la segunda mitad del siglo XVII en los territorios búlgaros son enviados misioneros de la Santa Sede, que propagan la idea del renacimiento de Bulgaria. Como resultado general de esta actividad en 1688 estalla la Rebelión de Chiprovtzi, organizada y gestionada por los búlgaros católicos. BOKOVA, IRENA. (18). *Católicos*. En: KRASTEVA, ANNA. *Comunidades e identidades en Bulgaria*. Petexton. Sofía. 1998. Páginas 260 y 261.

bre de 1860, como *bulgar catolic millet*[2]. Esta situación, definitivamente debilita la hegemonía griega en el ámbito religioso, de forma que, el 27 de febrero de 1870, en virtud de un Decreto especial, *ferman*, del Sultán Abdul Asís, (1857-1876)[3], se constituye el Exarcado búlgaro con sede en Estambul[4], que no obstante encontrarse bajo la jurisdicción del Patriarcado Ecuménico[5] cuenta con una amplia autonomía interna.

A raíz de la citada normativa el Imperio reconoce oficialmente la existencia de la *taifa* o la *nación etno –confesional búlgara*, otorgándose al Exarca el derecho de representación universal de todo búlgaro de confesión cristiana ortodoxa, ante la Sublime Puerta y las demás autoridades administrativas otomanas[6].

La creación del Exarcado sin duda suponía el incremento del nacionalismo búlgaro, y de ello fue plenamente consciente el gobierno turco, al proscribir expresamente en el artículo 10 de dicho Decreto, el empleo de las convicciones religiosas para justificar la persecución de fines violentos.

2) Una segunda línea de carácter puramente civil incluye los intentos por conseguir la independencia política del país, emprendidos por el movimiento revolucionario búlgaro a lo largo de la segunda mitad del siglo XIX, cuyas actividades nacionalistas comienzan a debilitar la presión otomana y su control efectivo del país. El 19 de abril de 1876, estalla el Levantamiento de Abril, el cual será el primer gran intento de rechazar la dominación otomana. El aplastamiento brutal de la rebelión por parte del ejército turco profundiza la *Cuestión de Oriente*, atrayendo la atención de los países europeos sobre el asunto nacional búlgaro. En esta situación, el 24 de abril de 1877, Rusia declara la guerra al Imperio Otomano, que termina, el 3 de mayo de 1878, con la restauración de Bulgaria en virtud del Tratado de San Stefano.

---

2 ELDAROV, SVETLOZAR. (63). *Uniatas*. En: KRASTEVA, ANNA. *Comunidades e identidades en Bulgaria*. Petexton. Sofía. 1998. Página 399.

3 GEORGIEV, VELICHKO, y TRIFONOV, STAYCO. (35). *Historia de los búlgaros (1878-1944) en documentos*. Tomo I 1878-1912. Segunda parte. *Los búlgaros en Macedonia, Tracia y Dobrudzha*. Editorial «Prosveta». Sofía. 1996. Páginas 135 y 136.

4 Especial interés presenta la posición del Imperio Ruso el cual, en principio, apoya las aspiraciones de la comunidad búlgara de crear su propio Exarcado, pero por otro lado preocupado por el aumento de la influencia del catolicismo en dicho pueblo, una circunstancia que seriamente perjudica la visión del *paneslavismo* promovida por Rusia contra el imperialismo de Austria, hace todo lo posible por evitar el desmarque excesivo de los búlgaros del Patriarcado de Constantinopla.

5 Artículos 3, 4, 6, 7, 8 y 11 del Decreto de 1870.

6 Artículo 5 del Decreto de 1870.

1.2. *La ideología del movimiento revolucionario búlgaro y su respeto a la diversidad étnica y religiosa*

1.2.1. El período anterior al Levantamiento de abril de 1876

Debido a la ruptura centenaria de la soberanía de Bulgaria, a consecuencia de la presencia turca, el país no goza de una previa tradición constitucional propia[7]. A lo largo del período de las luchas por la independencia nacional se forman las primeras previsiones sobre la estructura y el orden jurídico del futuro Estado. Las ideas de los revolucionarios búlgaros buscan crear una doctrina legal basada en el establecimiento de los principios democráticos[8] de justicia, igualdad, el reconocimiento y el respeto de los derechos y las libertades civiles y políticas de los individuos y sus colectivos.

En 1861, en Belgrado, el pionero del movimiento revolucionario búlgaro Georgi Stoikov Rakovski, (1821-1867), elabora su *Plan sobre la liberación de Bulgaria,* contemplando el objetivo de que el Estado pueda conseguir su independencia a raíz del recurso a la lucha armada. Dicho programa por primera vez incorpora la exigencia de respetar *la dignidad, la religión y la propiedad de todos los turcos*[9] *rendidos durante las actividades bélicas*[10].

Trascurridos seis años, aparecen dos nuevas visiones sobre la restauración de Bulgaria. La primera es fruto de la burguesía conservadora búlgara y esencialmente presenta una idea inspirada por la diplomacia rusa, que encierra la

---

[7] Será a comienzos de 1871, cuando con el fin de elaborar y adoptar el Estatuto del Exarcado búlgaro en Estambul se convocará un Concilio de carácter *eclesiástico-popular,* compuesto por 50 representantes de la población búlgara, tan sólo 11 de los cuales son clérigos, siendo los restantes 39 miembros meros legos. A raíz de su posición de clara mayoría, estos últimos estarán llamados a desempeñar un papel decisivo en dicha reunión, proclamándose el 14 de mayo de 1871, un Estatuto de marcada inspiración laica y nacionalista, que al ser más parecido a una Ley Fundamental que a un ordenamiento eclesiástico, queda calificado por el diplomático ruso Nikolay Pávlovich Ignátiev, (1832-1908), como *l'Oustaw organique des Bulgares.* TEMELSKI, HRISTO. (216). *El Fermán-el Cisma, el Exarcado-el Patriarcado y el Estado otomano.* En: *Estado e Iglesia-Iglesia y Estado en la historia búlgara. Colección 135 años de la institución del Exarcado búlgaro.* Universidad de Sofía «San Clemente de Ohrid». Sofía. 2006. Páginas 251 y siguientes.

[8] MANOLOVA, MARIA. (107). *La Constitución de Tarnovo-una expresión de las tradiciones nacionales y de la experiencia común europea.* En: *Pensamiento jurídico.* Libro número 1/1999. Año XXXX. Academia Búlgara de las Ciencias. 1999. Páginas 3 y 4.

[9] En su primer *Plan sobre la liberación de Bulgaria,* elaborado en Odesa en noviembre-diciembre de 1858, Georgi Stoikov Rakovski concluye que los turcos, habitantes de los territorios búlgaros representan una minoría, calculando que la población cristiana en la parte europea del Imperio Otomano es 10 veces más numerosa que la turca. GYUZELEV, VASIL. (46). *El estado búlgaro en actos y documentos.* Editorial «Nauka i izkustvo». Sofía. 1981. Páginas 142 a 145.

[10] GYUZELEV, VASIL. (46). *El estado búlgaro en actos y documentos.* Editorial «Nauka i izkustvo». Sofía. 1981. Páginas 145 a 147.

previsión de la formación de un reino serbio-búlgaro. A tales efectos, el 5 de abril de 1867, se anuncia el *Proyecto de protocolo sobre la creación del Estado de los eslavos del sur*[11], cuyas disposiciones consagran el principio de libertad religiosa[12]. A lo largo del mismo año, los liberales del *Comité central secreto búlgaro*, (en adelante CCSB), presentan bajo la forma de un *Memorándum* dirigido al Sultán Abdul Asís, (1861-1876), la propuesta para la creación de una monarquía dualista búlgaro-turca, en la que Bulgaria gozará de autonomía política, militar y religiosa[13], haciéndose especial hincapié en el artículo 14 de su Capítulo Primero, referido a los derechos de independencia política, que el reino búlgaro[14] se compromete a colaborar al mantenimiento de la *tolerancia y el respeto entre los diferentes cultos religiosos.*

En términos históricos, las ideas ilustradas en los citados programas contemplan cambios drásticos, los cuales no se correspondían con la doctrina política de las autoridades otomanas, y por ello fueron rechazadas por la Sublime Puerta. Esta situación inspiró una transformación de la ideología revolucionaria, que se plasma el 28 de julio de 1868, en el periódico *Nacionalidad*, donde el CCSB publica *Proclama*[15], apelando al pueblo búlgaro a conseguir su independencia nacional *con las armas en la mano.* Sin embargo en dicho acto se declara especialmente, que a lo largo de las actividades rebeldes se deben respetar *la dignidad, la creencia y la propiedad* de la población civil, sin otorgar importancia a su pertenencia étnica o religiosa.

A principios de los años 70 del siglo XIX, en el movimiento de liberación toman la delantera las visiones de los revolucionarios radicales. El señalado período marca el comienzo de la aclaración y la sistematización de las ideas sobre la estructura política del futuro Estado. En este contexto, especial inte-

---

[11] PETKOV, PETKO. (181). *Ideas de organización y gobierno de la sociedad búlgara 1856-1878*. Ediciones Universidad de Veliko Tarnovo «*Stos. Cirilo y Metodio*». Veliko Tarnovo. 2003. Página 58.

[12] Artículo 12 del Proyecto de protocolo sobre la creación del Estado serbio-búlgaro de 1867. GYUZELEV, VASIL. (46). *El estado búlgaro en actos y documentos.* Editorial «Nauka i izkustvo». Sofía. 1981. Páginas 151 a 153.

[13] Conforme al texto del Memorándum del CCSB al Sultán Abdul Asís, (1830-1876), los revolucionarios insisten: *¡Su Majestad! Las peticiones del pueblo búlgaro se manifiestan en las siguientes palabras: Que Su Majestad consolide las relaciones con la población búlgara, proclamando sobre la base de una Constitución la libertad política y religiosa de los búlgaros.* GYUZELEV, VASIL. (46). *El estado búlgaro en actos y documentos.* Editorial «Nauka i izkustvo». Sofía. 1981. Páginas 153 a 160.

[14] El artículo 12, del Capítulo I, del Memorándum del CCSB al Sultán Abdul Asís, prevé la formación de un Estado búlgaro, constituido por todas las provincias otomanas habitadas por una significativa población búlgara, especificándose a continuación en su artículo 13, que este país dependerá políticamente de la Sublime Puerta, encontrándose bajo el gobierno del Sultán, el cual va a titularse también *Zar de los búlgaros.*

[15] GYUZELEV, VASIL. (46). *El estado búlgaro en actos y documentos.* Editorial «Nauka i izkustvo». Sofía. 1981. Página 162.

rés presentan las visiones de Luben Karavelov, (1834-1879), expuestas en el *Programa del Comité central revolucionario búlgaro*, (en adelante CCRB), de 1 de agosto de 1870[16]. En dicho trabajo se critican las formas de gobierno aplicadas en el Imperio Otomano, Rusia y Austria, donde encontrándose bajo el poder de una nacionalidad mayoritaria, todas las minorías son privadas de la oportunidad de efectuar su propio desarrollo político y cultural. Luben Karavelov considera como ejemplos más significativos de convivencia multicultural los modelos de Suiza y los Estados Unidos[17] en los que la igualdad entre las naciones constituyentes contribuye a la prosperidad del país. Basándose en esta idea fundamental el revolucionario prevé la formación de una federación balcánica[18], en la cual Bulgaria será miembro de pleno derecho[19]. Se afirma también que en el futuro Estado cada pueblo ejercerá su propio gobierno, de conformidad con sus *especificidades nacionales*[20]. En los textos finales del *Programa del Comité central revolucionario búlgaro* destaca la proclamación del principio fundamental de libertad religiosa[21].

Debido a su carácter utópico y a las pocas posibilidades de realización[22], el plan de Luben Karavelov no gozará del *plácet* de las masas populares. Sin embargo otro famoso patriota, Vasil Ivanov Kunchev, conocido como Vasil Levski, (1837-1873), captará las simpatías de la mayoría de los búlgaros mediante su

---

[16] Publicado en el periódico *Libertad* número 46 de 14 de octubre de 1870. GYUZELEV, VASIL. (46). *El estado búlgaro en actos y documentos.* Editorial «Nauka i izkustvo». Sofía. 1981. Páginas 165 y 166.

[17] BLACK, CYRIL. (16). *Establecimiento de gobierno constitucional en Bulgaria.* Princeton University Press 1943, Open Society Institute Sofia. 1996. Páginas 41 y 42.

[18] *Nosotros queremos una convivencia amistosa con nuestros vecinos, y especialmente con los serbios y los rumanos, con los cuales queremos formar una Federación de los eslavos del sur o una Federación del Danubio...* Programa del Comité central revolucionario búlgaro de 1870.

[19] El concepto del federalismo también forma parte de las visiones de otro gran revolucionario búlgaro Hristo Botev, (1848-1876), quien en 1871 concibe el carácter fundamental del principio de igualdad en la organización política de la futura federación de los países balcánicos, como una garantía contra posibles presiones asimilacionistas internas, afirmando que el *prusiano es alemán y el piamontés es italiano, pero el búlgaro no es serbio, ni el serbio es ruso.* BLACK, CYRIL. (16). *Establecimiento de gobierno constitucional en Bulgaria.* Princeton University Press 1943, Open Society Institute Sofia. 1996. Página 43.

[20] En el Programa del Comité central revolucionario búlgaro de 1870 Karavelov declara: *Nosotros queremos que los territorios habitados por búlgaros se gobiernen de conformidad con las costumbres y las características del pueblo búlgaro; las tierras pobladas por rumanos, serbios y griegos que se gobiernen conforme al carácter del pueblo rumano, serbio y griego. Que cada nacionalidad, tal como cada persona, tenga la libertad de gobernarse según su propia voluntad. Pero al mismo tiempo nosotros queremos conseguir entre nos y nuestros vecinos una formación estatal similar a la Unión de Suiza...*

[21] *Para nosotros queremos libertad nacional, individual y religiosa... Las mismas libertades deseamos a nuestros amigos y vecinos...* El Programa del Comité central revolucionario búlgaro de 1870.

[22] PETKOV, PETKO. (181). *Ideas de organización y gobierno de la sociedad búlgara 1856-1878.* Ediciones Universidad de Veliko Tarnovo «*Stos. Cirilo y Metodio*». Veliko Tarnovo. 2003. Página 71.

ideario para la restauración del Estado bajo la forma política de *república democrática (gobierno popular)*[23]. Conforme a sus ideas[24] una vez conseguida la liberación a raíz de una *revolución general*[25], Bulgaria deberá configurarse como un país democrático, donde se reconocerá la tolerancia nacional basada sobre los principios fundamentales de la libertad e igualdad entre los diferentes pueblos que habitan sus territorios. En el *Reglamento a los trabajadores para la liberación de Bulgaria* Vasil Levski considera que *el abuso del orden político otomano debe ser sustituido por el consentimiento, la hermandad y la igualdad absoluta entre todas las nacionalidades. Búlgaros, turcos, judíos y otros, serán iguales en cualquier aspecto relativo a la creencia, pertenencia nacional, estatuto civil, permaneciendo todos bajo una Ley Fundamental, elegida por ellos mismos...*[26]

Históricamente Vasil Levski se convierte en el primer revolucionario, que procede a la realización de sus ideas, al constituir en los territorios búlgaros en el corto plazo entre 1869 y 1872, una red de comités secretos llamada *Organización revolucionaria interior*, la cual persigue la preparación de una *rebelión popular* contra el poder otomano. A pesar de que a finales de 1872 Vasil Levski es arrestado por las autoridades imperiales y unos meses más tarde ejecutado, su actividad y visiones subyacerán en el trasfondo de la organización del Levantamiento de abril de 1876.

1.2.2. EL ESTADO DE COSAS TRAS EL LEVANTAMIENTO DE ABRIL DE 1876

En el período comprendido entre el Levantamiento de abril de 1876 hasta el inicio de la Guerra ruso-turca, el 24 de abril de 1877, en la comunidad búlgara influirán las doctrinas legislativas y filosóficas europeas. En este contexto, en

---

[23] Reglamento a los trabajadores para la liberación de Bulgaria elaborado por Vasil Levski en 1871. GYUZELEV, VASIL. (46). *El estado búlgaro en actos y documentos*. Editorial «Nauka i izkustvo». Sofía. 1981. Páginas 167 a 171.

[24] Posteriormente Vasil Levski desarrolla sus ideas republicanas en un artículo dirigido al periódico *Libertad*, donde prevé como única posible forma de organización política de los territorios poblados por búlgaros *la Santa y Pura República*. Este Estado será constituido sobre los principios incorporados en la Declaración de los derechos del hombre y del ciudadano, *(Declaration des droits de l'homme et du citoyen)*, aprobada por la Asamblea Nacional Francesa, el 26 de agosto de 1789. NACHEVA, SNEZHANA. (164). *La civilización constitucional y el constitucionalismo búlgaro*. Primera Parte. Editorial Sibi. Sofía 2004. Páginas 197 y 198.

[25] El análisis detallado del contenido del *Reglamento a los trabajadores para la liberación de Bulgaria* presenta la conclusión que la revolución será efectuada por todos los pueblos (búlgaros, turcos, judíos y otros), que no están de acuerdo con el sistema de gobierno *despótico-tirano*.

[26] En el marco de este documento también se incluye una Ley Penal, cuyo párrafo 3 contempla la imposición de una pena capital a las personas que nieguen el estado democrático, creando un partido cuya ideología se basa en los principios del *despotismo y la tiranía*. GEORGIEV, KIRIL. (37). *La «Ley Penal de Vasil Levski»*. En: *Pensamiento jurídico*. Libro número 2/2000. Año XXXXI. Academia Búlgara de las Ciencias. 1995. Página 99.

primer plano aparece la necesidad de instauración de un orden constitucional, en el marco del cual cuestiones tan esenciales como la igualdad de los derechos de los individuos y la libertad religiosa y de conciencia ocupan una parte central.

El Programa *las Peticiones búlgaras, (Les voeux des bulgares)*, de 9 de diciembre de 1876, declara que tras el restablecimiento de Bulgaria todos sus ciudadanos gozarán de *plena igualdad*, con independencia de su confesión religiosa o pertenencia nacional, especificándose a continuación que la citada previsión resultará enormemente importante a la hora de la admisión a cargos públicos, y especialmente respecto a la elección de diputados en la Asamblea Nacional, *(La Cámara)*,[27] garantizándose asimismo a todos los ciudadanos búlgaros iguales derechos políticos y civiles[28].

Parecido concepto legal se plantea en el proyecto *el Mundo ruso* publicado en el periódico *la Voz búlgara*, el 23 de octubre de 1876, al proclamar en su punto 4 que todos los habitantes del futuro país *sin distinción de nacionalidad o religión* tendrán *iguales obligaciones y libertades jurídicas*[29].

El Programa sobre el restablecimiento de Bulgaria[30], elaborado a mediados de 1876, vuelve a incorporar el principio de igualdad de los derechos políticos y civiles de todo ciudadano del Estado, incluidos los individuos de origen *turco, tártaro, griego, rumano, judío y romaní*[31]. En ese mismo sentido la disposición del punto 13 del mencionado texto, contempla el reconocimiento del principio de *libertad de creencias y del empleo de lenguas minoritarias*[32].

La idea fundamental de libertad religiosa también queda incorporada en el seno de las visiones concernientes a la estructura del poder judicial del futuro Estado. En el marco programático de *las Peticiones búlgaras, (Les voeux des bulgares)*, de 9 de diciembre de 1876, y *las Peticiones de la nación búlgara, (Les voeux de la nation bulgare)*, de 16 de diciembre de 1876, se prevé la formación de tribunales eclesiásticos a los cuales se les otorgará, la exclusiva competencia de administrar justicia en materia religiosa[33].

A lo largo de la segunda mitad de 1876 un grupo de revolucionarios emigrantes en Rumania crea *la Sociedad búlgara central de caridad*. Conforme a su

---

[27] TOKUSHEV, DIMITAR. (222). *Historia del estado y del derecho búlgaro contemporáneo (1878-1944)*. Editorial Sibi. Sofía. 2008. Página 19.

[28] MANOLOVA, MARIA. (107). *La Constitución de Tarnovo-una expresión de las tradiciones nacionales y de la experiencia común europea*. En: *Pensamiento jurídico*. Libro número 1/1999. Año XXXX. Academia Búlgara de las Ciencias. 1999. Página 4.

[29] TOKUSHEV, DIMITAR. (222). *Historia del estado y del derecho búlgaro contemporáneo (1878-1944)*. Editorial Sibi. Sofía. 2008. Páginas 19 y 20.

[30] TOKUSHEV, DIMITAR. (222). *Historia del estado y del derecho búlgaro contemporáneo (1878-1944)*. Editorial Sibi. Sofía. 2008. Páginas 23 y 24.

[31] Punto 4 del Programa sobre el restablecimiento de Bulgaria de 1876.

[32] Punto 13 del Programa sobre el restablecimiento de Bulgaria de 1876.

[33] TOKUSHEV, DIMITAR. (221). *El poder judicial de Bulgaria (desde la Antigüedad hasta hoy en día)*. Editorial Sibi. Sofía. 2003. Páginas 89 y 91.

programa político adoptado, el 22 de noviembre de 1876, se contempla que Bulgaria se gobernará *autónomamente* a raíz de una Constitución, elaborada por un cuerpo legislativo elegido por el pueblo. Principio general de esta Ley Fundamental será la igualdad de todos los ciudadanos, sin importancia de su religión o nacionalidad. Asimismo destaca en el citado documento la proclamación del búlgaro como la lengua oficial del futuro país. No obstante esta previsión viene acompañada de la afirmación expresa que *las personas pertenecientes a una minoría nacional gozarán de los mismos derechos políticos y civiles que van a ser reconocidos a los propios búlgaros*[34].

De todo ello se puede concluir que los proyectos sobre la organización política de los territorios búlgaros elaborados antes y tras el Levantamiento de abril de 1876, contribuyen a forjar la definición esencial de la ideología revolucionaria, que consiste en la intención de combatir el despotismo del poder otomano a raíz de la instauración de un orden constitucional, el cual introducirá un gobierno representativo que cumplirá con los principios universales de libertad, democracia, justicia e igualdad de todos los individuos.

1.3. La cuestión de la tolerancia étnica y religiosa en el Proyecto de reglamento orgánico de los territorios búlgaros, aprobado en la Conferencia de Estambul, celebrada entre el 23 de diciembre de 1876 y el 20 de enero de 1877

El aplastamiento brutal del Levantamiento de abril de 1876 *internacionaliza* el problema de la liberación de Bulgaria. En esta situación, bajo la atención rusa, en Estambul se convoca una conferencia en la que toman parte el Imperio Otomano, Austro-Hungría, Francia, Gran Bretaña, Italia y Rusia[35]. En relación con la celebración de dicho congreso, la diplomacia rusa prepara dos proyectos relativos a la futura organización política del Estado búlgaro[36]:

1) De conformidad con el plan elaborado por el diplomático ruso, Alexei Nikolaevich Tseretelev, (1848-1883), y el secretario de la misión estadounidense en Estambul, Eugene Schuyler, (1840-1890), se prevé la instauración de Bulgaria como una *provincia autónoma* del Imperio Otomano,

---

[34] TOKUSHEV, DIMITAR. (222). *Historia del estado y del derecho búlgaro contemporáneo (1878-1944)*. Editorial Sibi. Sofía. 2008. Página 19.

[35] PENKOV, SAVA. (179). *Tratados Internacionales de Bulgaria (681-1947)*. Les Editions Georges Naef S.A. Sofia-Genève-Paris. 1992. Página 138.

[36] KOLEV, ÁNGEL HRISTOV. *La tolerancia étnica y religiosa en los proyectos para la independencia del estado búlgaro de la dominación otomana, el punto de partida del concepto legal sobre la protección de los derechos fundamentales de las minorías en Bulgaria*. En: BARRANCO AVILÉS, MARÍA del CARMEN, CELADOR ANGÓN, ÓSCAR, y VACAS FERNÁNDEZ, FÉLIX (Coordinadores.). *Perspectivas actuales de los sujetos de derecho*. Colección Gregorio Peces-Barba, nº2. DYKINSON. Madrid. 2012. Página 387.

compuesta por los territorios habitados por población búlgara. Al mando de esta demarcación permanecerá un gobernador nombrado por el Sultán, contando con el acuerdo previo de las Grandes Potencias. El citado jefe político ejercerá sus competencias a través de un aparato administrativo formado por funcionarios cristianos y musulmanes.

2) El segundo proyecto elaborado por el conde ruso Nikolai Pavlovich Ignatiev, (1832-1908), contempla la creación de dos *provincias autónomas,* con capitales en las ciudades de Ruse y de Sofía, que serán administradas por *Gobernadores Generales* elegidos por los súbditos cristianos del Sultán. Dicho programa también contempla la formación de una *milicia local,* compuesta por militantes cristianos y musulmanes, y un cuerpo de gendarmería dirigido por oficiales que pertenecen a los citados credos.

Las ideas expuestas en los mencionados documentos tendrán gran influencia sobre las cláusulas del *Proyecto de reglamento orgánico de los territorios búlgaros*[37] aprobado en la Conferencia de Estambul, de forma que su artículo 1 establece la configuración de dos provincias autónomas búlgaras. Una oriental con capital en la antigua Veliko Tarnovo y otra occidental cuyo centro de gobierno se situará en la ciudad de Sofía.

El primer apartado del artículo 2 del Proyecto señala el *cantón* como la unidad administrativa principal de las autonomías, especificándose a continuación que *en la medida de lo posible* se procurará la agrupación de cristianos y musulmanes en diferentes localidades. Esta disposición además prevé que un consejo, compuesto por representantes de cada distrito que entra en los territorios del *cantón,* sin distinción de su confesión religiosa, elegirá dos de sus miembros, que detentarán el cargo de asesorar al jefe del *cantón* en el ejercicio de sus actividades. Asimismo se afirma que una comisión internacional se ocupará de asegurar la adecuada representación de las diferentes minorías en los órganos de la administración local.

El artículo 3 del Proyecto consagra que los diferentes *cantones* serán agrupados en el marco de unidades administrativas mayores, denominadas *departamentos,* al mando de los cuales estarán gobernadores, designados por la Sublime Puerta, que de conformidad con la composición religiosa de la población, podrán ser cristianos o musulmanes.

A raíz de las cláusulas del artículo 4 del Proyecto, se contempla que un *Gobernador General,* nombrado por el Sultán con el acuerdo previo de las Grandes Potencias, se encargará de gobernar cada provincia autónoma. Afirmándose expresamente que el citado jefe político, independientemente a su pertenecía étnica, debe ser cristiano. Esta disposición también establece que los goberna-

---

[37] GYUZELEV, VASIL. (46). *El estado búlgaro en actos y documentos.* Editorial «Nauka i izkustvo». Sofía. 1981. Páginas 175 a 179.

dores de los departamentos ejercerán sus funciones con el auxilio administrativo de una Asamblea Provisional compuesta por miembros, *que sin distinción de origen étnico o religión* serán elegidos por la población de las provincias autónomas, reconociéndose asimismo el derecho de voto tanto activo, como pasivo:

1) A los ciudadanos de la provincia con edad mínima de 25 años, que posean algún bien inmueble o paguen impuestos.
2) Al clero de las diferentes confesiones religiosas.
3) A todas las personas ocupadas con una actividad docente.

Además según el párrafo 11 del citado precepto la Asamblea Provisional se encargará a designar una Comisión Administrativa, que asumirá el papel de Consejo del Gobernador. En dicho órgano participarán *ex officio* los ministros de culto de las distintas comunidades confesionales, lo cual garantizará la representación de los credos religiosos en el gobierno local.

En el ámbito del artículo 6 del Proyecto se fija la estructura del sistema de justicia en las provincias[38]. Este precepto proclama el derecho al igual acceso a un cargo judicial a los ciudadanos musulmanes y cristianos. A continuación su párrafo 11 contempla que los casos relativos a materias espirituales o religiosas permanecerán bajo la exclusiva jurisdicción de las autoridades judiciales de los diferentes credos. Las decisiones de estos tribunales tendrán *fuerza ejecutiva.*

El artículo 7 del Proyecto regula el derecho de libertad religiosa. Especial interés presenta el párrafo 2 del señalado precepto, donde se recoge la regulación jurídica del cambio del credo religioso, previéndose expresamente que los hombres de más de 18 años de edad y las mujeres mayores de 16 años, pueden cambiar de fe. Fijándose como requisito obligatorio para poder realizar la declaración de conversión, el deber del fiel de pasar una semana junto con un ministro de culto de su primera confesión.

En el ámbito institucional las comunidades religiosas asumen el compromiso de financiar las entidades eclesiásticas y los establecimientos docentes. Asimismo conforme a la previsión del apartado 3, del artículo 7, del Proyecto se prohíbe la interposición de obstáculos en la construcción de edificios de culto y se garantiza la inviolabilidad del ejercicio de los ritos religiosos. El resto de las cláusulas de la citada disposición se refieren a la libertad del uso del idioma materno, estableciéndose que la lengua de la población local y el turco serán oficiales en los juzgados y en la administración provincial. Paralelamente a ello se especifica que las autoridades, en los distritos donde el griego es el idioma dominante, podrán utilizarlo libremente en el ejercicio de sus competencias.

---

[38] El párrafo 1, del artículo 6, del Proyecto prescribe que la mencionada disposición estará en vigor hasta la promulgación de un ordenamiento judicial.

Según las disposiciones del artículo 8 del Proyecto los encargados de la defensa militar de las provincias serán el ejército otomano y la milicia o guardia nacional, la cual va a ser formada por cristianos y musulmanes, y cuya proporción dependerá de la composición religiosa de la población. El mismo principio volverá a aplicarse en el proceso de instauración de un cuerpo de tropas de gendarmes destinados a mantener el orden y la seguridad pública. Concretándose finalmente que la gendarmería se regirá por un organigrama mixto de oficiales de confesión religiosa cristiana y musulmana, designados por el *Gobernador General*.

Las propuestas fijadas en el *Proyecto de reglamento orgánico de los territorios búlgaros* aprobado en la Conferencia de Estambul, son rechazadas por el gobierno turco[39], so pretexto que la Constitución Otomana otorgada, el 23 de diciembre de 1876, por el sultán Abdülhamid II, (1876–1909), las hace innecesarias al proclamar[40]:

1) La libertad personal y la igualdad de todos los ciudadanos sin distinción de su confesión religiosa.
2) La inviolabilidad del domicilio.
3) La libertad de imprenta y expresión.
4) La creación de un poder judicial independiente, que administrará justicia aplicando el principio de publicidad.
5) El derecho de voto, permitiéndose a los no musulmanes la capacidad de ser diputados.
6) Que todo ciudadano del Imperio independientemente de su confesión religiosa será denominado *otomano*.

Históricamente la Conferencia de Estambul constituye el último intento de resolución pacífica del problema nacional búlgaro, pues el 24 de abril de 1877, estalla la Guerra ruso-turca.

En términos jurídicos se puede afirmar que los proyectos sobre la organización política de Bulgaria, elaborados en las vísperas de la liberación, se inspiran en los principios consagrados por la Declaración de los derechos del hombre y del ciudadano, *(Declaration des droits de l'homme et du citoyen)*, proclamada en 1789. En un futuro próximo, las ideas fundamentales de igualdad, libertad religiosa y de culto llegarán a ser objetivadas en la primera Constitución búlgara promulgada, el 16 de abril de 1879, que como ha puesto de manifiesto EMILIA DRUMEVA no sólo es un ordenamiento fundamental, sino

---

[39] GENOV, GEORGI. (31). *«La Cuestión de Oriente»*. Segunda parte. *Del Congreso de París (1856) al Tratado de Neuilly (1919)*. Imprenta «Houdojnik». Sofía. 1926. Página 335.

[40] NIKOLOVA, RAINA. (172). *Los derechos de los ciudadanos según la Ley Orgánica de Rumelia Oriental*. En: *Mundo jurídico*. Libro número 2/2008. Editorial Sibi. 2008. Página 147.

que también desempeña el papel de una *sui generis* revolución liberal, *al eliminar los desajustes sociales, políticos y económicos del antiguo orden otomano*[41].

1.4. *Las garantías de la tolerancia étnica y religiosa en el período de la Guerra ruso-turca, (1877-1878)*

1.4.1. CARACTERÍSTICAS GENERALES

Será a lo largo del proceso de preparación de tal conflicto bélico cuando a raíz de la recomendación del conde Vladimir Alexandrovich Cherkasky, (1824-1878), de 15 de noviembre de 1876, el jefe del Estado Mayor del Imperio Ruso Pedro Alexandrovich Heyden, (1831-1900), elabora un informe dirigido al zar Alejandro II, (1855-1881), en el cual argumenta la necesidad de creación de ministerio del *Responsable de los asuntos civiles en los territorios búlgaros* adjunto al Generalísimo del ejército ruso. En la citada propuesta, el general Heyden, afirma que los rusos se ven obligados a encargarse de establecer en los territorios liberados *un orden sólido, el cual va a impulsar el desarrollo de la vida cultural y social de la población búlgara*[42]. A tales efectos se contempla la institución de un *Gobierno provisional civil*[43], en cuyos deberes entrará la introducción de *garantías de la libertad religiosa de las personas pertenecientes a cualquier credo, incluso los musulmanes, sancionándose todo tipo de fanatismo nacional o religioso*[44].

En virtud de la citada propuesta, el zar ruso dicta *la Instrucción para el ministro de los asuntos civiles adjunto al Generalísimo del ejército ruso*, de 16 de noviembre de 1876[45], donde se prevé que el conde Vladimir Alexandrovich Cherkasky[46], asumirá el encargo de preservar el orden público en el nuevo Estado búlgaro[47]. En

---

[41] DRUMEVA, EMILIA. (54). *Para la Constitución*. En: *Pensamiento jurídico*. Libro número 4/2011. Año LII. Academia Búlgara de las Ciencias. 2011. Página 4.

[42] TOKUSHEV, DIMITAR. (222). *Historia del estado y del derecho búlgaro contemporáneo (1878-1944)*. Editorial Sibi. Sofía. 2008. Páginas 28 y 29.

[43] MANOLOVA, MARIA. (108). *Historia del Estado y del derecho búlgaro. El tercer estado búlgaro (1878-1944)*. Editorial Ciela. Sofía. 2001. Página 13.

[44] TOKUSHEV, DIMITAR. (222). *Historia del estado y del derecho búlgaro contemporáneo (1878-1944)*. Editorial Sibi. Sofía. 2008. Página 29.

[45] MANOLOVA, MARIA. (110). *La actividad normativa del Gobierno Provisional Ruso en Bulgaria (1877-1879)*. Editorial Ciela. Sofía. 2003. Página 31.

[46] El conde Vladimir Alexandrovich Cherkasky, pertenece a la nobleza liberal rusa y desempeña un papel protagonista en la realización de la reforma agraria en Rusia de 1861, aboliéndose definitivamente la servidumbre del campesinado ruso. MANOLOVA, MARIA. (111). *Que nos acordemos del conde Vladimir Alexandrovich Cherkasky, (1824-1878)*. En: *Pensamiento jurídico*. Libro número 3/2008. Año XLIX. Academia Búlgara de las Ciencias. 2008. Página 3.

[47] MANOLOVA, MARIA. (111). *Que nos acordemos del conde Vladimir Alexandrovich Cherkasky, (1824-1878)*. En: *Pensamiento jurídico*. Libro número 3/2008. Año XLIX. Academia Búlgara de las Ciencias. 2008. Página 4.

el trascurso de preparación de su nueva actividad este noble llega a la conclusión, que a lo largo de las campañas bélicas no resultará necesario liquidar completamente el sistema político otomano. Por ello las autoridades imperiales y las leyes, que no sean contrarias a los principios de un *gobierno justo y digno* deberán ser conservadas[48]. Tal intención presenta un significativo ejemplo de que el gobierno ruso tratará de efectuar una transición del poder, que no afecte negativamente a los derechos de la población musulmana[49].

En este contexto cabe destacar la política de tolerancia étnica y religiosa emprendida por la administración provisional en el ámbito del *Proyecto de los principios esenciales del gobierno de las provincias y los distritos en los territorios búlgaros*, de 7 de julio 1877, al prescribir en su artículo 4 la obligación de los gobernadores y los jefes de departamentos de mantener la paz étnica y el orden civil dentro de la población en la retaguardia del ejército ruso. No obstante, entre sus funciones también entrará el deber general sobre *la previsión y la resolución de los problemas que puedan surgir entre los ciudadanos de las distintas nacionalidades*, así como *la protección y el respeto de la libertad de culto de todas las confesiones religiosas incluida la comunidad musulmana*[50].

1.4.2. El poder judicial a lo largo de las actividades bélicas, (1877-1878), y el respeto de la diversidad étnica y religiosa

En vísperas de la guerra ruso-turca, el régimen del poder judicial en los territorios búlgaros se regula por la Ley otomana de la organización de los tribunales, de 23 de abril de 1869, la cual establece *los Tribunales Ordinarios*, como los órganos principales en la administración de justicia en el Imperio. Fuera de la *Jurisdicción Ordinaria*, esta normativa contempla que en materia del derecho consuetudinario, ejercerán exclusivas competencias judiciales *los Con-*

---

[48] En puridad se conserva parte de la legislación civil otomana compatible con las nuevas características nacionales, aplicándose con carácter complementario las normas del derecho consuetudinario búlgaro. TOKUSHEV, DIMITAR. (222). *Historia del estado y del derecho búlgaro contemporáneo (1878-1944)*. Editorial Sibi. Sofía. 2008. Página 165.

[49] Por todo ello, el 10 de junio de 1877, el zar ruso afirma *que el objetivo de Rusia es crear y no destruir, garantizando la convivencia pacífica de los habitantes de los territorios búlgaros sin otorgar importancia de su origen étnico o confesión religiosa*. En ese mismo sentido se confirma el respeto de *la vida, la libertad, la dignidad y la propiedad* de la población, que no forma parte de las actividades bélicas. En: *Alocución del emperador ruso Alejandro II al pueblo búlgaro, respecto a la implantación de los fundamentos del Estado búlgaro*. VV.AA. (61). *Rusia y la restauración del Estado búlgaro (1878-1885)*. En: *Los archivos hablan*. Volumen 47. Agencia de Archivo de la República de Bulgaria, Agencia Federal de Archivo de la Federación Rusa, Foro Bulgaria-Rusia. Sofía. 2008. Páginas 34 y 35.

[50] GEORGIEV, VELICHKO, y TRIFONOV, STAYCO. (33). *Historia de los búlgaros (1878-1944) en documentos*. Tomo I 1878-1912. Primera parte. *Restauración y desarrollo del estado búlgaro*. Editorial «Prosveta». Sofía. 1994. Página 11.

sejos de ancianos[51], compuestos por representantes de la población conquistada, incluido el pueblo búlgaro[52]. Además como se ha indicado anteriormente, el sistema judicial otomano también reconoce autoridad jurisdiccional a los *Tribunales Eclesiásticos* correspondientes a cada confesión religiosa.

Pese a que la instauración del gobierno civil ruso marca la creación de las primeras instituciones propiamente búlgaras, a lo largo de las confrontaciones militares la nueva administración conserva con modificaciones mínimas la estructura de la justicia otomana, de manera que no priva a la población musulmana de la capacidad legal de solicitar ayuda judicial. Como señala DIMITAR TOKUSHEV a los turcos se les reconoce el derecho de elegir sus propios *Consejos de ancianos* bajo cuya competencia caen todos los juicios civiles[53] y penales[54], que pueden terminar con un acuerdo mutuo[55]. Previéndose asimismo la creación de *consejos mixtos*, encargados de conocer los pleitos entre cristianos y musulmanes, que son constituidos por igual número de miembros de ambas confesiones religiosas[56].

2. LA CREACIÓN DE LAS PRIMERAS GARANTÍAS FUNDAMENTALES DE PROTECCIÓN DE LA DIVERSIDAD CULTURAL DE BULGARIA

2.1. La estructura multicultural de la sociedad búlgara en la época de la restauración del Estado

Inmediatamente después de la liberación de Bulgaria en 1878, los gobernantes tratan de conocer en detalle la composición étnica de la sociedad búl-

---

[51] TOKUSHEV, DIMITAR. (221). *El poder judicial de Bulgaria (desde la Antigüedad hasta hoy en día)*. Editorial Sibi. Sofía. 2003. Página 64.

[52] TOKUSHEV, DIMITAR. (222). *Historia del estado y del derecho búlgaro contemporáneo (1878-1944)*. Editorial Sibi. Sofía. 2008. Página 38.

[53] En la materia del proceso civil, fuera de las competencias de los *Consejos de ancianos* quedan todos los casos relativos al derecho de la propiedad sobre inmuebles, las recaudaciones tributarias a favor del Estado y los intereses de las personas menores de edad. TOKUSHEV, DIMITAR. (222). *Historia del estado y del derecho búlgaro contemporáneo (1878-1944)*. Editorial Sibi. Sofía. 2008. Página 39.

[54] En el marco del orden penal, a los *Consejos de ancianos* no se les reconoce el poder de administrar justicia sobre delitos de oficio. TOKUSHEV, DIMITAR. (222). *Historia del estado y del derecho búlgaro contemporáneo (1878-1944)*. Editorial Sibi. Sofía. 2008. Página 39.

[55] Prácticamente ello significaba la conservación provisional del instituto de los mediadores *muslihun*, que en el sistema judicial otomano aplicaban la práctica *sulh, (acuerdo amistoso)*. GRADEVA, ROSITSA. (43). *Respecto a las competencias jurídicas del tribunal del cadí durante el siglo XVII*. En: *Revista histórica*. Libro 2/1993. Año XLIX. Academia Búlgara de las Ciencias. 1993. Página 115.

[56] TOKUSHEV, DIMITAR. (222). *Historia del estado y del derecho búlgaro contemporáneo (1878-1944)*. Editorial Sibi. Sofía. 2008. Página 39.

gara, por lo cual entre 1879 y 1900 se realizan una serie de censos, siendo especialmente interesante el de 1881. Tomándose en consideración la lengua materna en cuanto criterio fundamental para la elaboración del mismo, sus resultados desprenden la diversa estructura poblacional del país[57], compuesta por las siguientes 26 etnias: búlgaros, turcos, valacos, romaníes, judíos sefardíes, tártaros, griegos, armenios, serbo-croatas, alemanes, rusos, arnaútes, italianos, magiares, checos, franceses, árabes, polacos, ingleses, circasianos, persas, eslovenos, curdos, finlandeses, holandeses, suizos y otros. Como critica razonablemente DIMITAR ARKADIEV este enfoque de identificar la pertenencia étnica de los individuos es incorrecto, produciéndose asombrosas variaciones de la imagen étnica, como por ejemplo con la incorporación de los gagauzos, (un pueblo turco-hablante de confesión cristiana ortodoxa), en el grupo de los turcos[58]. Otros análisis de los datos censales de 1881 arrojan una población de 2.007.919 personas, de los cuales el 67% eran búlgaros, el 26% turcos, el 2% rumanos, el 1.9% romaníes, el 0.9% tártaros, el 0.9% búlgaros musulmanes (*pomacos*), el 0.7% judíos, el 0.6% griegos y el 0.2% armenios[59].

También es significativo el mosaico religioso del nuevo Estado balcánico puesto de manifiesto en las siguientes estadísticas de los finales del siglo XIX:

Tabla 4.
La composición religiosa de la población búlgara según los censos de 1887, 1892 y 1900[60]

Confesión religiosa	En cifras absolutas			En % de la población total		
	1887	**1892**	**1900**	**1887**	**1892**	**1900**
Ortodoxos	2.424.371	2.606.786	3.019.999	76.86	78.74	80.66
Musulmanes	676.215	643.258	643.300	21.44	19.43	17.18
Católicos	18.505	22.617	28.569	0.59	0.68	0.76
Protestantes	1.358	2.384	4.524	0.04	0.07	0.12

[57] En aquella época el Estado búlgaro comprende los territorios situados entre el Danubio y la Cordillera Balcánica.

[58] ARKADIEV, DIMITAR. (9). *Investigación de la composición étnica de la población según los censos de Bulgaria.* En: *Revista «Población»*. Libro 6/1992. Instituto de demografía de la Academia Búlgara de Ciencias. Sofía. 1992. Páginas 50 y 51.

[59] ZHELYAZKOVA, ANTONINA, ALEKSIEV, BOZHIDAR, y NAZARSKA, ZHORZHETA. (70). *Las comunidades musulmanas en los Balcanes y en Bulgaria. Croquis históricos.* Centro internacional de los problemas de las minorías y las relaciones interculturales. Sofía. 1997. Página 118.

[60] GEORGIEV, VELICHKO, y TRIFONOV, STAYCO. (33). *Historia de los búlgaros (1878-1944) en documentos.* Tomo I 1878-1912. Primera parte. *Restauración y desarrollo del estado búlgaro.* Editorial «Prosveta». Sofía. 1994. Página 135.

Confesión religiosa	En cifras absolutas			En % de la población total		
	1887	1892	1900	1887	1892	1900
Judíos	24.352	28.307	33.663	0.77	0.86	0.90
Armenios-gregorianos	—	6.643	13.809	—	0.20	0.37
Otros y no señalados	9.574	718	419	0.30	0.02	0.01
Total	3.154.375	3.310.713	3.744.288	100%	100%	100%

2.2. *Los modelos de tutela de las minorías configurados en los tratados internacionales relativos al restablecimiento del Estado búlgaro*

2.2.1. ANTECEDENTES INMEDIATOS

Destaca en la época de la restauración de Bulgaria, la expresa exigencia de las Grandes Potencias sobre la adopción de un marco legal, que garantice la protección de los derechos fundamentales de las minorías en el Estado[61]. Históricamente, ello corre pareja a la formación de un sistema de tutela internacional, que en un primer momento llega a plantearse en la creación de instrumentos jurídicos de protección de las minorías religiosas, si bien con el Congreso de Viena de 1815 ya se había dado el primer paso a favor de la defensa legal de *las minorías nacionales*[62]. Inspirados por las nuevas normas del Derecho Internacional, que incluyen conceptos como *humanidad, moral universal*[63], *tolerancia e igualdad entre los distintos pueblos*[64], los países europeos proceden paulatinamente a la elaboración de un complejo haz de cláusulas específicas, protectoras de los derechos de los grupos étnicos, raciales o nacionales. En este sentido el legislador búlgaro acepta el principio de protección de las minorías, esencialmente como una fórmula de garantía de los derechos y las

61 KANEV, KRASIMIR. (97). *Legislación y política hacia las minorías étnicas y religiosas en Bulgaria.* En: KRASTEVA, ANNA. *Comunidades e identidades en Bulgaria.* Petexton. Sofía. 1998. Página 69.

62 THORNBERRY, PATRICK. *International law and the rights of minorities.* Clarendon Press, Oxford. 1991. Página 29.

63 Estos dos principios encuentran su máxima expresión en la Declaración de las Grandes Potencias sobre el tráfico esclavista de población de color, de 8 de febrero de 1815, a raíz de la cual se abole dicho comercio calificado como un *azote que hace tanto tiempo desuela a África y degrada a Europa.*

64 GENOV, GEORGI. (30). *«La Cuestión de Oriente». (Historia política y diplomática).* Primera parte. Sofía. 1924. Página 206.

libertades de las minorías religiosas[65], pero también consagra un buen número de normas dedicadas al régimen jurídico de las *minorías nacionales*, que forman parte de la sociedad búlgara.

2.2.2. El Tratado de San Stefano de 3 de marzo de 1878

El régimen general sobre la organización política del Tercer Estado búlgaro viene recogido en las disposiciones del Tratado de San Stefano de 1878, conforme al cual Bulgaria se constituye como un *Principado autónomo, tributario a la Sublime Puerta*, con un *gobierno cristiano y milicia nacional*[66]. Su artículo 7 sanciona el deber de convocar una Asamblea de *notables*, que redactará *con antelación a la elección del monarca, la estructura del futuro sistema administrativo del país*, especificándose que en las regiones donde *los búlgaros permanecen mezclados con turcos, griegos, valacos, (kontzo-ulachs), u otros*, los intereses y derechos de estas poblaciones se tomarán en consideración en las elecciones y en la preparación de las Leyes Orgánicas. La elaboración y la introducción del nuevo régimen político de Bulgaria, será confiada a un comisario imperial ruso, que contará con un plazo de dos años para llevar a cabo este proceso.

Posteriormente a la proclamación de las garantías sobre la participación de las diferentes minorías en la organización política del Estado, el Tratado de San Stefano de 1878 plantea la regulación de los cambios patrimoniales consecuencia del restablecimiento del país. En este contexto, su artículo 11 prescribe que *los propietarios de inmuebles de confesión musulmana u otra*, que a partir de la liberación hayan elegido residir fuera del Principado, conservarán el derecho de propiedad sobre sus bienes con ubicación en el mismo, *teniéndolos arrendados o administrados por terceras personas*. La señalada disposición también prevé la reunión *en los principales centros de población* de *comisiones turco-búlgaras*, las cuales *bajo la dirección de comisarios rusos* tendrán el encargo de resolver *en el período de dos años* todas las cuestiones patrimoniales, en las que musulmanes u otros puedan estar interesados. Comisiones similares estarán encomendadas a regular durante el mismo espacio de tiempo los asuntos, concernientes a las formas de venta, laboreo o uso a beneficio de la Sublime Puerta, de las propiedades del Imperio Otomano y de las fundaciones religiosas, *vakıf*. A continuación se concretiza que una vez transcurrido el plazo de dos años, todas las propiedades abandonadas o no reclamadas serán sacadas a subasta pública, y

---

[65] NYAGULOV, BLAGOVEST. (174). *La protección europea de las minorías en Bulgaria-aspectos contemporáneos*. En: *Revista histórica*. Libro 5-6/2000. Año LVI. Academia Búlgara de las Ciencias. 2000. Página 252.

[66] Artículo 6 del Tratado de San Stefano de 1878. GYUZELEV, VASIL. (46). *El estado búlgaro en actos y documentos*. Editorial «Nauka i izkustvo». Sofía. 1981. Páginas 193 a 202.

los ingresos obtenidos se destinarán a sostener a las viudas y los huérfanos *tanto musulmanes, como cristianos, víctimas de las recientes actividades bélicas.*

2.2.3. EL TRATADO DE BERLÍN DE 13 DE JULIO DE 1878 Y SUS CONSECUENCIAS

2.2.3.1. La división de la *Bulgaria de San Stefano*

Los recelos de las Grandes Potencias respecto a la creación de un enorme *país eslavo* en el centro de los Balcanes, que indudablemente aumentará la influencia rusa en esta región[67], provocan la división de la *Bulgaria de San Stefano.* A raíz del Tratado de Berlín de 1878, el Tercer Estado búlgaro se establece en los territorios situados al norte de la Cordillera Balcánica como un *Principado autónomo y tributario, bajo la soberanía de Su Majestad Imperial el Sultán,* teniendo sus propios *gobierno cristiano y milicia nacional*[68]. Al mando del mismo permanecerá un Príncipe elegido libremente por el pueblo y designado por la Sublime Puerta, con el consentimiento de las Grandes Potencias[69]. Las tierras al sur de dicho límite pasan a formar parte de una Provincia Imperial denominada *Rumelia Oriental,* que *quedará bajo la autoridad directa política y militar del Sultán* so condiciones de autonomía administrativa, *siendo gobernada por un Gobernador General cristiano*[70], nombrado por el gobierno turco con el asentamiento de los estados europeos, por un periodo de cinco años[71]. Macedonia y las regiones de Tracia del Este y del Oeste resultan devueltas al Imperio Otomano. Un hecho que desatará años después severos conflictos bélicos, pues cada estado balcánico tenía sus propias reivindicaciones nacionales respecto a dichos territorios (tabla 5).

Históricamente este *statu quo* territorial diseñado por el Tratado de Berlín de 1878, provocará una serie de corrientes migratorias entre Bulgaria y el Imperio Otomano, de forma que muchos búlgaros habitantes de los territorios devueltos se desplazaron hacia el Principado, y al contrario, un significativo número de turcos tártaros y circasianos emigraron a Turquía, abandonando sus propiedades ubicadas en el Estado búlgaro. Un fenómeno que se pone de manifiesto en el marco de los siguientes datos estadísticos (tabla 6).

---

[67] NACHEVA, SNEZHANA. (163). *La civilización constitucional y el primer modelo constitucional búlgaro-la Constitución de Tarnovo de 1879.* En: *Mundo jurídico.* Libro número 2/1999. Editorial Sibi. 1999. Página 78.

[68] Artículo 1 del Tratado de Berlín de 1878. VV.AA. (61). *Rusia y la restauración del Estado búlgaro (1878-1885).* En: *Los archivos hablan.* Volumen 47. Agencia de Archivo de la República de Bulgaria, Agencia Federal de Archivo de la Federación Rusa, Foro Bulgaria-Rusia. Sofía. 2008. Páginas 109 a 122.

[69] Artículo 3 del Tratado de Berlín de 1878.

[70] Artículo 13 del Tratado de Berlín de 1878.

[71] Artículo 17 del Tratado de Berlín de 1878.

Tabla 5.
La estructura poblacional de la Region de Macedonia, según los datos censales de los distintos países balcanicos y Alemania[72]

Etnia	Censo			
	Serbio de 1889	**Griego de 1889**	**Búlgaro de 1900**	**Alemán de 1905**
Turcos	231.400	576.000	489.664	250.000
Búlgaros	57.600	—	1.184.036	—
Serbios	2.048.320	—	700	—
Macedonio-eslavos	—	454.700	—	2.000.000
Griegos	201.140	656.300	225.152	200.000
Albaneses	165.620	—	124.211	300.000
Valacos	74.465	41.200	77.267	100.000
Otros	101.875	91.700	147.244	—
Total	2.880.420	1.819.900	2.248.274	2.850.000

La Península Balcánica, (1800-1878)[73]

[72] BONAMUSA, FRANCESC. *Pueblos y naciones en los Balcanes (siglos XIX y XX). Entre la media luna y la estrella roja.* Editorial Síntesis. Madrid. 1998. Página 95.

[73] Fuente: BONAMUSA, FRANCESC. *Pueblos y naciones en los Balcanes (siglos XIX y XX). Entre la media luna y la estrella roja.* Editorial Síntesis. Madrid. 1998. Página 106.

Tabla 6.
Los cambios étnicos en Bulgaria a lo largo de los primeros 30 años tras la restauración del Estado en 1878[74]

Grupo étnico		Población		Aumento (+) o reducción (–) (1880-1910)	
		1880	1910	En cifras absolutas	% (para 30 años)
Búlgaros	Ortodoxos	1.920.000	3.497.974	+ 1.577.974	+ 82.2
	Musulmanes	20.000	21.143	+ 1.143	+ 5.7
Turcos		650.000	465.988	- 184.012	- 28.3
Tártaros		18.000	18.170	+ 170	+ 0.9
Gagauzos		12.000	9.329	- 2.671	- 22.2
Griegos		62.000	43.245	- 18.755	- 30.2
Hebreos		20.000	40.118	+ 20.118	+ 100.1
Armenios		5.500	12.919	+ 7.419	+ 134.9
Rumanos		49.000	79.748	+ 30.748	+ 62.8
Romas		62.000	121.573	+ 59.573	+ 96.0
Total		**2.818.500**	**4.310.208**	**+ 1.491.708**	**+ 53.7**

2.2.3.2. Previsiones en materia de protección de las minorías y el principio de libertad religiosa

El contenido jurídico de las cláusulas iniciales del Tratado de Berlín, de 13 de julio de 1878, es muy cercano a lo estipulado en San Stefano, el 3 de marzo de 1878, al prescribirse expresamente que una *Asamblea de Notables* reunida en 1879 en Veliko Tarnovo, la capital antigua, adoptará la Ley Orgánica del Principado, tomando en consideración los intereses de *turcos, griegos, rumanos y otras minorías*, que habitan su territorio nacional[75].

A continuación el artículo 5 del Convenio contempla la igualdad política y jurídica de todos los nacionales de Bulgaria, al afirmarse que *la diferencia de confesión religiosa no perjudicará a ningún ciudadano en pleno uso de sus derechos políticos y civiles*, y particularmente respecto a la admisión a empleos, cargos y dignidades públicos, o para una profesión o actividad profesional asalariada. Paralelamente a ello el mencionado precepto reconoce los principios de *liber-*

---

[74] GEORGIEV, VELICHKO, y TRIFONOV, STAYCO. (33). *Historia de los búlgaros (1878-1944) en documentos*. Tomo I 1878-1912. Primera parte. *Restauración y desarrollo del estado búlgaro*. Editorial «Prosveta». Sofía. 1994. Página 141.

[75] Artículo 4 del Tratado de Berlín de 1878.

tad de creencias y prácticas externas del culto a todos los súbditos búlgaros y extranjeros, y también excluye la interposición de obstáculos en la organización de las distintas comunidades eclesiásticas o en las relaciones entre las mismas y sus estructuras jerárquicas[76]. PENKA DACHEVA señala como argumento fundamental para la incorporación de las citadas garantías en el texto del Convenio *el hecho que los creyentes no cristianos en el país constituyen una significativa minoría,* eludiéndose posibles manifestaciones de *discriminación e intolerancia religiosa*[77].

El régimen jurídico de las propiedades de los extranjeros se reitera en las disposiciones del Tratado de Berlín de 1878, de forma que su artículo 12 vuelve a reconocer la conservación de la titularidad de inmuebles, situados en los territorios búlgaros, de los ciudadanos otomanos u otros, quienes tras la liberación hayan decidido establecerse fuera del Principado. Nuevamente se afirma que la mencionada categoría de propietarios podrán alquilar dichos bienes o dejar su gobierno en las manos de terceras personas. En todo caso una comisión turco-búlgara será encargada de encontrar una resolución adecuada, en un término de dos años, a las cuestiones referidas a la venta y el uso de las propiedades de la Sublime Puerta, de las fundaciones caritativas musulmanas[78], así como de aquellos problemas posbélicos relativos a los intereses patrimoniales de las personas.

En términos legales los preceptos del Tratado de Berlín de 1878, referidos a la constitución y la organización interna de Rumelia Oriental, llegan a ser una modificación de los conceptos proclamados en el Proyecto de reglamento orgánico de los territorios búlgaros aprobado en la Conferencia de Estambul, (celebrada entre el 23 de diciembre 1876 y el 20 de enero de 1877). En este sentido cabe señalar la previsión del artículo 15 del Tratado de Berlín de 1878, donde se prescribe que el orden público en dicha provincia será mantenido por *la gendarmería indígena, apoyada por la milicia local.* Al formar estos cuerpos, en cuanto a los oficiales que serán designados por la Sublime Puerta, se prestará atención en las diferentes localidades a la religión de los ciudadanos. Asimismo el Sultán asume el compromiso de no emplear tropas irregulares, tales como *bashi-bazouks y circasianas,* en las guarniciones de las fronteras, aña-

---

[76] Artículo 5 del Tratado de Berlín de 1878.

[77] DACHEVA, PENKA. (48). *La libertad de las confesiones religiosas en la Constitución de Tarnovo.* En: *Pensamiento jurídico.* Libro número 3/2001. Año XXXXII. Academia Búlgara de las Ciencias. 2001. Página 71.

[78] El marco legal relativo a las fundaciones caritativas es parcialmente modificado por el artículo 525 del Ordenamiento provisional de justicia de 24 de agosto de 1878. El derecho de uso de las tierras que entran en el patrimonio del Estado y de las organizaciones caritativas o eclesiásticas puede ser expropiado o gravado con una deuda solamente conforme a las reglas, que han estado en vigor hasta el establecimiento del Gobierno Provisional Ruso, a raíz de un procedimiento ante el correspondiente Juzgado de Distrito con la participación del Consejero de Asuntos Fiscales.

diéndose a continuación que las tropas regulares dedicadas a este servicio *en ningún caso puedan alojarse en las casas de los habitantes.*

Respecto a la regulación básica de la libertad de creencias en Rumelia Oriental el gobierno se compromete a establecer las leyes generales otomanas en materia de *libertad religiosa y tutela estatal de todos los cultos*[79]. Añadiéndose a raíz del artículo 62 del Convenio, el deber fundamental de la Sublime Puerta de tutelar y mantener la libertad religiosa en el Imperio en los siguientes términos:

1) En *todo su territorio la diferencia de confesión religiosa no perjudicará a ningún súbdito en pleno uso de sus derechos civiles y políticos*, y en particular para la admisión a empleos, cargos y dignidades públicos, o para una profesión o actividad económica.
2) A los ciudadanos otomanos, incluidos los de Rumelia Oriental, se les garantiza la libertad y la inviolabiliad de sus prácticas religiosas, así como se prohibe obstacularizar la fundación de comunidades confesionales o impedir las relaciones entre las mismas y sus estructuras jerárquicas y externas.
3) Se reconoce a todo habitante del Imperio, sin distinción de su religión, la capacidad para prestar declaración ante los tribunales.
4) Los eclesiásticos, peregrinos y monjes de todas las nacionalidades, que viajen por los territorios imperiales gozarán de los mismos derechos y privilegios, así como de una protección oficial igual que la de los agentes diplomáticos y consulares de las Grandes Potencias.
5) Los monjes del monte Athos, de cualquier nacionalidad, mantendrán sus antiguas prebendas y ventajas, y disfrutarán, sin ninguna excepción, de completa igualdad de derechos[80].

La Sublime Puerta subraya que todas estas disposiciones expresan su intención de dar la más amplia extensión del principio de libertad religiosa, por lo cual las Partes contratantes toman nota de *esta espontánea declaración.*

2.2.3.3. Los cambios de población y las reformas patrimoniales

Durante las actividades bélicas se marca un incipiente proceso de emigración de contingentes de turcos, tártaros y circasianos de los territorios búlgaros recién liberados hacia el Imperio Otomano, quedando abandonadas un buen número de tierras agrarias y propiedades inmuebles. Por otro lado el

---

[79] Artículo 20 del Tratado de Berlín de 1878.

[80] PAPASTATIS, HARALAMBOS. (177). *El estatuto del monte Athos según el derecho griego.* En: *Pensamiento jurídico.* Libro número 3/1993. Año XXXIV. Academia Búlgara de las Ciencias. 1993. Página 97.

carácter cambiante de los combates al sur de la Cordillera Balcánica, así como la división del Estado en virtud del Tratado de Berlín de 1878 provocan flujos migratorios de búlgaros al norte del citado límite, permitiéndose su establecimiento en los pueblos abandonados. Esta decisión del gobierno civil ruso plantea serios problemas, pues una significativa parte de la población musulmana que se desplazó del Principado reivindicó el derecho de propiedad sobre sus bienes inmuebles a raíz de la disposición del artículo 12 del citado Convenio[81]. Para encontrar solución de tal asunto el Gobierno Provisional Ruso adopta, el 2 de agosto de 1878, un especial Decreto dedicado a los emigrantes otomanos, según el cual[82]:

1) Se reconoce *a todos los musulmanes que emigraron a lo largo de la Guerra, (1877-1878), con excepción de los circasianos*[83]*, el derecho de regresar al Principado,* a condición de que se respeten las nuevas normativas nacionales y los reglamentos de las autoridades administrativas locales.
2) Serán expulsados de los territorios búlgaros todos los habitantes de origen circasiano, que han formado parte de las tropas otomanas.
3) Si entre los emigrantes, que han declarado su deseo de regresar a Bulgaria se descubran individuos quienes hayan cometido crímenes contra la población local, estas personas *serán arrestadas y entregadas a un tribunal militar.*
4) Con el fin de garantizar la paz social, evitándose posibles confrontaciones entre los distintos pueblos, se prevé *la confiscación de las armas de todos los musulmanes que regresarán al Principado.*
5) Siempre y cuando los inmuebles de emigrantes otomanos estén ocupados por búlgaros o destruidos, *en la medida de lo posible estas familias serán alojadas en casas búlgaras o serán guarecidas provisionalmente en campos especiales, situados en las afueras de los pueblos, hasta que se les conceda una indemnización equitativa.*
6) Se permite a los musulmanes establecerse en las regiones anteriormente *habitadas por circasianos a condición de que donen sus antiguas tierras al Estado búlgaro.*

---

[81] MANOLOVA, MARIA. (108). *Historia del Estado y del derecho búlgaro. El tercer estado búlgaro (1878-1944).* Editorial Ciela. Sofía. 2001. Páginas 33 y 34.

[82] GEORGIEV, VELICHKO, y TRIFONOV, STAYCO. (33). *Historia de los búlgaros (1878-1944) en documentos.* Tomo I 1878-1912. Primera parte. *Restauración y desarrollo del estado búlgaro.* Editorial «Prosveta». Sofía. 1994. Páginas 25 y 26.

[83] Al formar parte de las tropas otomanas irregulares, los circasianos desempeñan un importante papel en el aplastamiento del Levantamiento de Abril de 1876, destacando por su brutalidad. Esto dejará su profunda huella en la memoria colectiva de los búlgaros, obstaculizando la convivencia entre ellos y dicha minoría.

Ello pone el inicio de una serie de reformas patrimoniales y agrarias, desarrolladas en el seno de varias normativas como la Ley de establecimiento en los territorios no poblados de 1880 y la Ley de las tierras agrarias tártaras y circasianas del ese mismo año,[84] que tienden resolver los problemas patrimoniales de los ciudadanos otomanos que abandonaron el país, respetándose lo estipulado en el Tratado de Berlín de 1878[85].

2.3. *La cuestión de las minorías en la legislación del Gobierno Provisional Ruso*

2.3.1. EL DESARROLLO DE LOS ACONTECIMIENTOS

En virtud del artículo 7 del Tratado de San Stefano de 1878, el Comisario General del emperador ruso Alejandro Dondukov-Korsakov, (1820-1893), fue encargado en un plazo de dos años[86], para que introdujera en los territorios liberados un gobierno propiamente búlgaro y ejecutara la supervisión inicial sobre su funcionamiento. Conforme a una instrucción del Consejo de Ministros ruso, de 10 de abril de 1878, a la Administración Provisional se le encomienda *sustituir el antiguo orden otomano, de marcado fanatismo musulmán, por un nuevo gobierno estatal basado en las virtudes cristianas y en el respeto de los derechos humanos*, reconociéndose a todos los ciudadanos sin *distinción de su origen nacional* el derecho a la igualdad ante la Ley, la inviolabilidad personal y del domicilio, así como la libertad de creencias y prácticas religiosas[87]. A raíz de un anexo especial del citado documento, el 20 de mayo de 1878[88], se constituye el *Consejo de Gobierno del Comisario General ruso*, que desempeña el papel de ser el primer poder ejecutivo en el Tercer Estado. Estructuralmente dicho órgano está compuesto por 7 departamentos competentes de asuntos interiores, finanzas y control fiscal, jus-

---

[84] KEMANOV, NEDELCHO, y VASILEVA, MARIA. (87). *Para la historia y el derecho del tercer estado búlgaro. (Fuentes)*. Varna. 2000. Páginas 17 y 18.

[85] MANOLOVA, MARIA. (108). *Historia del Estado y del derecho búlgaro. El tercer estado búlgaro (1878-1944)*. Editorial Ciela. Sofía. 2001. Página 39.

[86] A raíz del artículo 7 del Tratado de Berlín de 1878 el citado plazo queda recortado a nueve meses.

[87] Instrucción General número 30 de 10 de abril de 1878, respecto a la organización de los territorios liberados, dirigida al conde Dondukov-Korsakov. GEORGIEV, VELICHKO, y TRIFONOV, STAYCO. (33). *Historia de los búlgaros (1878-1944) en documentos*. Tomo I 1878-1912. Primera parte. *Restauración y desarrollo del estado búlgaro*. Editorial «Prosveta». Sofía. 1994. Páginas 17 y 18.

[88] Instrucción Adicional del Ministerio de Asuntos Exteriores de Rusia, dirigida al conde Alejandro Dondukov-Korsakov, respecto a la estructura del Consejo de Gobierno del Comisario General ruso en Bulgaria, de 15 de abril de 1878. VV.AA. (61). *Rusia y la restauración del Estado búlgaro (1878-1885)*. En: *Los archivos hablan*. Volumen 47. Agencia de Archivo de la República de Bulgaria, Agencia Federal de Archivo de la Federación Rusa, Foro Bulgaria-Rusia. Sofía. 2008. Páginas 96 a 103.

ticia, asuntos eclesiásticos y educación, defensa militar, correos, telégrafos e infraestructuras públicas, y la secretaría de los asuntos nacionales y relaciones diplomáticas, en cuya estructura habrá un departamento de estadística. Históricamente, la autoridad descrita de este modo efectuará el paso inicial en la formación del derecho procesal búlgaro, debido a la introducción del Ordenamiento provisional de justicia, el 24 de agosto de 1878[89], que representa una mera traducción literal de las leyes fundamentales rusas en la materia.

Como muestra un informe del conde Alejandro Dondukov-Korsakov, dirigido al zar de Rusia Alejandro II con el Ordenamiento provisional de justicia de 1878, la administración rusa se encargará *prioritariamente de proteger los intereses procesales de todo el pueblo búlgaro*[90] y por ello la redacción de las citadas reglas se ha realizado conforme a los siguientes principios[91]:

1) La conservación *formal* de los órganos de justicia otomanos de modo que no se produjeran grandes cambios, que puedan privar a la población musulmana de protección judicial.
2) Mantener las audiencias eclesiásticas y, en particular, las *competencias de los muftíes* de administrar justicia en litigios entre musulmanes.
3) La garantía de igualdad en la admisión de los ciudadanos a un puesto de magistrado, otorgando ciertas preferencias a las personas de origen búlgaro[92].
4) La determinación de las jurisdicciones de las distintas autoridades judiciales.
5) El refuerzo de la independencia del sistema judicial.
6) La implantación de los principios de *publicidad e imparcialidad* judicial.
7) El reconocimiento del derecho de defensa del imputado.

2.3.2. El respeto a la diversidad étnica, religiosa y lingüística en las normas del Ordenamiento provisional de justicia de 1878

Esta normativa incorpora un amplio catálogo de garantías de la independencia, la imparcialidad y el libre acceso al poder judicial de todos los ciuda-

---

[89] Proclamado por el Comisario del Emperador Ruso, el 24 de agosto de 1878. VV.AA. (228). *El Renacimiento de Bulgaria. La Constitución de Tarnovo y las leyes del Principado búlgaro (1879-1882).* Universidad de Sofía «San Clemente de Ohrid». Club jurídico búlgaro-ruso. Sofía. 2003. Páginas 71 a 253.

[90] MANOLOVA, MARIA. (108). *Historia del Estado y del derecho búlgaro. El tercer estado búlgaro (1878-1944).* Editorial Ciela. Sofía. 2001. Página 24.

[91] TOKUSHEV, DIMITAR. (222). *Historia del estado y del derecho búlgaro contemporáneo (1878-1944).* Editorial Sibi. Sofía. 2008. Página 40.

[92] TOKUSHEV, DIMITAR. (221). *El poder judicial de Bulgaria (desde la Antigüedad hasta hoy en día).* Editorial Sibi. Sofía. 2003. Página 134.

danos del Principado sin distinción de su pertenencia étnica o religiosa, distribuyéndose la administración de justicia entre *los Tribunales de Paz, las Jurisdicciones Ordinarias y las Jurisdicciones Especiales*[93].

El Ordenamiento provisional de justicia de 1878 define como *Tribunales de Paz a los Consejos de ancianos en las aldeas*[94], compuestos de entre 3 y 12 miembros[95]. Dichos órganos de *Jurisdicción campesina* son competentes de impartir justicia[96] en todos aquellos pleitos, que puedan ser resueltos a raíz de un acuerdo mutuo[97]. Concretándose a continuación, que siempre y cuando la población rural practique diferentes confesiones religiosas, a los musulmanes se les reconocerá el derecho de elegir su *propio consejo*[98]. Los *Tribunales de Paz* celebrarán sus sesiones en público con la participación *ex officio* de los ministros de culto de las comunidades confesionales a las que pertenezcan los litigantes[99]. Finalmente el artículo 14 del Ordenamiento especifica que en los *juicios mixtos*, es decir, que incluyen como partes a personas de distintas creencias, el cuerpo de estos órganos se constituirá por igual número de árbitros, representantes de los cultos correspondientes.

A la *Jurisdicción Ordinaria* compuesta por *Tribunales de Distrito* y *Audiencias Provinciales*, (de apelación)[100], se le atribuye la administración de justicia en los juicios civiles, mercantiles y penales[101]. En términos organizativos el con-

---

93 Artículo 1 del Ordenamiento provisional de justicia de 1878.

94 Artículo 2 del Ordenamiento provisional de justicia de 1878.

95 Artículo 21 del Ordenamiento provisional de justicia de 1878.

96 Según el artículo 5 del Ordenamiento provisional de justicia de 1878, la jurisdicción de tales órganos, se extenderá únicamente sobre los territorios de una localidad rural.

97 El artículo 24 del Ordenamiento provisional de justicia de 1878, declara que la celebración de un juicio frente a los *Consejos de ancianos* requiere la acumulación de las siguientes dos condiciones previas:

1) *Declaración de consentimiento mutuo para la remisión del pleito a dichas autoridades.*

2) *La existencia de previsión legal según la cual el litigio se podrá resolver a raíz de un acuerdo mutuo.*

En directa conexión con ello el artículo 25 del Ordenamiento provisional de justicia de 1878 concreta que no quedan sometidos bajo la jurisdicción de los *Consejos de ancianos*, todos los juicios civiles sobre el derecho de propiedad de inmuebles, las cuestiones referidas a las recaudaciones de impuestos estatales y los pleitos relativos a los intereses de las personas menores de edad. En el orden penal no se asignan competencias a los *Consejos de ancianos* respecto a la resolución de litigios para los cuales la Ley contempla una sanción de presidio correccional o de privación de libertad.

El artículo 517 del Ordenamiento provisional de justicia de 1878 atribuye como competencia adicional a los *Consejos de ancianos*, la constitución de la tutela de personas menores de edad pertenecientes a las diferentes confesiones religiosas, que se confiere por virtud de las costumbres y las tradiciones del credo correspondiente.

98 Artículo 10 del Ordenamiento provisional de justicia de 1878.

99 Artículo 11 del Ordenamiento provisional de justicia de 1878.

100 Artículo 3 del Ordenamiento provisional de justicia de 1878.

101 Según el artículo 31 del Ordenamiento provisional de justicia de 1878 los *Tribunales de Distrito* representarán la primera instancia para todos los juicios civiles, mercantiles y

junto judicial de las citadas autoridades, comprende un presidente, 3 jueces permanentes nombrados por el gobierno central y 12[102] miembros (jurados)[103], los cuales serán nacionales búlgaros elegidos[104] mediante una votación celebrada entre la ciudadanos de la Provincia,[105]sin otorgar importancia de su creencia u origen étnico. Respecto a las *Audiencias Provinciales* se señala que la elección de jurados se realizará por una *Asamblea General* con la participación de *los presidentes y los miembros de los Tribunales de Distrito, así como los miembros de la Diputación Provincial*[106], añadiéndose también que *para dicho oficio puede ser elegido cualquier ciudadano de la Provincia, mayor de 30 años y sin antecedentes penales*[107]. Como afirma DIMITAR TOKUSHEV esta manera de formación de los tribunales de justicia tiene como objetivo garantizar la participación en el sistema judicial no solo a los juristas profesionales, sino también a las personas que tengan conocimientos en materia de derecho canónico y consuetudinario[108], por motivo del ejercicio de su ministerio o debido a su posición social.

Entrando en el marco del orden jurisdiccional civil, destaca la competencia asignada a los Tribunales ordinarios de citar en la audiencia *un cadí*[109], para consultar *su opinión profesional* sobre las *cuestiones judiciales preliminares* en litigios entre musulmanes y creyentes de otras confesiones religiosas[110].

En el ámbito del proceso penal cabe señalar la proclamación de los siguientes principios:

---

penales con excepción de aquellos que conforme a la Ley caigan bajo el poder de las *Jurisdicciones especiales*.

[102] El artículo 41 del Ordenamiento provisional de justicia de 1878 prevé que los 12 miembros se dividen en 3 grupos de cuatro personas, los cuales participan en los juicios en un orden de rotación, cambiándose cada mes.

[103] Artículos 32 y 33 del Ordenamiento provisional de justicia de 1878.

[104] El Gobierno Provisional Ruso tenía grandes expectativas en la formación de los órganos judiciales por miembros elegidos por votación popular, considerando que de esta manera se garantizaría la justa e imparcial administración de justicia. *El tribunal electivo,* dice el conde Alejandro Dondukov-Korsakov, *tiene el deber de olvidar la aversión y el antagonismo, que existían anteriormente entre las distintas nacionalidades, manifestando a los ciudadanos con sus sentencias justas e imparciales, las virtudes democráticas de la nueva vida liberal.* TOKUSHEV, DIMITAR. (222). *Historia del estado y del derecho búlgaro contemporáneo (1878-1944)*. Editorial Sibi. Sofía. 2008. Página 164.

[105] Artículos 34 y 35 del Ordenamiento provisional de justicia de 1878.

[106] Artículo 47 del Ordenamiento provisional de justicia de 1878.

[107] Artículo 49 del Ordenamiento provisional de justicia de 1878.

[108] TOKUSHEV, DIMITAR. (222). *Historia del estado y del derecho búlgaro contemporáneo (1878-1944)*. Editorial Sibi. Sofía. 2008. Página 42.

[109] Se conoce como *cadí* entre turcos y musulmanes, al juez que entiende en las causas civiles. GRADEVA, ROSITSA. (43). *Respecto a las competencias jurídicas del tribunal del cadí durante el siglo XVII*. En: *Revista histórica*. Libro 2/1993. Año XLIX. Academia Búlgara de las Ciencias. 1993. Página 98.

[110] Artículo 73 del Ordenamiento provisional de justicia de 1878.

1) *La libertad de expresión en lengua materna*, reconociéndose expresamente el derecho del imputado a utilizar su propio idioma en cualquier fase del procedimiento[111].
2) El respeto a la confesión y las costumbres religiosas de la población y los sujetos judiciales.

En desarrollo de este último concepto se declara como excepción a la idea fundamental de *publicidad de los pleitos penales*, la autorización del tribunal para poder conocer el litigio a puertas cerradas en caso de existir *amenaza contra los intereses religiosos, y el orden o la moral públicos*[112].

Una significativa parte de las disposiciones del Ordenamiento provisional de justicia de 1878, se dedica a la regulación de la *Jurisdicción Especial*. De conformidad con su artículo 4 se establece que la estructura de la misma incluye las siguientes instituciones judiciales:

1) *Tribunales Contencioso-Administrativos*[113].
2) *Tribunales Eclesiásticos* de los cristianos ortodoxos y de las otras comunidades confesionales.
3) *Juzgados del Cadí*.

Como asegura DIMITAR TOKUSHEV, con la introducción de esta nueva legislación, los *Tribunales Eclesiásticos* pierden muchos de sus poderes en comparación a los tiempos de la preguerra, limitándose a la mera resolución de pleitos matrimoniales y de divorcio[114]. En este sentido el artículo 927 del Or-

---

[111] El artículo 626 del Ordenamiento provisional de justicia de 1878 obliga al tribunal a nombrar un intérprete, siempre que el imputado sometido a interrogatorio no hable el idioma oficial. En esa misma línea conforme al artículo 702 del Ordenamiento provisional de justicia de 1878, el tribunal asume la obligación de designar en la fase de instrucción un intérprete judicial a los acusados que no entiendan la lengua búlgara.

[112] Artículo 727 del Ordenamiento provisional de justicia de 1878.

[113] A raíz de sus artículos 907 y 915, el Ordenamiento provisional de justicia de 1878, introduce un orden jurisdiccional contencioso-administrativo de dos instancias, efectuado en el seno de los *Juzgados de Distrito* y las *Audiencias Provinciales* por especiales audiencias administrativas, en cuya jurisdicción pasan a formar parte el conocimiento de los asuntos referidos a:

1) Los conflictos de competencias entre autoridades administrativas, policiales, religiosas y judiciales.
2) Los abusos de derecho cometidos por los funcionarios públicos.
3) Los delitos de daños y perjuicios de ciudadanos causados por funcionarios públicos en el ejercicio de sus funciones.
4) Los asuntos tributarios, tanto del Estado como de las personas físicas y jurídicas.
5) La expropiación de bienes inmuebles de titularidad privada por motivos de utilidad pública o interés social previstos en las leyes.

[114] TOKUSHEV, DIMITAR. (222). *Historia del estado y del derecho búlgaro contemporáneo (1878-1944)*. Editorial Sibi. Sofía. 2008. Página 44.

denamiento sanciona que todos los litigios de carácter patrimonial entre sujetos del ámbito privado pasarán a formar parte de las competencias de la *Jurisdicción Ordinaria.*

La única excepción del citado régimen general será la conservación de la potestad jurisdiccional del *Juzgado del Cadí* de conocer *aquellos juicios civiles*[115] *con litigantes musulmanes*[116] relativos a:

1) Las relaciones personales y patrimoniales entre progenitores e hijos[117].
2) Las cuestiones personales y de propiedad entre cónyuges[118].
3) La disolución del matrimonio por divorcio, así como al conocimiento de las causas relativas a la nulidad del vínculo matrimonial y de acta de nacimiento[119].
4) Los asuntos de sucesión universal o de testamento[120].

A continuación el artículo 934[121] del Ordenamiento provisional de justicia de 1878 prescribe que litigios civiles, fuera de los citados casos, podrán ser sujetos a la jurisdicción de los *Juzgados del Cadí*, únicamente a raíz de un acuerdo mutuo estipulado por las partes.

Desde la perspectiva general del derecho procesal, son llamativos algunos aspectos de la reglamentación de la prueba testifical relacionados con:

---

[115] Conforme a la disposición del artículo 932 del Ordenamiento provisional de justicia de 1878, los *Juzgados del Cadí* no son competentes de administrar justicia en materia penal.

[116] Artículo 930 del Ordenamiento provisional de justicia de 1878.

En virtud del artículo 931 del Ordenamiento provisional de justicia de 1878 se especifica, que los litigios mixtos, es decir, entre musulmanes y personas de otra confesión religiosa, no quedan sujetos a la jurisdicción de los *Juzgados del Cadí.*

[117] Artículo 933, párrafo A, (en alfabeto cirílico A), del Ordenamiento provisional de justicia de 1878.

[118] Artículo 933, párrafo B, (en alfabeto cirílico Б), del Ordenamiento provisional de justicia de 1878.

[119] Artículo 933, párrafo C, (en alfabeto cirílico B), del Ordenamiento provisional de justicia de 1878.

[120] Artículo 933, párrafo D, (en alfabeto cirílico Г), del Ordenamiento provisional de justicia de 1878.

En directa conexión con esta última disposición el artículo 935, añadido adicionalmente en virtud del Real Decreto número 9 de 27 de enero de 1885, concreta que siempre y cuando las partes de los litigios fijados en el artículo 933, párrafo D, (en alfabeto cirílico Г), no pretendan celebrar el juicio ante los *Juzgados del cadí (muftí)*, el mismo se conocerá por el Tribunal Ordinario correspondiente.

[121] Abolido a raíz del Real Decreto número 9 de 27 de enero de 1885. La nueva redacción del artículo 934 introducida como artículo 935* indica: *Si uno de los litigantes sobre los asuntos previstos en el artículo 933 no pretende celebrar el juicio frente al Juzgado del Cadí, su pleito caerá bajo la competencia de la Jurisdicción Ordinaria.*

1) La explicita prohibición del testimonio sobre las cuestiones conocidas a raíz del secreto de confesión, establecida respecto a todos los eclesiásticos independientemente de su credo[122].
2) La capacidad para testificar en su idioma materno reconocida a los turcos y las demás personas no búlgaro-hablantes, siempre que uno de los miembros del tribunal posea su idioma[123].
3) La obligación del testigo de prestar juramento judicial conforme a los ritos de su propio culto religioso[124]. En este aspecto se contempla que las personas de confesión ortodoxa cumplirán dicha carga ante *un pope* a quien se le concede el deber de aclarar las consecuencias de no decir la verdad[125]. Asimismo se especifica que los fieles de otras creencias jurarán en presencia de un capellán de su credo según los dogmas y las costumbres de la fe que confiesen[126]. En los casos de no poder asegurar la asistencia de un clérigo en la audiencia, sus funciones se asumirán por el Presidente del Tribunal[127].

2.4. *La primera Constitución de Bulgaria de 16 de abril de 1879*

2.4.1. GÉNESIS

El 24 de julio de 1878, el Comisario General del emperador ruso en Bulgaria recibe instrucciones especiales de San Petersburgo, junto con el texto del Tratado de Berlín, y las aclaraciones para su aplicación, subrayándose el deber principal del Gobierno Provisional de preparar el proyecto de *Ley orgánica*[128], que definirá el régimen de los derechos y libertades de los ciudadanos búlgaros y delimitará los poderes e instituciones de la organización política del Estado[129]. Históricamente con este documento se

---

[122] Artículo 769, punto 2, del Ordenamiento provisional de justicia de 1878.

[123] Instrucción del Ministerio de Justicia de 21 de septiembre de 1879. TOKUSHEV, DIMITAR. (221). *El poder judicial de Bulgaria (desde la Antigüedad hasta hoy en día)*. Editorial Sibi. Sofía. 2003. Páginas 153 y 154.

[124] Artículo 775 del Ordenamiento provisional de justicia de 1878.

[125] Artículo 777 del Ordenamiento provisional de justicia de 1878.

[126] Artículo 778 del Ordenamiento provisional de justicia de 1878.

[127] Artículo 779 del Ordenamiento provisional de justicia de 1878.

[128] El concepto *Ley orgánica* tiene aplicación en los países restablecidos tras el colapso del Imperio Otomano, y consagra el significado de una soberanía nacional limitada. A raíz de la decisión de la Asamblea Constituyente, adoptada en febrero de 1879, dicho término se cambia por el de *Constitución*. MANOLOVA, MARIA. (109). *Para los símbolos del estado búlgaro*. En: *Pensamiento jurídico*. Libro número 3/2002. Año XXXXIII. Academia Búlgara de las Ciencias. 2002. Página 19.

[129] MANOLOVA, MARIA. (110). *La actividad normativa del Gobierno Provisional Ruso en Bulgaria (1877-1879)*. Editorial Ciela. Sofía. 2003. Página 192.

da el paso inicial del proceso de elaboración de la primera Constitución de Bulgaria, que según las fuentes de la época se realiza en tres importantes etapas[130]:

1) La preparación de un proyecto de Ley Fundamental por los juristas de la administración provisional rusa en consideración con los intereses del pueblo búlgaro. A tales efectos el comisario imperial Alejandro Dondukov-Korsakov, bajo la forma de 16 cuestiones, solicita la opinión de la elite revolucionaria búlgara respecto a la configuración estatal del Principado[131].
2) Una vez elaborada, esta propuesta pasa a ser redactada por un Consejo especial creado en el marco del Ministerio de Asuntos Exteriores de Rusia, introduciéndose un buen número de correcciones *de carácter liberal*[132].
3) La Convocatoria de Asamblea Constituyente.

En lo tocante a esta última fase, de conformidad con lo estipulado en el Congreso de Berlín, la instrucción recomienda que su diputación debe estar compuesta solamente por personas *ilustres o notables*, al especificar que el Ministerio de Asuntos Exteriores ruso entiende como tales los presidentes de los cuerpos administrativos y judiciales, así como los ministros de culto de las distintas confesiones religiosas[133]. Esta visión en breve plantea serias dudas relativas al carácter burocrático del Órgano Constituyente, algo que entra en aparente contradicción con el principio democrático de la representación popular, fijado en las normas del liberalismo europeo. Tal problema candente encuentra su resolución a raíz de la decisión del Gobierno Provisional Ruso de introducir un procedimiento electoral específico, previéndose la elección de los 231 Constituyentes conforme a la siguiente manera[134]:

1) Ocuparán un escaño de diputado 118 personas designadas *ex officio* entre los que se incluirán a 11 ministros de culto ortodoxo, el rabino de

[130] TOKUSHEV, DIMITAR. (222). *Historia del estado y del derecho búlgaro contemporáneo (1878-1944)*. Editorial Sibi. Sofía. 2008. Página 53.

[131] STOYCHEV, STEFAN. (208). *Derecho Constitucional*. Editorial Ciela. Sofía. 2002. 5ª Edición. Página 87.

[132] NACHEVA, SNEZHANA. (163). *La civilización constitucional y el primer modelo constitucional búlgaro-la Constitución de Tarnovo de 1879*. En: *Mundo jurídico*. Libro número 2/1999. Editorial Sibi. 1999. Página 81.

[133] TOKUSHEV, DIMITAR. (222). *Historia del estado y del derecho búlgaro contemporáneo (1878-1944)*. Editorial Sibi. Sofía. 2008. Página 68.

[134] DRUMEVA, EMILIA. (51). *Derecho Constitucional*. 3ª Edición. Editorial Ciela. Sofía. 2008. Páginas 185 y 186.

Sofía[135], el muftí regional de Vidin, dos miembros del Tribunal Supremo, los presidentes de los cuerpos administrativos y judiciales de los distritos, los municipios y las provincias.

2) En virtud de elecciones generales serán elegidos 89 parlamentarios[136], según la norma de representación, consistente en atribuir un mandato por cada 10.000 habitantes del Principado.

3) Al Comisario General del emperador ruso se le concede el derecho de designar 21 diputados.

Debido al hecho que tras la realización de la votación popular la comunidad musulmana queda con muy poca representación, éste confiere un mandato parlamentario a 11 musulmanes dignos, en su mayoría de origen turco[137], los cuales irán a la Asamblea junto con aquellas personas de confesión religiosa musulmana designadas por elección. Este enfoque, como concluye DIMITAR TOKUSHEV, es un ejemplo muy significativo sobre la tolerancia, la imparcialidad y los esfuerzos del Gobierno Provisional en garantizar la protección de los intereses de la minoría musulmana[138].

4) Enviarán también a un representante en el Parlamento el Monasterio de Rila, la Organización de los búlgaros de Odesa y la Asociación Caritativa Búlgara en Viena «*Progreso*».

Convocada, el 10 de febrero de 1879, la primera Asamblea Constituyente búlgara procede inmediatamente a la aprobación de su Reglamento, cuyo artículo 2 prevé expresamente que pese a comprender diputados designados de tres distintas maneras, la diputación constituye una unidad integra, siendo cada uno de los parlamentarios representante del todo el pueblo del Principado de Bulgaria[139].

---

135 LOKER, ZVI. *Los judíos sefardíes de Bulgaria.* En: MÉCHOULAN, HENRI. *Los judíos de España. Historia de una diáspora. (1492-1992).* Editorial Trotta. Madrid. 1993. Página 256.

136 Como ha puesto de manifiesto DIMITAR TOKUSHEV en diciembre de 1878 se realizan elecciones generales conforme a las reglas de la elección de jurados de los Tribunales de Distrito, fijadas en las cláusulas del Ordenamiento provisional de justicia de 1878, lo que resulta una garantía adicional sobre la participación en la Asamblea Constituyente de representantes de los diferentes grupos étnicos y confesiones religiosas que forman parte de la población búlgara. TOKUSHEV, DIMITAR. (222). *Historia del estado y del derecho búlgaro contemporáneo (1878-1944).* Editorial Sibi. Sofía. 2008. Página 69.

137 TODOROV, TODOR. (218). *Protección jurídica internacional de las minorías nacionales.* En: *Anuario Jurídico de la Facultad de Derecho de la Universidad Libre de Burgas de 1998.* Año VI. Tomo IX. Editorial Universidad Libre de Burgas. 1998. Página 76.

138 TOKUSHEV, DIMITAR. (222). *Historia del estado y del derecho búlgaro contemporáneo (1878-1944).* Editorial Sibi. Sofía. 2008. Página 69.

139 GEORGIEV, VELICHKO, y TRIFONOV, STAYCO. (33). *Historia de los búlgaros (1878-1944) en documentos.* Tomo I 1878-1912. Primera parte. *Restauración y desarrollo del estado búlgaro.* Editorial «Prosveta». Sofía. 1994. Páginas 36 y 37.

2.4.2. Contenido

Será exactamente, el 16 de abril de 1879, cuando la Asamblea Constituyente adopta la Primera Constitución búlgara[140], calificada por EMILIA DRUMEVA como la Ley Fundamental *más democrática en el mundo de aquella época*, una definición que encuentra eco tanto en la doctrina nacional, como en la europea[141]. Fuertemente influida por la Carta Magna belga de 7 de febrero de 1831[142], (*Constitution de la Belgique du 7 février 1831)*, la Ley Fundamental de 1879 establece la *Monarquía constitucional con representación popular* como la forma política del Estado búlgaro[143]. De este modo se reconoce la democracia representativa, la separación de poderes y la igualdad jurídica de los ciudadanos, así como un catálogo de derechos fundamentales[144], esenciales para el liberalismo[145] del siglo XIX como[146]:

1) La libertad de creencias y de culto, (la libertad religiosa).
2) La libertad e inviolabilidad de la persona.
3) La inviolabilidad del domicilio.
4) La igualdad ante la Ley.
5) La libertad de trabajo e industria.
6) La inviolabilidad de la propiedad.
7) La libertad de expresión, imprenta, reunión y asociación.

---

[140] También se conoce como la *Constitución de Tarnovo*. VV.AA. (228). *El Renacimiento de Bulgaria. La Constitución de Tarnovo y las leyes del Principado búlgaro (1879-1882)*. Universidad de Sofía «San Clemente de Ohrid». Club jurídico búlgaro-ruso. Sofía. 2003. Páginas 3 a 27.

[141] DRUMEVA, EMILIA. (51). *Derecho Constitucional*. 3ª Edición. Editorial Ciela. Sofía. 2008. Página 188.

[142] Asimismo destaca en la elaboración del proyecto de la primera Carta Magna búlgara, el fuerte influjo de las Constituciones griega de 1864, la rumana de 1866 y la serbia de 1869, pues todas estas Leyes Fundamentales regulaban la organización política de los países vecinos de Bulgaria, que en el pasado próximo también formaban parte del Imperio Otomano. MISHKOVA, DIANA. (123). *Respecto a los complejos nacionales búlgaros, o es «belga» o no la Constitución de Tarnovo*. En: *Futuro histórico*. Libro 2 de 1997. Asociación «Clio». Sofía. 1997. Páginas 155 y 156.

[143] Artículo 4 de la Constitución de 1879.

[144] DRUMEVA, EMILIA. (54). *Para la Constitución*. En: *Pensamiento jurídico*. Libro número 4/2011. Año LII. Academia Búlgara de las Ciencias. 2011. Página 3.

[145] La Comisión Constituyente encomendada a revisar el anteproyecto de Constitución, reconoce en su informe que en la selección del catálogo de los derechos fundamentales se han tomado en consideración los siguientes conceptos:
1) Libertad de actuación expresión y pensamiento como *derechos inherentes a toda persona*.
2) Igualdad ante la Ley.
3) Participación del pueblo en el poder estatal.
4) Protección de los individuos y sus derechos, libertades e intereses.
KIROV, STEFAN. (90). *Los derechos de los ciudadanos búlgaros*. Academia Búlgara de las Ciencias y los Artes, Imprenta «Knipegraf». Sofía. 1942. Página 43.

[146] KIROV, STEFAN. (90). *Los derechos de los ciudadanos búlgaros*. Academia Búlgara de las Ciencias y los Artes, Imprenta «Knipegraf». Sofía. 1942. Página 44.

8) La inviolabilidad de la correspondencia.
9) El derecho de petición.

2.4.3. La cuestión de la diversidad cultural en la Constitución de 1879

A pesar de la influencia de los principios de la doctrina liberal europea, la regulación jurídica de las minorías establecida en la Carta Magna de 1879 es marcadamente conservadora, dado que basándose esencialmente en el concepto de no discriminación por razón de religión, las disposiciones constitucionales no recogen una regulación especial relativa a los derechos de las minorías, étnicas y lingüísticas[147] en el país.

No obstante destaca como uno de los hitos principales del primer ordenamiento constitucional búlgaro la amplia proclamación del principio de igualdad, que se asienta sobre dos grandes líneas orientadoras[148]:

1) Reconocer a todos los ciudadanos capacidad para los mismos derechos.
2) Prohibir los privilegios basados en el nacimiento, pertenencia estametal u origen nobiliario[149].

A tales efectos la Constitución de 1879:

1) Reconoce el derecho de igualdad ante la Ley a todos los *súbditos*[150] búlgaros, quedando prohibida la división *de la sociedad en estamentos*[151].

---

[147] En este sentido llama la atención que la Constitución Belga, de 7 de febrero de 1831, en su artículo 23 garantiza *formalmente* el libre ejercicio de diversos idiomas, al establecer que *es facultativo el empleo de las lenguas usadas en Bélgica, y no podrá ser regulado más que por Ley y únicamente para los documentos de las autoridades públicas y para los asuntos judiciales.*

[148] KOLEV, ÁNGEL HRISTOV. *La interpretación del principio de igualdad según los ordenamientos constitucionales de Bulgaria.* En: GIMENO SENDRA, VICENTE, y REGUEIRO GARCÍA, MARÍA TERESA. (Coordinadores). *Nuevas tendencias en la interpretación de los Derechos Fundamentales.* Editorial Universitas. Madrid. 2015. Páginas 783 y siguientes.

[149] KIROV, STEFAN. (90). *Los derechos de los ciudadanos búlgaros.* Academia Búlgara de las Ciencias y los Artes, Imprenta «Knipegraf». Sofía. 1942. Página 199.

[150] El texto constitucional emplea la palabra *súbdito,* un término que evidentemente no se corresponde con el principio de no división de la sociedad en estamentos, así como con el concepto de *individualismo* planteado en la doctrina del liberalismo del siglo XIX. La razón que explica esta aparente contradicción hay que encontrarla en el propio Tratado de Berlín de 1878, pues en virtud de sus artículos 1 y 8 el Principado de Bulgaria queda política y económicamente dependiente del Imperio Otomano. Por consiguiente, todos los nacionales búlgaros se consideran ciudadanos del Principado, pero al mismo tiempo también resultan *súbditos* del Sultán. Históricamente este problema se resolvió tras la proclamación de la Independencia del Estado, el 22 de septiembre de 1908, confirmada por el Tratado de Estambul de 19 de abril 1909, (BOE número 13 de 1910). MANOLOVA, MARIA. (106). *90 años de la Proclamación de la Independencia de Bulgaria.* En: *Pensamiento jurídico.* Libro número 2/1998. Año XXXIX. Academia Búlgara de las Ciencias. 1998. Páginas 13 y 14.

[151] Artículo 57 de la Constitución de 1879.

2) Proscribe la *existencia en el Estado de cualquier título nobiliario*[152]. Como única excepción de esta regla, la Ley Fundamental otorga al monarca de Bulgaria el tratamiento de *Majestad*, y al Príncipe el de *Alteza*[153].
3) Reconoce derechos políticos a todos los nacionales búlgaros, así como otorga derechos civiles, legalmente previstos, a todos los habitantes del país, sin distinción de su ciudadanía[154].
4) Atribuye la facultad de votar a *todos los ciudadanos búlgaros* que tengan más de 21 años de edad y gocen de sus derechos civiles y políticos y estén establecidos en el país. Por otra parte proclama como elegibles para diputados *todos los ciudadanos búlgaros* de más de 30 años de edad, que no estén privados de derechos civiles y políticos, y que estén alfabetizados[155].

Como señala NENO NENOVSKI la Carta Magna de 1879 incorpora una específica previsión no vinculada a las cualidades del ciudadano[156], al consagrar en su artículo 61 la prohibición expresa del comercio con seres humanos, proclamándose asimismo la *libertad de cada esclavo, sin distinción de su sexo, religión y nacionalidad*, siempre que tal individuo *entre en el territorio nacional* de Bulgaria[157]. Esta visión, a pesar de no corresponderse con la ideología burguesa de la época, señala la intención de los Constituyentes de oponerse a cualquier opresión, limitadora del derecho de libertad e igualdad de las personas[158].

Respecto a las minorías religiosas cabe subrayar que pese a constitucionalizarse significativas garantías sobre la libertad de creencias, éstas corren parejas a un trato privilegiado asignado por parte del Estado a la Iglesia Ortodoxa[159], que se pone de manifiesto en las siguientes cláusulas constitucionales:

1) Se proclama el carácter de religión dominante del cristianismo ortodoxo oriental[160].

---

152 Artículo 58 de la Constitución de 1879.

153 Artículo 6 de la Constitución de 1879.

154 Artículo 60 de la Constitución de 1879.

155 Artículo 86 de la Constitución de 1879.

156 NENOVSKI, NENO. (168). *Los derechos del hombre-evolución histórica.* En: *Pensamiento jurídico.* Libro número 2/1994. Año XXXV. Academia Búlgara de las Ciencias. 1994. Página 23.

157 Artículo 61 de la Constitución de 1879.

158 MANOLOVA, MARIA. (107). *La Constitución de Tarnovo-una expresión de las tradiciones nacionales y de la experiencia común europea.* En: *Pensamiento jurídico.* Libro número 1/1999. Año XXXX. Academia Búlgara de las Ciencias. 1999. Página 6.

159 PETROVA, GALABINA. (190). *Las relaciones Iglesia Ortodoxa-Estado en Bulgaria (1878-1944).* En: *Mundo jurídico.* Libro número 1/2000. Editorial Sibi. 2000. Página 120.

160 Artículo 37 de la Constitución de 1879.

2) El monarca de Bulgaria y su familia no podrían profesar ninguna otra confesión diferente de la señalada[161].
3) En un plano eclesiástico el Principado constituye una parte indivisible de la comunidad de la Iglesia Ortodoxa Búlgara, siendo un territorio subordinado de su jurisdicción sin distinción de donde esté la sede de la misma[162].
4) Se reconoce la libertad de creencias al resto de fieles de otros credos, siempre y cuando sus ritos no infringiesen la legislación vigente[163].
5) Las convicciones religiosas no supondrían en ningún caso, causa que justificase el incumplimiento de las leyes[164].
6) Las actividades religiosas de los cristianos no ortodoxos, y los demás creyentes, serán gestionadas por sus autoridades eclesiásticas, si bien a continuación se detalla con carácter limitativo, que tal gobierno se ejercerá según las normativas especiales que se adoptarán en la materia y bajo el control supremo del Ministro competente[165], dejándose abierta la puerta a una posible intervención estatal en los asuntos internos de las confesiones religiosas.

Especial interés presenta la cuestión sobre la prohibición del proselitismo, un asunto que da lugar a la apertura del arduo debate constitucional, y que termina con el rechazo de dicha propuesta, calificada por los Constituyentes como una restricción del derecho de libertad de conciencia[166].

2.5. *El modelo de tutela de la diversidad cultural diseñado por las disposiciones de la Ley Orgánica de Rumelia Oriental de 14 de abril de 1879*

Devuelta al Imperio Otomano a raíz del Tratado de Berlín de 1878, Rumelia Oriental es un significativo ejemplo de convivencia de distintas culturas, regulada por un marco legal especialmente interesante (Tabla 7).

La Ley Orgánica de Rumelia Oriental de 1879 es obra de una Comisión compuesta[167] por representantes de las Grandes Potencias, y supone una normativa de contenido muy extenso y detallado, (495 artículos, repartidos en 15 capítulos).

---

161 Artículo 38 de la Constitución de 1879, el cual añade que en caso de pertenecer con anterioridad a la subida al trono a otra confesión religiosa, el Rey podría no obstante conservarla.

162 Artículo 39 de la Constitución de 1879.

163 Artículo 40 de la Constitución de 1879.

164 Artículo 41 de la Constitución de 1879.

165 Artículo 42 de la Constitución de 1879.

166 DACHEVA, PENKA. (48). *La libertad de las confesiones religiosas en la Constitución de Tarnovo.* En: *Pensamiento jurídico.* Libro número 3/2001. Año XXXXII. Academia Búlgara de las Ciencias. 2001. Páginas 78 y 79.

167 El artículo 18 del Tratado de Berlín de 1878 prevé que en el corto plazo de tres meses tras su ratificación una *Comisión europea* adoptará la Ley Fundamental de Rumelia Oriental.

Tabla 7.
El pluralismo étnico de Rumelia Oriental según el censo celebrado por el Gobierno Provisional Ruso a los finales de 1878[168]

Grupo étnico	Población
Búlgaros	572.231
Turcos	174.759
Griegos	42.516
Romas	19.524
Hebreos	4.177
Armenios	1.306
Total	815.513

En el seno de sus claúsulas iniciales se subraya que un *Gobernador General* representante del Sultán, *de confesión religiosa cristiana,* permanecerá al mando de la administración provincial, con un mandato de 5 años[169].

A continuación cabe destacar la proclamación de las lenguas búlgara, turca y griega como idiomas oficiales en Rumelia Oriental[170]. En este ámbito de garantía de la pluralidad lingüística se consagra, que en el ejercicio de sus competencias todas las autoridades[171] administrativas y judiciales utilizarán el habla de la población mayoritaria que habita el territorio bajo su jurisdicción[172]. A continuación se especifica, que siempre y cuando el número de los miembros de una minoría se corresponda a la mitad del pueblo dominante, se reconoce

[168] GEORGIEV, VELICHKO, y TRIFONOV, STAYCO. (33). *Historia de los búlgaros (1878-1944) en documentos.* Tomo I 1878-1912. Primera parte. *Restauración y desarrollo del estado búlgaro.* Editorial «Prosveta». Sofía. 1994. Página 135.

[169] Artículos 7 y 44 de la Ley Orgánica de Rumelia Oriental de 1879. VV.AA. *Ley Orgánica de Rumelia Oriental.* (175). Imprenta Hr. G. Danov. Plovdiv. 1879. Páginas 5 a 294.

[170] Artículo 22, párrafo 1, de la Ley Orgánica de Rumelia Oriental de 1879.

En la discusión constituyente se debatió sobre la propuesta de establecer el idioma turco como lengua oficial en la administración y los tribunales. En ese sentido se preveía el empleo facultativo del búlgaro y el griego únicamente en las relaciones entre los ciudadanos y los poderes administrativos y judiciales. Todo ello abrió una larga serie de disputas, que se llevó a cabo con la proclamación del uso alternativo de las citadas lenguas. MANOLOVA, MARIA. (108). *Historia del Estado y del derecho búlgaro. El tercer estado búlgaro (1878-1944).* Editorial Ciela. Sofía. 2001. Página 94.

[171] Siguiendo esa misma línea el artículo 97 de la Ley Orgánica de Rumelia Oriental de 1879, prevé que durante las sesiones de la Asamblea Provincial cada diputado podrá usar uno de los tres idiomas oficiales.

[172] En sus relaciones con los órganos judiciales los ciudadanos tienen el derecho de utilizar libremente cualquiera de las tres lenguas. Cada fallo o sentencia deben ser acompañados por una traducción del idioma elegido por la parte interesada, concretan los párrafos 6 y 7, del artículo 22, de la Ley Orgánica de Rumelia Oriental de 1879.

el uso compatible de la lengua minoritaria y la de la mayoría[173]. Afirmándose asimismo que todos los actos normativos de la Provincia se promulgarán en los tres idiomas principales[174].

El Título II, de la Ley Orgánica de Rumelia Oriental de 1879, otorga a los ciudadanos de la Provincia un amplio catálogo de derechos y libertades fundamentales, siendo especialmente llamativa la proclamación de:

1) La libertad personal[175].
2) El derecho a la tutela judicial efectiva[176].
3) La inviolabilidad de la propiedad privada[177].
4) La libertad de iniciativa empresarial[178].
5) La libertad de educación[179].
6) La libertad de expresión y de prensa[180].
7) La libertad de reunión pacífica[181].
8) La libertad de creación de asociaciones[182].
9) La libertad de petición[183].

Pudiendo destacar como principal hito en la citada materia, el reconocimiento de la igualdad ante la Ley de todos los habitantes de Rumelia Oriental, que sin distinción de su *pertenencia étnica o religiosa* disfrutarán de los mismos derechos políticos y civiles[184]. Este principio resultará de gran importancia a la hora de ocupar un oficio público, afirmándose expresamente que todos los ciudadanos son igualmente admisibles en función de su capacidad, sin ninguna otra distinción que la creada por su talento, dignidad y conocimientos[185].

En el párrafo 1, del artículo 28, de la Ley Órganica se asienta el explícito reconocimiento de la libertad de creencias y de culto. Esta disposición también establece la igual protección administrativa[186], de las prácticas religiosas de las distintas confesiones, siempre que *sean compatibles con la legislación*

---

173 Artículo 22, párrafos 2 y 3, de la Ley Orgánica de Rumelia Oriental de 1879.
174 Artículo 22, párrafo 5, de la Ley Orgánica de Rumelia Oriental de 1879.
175 Artículo 30 de la Ley Orgánica de Rumelia Oriental de 1879.
176 Artículo 31 de la Ley Orgánica de Rumelia Oriental de 1879.
177 Artículo 36 de la Ley Orgánica de Rumelia Oriental de 1879.
178 Artículo 34 de la Ley Orgánica de Rumelia Oriental de 1879.
179 Artículo 38 de la Ley Orgánica de Rumelia Oriental de 1879.
180 Artículos 39 y 40 de la Ley orgánica de Rumelia Oriental de 1879.
181 Artículo 41 de la Ley Orgánica de Rumelia Oriental de 1879.
182 Artículo 42 de la Ley Orgánica de Rumelia Oriental de 1879.
183 Artículo 43 de la Ley Orgánica de Rumelia Oriental de 1879.
184 Artículo 24, párrafo 1, de la Ley Orgánica de Rumelia Oriental de 1879.
185 Artículo 24, párrafo 2, de la Ley Orgánica de Rumelia Oriental de 1879.
186 Conforme al artículo 60 de la Ley Orgánica de Rumelia Oriental de 1879, las confesiones religiosas, así como sus órganos administrativos y judiciales permanecen bajo la jurisdicción del Secretario General, (el Director de Asuntos Interiores), de la Provincia.

vigente en la materia y los reglamentos policiales[187]. Llamando además la atención la expresa prohibición del *empleo de coacción contra los ciudadanos* con el fin de obligarles a que participen *involuntariamente* en los ritos y las solemnidades religiosas de cualquier culto[188]. Tal marco legal se complementa por las disposiciones del Título X de la Ley Orgánica, especialmente dedicado a la regulación jurídica de las *comunidades religiosas*. Sus cláusulas iniciales vienen a afirmar el principio de no injerencia del Estado en los asuntos internos de las confesiones religiosas debidamente registradas ante las autoridades de la Provincia[189]. Estos credos asimismo seguirán disfrutando de todos los privilegios, derechos y libertades, que se les habían otorgado por la Sublime Puerta con anterioridad a la Guerra ruso-turca, (1877-1878)[190]. *Ninguna nueva comunidad religiosa* podrá tener las *mismas o idénticas* prerrogativas que las de los cultos oficialmente reconocidos, salvo que ello se estableciera en virtud de una Ley[191]. Sin embargo los creyentes pertenecientes a una confesión religiosa no inscrita, contarán con la autorización de ejercer libremente sus ceremonias cultuales, siempre y cuando no violasen la moral y el orden público, o las Leyes[192]. Garantizándose asimismo la libertad religiosa de los clérigos y creyentes extranjeros que viajan o residen temporalmente en Rumelia Oriental[193]. El Título X de la Ley Orgánica también incluye una serie de normas, reguladoras del régimen tributario de las *comunidades religiosas*, siendo especialmente llamativa su amplia autonomía fiscal interna, pudiendo establecer y recaudar bajo el control del Estado tributos eclesiásticos[194], viéndose también exentos de cualquier impuesto estatal los templos, los establecimientos docentes y caritativos, y las casas de los clérigos, así como los jardines y terrenos comunes de los inmuebles anteriores[195].

Son llamativas las garantías respecto a la participación de los distintos grupos étnicos y religiosos en la vida política de Rumelia Oriental. Entrando en este terreno el artículo 69 Ley Orgánica contempla la participación *ex officio*

En virtud del artículo 64, párrafo 2, de la Ley orgánica se añade que las escuelas de las comunidades religiosas están bajo la supervisión del Director de Educación Popular.

[187] Artículo 28, párrafo 2, de la Ley Orgánica de Rumelia Oriental de 1879.

[188] Artículo 29 de la Ley Orgánica de Rumelia Oriental de 1879.

[189] Artículo 336 de la Ley Orgánica de Rumelia Oriental de 1879.

[190] Artículos 335 y 337 de la Ley Orgánica de Rumelia Oriental de 1879.

[191] Artículo 340, párrafo 1, de la Ley Orgánica de Rumelia Oriental de 1879.

[192] Artículo 340, párrafo 2, de la Ley Orgánica de Rumelia Oriental de 1879.

[193] Artículo 338 de la Ley Orgánica de Rumelia Oriental de 1879.

[194] Artículo 342 de la Ley Orgánica de Rumelia Oriental de 1879.

[195] Artículo 343 de la Ley Orgánica de Rumelia Oriental de 1879.

Los bienes raíces no destinados a fines religiosos, educativos o caritativos quedarán sujetos al régimen fiscal general, afirma el artículo 345 de la Ley Orgánica de Rumelia Oriental de 1879.

en la Diputación Provincial del muftí general de la Provincia, los ministros de culto de las cinco comunidades religiosas cristianas, el rabino de la ciudad de Plóvdiv. También por virtud de su ministerio ocuparán un escaño en dicha asamblea el presidente del Tribunal Supremo, el del Tribunal Supremo Contencioso-Administrativo y el Interventor general de las finanzas[196].

Serán exactamente 36 los diputados designados a través de un sistema de elección general[197] según el cual se concede sufragio activo a todos los ciudadanos de la Provincia[198], moradores de un pueblo ubicado en su territorio, [199] que tengan 21 años de edad,[200] quienes por si, o uno de sus padres, posean un inmueble o sean propietarios de un comercio industrial[201]. Quedando excluidos del requisito de censo de propiedad, los eclesiásticos, docentes, jueces, funcionarios públicos y las personas con estudios superiores[202]. No podrán votar los condenados a pena de privación del derecho de sufragio, las personas que forman parte de los cuerpos de la milicia y gendarmería locales, así como los militares del ejército otomano[203].

Al *Gobernador General* de Rumelia Oriental se le otorga el derecho de designar 10 diputados[204], representantes de la clase alta seleccionados entre[205]:

1) Los miembros del estamento de los terratenientes, latifundistas, comerciantes y los grandes industriales.
2) Los funcionarios de los cuerpos judiciales y los establecimientos públicos.
3) Las personas que ejercen una actividad profesional asalariada y gocen de una licenciatura universitaria.

---

196 Artículo 69, párrafo 1, punto 4, de la Ley Orgánica de Rumelia Oriental de 1879.

197 Artículo 71 de la Ley Orgánica de Rumelia Oriental de 1879.

Resulta de especial interés que de conformidad con el citado ordenamiento en septiembre de 1879 se efectuaron las primeros elecciones de Asamblea Provincial, incluyendo su diputación miembros procedentes de los tres grupos étnicos representados en Rumelia Oriental, a saber: de 36 personas elegidas por sufragio universal 31 pertenecen a la etnia búlgara, 3 son griegos y 2 tienen origen turco. TOKUSHEV, DIMITAR. (222). *Historia del estado y del derecho búlgaro contemporáneo (1878-1944)*. Editorial Sibi. Sofía. 2008. Página 151.

198 Artículo 75, párrafo 1, punto 1, de la Ley Orgánica de Rumelia Oriental de 1879.

199 Artículo 75, párrafo 1, punto 3, de la Ley Orgánica de Rumelia Oriental de 1879.

200 Artículo 75, párrafo 1, punto 2, de la Ley Orgánica de Rumelia Oriental de 1879.

201 Artículo 75, párrafo 1, punto 4, de la Ley Orgánica de Rumelia Oriental de 1879.

202 Artículo 75, párrafo 2, de la Ley Orgánica de Rumelia Oriental de 1879.

Por otro lado el sufragio pasivo se reconoce a todos los súbditos mayores de 25 años, que cumplan los requisitos de ser votantes con excepción de los empleados en los cuerpos administrativos, los policías y los militares. (Artículos 81 y 82 de la Ley Orgánica de Rumelia Oriental de 1879).

203 Artículo 75, párrafo 3, de la Ley Orgánica de Rumelia Oriental de 1879.

204 Artículo 74, párrafo 1, de la Ley Orgánica de Rumelia Oriental de 1879.

205 Artículo 74, párrafo 2, de la Ley Orgánica de Rumelia Oriental de 1879.

Este cuerpo de 56 diputados dirigirá y administrará los intereses de Rumelia Oriental hasta su unión con el Principado de Bulgaria, celebrada el 6 de septiembre de 1885. Como señala MARIA MANOLOVA a partir de esa fecha el gobierno búlgaro procede a la introducción inmediata de las Leyes del Principado[206] a raíz del Real Decreto número 170, de 1 de enero de 1886[207], dándose así el comienzo de un proceso de *confluencia jurídico-estatal*[208], que termina con la designación oficial del Príncipe búlgaro Alejandro I de Battenberg, (1879-1886), como *Gobernador General* de Rumelia Oriental, en virtud del Tratado de Tophane, suscrito entre Bulgaria y la Sublime Puerta, el 5 de abril de 1886[209].

3. LA REGULACIÓN JURÍDICA DEL PLURALISMO CULTURAL DE BULGARIA TRAS LA PROMULGACIÓN DE LA CONSTITUCIÓN DE 1879

3.1. Génesis

El sistema jurídico implantado en Bulgaria tras su la liberación en 1878 se fundamenta en la *recepción* del derecho de los países europeos[210], aplicándose con carácter suplementario el derecho consuetudinario, especialmente en el ámbito de la regulación jurídica de las relaciones familiares y matrimoniales, así como en el seno de la administración de justicia[211]. Por otro lado el desarrollo de un propio ordenamiento jurídico búlgaro se ve fuertemente obstaculizado por el mantenimiento del *régimen de las capitulaciones*, confirmado por el Tratado de Berlín de 1878, consolidándose la protección de los intereses económicos de las Grandes Potencias en la región de los Balcanes, que asimismo intentan

---

206 MANOLOVA, MARIA. (104). *Aspectos jurídico-estatales de la preparación y la Proclamación de la Unión*. En: *Revista Ciencia*. Número 3 de 1995. Sofía. 1995. Página 21.

207 MANOLOVA, MARIA. (105). *La unión jurídica-estatal del Principado de Bulgaria y la Rumelia Oriental*. En: *Derecho Contemporáneo*. Libro número 5/1995. Editorial Sibi. Sofía. 1995. Páginas 56 y 57.

208 MANOLOVA, MARIA. (112). *La Asamblea Constituyente y el restablecimiento de los principios del gobierno parlamentario*. En: *Mundo jurídico*. Libro número 1/2008. Editorial Sibi. 2008. Página 150.

209 Artículo 1 del Tratado de Tophane de 1886. VV.AA. (57). *La diplomacia búlgaro-turca oficial y secreta (1903-1925)*. Colección documental. En: *Los archivos hablan*. Volumen 56. Agencia de Archivo del Estado. Sofía. 2009. Página 15.

210 STOYCHEV, KRASEN. (207). *El derecho búlgaro a finales del siglo XIX y a principios del siglo XX: contradicciones entre reglas nuevas y antiguas*. En: *Pensamiento jurídico*. Libro número 4/2000. Año XXXXI. Academia Búlgara de las Ciencias. 2000. Página 3.

211 DONCHEV, KAMEN. (50). *La influencia del derecho consuetudinario búlgaro sobre el derecho europeo implementado en Bulgaria tras la Liberación*. En: *Pensamiento jurídico*. Libro número 3/1991. Año XXXII. Academia Búlgara de las Ciencias. 1991. Página 94.

aumentar su influencia al injerir en los asuntos internos del Estado, generando tensiones políticas[212]. En esta compleja situación, el régimen legal de la diversidad cultural de Bulgaria queda perfilado a través de un doble contenido:

1) Positivo que incluye:
   a) El reconocimiento a todos los ciudadanos, (sin otorgar relevancia a su origen nacional, pertenencia étnica o religiosa), de la capacidad para los mismos derechos, tanto políticos como civiles[213].
2) Negativo que se traduce en:
   a) La intromisión estatal en los asuntos internos de las confesiones religiosas minoritarias.
   b) El desarrollo de una inadecuada política educativa, marcada por el régimen privilegiado de la enseñanza pública y la reglamentación restrictiva del fenómeno de la educación privada, estableciéndose asimismo el búlgaro como lengua de enseñanza oficial y obligatoria en todas las escuelas en el país.

3.2. *El modelo especial de reconocimiento de la libertad religiosa de las minorías*

3.2.1. EL ORDENAMIENTO PROVISIONAL DEL GOBIERNO DE CRISTIANOS, MUSULMANES Y JUDÍOS DE 9 DE JULIO DE 1880

Al desarrollar el artículo 42 de la Constitución de 1879, el Ordenamiento provisional del gobierno de cristianos, musulmanes y judíos de 1880[214], pre-

---

212 MANOLOVA, MARIA. (112). *La Asamblea Constituyente y el restablecimiento de los principios del gobierno parlamentario.* En: *Mundo jurídico.* Libro número 1/2008. Editorial Sibi. 2008. Página 150.

213 En este sentido llaman la atención los siguientes ejemplos:

1) El artículo 1 del Ordenamiento provisional de gobierno de los municipios, los distritos y las aldeas de 18 de agosto de 1879, (BOE número 4 de 1879), prevé que todos los habitantes de un pueblo sin distinción de su confesión religiosa o su pertenencia étnica forman una comunidad, (un municipio).

2) El artículo 1 de la Ley sobre reclutamiento de soldados en el ejército búlgaro de 6 de diciembre de 1880, (BOE número 89 de 1880), prescribe que todos los varones sin consideración de su confesión religiosa están sujetos al servicio militar.

3) El artículo 1 de Ley para la elección de diputados en la Asamblea Nacional y Gran Asamblea Nacional del Principado búlgaro, (BOE número 95 de 1880), reconoce el derecho de voto pasivo a todos los ciudadanos búlgaros que tengan más de 21 años de edad, gocen de sus derechos civiles y políticos y estén establecidos en un municipio permanentemente o sean residentes en el mismo, con antelación de 6 meses a la fecha de la celebración de las elecciones. A continuación su artículo 27 proclama como elegibles para diputados todos los ciudadanos búlgaros de más de 30 años de edad, que no estén privados de derechos civiles y políticos, y que estén alfabetizados.

214 BOE número 56 de 1880.

tende regular las cuestiones relativas a la organización, la financiación y el gobierno de las confesiones religiosas más significativas[215] en el Principado, dejando un amplio margen al intervencionismo estatal en los asuntos eclesiásticos. Un hecho que suscitó serias protestas por parte del clero cristiano ortodoxo, comenzando a reclamar una actitud crítica hacia el gobierno por violar el principio de independencia de la Iglesia[216].

Respecto al estatuto jurídico de la comunidad musulmana el Ordenamiento tiende:

1) En primer lugar configurar el régimen de administración de las mezquitas, previendo que dentro de sus feligresías[217] se instaurarán comisiones compuestas por *entre 3 y 5 miembros*, las cuales serán encargadas de cuidar de la custodia y la inversión de los fondos dedicados al templo, y a los utensilios y bienes del culto[218]. Las personas que pasan a formar parte de dichos órganos se designarán por el ministro de culto regional a partir de su elección por los *feligreses*. Se introduce asimismo el principio de *auto-financiación* de las mezquitas, al disfrutar plenamente de todos sus ingresos por servicios religiosos, así como de donaciones de los creyentes y colectas[219].
2) En un segundo momento diseñar el modelo de dirección eclesiástica de los creyentes musulmanes, contemplando que a la jurisdicción de cada Tribunal Regional en el Principado de Bulgaria corresponderá un muftí regional elegido por la población musulmana, entre los candidatos que presenten la acreditación respectiva para ejercer funciones religiosas, *(rus o menshur)*, expedida por el *Shayck-al-Islam*[220]. Una vez designados, a estos ministros de culto se les asignan las competencias de gobernar y

---

[215] DACHEVA, PENKA. (48). *La libertad de las confesiones religiosas en la Constitución de Tarnovo*. En: *Pensamiento jurídico*. Libro número 3/2001. Año XXXXII. Academia Búlgara de las Ciencias. 2001. Página 79.

[216] PETROVA, GALABINA. (190). *Las relaciones Iglesia Ortodoxa-Estado en Bulgaria (1878-1944)*. En: *Mundo jurídico*. Libro número 1/2000. Editorial Sibi. 2000. Página 123.

[217] Conforme al artículo 27 del Ordenamiento provisional del gobierno de cristianos, musulmanes y judíos de 1880, se considera como feligresía de una mezquita, todos los territorios habitados por fieles que constantemente asistan a la misma.

[218] Artículo 25 del Ordenamiento provisional del gobierno de cristianos, musulmanes y judíos de 1880.

[219] En directa conexión con ello los puntos A y B, (en alfabeto cirílico A y Б), del artículo 38 del Ordenamiento añaden:

A) Las mezquitas donde se celebran ceremonias religiosas, así como los templos que sean inaugurados en el futuro con el mismo objetivo, percibirán todos los ingresos adquiridos en virtud de tales actividades.

B) A raíz del acuerdo previo del muftí, confirmado por el Ministerio de los Asuntos Exteriores y las Confesiones Religiosas, los ingresos adquiridos por las mezquitas que permanezcan cerradas serán destinados para la edificación y el apoyo financiero de un seminario musulmán, que será inaugurado en la capital Sofía.

[220] Artículo 32 del Ordenamiento provisional del gobierno de cristianos, musulmanes y judíos de 1880.

supervisar las mezquitas y a su personal eclesiástico[221], así como administrar justicia en litigios civiles entre musulmanes[222]. Se prevé que en el ejercicio de su ministerio dichos jefes gozarán de un departamento que comprende secretario, escribano e intérprete[223]. Como afirma IBRAHIM TATARLA en virtud de estas previsiones la confesión musulmana queda organizada mediante un marco institucional sólido, gestionado por diez ministros de culto regionales, encabezados por el muftí de Sofía[224].

Prácticamente idéntica será la regulación jurídica la comunidad judía, al prescribirse en el artículo 40 del Ordenamiento, que un grupo de *entre 3 y 5 representantes*, seleccionados por votación entre la población hebrea y designados con el visto bueno del rabino[225], se encargará de cuidar de la custodia e inversión de los fondos dedicados a las sinagogas y a los utensilios y bienes del culto[226]. Contando también los templos judíos con la capacidad de *auto-financiación*, mediante donaciones e ingresos de servicios religiosos[227].

Sin embargo en el ámbito de la reglamentación de la gestión y organización institucional de la confesión israelita, la citada normativa conlleva un enorme *vacío legal*, al proclamar solamente que *la instauración y la distribución de las parroquias de las sinagogas se efectuará conforme a las tradiciones religiosas y las costumbres rabínicas*[228]. Tampoco se trata el régimen de administración de justicia, por las autoridades eclesiásticas de la confesión judía.

Se conoce como *Shaych-al-Islam* en castellano *Jeque del Islam* el Muftí General de Estambul y Gran Muftí del Imperio Otomano. AGUILERA BARCHET, BRUNO. *Iniciación histórica al Derecho Musulmán: seguida de un ensayo sobre la historia jurídica de Al-Andalus.* Instituto de Estudios Jurídicos Internacionales. Dykinson. Madrid. 2007. Página 105.

[221] Artículo 34, punto A, (en alfabeto cirílico А), del Ordenamiento provisional del gobierno de cristianos, musulmanes y judíos de 1880.

Añadiendo el artículo 39, con carácter limitativo, que los muftíes quedan autorizados a mantener las relaciones del clero musulmán con el *Jeque del Islam*, solamente mediante el Ministro de Asuntos Exteriores y Confesiones Religiosas.

[222] Artículo 34, punto B, (en alfabeto cirílico Б), del Ordenamiento provisional del gobierno de cristianos, musulmanes y judíos de 1880.

[223] Artículos 36 y 37 del Ordenamiento provisional del gobierno de cristianos, musulmanes y judíos de 1880.

[224] TATARLA, IBRAHIM. (214). *La protección de los derechos de las minorías (ordenamiento interno e internacional).* En: *Revista Democrática.* Libro 1 de 1996. Sofía. 1996. Página 381.

[225] Artículo 41 del Ordenamiento provisional del gobierno de cristianos, musulmanes y judíos de 1880.

[226] Según el artículo 42 del Ordenamiento provisional del gobierno de cristianos, musulmanes y judíos de 1880, se consideran como feligresía de una sinagoga todos los territorios habitados por fieles que constantemente asistan a la misma.

[227] Artículo 40 del Ordenamiento provisional del gobierno de cristianos, musulmanes y judíos de 1880.

[228] Artículo 43 del Ordenamiento provisional del gobierno de cristianos, musulmanes y judíos de 1880.

3.2.2. La organización de la confesión musulmana según el Ordenamiento provisional de gobierno eclesiástico de los musulmanes de 26 de septiembre de 1895

El Ordenamiento provisional del gobierno de cristianos, musulmanes y judíos de 1880[229], establece la regulación jurídica inicial de las confesiones religiosas en el Principado de Bulgaria. Ulteriormente destacará en el derecho búlgaro el importante paso adelante dado con el Ordenamiento provisional de gobierno eclesiástico de los musulmanes de 26 de septiembre de 1895, en el sentido de avanzar en la extensión de la regulación de los derechos y las libertades de la población musulmana. En virtud de la esta normativa se ponen las bases de la institución del muftí general, el cual, detentará el poder de su dirección eclesiástica, contando con el apoyo de los muftíes regionales y sus vicarios[230].

Sin embargo, desde el punto de vista del contenido del nuevo marco legal, es llamativo el silencio que guardan sus disposiciones respecto al régimen de la elección del jefe supremo de la comunidad musulmana. En este sentido el artículo 2 menciona parcamente, que el muftí general será nombrado a raíz de *Real Decreto.* En claro contraste con ello, entra la detallada reglamentación del procedimiento de designación de los ministros de culto regionales, al contemplarse explícitamente que tal puesto se ocupará por el candidato escogido mediante una votación, celebrada entre los *ciudadanos musulmanes que tengan capacidad para votar,* según las reglas de selección de jurados[231], añadiéndose a continuación con carácter limitativo que todos los gitanos serán privados de sufragio[232]. Esta previsión de dudosa constitucionalidad, supone una clara discriminación étnica, pues entra en aparente contradicción con los principios *de igualdad ante la Ley* y *de no división de la sociedad búlgara en clases,* constitucionalizados en los artículos 57 y 60 de la Carta Magna de 1879.

Una vez realizada la selección del muftí regional, se procederá a su *verificación por Real Decreto,* dictado a *propuesta* del Consejo de Ministros, dejándose

---

229 BOE número 210 de 1895.

230 Artículo 1 del Ordenamiento provisional de gobierno eclesiástico de los musulmanes de 1895.

En directa conexión con ello, el artículo 3 del Ordenamiento provisional de gobierno eclesiástico de los musulmanes de 1895 añade que el muftí general es el jefe espiritual de todos los musulmanes en Bulgaria. Él ejerce el control supremo, conforme a sus competencias legalmente reconocidas, sobre las mezquitas y los otros edificios del culto, así como sobre su personal y las personas a cargo de la comunidad islámica.

231 Artículo 4 del Ordenamiento provisional de gobierno eclesiástico de los musulmanes de 1895.

232 Nota referida al artículo 4 del Ordenamiento provisional de gobierno eclesiástico de los musulmanes de 1895.

abierta la puerta a un eventual derecho de veto gubernativo, si se constatase el incumplimiento de la legislación vigente o alguna omisión electoral[233].

Bajando por los escalones de la pirámide del gobierno eclesiástico musulmán, la nueva fórmula atribuye a los ministros de culto regionales el poder particular de proponer a las personas que van a desempeñar un oficio vicarial, reservándose al Estado el papel de confirmar tal decisión en virtud de *Decreto*, emanado por el Ministerio de los Asuntos Exteriores y las Confesiones Religiosas, (en adelante MAECR)[234].

En lo tocante a la materia de la gestión local y la financiación de los establecimientos musulmanes, el contenido del Ordenamiento de 1895, sigue muy de cerca el modelo jurídico anterior sobre la administración de las mezquitas, al prever que las distintas instituciones de la comunidad islámica *(templos, seminarios, organizaciones caritativas, etc.)*, y en general, todas sus propiedades serán administradas por un órgano colectivo que comprende entre 3 y 5 personas en los municipios rurales, entre 5 y 8 miembros en las ciudades y entre 7 y 15 representantes en las capitales provinciales[235]. Asimismo se precisa que los participantes en los señalados cuerpos eclesiásticos deben cumplir los siguientes requisitos[236]:

1) Que tengan una nacionalidad búlgara.
2) Permanezcan residentes en la circunscripción por ubicación de la institución correspondiente.
3) Sean propietarios de bienes inmuebles situados en el territorio nacional del Principado de Bulgaria.
4) Estén alfabetizados.
5) Se distingan por su honestidad de vida.

Tales encargados serán elegidos por la población musulmana que posea derecho al voto para elecciones generales[237]. Su designación[238] debe ser con-

---

[233] Artículo 6 del Ordenamiento provisional de gobierno eclesiástico de los musulmanes de 1895.

[234] Artículo 7 del Ordenamiento provisional de gobierno eclesiástico de los musulmanes de 1895.

[235] De conformidad con el artículo 16 del Ordenamiento provisional de gobierno eclesiástico de los musulmanes de 1895, los miembros de las comisiones excepto el tesorero ejercen sus obligaciones sin cobrar remuneración regular por el desempeño de las mismas.

[236] Artículo 15 del Ordenamiento provisional de gobierno eclesiástico de los musulmanes de 1895.

[237] Artículo 17, párrafo 1, del Ordenamiento provisional de gobierno eclesiástico de los musulmanes de 1895.

[238] Según el artículo 18 del Ordenamiento provisional de gobierno eclesiástico de los musulmanes de 1895, el mandato de las personas a cargo del mantenimiento del culto será

firmada a raíz del *Decreto* del MAECR[239]. De nuevo se excluye expresamente la capacidad de votar o ser votado, a todo ciudadano búlgaro de origen romaní, introduciéndose esta vez la matización explicativa que conforme *a las reglas de la Sharia dicho pueblo no puede participar en la gestión de la comunidad islámica*[240].

Interesa poner de relieve que Ordenamiento de 1895 tampoco hace mención al cese de los clérigos, refiriéndose únicamente a la deposición de los miembros de los consejos de gobierno de las instituciones musulmanas[241], al declarar que ésta será competencia del MAECR, siempre que se establezca el incumplimiento de sus deberes[242].

3.2.3. Las garantías de los derechos y las libertades de los musulmanes en Bulgaria, establecidas en el marco de las relaciones diplomáticas búlgaro-otomanas, (1878-1914)

3.2.3.1. El estatuto jurídico de la minoría islámica, fijado en las normas del Tratado de Estambul de 19 de abril de 1909

3.2.3.1.1. Estructura y objetivos

En el marco de las relaciones internacionales entre Bulgaria y el Imperio Otomano durante el período entre 1908 y 1913, destacan las garantías de protección de los derechos de la población musulmana, recogidas en el Tratado de Estambul de 19 de abril de 1909[243], estipulado en aplicación del Pro-

---

de 3 años. Los miembros de los consejos eclesiásticos no podrán ser reelegidos en el plazo de los próximos 3 años a partir de cumplir su último encargo.

239 Artículo 20 del Ordenamiento provisional de gobierno eclesiástico de los musulmanes de 1895.

240 Artículo 17, párrafo 2, del Ordenamiento provisional de gobierno eclesiástico de los musulmanes de 1895.

241 Artículo 18, párrafo 2, del Ordenamiento provisional de gobierno eclesiástico de los musulmanes de 1895.

242 En este ámbito cabe destacar la disposición del artículo 22, párrafo 2, del Ordenamiento provisional de gobierno eclesiástico de los musulmanes de 1895, según el cual al muftí regional se le atribuye la exclusiva obligación de demandar a aquellas comisiones, que hayan malgastado o especulado con las finanzas de la comunidad musulmana. Un precepto de contenido contradictorio que en opinión de DIMITAR GYUDUROV marca el inicio de una práctica de desviación de recursos económicos pertenecientes a la confesión islámica para el enriquecimiento personal de su propio clero. GYUDUROV, DIMITAR. (45). *La política religiosa de Bulgaria y los musulmanes (1919-1925)*. En: *Anuario del Departamento de Ciencias Históricas de la Nueva Universidad Búlgara*. Tomo II de 2007. Página 347. En: http://ebox.nbu.bg/pro/12%20Dimitar%20Giudurov%20+.pdf

243 BOE número 13 de 1910.

tocolo ruso-turco, firmado *ad referéndum* en San Petersburgo, el 3 de abril de 1909[244]. Desde la perspectiva de su contenido, dicho Convenio consta de tres partes, (el Protocolo turco-búlgaro, el Acuerdo sobre el estatuto del muftí y el Acuerdo entre el gobierno búlgaro y la compañía para la explotación de los Ferrocarriles del Este), y tiene como objetivo reglamentar los cambios políticos, surgidos como consecuencia de la proclamación de la Independencia de Bulgaria, el 22 de septiembre de 1908[245], referidos especialmente a los pagos de indemnizaciones por las propiedades otomanas, que pasan a formar parte del patrimonio del Estado búlgaro, así como a las cuestiones del régimen jurídico de la minoría musulmana.

3.2.3.1.2. El Protocolo turco-búlgaro y el Acuerdo sobre el estatuto del muftí de 19 de abril de 1909

Entrando en el Protocolo turco-búlgaro de 1909 solamente la disposición de su artículo 2 se dedica explícitamente a la regulación de los derechos fundamentales de los representantes de la confesión musulmana, al introducir expresamente la garantía sobre la conservación del *statu quo* de la libertad religiosa y de las prácticas del culto islámico, establecido con anterioridad a la Independencia de 22 de septiembre de 1908. En esa misma línea el mencionado precepto vuelve a confirmar la igualdad de los derechos civiles y políticos entre los musulmanes y los fieles de las otras confesiones religiosas en el país. GEORGI GENOV al comentar en 1926 esta estipulación, la consideraba *innecesaria*, en cuanto su proyección era eminentemente establecida tanto en el Tratado de Berlín de 1878, como en la Constitución de 1879[246].

Como señala KRASIMIR KANEV, con el Acuerdo sobre el estatuto del muftí de 1909 se procura romper el silencio que guarda el Ordenamiento provisional de gobierno eclesiástico de los musulmanes de 1895, respecto

---

[244] VV.AA. (57). *La diplomacia búlgaro-turca oficial y secreta (1903-1925)*. Colección documental. En: *Los archivos hablan*. Volumen 56. Agencia de Archivo del Estado. Sofía. 2009. Página 90.

[245] El acto de la Independencia, de 22 de septiembre de 1908, consiste en el rechazo de la subordinación política del Principado búlgaro al Imperio Otomano, y su proclamación como un país plenamente soberano, que es sucesor del Estado búlgaro medieval, por lo cual vuelve a denominarse *Tsarstvo*, (Царство), titulándose nuevamente su monarca como *Zar*. MANOLOVA, MARIA. (106). *90 años de la Proclamación de la Independencia de Bulgaria*. En: *Pensamiento jurídico*. Libro número 2/1998. Año XXXIX. Academia Búlgara de las Ciencias. 1998. Página 13.

[246] GENOV, GEORGI. (31). «*La Cuestión de Oriente*». Segunda parte. *Del Congreso de París (1856) al Tratado de Neuilly (1919)*. Imprenta «Houdojnik». Sofía. 1926. Página 553.

al proceso de designación del muftí general[247], de forma que en su parágrafo I queda claramente señalado que éste será elegido por votación, realizada entre los ministros de culto regionales, especificándose a continuación que una vez designado, el muftí general entrará en el ejercicio de sus funciones únicamente a raíz de la autorización exclusiva del *Jeque del Islam.* Esta fórmula reduce al mínimo la intervención de las autoridades públicas, limitándose su papel a la mera obligación de anunciar el resultado electoral.

La actitud de no interferencia del Estado en los asuntos religiosos de la comunidad islámica vuelve a afirmase en el ámbito del párrafo II, del Acuerdo, al prescribir que la selección de los clérigos se controlará y dirigirá únicamente por el muftí general[248].

En el ámbito judicial, su parágrafo V confirma las competencias jurisdiccionales del clero, derivadas de la Sharia, en materia de derecho familiar y hereditario, reconociéndose asimismo la competencia del muftí general de dar recomendaciones a los ministros de culto regionales y sus vicarios respecto al conocimiento de asuntos matrimoniales, de divorcio, de testamentaría y otros relativos a la aplicación de la legislación coránica.

En lo tocante al sistema educativo, el parágrafo VI del Acuerdo consagra la competencia de los clérigos de ordenar la institución de centros docentes en las regiones habitadas por una significativa minoría musulmana. Confirmándose asimismo que todos los establecimientos de enseñanza musulmanes disfrutarán la misma subvención estatal, que han recibido con anterioridad al 22 de septiembre de 1908.

Un interesante aspecto puesto de relieve en el Acuerdo, es la tutela del patrimonio religioso islámico estipulada en su parágrafo VII, comprometiéndose el Estado búlgaro *a vigilar el mantenimiento de todos los inmuebles propiedad de la comunidad musulmana, destinados a prácticas del culto y a fines caritativas, ubicados en su territorio nacional.* Además la citada norma contempla que la destrucción de dichos bienes será permitida *solamente por motivos de utilidad pública,* previstos en la legislación vigente. Previéndose asimismo que su expropiación será posible sólo a cambio de la cesión de otro terreno y el pago de una indemnización equivalente al valor de la edificación expropiada.

---

247 KANEV, KRASIMIR. (97). *Legislación y política hacia las minorías étnicas y religiosas en Bulgaria.* En: KRASTEVA, ANNA. *Comunidades e identidades en Bulgaria.* Petexton. Sofía. 1998. Página 73.

248 En claro contraste con ello entra la disposición del parágrafo III del Acuerdo, la cual prevé que el relevo de los cargos y el despido disciplinario de los muftíes y los vicarios se efectúe de conformidad con la Ley de los funcionarios públicos. El mismo precepto establece que el muftí general o su representante participa en el Consejo disciplinario, pero su opinión será de carácter consultivo y no vinculante.

3.2.3.2. La regulación jurídica de la minoría musulmana, establecida en el Tratado de Estambul de 29 de septiembre de 1913

3.2.3.2.1. Antecedentes históricos

El 5 de octubre de 1912 Bulgaria, Grecia, Serbia y Montenegro declaran la guerra al Imperio Otomano[249], dando comienzo a la Primera Guerra Balcánica, (1912-1913). Mediante este conflicto militar el Estado búlgaro procura conseguir definitivamente su unión nacional, anexionándose Tracia y Macedonia, regiones habitadas en su mayoría por búlgaros, devueltas al Imperio Otomano en virtud del Tratado de Berlín de 1878. Será en la euforia inspirada por los iniciales éxitos militares, cuando gana popularidad la idea de que la unificación territorial lleva aparejada la homogeneización de la nación[250]. Este concepto, fuertemente marcado por un nacionalismo religioso, dará lugar a una serie de intentos de conversión al cristianismo de los musulmanes[251] habitantes tanto de

---

[249] El estallido de la Primera Guerra Balcánica, el 5 de octubre de 1912, marca la ruptura de las relaciones diplomáticas entre Bulgaria y el Imperio Otomano. En esta situación la embajada rusa en Estambul se encarga de la protección de los intereses de los ciudadanos búlgaros en Turquía. Respecto a los nacionales otomanos en el Estado búlgaro dicha tarea se asume por el embajador español en Sofía. VV.AA. (57). *La diplomacia búlgaro-turca oficial y secreta (1903-1925)*. Colección documental. En: *Los archivos hablan*. Volumen 56. Agencia de Archivo del Estado. Sofía. 2009. Página 5.

[250] *Las victorias del ejército búlgaro consiguieron la independencia de nuestros hermanos, que habitan los territorios fuera de las cordilleras Ródope y Rila. Bulgaria se convirtió en un estado grande, íntegro y fuerte. No obstante ello aparecen asuntos difíciles por resolver, pues en la futura Bulgaria unida habrá muchos pueblos y religiones extranjeras, que consagran diferentes ideales. En este contexto es necesario acordar que un pueblo y una comunidad se gobiernan mejor, cuando entre sus representantes no existen diferencias dogmáticas... Resulta primordial prestar especial atención sobre la población de los búlgaros musulmanes en las regiones liberadas, la cual presenta una masa compacta que habla y canta en lengua búlgara pero practica un culto ajeno...* Es lo que opina un grupo de hombres públicos de la ciudad de Pazardzhik, en su carta, de 1 de diciembre de 1912, dirigida al Santo Sínodo y al gobierno búlgaro, en la que se hace referencia al problema sobre la conversión de los búlgaros musulmanes. GEORGIEV, VELICHKO, y TRIFONOV, STAYCO. (34). *La conversión de los búlgaros musulmanes 1912-1913*. Ediciones Académicas «Profesor Marin Drinov». Sofía. 1995. Páginas 14 a 16. El original se conserva en el Archivo Central de Estado, fondo número 568, inventario 1, unidad de archivo 404, páginas 1 a 3.

[251] Como señalan GEORGI PASHOV y KOSTADIN USHEV, esta idea gozaba de la simpatía del propio monarca de Bulgaria Fernando I Saxe Coburg Gotha, (1887-1908), subrayándose expresamente en una carta del Santo Sínodo de la Iglesia Ortodoxa Búlgara, destinada al primer ministro Ivan Geshov *que el Zar tiene grandes expectativas de los exitosos resultados del proceso de conversión, vigilando atentamente su desarrollo.* PASHOV, GEORGI, y USHEV, KOSTADIN. (178). *La conversión de los búlgaros musulmanes, (1912-1913)*. VV.AA. *«Druzhba rodina». Recuerdos para el futuro.* Academia Búlgara de las Ciencias, Institutos de Historia, Balcanística y Sociología. Facultad de Historia de la Universidad de Sofía «San Clemente de Ohrid». Centro de investigación de los búlgaros «Tangra». Sofía. 2009. Página 385.

los territorios nacionales como de los anexados[252], de forma que a finales de 1913, entre 150.000 y 200.000[253] personas se ven forzadas a cambiar su fe.

En términos históricos, las consecuencias dramáticas de la falta de entente entre los aliados balcánicos sobre la división de los territorios otomanos, conquistados a lo largo de las actividades bélicas, subyacen en el fondo del estadillo de la Segunda Guerra Balcánica de 1913, (la Guerra Interaliada). Este conflicto termina con la derrota militar de Bulgaria[254], un hecho que se corresponde con una redistribución de las fuerzas en la Península, al desencadenar la ruptura de las relaciones diplomáticas entre el Estado búlgaro y la Sublime Puerta a raíz del Tratado de Estambul de 29 de septiembre de 1913[255], que abre la puerta a una rehabilitación de las garantías de libertad religiosa y de culto para los miembros de la confesión musulmana.

3.2.3.2.2. Estructura y contenido en materia de régimen jurídico de la comunidad musulmana y sus miembros

El Tratado de Estambul de 1913 comprende una parte principal, complementada por cinco anexos, incluido un nuevo Acuerdo sobre el estatuto del

---

[252] *A finales de 1912 el Santo Sínodo recibió noticias de las autoridades civiles y eclesiásticas de los territorios anexados sobre el deseo de los búlgaros musulmanes de convertirse a la confesión ortodoxa. Tomando en cuenta estas peticiones, la Iglesia adoptó la decisión de constituir en estas regiones dos misiones, encargadas a fortalecer la confesión cristiana entre los recién convertidos, así como a convertir a las personas que hagan declaración de ello...* Protocolo número 1 de la sesión del Santo Sínodo sobre la organización de la conversión de los búlgaros musulmanes, de 17 de enero de 1913. GEORGIEV, VELICHKO, y TRIFONOV, STAYCO. (36). *Historia de los búlgaros (1878-1944) en documentos.* Tomo II 1912-1918. *El período de las guerras.* Editorial «Prosveta». Sofía. 1996. Páginas 117 a 120. El original se conserva en el Archivo Central de Estado, fondo número 791, inventario 1, unidad de archivo 24, páginas 3 a 11.

[253] YALAMOV, IBRAHIM. (240). *Historia de la comunidad turca en Bulgaria.* Sofía. 2002. Página 106.

[254] En su informe número 2 de 10 de enero de 1914, dirigido al Ministro del Interior y de la Salud Pública, Vasil Radoslavov, el general de reserva Popov presenta información sobre casos de retorno a la confesión musulmana de personas convertidas al cristianismo durante la Primera Guerra Balcánica, (1912-1913). *La conversión de la población musulmana en las región de Chepelare se ha celebrado voluntariamente, a raíz de la mera declaración escrita de los interesados y dirigida a las autoridades eclesiásticas...Todos los miembros de la comunidad musulmana convertida, sin distinción de género y edad, han empezado a asistir fervorosamente a las liturgias de la iglesia, y los niños comenzaron a visitar regularmente las escuelas públicas. Tras la suspensión del estado de sitio, dicha situación ha sufrido cambios, los cuales se traducen en el rechazo de la población a confesar el cristianismo y su retorno al credo musulmán...* GEORGIEV, VELICHKO, y TRIFONOV, STAYCO. (36). *Historia de los búlgaros (1878-1944) en documentos.* Tomo II 1912-1918. *El período de las guerras.* Editorial «Prosveta». Sofía. 1996. Páginas 156 a 158.

[255] Ratificado el 9 de octubre de 1913. VV.AA. (57). *La diplomacia búlgaro-turca oficial y secreta (1903-1925).* Colección documental. En: *Los archivos hablan.* Volumen 56. Agencia de Archivo del Estado. Sofía. 2009. Páginas 122 a 133.

muftí[256], que sigue muy de cerca lo estipulado en este ámbito en el antiguo Convenio de 1909.

Llamado a regular los problemas surgidos en el tiempo de guerra, y en especial, los cambios territoriales y de población, el nuevo Tratado establece en su artículo 7, que *todos los habitantes de las regiones traspasadas del Imperio Otomano a Bulgaria se considerarán nacionales búlgaros*. Sin embrago como única excepción de la citada previsión a favor de la *población musulmana se le reconoce un derecho transitorio*, de duración máxima de 4 años, *de optar por una ciudadanía otomana*[257], en virtud de una *mera declaración* presentada ante las autoridades municipales. Especificándose a continuación, que aquellos musulmanes que opten por la ciudadanía otomana *se verán obligados a abandonar el Estado búlgaro*, pudiendo no obstante conservar la propiedad sobre sus bienes inmuebles situados en los territorios cedidos[258], al dejarlos en arrendamiento o administración a otras personas. Afirmándose finalmente, que hasta la expiración del plazo fijado, todo el habitante musulmán de los territorios transferidos, que ha aceptado la nacionalidad búlgara, no estará sujeto a un servicio en las fuerzas armadas, ni tampoco pagará algún tributo militar.

En el artículo 8 del Tratado de Estambul de 1913, se reitera el reconocimiento de la plena igualdad entre los derechos civiles y políticos de los cristianos y los representantes de la confesión musulmana en el país. Siguiendo esta misma línea, la mencionada disposición proclama nuevamente la libertad religiosa y de prácticas del culto a todos los musulmanes, así como garantiza la no injerencia de las autoridades estatales en los asuntos eclesiásticos de la co-

---

256 Los restantes 4 anexos son: Protocolo referido a las fronteras búlgaro-otomanas, Acuerdo sobre arbitraje, Protocolo referido a los Ferrocarriles de Este y Declaración de la Sublime Puerta sobre el respeto de la soberanía de los territorios cedidos.

257 En el informe confidencial elaborado por el Presidente del Gobierno, Vasil Radoslavov, el 3 de diciembre de 1913, respecto a la aplicación del Tratado de Estambul de 1913, dirigido a los gobernadores de las provincias, al Ministerio de los Asuntos Exteriores y las Confesiones Religiosas y al Ministerio de Justicia, se presenta la siguiente aclaración relativa a la interpretación del artículo 7 del Convenio: *Conforme a esta disposición los ciudadanos de los territorios cedidos se convierten «en principio» en nacionales búlgaros. De la citada norma se hace una excepción solamente a favor de los musulmanes, a los cuales se les reconoce el derecho, en un plazo de cuatro años, a partir del 16 de octubre de 1913 de optar por la nacionalidad otomana…* VV.AA. (57). *La diplomacia búlgaro-turca oficial y secreta (1903-1925)*. Colección documental. En: *Los archivos hablan*. Volumen 56. Agencia de Archivo del Estado. Sofía. 2009. Páginas 153 a 157.

258 En directa relación con ello, la disposición del artículo 11 del Tratado de Estambul de 1913, añade que el derecho de propiedad sobre bienes raíces, previsto por la Ley otomana de los inmuebles urbanos y rurales será reconocido respecto a todas propiedades en los territorios cedidos sin ninguna restricción. Los propietarios de bienes ubicados en dichas regiones continuarán gozando de sus derechos patrimoniales incluso si decidan residir temporal o constantemente fuera del Estado búlgaro. Los últimos podrán alquilar o gobernar sus propiedades mediante terceras personas.

munidad islámica, o en las relaciones entre la misma y sus estructuras jerárquicas o externas.

Guardando un evidente paralelismo con el parágrafo VII del Tratado de Estambul de 1909, los artículos 12 y 13 del nuevo Convenio sancionan la obligación del Estado de conservar y tutelar los bienes propiedad de las instituciones musulmanas y del Sultán[259]. Con su administración serán encargadas únicamente personas, que cuentan con una autorización especial otorgada por la Sublime Puerta.

Comparado con la reglamentación anterior el Acuerdo sobre el estatuto del muftí de 1913, introduce como única novedad dentro del régimen de gobierno de la confesión musulmana, la institución en las grandes ciudades del Estado de comisiones eclesiásticas con estatuto de personas jurídicas, cuyas funciones son[260]:

1) Administrar los cementerios públicos de la comunidad musulmana.
2) Dirigir el patrimonio de las organizaciones caritativas del credo islámico.
3) Supervisar la enseñanza en los establecimientos docentes musulmanes.

3.3. La integración de las minorías en el sistema educativo búlgaro

3.3.1. El modelo educativo antes de la Unión de Bulgaria de 6 de septiembre de 1885 y su capacidad para la inclusión de la diversidad cultural

3.3.1.1. La política educativa del Principado de Bulgaria

En términos históricos la regulación inicial del derecho de educación en el nuevo Estado búlgaro se contiene en el Reglamento provisional de las escuelas populares de 29 de agosto de 1878, en el que junto con la proclamación del *carácter laico* de la instrucción, se promueve el principio de *igualdad de oportunidades en el acceso a la enseñanza* para todos los *ciudadanos, con independencia de su género y su pertenecía étnica o religiosa*. En esta previsión se inspira el artículo 78 de la Carta Magna de 1879[261], al proclamar la enseñanza primaria como *obligatoria y gratuita para todo el habitante del Principado de Bulgaria*.

---

[259] El artículo 17 del Tratado de Estambul de 1913 prescribe que todos los problemas relativos a la interpretación y aplicación de las cláusulas, que regulan el régimen jurídico de los patrimonios otomanos o musulmanes serán resueltos mediante un arbitraje internacional conforme al Anexo III del Convenio.

[260] Artículo 8 del Acuerdo sobre el estatuto del muftí de 1913.

[261] POPOV, NIKOLAY, y PIRONKOVA, MARINA. (199). *El sistema educativo de Bulgaria*. Sofía. 2007. Página 16.

El 21 de mayo de 1880, se aprueba la Ley de apoyo material y reorganización estructural de las escuelas, que supone el primer intento por organizar todos los establecimientos docentes en el Estado en un sistema integral y jerarquizado, sometido bajo el control supremo del Ministerio de Educación[262]. En virtud de su artículo 8, el 13 de septiembre de 1880, se promulga un Programa general de educación secundaria[263], cuyos preceptos otorgan un significativo papel a la enseñanza de la doctrina y moral cristianas, que aparece como primera asignatura curricular en todos los niveles del citado ciclo de estudios[264]. Continuando la política reformadora, el 30 de enero de 1885, se adopta la Ley de escuelas públicas y privadas[265], que establece[266]:

1) El estatuto jurídico de los establecimientos docentes financiados por el Estado y los ayuntamientos, cuyas funciones son:
   a) Administrar una enseñanza básica organizada en torno a la impartición de las asignaturas de catecismo, lectura, escritura, matemática, lengua materna, educación cívica y ciencias naturales.

---

[262] Una interesante imagen sobre la situación de las distintas minorías en el ámbito del sistema educativo en los primeros años a partir de la liberación del Estado en 1878, se contiene en el informe del Ministro de Educación Konstantin Irechek, (1881-1882), dedicado al funcionamiento de las escuelas en el Principado en el período entre 1879 y 1881, en el que se ponen de manifiesto los siguientes datos:

1) *Los establecimientos docentes turcos tienen una organización muy antigua y primitiva fuera de la influencia de la pedagogía moderna. En estas escuelas se enseña solamente catecismo y escritura. De las funciones docentes permanecen encargados clérigos, que trabajan sin cobrar un sueldo determinado. Sin embargo los turcos intentan mejorar la organización de su enseñanza pero el Gobierno todavía no ha conseguido analizar y resolver la cuestión referida a la educación de los musulmanes…*

2) *Los judíos de habla hispana, sefardíes, tienen escuelas en la capital Sofía y en las ciudades más grandes del Estado. A lo largo de la dominación otomana, estos centros docentes no se han distinguido mucho de los establecimientos de enseñanza musulmanes, pero ahora están experimentando un significativo avance…*

3) *Escuelas armenias existen en todas las ciudades habitadas por esta minoría, gozando de una organización moderna…*

4) *Cuerpos docentes griegos hay en Varna y en otras 9 localidades, ubicadas en la costa del Mar Negro…*

5) *En Bulgaria existe solamente una escuela valaca, que se encuentra en la ciudad de Tutrakan…*

6) *Tras la liberación del Estado han sido inaugurados centros docentes privados, como la escuela de los misioneros estadounidenses en Samokov, y el colegio francés de la Iglesia Católica en Sofía…*

GEORGIEV, VELICHKO, y TRIFONOV, STAYCO. (33). *Historia de los búlgaros (1878-1944) en documentos.* Tomo I 1878-1912. Primera parte. *Restauración y desarrollo del estado búlgaro.* Editorial «Prosveta». Sofía. 1994. Páginas 555 y 556.

[263] BOE número 71 de 1880.

[264] Punto 1 de los Programas de las asignaturas del primer, segundo y tercer grado de educación secundaria.

[265] BOE número 13 de 1885.

[266] POPOV, NIKOLAY, y PIRONKOVA, MARINA. (199). *El sistema educativo de Bulgaria.* Sofía. 2007. Páginas 18 a 22.

b) Ofrecer una segunda etapa de estudios, que presta atención no sólo a la formación general del alumnado, sino también a su orientación profesional. A tales efectos la educación secundaria en las escuelas públicas hace especial hincapié en las disciplinas como enseñanza de la doctrina y la moral cristianas, idioma materno, aritmética, historia, geografía, geometría, física y química, impartidas juntamente con el aprendizaje de competencias profesionales en el campo de la agricultura y la industria.

2) El régimen aplicable a los establecimientos docentes privados de titularidad de la comunidad musulmana, de las restantes confesiones religiosas o de personas jurídicas. Desde el punto de vista organizativo, cabe subrayar la autonomía interna de estas escuelas, si bien cumpliendo una serie de requisitos impuestos por el Estado, que incluyen el respeto de las leyes, el número mínimo de asignaturas y las normas de gobierno e higiene previstas para los establecimientos públicos, así como la impartición de la enseñanza en lengua búlgara.

Entrando en la materia reguladora del sistema educativo privado, llaman la atención las escuelas de las minorías étnicas y religiosas, que siguiendo a IBRAHIM TATARLA se pueden dividir en[267]:

1) Establecimientos laicos en cuyos planes de estudios figuran asignaturas vinculadas con la religión, la cultura y las tradiciones del correspondiente grupo minoritario.
2) Escuelas confesionales que administran una enseñanza conforme a los dogmas religiosos de las distintas comunidades.

En este contexto es llamativa la política de la minoría turca que consigue crear un campo de educación propio, conservando un buen número de sus escuelas confesionales de enseñanza primaria, instauradas en la época de la presencia otomana[268]. A ello hay que sumar también las 142 escuelas religiosas de instrucción secundaria conocidas como *madrazas*. En el ámbito de la edu-

---

[267] TATARLA, IBRAHIM. (215). *La actividad educativa de los turcos en Bulgaria.* En: TATARLA, IBRAHIM. *Los derechos del hombre, de las naciones y de las minorías, regulación jurídica nacional e internacional y asuntos de su ejercicio en Bulgaria. Estudios, artículos y discursos.* Editorial ET «Avrasya»-İbrahim Tatarlı. Sofía. 2009. Páginas 158 y 159.

[268] IBRAHIM TATARLA estima que en el momento de la liberación de Bulgaria en 1878, en el país existían 2356 mezquitas y 174 complejos de edificios de culto musulmán, denominados en turco como *tekke* y en árabe como *zawiya*. TATARLA, IBRAHIM. (215). *La actividad educativa de los turcos en Bulgaria.* En: TATARLA, IBRAHIM, *Los derechos del hombre, de las naciones y de las minorías, regulación jurídica nacional e internacional y asuntos de su ejercicio en Bulgaria. Estudios, artículos y discursos.* Editorial ET «Avrasya»-İbrahim Tatarlı. Sofía. 2009. Página 159.

cación secular dicha comunidad cuenta con unos 273 establecimientos docentes de enseñanza elemental denominados *maktab*, que juntamente con la administración de asignaturas laicas organizan la impartición de clases de religión. Asimismo no menos significativo es el papel de las escuelas de instrucción secundaria los *rüchdiye*[269], creadas en el período de las reformas *Tanzimat* como establecimientos públicos financiados por la Sublime Puerta, que tras la liberación del Estado en 1878, se transforman en centros docentes privados subvencionados económicamente tanto por la comunidad musulmana, como por la minoría turca.

3.3.1.2. El modelo *laissez-faire* del sistema educativo de Rumelia Oriental

Destaca en el marco jurídico, regulador del sistema educativo de Rumelia Oriental el reconocimiento del derecho a la libertad de enseñanza, recogido en el artículo 38 de la Ley Orgánica de 14 de abril de 1879, prescribiéndose expresamente que *la enseñanza es libre*, siempre y cuando se realice conforme a las *condiciones de instrucción y los principios de la moral previstos por la Ley y bajo el control supremo del poder público, que se extenderá sobre todos los establecimientos docentes sin excepción alguna.* Una redacción inspirada por el artículo 9 de la Constitución francesa de 1848, que servirá como una de las directrices en la regulación especial del sistema educativo, encerrada en el Título XII de la Ley Orgánica, optándose por un modelo de instrucción basado esencialmente en la iniciativa privada, que consagra los siguientes hitos[270]:

1) Las confesiones religiosas asumen el coste de edificación y mantenimiento de las escuelas de enseñanza primaria y secundaria, teniendo derecho a fiscalizar y administrar dichos establecimientos, así como a designar el cuerpo docente[271]. No se podrá inaugurar ni mantener ningún centro educativo público financiado y fiscalizado por la administración provincial, salvo en los casos excepcionales previstos en la Ley[272].

---

[269] TATARLA, IBRAHIM. (215). *La actividad educativa de los turcos en Bulgaria*. En: TATARLA, IBRAHIM. *Los derechos del hombre, de las naciones y de las minorías, regulación jurídica nacional e internacional y asuntos de su ejercicio en Bulgaria. Estudios, artículos y discursos*. Editorial ET «Avrasya»-İbrahim Tatarlı. Sofía. 2009. Página 159.

[270] KOLEV, ÁNGEL HRISTOV. *La cuestión religiosa en el sistema educativo búlgaro*. En: CANO RUIZ, ISABEL. *La enseñanza de la religión en la escuela pública*. Actas del VI Simposio Internacional de Derecho Concordatario. Alcalá de Henares, 16-18 de octubre de 2013. Colección: Derecho canónico y Derecho eclesiástico del Estado. Editorial Comares. Granada. 2014. Páginas 510 y 511.

[271] Artículo 347 de la Ley Orgánica de Rumelia Oriental de 1879.

[272] Artículo 350 de la Ley Orgánica de Rumelia Oriental de 1879.

2) Siempre que una comunidad religiosa no cuente con la financiación necesaria para abrir y mantener sus propios establecimientos de instrucción, a la misma se le concederá una subvención pública según la Ley de Presupuestos, si ello se estimase oportuno por razones de utilidad[273].
3) Toda persona física *sin distinción de su etnia o religión* está legitimada para fundar establecimientos de educación y formación, siempre y cuando cumpla las condiciones legalmente previstas de honestidad de su vida e idoneidad profesional[274].
4) Si una Ley Provincial prescribiera la creación de una Universidad, esta normativa deberá prever expresamente que el cuerpo docente universitario estará compuesto por[275]:
   a) Profesores *titulares*, los cuales serán funcionarios públicos designados por el *Gobernador General*, especificándose asimismo que pasarán a formar parte de tal cuerpo docente, personas pertenecientes a las tres nacionalidades dominantes de la Provincia, *en proporción al número de habitantes.*
   b) Profesores *agregados (agrégés)*, con contrato laboral.
   Cada docente universitario tendrá derecho a elegir su idioma de enseñanza.
5) La instrucción primaria será obligatoria para todos[276].
6) Nadie se verá forzado a estudiar una religión diferente de la creencia que profese[277].
7) Las confesiones religiosas no podrán ser obligadas a introducir como lenguaje educativo en sus establecimientos docentes una lengua distinta del idioma materno de los miembros de su comunidad[278], pudiendo elegir libremente la lengua de enseñanza[279].
8) El Director del Departamento de Educación Popular ejercerá el control supremo de las escuelas mediante inspectores, que supervisarán la moral de los profesores, el cumplimiento de las leyes y los estatutos internos de los establecimientos docentes[280]. Una normativa provincial regulará los planes de estudios de enseñanza primaria y secundaria[281].

En aplicación de la citada disposición, el 4 de diciembre de 1880, la Asamblea Provincial de Rumelia Oriental adopta la Ley de instrucción primaria, que

---

273 Artículo 348 de la Ley Orgánica de Rumelia Oriental de 1879.
274 Artículo 352 de la Ley Orgánica de Rumelia Oriental de 1879.
275 Artículo 351 de la Ley Orgánica de Rumelia Oriental de 1879.
276 Artículo 353 de la Ley Orgánica de Rumelia Oriental de 1879.
277 Artículo 355 de la Ley Orgánica de Rumelia Oriental de 1879.
278 Artículo 359 de la Ley Orgánica de Rumelia Oriental de 1879.
279 Artículo 360 de la Ley Orgánica de Rumelia Oriental de 1879.
280 Artículo 356 de la Ley Orgánica de Rumelia Oriental de 1879.
281 Artículo 358 de la Ley Orgánica de Rumelia Oriental de 1879.

en términos históricos se convierte en la única normativa de carácter ordinario, reguladora de la materia hasta la proclamación de la Unión de Bulgaria, el 6 de septiembre de 1885. Desarrollando los conceptos previstos en la Ley Orgánica de 1879, su artículo 3 reconoce el derecho de los representantes de las distintas nacionalidades y colectivos de fieles *a recibir un trato equivalente* en el ámbito de la enseñanza elemental. Asimismo, esta Ley garantiza la presencia de la educación moral y religiosa dentro del sistema educativo básico, en cuanto tal asignatura se considera como una proyección de los principios de libertad de creencias y de enseñanza, por un lado al no identificarse el propio sistema educativo con una ideología religiosa particular, y por otro, autorizando a cada credo organizar libremente su contenido de conformidad con sus doctrinas confesionales. En virtud de la Ley de instrucción primaria además se reconoce la participación directa de los ministros de culto de todas las comunidades religiosas en los órganos de administración de las escuelas en la Provincia[282].

Tabla 8.
Establecimientos educativos primarios en Rumelia Oriental en el año escolar, (1880-1881)[283]

Escuelas	Número	Alumnado		
		Alumnos	Alumnas	Total
Búlgaras	846	37.401	10.693	48.094
Turcas	471	15.189	11.211	26.400
Griegas	58	2.715	1.210	3.925
Judías	13	779	39	818
Católicas	11	573	526	1.099
Protestantes	9	33	42	75
Armenias	4	112	78	190
Total	1.412	56.799	23.799	80.601

3.3.2. El marco legal aplicable a la educación de las minorías tras la Unión de Bulgaria de 6 de septiembre de 1885

Será la Ley de instrucción popular de 23 de enero de 1892[284], la que incluirá la primera regulación especial de la libertad de educación de las mino-

[282] Artículo 141 de Ley de instrucción primaria en Rumelia Oriental de 1880.

[283] GEORGIEV, VELICHKO, y TRIFONOV, STAYCO. (33). *Historia de los búlgaros (1878-1944) en documentos.* Tomo I 1878-1912. Primera parte. *Restauración y desarrollo del estado búlgaro.* Editorial «Prosveta». Sofía. 1994. Página 79.

[284] BOE número 17 de 1892.

rías religiosas en Bulgaria, en el período posterior a la proclamación de la Unión de 1885, al sancionar en su artículo 6, que los centros docentes en el país[285] se dividen en *establecimientos públicos financiados por el Estado y los ayuntamientos*, en los cuales obligatoriamente como *lengua educativa se empleará el búlgaro*, y *privados* cuya financiación se asume por las *entidades eclesiásticas* de los cristianos no ortodoxos, judíos y musulmanes, así como *por organizaciones civiles que comprenden personas jurídicas o físicas*[286]. Como señalan NIKOLAY POPOV y MARINA PIRONKOVA, tal división de los establecimientos docentes supondrá una política de doble contenido en la materia, marcada por la situación privilegiada de la enseñanza estatal y la reglamentación restrictiva del fenómeno de la educación privada[287]. La citada consideración encuentra su confirmación en el concepto legal de enseñanza privada comprendido en el Título II de la Ley de instrucción popular de 1892, donde se encierran las siguientes previsiones:

1) Ninguna escuela privada puede ser fundada *sin el acuerdo previo del Ministerio de Instrucción*[288]. Dicha institución detentará la capacidad de *fiscalizar*[289] todos los centros docentes privados[290].
2) Aquellos establecimientos que no respeten la fiscalización estatal *serán clausurados*, y las personas responsables de tal infracción *serán procesadas penalmente*[291]. La misma sanción se impondrá en los casos de constatar la *divulgación de ideas contra el poder, la religión o moral pública* en el proceso de instrucción [292].

---

[285] En el artículo 1 de la Ley de instrucción popular de 1892, se señala expresamente que todos los centros docentes, así como los otros establecimientos contribuyentes al desarrollo intelectual y moral del pueblo, serán fiscalizados por el Estado.

[286] Adicionalmente a ello, el artículo 7 de la Ley de instrucción popular de 1892, confirma el principio de acceso a la enseñanza estatal en iguales condiciones a todos los habitantes de Bulgaria sin tener en cuenta su creencia o nacionalidad.

En aplicación del artículo 78 de la Constitución de 1879, el artículo 8 de la Ley de instrucción popular de 1892, afirma el carácter obligatorio y gratuito de la enseñanza primaria para todos los ciudadanos del Estado. En esa misma línea, su artículo 9 añade que todos los niños desde que cumplan 6 años, hasta que alcancen la edad de 12 años, estarán obligados a atender a una educación inicial en los establecimientos públicos o privados, o en sus casas.

[287] POPOV, NIKOLAY, y PIRONKOVA, MARINA. (199). *El sistema educativo de Bulgaria.* Sofía. 2007. Página 36.

[288] Artículo 188 de la Ley de instrucción popular de 1892.

[289] En este contexto cabe destacar como un caso excepcional la previsión del artículo 204 de la Ley de instrucción popular de 1892, al establecerse de manera explícita que la enseñanza religiosa en los establecimientos docentes musulmanes será supervisada por el muftí regional.

[290] Artículo 189 de la Ley de instrucción popular de 1892.

[291] Artículo 190 de la Ley de instrucción popular de 1892.

[292] Artículo 191 de la Ley de instrucción popular de 1892.

3) Ningún centro docente privado disfrutará de subvención por parte del Estado o los municipios. Como única excepción a *las comunidades musulmanas se les concede una dotación estatal destinada al apoyo financiero de sus actividades educativas*[293].
4) A los nacionales búlgaros de confesión cristiana no ortodoxa o judía, se les reconoce el derecho a inaugurar establecimientos de enseñanza particulares, siempre y cuando éstos *sean financiados por sus propios fondos comunitarios*[294].
5) Pese a reunir los requisitos exigidos para ocupar un oficio docente público, previstos en el artículo 58 de la Ley[295], se contempla que los profesores de las escuelas privadas no tendrán *derecho a la pensión de jubilación*, ni disfrutarán de *cualquier otro privilegio otorgado al profesorado estatal*[296].
6) Los alumnos licenciados en establecimientos particulares deben presentarse a examen final, para obtener un certificado académico equivalente a los graduados en centros docentes públicos[297].
7) El idioma búlgaro será asignatura obligatoria en todas las escuelas privadas[298], una previsión calificada razonablemente por STEFAN KIROV como *tiránica*[299].

---

[293] Artículo 192 de la Ley de instrucción popular de 1892.

[294] Artículos 198 y 203 de la Ley de instrucción popular de 1892.

[295] Según el artículo 58 de la Ley de instrucción popular de 1892 son requisitos fundamentales del reclutamiento de los docentes de las escuelas públicas y privadas:

1) Que tengan una ciudadanía búlgara.
2) Hayan cumplido la edad de 17 años.
3) Destaquen por su ejemplaridad de vida.
4) Posean licencia para enseñar, expedida por un colegio pedagógico.
5) Aprueben el examen público de habilitación para instrucción.
6) No padezcan enfermedad mental.

Respecto a la designación de docentes en los establecimientos de enseñanza musulmanes, el artículo 206 de la Ley de instrucción popular de 1892, añade el requisito de poseer experiencia y conocimientos religiosos, que les den derecho de obtener un título de *Hodja*.

Se entiende por *Hodja*, el fiel musulmán que ha realizado la peregrinación del *Hadjdj* al menos una vez en su vida. MILLIOT, LOUIS, y BLANC, FRANÇOIS-PAUL. *Introduction à l'étude du droit musulman*. Éditions Dalloz. Paris. 2001. Página 5.

[296] Artículo 193 de la Ley de instrucción popular de 1892.

[297] Artículo 194 de la Ley de instrucción popular de 1892.

[298] Artículo 195 de la Ley de instrucción popular de 1892.

[299] KIROV, STEFAN. (90). *Los derechos de los ciudadanos búlgaros*. Academia Búlgara de las Ciencias y los Artes, Imprenta «Knipegraf». Sofía. 1942. Página 138.

Tabla 9.
La estructura multilingüe de la población búlgara[300]: censos de los años 1887[301] y 1910

Lengua materna	Censo 1887		Censo 1910	
	Población	%	Población	%
Búlgaro	2.326.250	73.75	3.523.311	81.23
Turco	607.331	19.25	504.560	11.63
Griego	58.326	1.85	50.866	1.17
Judío	23.541	0.75	38.554	0.89
Romaní	50.291	1.59	76.424	1.76
Serbio	2.142	0.07	3.002	0.07
Ruso	1.065	0.03	2.538	0.06
Alemán	2.245	0.07	4.800	0.11
Francés	544	0.02	607	0.02
Otro	80.657	2.56	132.700	3.06
No señalado	1.983	0.06	131	0.01
Total	**3.154.375**	**100%**	**4.337.513**	**100%**

El 5 de marzo de 1909, se promulga una nueva Ley de instrucción popular[302], que pretende organizar un sistema homogéneo de instituciones culturales y educativas[303], sujeto a la administración y el control supremo del Ministerio de Educación Popular[304]. Interesa subrayar que respecto a la enseñanza privada esta normativa prescribe un modelo más tolerante, marcado por el pleno reconocimiento del derecho de crear y mantener establecimientos docentes privados de todo tipo y grado, con planes de estudios iguales o diferentes de los currículos aplicables en las escuelas públicas[305], siempre que se respeten las normas pedagógicas, las buenas costumbres[306] y se acepte la supervisión general

---

[300] GEORGIEV, VELICHKO, y TRIFONOV, STAYCO. (33). *Historia de los búlgaros (1878-1944) en documentos.* Tomo I 1878-1912. Primera parte. *Restauración y desarrollo del estado búlgaro.* Editorial «Prosveta». Sofía. 1994. Páginas 140 y 141.

[301] Datos sobre la distribución de la población búlgara según su lengua materna empiezan a figurar en los censos celebrados tras el año 1887. GEORGIEV, VELICHKO, y TRIFONOV, STAYCO. (33). *Historia de los búlgaros (1878-1944) en documentos.* Tomo I 1878-1912. Primera parte. *Restauración y desarrollo del estado búlgaro.* Editorial «Prosveta». Sofía. 1994. Página 140.

[302] BOE número 49 de 1909.

[303] KOLEV, YORDAN. (92). *La Ley de instrucción popular del Partido Demócrata de 1909. El puente jurídico hacia Europa.* En: Revista *«Educación preescolar»*. Número 8 de 1999. Plovdiv. 1999. Página 7.

[304] Artículo 1 de la Ley de instrucción popular de 1909.

[305] Artículo 359 de la Ley de instrucción popular de 1909.

[306] Artículo 358 de la Ley de instrucción popular de 1909.

del Estado[307]. La instrucción en las escuelas privadas se puede impartir en búlgaro u otro idioma, añadiéndose a continuación que las asignaturas de lengua búlgara, historia y geografía de Bulgaria serían obligatorias únicamente para los hijos de los ciudadanos búlgaros matriculados en dichos establecimientos[308].

Con carácter novedoso en el sistema educativo búlgaro la Ley de instrucción popular de 1909 prevé que las escuelas privadas pueden ser subvencionadas por el Estado y los municipios[309].

Conforme a su artículo 368, cada establecimiento docente de titularidad de la comunidad musulmana, judía o armenia debe designar un consejo escolar compuesto por tres personas elegidas por los miembros de la confesión correspondiente, que representarán estas escuelas ante las autoridades públicas, así como asumirán la responsabilidad de vigilar para el cumplimiento correcto del ordenamiento jurídico[310]. El control sobre la enseñanza de la religión en los establecimientos educativos musulmanes será una competencia del muftí regional. Análogamente el rabino general controlará la educación religiosa en las escuelas hebreas[311].

Tabla 10.
Establecimientos privados en Bulgaria en el año escolar (1909-1910)[312]

Escuelas privadas	Número de escuelas			Número de alumnos			Número de profesorado		
	Urbanas	Rurales	Total	Alumnos	Alumnas	Total	Profesores	Profesoras	Total
Armenias	11	-	11	470	401	871	22	14	36
Búlgaras	-	58	58	781	466	1.247	34	24	58
Evangélicas	-	3	3	28	29	57	-	3	3
Católicas	2	1	3	180	184	364	4	9	13
Griegas	2	-	2	25	24	49	3	4	7
Judías	27	-	27	2.342	1.663	4.005	84	62	146
Alemanas	5	-	5	173	171	344	17	9	26
Rumanas	2	-	2	165	168	333	7	8	15
Francesas	9	-	9	345	509	854	23	43	66
Musulmanas	92	1.071	1.163	32.851	27.954	60.805	1.354	39	1.393
Total	**150**	**1.133**	**1.283**	**37.360**	**31.569**	**68.929**	**1.548**	**215**	**1.763**

[307] Artículo 357 de la Ley de instrucción popular de 1909.
[308] Artículo 360 de la Ley de instrucción popular de 1909.
[309] Artículo 366 de la Ley de instrucción popular de 1909.
[310] Artículo 368 de la Ley de instrucción popular de 1909.
[311] Artículo 369 de la Ley de instrucción popular de 1909.
[312] GEORGIEV, VELICHKO, y TRIFONOV, STAYCO. (33). *Historia de los búlgaros (1878-1944) en documentos.* Tomo I 1878-1912. Primera parte. *Restauración y desarrollo del estado búlgaro.* Editorial «Prosveta». Sofía. 1994. Página 595.

3.4. El respeto de la diversidad cultural en el ámbito judicial

3.4.1. Las Leyes del Poder Judicial de 2 de junio de 1880 y de 12 de enero de 1899

La primera parte del Ordenamiento provisional de justicia de 1878, relativa a la estructura, la jerarquía y las competencias de los órganos judiciales en el Estado será abolida a raíz de la Ley del Poder Judicial de 1880[313], cuyas disposiciones establecen un nuevo sistema de *Jurisdicción Ordinaria*, que comprende las siguientes cuatro instancias[314]:

1) Jueces de Paz.
2) Tribunales de Distrito.
3) Tribunales de Apelación.
4) Tribunal Supremo de Casación.

Atendiendo la importancia de la justicia eclesiástica de los ortodoxos y de las otras confesiones religiosas la Ley del Poder Judicial de 1880[315] en su artículo 2 prescribe la conservación de la misma, al declarar que su regulación jurídica será objeto de una reglamentación especial[316].

Siguiendo el modelo de representación de los ciudadanos en el proceso judicial, establecido por el Ordenamiento provisional de justicia de 1878, la nueva normativa prescribe que para el cargo de jurados se puedan designar solamente personas de nacionalidad búlgara *sin distinción de su creencia*[317], estando exentos de ocupar dicho oficio *todos los eclesiásticos*[318].

---

[313] BOE número 47 de 1880.

[314] Artículo 1 de la Ley del Poder Judicial de 1880.

[315] En directa conexión con ello, el artículo 2 de la nueva Ley del Poder Judicial de 1899 vuelve a declarar la regulación especial de la jurisdicción de los tribunales eclesiásticos ortodoxos y de las demás confesiones religiosas.

[316] Las competencias de los juzgados eclesiásticos serán reguladas por los artículos 1218 a 1225 de la Ley del proceso civil de 8 de febrero de 1892, (BOE número 31 de 1892), donde se establece que tales cuerpos judiciales administrarán justicia únicamente sobre asuntos de carácter matrimonial y de divorcio. Hasta la entrada en vigor de dicha Ley, la regulación de su jurisdicción se contenía en los artículos 924 a 938 del Ordenamiento provisional de justicia de 1878.

[317] Artículo 36 de la Ley del Poder Judicial de 1880.

El artículo 1 de la Ley del jurado de 3 de abril de 1897, (BOE número 74 de 1897), añade como requisito obligatorio para los candidatos a ocupar un puesto de jurado, el dominio oral y escrito del idioma búlgaro.

[318] Artículo 37, punto B, (en alfabeto cirílico Б), de la Ley del Poder Judicial de 1880.

La citada prohibición vuelve a reiterarse en el artículo 3, punto D, (en alfabeto cirílico Д), de la Ley del jurado de 1897.

En el marco de la Ley del Poder Judicial de 1899[319] se introduce con carácter novedoso el reconocimiento del idioma búlgaro como lengua oficial de la justicia[320], no obstante lo cual al presidente del tribunal se le atribuye el deber de designar a un intérprete judicial[321], siempre y cuando los litigantes no son de habla búlgara[322]. No será precisa la participación de traductor en aquellos casos en que todos los sujetos del juicio, incluso los jueces, utilicen un idioma extranjero común[323].

3.4.2. LAS GARANTÍAS DEL DERECHO DE LIBERTAD RELIGIOSA EN LOS PROCEDIMIENTOS CIVILES Y PENALES

Se trata de la exención de una serie de actos procesales, prevista en varias normativas en la materia, que es precisa para garantizar el respeto del clero y los sentimientos religiosos de las personas. En términos genéricos está actitud se traduce en[324]:

1) La prohibición del testimonio de los eclesiásticos sobre las cuestiones conocidas a raíz del secreto de confesión[325].
2) La no imposición del deber de prestar juramento a los clérigos, independientemente de su credo, así como a los testigos pertenecientes a las confesiones religiosas que no reconozcan la fuerza obligatoria del mismo[326].

---

319 BOE número 7 de 1899.

320 Artículo 204 de la Ley del Poder Judicial de 1899.

321 Con anterioridad el citado derecho formaba parte solamente del procedimiento penal a raíz de las disposiciones de los artículos 214 y 320 de la Ley del proceso penal de 7 de abril de 1897, (BOE número 77 de 1897).

322 Asimismo la disposición del artículo 204 de la Ley del Poder Judicial de 1899 reconoce a las personas, que no dominen el idioma búlgaro la posibilidad de celebrar el juramento judicial en su lenguaje materno.

323 Artículo 205 de la Ley del Poder Judicial de 1899.

324 KOLEV, ÁNGEL HRISTOV. *El concepto legal sobre libertad religiosa de las minorías en Bulgaria, como base fundamental de la instauración del modelo multicultural búlgaro tras la liberación del estado de dominación otomana en 1878*. En: CAEROLS, JOSÉ JOAQUÍN. (ed.). *Religio in labyrintho*. Escolar y Mayo Editores. Madrid. 2013. Página 241.

325 Artículo 51, punto 5, del Reglamento sobre la jurisdicción civil de los Jueces de Paz de 3 de junio de 1880, (BOE número 48 de 1880).

Artículo 59, punto 2, del Reglamento sobre la jurisdicción penal de los Jueces de Paz de 4 de junio de 1880, (BOE número 49 de 1880).

Artículo 61, punto 5, de la Ley del proceso civil de 1892.

Artículo 406, punto 2, de la Ley del proceso penal de 1897.

326 Artículo 62 del Reglamento sobre la jurisdicción civil de los Jueces de Paz de 1880.

Artículo 65 del Reglamento sobre la jurisdicción penal de los Jueces de Paz de 1880.

Artículo 72 de la Ley del proceso civil de 1892.

Artículo 413 de la Ley del proceso penal de 1897.

3.5. La cuestión de las minorías en el seno del derecho familiar

En términos históricos, el derecho familiar búlgaro se forma y desarrolla bajo el influjo de los principios del sistema jurídico romano, y más exactamente del Código civil francés, *(Code civil)*, de 21 de marzo de 1804, que proclamó por primera vez la idea fundamental del *individualismo*[327]. Desgraciadamente esta influencia no se verá reflejada en una materia tan delicada e importante como el régimen matrimonial[328], el cual hasta la promulgación del Decreto-Ley sobre el matrimonio y la familia de 12 de mayo de 1945[329] permanece regulado por la normativa canónica de la Iglesia Ortodoxa Búlgara y las restantes organizaciones confesionales[330], de forma que el Estado reconoce civilmente cada enlace matrimonial celebrado ante los órganos eclesiásticos competentes. Además de ello, por Ley, los mismos quedan autorizados exclusivamente al conocimiento sobre los asuntos referidos directamente al matrimonio y su disolución por divorcio[331], mientras que el Estado a través de sus autoridades judiciales, se reserva el poder de resolver los litigios sobre las relaciones patrimoniales entre los cónyuges, la dote, la herencia y la manutención de los hijos[332].

La única excepción de este régimen general se establece a favor de los *Tribunales de Muftí*[333], a los cuales se les conceden potestades jurisdiccionales más extensas

---

En el marco del Derecho procesal penal, el artículo 415 de la Ley del proceso penal de 1897 contempla que los testigos de confesión religiosa no ortodoxa deben prestar juramento en presencia de un ministro de culto de su religión, y según los dogmas y las costumbres de la misma.

[327] TOKUSHEV, DIMITAR. (222). *Historia del estado y del derecho búlgaro contemporáneo (1878-1944)*. Editorial Sibi. Sofía. 2008. Página 189.

[328] La regulación jurídica inicial de las relaciones familiares carece de un pleno respeto del principio de igualdad tan ampliamente proclamado por la Constitución de 1879, pues como afirma LILYANA NENOVA una serie de normativas entre cuales destacan la Ley de sucesión de 1889, la Ley de las personas de 1907 y la Ley de los hijos naturales y la adopción de 1940, preveían un trato discriminatorio concerniente a los derechos e intereses legítimos de la mujer en cuanto consorte o mujer soltera, así como respecto a los derechos de los hijos habidos fuera del matrimonio. NENOVA, LILYANA. (166). *Disposiciones constitucionales reguladoras de las relaciones familiares*. En: *Pensamiento jurídico*. Libro número 2/1992. Año XXXIII. Academia Búlgara de las Ciencias. 1992. Páginas 4 y siguientes.

[329] BOE número 108 de 1945.

[330] NENOVA, LILYANA. (167). *Matrimonio civil y rito religioso*. En: *Revista «Sociedad y derecho»*. Número 9 de 1993. Página 18.

[331] Tal conclusión se extrae del artículo 1218 de la Ley del proceso civil de 1892, donde se sanciona que quedan bajo la jurisdicción de los Tribunales Eclesiásticos los juicios prescritos en los artículos 83 y 84 del Estatuto del Exarcado Ortodoxo Búlgaro de 4 de febrero de 1883, relativos precisamente a la legalidad del matrimonio y su disolución por divorcio, sin poder pronunciarse sobre cuestiones de carácter familiar o patrimonial, que han surgidos como consecuencias de dichos procedimientos, ni respecto a cualquier otro asunto de naturaleza civil.

[332] Artículo 1219 de la Ley del proceso civil de 1892.

[333] En virtud de la Ley de restricción de las competencias de los *Tribunales de Muftí*, de 20 de julio de 1938, se establece que tales órganos judiciales tendrán únicamente jurisdic-

que la mera resolución de litigios matrimoniales y de divorcio[334]. En ese sentido a raíz del artículo 1222 de la Ley del proceso civil de 8 de febrero de 1892, dichos órganos quedan encomendados a administrar justicia en los pleitos sobre:

1) Las relaciones personales y patrimoniales entre progenitores e hijos.
2) Las cuestiones personales y de propiedad entre los cónyuges.
3) La disolución del vínculo matrimonial por divorcio, así como el conocimiento de las causas relativas a la nulidad del matrimonio y el acta de nacimiento.
4) Los asuntos de sucesión universal o de testamento[335].

3.6. *Tutela penal de las prácticas del culto y los sentimientos religiosos*

3.6.1. GÉNESIS

Como señala EVGENI YOCHEV, la formación y el desarrollo del derecho penal búlgaro se realiza simultáneamente en dos direcciones[336] y tiene como resultado final la elaboración y la aprobación de la Ley Penal de 21 de febrero de 1896[337], fuertemente influenciada por el Código Penal holandés de 1885, una de las normativas más modernas e innovadoras en la materia penal de aquella época[338].

La primera trayectoria sigue la adopción de una serie de normativas, tendientes a complementar la Ley Penal otomana de 1858, que está en vigor a lo largo de los primeros 18 años a partir de la liberación de Bulgaria en 1878. La

---

ción para conocer pleitos entre musulmanes, referidos directamente al matrimonio y su disolución por divorcio. KANEV, KRASIMIR. (97). *Legislación y política hacia las minorías étnicas y religiosas en Bulgaria.* En: KRASTEVA, ANNA. *Comunidades e identidades en Bulgaria.* Petexton. Sofía. 1998. Página 77.

334 El artículo 1221 de la Ley del proceso civil de 1892 vuelve a excluir de las jurisdicciones de los Tribunales Eclesiásticos, la capacidad de administrar justicia en juicios patrimoniales. Como única excepción de esta regla a los *Tribunales de Muftí* se les concede *en los casos explícitamente previstos por Ley*, la competencia de conocer asuntos de propiedad entre familiares de confesión musulmana.

335 Según el artículo 1224 de la Ley del proceso civil de 1892, siempre que las partes litigantes mayores de edad en un pleito relativo a cuestiones de sucesión universal o de testamento, consigan un acuerdo mutuo de no plantear su juicio ante el muftí, este caso caerá bajo la competencia de la *Jurisdicción Ordinaria.*

336 YOCHEV, EVGENI. (79). *110 años de la adopción de la primera Ley penal búlgara.* En: *Mundo jurídico.* Libro número 2/2006. Editorial Sibi. 2006. Páginas 98 y las siguientes.

337 BOE número 40 de 1896.

338 MARKOV, RUMEN. (117). *Sobre la cuestión de la categorización de los delitos.* En: *Pensamiento jurídico.* Libro número 3/2005. Año XLVI. Academia Búlgara de las Ciencias. 2005. Página 55.

otra línea consiste en los numerosos intentos del Ministerio de Justicia y el Parlamento de elaborar el inicial ordenamiento penal del Estado. Tras la introducción del instituto de los Jueces de Paz por la II Asamblea Nacional, (23.03.1880-18.12.1880), se aprueba el Reglamento de sanciones impuestas por los Jueces de Paz de 11 de junio de 1880[339], que es la primera obra del legislador búlgaro en el ámbito penal. Tanto este último Reglamento como la ulterior Ley Penal de 21 de febrero de 1896[340], tipificarán varios delitos contra el derecho de libertad de creencias y de culto.

3.6.2. El Reglamento de sanciones impuestas por los Jueces de Paz de 1880

En virtud de su artículo 41 se prescribe la sanción de pagar como multa la cantidad de 25 *francos*[341] a los infractores que, sin la autorización adecuada, utilicen libros o imágenes sacros con el objetivo de pedir limosnas a favor de los distintos edificios de culto.

Entrando en materia de protección de las prácticas religiosas, se introduce la previsión de sancionar con penas de prisión de hasta 1 mes, o hasta 100 francos de multa a quien por falta de respeto, o de palabras injuriosas o blasfemias, proferidas de viva voz, impidiera o perturbara la celebración de ceremonias en una iglesia, capilla o cualquier lugar de culto[342]. Asimismo se prevé la sanción de privación de libertad de hasta 15 días o 50 francos de multa, en caso de obstaculización o perturbación de ceremonias, procesiones u otras manifestaciones exteriores de culto [343].

Tipificándose a continuación como delito de hurto cualificado, el de un bien mueble, (cuyo precio no sea superior a 300 francos),[344] afecto al culto religioso, o a la veneración o memoria de los muertos, y que se encuentre en un lugar destinado al culto o en un cementerio, siendo la pena de presión de tres a seis meses[345] en contraste con la pena prevista para el hurto ordinario, que es de un máximo de tres meses[346].

---

[339] BOE número 51 de 1880.

[340] BOE número 40 de 1896.

[341] En los primeros años tras la liberación de 1878, Bulgaria no goza de su propia moneda, por ello hasta la promulgación de la Ley sobre el derecho de acuñar monedas en el Principado búlgaro de 4 de junio de 1880, (BOE número 49 de 1880), se acepta como moneda oficial del Estado, el franco francés.

[342] Artículo 31 del Reglamento de sanciones impuestas por los Jueces de Paz de 1880.

[343] Artículo 32 del Reglamento de sanciones impuestas por los Jueces de Paz de 1880.

[344] Artículo 127, párrafo 1, del Reglamento de sanciones impuestas por los Jueces de Paz de 1880.

[345] Artículo 128 del Reglamento de sanciones impuestas por los Jueces de Paz de 1880.

[346] Artículo 127, párrafo 2, del Reglamento de sanciones impuestas por los Jueces de Paz de 1880.

3.6.3. LA LEY PENAL DE 1896

Sus preceptos tipifican un amplio catálogo de delitos en materia religiosa[347]:

1) El artículo 204 de la Ley Penal de 1896 establece la pena de hasta 1 año de presión a *quien injurie al Dios* en reuniones o en cualquier discurso público verbal, o escrito, o mediante la divulgación de imágenes. Serán sancionadas con idéntica pena también las personas, que de la misma manera blasfemen cualquier credo reconocido oficialmente por el Estado[348]. Como critica razonablemente STEFAN KIROV, la tipificación de este delito por la Ley Penal de 1896, contrasta con su carácter moderno y entra en contradicción con el principio de libertad religiosa y de conciencia[349].
2) Esta normativa también reitera la política de otorgamiento de una protección penal de las prácticas legítimas de los distintos cultos, al sancionar con pena de hasta 1 año de prisión a quienes con violencia o amenaza perturbaran o intentaran impedir un servicio, rito o ceremonia religiosos[350]. Con la misma pena serían condenados los que durante la celebración de un acto de culto[351]:
   a) Profanasen o dañasen un bien afecto al mismo.
   b) Ofendieran a los creyentes con un comportamiento seductor o deshonesto.
   La perturbación de un servicio religioso que se celebra en un templo por medio de palabras o actos indecentes, pero sin intención de escarnio o ultraje a la religión, se sancionará con una pena de prisión por un espacio de hasta 1 mes, o hasta 100 levas de multa[352]. Si se impidieran del mismo modo las prácticas del culto externo, la pena se reducirá hasta 15 días de detención, o hasta 50 levas de multa[353].
3) La profanación de una tumba o la exhumación de un cadáver sin la autorización previa de la autoridad competente es castigada en el artículo 207 de la Ley con privación de libertad de hasta 1 año.

---

347 YOTOV, BORISLAV. (77). *Derecho y religión. Característica penal de los delitos contra las confesiones religiosas según la primera Ley Penal de 1896 y el vigente Código Penal. (Monografía).* Ediciones de literatura jurídica. Sofía. 2004. Página 137.

348 Artículo 206, párrafo 3, de la Ley Penal de 1896.

349 KIROV, STEFAN. (90). *Los derechos de los ciudadanos búlgaros.* Academia Búlgara de las Ciencias y los Artes, Imprenta «Knipegraf». Sofía. 1942. Páginas 130 y 131.

350 Artículo 205 de la Ley Penal de 1896.

351 Artículo 206 de la Ley Penal de 1896.

352 Artículo 481 de la Ley Penal de 1896.

353 Artículo 482 de la Ley Penal de 1896.

4) La tutela penal de los bienes dedicados al culto religioso asimismo queda reforzada por la tipificación como:
   a) Delito de hurto calificado, el de una cosa mueble destinada a fines cultuales o a la veneración o memoria de los muertos, y que se encuentre en un lugar de culto, en un cementerio, o sobre el cuerpo del difunto, sancionándose con pena de prisión de hasta 5 años[354], en contraste con la prevista para el hurto ordinario, la cual es de un máximo de 3 años[355].
   b) Delito de daño cualificado, (sin consideración del valor del bien), la destrucción en todo o en parte, el daño, la desfiguración o inutilización de bienes inmuebles o muebles afectos al culto religioso o a la veneración o memoria de los muertos[356].

[354] Artículo 315 de la Ley penal de 1896.
[355] Artículo 313 de la Ley penal de 1896.
[356] Artículo 381 de la Ley penal de 1896.

CAPÍTULO III.
EL PLURALISMO CULTURAL DE BULGARIA DURANTE EL PERÍODO DE ENTREGUERRAS Y LA POSTERIOR SEGUNDA GUERRA MUNDIAL

1. EL MODELO MULTICULTURAL BÚLGARO EN LA ÉPOCA ULTERIOR A LA PRIMERA GUERRA MUNDIAL, (1914-1918)

1.1. Las consecuencias de la Primera Guerra Mundial, (1914-1918)

En el fondo de la intervención del Estado en el citado conflicto militar, nuevamente subyacen *los ideales de unificación nacional*, consagrados como una *conditio sine qua non* para la creación de una Bulgaria grande y poderosa, que incluirá todos los territorios habitados por búlgaros. Este enfoque maximalista volverá a convertirse en la causa principal de la derrota del Estado por el bloque de los Aliados de la Triple Entente. Será en el otoño de 1918 cuando tras haber perdido sus posiciones estratégicas en el Frente Balcánico, y en especial en Macedonia y Serbia[1], Bulgaria empieza a experimentar una profunda crisis económica, que en breve dará lugar a una serie de cambios políticos. El poder de gobierno se transada de los partidos burgueses a una coalición *agrario-laborista*, constituida por la *Unión Búlgara Agraria Popular* y el *Partido Búlgaro Laboral Socialdemócrata, (socialistas radicales)*[2], que se comprometerán a realizar reformas urgentes para recuperar y fortalecer la economía del país, e intentar conseguir la estipulación de un tratado de paz más beneficioso, evi-

---

[1] VV.AA. (42). *Bulgaria en la Primera Guerra Mundial. Documentos diplomáticos alemanes. Colección de documentos en dos tomos. Tomo II 1916-1918.* Dirección General de los Archivos de Consejo de Ministros. En: *Los archivos hablan.* Volumen 39. Sofía. 2005. Páginas 12 y 13.

[2] En 1919 el *Partido Búlgaro Laboral Socialdemócrata, (socialistas radicales)*, cambia de nombre a *Partido Comunista búlgaro.* MANCHEV, KRASTYO. (113). *Historia de los pueblos balcánicos (1918-1945).* Editorial Paradigma. Sofía. 2004. Página 48.

tándose un nuevo *catástrofe nacional* igual que las consecuencias devastadoras de la Guerra Interaliada de 1913.

1.2. El régimen de tutela de las minorías recogido en las cláusulas del Tratado de Neuilly de 27 de noviembre de 1919

1.2.1. GÉNESIS Y CARACTERÍSTICAS DE LOS TRATADOS DEL SISTEMA DE VERSALLES

Como asegura LÓPEZ BASAGUREN la revolución francesa impone una idea de soberanía, que hace residir en la nación el fundamento subjetivo del poder estatal. Para los teóricos revolucionarios liberales la nación constituye uno de los *elementos constitutivos del Estado, la justificación histórico-cultural de la unidad política, fuente y justificación principal de la soberanía,* de forma que el fundamento del nuevo Estado consistirá exactamente en atribuir la soberanía a la nación construyendo así, la teoría de la soberanía nacional. A partir de ahí, el principio de la nacionalidad, en la medida en que dota de legitimidad a la construcción del Estado liberal, protagonizará el proceso de formación del Estado-Nación a lo largo del todo el siglo XIX[3]. Un fenómeno que también se instituye en oposición del Estado-Dinástico, alcanzando su máximo triunfo en 1918 con la descomposición de los imperios multinacionales[4].

En tal proceso, y no siempre por idénticas razones en los distintos períodos históricos y en los diferentes países, la homogeneidad nacional del Estado se irá consolidando como una exigencia de la política nacionalista del mismo, hasta llegar a formar el concepto de la necesaria correspondencia entre Nación y Estado, como una condición *ineludible de la coherente construcción del Estado.* De este modo viene a configurarse el *principio de las nacionalidades,* conforme al cual cada Estado debía *corresponderse con una-y sólo una nación* y, por lo contrario, *cada nación tenía que organizarse políticamente como Estado*[5].

La Conferencia de Paz de Versalles, celebrada a comienzos de 1919, desarrollará sus trabajos considerando este principio como elemento fundamental en el diseño de las nuevas fronteras de los países europeos, tal y como fue

---

[3] LÓPEZ BASAGUREN, ALBERTO. *Estado-Nación y minorías nacionales en la nueva Europa.* En: GURRUTXAGA ABAD, ANDER. (Editor). *El presente del Estado-Nación.* Servicio Editorial de la Universidad del País Vasco. Bilbao. 2004. Página 67.

[4] ROULAND, NORBERT, PIERRÉ-CAPS, STÉPHANE, y POUMARÈDE, JACQUES. *Derecho de minorías y de pueblos autóctonos.* Siglo XXI editores. Madrid. 1999. Página 133.

[5] LÓPEZ BASAGUREN, ALBERTO. *Estado-Nación y minorías nacionales en la nueva Europa.* En: GURRUTXAGA ABAD, ANDER. (Editor). *El presente del Estado-Nación.* Servicio Editorial de la Universidad del País Vasco. Bilbao. 2004. Página 68.

consagrado por el presidente estadounidense Woodrow Wilson en sus *Catorce Puntos sobre la organización del futuro mundo pacífico* de 8 de enero de 1919, quien al referirse a los asuntos de una de las áreas más conflictivas en el Continente europeo, los Balcanes, *subraya que el destino de los pueblos balcánicos debería decidirse en el contexto de las circunstancias históricas, respetándose el principio de las nacionalidades*[6].

Sin embargo la realidad de Europa central y oriental se adecuaba muy mal al presupuesto de dicho concepto, dado que como consecuencia de su compleja historia, sus territorios albergan sociedades en las cuales se entrecruzan comunidades pertenecientes a diferentes etnias con distintas culturas, religiones y lenguas, es decir, de conformidad con la terminología de la época, *a diferentes nacionalidades*. Así pues, como concluye LÓPEZ BASAGUREN la aplicación práctica del *principio de las nacionalidades* en el nuevo modelo político de Europa provocó un fenómeno, que consiste en la *manifestación del aspecto oculto de aquel concepto*, esto es, la existencia en el seno de los Estados de grupos minoritarios que pertenecen a otra nación, o más exactamente, surgió el problema de las *minorías nacionales*[7].

Considerando necesario en la medida de lo posible aplicar a estas situaciones las exigencias derivadas del *principio de las nacionalidades*, la Conferencia de Paz procede a la creación de un régimen de protección de las minorías nacionales existentes en los países de Europa central y oriental, conocido como el sistema de los *Tratados de minorías*, que forma parte del Sistema de Versalles[8]. Esencialmente este modelo consiste en un complejo haz de mecanismos de tutela de los grupos minoritarios, incorporados en[9]:

1) Cinco convenios especiales, garantizadores del respeto de los derechos de las minorías, suscritos entre las Potencias Aliadas y Asociadas, por una parte, y Polonia, el 28 de junio de 1919, Checoslovaquia, el 10 de septiembre de 1919, el Reino de los serbios, croatas y eslovenos, el 10 de septiembre de 1919, Rumania, el 9 de diciembre de 1919, y Grecia, el 10 de agosto de 1920.

---

[6] HRISIMOVA, OGNYANA. (230). *Sociedad de Naciones y la protección de las minorías. (Perspectiva histórica sobre las normas jurídicas)*. En: *Anuario Jurídico de la Facultad de Derecho de la Universidad Libre de Varna «Chernorizets Hrabar» de 1995*. Libro I de 1995. Editorial Universidad Libre de Varna «Chernorizets Hrabar». Varna. 1995. Página 188.

[7] LÓPEZ BASAGUREN, ALBERTO. *Estado-Nación y minorías nacionales en la nueva Europa*. En: GURRUTXAGA ABAD, ANDER. (Editor). *El presente del Estado-Nación*. Servicio Editorial de la Universidad del País Vasco. Bilbao. 2004. Página 70.

[8] BOYADZHIEVA, NADIA. (21). *Historia de las relaciones internacionales (XVII-XX). Aspectos históricos y jurídicos*. Editorial «Albatros». Sofía. 2002. Páginas 143 y siguientes.

[9] ILIEVA, IRENA. (73). *Las minorías en los Balcanes*. Editorial «Kronos». Sofía. 1994. Páginas 9 y 10.

2) Cláusulas específicas en dicha materia incluidas en los siguientes Tratados de paz, pactados entre las Potencias vencedoras de la Primera Guerra Mundial y los Estados vencidos[10]:
   a) Austria: los artículos 62 a 69 del Tratado de Saint Germain en Laye, de 10 de septiembre de 1919.
   b) Hungría: los artículos 54 a 60 del Tratado de Trianon, de 4 de junio de 1920.
   c) Bulgaria: los artículos 49 a 57 del Tratado de Neuilly, de 27 de noviembre de 1919[11].
   d) Turquía: los artículos 140 a 151 del Tratado de Sévres, de 10 de agosto de 1920, reemplazado por el Tratado de Lausanne, de 24 de julio de 1923, que recoge la regulación jurídica de las minorías en los artículos 37 a 45.
3) Las Declaraciones realizadas ante el Consejo de la Sociedad de Naciones por los Estados que se crearon posteriormente a la Gran Guerra, como condición para su reconocimiento y su incorporación a la organización.
4) La Convención estipulada entre Polonia y la ciudad libre de Dánzig[12], de 9 de septiembre de 1919.
5) La Convención suscrita entre Alemania y Polinia respecto al estatuto de la Alta Silesia, de 15 de mayo de 1922.

Se constituye, así, por primera vez en la historia contemporánea, un sistema internacional de protección de las minorías nacionales que tiene una serie de hitos principales[13]:

1) La Sociedad de Naciones, creada el 25 de enero de 1919, será el supervisor supremo y garante universal de la defensa de las minorías étnicas, religiosas y lingüísticas.
2) Los gobiernos se responsabilizarán de asegurar garantías generales a todos los individuos independientemente de su origen, pertenencia nacional, idioma y religión, las cuales incluirán el reconocimiento de:
   a) La igualdad ante la Ley.
   b) El uso de su habla materna en privado o en las relaciones comerciales, en cuestiones de religión, en reuniones públicas, así como ante los órganos judiciales.

---

[10] KESYAKOV, BORIS, y NIKOLOV, DIMITAR. (89). *El Tratado de Neuilly con notas explicativas.* Editorial «Martilen». Sofía. 1999. 2ª Edición. Página 144.

[11] BOE número 239 de 1920.

[12] Actualmente la ciudad de Gdansk en Polonia.

[13] MANCHEV, KRASTYO. (115). *Historia del asunto nacional de los Balcanes.* Editorial Paradigma. Sofía. 2008. Páginas 243 y 244.

c) La libre ocupación de empleos públicos, así como la libertad del ejercicio de cualquier tipo de profesión o actividad profesional asalariada.

3) Los miembros de los colectivos minoritarios dispondrán de idénticas capacidades que las personas pertenecientes a la mayoría, respecto a la institución y la administración de entidades religiosas y educativas, en las cuales podrán utilizar su lengua nativa y profesar su culto.
4) Las autoridades públicas se obligan a preparar los medios adecuados en las ciudades y distritos habitados por minorías lingüísticas, para que las últimas disfrutasen de una enseñanza primaria en su propio idioma.

Tales características del sistema de protección de las minorías, articuladas en torno a la Sociedad de Naciones, en realidad presentan una derivación necesaria del *principio de las nacionalidades*, pues formalmente tienden a proteger las señas *nacionales* de las comunidades, las cuales debido a determinadas causas, no pueden quedar incluidas en el Estado que se corresponde con su nacionalidad, por permanecer integradas en los territorios de otro país poblado mayoritariamente por otra nacionalidad[14].

Sin embargo no se trata de un modelo general de tutela de las minorías nacionales, sino de un sistema que se impone exclusivamente a los Estados de Europa central y oriental[15], quedando excluidos de dicho régimen los países de Europa occidental donde también existen comunidades minoritarias, que de conformidad con el *principio de las nacionalidades*, necesitan de una protección especial, pero a diferencia de lo que ocurre en la Europa central y oriental no afectan a la estabilidad del orden internacional[16]. Así pues, se crea una división geopolítica del Continente, marcada por un doble estándar[17] en la aplicación del Derecho Internacional.

Al mismo tiempo la historia de los pueblos balcánicos señala que en la práctica, los mecanismos tendentes a resolver la cuestión de las minorías na-

---

[14] LÓPEZ BASAGUREN, ALBERTO. *Estado-Nación y minorías nacionales en la nueva Europa*. En: GURRUTXAGA ABAD, ANDER. (Editor). *El presente del Estado-Nación*. Servicio Editorial de la Universidad del País Vasco. Bilbao. 2004. Páginas 71 y 72.

[15] TODOROV, TODOR. (218). *Protección jurídica internacional de las minorías nacionales*. En: *Anuario Jurídico de la Facultad de Derecho de la Universidad Libre de Burgas de 1998*. Año VI. Tomo IX. Editorial Universidad Libre de Burgas. 1998. Página 77.

[16] En la mayoría de los casos estas minorías resultan *neutralizadas* a raíz de políticas *asimilacionistas*, a través del desarrollo de la educación, los transportes y los medios de comunicación de masas, en particular la radio. RUIZ VIEYTEZ, EDUARDO. *La protección jurídica de las minorías en la Historia Europea*. En: *Cuadernos Deusto de Derechos Humanos. Número 3. La protección jurídica de las minorías en la Historia Europea (siglos XVI-XX)*. Bilbao. Universidad de Deusto. 1998. Página 38.

[17] LÓPEZ BASAGUREN, ALBERTO. *Estado-Nación y minorías nacionales en la nueva Europa*. En: GURRUTXAGA ABAD, ANDER. (Editor). *El presente del Estado-Nación*. Servicio Editorial de la Universidad del País Vasco. Bilbao. 2004. Página 72.

cionales no han tenido como objetivo la protección de las personas pertenecientes a tales grupos[18], sino que se diseñaron para subsistir el débil *statu quo* internacional, convirtiéndose el intercambio de poblaciones en un instrumento útil para eliminar la existencia de las minorías nacionales hostiles en el seno del Estado, al provocar el correspondiente resentimiento en los países vecinos[19]. Este método calificado por RELAÑO PASTOR como un *complemento a los Tratados de minorías*[20] llega a practicarse rutinariamente en el periodo de entreguerras, de modo que Bulgaria subscribe una serie de convenciones de *emigración recíproca* con Grecia, el 27 de septiembre de 1919[21], Turquía, el 18 de octubre de 1925[22], y Rumanía, el 7 de septiembre de 1940[23], que además regulaban los pasos seguidos vinculados con las reivindicaciones de los derechos de propiedad pretendidos por las poblaciones intercambiadas, aplicándose en general el modelo establecido en el Tratado de Berlín de 1878, al preverse la creación de comisiones mixtas encargadas de resolver los problemas patrimoniales, que surgieran tras llevarse al cabo la emigración recíproca.

Es significativo en la historia de la protección de las minorías el citado intercambio poblacional búlgaro-griego[24], que pese a su carácter voluntario fue objeto de un Dictamen Consultivo del Tribunal Permanente de Justicia Internacional, de 31 de julio de 1930, en cuyo contenido se pone un especial énfa-

---

[18] ILIEVA, IRENA. (73). *Las minorías en los Balcanes.* Editorial «Kronos». Sofía. 1994. Página 25.

[19] RUIZ VIEYTEZ, EDUARDO. *La protección jurídica de las minorías en la Historia Europea.* En: *Cuadernos Deusto de Derechos Humanos. Número 3. La protección jurídica de las minorías en la Historia Europea (siglos XVI-XX).* Bilbao. Universidad de Deusto. 1998. Página 37.

[20] RELAÑO PASTOR, EUGENIA. *La protección internacional de las minorías religiosas.* Centro de Estudios Políticos y Constitucionales. Madrid. 2003. Página 138.

[21] Promulgada, el 1 de mayo de 1922, (BOE número 22 de 1922).

[22] La misma forma parte del Tratado de Ankara firmado entre Bulgaria y Turquía, el 18 de octubre de 1925. VV.AA. (41). *Mustafa Kemal Atatürk y las relaciones internacionales turco-búlgaras en documentos (1913-1938).* Dirección General de los Archivos de la República de Bulgaria y Dirección General de los Archivos de la República de Turquía. Ankara. 2002. Páginas 51 a 67.

[23] Anexo C, (en alfabeto cirílico B), del Tratado de Craiova, suscrito entre Bulgaria y Rumanía, el 7 de septiembre de 1940, (Anexo del BOE número 206, de 12 de septiembre de 1940). En virtud de dicho Convenio, al Estado búlgaro se le devuelve región de *Dobrudzha del Sur*, tomada por Rumanía durante la Guerra Interaliada de 1913, así como se procede a un intercambio de población, de modo que 83.926 rumanos abandonaron este territorio, siendo sustituidos por 67.236 búlgaros desplazados de la región de *Dobrudzha del Norte*, que se quedó en las fronteras de Rumanía. PETROV, LYUDMIL. (183). *El Tratado de Craiova-un éxito de la diplomacia búlgara.* En: *Relaciones Internacionales.* Libro 1/1994. Año XXIII. Sofía. 1994. Páginas 79 y siguientes.

[24] En general como apunta DIMITAR ENCHEV este Convenio, seguido por una serie de protocolos estipulados posteriormente, tiene como objetivo *liquidar la presencia búlgara en la región de Tracia Occidental.* ENCHEV, DIMITAR. (66). *Alianzas, tratados, pactos y convenios en los Balcanes (Comentario).* En: *Relaciones Internacionales.* Libros 2/3 de 1999. Año XXII. Página 117.

sis en el propósito de este instrumento que es *eliminar o reducir en los Balcanes todos los focos de irredentismo y agitación, que los períodos históricos precedentes demostraban, siendo la causa de conflictos lamentables y serios incidentes, así como fomentar el proceso de pacificación en los países del Este de Europa*[25].

Asimismo es de destacar la definición del término *minorías*, recogida en dicho Pronunciamiento, de modo que haciendo constar que únicamente los individuos y no los grupos pueden invocar el Convenio greco-búlgaro de 1919[26], el Tribunal calificó como *minoría* o *comunidad (communauté)*, a *un grupo de personas que viven en un determinado país o lugar, que tienen su propia raza, religión, lenguaje y tradiciones, y que están unidas por esa identidad de raza, religión lenguaje y tradiciones en un sentimiento de solidaridad, con vistas a preservar sus tradiciones, mantener sus normas de culto, asegurar la instrucción y educación de sus hijos conforme al espíritu y las tradiciones de su raza, y prestarse ayuda mutua unos a otros*[27].

Trascurrido casi medio siglo, en 1977 esta tesis será desarrollada por Francesco Capotorti, Relator Especial de la Subcomisión para la Prevención de la Discriminación y la Protección de las Minorías de la ONU[28], quien al proponer una definición relacionada con la aplicación del artículo 27 del Pacto Internacional de Derechos Civiles y Políticos de 1966, calificó como grupo minoritario[29] a todo colectivo que *es numéricamente inferior al resto de la población de un Estado, encontrándose en una posición no dominante, cuyos miembros, ciudadanos del Estado, poseen desde el punto de vista étnico, religioso o lingüístico, unas características diferentes de las del resto de la población y hace saber, implícitamente, un sentido de solidaridad, para preservar su cultura, tradiciones, religión y lenguaje*[30].

---

[25] *Publication of the Permanent Court of International Justice.* Series B. N.º 17. July 31st, 1930. *Collection of advisory opinions. The Greco-Bulgarian «communities».* Leyden A. W. Sijthoff's publishing company. 1930. Página 19. en: http://www.icj-cij.org/pcij/series-b.php?p1=9&p2=2

[26] LOZANOVA, TSVETANKA. (101). *La protección internacional contemporánea de las minorías.* En: *Los Derechos Humanos.* Libro número 2/1997. Edición de «Centro Búlgaro de Derechos Humanos». Página 9.

[27] *Publication of the Permanent Court of International Justice.* Series B. N.º 17. July 31st, 1930. *Collection of advisory opinions. The Greco-Bulgarian «communities».* Leyden A. W. Sijthoff's publishing company. 1930. Página 21. en: http://www.icj-cij.org/pcij/series-b.php?p1=9&p2=2

[28] LOZANOVA, TSVETANKA. (101). *La protección internacional contemporánea de las minorías.* En: *Los Derechos Humanos.* Libro número 2/1997. Edición de «Centro Búlgaro de Derechos Humanos». Página 9.

[29] CAPOTORTI, FRANCESCO. *Study on the rights of persons belonging to ethnic, religious and linguistic minorities.* United Nations. New York. 1979. Página 96.

[30] Como afirma NATÁN LERNER, en 1985 Francesco Capotorti modifica esta definición del término *minoría*, excluyendo la condición de que los miembros pertenecientes de tales grupos deban ser ciudadanos del Estado, cuyos respectivos territorios habitan. En: LERNER, NATÁN. *Discriminación racial y religiosa en el Derecho Internacional.* Comisión Nacional de los Derechos Humanos. México. 2002. Páginas 22 y 23.

1.2.2. EL TRATADO DE NEUILLY DE 1919

Este Convenio que oficialmente pone fin a la Primera Guerra Mundial, (1914-1918), para el Estado búlgaro, recoge una serie de disposiciones de especial interés respecto a la tutela de las minorías[31]. Bulgaria se comprometía a reconocer a tales preceptos[32] el carácter de Ley Fundamental, y a que no permaneciera en vigor ninguna Ley, decreto o acto oficial que estuviera en oposición o contradicción[33]. Se trata de una obligación incluida en una norma que tiene la naturaleza de Tratado Internacional, por lo que en caso de vulneración por parte del Estado búlgaro, siempre cabría buscar los mecanismos de tutela otorgados por el Derecho Internacional, como explícitamente se puntualiza en el artículo 57 del Convenio.

Los compromisos de derecho material que el país asume en virtud de la citada normativa son los siguientes:

1) Todos los habitantes verán otorgada la entera y completa protección de su vida y libertad, sin distinción de nacimiento, nacionalidad, lengua, raza o religión.[34]
2) En segundo lugar se garantiza a todo habitante de Bulgaria el derecho de ejercer libremente en público o en privado, toda forma de creer, religión o confesión, en tanto que su práctica no sea contraria al orden público o a las buenas costumbres[35].
3) Se reconoce el derecho a la ciudadanía búlgara, sin ninguna formalidad adicional, a todas las personas que al tiempo de la entrada en vigor de este Acuerdo[36], posean la *pertenencia* al territorio nacional búlgaro y no sean miembros de ningún otro Estado[37]. Además como instrumento de lucha contra la apatridia se prevé la adquisición de pleno derecho de la nacionalidad búlgara, por el mero nacimiento en territorio búlgaro, a

---

31 Igual que en todos los Convenios que constituyen el Sistema de Versalles, en el Tratado de Neuilly de 1919 se incorpora el Pacto de la Sociedad de las Naciones, en cuyo artículo 23, punto B, se establece que los miembros de la Sociedad de las Naciones, se comprometerán a asegurar un trato equitativo de las poblaciones minoritarias en los territorios sometidos a su administración. KESYAKOV, BORIS, y NIKOLOV, DIMITAR. (89). *El Tratado de Neuilly con notas explicativas*. Editorial «Martilen». Sofía. 1999. 2ª Edición. Página 12.

32 Sección IV de la Parte III. Protección de las Minorías.

33 Artículo 49 del Tratado de Neuilly de 1919.

34 Artículo 50, párrafo 1, del Tratado de Neuilly de 1919.

35 Artículo 50, párrafo 2, del Tratado de Neuilly de 1919.

36 El Tratado de Neuilly entra en vigor el 9 de agosto de 1920. KESYAKOV, BORIS, y NIKOLOV, DIMITAR. (89). *El Tratado de Neuilly con notas explicativas*. Editorial «Martilen». Sofía. 1999. 2ª Edición. Página 5.

37 Artículo 51 del Tratado de Neuilly de 1919.

toda persona que no pueda tener precisamente en el momento de nacer otra ciudadanía válida[38].

4) Todos los nacionales búlgaros sin distinción de raza, lengua o religión, serán iguales ante la Ley, y disfrutarán de los mismos derechos civiles y políticos[39]. De esta manera la distinción de religión, pensamiento o creencias, no perjudicará a ningún ciudadano búlgaro en pleno uso de sus derechos civiles y políticos, particularmente para la admisión a empleos, cargos y dignidades públicos, o para una profesión o actividad profesional asalariada[40], algo que ya se recogía en el artículo 5 del Tratado de Berlín de 1878.
5) Además se reconoce el derecho al empleo de lenguas diferentes del búlgaro, aunque con un carácter limitado, de manera que ningún ciudadano búlgaro verá impuestas restricciones en el libre uso de una lengua en privado o en relaciones comerciales, en cuestiones de religión, prensa o en algún otro modo de publicación, así como en reuniones públicas. Sin embargo ello se hace sin perjuicio de la introducción de un lenguaje oficial por las autoridades búlgaras, aunque salvaguardando en cualquier caso el derecho de los nacionales búlgaros que no sean de habla búlgara a que les sea ofrecido un razonable arreglo para el uso de su lenguaje ante un Tribunal[41], de palabra o por escrito[42].
6) Todos los ciudadanos búlgaros que en virtud de su raza, religión o idioma, pertenezcan a una minoría, disfrutarán del mismo trato y de idénticas garantías, de hecho y de derecho, que los demás ciudadanos búlgaros[43].
7) Se reconoce el derecho a la libertad de educación y de enseñanza a favor de las minorías, de manera que tendrán derecho a exigir desempeñar y supervisar con la debida autorización, el propio coste de las instituciones de beneficencia, organizaciones religiosas o sociales, escuelas e instituciones de enseñanza, en las que puedan usar voluntariamente su propio idioma y practicar libremente su religión[44].

Los poderes públicos deberán proveer los medios adecuados para que en el sistema educativo público, en aquellos pueblos y distritos en los que viva

---

[38] Artículo 52 del Tratado de Neuilly de 1919.

[39] Artículo 53, párrafo 1, del Tratado de Neuilly de 1919.

[40] Artículo 53, párrafo 2, del Tratado de Neuilly de 1919.

[41] En realidad esta previsión ya existe en la legislación búlgara, pues el artículo 204 de la Ley del Poder Judicial de 12 de enero de 1899 prevé la designación de un intérprete judicial, siempre que los litigantes no conozcan la lengua búlgara.

[42] Artículo 53, párrafos 3 y 4, del Tratado de Neuilly de 1919.

[43] Artículo 54 del Tratado de Neuilly de 1919.

[44] Artículo 54, *in fine*, del Tratado de Neuilly de 1919.

una relativamente considerable cantidad de personas de nacionalidad búlgara que hablan una lengua distinta del búlgaro, se preste en las escuelas elementales la educación de los niños de estos ciudadanos en su propia lengua, sin perjuicio de la perfectamente legítima declaración del búlgaro como una materia obligatoria en las escuelas[45]. Además en las ciudades y distritos donde reside una cantidad relativamente considerable de ciudadanos búlgaros, que pertenecen a una minoría racial, religiosa o lingüística, las citadas minorías serán dotadas por el Estado u otro poder público, de los adecuados medios materiales públicos para actividades educativas, religiosas o de beneficencia[46].

Históricamente, la importancia del Tratado de Neuilly de 1919 está en que proporciona una significativa protección de los derechos fundamentales de las minorías étnicas, lingüísticas y religiosas, contribuyendo de modo directo al desarrollo del modelo multicultural búlgaro, pues es evidente desde una perspectiva estadística que a partir de la Primera Guerra Mundial, (1914-1918), Bulgaria sigue experimentando una fecunda convivencia de diversas nacionalidades, religiones e idiomas.

Tabla 11.
La imagen multinacional de la población búlgara según el censo, de 31 de diciembre de 1926[47]

Nacionalidad	Población
Búlgaros	4.557.706
Turcos	577.522
Romas	134.844
Rumanos	69.080
Hebreos	46.558
Armenios	27.322
Griegos	10.564
Tártaros	6.191
Otros	5.913
Extranjeros	43.011
Total	**5.478.711**

45 Artículo 55, párrafo 1, del Tratado de Neuilly de 1919.

46 Artículo 55, párrafo 2, del Tratado de Neuilly de 1919.

47 GENOV, GEORGI. (32). *El Tratado de Neuilly y Bulgaria*. Editorial «Vanyo Nedkov». Sofía. 2000. Página 98.

Tabla 12.
El mosaico religioso en Bulgaria según el censo, de 31 de diciembre de 1926[48]

Confesión religiosa	Población
Cristianos ortodoxos	4.568.773
Musulmanes	789.296
Católicos	46.431
Armenios Gregorianos	25.402
Protestantes	6.735
Otros	1.757
Total	**5.438.394**

Tabla 13.
La estructura multilingüe de la población búlgara según el censo, de 31 de diciembre de 1926[49]

Idioma materno	Población
Búlgaro	4.557.706
Turco	588.105
Gitano	134.844
Rumano	70.631
Judeo-español	46.558
Armenio	27.322
Griego	10.564
Extranjero	43.011
Total	**5.478.741**

1.3. Otras garantías relativas al respeto de la diversidad cultural, aplicadas en el período de entreguerras, (1918-1939)

1.3.1. Consideraciones generales

El Tratado de Neuilly de 1919 supone sin duda un esfuerzo, que mejora notablemente la situación anterior existente en Bulgaria en materia de libertad religiosa, y muy especialmente desde el punto de vista del estatuto

48 GENOV, GEORGI. (32). *El Tratado de Neuilly y Bulgaria.* Editorial «Vanyo Nedkov». Sofía. 2000. Página 98.

49 GENOV, GEORGI. (32). *El Tratado de Neuilly y Bulgaria.* Editorial «Vanyo Nedkov». Sofía. 2000. Página 98.

de las confesiones religiosas minoritarias, que se ve sensiblemente reforzado, recortándose el abismo jurídico que las separaba en muchas materias, de los principios constitucionales, que hasta ese momento constituían en buena parte mera letra muerta, pues como señala KRASIMIR KANEV la legislación eclesiástica nada aporta sobre el estatuto legal de las confesiones cristianas no ortodoxas como la católica y la evangélica, ni tampoco sobre las comunidades ortodoxas, formadas en base nacional como la griega, rumana y armenia. Sin embargo a todas ellas, conforme a especiales decretos del MAECR se les impone la obligación de pedir la especial autorización para erigir edificios de culto, reservándose el Estado además el papel confirmador en cuanto a la designación de los capellanes de las citadas confesiones religiosas[50].

Tabla 14.
Los cambios de la imagen religiosa según los censos de 1920 y 1934[51]

Religión	**1920**		**1934**		**Aumento (+) o reducción (–) (1920-1934)**
	Cifras absolutas	**%**	**Cifras absolutas**	**%**	**En cifras absolutas (para 14 años)**
Ortodoxos	4.062.097	83.8	5.128.890	84.4	+1.066.793
Musulmanes	690.734	14.3	821.298	13.5	+130.564
Católicos	34.072	0.7	45.704	0.8	+11.632
Protestantes	5.617	0.1	8.371	0.1	+2.754
Judíos	43.232	0.9	48.398	0.8	+5.166
Armenios Gregorianos	10.848	0.2	23.476	0.4	+12.628
Otros	371	0.0	1.802	0.0	+1.431
Total	**4.848.891**	**100.0**	**6.077.939**	**100.0**	**+1.229.048**

La comprobación de los datos estadísticos aportados por los censos de 1920 y 1934 arroja que dentro de las confesiones religiosas minoritarias, nuevamente los musulmanes suponen la minoría religiosa más relevante en el país. Algo que por un lado explicará la continuidad y el desarrollo de la regulación jurí-

[50] KANEV, KRASIMIR. (97). *Legislación y política hacia las minorías étnicas y religiosas en Bulgaria*. En: KRASTEVA, ANNA. *Comunidades e identidades en Bulgaria*. Petexton. Sofía. 1998. Páginas 76 y 77.

[51] BÜCHSENSCSCHÜTZ, ULRICH. (22). *La política de minorías en Bulgaria. La política del Partido Comunista búlgaro, relativa a los judíos, pomacos y turcos (1944-1989)*. Freien Universität Berlin. Centro internacional de los problemas de las minorías y las relaciones interculturales. Sofía. 2000. Página 221.

dica sobre la libertad de organización y de gobierno de dicha comunidad, pero por otro no justificará la sucesiva tendencia de no regular el régimen jurídico de las restantes minorías confesionales, a pesar de los compromisos asumidos por el Estado a partir del 27 de noviembre de 1919, lo cual se prolongará durante todo el período de entreguerras.

Sin lugar a dudas, la educación constituye otro campo particularmente sensible de actuación de los derechos fundamentales de las minorías, y especialmente de cara a verificar el principio de libertad de enseñanza de las escuelas privadas, pues dada la *asimetría* existente *de facto*, entre el estatuto jurídico de los establecimientos docentes públicos y los privados, perfilada por las Leyes de instrucción popular de 1892 y de 1909, pasarán prácticamente más de tres décadas de aplicación directa de este tipo de desigualdad de trato en la esfera educativa. Una realidad que resultaba de imposible justificación desde la perspectiva de los propios principios constitucionales, y muy especialmente desde el punto de vista del reconocimiento con carácter general del derecho de libertad de enseñanza, y de igualdad. En ese contexto cabe señalar que el nuevo poder se planteó la intención de solucionar esta insatisfactoria situación, algo que se llevará a cabo por medio de la nueva Ley de instrucción popular de 21 de julio de 1921[52].

1.3.2. La nueva legislación en materia de regulación jurídica de la comunidad musulmana

1.3.2.1. El Ordenamiento sobre la estructura y la administración de la confesión musulmana en el Reino búlgaro de 26 de junio de 1919

1.3.2.1.1. Características principales

Inmediatamente después de la salida de Bulgaria de la Primera Guerra Mundial y antes de la ratificación del Tratado de Neuilly, el 26 de junio de 1919, se promulga el Ordenamiento sobre la estructura y la administración de la confesión musulmana en el Reino búlgaro[53]. Éste constituye un texto de carácter codificador, compuesto por 8 títulos que incluyen sistemáticamente todos los derechos y libertades, concedidos a la población musulmana en virtud del Tratado de Berlín de 1878, el Ordenamiento provisional de gobierno eclesiástico de los musulmanes de 1895 y todos los convenios suscritos entre Bulgaria y el Imperio Otomano a partir de la proclamación de la Independen-

[52] BOE número 87 de 1921.
[53] BOE número 65 de 1919.

cia de 1908[54]. Inspirándose tanto de sus aspectos positivos, como de algunas prácticas negativas, al incorporar un amplio catálogo de disposiciones que posibilitan la intervención estatal en la vida interna de la comunidad musulmana[55].

En términos generales, el Ordenamiento regula detalladamente el régimen de organización y gobierno eclesiástico de los musulmanes. De conformidad con la tradición legislativa de garantía de la libertad de prácticas religiosas, nuevamente se reconoce el libre ejercicio del culto musulmán *dentro de los límites compatibles con el orden público, las leyes y las buenas costumbres*, a todos los ciudadanos búlgaros y a los extranjeros residentes en el Estado[56], especificándose con carácter restrictivo que nadie podrá ser eximido de cualquier deber legalmente proclamado, a causa de sus convicciones religiosas[57].

La nueva normativa vuelve a confirmar que la gestión suprema de la comunidad musulmana se ejercerá por el muftí general y los ministros de culto regionales[58]. Introduciéndose como una significativa novedad la competencia del MAECR de *supervisar* sus actividades[59], siendo ésta una fórmula limitadora permitida por la propia Constitución de 1879 al establecer en su artículo 42, *que los asuntos eclesiásticos de los cristianos no ortodoxos, y los demás creyentes, estarían sujetos a supervisión del Ministro competente por razón de la materia.*

1.3.2.1.2. Régimen general de la comunidad musulmana

El Título II del Ordenamiento establece *la comunidad religiosa* como unidad administrativa principal en el sistema de gobierno de los musulmanes, concre-

---

[54] YALAMOV, IBRAHIM. (240). *Historia de la comunidad turca en Bulgaria*. Sofía. 2002. Páginas 166 y 167.

[55] KANEV, KRASIMIR. (97). *Legislación y política hacia las minorías étnicas y religiosas en Bulgaria*. En: KRASTEVA, ANNA. *Comunidades e identidades en Bulgaria*. Petexton. Sofía. 1998. Página 74.

[56] Artículo 1 del Ordenamiento sobre la estructura y la administración de la confesión musulmana en el Reino búlgaro de 1919.

[57] Artículo 2 del Ordenamiento sobre la estructura y la administración de la confesión musulmana en el Reino búlgaro de 1919.

[58] Artículo 3 del Ordenamiento sobre la estructura y la administración de la confesión musulmana en el Reino búlgaro de 1919.

El artículo 4 del Ordenamiento sobre la estructura y la administración de la confesión musulmana en el Reino búlgaro de 1919, asimismo otorga a los muftíes, competencias judiciales relativos a la resolución de litigios de carácter matrimonial y patrimonial entre musulmanes.

[59] La disposición del artículo 5 del Ordenamiento sobre la estructura y la administración de la confesión musulmana en el Reino búlgaro de 1919 añade que el MAECR junto con los Juzgados Eclesiásticos controlarán la responsabilidad de todos los miembros del credo islámico de ejercer correctamente sus funciones.

tándose que entidades de tal tipo serán fundadas con la *autorización previa de las autoridades públicas* en cada municipio o agrupación de pueblos habitados por un mínimo de *40 familias musulmanas*[60].

Una vez formada, a la comunidad islámica se le reconoce la plena personalidad jurídica, de forma que a partir de ese momento, ésta tendrá el derecho de propiedad sobre mezquitas, establecimientos docentes y otros bienes de naturaleza mueble o inmueble situados en el territorio sujeto a su jurisdicción, así como la capacidad legal para aceptar todo tipo de dotaciones y sucesiones[61].

Desde la perspectiva organizativa se prevé que todos los fieles musulmanes, sin distinción a la rama del Islam que profesan, obligatoriamente pasarán a ser miembros de la feligresía de la comunidad musulmana en cuya respectiva región residen[62]. Al mando del citado colectivo de creyentes permanecerá una *comisión de culto compuesta por entre 5 y 9 miembros*, en función de la densidad de la población[63], designados por elección entre los *feligreses*[64]. El sufragio activo se concede a todos los nacionales búlgaros de credo islámico, que hayan cumplido 21 años, y que gocen de derechos civiles y políticos[65]. Quedan privados de votar[66]:

1) Los que han sido privados de tales derechos, hasta su restauración.
2) Los ciudadanos búlgaros que desempeñen un empleo público, en otro país, sin la autorización del Gobierno.
3) Las personas puestas bajo interdicción civil o tutela.
4) Los mendigos inscritos en las listas de los ayuntamientos.
5) Los gitanos de culto musulmán que no tengan una residencia fija.
6) Los propietarios de locales de prostitución y otros establecimientos donde se ejerce una actividad contradictoria a la moral y las buenas costumbres.

---

[60] Artículo 7 del Ordenamiento sobre la estructura y la administración de la confesión musulmana en el Reino búlgaro de 1919.

[61] Artículo 8 del Ordenamiento sobre la estructura y la administración de la confesión musulmana en el Reino búlgaro de 1919.

[62] Artículo 10 del Ordenamiento sobre la estructura y la administración de la confesión musulmana en el Reino búlgaro de 1919.

[63] Artículo 11 del Ordenamiento sobre la estructura y la administración de la confesión musulmana en el Reino búlgaro de 1919.

[64] Artículo 12 del Ordenamiento sobre la estructura y la administración de la confesión musulmana en el Reino búlgaro de 1919.

En directa relación con ello el artículo 22 del citado texto legal viene a especificar que los resultados del voto serán confirmados por el MAECR, en virtud de un Decreto oficial.

[65] Artículo 13 del Ordenamiento sobre la estructura y la administración de la confesión musulmana en el Reino búlgaro de 1919.

[66] Artículo 14 del Ordenamiento sobre la estructura y la administración de la confesión musulmana en el Reino búlgaro de 1919.

El derecho de voto pasivo se otorga a todos los nacionales búlgaros, de confesión musulmana que reúnen los siguientes requisitos[67]:

1) Tener la facultad de ser votantes.
2) Haber cumplido la edad de 30 años.
3) Ser miembros de la comunidad religiosa por un período de más de 36 meses.
4) Saber leer y escribir en idioma búlgaro y turco.
5) Ser propietarios de un inmueble ubicado en la región de la feligresía.
6) Distinguirse por su honestidad de vida.

No podrán ser elegidos como miembros de las comisiones de culto a[68]:

1) Las personas que están en relaciones contractuales con dichos órganos.
2) Los clérigos.
3) Los empleados de la comunidad o de sus entidades.
4) Los que no practican una actividad profesional determinada.
5) Los parientes hasta el tercer grado de consanguinidad o el segundo grado de afinidad, siempre que se presenten juntamente en las votaciones.

Una vez formados, a los citados consejos se les atribuyen las exclusivas competencias de:

1) Administrar los bienes muebles e inmuebles propiedad de la comunidad musulmana[69].
2) Representar a la feligresía ante las autoridades estatales, municipales y judiciales[70].
3) Nombrar y revocar a los vicarios en las mezquitas, así como ejercer la inspección superior sobre su trabajo y ofrecer propuestas al muftí regional, en relación con la selección de candidatos para estos cargos[71].

Las comisiones de gobierno eclesiástico también asumen el deber general de *ejecutar las órdenes y las recomendaciones del MAECR y los ministros de*

---

[67] Artículo 15 del Ordenamiento sobre la estructura y la administración de la confesión musulmana en el Reino búlgaro de 1919.

[68] Artículo 16 del Ordenamiento sobre la estructura y la administración de la confesión musulmana en el Reino búlgaro de 1919.

[69] Artículo 28 del Ordenamiento sobre la estructura y la administración de la confesión musulmana en el Reino búlgaro de 1919.

[70] Artículo 31 del Ordenamiento sobre la estructura y la administración de la confesión musulmana en el Reino búlgaro de 1919.

[71] Artículo 32 del Ordenamiento sobre la estructura y la administración de la confesión musulmana en el Reino búlgaro de 1919.

culto musulmanes[72]. Se pone especial hincapié en que todos sus miembros están sometidos a una responsabilidad solidaria, respecto a eventuales perjuicios sobre los intereses comunitarios causados en el ejercicio de sus funciones[73].

1.3.2.1.3. Marco legal aplicable al clero y a los empleados parroquiales.

La parte III del Ordenamiento recoge el estatuto jurísdico del clero y las demás personas que desempeñan un cargo eclesiástico en las parroquias. Su artículo 61 fija que cada comunidad dispondrá de un número determinado de clérigos, *en dependencia de sus necesidades*, que ejercerán diferentes oficios, destacando los de: el imán[74], el jatib[75], el muecín[76] y el vaicín[77]. Dichos puestos se ocuparán mediante concurso, debiendo reunir los aspirantes los siguientes requisitos[78]:

1) Poseer una licenciatura canónica expedida por un seminario islámico, *(madraza)*.
2) Ser de nacionalidad búlgara.
3) Saber leer y escribir en la lengua oficial del Estado.
4) No tener antecedentes penales o privación de derechos civiles y políticos.
5) Gozar de virtudes morales y cívicas.
6) No padecer una enfermedad psíquica o infecciosa.
7) No tener defectos mentales o físicos.
8) Haber cumplido la edad de 21 años.
9) Haber aprobado el examen de obtención de capacidad eclesiástica celebrado frente al Comité Examinador, adjunto a la administración del muftí general.

---

72 Artículo 33 del Ordenamiento sobre la estructura y la administración de la confesión musulmana en el Reino búlgaro de 1919.

73 Artículos 29 y 30 del Ordenamiento sobre la estructura y la administración de la confesión musulmana en el Reino búlgaro de 1919.

74 Se conoce como *imán*:

1) El encargado de presidir la oración canónica musulmana, poniéndose delante de los fieles, para que éstos le sigan en sus rezos y movimientos.

2) El guía, jefe o modelo espiritual o religioso, y a veces también político, en una sociedad musulmana.

75 Se entiende como *jatib* el predicador encargado de dirigir la oración del viernes y pronunciar el sermón.

76 Se conoce como *muecín* el musulmán que convoca desde el alminar.

77 Artículo 62 del Ordenamiento sobre la estructura y la administración de la confesión musulmana en el Reino búlgaro de 1919.

78 Artículo 63 del Ordenamiento sobre la estructura y la administración de la confesión musulmana en el Reino búlgaro de 1919.

Tras su designación, los eclesiásticos musulmanes tendrán derecho a llevar a cabo la liturgia, las ceremonias matrimoniales y funerales, así como todos los ritos religiosos previstos por las Leyes coránicas.

1.3.2.1.4. La regulación jurídica de los lugares de culto y las prácticas religiosas celebradas en público

Viene recogida en la parte IV del Ordenamiento. Su artículo 90 establece que a cada comunidad corresponde uno o más templos o lugares destinados a prácticas religiosas de conformidad con el número de los creyentes que habitan sus territorios. La construcción o la instalación de estos lugares se permitirán únicamente por el MAECR a partir de un informe motivado de la secretaría del muftí general, elaborado a propuesta de la correspondiente comisión de culto[79].

Asimismo se prevé que las manifestaciones exteriores del culto musulmán se pueden celebrar, siempre y cuando se consiga el previo acuerdo con las autoridades administrativas y policiales[80]. Quedando expresamente proscritos la predestinación o el uso de los lugares de culto para fines diversos de los religiosos[81].

1.3.2.1.5. Estatuto de los ministros de culto

Según el artículo 94 del Ordenamiento se consideran como tales el muftí general, los muftíes regionales y sus vicarios a los que se les atribuye el poder de gobierno supremo de los musulmanes y sus entidades religiosas ubicadas en el territorio nacional de Bulgaria, así como la jurisdicción de jueces de la Sharia en los *Tribunales de Muftí*[82].

A diferencia de lo que ocurría en el artículo 4 del Ordenamiento provisional de gobierno eclesiástico de los musulmanes de 1895, y el artículo 2 del Acuerdo sobre el estatuto del muftí de 1913, donde se contemplaba que los ministros de culto regionales se designan en virtud de Real Decreto tras su selección por votación, realizada entre los ciudadanos de religión musulmana,

---

79 Artículo 91 del Ordenamiento sobre la estructura y la administración de la confesión musulmana en el Reino búlgaro de 1919.

80 Artículo 92 del Ordenamiento sobre la estructura y la administración de la confesión musulmana en el Reino búlgaro de 1919.

81 Artículo 93 del Ordenamiento sobre la estructura y la administración de la confesión musulmana en el Reino búlgaro de 1919.

82 Artículo 95 del Ordenamiento sobre la estructura y la administración de la confesión musulmana en el Reino búlgaro de 1919.

el nuevo marco jurídico establece que el nombramiento y la revocación de dichos clérigos *es de la exclusiva competencia* del MAECR, especificándose no obstante que la misma se ejercerá solamente a raíz de la respectiva propuesta del muftí general[83]. De este modo se ha pasado de un régimen de *votación popular*, a otro de mera *designación*, calificado por IBRAHIM YALAMOV como una fórmula que infringe la libertad de los creyentes de elegir democráticamente a sus ministros de culto, y la autonomía interna de la confesión musulmana[84]. Los pretendientes a ocupar el puesto del muftí regional deberán reunir todos los requisitos previstos para el desempeño de un empleo parroquial, con la única diferencia relativa a la edad mínima que sube de 21 a 30 años[85]. Además tomándose en consideración sus funciones judiciales, los candidatos asumen también la obligación de presentarse a un examen público de *derecho civil e islámico*[86]. Debido a la compatibilidad del ejercicio del ministerio sacerdotal y la posibilidad de administrar justicia, a los ministros de culto musulmanes se les concede el estatuto de funcionarios, lo cual *legitimará* cierta intervención del Estado en sus competencias, no con fin de restringirlas, sino precisamente para garantizar la seguridad nacional. En este aspecto el correcto desenvolvimiento de una relación funcionarial podría requerir la introducción de algunas limitaciones sobre la libertad de movimiento[87] y de correspondencia[88], estableciéndose un régimen de supervisión por parte del Gobierno.

1.3.2.1.6. Régimen jurídico del muftí general

Se establece como tal el ministro de culto general y representante supremo de la confesión musulmana en el Reino búlgaro[89]. La obtención de esta dignidad se consigue por un período de 5 años, mediante votación realizada entre

---

[83] Artículos 96 y 102 del Ordenamiento sobre la estructura y la administración de la confesión musulmana en el Reino búlgaro de 1919.

[84] YALAMOV, IBRAHIM. (240). *Historia de la comunidad turca en Bulgaria*. Sofía. 2002. Página 171.

[85] Artículo 98 del Ordenamiento sobre la estructura y la administración de la confesión musulmana en el Reino búlgaro de 1919.

[86] Artículo 99 del Ordenamiento sobre la estructura y la administración de la confesión musulmana en el Reino búlgaro de 1919.

[87] El artículo 101 del Ordenamiento establece que los muftíes y sus vicarios no pueden emprender viajes en su región, o salir fuera del territorio nacional de Bulgaria, sin la autorización del MAECR, dada a raíz de una petición previa del muftí general.

[88] El artículo 103 del Ordenamiento sobre la estructura y la administración de la confesión musulmana en el Reino búlgaro de 1919 prescribe que en su calidad de funcionarios, los muftíes y sus vicarios pueden mantener relaciones con autoridades y empleados públicos dentro o fuera del Estado únicamente mediante el MAECR.

[89] Artículo 113 del Ordenamiento sobre la estructura y la administración de la confesión musulmana en el Reino búlgaro de 1919.

los muftíes regionales y sus vicarios, que será supervisada por el MAECR[90], y cuyos resultados deberán ser objeto de ratificación por parte del Estado en virtud de Real Decreto, a consecuencia del cual se designará definitivamente el muftí general[91].

Se reconoce la capacidad de presentarse como candidatos para ocupar dicho puesto a todas las personas, que reúnan las condiciones previstas para el desempeño del oficio de ministro de culto regional[92].

Una vez designado el muftí general tiene las siguientes competencias y obligaciones[93]:

1) Coordinar y controlar la organización eclesiástica de los musulmanes en el Estado.
2) Responsabilizarse del desarrollo de la caridad y las virtudes religiosas de su comunidad.
3) Ejercer control sobre las actividades del clero musulmán.
4) Dar aclaraciones y recomendaciones respecto a la aplicación correcta de las normas de la Sharia.
5) Comprometerse a contribuir al progreso y al perfeccionamiento de los seminarios, y a la fundación de una madraza en la capital Sofía.

Por su estatuto funcionarial, además se sancionan sus deberes de *no renunciar a la ejecución de sus cargos oficiales*, ni salir fuera del territorio nacional de Bulgaria *por ningún motivo*, con excepción del plazo en que esté de vacaciones[94].

En caso que el muftí general no cumpla sus funciones escrupulosamente, o por medio de sus actividades viole la legislación vigente, el MAECR podrá ordenar su exoneración[95].

---

[90] Artículo 114 del Ordenamiento sobre la estructura y la administración de la confesión musulmana en el Reino búlgaro de 1919.

[91] Artículo 120 del Ordenamiento sobre la estructura y la administración de la confesión musulmana en el Reino búlgaro de 1919.

Históricamente hasta el estadillo de la Segunda Guerra Mundial solamente dos de los muftíes generales ocupan su puesto a raíz de unas elecciones: Mujiddín Jodzasade, (1905-1915), y Faík Solimán, (1919-1928). YALAMOV, IBRAHIM. (240). *Historia de la comunidad turca en Bulgaria.* Sofía. 2002. Página 173.

[92] Artículo 115 del Ordenamiento sobre la estructura y la administración de la confesión musulmana en el Reino búlgaro de 1919.

[93] Artículo 122 del Ordenamiento sobre la estructura y la administración de la confesión musulmana en el Reino búlgaro de 1919.

[94] Artículo 123 del Ordenamiento sobre la estructura y la administración de la confesión musulmana en el Reino búlgaro de 1919.

[95] Artículo 124 del Ordenamiento sobre la estructura y la administración de la confesión musulmana en el Reino búlgaro de 1919.

1.3.2.1.7. Jurisdicciones de los Tribunales Eclesiásticos de la confesión musulmana.

Como señala IBRAHIM YALAMOV en 1880 se produce la sustitución de los antiguos *Juzgados de Cadí*, constituidos a lo largo del período otomano, por los *Juzgados de Muftí*[96], cuyo régimen jurídico general se contiene en la Ley del proceso civil de 1892. En este sentido, el Ordenamiento introduce una serie de normas específicas, reguladoras de la estructura jerárquica, la organización interna y las competencias de dichos tribunales, que según su artículo 131 quedan distribuidos en tres grados jurisdiccionales: *de primera instancia*[97], *de apelación*[98] y *Tribunal Supremo*[99]. Tales órganos de justica pueden conocer y resolver casos con partes musulmanes, cuyo objeto son[100]:

1) Las relaciones personales y de propiedad entre los cónyuges.
2) Las cuestiones personales y patrimoniales entre progenitores e hijos.
3) La solicitud de divorcio.
4) La proclamación de la nulidad del matrimonio.
5) La legalidad del acto de nacimiento.
6) Las altercaciones de la sucesión universal o por testamento.

1.3.2.1.8. Regulación jurídica de los *vakif*

Los *vakif* son una serie de bienes muebles o inmuebles, que constituyen un fondo destinado a asegurar los recursos financieros para el funcionamiento

---

[96] YALAMOV, IBRAHIM. (240). *Historia de la comunidad turca en Bulgaria*. Sofía. 2002. Página 176.

[97] Según los artículos 134 y 135 del Ordenamiento, de forma adjunta a la administración de los muftíes regionales se constituyen Tribunales de *primera instancia* compuestos por un solo juez, cuyo lugar se ocupa *ex officio* por el muftí regional o su vicario.

[98] Los artículos 138, 139 y 140 del Ordenamiento prevén que en la capital Sofía y en las ciudades de Plóvdiv y Ruse se instaurarán Tribunales de *apelación* formados por un juez, que será designado a raíz de Real Decreto tras su selección entre los candidatos a ocupar un puesto de muftí.

[99] Conforme a las disposiciones de los artículos 140 y 144 del Ordenamiento, como autoridad más alta en la jerarquía de la justicia eclesiástica del culto musulmán se instituye un Tribunal Supremo con sede en la capital Sofía, que se configura como un órgano judicial colegiado, constituido por el muftí general y otros dos miembros, nombrados según el procedimiento previsto para la designación de jueces en los Juzgados Eclesiásticos *de apelación*. Su deber general será supervisar la aplicación correcta e igual de la legislación islámica por parte de todas las jurisdicciones musulmanas.

[100] Artículo 132 del Ordenamiento sobre la estructura y la administración de la confesión musulmana en el Reino búlgaro de 1919.

básico de las instituciones religiosas, los lugares de culto y las escuelas privadas de la comunidad musulmana en Bulgaria[101].

Históricamente configurado a lo largo de la dominación otomana mediante una serie de donaciones[102], el sistema de los *vakıf* conserva su existencia hasta la instauración del régimen comunista, el 9 de septiembre de 1944, viéndose con frecuencia afectado por las vicisitudes políticas, bélicas y económicas de cada época.

Tras la destrucción, la inutilización y el saqueo de una gran parte del patrimonio de la confesión musulmana a consecuencia de la Guerra ruso-turca, (1877-1878), en el término de las próximas cuatro décadas, a resultas de los esfuerzos solidarios de todos sus miembros, gradualmente se consigue la recuperación de dicha categoría de bienes, que en virtud de las normas contenidas en el Título VIII del Ordenamiento se reúnen en el seno de un fondo de beneficencia centralizado, cuya administración a nivel local se concede a las comisiones de culto[103]. Estos órganos también asumen el deber de proteger y mantener los *vakıf*[104], prohibiéndose expresamente el negocio jurídico con tal tipo de propiedades sin la autorización previa del MAECR[105].

1.3.2.2. El Tratado de Amistad entre Bulgaria y Turquía de 18 de octubre de 1925

1.3.2.2.1. Antecedentes inmediatos

El nuevo *statu quo* que se establece como resultado de la Primera Guerra Mundial, (1914-1918), provoca la segunda ruptura de las relaciones diplomáticas búlgaro-turcas. Después del colapso del Imperio Otomano, en octubre de 1923 nace la República de Turquía que mediante una serie de reformas

---

[101] YALAMOV, IBRAHIM. (240). *Historia de la comunidad turca en Bulgaria*. Sofía. 2002. Página 179.

[102] La Ley islámica obliga a los creyentes a hacer donación de inmuebles conocida como *waqf (habices)*. Una vez celebrado este contrato el régimen jurídico del bien se amortiza y el disfrute del usufructo es jurídicamente considerado como un acto caritativo. Todos estos bienes pasan a formar parte del sistema de los *vakıf*, que como señala JASON GOODWIN, pretende ofrecer una gran variedad de servicios públicos a perpetuidad. GOODWIN, JASON. *Los señores del horizonte. Una historia del Imperio Otomano*. Alianza Editores. Madrid. 2006. Página 193.

[103] Artículo 168 del Ordenamiento sobre la estructura y la administración de la confesión musulmana en el Reino búlgaro de 1919.

[104] Artículo 172 del Ordenamiento sobre la estructura y la administración de la confesión musulmana en el Reino búlgaro de 1919.

[105] Artículos 171 y 173 del Ordenamiento sobre la estructura y la administración de la confesión musulmana en el Reino búlgaro de 1919.

legislativas y administrativas se convierte en un país laico orientado por el camino hacia la europeización[106]. Todos estos cambios abren la puerta al restablecimiento de los contactos internacionales con Bulgaria. Por otro lado el marco jurídico estipulado en el Tratado de Estambul, de 29 de septiembre de 1913, ya no se correspondía con la nueva realidad política de Turquía, basada en la secularización de la sociedad y la creación de una *nación turca homogénea*. A tales efectos, el 18 de octubre de 1925, en Ankara, Turquía y Bulgaria subscriben un Convenio de Amistad[107], cuyo principal objetivo es promover la coexistencia pacífica y el respeto de los derechos civiles y políticos de los ciudadanos búlgaros y turcos, que habitan los territorios de cualquier de los dos países,[108] así como la restauración de las relaciones diplomáticas[109].

1.3.2.2.2. Estructura y contenido

El Convenio firmado entre Bulgaria y la República de Turquía en 1925 consta de tres partes: Tratado de Amistad, Protocolo anexo al Tratado de Amistad y Convenio sobre el régimen jurídico de los búlgaros residentes en Turquía y los turcos con residencia en Bulgaria, que incorporan una serie de disposiciones tendentes no sólo a reforzar los compromisos asumidos por ambos países[110] a raíz de la introducción del *Sistema de Versalles*[111], sino también a regular cuestiones de extranjería, garantizándose a todos los nacionales turcos residentes en el Estado búlgaro[112]:

1) Iguales oportunidades para ejercer toda clase de profesiones, no pudiendo practicar únicamente aquéllas actividades profesionales, que por una Ley o Decreto[113] están reservadas exclusivamente para ciudadanos búlgaros.

---

[106] STOYANOV, VALERI. (209). *La población turca en Bulgaria y la política minoritaria oficial (1878-1944)*. En: *Páginas de la historia búlgara. Acontecimientos, reflexiones, personalidades*. Segunda Parte. Editorial «Prosveta». Sofía. 1993. Página 201.

[107] VV.AA. (41). *Mustafa Kemal Atatürk y las relaciones internacionales turco-búlgaras en ducumentos (1913-1938)*. Dirección General de los Archivos de la República de Bulgaria y Dirección General de los Archivos de la República de Turquía. Ankara. 2002. Páginas 51 a 67.

[108] Artículo 1 del Tratado de Amistad entre Bulgaria y Turquía de 1925.

[109] Artículo 2 del Tratado de Amistad entre Bulgaria y Turquía de 1925.

[110] MANCHEV, KRASTYO, y DOYCHINOVA, ELENA. (116). *La población musulmana en el noroeste de Bulgaria según la política búlgara-turca. (1919-1939)* En: *Revista histórica*. Libro 5/1991. Academia Búlgara de las Ciencias. 1991. Página 64.

[111] Artículo A, (en alfabeto cirílico A), del Protocolo.

[112] Artículo 2 del Convenio sobre la residencia.

[113] Artículo 3 del Convenio sobre la residencia.

2) La posibilidad de libre adquisición, gobierno y expropiación de bienes muebles e inmuebles[114].
3) Trato igualatorio relativo a la tutela judicial y legal de sus derechos personales y patrimoniales[115].

1.3.3. LAS MODIFICACIONES DEL SISTEMA DE ENSEÑANZA INTRODUCIDAS EN LA PRIMERA MITAD DE LOS AÑOS 20 Y EL REFUERZO DEL PLURALISMO EDUCATIVO

Tras la instauración del gobierno de *la Unión Búlgara Agraria Popular*, en 1919 se emprenden reformas educativas, que al consagrar la democratización del sistema de instrucción promueven la *igualación del régimen de los establecimientos docentes públicos y privados*[116]. No se debe minusvalorar también la mayor libertad de impartir asignaturas en lengua materna otorgada a las escuelas privadas, produciéndose además la desaparición del idioma búlgaro como disciplina obligatoria de sus planes de estudios[117], un fenómeno que tiene lugar durante el espacio comprendido entre 1921 y 1924.

Como señala KRASIMIR KANEV, la nueva normativa confirma el derecho de los musulmanes, judíos, armenios y los demás grupos minoritarios de crear libremente establecimientos de enseñanza primaria, secundaria, así como colegios profesionales[118]. En este contexto, especial interés presenta la diversificación de los centros docentes de la confesión islámica, observándose la fundación de nuevos establecimientos pertenecientes a varias minorías étnicas como turcos, búlgaro-musulmanes, tátaros y gitanos que comparten dicho credo.

Asimismo con carácter novedoso se establece que las escuelas privadas se administrarán por su propio consejo escolar. Este órgano además contará con la autorización expresa de designar a los docentes, reservándose al Ministerio de Educación únicamente el derecho de nombrar a los directores[119]. A diferencia del estado de cosas perfilado por la Ley de instrucción popular de 1892 y la de 1909, en que se establecía la financiación económica directa solamente a la enseñanza pública, la nueva regulación prevé que los establecimientos privados disfrutarán obligatoriamente de una subvención estatal o munici-

---

114 Artículo 5 del Convenio sobre la residencia.

115 Artículo 9 del Convenio sobre la residencia.

116 Artículo 36 de la Ley de instrucción popular de 21 de julio de 1921, (BOE número 87 de 1921).

117 BOSAKOV, VESELIN. (20). *Identidad y diversidad del Islam en Bulgaria.* Centro virtual de música, cultura e investigación. Sofía. 2006. Página 57.

118 KANEV, KRASIMIR. (97). *Legislación y política hacia las minorías étnicas y religiosas en Bulgaria.* En: KRASTEVA, ANNA. *Comunidades e identidades en Bulgaria.* Petexton. Sofía. 1998. Página 78.

119 POPOV, NIKOLAY, y PIRONKOVA, MARINA. (199). *El sistema educativo de Bulgaria.* Sofía. 2007. Página 52.

pal[120]. Sin embargo al ser categorizadas como *extranjeras*, fuera de este régimen quedan las escuelas griegas y rumanas, financiadas por los gobiernos de Grecia y Rumanía, así como los centros docentes católicos y protestantes que se subvencionan por personas jurídicas u otras instituciones[121].

Con todas estas modificaciones se da un significativo paso a favor de la promoción del pluralismo educativo, algo que se desprende de los siguientes datos estadísticos:

Tabla 15.
Escuelas de enseñanza básica de las minorías nacionales de Bulgaria en el año escolar (1930-1931)[122]

Nacionalidad	Número	Docentes	Alumnos
Judíos	14	18	674
Armenios	3	4	240
Rumanos	1	1	15
Rusos	4	7	157
Total	**22**	**30**	**1.086**

Tabla 16.
Establecimientos docentes de enseñanza secundaria de las minorías nacionales de Bulgaria en el año escolar (1930-1931)[123]

Nacionalidad	Número	Docentes	Alumnos
Turcos	714	1.556	51.783
Tártaros	1	3	33
Gitanos	2	2	53
Griegos	1	1	11
Judíos	22	118	2.758
Armenios	16	78	1.238
Rumanos	2	8	108
Rusos	7	56	477
Total	**765**	**1.822**	**56.461**

120 Ley de instrucción popular de 10 de julio de 1924, (BOE número 79 de 1924).

121 KANEV, KRASIMIR. (97). *Legislación y política hacia las minorías étnicas y religiosas en Bulgaria*. En: KRASTEVA, ANNA. *Comunidades e identidades en Bulgaria*. Petexton. Sofía. 1998. Páginas 78 y siguientes.

122 GENOV, GEORGI. (32). *El Tratado de Neuilly y Bulgaria*. Editorial «Vanyo Nedkov». Sofía. 2000. Página 99.

123 GENOV, GEORGI. (32). *El Tratado de Neuilly y Bulgaria*. Editorial «Vanyo Nedkov». Sofía. 2000. Página 99.

Tabla 17.
Escuelas profesionales de las minorías nacionales de Bulgaria en el año escolar (1930-1931)[124]

Nacionalidad	Número	Docentes	Alumnos
Turcos	23	102	1.298
Griegos	1	1	6
Judíos	5	37	405
Armenios	3	18	129
Rumanos	1	8	35
Rusos	5	28	177
Total	38	194	2.050

2. LA CUESTIÓN DE LA MINORÍA JUDÍA EN LA ÉPOCA DE LA SEGUNDA GUERRA MUNDIAL

2.1. *El desarrollo de los acontecimientos*

Será exactamente, el 19 de mayo de 1934, cuando la inestabilidad política del período de entreguerras conlleva un golpe de Estado contra el gobierno en funciones del *Bloque Popular*[125], efectuado por *el círculo político «Zveno»*[126] y *la Unión de las Fuerzas Militares*[127]. Al día siguiente se da comienzo a una serie de cambios en el mecanismo de funcionamiento del Estado, definidos en palabras de DIMITAR TOKUSHEV, como *antidemocráticos y anticonstitucionales*[128], que consisten en:

1) Suspensión implícita de la Carta Magna de 1879[129].

---

[124] GENOV, GEORGI. (32). *El Tratado de Neuilly y Bulgaria*. Editorial «Vanyo Nedkov». Sofía. 2000. Página 99.

[125] Es una coalición de corte liberal, celebrada entre el *Partido Democrático* y los partidos agrarios, cuyo principal objetivo es garantizar los derechos fundamentales de los ciudadanos búlgaros proclamados por la Constitución de 1879, así como fomentar el mantenimiento de la paz social.

[126] Constituye una organización con doble vertiente militar y política, fundada en 1927 por un conjunto de oficiales del ejército y de hombres públicos, que compartían ideas corporativistas y ultranacionalistas.

[127] También conocida como *Liga Militar*, es una organización de oficiales, (en servicio activo y reservistas), que participó en todos los golpes de Estado, organizados durante la época de entreguerras.

[128] TOKUSHEV, DIMITAR. (222). *Historia del estado y del derecho búlgaro contemporáneo (1878-1944)*. Editorial Sibi. Sofía. 2008. Página 345.

[129] METODIEV, VESELIN, y STOYANOV, LACHEZAR. (119). *Las Constituciones búlgaras y los proyectos constitucionales*. Editorial «Petar Beron». Sofía. 2003. 2ª Edición. Página 11.

2) Disolución del Parlamento y los partidos políticos[130].
3) Declaración de la situación privilegiada del poder ejecutivo ante el legislativo[131].
4) Introducción de gobierno autoritario a base de decretos[132].
5) Restricción de la autonomía de las administraciones municipales, que quedan sometidas al entero control del Estado[133].

El nuevo régimen político resulta difícil de etiquetar, pese a la clara influencia de los éxitos del autoritarismo, en Portugal, España, Italia, Hungría, Alemania y Polonia. Se caracteriza por su animadversión a las tesis liberales, socialistas y burgués-democráticas, incorporando muchos puntos propios del totalitarismo fascista europeo, aunque carecerá de elementos típicos del mismo, como el principio de adhesión masiva al líder, (a lo que contribuirán las luchas internas entre el monarca y los nuevos jefes políticos). Los individuos participan en la actividad política en función del corporativismo social, no de sus derechos políticos individuales. Este modelo se sostuvo básicamente por la ayuda de determinadas fuerzas internas claves, como la policía, la Administración, el ejército, el zar Borís III Saxe Coburg Gotha, (1918-1943), así como del gran número de organizaciones burocráticas instauradas entre 1934 y 1938, y dirigidas por la *Dirección general de renovación social*[134], las cuales asumen los deberes de[135]:

1) Conseguir la reforma de la sociedad, a través de la difusión de las actividades del Gobierno por los medios de comunicación, para que la misma pueda estar puesta exclusivamente al servicio de los intereses nacionales y del Estado.

---

[130] El artículo 1 del Decreto Ley para la disolución de las organizaciones de carácter político de 14 de junio de 1934, (BOE número 58 de 1934), prescribe que queda prohibida la fundación y la existencia de organizaciones políticas como partidos, uniones, movimientos, etc.

[131] TOKUSHEV, DIMITAR. (222). *Historia del estado y del derecho búlgaro contemporáneo (1878-1944)*. Editorial Sibi. Sofía. 2008. Página 345.

[132] A lo largo del período entre 1934 y 1938, el poder legislativo se ejerce por el Consejo de Ministros a raíz de la adopción de Decretos Leyes basados en el artículo 47 de la Constitución de 1879, cuya disposición consagra que en casos de amenaza externa o interna para el Estado, cuando la convocatoria de la Asamblea Nacional es imposible, se atribuirá al Gobierno la competencia de aprobar Decretos con rango de Ley. El Real Decreto número 7, de 23 de mayo de 1934, (BOE número 42 de 1934), reconoce *la fuerza de Ley* de todos los Decretos del Consejo de Ministros dictados, el 19 de mayo de 1934, y a partir de dicha fecha. MANOLOVA, MARIA. (108). *Historia del Estado y del derecho búlgaro. El tercer estado búlgaro (1878-1944)*. Editorial Ciela. Sofía. 2001. Páginas 250 y 251.

[133] TOKUSHEV, DIMITAR. (222). *Historia del estado y del derecho búlgaro contemporáneo (1878-1944)*. Editorial Sibi. Sofía. 2008. Página 351.

[134] La *Dirección general de renovación social* se instituye a raíz del Decreto Ley de 9 de junio de 1934, (BOE número 54 de 1934).

[135] TOKUSHEV, DIMITAR. (222). *Historia del estado y del derecho búlgaro contemporáneo (1878-1944)*. Editorial Sibi. Sofía. 2008. Páginas 348 y 349.

2) Fomentar el progreso del prestigio de la nación, en concordancia con las tendencias internacionales.
3) Contribuir a la formación de una sociedad búlgara *política e ideológicamente homogénea*, controlando por medio de sus órganos y propaganda todas las esferas de la vida social[136].

A pesar de rehabilitación de la Constitución de 1879 y la restauración parcial del pluralismo político en el mes de marzo de 1938, se procede a la organización de unas elecciones generales a la sombra del régimen, con limitaciones a la propaganda preelectoral y del derecho de sufragio pasivo, de forma que el 22 de mayo de ese mismo año se constituya una Asamblea Nacional, que consolide las reformas de corte autoritario y antidemocrático[137], con lo cual se da una nueva vuelta de tuerca, tendente a reforzar el extremismo derechista en Bulgaria.

En el contexto político de la época, las vicisitudes descritas acabarán por influir negativamente sobre los derechos de las minorías. Apoyado por los líderes del Estado, y rechazado por el pueblo búlgaro, el proceso de incremento agudo del nacionalismo, alcanzará su punto culminante con la adopción de la legislación antijudía a principios de los años 40 del siglo XX.

2.2. *El contenido y las características básicas de la legislación antisemita*

2.2.1. LA LEY SOBRE LA PROTECCIÓN DE LA NACIÓN DE 23 DE ENERO DE 1941

2.2.1.1. **Su contexto histórico e inspiración ideológica**

La legislación antisemita[138], cuyo comienzo se marca por la Ley sobre la protección de la nación de 1941[139], da forma jurídica a la persecución de los

[136] En directa conexión con ello, el 14 de junio de 1934, (BOE número 58 de 1934), se promulga un Decreto de prensa, que supone una violación del principio de libertad de prensa proclamado en el artículo 79 de la Constitución de 1879, al declarar el sometimiento de los medios de comunicación a la caución, censura y autorización previa del Estado. MANOLOVA, MARIA. (108). *Historia del Estado y del derecho búlgaro. El tercer estado búlgaro (1878-1944)*. Editorial Ciela. Sofía. 2001. Página 251.

[137] La derogación definitiva de la legislación autoritaria se consigue en virtud del Decreto Ley de 13 de octubre de 1944.

[138] Toda la legislación antisemita búlgara viene recogida en el trabajo: DOBTCHEV, PETKO (Editor). (49). *La legislación antisemita y su abolición (1942-1945). Colección normativa acompañada del estudio del Prof. Dr. Dimitar Tokushev.* FENEYA Editorial de literatura jurídica. Sofía. 2010.

[139] BOE número de 16 de 1941.

judíos en Bulgaria. La creación intelectual de esta normativa no guarda raíces en la doctrina legal búlgara, sino que se presenta como fruto del influjo de la ideología nacional-socialista alemana, y pretende satisfacer los propios deseos de Adolf Hitler, (1934-1945)[140].

Por ello durante el invierno de 1940, el gobierno de Bogdan Filov, (1940-1943), declara su intención de elaborar una Ley, cuyo principal objetivo será el fortalecimiento de la seguridad nacional mediante la *limitación de la actividad económica de la población judía*. Esta actitud será duramente criticada desde la tribuna parlamentaria por el ex primer ministro Nikola Mushanov, (1931-1934), calificándola como *anticonstitucional*, pues la Carta Magna de 1879 *protege los derechos de todos los ciudadanos del Estado sin otorgar relevancia a su etnia o religión*[141]. La misma opinión se manifiesta por otro famoso político, Petko Stainov, (1890-1972), quien asegura que *bajo el pretexto de la protección de la nación se genera un precedente en la legislación búlgara, decretando una desigualdad de nacimiento, la cual justifica la privación de los derechos fundamentales de un pueblo, a raíz de un racismo sui generis búlgaro*[142].

En términos históricos, debido a la ausencia de base social del antisemitismo en el país[143], la preparación de las citadas restricciones de carácter racial, será mal recibida por un amplio sector de la población, y sobre todo por las masas urbanas, que consideran a los judíos como parte sustancial de su comunidad. Todo ello cristalizará en una resistencia no violenta del pueblo, el clero ortodoxo y los hombres públicos, expresada en una serie de protestas, declaraciones y publicaciones en la prensa.

A pesar de todo ello, el 21 de enero de 1941, la XXV Asamblea Nacional aprueba la Ley sobre la protección de la nación, un hecho calificado por DIMITAR TOKUSHEV como uno de los *episodios más trágicos* en la historia contemporánea del Estado búlgaro[144].

---

[140] TOKUSHEV, DIMITAR. (224). *La legislación antisemita y la salvación de los judíos búlgaros.* En: DOBTCHEV, PETKO (Editor). *La legislación antisemita y su abolición (1942-1945). Colección normativa acompañada del estudio del Prof. Dr. Dimitar Tokushev.* FENEYA Editorial de literatura jurídica. Sofía. 2010. Página 8.

[141] HAKOV, DZHENGIZ. (229). *Sobre el problema de los búlgaros de origen judío.* En: *Relaciones Internacionales.* Libro 4/1993. Año XXII. Sofía. 1993. Página 28.

[142] TOKUSHEV, DIMITAR. (224). *La legislación antisemita y la salvación de los judíos búlgaros.* En: DOBTCHEV, PETKO (Editor). *La legislación antisemita y su abolición (1942-1945). Colección normativa acompañada del estudio del Prof. Dr. Dimitar Tokushev.* FENEYA Editorial de literatura jurídica. Sofía. 2010. Página 12.

[143] HOWARD, SACHAR. *Adiós España. Historia de los sefardíes.* Thassàlia. Barcelona. 1995. Página 287.

[144] TOKUSHEV, DIMITAR. (220). *La legislación antisemita y la salvaguardia de los judíos en Bulgaria.* En: *Anuario Jurídico de la Facultad de Derecho de la Universidad Libre de Burgas de 1995.* Año III. Tomo III. Editorial Universidad Libre de Burgas. 1995. Página 16.

2.2.1.2. El estatuto de las personas de origen judío en el marco jurídico de la Ley sobre la protección de la nación de 1941

A principios de 1941 conforme al criterio de la pertenencia racial de los ciudadanos, se acomete la división discriminatoria de la población de Bulgaria, entre personas de origen búlgaro y personas de origen hebreo[145]. En este sentido la Ley sobre la protección de la nación de 1941, define como judíos, a quienes uno de sus progenitores sea hebreo. No son considerados como tales, los nacidos de matrimonios mixtos entre judíos convertidos al cristianismo y nacionales de origen búlgaro[146].

Para conseguir esta segregación se establece la obligación de todo hebreo habitante del país de declarar su procedencia en el plazo máximo de 1 mes desde la entrada en vigor de la Ley, inscribiéndose en los respectivos registros civiles de los ayuntamientos y de las comisarías policiales[147]. El incumplimiento del citado deber será sancionado con una multa de hasta 100.000 levas[148].

Diseñándose a continuación las siguientes medidas restrictivas, destinadas a eliminar la remota presencia judía en la sociedad búlgara:

1) El artículo 21 de la Ley sobre la protección de la nación de 1941 prohíbe a los hebreos:
   a) El acceso a la ciudadanía búlgara.
   b) El voto activo y pasivo en elecciones generales, o particulares en sociedades y fundaciones.
   c) La admisión a empleos, cargos y dignidades públicos.
   d) Participar en organizaciones del sistema del Ministerio de Defensa.
   e) Contraer matrimonio o mantener una convivencia extramatrimonial con personas de origen búlgaro.
2) En el ámbito educativo, se contempla que a los establecimientos docentes accederá un número determinado de alumnado de etnia judía, cuya cantidad se fijará por el Ministro de Educación Popular[149].
3) La Ley sobre la protección de la nación de 1941, prescribe limitaciones graves relativas al régimen patrimonial de los miembros de la comunidad hebrea. En aparente contradicción con la Constitución de 1879, que

---

[145] Conforme al artículo 1 de la Orden número 32 del Ministerio del Interior y Sanidad Popular de 1942, a partir del 29 de septiembre de ese mismo año los ciudadanos de origen judío estarán obligados a llevar una señal distintiva, (insignia).

[146] Artículo 15 de la Ley sobre la protección de la nación de 1941.

[147] El artículo 23 de la Ley sobre la protección de la nación de 1941 establece que las personas de origen hebreo podrán cambiar su residencia únicamente, a raíz de la autorización previa de la Dirección de la Policía, prohibiéndose también a los judíos residir en la capital Sofía.

[148] Artículo 16 de la Ley sobre la protección de la nación de 1941.

[149] Artículo 22 de la Ley sobre la protección de la nación de 1941.

proclamaba el principio fundamental de inviolabilidad de la propiedad, su artículo 24 establece la privación de dichas personas de la facultad de *poseer, administrar y arrendar* terrenos agrarios o fincas rústicas.

4) A raíz de la introducción de la legislación antisemita, tiene lugar la restricción de las capacidades profesionales e industriales de los judíos. Asignándoseles la aptitud de libre ejercicio de profesiones asalariadas o actividades mercantiles en proporción con el porcentaje, que representan respecto al total de la población del Estado. Ello *de facto* significaba que en Bulgaria resultarían legalmente autorizados a ejercer su profesión únicamente 21 médicos, 2 veterinarios, 7 dentistas, 9 tocólogos, 20 abogados, 2 arquitectos, 6 ingenieros, 3 químicos y 14 músicos de origen hebreo[150].
5) Esta normativa otorga al Gobierno la exclusiva competencia de limitar o prohibir la participación personal y accionarial de los judíos en las distintas compañías comerciales e industriales, así como supervisar y controlar sus actividades económicas[151].
6) Finalmente se procede a la privación de los judíos de los derechos de ser[152]:
   a) Propietarios, accionistas o *mantener participaciones en el capital bajo cualquier forma,* en centros docentes, teatros, empresas de prensa y entidades financieras.
   b) Directores, redactores u ocupar cualquier cargo directivo en las citadas organizaciones.
   c) Contadores públicos, agentes de aduana y comisionistas.
   d) Comerciantes de valores y metales preciosos.
   e) Miembros de los consejos de administración o supervisión, directores, subdirectores, procuradores y agentes comerciales en bancos u otros establecimientos financieros de crédito.

De esta manera como concluye DAVID KOÉN se consigue la *expulsión* legal de los hebreos de la vida política y económica del Estado[153], con lo cual quedaba abierto el camino hacia una discriminación social y racial contraria a las

---

[150] Artículos 1 y 2 del Decreto de desarrollo del Ministerio del Interior y Sanidad Popular de 22 de julio de 1941, relativo a la aplicación del artículo 25 de la Ley sobre la protección de la nación de 1941.

[151] Artículo 26 de la Ley sobre la protección de la nación de 1941.

En directa conexión con ello el artículo 14 del Decreto de desarrollo del Ministerio del Interior y Sanidad Popular de 4 de septiembre de 1942, relativo a la aplicación del artículo 33 de la Ley sobre la protección de la nación de 1941, establece que a partir del 15 de septiembre de 1942 todas las entidades, cuyo capital o parte del mismo sea propiedad de judíos, deberían colocar en sus entradas la siguiente nota: *empresa con participación de capital judío.*

[152] Artículo 27 de la Ley sobre la protección de la nación de 1941.

[153] KOEN, DAVID. (91). *Los judíos en Bulgaria (1878-1949).* Sofía. 2008. Página 182.

costumbres y tradiciones de la sociedad búlgara, fuertemente inspiradas por el principio de tolerancia y la necesidad de convivencia armónica.

2.2.2. EL *FENÓMENO* DEL PUEBLO BÚLGARO

Señala DIMITAR TOKUSHEV, que la legislación antisemita se completa con *varias decenas de decretos, reglamentos y otros actos normativos*[154]. Pese a ello, el 28 de julio de 1942, violando la Constitución, el Parlamento adopta la Ley de autorización al Consejo de Ministros para tomar medidas relativas a la regulación del asunto hebreo[155]. Así pues, al Gobierno se le atribuye la potestad de aprobar todo tipo de normativas con miras a reforzar el alcance de las restricciones antijudías.

Transcurrido 1 mes, el 29 de agosto de 1942, en el seno del Ministerio del Interior y Sanidad Popular, se constituye *el Comisariado sobre los asuntos judíos*[156] con la finalidad de organizar y llevar a cabo el éxodo del pueblo hebreo[157], así como liquidar su patrimonio.

Será exactamente, el 22 de febrero de 1943, cuando Bulgaria y el *Tercer Reich* suscriben un Acuerdo de expulsión de 20.000 judíos en los territorios alemanes del este[158]. De conformidad con el citado convenio resultan deportadas 11.343 personas de origen judío, habitantes de las regiones de Tracia y Macedonia[159], anexionadas en el transcurso de las actividades bélicas, (1941-1942). Como asegura DIMITAR TOKUSHEV, el siguiente paso solo podía ser la expulsión de los judíos *residentes* dentro de los límites del Estado[160]. Este proceso debería realizarse en dos fases sucesivas, previéndose en primer lugar la deportación directa a los campos de concentración de 25.000 personas ha-

---

[154] TOKUSHEV, DIMITAR. (224). *La legislación antisemita y la salvación de los judíos búlgaros*. En: DOBTCHEV, PETKO (Editor). *La legislación antisemita y su abolición (1942-1945). Colección normativa acompañada del estudio del Prof. Dr. Dimitar Tokushev*. FENEYA Editorial de literatura jurídica. Sofía. 2010. Página 12.

[155] BOE número 148 de 1942.

[156] Artículo 1 del Decreto número 4567 del Consejo de Ministros búlgaro de 26 de agosto de 1942. BOE número 192 de 1942.

[157] Artículo 7 del Decreto número 4567 de 1942.

[158] En directa conexión con ello, el 2 de marzo de 1943, el Gobierno búlgaro aprueba 7 Decretos, (números 113, 114, 115, 116, 117, 126 y 127), relativos a la privación de la ciudadanía búlgara y la expulsión gradual de 20.000 judíos habitantes del territorio nacional del Estado, y de las regiones conquistadas a lo largo de las campañas bélicas, (1941-1942), así como a la nacionalización de sus propiedades. Estas normativas no son promulgadas por mantenerse en secreto la prevista deportación. KOEN, DAVID. (91). *Los judíos en Bulgaria (1878-1949)*. Sofía. 2008. Página 243.

[159] HILBERG, RAUL. *La destrucción de los judíos europeos*. Editorial Akal. Madrid. 2005. Página 838.

[160] TOKUSHEV, DIMITAR. (222). *Historia del estado y del derecho búlgaro contemporáneo (1878-1944)*. Editorial Sibi. Sofía. 2008. Página 372.

bitantes de la capital Sofía, y solo a continuación procederse al desplazamiento del resto de la población judía, que rondaba la cifra de 23.000 individuos dispersados por todo el territorio nacional[161]. Sin embargo la preparación de tales actividades tuvo notable eco entre el pueblo búlgaro, produciéndose una enorme oleada de protestas y manifestaciones. En esa situación tras la celebración de una sesión convocada *ad hoc*, el 2 de abril de 1943, el Santo Sínodo de la Iglesia Ortodoxa Búlgara declara que no comparte los principios racistas de los gobernantes y se *ve especialmente obligado a expresar su voto en defensa de los hebreos*[162]. A resultas de la fuerte tensión pública, el Gobierno se ve obligado a cambiar el rumbo y hacer todo lo posible por proteger la vida de la población judía. Una tarea que finaliza con un significativo éxito (tabla 18).

Como asegura RAUL HILBERG las citadas estadísticas *revelan en un esbozo aproximado lo que sucedió*: la comunidad judía mundial perdió un tercio de sus miembros, sufriendo el mayor descenso de todos los tiempos, esto es, desde más de 16 millones de personas se redujo hasta aproximadamente 11 millones. La destrucción de los judíos europeos supuso una gran conmoción, y *su impacto lo sintieron en primer lugar la comunidad judía, después Alemania, y finalmente también aquellos situados fuera del espacio destructivo y que la vieron llegar e irse*[163].

2.2.3. La abolición de las leyes antisemitas

Los cambios favorables en el escenario militar presagian el colapso del nazismo, y contribuyen a la relajación de las medidas raciales. A partir del otoño de 1943, el Estado búlgaro avanza con paso firme en el camino hacia la derogación de la legislación antisemita. El Decreto de modificación del artículo 23 de la Ley sobre la protección de la nación de 1941[164], promulgado el 5 de septiembre de 1944, restablece los derechos y libertades constitucionales de la población judía. Cuatro días después, a raíz de un golpe de Estado, las riendas del poder caen en las manos de una coalición de izquierda al mando de Kimón Georgiev, (1944-1946), que definitivamente proclama la abolición de todas las normativas de carácter antijudío en virtud del Decreto Ley de 13 de octubre de 1944[165].

---

[161] Según el censo de 1934, la cifra de la población judía en el Estado era de 48.398 habitantes. KOEN, DAVID. (91). *Los judíos en Bulgaria (1878-1949)*. Sofía. 2008. Página 28.

[162] Protocolo número 4 de la sesión extraordinaria del Santo Sínodo de la Iglesia Ortodoxa Búlgara, de 2 de abril de 1943, contra las medidas del Gobierno relativas a la deportación de los judíos. KOEN, DAVID. (91). *Los judíos en Bulgaria (1878-1949)*. Sofía. 2008. Páginas 277 a 282.

[163] HILBERG, RAUL. *La destrucción de los judíos europeos*. Editorial Akal. Madrid. 2005. Páginas 1163 y siguientes.

[164] BOE número 193 de 1944.

[165] BOE número 227 de 1944.

Tabla 18.
La pérdida de población judía (1939-1945)[166]

Estado	Población en 1939	Población en 1945	Diferencia
Alemania	240.000	80.000	-160.000
Austria	60.000	7.000	-53.000
Bélgica	90.000	40.000	-50.000
Bulgaria	50.000	47.000	-3.000
Checoslovaquia	315.000	44.000	-271.000
Dinamarca	6.500	5.500	-1.000
Francia	270.000	200.000	-70.000
Grecia	74.000	12.000	-62.000
Hungría	400.000	200.000	-200.000
Italia	50.000	33.000	-17.000
Luxemburgo	3.000	1.000	-2.000
Noruega	2.000	1.000	-1.000
Países Bajos	140.000	20.000	-120.000
Polonia	3.350.000	50.000	-3.300.000
Rumanía	750.000	430.000	-320.000
URSS	3.020.000	2.500.000	-520.000
Estonia	4.500	-	-
Letonia	95.000	-	-
Lituania	145.000	-	-
Yugoslavia	75.000	12.000	-63.000

Pese a que Bulgaria salvaguarda la vida de sus propios judíos, tanto por humanitarismo, como por pragmatismo político, bajo el influjo de la coyuntura de crisis posbélica y las características sociales del nuevo régimen[167], a partir de 1946 el Estado búlgaro, al igual que los otros países balcánicos, experimentará una masiva emigración de judíos a Israel.

[166] Las estadísticas de 1939 se refieren a las fronteras de preguerra, y para los datos de 1945 se han tomado en consideración las fronteras posteriores a la conflagración. La cifra 80.000 correspondiente a Alemania incluye 60.000 personas desplazadas. El cálculo de 2.500.000 para la URSS comprende unos 300.000. refugiados, deportados y supervivientes de los territorios de nueva adquisición. HILBERG, RAUL. *La destrucción de los judíos europeos.* Editorial Akal. Madrid. 2005. Página 1164.

[167] BARUH, EMI. (14). *Judíos.* En: KRASTEVA, ANNA. *Comunidades e identidades en Bulgaria.* Petexton. Sofía. 1998. Página 230.

Tabla 19.
Tabla recapitulativa de la emigración hacia Palestina, (y después hacia Israel)[168]

Estado	1919 - 1923	1924 - 1931	1932 - 1938	1939 - 1945	1946 - 15.05.1948	15.05.1948 - 31.12.1949	Total
Bulgaria	328	1.209	1.121	3.220	1.179	35.089	42.146
Grecia	158	815	5.651	5.651	982	1.540	14.797
Turquía	478	1.303	2.179	2.179	121	30.657	36.917
Yugoslavia	145	154	640	640	147	6.596	8.322
Total	**1.109**	**3.481**	**9.591**	**11.690**	**2.429**	**73.882**	**102.182**

Desgraciadamente, una vez rechazado el régimen autoritario, las vicisitudes posbélicas destinan al pueblo búlgaro a la caída bajo el comunismo, de forma que en el país se implanta un nuevo sistema totalitario de modelo soviético, cuya doctrina prevé la dictadura del proletariado como única forma de gobierno. Paradójicamente este escenario de confusión *simbólica, funcional, institucional y orgánica* de un partido con el Estado, presenta en ocasiones asombrosos paralelismos con el período del autoritarismo. En términos históricos, a lo largo de la dictadura comunista, Bulgaria de nuevo será testigo de una política estatal de naturaleza represiva, dirigida contra los derechos fundamentales de las personas pertenecientes a minorías, buscándose la implantación de un modelo monista que rechaza la pluralidad cultural.

---

[168] BENBASSA, ESTHER, y RODRIGUE, ARON. *Historia de los judíos sefardíes de Toledo a Salónica.* Abada Editores. Madrid. 2004. Página 368.

CAPÍTULO IV.
EL ASUNTO DE LAS MINORÍAS EN LA POLÍTICA DEL RÉGIMEN COMUNISTA (1944-1989)

1. LA EVOLUCIÓN DE LA DICTADURA COMUNISTA DE BULGARIA

Históricamente en la política del *régimen totalitario*, instaurado en el Estado tras la llegada al poder del Partido Comunista, el 9 de septiembre de 1944, se pueden distinguir tres grandes etapas:

1) La nueva situación inmediatamente posterior a la Segunda Guerra Mundial, (1939-1945), y que se extiende hasta la mitad de los años 50, calificada por KRASTYO MANCHEV como *internacionalismo comunista*[1], en que se han aplicado *los postulados del marxismo y el leninismo*, así como la práctica soviética en la regulación jurídica de las minorías.
2) La etapa abierta por el *Pleno de Abril* celebrado en Sofía del 2 al 6 de abril de 1956, y especialmente por sus decisiones relativas a la vida política, económica y cultural de la sociedad búlgara, en que irónicamente se plantea la cuestión sobre *la perfección y la democratización del gobierno estatal*, caracterizadas por un refuerzo del marco legal del régimen, pues a pesar de todo, como considera KRASTYO MANCHEV, dicho período se puede definir como un nacionalismo *sui generis* comunista[2]. En el contexto histórico ésta será la época, que dará lugar a la asimilación forzosa de *los otros*, intentando conseguir la *homogeneidad nacional* a través de la creación de una *nación socialista unificada*.

---

[1] MANCHEV, KRASTYO. (115). *Historia del asunto nacional de los Balcanes*. Editorial Paradigma. Sofía. 2008. Página 401.

[2] MANCHEV, KRASTYO. (115). *Historia del asunto nacional de los Balcanes*. Editorial Paradigma. Sofía. 2008. Página 401.

3) La fase final de la dictadura, posterior a 1984, marcada por la finalización del *proceso de regeneración*[3].

La política minoritaria del nuevo poder no se puede entender sin la figura de Todor Zhivkov, (1962-1989), que será una de las piezas claves en el proceso de reformas destinadas a la construcción del nuevo orden social. Este dictador, alcanzará la cumbre del poder político en Bulgaria en la segunda mitad del siglo XX, tras su paso por todos los escalones en la jerarquía del Partido Comunista. Sus aportaciones reformistas son en cierto modo los fundamentos de las profundas transformaciones, que experimentará la sociedad búlgara en el siglo XX, con el advenimiento del modelo soviético, anticipando los cambios estructurales que afectarán tanto al Estado, como al modelo multicultural bulgáro.

2. EL RESPETO DE LA DIVERSIDAD CULTURAL EN EL PROCESO DE INSTAURACIÓN DEL RÉGIMEN

Destaca en el Reglamento del Partido Comunista búlgaro, la declaración de *oponerse a la aversión entre los distintos pueblos, a la desigualdad racial y al chovinismo, apoyando la solidaridad entre los trabajadores de todos los estados*[4]. Como señala RUBEN LEVI, en el programa del gabinete de Kimón Georgiev, de 17 de septiembre de 1944, se reconocen *iguales derechos políticos y civiles a todos los nacionales búlgaros sin otorgar importancia de su origen nacional, raza o confesión religiosa*[5]. A diferencia de lo que ocurre en la época inmediatamente anterior, el nuevo orden prevé la participación de las minorías tanto en la administración central como en el ejército. A título de ejemplo, en la XXVI Asamblea Nacional convocada, el 15 de septiembre de 1945, gozan de una representación parlamentaria las minorías macedonia, turca, judía, así como la comunidad religiosa de los búlgaros musulmanes[6].

Como gran novedad dentro del modelo comunista de respeto de la diversidad étnica, religiosa y lingüística, el Frente Popular[7] emprende una serie de medidas dirigidas a conseguir el aumento del nivel cultural de los distintos

---

[3] Se entiende bajo el denominado *proceso de regeneración*, los intentos del régimen comunista de asimilación forzosa de los turcos y los búlgaros musulmanes habitantes del Estado.

[4] *Reglamento del Partido Comunista búlgaro.* Sofía. 1945. Página 4.

[5] LEVI, RUBEN. (99). *El Frente Popular y las minorías nacionales.* Biblioteca Frente Popular № 9. Sofía. 1946. Página 11.

[6] LEVI, RUBEN. (99). *El Frente Popular y las minorías nacionales.* Biblioteca Frente Popular № 9. Sofía. 1946. Página 11.

[7] También conocido como *Frente de la Patria*, es una amplia coalición de fuerzas antifascistas, encabezada por el Partido Comunista búlgaro.

grupos minoritarios, y especialmente de los turcos[8]. En aplicación de las mismas se establece la paridad en el estatuto jurídico de los centros docentes públicos y privados, puestos todos bajo la fiscalización general del Estado[9].

Asimismo se reconoce a las minorías la libertad del uso de los propios medios de comunicación pública para el desarrollo de sus actividades socioculturales, lo cual incluye tanto a la prensa escrita[10], como a la radio y la televisión.

Es importante también destacar que en las condiciones de una crisis económica posbélica, el Gobierno procede a la incorporación de garantías sobre la seguridad social de todos los ciudadanos del país independientemente de su pertenencia étnica o religiosa.

Sin embargo las relaciones entre el Estado y las minorías no vivirán una eterna luna de miel. Por motivos de seguridad nacional, la política del Partido Comunista de respeto de la diversidad cultural pronto se desvanece, manifestándose una actitud amistosa solamente hacia aquellas comunidades minoritarias, que según el régimen estarán llamadas a desempeñar un importante papel en la creación de *puentes con los países socialistas fraternos*[11]. Así pues, a principios de 1945 el líder comunista Georgi Dimitrov, (1946-1949), lanza la idea de otorgar *plenas libertades a todas las minorías nacionales en el Estado*. Subrayando a continuación que respecto a los turcos *cabe actuar con prudencia*, pues sin perjuicio de que éstos tengas iguales derechos políticos y civiles que los búlgaros, será precisa la promoción de medios apropiados contra la formación de un movimiento nacional turco, *porque Bulgaria no reconoce dicho nacionalismo y quiere que Turquía esté fuera del Continente europeo*[12]. Por lo tanto, el 12 de febrero de 1945, el Comité Central del Partido Comunista búlgaro, (en adelante CCPCB), declara su decisión de restringir la fundación de organizaciones políticas con participación turca[13].

---

[8] YALAMOV, IBRAHIM. (239). *La prensa turca en Bulgaria (1878-1996)*. En: IVANOV, MIKHAIL. *La prensa de las minorías en Bulgaria*. Sofía. 1998. Página 23.

[9] KANEV, KRASIMIR. (97). *Legislación y política hacia las minorías étnicas y religiosas en Bulgaria*. En: KRASTEVA, ANNA. *Comunidades e identidades en Bulgaria*. Petexton. Sofía. 1998. Página 89.

[10] En puridad a las distintas minorías se les reconoce la facultad de editar sus propios periódicos: *Bandera de Macedonia* (a los macedonios), *Ishak* (a los turcos), *Noticias Judías* (a los hebreos), *Ereván* (a los armenios), *Romano-esi* (a los romas). LEVI, RUBEN. (99). *El Frente Popular y las minorías nacionales*. Biblioteca Frente Popular N.º 9. Sofía. 1946. Página 12.

[11] VV.AA. (58). *«El proceso de regeneración». El estado búlgaro y los búlgaros de origen turco (de la segunda mitad de los años 30 a principios de los años 90 del siglo XX)*. Primera parte. En: *Los archivos hablan*. Volumen 55. Agencia de Archivo del Estado. Sofía. 2009. Página 12.

[12] Instrucciones de Georgi Dimitrov dadas a la delegación especial de miembros del Partido Comunista búlgaro, que visitó a su líder durante su estancia en Moscú a finales de enero de 1945. VV.AA. (58). *«El proceso de regeneración». El estado búlgaro y los búlgaros de origen turco (de la segunda mitad de los años 30 a principios de los años 90 del siglo XX)*. Primera parte. En: *Los archivos hablan*. Volumen 55. Agencia de Archivo del Estado. Sofía. 2009. Página 12.

[13] Archivo Central de Estado, fondo número 1B, (en alfabeto cirílico Б), inventario 6, unidad de archivo 34, página 1. VV.AA. (58). *«El proceso de regeneración». El estado búlgaro y*

3. LA CONSTITUCIÓN DE LA REPÚBLICA POPULAR DE BULGARIA DE 4 DE DICIEMBRE DE 1947

3.1. Antecedentes inmediatos

El golpe militar, de 9 de septiembre de 1944, trajo consigo la implantación de un nuevo sistema político y social, el cual indudablemente va a dejar su impronta en el constitucionalismo búlgaro en materia de regulación jurídica de las minorías. Por de pronto, a partir de este momento aparece la necesidad de aprobar un ordenamiento constitucional nuevo, que regule de manera definitiva las consecuencias de la transición al comunismo. El 8 de septiembre de 1946, tuvo lugar un referéndum nacional[14] a raíz del cual Bulgaria resulta proclamada *República popular*. El 4 de octubre de 1946, el Comité nacional del Frente Popular promulga el proyecto oficial sobre *Constitución Republicana*[15], que se caracteriza por la introducción de un buen número de derechos fundamentales en la esfera económica y social[16].

Su artículo 60 pasa a sancionar *la igualdad ante la Ley de todos los nacionales búlgaros*. En virtud del citado precepto queda prohibida cualquier forma de privilegios basados en *el origen nacional, religión o estado patrimonial*, así como *la provocación al odio contra grupos o asociaciones, por motivos racistas, nacionalistas o religiosos*[17].

---

los búlgaros de origen turco (de la segunda mitad de los años 30 a principios de los años 90 del siglo XX). Primera parte. En: *Los archivos hablan*. Volumen 55. Agencia de Archivo del Estado. Sofía. 2009. Páginas 46 y 47.

[14] El referéndum, de 8 de septiembre de 1946, se realiza según la Ley de referéndum nacional sobre la abolición de la Monarquía, la proclamación de la República Popular de Bulgaria y la convocatoria de Asamblea Constituyente, de 2 de agosto de 1946, (BOE número 174 de 1946), la cual en su artículo 1 establece que la XXVI Asamblea Nacional propone que se proceda a la abolición de la Monarquía y la proclamación de la República Popular de Bulgaria, así como que el zar Simeón II y la dinastía Saxe Coburg Gotha sean privados irrevocablemente de todos sus derechos *personales y patrimoniales y de los títulos relacionados con el trono búlgaro.*

[15] DRUMEVA, EMILIA. (51). *Derecho Constitucional.* 3ª Edición. Editorial Ciela. Sofía. 2008. Página 189.

[16] A diferencia de lo que ocurría en la Constitución de 1879, el proyecto de nueva Ley Fundamental de 4 de octubre de 1946, incorpora un catálogo más amplio de derechos sociales entre los cuales destacan el derecho de trabajo, de pensión, de descanso, etc. DRUMEVA, EMILIA. (51). *Derecho Constitucional.* 3ª Edición. Editorial Ciela. Sofía. 2008. Página 190.

[17] Estos principios tienen sus antecedentes en el artículo 12 de la Ley de referéndum nacional sobre la abolición de la Monarquía, la proclamación de la República Popular de Bulgaria y la convocatoria de Asamblea Constituyente de 1946, donde se hace especial hincapié en que *a los Constituyentes se les asigna el encargo de incorporar en la futura Constitución los derechos y las libertades democráticos fundamentales, de forma que Bulgaria gozará de un Parlamento cuyos diputados serán designados por sufragio universal secreto y directo. Se reconocen a todo*

El 7 de octubre de 1946, es convocada una Asamblea Constituyente, y como fruto de un largo debate, el 15 de mayo de 1947, resulta elaborado un segundo proyecto de Constitución, que sigue estrictamente la línea ideológica del primero.

El 15 de septiembre de 1947, los Estados Unidos, la Unión Soviética, Gran Bretaña y Francia ratifican el Tratado de París, el cual determina las relaciones internacionales posteriores a la Segunda Guerra Mundial, de forma que Bulgaria junto con los otros países de Europa del Este, caen bajo el influjo de los *Sóviets*. Ello marcará una redefinición de las visiones constitucionales búlgaras inspiradas en el constitucionalismo soviético. El 4 de diciembre 1947, tras profundas modificaciones de las propuestas iniciales se adopta la segunda Ley Fundamental en la historia del Estado[18], calificada por la doctrina científica como la *Constitución de la transición del capitalismo al socialismo*[19].

3.2. Contenido básico en materia de garantías de los derechos fundamentales

Como apunta EMILIA DRUMEVA la Carta Magna de 1947 está fuertemente influida por el modelo constitucional de *la democracia popular*[20], lo que *formalmente* garantiza la conservación de los siguientes principios fundamentales del liberalismo, sirviendo únicamente como una *fachada democrática del régimen*:

1) Sufragio universal[21].
2) Protección legal de la propiedad privada, si bien se permite su restricción, nacionalización y expropiación por motivos de utilidad pública o interés nacional[22].
3) Garantía de los intereses y los derechos de los ciudadanos por parte del Estado[23] y las autoridades municipales[24].

---

ciudadano búlgaro iguales derechos y deberes, sin distinción de género, raza, origen nacional, confesión religiosa, lengua y condición social... Se garantiza la libertad de conciencia y de creencias, de expresión y de prensa, así como los derechos de asociación y reunión, la inviolabilidad de la persona y el domicilio... Todos los nacionales disfrutarán del libre y gratuito acceso a la educación la cual será laica, de espíritu democrático y progresista...

[18] BOE número 284 de 1947.

[19] DRUMEVA, EMILIA. (51). *Derecho Constitucional.* 3ª Edición. Editorial Ciela. Sofía. 2008. Página 191.

[20] DRUMEVA, EMILIA. (51). *Derecho Constitucional.* 3ª Edición. Editorial Ciela. Sofía. 2008. Página 191.

[21] Artículo 2 de la Constitución de 1947.

[22] Artículo 10 de la Constitución de 1947.

[23] Artículo 43 de la Constitución de 1947.

[24] Artículo 49 de la Constitución de 1947.

4) Trato imparcial e igualitario a todos los ciudadanos en el proceso de administración de justicia[25].
5) Igualdad ante la Ley[26].
6) Igualdad entre el hombre y la mujer[27].
7) Libertad religiosa[28].
8) Derecho de educación gratuita[29].
9) Inviolabilidad de la persona[30], del domicilio[31] y de la correspondencia[32].
10) Libertad de asociación[33], de manifestación y de prensa[34].
11) Derecho de petición[35].

3.3. Normas constitucionales relativas a la diversidad cultural

La Constitución de 1947 establece el derecho de voto activo y pasivo, de todos los ciudadanos de la República mayores de 18 años, con independencia de su *sexo, origen nacional, raza, religión, instrucción, actividad profesional, condición social y estado patrimonial*[36].

Su artículo 71 reiterará la idea fundamental de la igualdad ante la Ley, añadiendo a continuación la prohibición del reconocimiento de privilegios relacionados con *la nacionalidad, el origen étnico, la creencia y el estado patrimonial* de los ciudadanos. La citada disposición asimismo contempla que cualquier incitación *al racismo, nacionalismo u odio religioso será objeto de una sanción prevista por Ley*[37].

---

[25] Artículo 56 de la Constitución de 1947.

[26] Artículo 71 de la Constitución de 1947.

[27] Artículo 72 de la Constitución de 1947.

[28] Artículo 78 de la Constitución de 1947.
A diferencia de lo que ocurría en la Carta Magna de 1879, la cuestión religiosa deja de ubicarse dentro de su propio capítulo de la Constitución en el plano concerniente a la adjetivación y caracterización del Estado, para pasar al campo de los derechos fundamentales.

[29] Artículo 79 de la Constitución de 1947.

[30] Artículo 82 de la Constitución de 1947.

[31] Artículo 85 de la Constitución de 1947.

[32] Artículo 86 de la Constitución de 1947.

[33] Artículo 87 de la Constitución de 1947.

[34] Artículo 88 de la Constitución de 1947.

[35] Artículo 89 de la Constitución de 1947.

[36] Artículo 3 de la Constitución de 1947.

[37] En aplicación del citado precepto, el artículo 26 de la Ley de Confesiones Religiosas de 1 de marzo de 1949, (BOE número 48 de 1949), prescribe que será sancionada penalmente cualquier propaganda, que incitase al odio religioso.

La Carta Magna de 1947 también pasa a reconocer la libertad de conciencia, de creencias y de las prácticas del culto[38]. Incorporándose asimismo una serie de medidas de contenido secularizador, de manera que se constitucionaliza el principio de separación entre el Estado y la Iglesia[39] en su artículo 78, párrafo 2, al afirmarse literalmente que *se establece régimen de separación entre la Iglesia y el Estado*[40]. Cuestiones tan esenciales como el estatuto, la organización jerárquica, el gobierno y la financiación de las distintas comunidades religiosas encontrarán su regulación en una *Ley especial*[41], prohibiéndose constitucionalmente el *uso de la Iglesia y la religión con fines políticos*, así como la *fundación de organizaciones políticas con carácter religioso*[42].

Con motivo de la instauración de una *República Popular*, se avanza con paso firme en el camino hacia la formación de un sistema educativo *laico de carácter democrático y progresista*[43]. En este sentido la Constitución de 1947:

1) Reconoce *a las minorías nacionales* la libertad de aprendizaje de su lengua materna y el derecho a desarrollar su cultura tradicional[44].

---

[38] Artículo 78, párrafo 1, de la Constitución de 1947.

Siendo el régimen comunista profundamente ateo y antidemocrático, todas estas normas constitucionales quedan en papel mojado, pues como señala VLADIMIR MIGEV, la religión y las instituciones religiosas se consideraban como los mayores enemigos ideológicos del comunismo. MIGEV, VLADIMIR. (120). *Algunos aspectos de las relaciones entre la Iglesia Ortodoxa y el régimen comunista en Bulgaria*. En: *Estado e Iglesia-Iglesia y Estado en la historia búlgara. Colección 135 años de la institución del Exarcado búlgaro.* Universidad de Sofía «San Clemente de Ohrid». Sofía. 2006. Página 449.

[39] A partir de este momento la Iglesia Ortodoxa Búlgara quedará completamente dominada por la dictadura, sin sombra de oposición a la misma, de forma que el régimen llegará incluso a dar publicidad a las intervenciones del Patriarca Cirilo, (1953-1971), máxima autoridad ortodoxa, en apoyo, o al menos, no en oposición a la política del Estado, que por otro lado no dejará margen alguno a la disidencia. TORRES GUTIÉRREZ, ALEJANDRO, KOLEV, ÁNGEL HRISTOV, DOBREV, EMIL NIKOLOV, y PETROVA, ILINA ANGELOVA. *Estatuto legal de las confesiones religiosas en Bulgaria.* En: CIMBALO, GIOVANNI, y BOTTI, FEDERICA (Editores). *Libertà di coscienza e diversità di appartenenza religiosa nell'Est Europa.* Bolonia University Press. 2008. Páginas 50 y 51.

[40] El artículo 76, párrafo 2, de la Constitución de 1947 consolidará ese vuelco en las relaciones Iglesia-Estado, pues otorga únicamente validez al matrimonio civil contraído frente a las respectivas autoridades estatales.

[41] Artículo 78, párrafo 3, de la Constitución de 1947.

[42] Artículo 78, párrafo 4, de la Constitución de 1947.

[43] Artículo 79, párrafo 1, de la Constitución de 1947.

[44] Artículo 79, párrafo 2, de la Constitución de 1947.

En desarrollo de esta disposición constitucional, los artículos 3 y 9 de la Ley de instrucción popular de 17 de septiembre de 1948, (BOE número 218 de 1948), prescriben la fundación de especiales escuelas públicas en las regiones pobladas por minorías, destinadas a satisfacer las específicas necesidades educativas de sus miembros, usándose como lenguas de enseñanza tanto el idioma del grupo minoritario correspondiente, como la lengua oficial búlgara.

2) Contempla que la enseñanza dependerá directa y totalmente del Estado, permitiéndose únicamente por Ley la fundación de establecimientos docentes privados, que permanecerán bajo la fiscalización de las autoridades públicas[45].

4. LA CUESTIÓN DEL PLURALISMO CULTURAL EN LA CONSTITUCIÓN DE 18 DE MAYO DE 1971

A raíz del referéndum nacional celebrado, el 16 de mayo de 1971, se promulga la nueva Ley Fundamental socialista, el 18 de mayo de 1971[46], la tercera de la historia del constitucionalismo búlgaro, que tras sucesivas reformas realizadas en 1990[47] estará en vigor hasta la promulgación de la Constitución democrática de 13 de julio de 1991. Como han puesto de manifiesto VESELIN METODIEV y LACHEZAR STOYANOV destaca en la Carta Magna de 1971 la *ideologización totalitaria*, fuertemente influida por *la intención de construir una nación socialista avanzada*[48]. Por su espíritu jurídico la nueva Constitución supone una compilación de normas, tendentes a reforzar el papel rector del partido en la sociedad búlgara. Sin embargo para dar un *matiz democrático* de la dictadura, la nueva Ley Fundamental:

1) Viene a reconocer el derecho de voto activo y pasivo a todo ciudadano búlgaro que haya cumplido 18 años de edad, sin distinción de *sexo, origen nacional, raza, religión, instrucción, profesión, ocupación de cargo o empleo público, condición social o situación económica, siendo privadas de votar las personas puestas bajo tutela*[49].
2) Vuelve a garantizar el principio de igualdad ante la Ley[50], quedando prohibidos cualquier tipo de privilegios o limitaciones de derechos por razón de *nacionalidad, origen étnico, confesión religiosa, instrucción y condi-*

---

[45] Artículo 79, párrafo 4, de la Constitución de 1947.

Aprovechándose de la citada norma, el 3 de agosto de 1948, el régimen promulga el Decreto de escuelas extranjeras, (BOE número 180 de 1948), cuyo artículo 1 establece el cierre de todos los centros docentes privados fundados o subvencionados por gobiernos, órdenes, congregaciones y misiones religiosas extranjeras, así como por personas físicas o jurídicas con sede fuera de Bulgaria. En virtud de esta disposición, a partir del 1 de septiembre de 1948, resultan cerradas 8 escuelas católicas francesas, 2 colegios austriacos y 1 italiano. Archivo Central de Estado, fondo número 147B, (en alfabeto cirílico Б), inventario 3, unidad de archivo 1639, páginas 15 a 38.

[46] BOE número 39 de 1971.

[47] BOE número 6, 29, 94 y 98 de 1990.

[48] METODIEV, VESELIN, y STOYANOV, LACHEZAR. (119). *Las Constituciones búlgaras y los proyectos constitucionales*. Editorial «Petar Beron». Sofía. 2003. 2a Edición. Página 16.

[49] Artículo 6, párrafo 3, de la Constitución de 1971.

[50] Artículo 35, párrafo 1, de la Constitución de 1971.

ción social o situación económica[51]. El reconocimiento de este derecho implicará además la prohibición constitucional de toda apología del *odio nacional, racial o religioso* que constituya incitación a la discriminación, la hostilidad o la violencia[52].

3) Reitera los principios fundamentales de libertad religiosa y de conciencia[53] y de separación Iglesia-Estado[54], añadiéndose con carácter novedoso en el constitucionalismo búlgaro, *la libertad de los ciudadanos de hacer propaganda antirreligiosa*[55]. Al igual que las previsiones en la materia consagradas por la antigua Carta Magna, la nueva regulación proscribe el *uso abusivo de la Iglesia y la religión con fines políticos*, y prohíbe la creación de organizaciones políticas de naturaleza religiosa[56]. Introduciéndose finalmente como otra novedad dentro del modelo búlgaro de libertad de conciencia, la previsión que nadie puede estar exento de obligaciones o deberes legalmente establecidos, *por causa de sus convicciones religiosas*[57].

La Constitución de 1971 vuelve a poner de manifiesto la innata tendencia del régimen a reducir al mínimo la libertad de educación de las minorías, al reconocer el derecho de enseñanza en su lengua materna únicamente a los ciudadanos, que no tengan origen *búlgaro*[58].

5. LAS VICISITUDES EN LAS RELACIONES ENTRE EL RÉGIMEN COMUNISTA Y LAS MINORÍAS

5.1. La autonomía cultural de la población búlgara de la región de Macedonia de Pirin, (1944-1956)

Será a lo largo de la euforia posbélica, cuando en octubre de 1944 se marca el comienzo de una serie de negociaciones entre Bulgaria, Yugoslavia y la Unión Soviética sobre la creación de una *Federación Yugoslava*, de la cual pasarán a formar parte los territorios suroccidentales del Estado búlgaro[59] conoci-

---

[51] Artículo 35, párrafo 2, de la Constitución de 1971.
[52] Artículo 35, párrafo 4, de la Constitución de 1971.
[53] Artículo 53, párrafo 1, de la Constitución de 1971.
[54] Artículo 53, párrafo 2, de la Constitución de 1971.
[55] Artículo 53, párrafo 1, *in fine*, de la Constitución de 1971.
[56] Artículo 53, párrafo 4, de la Constitución de 1971.
[57] Artículo 53, párrafo 5, de la Constitución de 1971.
[58] Artículo 45, párrafo 7, de la Constitución de 1971.
[59] ANGELOV, VESELIN. (3). *Crónica de una traición nacional. Los intentos sobre la desnacionalización forzosa de Macedonia de Pirin (1944-1949)*. Editorial Universidad de Blagoevgrad «Neofit Rilski». Blagoevgrad. 1999. Página 3.

dos como Macedonia de Pirin[60]. En esta situación, bajo la extrema tensión política tanto de Moscú[61] como de Belgrado, el Partido Comunista se ve obligado a asumir un compromiso antinacional, al reconocer a los habitantes de la citada región una *autonomía cultural*, proclamándoles como miembros de la *nación macedonia*[62]. Así se abre el camino a una *sui generis* conversión *identitaria* de un sector de la población búlgara, formándose una nueva minoría compuesta mayoritariamente por búlgaros de sentimiento nacional macedonio, forzosamente implantado por el régimen (tabla 20).

El 1 de agosto de 1947, Georgi Dimitrov y Josip Broz Tito subscriben un Acuerdo previo, donde sin fijar un plazo determinado se establece explícitamente, que *Macedonia de Pirin será transferida a raíz de un Tratado Internacional suscrito entre Bulgaria y Yugoslavia*[63]. En virtud de esta estipulación el Estado búlgaro se compromete a realizar en dicha región una *propaganda pro macedonia*, que tendrá como objetivo *la perfecta preparación de su integración en la República Socialista de Macedonia*. A tales fines en el período entre agosto de 1947 y mayo de 1948, en los territorios suroccidentales del país empiezan a publicarse periódicos, así como realizarse emisiones de programas de radio y televisión en *lengua macedonia*. En el ámbito de instrucción este idioma se proclama como lengua oficial de enseñanza, e incluso se llega a la introducción de cambios manipuladores en los libros de geografía e historia, que consagran el fomento del nacionalismo macedonio[64].

---

[60] Hoy en día la región de Blagoevgrad, (Благоевград), en Bulgaria.

[61] En una reunión tripartita entre Iósif Stalin, (1941-1953), Josip Broz Tito, (1943-1980), y Georgi Dimitrov, (1946-1949), celebrada en Moscú, el 7 de junio de 1946, el líder soviético subraya que la población de Macedonia de Pirin debe gozar de una *autonomía cultural* dentro del Estado búlgaro. Este será el primer paso hacia su futura unión a la República Popular de Macedonia, que formará parte de la Federación Yugoslava. Archivo Central de Estado, fondo número 1B, (en alfabeto cirílico Б), inventario 5, unidad de archivo 6, páginas 131 a 137. ANGELOV, VESELIN. (4). *La cuestión macedonia en las relaciones búlgaro-yugoslavos (1944-1952)*. En: *Los archivos hablan*. Volumen 31. Dirección General de los Archivos de Consejo de Ministros, Universidad de Sofía «San Clemente de Ohrid». Sofía. 2004. Página 81.

[62] Decisión número 50 adoptada en la sesión del CCPCB celebrada del 1 al 3 de agosto de 1945. Archivo Central de Estado, fondo número 214 B, (en alfabeto cirílico Б), inventario 1, unidad de archivo 54, página 1. ANGELOV, VESELIN. (4). *La cuestión macedonia en las relaciones búlgaro-yugoslavos (1944-1952)*. En: *Los archivos hablan*. Volumen 31. Dirección General de los Archivos de Consejo de Ministros, Universidad de Sofía «San Clemente de Ohrid». Sofía. 2004. Página 33.

[63] Archivo Central de Estado, fondo número 1B, (en alfabeto cirílico Б), inventario 5, unidad de archivo 7, página 1. ANGELOV, VESELIN. (4). *La cuestión macedonia en las relaciones búlgaro-yugoslavos (1944-1952)*. En: *Los archivos hablan*. Volumen 31. Dirección General de los Archivos de Consejo de Ministros, Universidad de Sofía «San Clemente de Ohrid». Sofía. 2004. Páginas 90 y 91.

[64] ANGELOV, VESELIN. (3). *Crónica de una traición nacional. Los intentos sobre la desnacionalización forzosa de Macedonia de Pirin (1944-1949)*. Editorial Universidad de Blagoevgrad «Neofit Rilski». Blagoevgrad. 1999. Páginas 190 a 195.

Tabla 20.
Población de Macedonia de Pirin-censo a finales de 1944[65]

Nacionalidad	Población
Búlgaros	296.333
Rusos	133
Romas	3.716
Griegos	4
Turcos	2.781
Albaneses	63
Hebreos	416
Valacos	132
Armenios	25
Otros	135
Total	**303.738**

Inspirado por el principio de socialismo internacional a comienzos de 1948 Georgi Dimitrov lanza la idea de la creación de una Confederación búlgaro-yugoslava, en la cual también pueda participar Albania. Tal concepto, cuya materialización cuenta con el apoyo soviético, se ve súbitamente rechazado por Josip Broz Tito a raíz de un mero telegrama de 25 de abril de 1948[66], algo que provoca una grave crisis en las relaciones entre Bulgaria y Yugoslavia, la cual tiene como consecuencia principal la suspensión de la *autonomía cultural* de Macedonia de Pirin. A pesar de ello, bajo la influencia rusa, el Partido Comunista sigue tolerando el sentimiento nacional macedonio a todo habitante de dicha región hasta 1956[67], cuando a raíz de la nueva ideología nacionalista planteada en las decisiones del Pleno de Abril, se procede a la homogeneización cultural de la sociedad búlgara, poniéndose fin a este *experimento cultural.*

[65] Archivo Central de Estado, (Provincia de Blagoevgrad), fondo número 59, inventario 1, unidad de archivo 53, páginas 194 y 195. ANGELOV, VESELIN. (4). *La cuestión macedonia en las relaciones búlgaro-yugoslavos (1944-1952).* En: *Los archivos hablan.* Volumen 31. Dirección General de los Archivos de Consejo de Ministros, Universidad de Sofía «San Clemente de Ohrid». Sofía. 2004. Página 26.

[66] ANGELOV, VESELIN. (3). *Crónica de una traición nacional. Los intentos sobre la desnacionalización forzosa de Macedonia de Pirin (1944-1949).* Editorial Universidad de Blagoevgrad «Neofit Rilski». Blagoevgrad. 1999. Páginas 239 y 240.

[67] ANGELOV, VESELIN. (3). *Crónica de una traición nacional. Los intentos sobre la desnacionalización forzosa de Macedonia de Pirin (1944-1949).* Editorial Universidad de Blagoevgrad «Neofit Rilski». Blagoevgrad. 1999. Página 304.

Tabla 21.
Búlgaros y minorías nacionales en Bulgaria según los censos de 1946, 1956 y 1965[68]

Nacionalidad	1946		1956		1965	
	Población	%	Población	%	Población	%
Búlgaros	5.903.580	83.98	6.506.541	85.46	7.231.243	87.89
Turcos	675.500	9.61	656.025	8.62	780.928	9.49
Romas	170.011	2.42	197.865	2.60	148.874	1.81
Armenios	21.637	0.31	21.954	0.28	20.282	0.25
Judíos	44.209	0.63	6.027	0.08	5.108	0.06
Serbios	-	-	484	0.01	577	0.01
Checos	-	-	1.199	0.02	1.012	0.01
Rusos	-	-	10.551	0.14	10.815	0.13
Macedonios	-	-	187.789	2.46	9.632	0.10
Griegos	-	-	7.437	0.10	8.241	0.01
Albaneses	-	-	1.105	0.01	503	0.01
Húngaros	-	-	671	0.01	583	0.07
Tártaros	-	-	5.993	0.08	6.430	0.01
Rumanos	-	-	3.749	0.04	763	0.01
Alemanes	-	-	747	0.01	795	0.01
Valacos	-	-	487	0.01	-	-
Otros	214.412	3.05	5.085	0.07	2.080	0.03
Total	**7.029.349**	**100.00**	**7.613.709**	**100.00**	**8.227.866**	**100.00**

5.2. *Los grandes movimientos emigratorios a finales de los años 40 y a principios de los años 50 del siglo* XX

Será exactamente a partir de la Segunda Guerra Mundial, cuando con el consentimiento tácito del Gobierno comunista[69] se procede a la gran repatria-

[68] BÜCHSENSCSCHÜTZ, ULRICH. (22). *La política de minorías en Bulgaria. La política del Partido Comunista búlgaro, relativa a los judíos, pomacos y turcos (1944-1989)*. Freien Universität Berlin. Centro internacional de los problemas de las minorías y las relaciones interculturales. Sofía. 2000. Página 221.

[69] En su decisión de 9 de marzo de 1948, el Secretariado del CCPCB estima positivamente la creación de un Estado hebreo en la región de Palestina y declara que no obstaculizará la emigración de aquellos judíos que quieran establecerse en Israel. VASILEVA, BOYKA. (23). *Los judíos en Bulgaria 1944-1952*. Universidad de Sofía «San Clemente de Ohrid». Sofía. 1992. Página 159.

ción de la población judía, de forma que en el corto plazo comprendido entre el 25 de octubre de 1948 y el 16 de mayo de 1949, son transferidas de Bulgaria a Israel 32.106 personas[70], quedando la comunidad judía en el país con un número de miembros muy reducido[71], que en opinión de KRASIMIR KANEV resultan buen integrados en la sociedad búlgara. Asimismo a raíz de varios convenios internacionales, suscritos a finales de los años 40, emigran aproximadamente 15.000 armenios, y 2.000 checos y eslovacos[72]. En esta situación la dictadura plasma la idea del desplazamiento al norte de Bulgaria de los turcos y los búlgaros musulmanes habitantes de las regiones cercanas a la frontera con Grecia[73], algo que en breve provoca una tensión migratoria[74] especialmente entre los representantes de la minoría turca[75], que tiene como consecuencia la emigración masiva hacia Turquía de 150.000 individuos en el período entre enero de 1950 y noviembre de 1951[76]. Para asegurarse que estos emigrantes no tendrán derecho a regresar al país, el 18 de noviembre de 1951, el régimen promulga una modificación de la Ley de ciudadanía búlgara de 27 de marzo de 1948[77], cuya única disposición establece que cada ciudadano del Estado, que no tenga *origen búlgaro perderá su nacionalidad búlgara a raíz del mero hecho de emigrar.*

---

[70] VASILEVA, BOYKA. (23). *Los judíos en Bulgaria 1944-1952.* Universidad de Sofía «San Clemente de Ohrid». Sofía. 1992. Página 125.

[71] El 11 de agosto de 1949 el CCPCB adopta una Decisión especial, estableciendo expresamente la prohibición del regreso a Bulgaria a todos aquellos judíos, que hayan emigrado a Palestina. Archivo Central de Estado, fondo número 1B, (en alfabeto cirílico Б), inventario 8, unidad de archivo 504, páginas 1 a 7.

[72] KANEV, KRASIMIR. (97). *Legislación y política hacia las minorías étnicas y religiosas en Bulgaria.* En: KRASTEVA, ANNA. *Comunidades e identidades en Bulgaria.* Petexton. Sofía. 1998. Página 88.

[73] TRIFONOV, STAYCO. (227). *Los musulmanes en la política del Estado búlgaro (1944-1989).* En: *Páginas de la historia búlgara. Acontecimientos, reflexiones, personalidades.* Segunda parte. Editorial «Prosveta». Sofía. 1993. Páginas 211 y 212.

[74] Inspirado por las órdenes de Iósif Stalin sobre la expulsión de la población turca del Estado, dadas el 29 de julio de 1949, el CCPCB declara en su Decisión de 18 de agosto de 1949, que no impedirá la emigración de aquellos búlgaros de origen turco quienes hayan decidido desplazarse a Turquía. KALINOVA, EVGENIA. (81). *Las relaciones búlgaro-turcas desde la década de los años 20 hasta los finales de la década de los 50-en la búsqueda del tono correcto.* En: *Las líneas del entendimiento mutuo. Bulgaria y Turquía socios en el siglo XXI.* Centro internacional de los problemas de las minorías y las relaciones interculturales. Sofía. 2009. Página 90.

[75] TODOROVA, RUMYANA. (219). *Las relaciones búlgaro-turcas a partir de la Segunda Guerra Mundial (los años 50 y 60 del siglo XX).* En: *Revista histórica.* Libro 5/1994-1995. Academia Búlgara de las Ciencias. 1995. Página 37.

[76] VV.AA. (58). *«El proceso de regeneración». El estado búlgaro y los búlgaros de origen turco (de la segunda mitad de los años 30 a principios de los años 90 del siglo XX).* Primera parte. En: *Los archivos hablan.* Volumen 55. Agencia de Archivo del Estado. Sofía. 2009. Página 18.

[77] BOE número 272 de 1951.

Tabla 22.
Emigración de Bulgaria a Turquía en el período entre 1950 y 1951[78]

Mes	1950	1951
	Emigrantes	Emigrantes
Enero	816	21.352
Febrero	1.212	20.237
Marzo	2.186	9.553
Abril	2.387	16.250
Mayo	1.274	8.008
Junio	3.930	8.646
Julio	3.065	5.243
Agosto	6.028	5.489
Septiembre	7.308	2.861
Octubre	2.572	3.455
Noviembre	-	1.114
Diciembre	21.407	-
Total	52.185	102.208

5.3. Órganos del régimen comunista encargados de los asuntos de las minorías nacionales

Inmediatamente después del 9 de septiembre de 1944, la supervisión de las minorías nacionales en el Estado se otorga a la *Dirección Popular* del CCPCB. Tras su disolución en 1946, en el seno del Secretariado del Comité Central se constituye una *Comisión de minorías*, que a partir del 5 de diciembre de 1962 pasa a formar parte de la *Dirección de propaganda política*, donde se instituye como *Sección de minorías*[79]. El 26 de abril de 1951, a raíz de la Decisión número 103 del CCPCB, se forma una especial *Comisión sobre la difusión de la doctrina comunista entre la población turca*[80]. Desde el punto de vista organizativo, tales órganos estarán integrados por especialistas competentes particularmente en

[78] BÜCHSENSCSCHÜTZ, ULRICH. (22). *La política de minorías en Bulgaria. La política del Partido Comunista búlgaro, relativa a los judíos, pomacos y turcos (1944-1989)*. Centro internacional de los problemas de las minorías y las relaciones interculturales. Sofía. 2000. Página 239.

[79] Decisión del CCPCB número 458 de 5 de diciembre de 1962. Archivo Central de Estado, fondo número 1B, (en alfabeto cirílico Б), inventario 28, página 2.

[80] Archivo Central de Estado, fondo número 1B, (en alfabeto cirílico Б), inventario 53, página 1.

materias religiosas y políticas, así como por representantes de las minorías que obligatoriamente deben ser miembros del partido. Se encomiendan a estos cuerpos de expertas las siguientes funciones[81]:

1) Elaborar y presentar propuestas concretas sobre la mejora de la propaganda del régimen entre las comunidades minoritarias.
2) Conocer los problemas internos de las distintas minorías y, en especial, los asuntos de los búlgaros musulmanes, y proponer medidas sobre su resolución.
3) Investigar las condiciones de la vida social de los grupos minoritarios, realizar estudios sobre su evolución demográfica y, en particular, reunir y mantener actualizada la información sobre los movimientos migratorios, y suministrar la información científica y estadística necesaria para los servicios, instituciones y personas interesadas.

Como señala KRASIMIR KANEV, a lo largo de los años 60 del siglo XX, las contradicciones entre los gobernantes sobre las dimensiones de la política en materia de minorías, desencadenan un escándalo en círculos oficiales. Desgraciadamente este conflicto termina con la derrota de aquellos que insisten en la aplicación de medidas, garantizadoras del libre ejercicio del derecho de *autodeterminación étnico-cultural*[82]. Así pues, se procede al cierre de la Sección de minorías, optándose por una fórmula *asimilacionista*, que estará perfectamente definida a principios de los años 70 del siglo XX[83].

5.4. *Representación de las minorías en los órganos de gobierno del Estado*

Pese a que las Constituciones de 1947 y 1971 reconocen a toda persona el derecho a participar en el gobierno del país, directamente o por medio de representantes libremente elegidos, las minorías en Bulgaria han carecido de

---

[81] Archivo Central de Estado, fondo número 1B, (en alfabeto cirílico Б), inventario 28, páginas 1 a 4.

[82] KANEV, KRASIMIR. (97). *Legislación y política hacia las minorías étnicas y religiosas en Bulgaria.* En: KRASTEVA, ANNA. *Comunidades e identidades en Bulgaria.* Petexton. Sofía. 1998. Página 94.

[83] En su ponencia ante la sesión del CCPCB, celebrada el 28 de diciembre de 1967, Todor Zhivkov, pone de relieve que respecto a la minoría turca, el régimen debe conseguir su integración en la sociedad búlgara. Ese será el primer paso hacia la *asimilación* cultural de sus miembros. Archivo Central de Estado, fondo número 1B, (en alfabeto cirílico Б), inventario 34, unidad de archivo 89, página 83. VV.AA. (58). *«El proceso de regeneración». El estado búlgaro y los búlgaros de origen turco (de la segunda mitad de los años 30 a principios de los años 90 del siglo XX).* Primera parte. En: *Los archivos hablan.* Volumen 55. Agencia de Archivo del Estado. Sofía. 2009. Página 66.

una representación en el poder estatal. Por ejemplo, en la diputación de la VI Asamblea Nacional, (1971-1976), que comprende 400 escaños, pasan a formar parte 385 búlgaros, 11 turcos, 3 judíos y 1 armenio[84]. Esta tendencia vuelve a proyectarse también en el ámbito de la administración local, como se desprende de las siguientes estadísticas:

Tabla 23.
Composición de los Consejos Populares locales en 1971[85]

Nacionalidad	Representantes	%
Búlgaros	49.677	90.07
Búlgaros de origen turco	4.250	7.9
Judíos	21	2.0
Armenios	32	0.1

Según los datos del censo de 1956, en la esfera de las instituciones públicas estaban empleados 35.772 funcionarios búlgaros, y solamente 829 turcos. No menos importante es que entre los 97 candidatos a miembros del Comité Central del mismo año, figura tan sólo un búlgaro de origen turco. También cabe añadir que a lo largo de 45 años de régimen totalitario en el Estado, ningún representante de los distintos grupos minoritarios ha sido designado como miembro del Buró Político del Partido Comunista[86].

5.5. *El proceso de regeneración*

5.5.1. LA FASE INICIAL

En pleno proceso migratorio, el 26 de abril de 1951, el Comité Central adopta la Decisión «A» número 103[87], cuyas previsiones hacen especial hinca-

[84] Archivo Central de Estado, fondo número 1B, (en alfabeto cirílico Б), inventario 73. VV.AA. (58). *«El proceso de regeneración». El estado búlgaro y los búlgaros de origen turco (de la segunda mitad de los años 30 a principios de los años 90 del siglo XX).* Primera parte. En: *Los archivos hablan.* Volumen 55. Agencia de Archivo del Estado. Sofía. 2009. Página 85.

[85] Archivo Central de Estado, fondo número 1B, (en alfabeto cirílico Б), inventario 73. VV.AA. (58). *«El proceso de regeneración». El estado búlgaro y los búlgaros de origen turco (de la segunda mitad de los años 30 a principios de los años 90 del siglo XX).* Primera parte. En: *Los archivos hablan.* Volumen 55. Agencia de Archivo del Estado. Sofía. 2009. Páginas 85 y 86.

[86] KANEV, KRASIMIR. (97). *Legislación y política hacia las minorías étnicas y religiosas en Bulgaria.* En: KRASTEVA, ANNA. *Comunidades e identidades en Bulgaria.* Petexton. Sofía. 1998. Página 91.

[87] Archivo Central de Estado, fondo número 1B, (en alfabeto cirílico Б), inventario 6, unidad de archivo 1298, páginas 37 a 43.

pié en la necesidad de fomentar el *progreso material y social* de la población turca para que se facilite al máximo su *integración en la sociedad comunista*[88]. A tales efectos se contempla:

1) Preparar materiales de propaganda en idioma turco.
2) Mejorar los servicios de salud en las regiones habitadas por turcos.
3) Trasmitir programas de radio y televisión en lengua turca.
4) Obligar a las autoridades educativas a establecer cuotas especiales, así como conceder becas adicionales a favor de los jóvenes turcos para cursar estudios desde la enseñanza primaria hasta la superior, con el fin de facilitar su acceso a carreras profesionales.
5) Suprimir las clases de religión en los centros docentes turcos.
6) Suministrar una educación primaria bilingüe.
7) Erigir nuevas escuelas en los territorios tradicionalmente habitados por un número considerable de personas pertenecientes a la minoría nacional turca.

La aplicación de estas medidas tendrá un significativo éxito especialmente en el campo educativo, pues entre 1944 y 1952 el número de establecimientos docentes turcos pasa de 424 a 1149[89].

Sin embargo en la segunda mitad de los años 50 se da el comienzo al viraje en la política del régimen de respeto de la diversidad cultural, al promoverse definitivamente la idea de la *homogeneidad nacional*, que únicamente podría conseguirse mediante la asimilación de las minorías. Como primer jalón en esa nueva política destacan *las Tesis de mejora de las actividades del Partido Comunista entre la población turca*, adoptadas en la sesión del Comité Central, de 21 de junio de 1958[90], donde valientemente se critican *las manifestaciones de nacionalismo turco y fanatismo religioso musulmán*. En este documento se llega incluso a la conclusión anticonstitucional sobre la proclamación del idioma búlgaro como única lengua de enseñanza en las escuelas turcas, que paulatinamente deberán ser incluidas en el sistema de establecimientos docentes búlgaros[91].

---

[88] VV.AA. (58). «*El proceso de regeneración*». *El estado búlgaro y los búlgaros de origen turco (de la segunda mitad de los años 30 a principios de los años 90 del siglo XX)*. Primera parte. En: *Los archivos hablan*. Volumen 55. Agencia de Archivo del Estado. Sofía. 2009. Página 12.

[89] Archivo Central de Estado, fondo número 1B, (en alfabeto cirílico Б), inventario 5, unidad de archivo 349, páginas 8 y 9.

[90] Archivo Central de Estado, fondo número 1B, (en alfabeto cirílico Б), inventario 6, unidad de archivo 3645, páginas 50 a 57.

[91] Archivo Central de Estado, fondo número 1B, (en alfabeto cirílico Б), inventario 5, unidad de archivo 349, página 28.

Asimismo para eliminar la difusión del sentimiento nacional turco entre los miembros de las minorías romaní, tártara y la comunidad de los búlgaros musulmanes, en su Decisión «A» 101 de 1961[92], el Comité Central ordena a todas las autoridades administrativas y a los Consejos Populares locales que supervisaran estrictamente a las personas pertenecientes a dichos grupos y reaccionasen contra cualquier tipo de propaganda antipatriótica o religiosa[93]. A tales órganos también se les atribuye la tarea de restringir la migración de romas y búlgaros musulmanes en las regiones habitadas por población turca[94]. Conforme al mencionado documento, el Ministerio de Justicia asume la obligación de preparar una especial instrucción relativa a la llevanza del Registro Civil, en el cual a partir de este momento deben ser *inscritos correctamente la pertenencia étnica o nacional de las personas*, así como *todos los matrimonios mixtos*[95]. Por otro lado, el Ministerio de Instrucción Popular recibe la orden de suprimir la enseñanza del idioma turco como asignatura de los planes de estudios de los establecimientos docentes de gitanos, tártaros y búlgaros musulmanes, así como *evitar en la medida de lo posible* los contactos entre el alumnado de estos centros, y docentes o alumnos de origen turco[96].

A mediados de los años 60 del siglo XX se reúnen numerosos factores económicos, sociales e ideológicos, que aumentan las prácticas *asimilacionistas* de la dictadura, al reflejar negativamente en especial sobre los derechos de la minoría turca. Sin duda el factor más atemorizador a la elite comunista es el considerable incremento demográfico de los turcos, que según los datos estadísticos, en el período de 1965 a 1970, es entre 3 y 4 veces mayor que el de los búlgaros[97].

---

[92] Archivo Central de Estado, fondo número 1B, (en alfabeto cirílico Б), inventario 15, unidad de archivo 765, páginas 1 a 13. VV.AA. (58). *«El proceso de regeneración». El estado búlgaro y los búlgaros de origen turco (de la segunda mitad de los años 30 a principios de los años 90 del siglo XX)*. Primera parte. En: *Los archivos hablan*. Volumen 55. Agencia de Archivo del Estado. Sofía. 2009. Páginas 61 y 62.

[93] Punto 1 de la Decisión «A» 101 de 1961.

[94] Punto 4 de la Decisión «A» 101 de 1961.

[95] Punto 2 de la Decisión «A» 101 de 1961.

[96] Punto 5 de la Decisión «A» 101 de 1961.

[97] Archivo Central de Estado, fondo número 1B, (en alfabeto cirílico Б), inventario 55, unidad de archivo 1316, páginas 2 a 34. VV.AA. (58). *«El proceso de regeneración». El estado búlgaro y los búlgaros de origen turco (de la segunda mitad de los años 30 a principios de los años 90 del siglo XX)*. Primera parte. En: *Los archivos hablan*. Volumen 55. Agencia de Archivo del Estado. Sofía. 2009. Página 71.

Tabla 24.
Incremento demográfico anual promedio en el período entre 1965 y 1970[98]

Nacionalidad	Población	%
Búlgaros	38.198	5.3
Turcos	16.156 (13.411)	20.7 (17.2)
Romas	2.868	19.2
Total	**57.222**	**6.9**

En esta situación el régimen llega a la conclusión, que tal aumento poblacional puede ser limitado mediante una emigración controlada. Por ello en 1968 tras una larga serie de negociaciones, Bulgaria y Turquía suscriben un Convenio de emigración, que entra en vigor el 19 de agosto de 1969[99], derogándose el Tratado de Ankara de 1925.

De conformidad con su artículo 1, se reconoce el derecho a emigrar a Turquía únicamente a los ciudadanos búlgaros de origen turco, que entren en las siguientes categorías de vinculación familiar o matrimonial, con las personas quienes han emigrado con anterioridad a 1952:

1) Cónyuges.
2) Ascendientes hasta el tercer grado de consanguinidad.
3) Descendiente hasta el segundo grado de consanguinidad, incluidos sus consortes e hijos.
4) Hermanos y hermanas que hasta la entrada en vigor del citado Tratado no hayan contraído matrimonio.

Desde el punto de vista organizativo se prevé, que el desplazamiento tendrá lugar cada año, en el período comprendido entre el 1 de mayo y el 30 de noviembre, especificándose a continuación que el número de los emigrantes no puede superar a 300 individuos semanalmente[100].

---

[98] Archivo Central de Estado, fondo número 1B, (en alfabeto cirílico Б), inventario 55, unidad de archivo 1316, páginas 2 a 34. VV.AA. (58). *«El proceso de regeneración». El estado búlgaro y los búlgaros de origen turco (de la segunda mitad de los años 30 a principios de los años 90 del siglo XX)*. Primera parte. En: *Los archivos hablan*. Volumen 55. Agencia de Archivo del Estado. Sofía. 2009. Página 70.

[99] BOE número 82 de 1969.

[100] Artículo 3 del Convenio de emigración de 1969.

Tabla 25.
La emigración de Bulgaria a Turquía en el período entre 1958 y 1968, según los datos estadísticos de los censos oficiales[101]

Año	Emigrantes
1958	1
1959	2
1960	1
1961	1
1962	1
1963	5
1964	4
1965	-
1966	-
1967	1
1968	-
Total	**16**

Tabla 26.
La emigración de Bulgaria a Turquía en el período entre 1970 y 1978, según los datos estadísticos del CCPCB [102]

Año	Emigrantes
1970	13.025
1971	10.582
1972	9.954
1973	5.321
1974	1.448
1975	432
1976	2.582
1977	12.005
1978	60.738
Total	**116.087**

[101] Anuario estadístico de la República Popular de Bulgaria de 1969. Sofía. 1969. Página 68.

[102] Archivo Central de Estado, fondo número 1B, (en alfabeto cirílico Б), inventario 73. VV.AA. (58). *«El proceso de regeneración». El estado búlgaro y los búlgaros de origen turco (de la segunda mitad de los años 30 a principios de los años 90 del siglo XX).* Primera parte. En: *Los archivos hablan.* Volumen 55. Agencia de Archivo del Estado. Sofía. 2009. Página 78.

Como señala TATIANA DRONZINA, a principios de los años 70, con la agravación del conflicto en Chipre, aumentan los temores del régimen a que semejantes tensiones étnicas puedan acontecer en Bulgaria[103]. En esta situación para oponerse a la propaganda turca y, en especial, para limitar su fuerte influencia entre la comunidad de los búlgaros musulmanes, la dictadura decide proceder a una acción administrativa, consistente en el cambio de los nombres turco-árabes dc los *pomacos,* pues según el partido, esta población ha conservado la lengua, la cultura y el sentimiento nacional búlgaro[104]. En principio tal campaña debería ser realizada voluntariamente y sin ningún tipo de presión por parte de las autoridades públicas. Sin embargo su ejecución provoca una serie de tumultos, que son sofocados sangrientamente por la fuerza bruta, siendo asesinadas 10 personas[105]. Ante este preocupante estado de cosas, el Gobierno reacciona promoviendo una serie de medidas restrictivas, destinadas a la aniquilación de la religión musulmana y las manifestaciones exteriores de culto[106], que se contienen en su Decreto número 116, de 4 de mayo de 1971, previéndose en concreto[107]:

1) El cierre de 127 mezquitas.
2) La prohibición de los actos fúnebres con carácter religioso.
3) La introducción de nuevas ceremonias civiles con motivo del matrimonio, nacimiento y funeral.

Destaca como consecuencia principal de todo ello, el cambio de los nombres de 200.000 búlgaros de confesión religiosa musulmana, realizado sola-

---

[103] DRONZINA, TATIANA. *El modelo étnico búlgaro: Los retos de la etnicidad en el proceso de la democratización y la integración de Bulgaria a la Unión Europea.* En: *Papeles del Este. Transiciones postcomunistas.* Número 8 (2004). En: http://pendientedemigracion.ucm.es/BUCM/cee/papeles/08/02.pdf

[104] *Tesis sobre el desarrollo del proceso de regeneración, discutidas en la sesión del Buró Político del Comité Central del Partido Comunista búlgaro, el 12 de marzo de 1988.* Archivo Central de Estado, fondo número 1B, (en alfabeto cirílico Б), inventario 68, unidad de archivo, 3388, páginas 111 a 152. VV.AA. (58). *«El proceso de regeneración». El estado búlgaro y los búlgaros de origen turco (de la segunda mitad de los años 30 a principios de los años 90 del siglo XX).* Primera parte. En: *Los archivos hablan.* Volumen 55. Agencia de Archivo del Estado. Sofía. 2009. Páginas 408 y siguientes.

[105] Informe sobre las actividades de la Agencia para la Seguridad del Estado, realizadas a lo largo de los años 80 del siglo xx. ANGELOV, VESELIN. (5). *Documentos secretos. Documentos sobre las actividades de la Dirección de Seguridad Nacional (1944-1989).* Sofía. 2007. Páginas 665 y 666.

[106] YALAMOV, IBRAHIM. (240). *Historia de la comunidad turca en Bulgaria.* Sofía. 2002. Página 381.

[107] TRIFONOV, STAYCO. (227). *Los musulmanes en la política del Estado búlgaro (1944-1989).* En: *Páginas de la historia búlgara. Acontecimientos, reflexiones, personalidades.* Segunda parte. Editorial «Prosveta». Sofía. 1993. Páginas 219 y 220.

mente en el corto plazo comprendido entre 1970 y 1972[108]. En este contexto cabe añadir que según los datos oficiales del Comité Central de 1978, a esa fecha, apenas 6.000 *pomacos* conservaban sus nombres turco-árabes[109].

5.5.2. EL *PROCESO DE REGENERACIÓN* A LO LARGO DE LOS AÑOS 80 DEL SIGLO XX

El cambio forzoso de los nombres de los búlgaros musulmanes no hará sino consolidará su uso a nivel familiar y comunitario[110]. Sin embargo el régimen concluye que tal proceso ha conseguido un significativo éxito, y decide extender su alcance respecto a la minoría turca y gitana.

Será dentro de la euforia nacionalista provocada por las celebraciones del 1300 aniversario de la creación del Estado búlgaro, cuando el 8 de mayo de 1984 el Buró Político adopta la decisión *sobre la integración de los búlgaros de origen turco en las actividades socialistas y en la política del Partido Comunista*[111]. Pese a que a la vista del título de este documento destaca el uso del término *integración*, su contenido recoge un amplio catálogo de medidas puramente *asimilacionistas*, que tienden a aniquilar la identidad cultural de los búlgaros de origen turco, contemplándose el cierre de los establecimientos docentes turcos, la restricción del uso de lengua turca, la reducción de los programas de radio y televisión emitidos en el mencionado idioma, el aumento de censura de la prensa turca, la prohibición de las prácticas religiosas del culto musulmán, así como de la edificación de nuevas mezquitas.

Como señala IBRAHIM YALAMOV, en la sesión del Comité Central que tuvo lugar entre el 22 de octubre y el 28 de noviembre de 1984 *probablemente* se planteó el problema sobre la realización del cambio de los nombres turco-árabes de los búlgaros de origen turco. Desgraciadamente las notas taquigráficas de ese evento han sido destruidas[112]. Sin embargo los archivos guar-

---

[108] YALAMOV, IBRAHIM. (240). *Historia de la comunidad turca en Bulgaria.* Sofía. 2002. Página 382.

[109] Archivo Central de Estado, fondo número 1B, (en alfabeto cirílico Б), inventario 73. VV.AA. (58). *«El proceso de regeneración». El estado búlgaro y los búlgaros de origen turco (de la segunda mitad de los años 30 a principios de los años 90 del siglo XX).* Primera parte. En: *Los archivos hablan.* Volumen 55. Agencia de Archivo del Estado. Sofía. 2009. Páginas 80 y siguientes.

[110] TRIFONOV, STAYCO. (227). *Los musulmanes en la política del Estado búlgaro (1944-1989).* En: *Páginas de la historia búlgara. Acontecimientos, reflexiones, personalidades.* Segunda parte. Editorial «Prosveta». Sofía. 1993. Página 220.

[111] Archivo Central de Estado, fondo número 1B, (en alfabeto cirílico Б), inventario 67, unidad de archivo 3390, páginas 7 a 31 y 44 a 49. VV.AA. (58). *«El proceso de regeneración». El estado búlgaro y los búlgaros de origen turco (de la segunda mitad de los años 30 a principios de los años 90 del siglo XX).* Primera parte. En: *Los archivos hablan.* Volumen 55. Agencia de Archivo del Estado. Sofía. 2009. Páginas 152 a 162.

[112] YALAMOV, IBRAHIM. (240). *Historia de la comunidad turca en Bulgaria.* Sofía. 2002. Página 390.

dan un buen número de protocolos[113], referidos a las actividades preparatorias y el comienzo del *proceso de regeneración* de la minoría turca[114]. Será exactamente en el corto plazo comprendido entre diciembre de 1984 y enero de 1985, cuando con el auxilio de los órganos policiales[115] y el ejército resultan cambiados forzosamente los nombres de 814.000 ciudadanos búlgaros de origen turco[116] y de 250.000 romas de confesión religiosa musulmana[117].

En el ámbito internacional esta grave violación de los derechos humanos es fuertemente criticada en los informes de la Amnesty International de 1986 y la Helsinki Watch de los años 1987 y 1989[118]. El 26 de febrero de 1986, la Oficina de la Organización de las Naciones Unidas en Ginebra se dirige al Ministerio de Asuntos Exteriores búlgaro por la nota número G/SO 224/1 (1-2), donde se pone especial hincapié en las siguientes obligaciones establecidas en la Resolución de la Asamblea General de la ONU 40/109 sobre la *Eliminación de todas las formas de intolerancia religiosa* de 13 de diciembre de 1985[119]:

1) Se obliga a los Estados a que proporcionen conforme a sus respectivos sistemas constitucionales, cuando no lo hayan hecho todavía, garantías

---

[113] Como se menciona en el Informe sobre las actividades de la Agencia para la Seguridad del Estado, realizadas a lo largo de los años 80 del siglo XX, muchas de las órdenes para la realización del *proceso de regeneración*, en el período posterior a 1984, se dieron verbalmente por el Ministro del Inferior general Dimitar Stoyanov, (1973-1988). ANGELOV, VESELIN. (5). *Documentos secretos. Documentos sobre las actividades de la Agencia para la Seguridad del Estado (1944-1989)*. Sofía. 2007. Página 659.

[114] Archivo central del Ministerio del Interior, fondo número 1, inventario 12, unidad de archivo 573, páginas 10 a 31; fondo número 22, inventario 1, unidad de archivo 231, páginas 86 a 90. VV.AA. (58). *«El proceso de regeneración». El estado búlgaro y los búlgaros de origen turco (de la segunda mitad de los años 30 a principios de los años 90 del siglo XX)*. Primera parte. En: *Los archivos hablan*. Volumen 55. Agencia de Archivo del Estado. Sofía. 2009. Páginas 192 a 194.

[115] Informe sobre las actividades de la Agencia para la Seguridad del Estado, realizadas a lo largo de los años 80 del siglo XX. ANGELOV, VESELIN. (5). *Documentos secretos. Documentos sobre las actividades de la Agencia para la Seguridad del Estado (1944-1989)*. Sofía. 2007. Página 659.

[116] Informe sobre las actividades de la Agencia para la Seguridad del Estado, realizadas a lo largo de los años 80 del siglo XX. ANGELOV, VESELIN. (5). *Documentos secretos. Documentos sobre las actividades de la Agencia para la Seguridad del Estado (1944-1989)*. Sofía. 2007. Página 662.

[117] YALAMOV, IBRAHIM. (240). *Historia de la comunidad turca en Bulgaria*. Sofía. 2002. Página 392.

[118] KANEV, KRASIMIR. (97). *Legislación y política hacia las minorías étnicas y religiosas en Bulgaria*. En: KRASTEVA, ANNA. *Comunidades e identidades en Bulgaria*. Petexton. Sofía. 1998. Página 95.

[119] Archivo del Ministerio de Asuntos Exteriores, inventarios 11 a 43, unidad de archivo 163, página 3. VV.AA. (59). *«El proceso de regeneración». Dimensiones internacionales (1984-1989)*. Segunda parte. En: *Los archivos hablan*. Volumen 61. Agencia de Archivo del Estado. Sofía. 2009. Páginas 159 y 160.

constitucionales y jurídicas adecuadas para la libertad de pensamiento, conciencia, religión y convicciones.

2) Todos los Estados asumen el deber de adoptar las medidas adecuadas para combatir la intolerancia y fomentar la comprensión, la tolerancia y el respeto en cuestiones relativas a la libertad de culto o convicciones. Obligándose también a promover, cuando sea necesario, la supervisión y la formación de los miembros de su administración y los demás funcionarios públicos para asegurar que, en el ejercicio de sus funciones, éstos respetarán las diferentes religiones y las convicciones de las personas, y no actuarán de una manera discriminatoria respecto a los individuos pertenecientes a las minorías religiosas.

Una vez realizado el cambio de los nombres de los búlgaros de origen turco, la dictadura llega a la conclusión, que este proceso no puede suprimir por completo su identidad cultural. Por ello los gobernantes deciden cambiar el enfoque y plasmar la concepción que los turcos habitantes de Bulgaria son una población *originariamente búlgara*, cuyos representantes han sido *turquizados* durante la presencia otomana. Ante este *statu quo artificial* el régimen declara su intención de promover el redescubrimiento del *auténtico sentimiento nacional de los turcos de origen búlgaro*. A tales fines, el 12 de marzo de 1988, se procede a la adopción de las *Tesis sobre el proceso de regeneración*[120]. En su contenido no solamente se reincorporan todas las medidas destinadas a la aniquilación de la identidad individual y colectiva de los turcos en el país, sino también se introduce con carácter novedoso la práctica del intercambio poblacional, cuyo objetivo es liquidar la significativa concentración de población musulmana en las regiones cercanas a la frontera con Turquía[121]. Igualmente a lo que ocurrió en los años 50, la actitud del régimen subyace en el fondo de una importante tensión migratoria, que lleva aparejada una serie de tumultos sofocados aplicando métodos represivos, al dispersar las manifestaciones utilizándose chorros de agua, gas lacrimógeno, balas de goma y violencia física[122]. Asimismo se ordena el arresto

---

[120] Archivo Central de Estado, fondo número 1B, (en alfabeto cirílico Б), inventario 68, unidad de archivo 3388, páginas 111 a 152. VV.AA. (58). *«El proceso de regeneración». El estado búlgaro y los búlgaros de origen turco (de la segunda mitad de los años 30 a principios de los años 90 del siglo XX)*. Primera parte. En: *Los archivos hablan*. Volumen 55. Agencia de Archivo del Estado. Sofía. 2009. Páginas 395 a 417.

[121] Como señala MICHAEL WALZER las minorías nacionales y religiosas son los grupos que con mayor probabilidad se encuentran en situación de riesgo, de forma que si éstos se concentran territorialmente, se convierten en sospechosos de pretender formar un Estado propio o incorporarse a otro país vecino en el cual sus parientes culturales disponen del poder soberano. WALZER, MICHAEL. *Tratado sobre la tolerancia*. Editorial Paidós. Barcelona. 1998. Página 43.

[122] En el *Informe sobre las actividades de la Agencia para la Seguridad del Estado realizadas a lo largo de los años 80 del siglo XX*, se alude a que en el proceso de sofocación de los tumultos

y la prisión de los líderes de las protestas, llegándose incluso a la detención masiva de grupos de manifestantes[123]. En ese sentido en el *Informe sobre las actividades de la Agencia para la Seguridad del Estado, realizadas a lo largo de los años 80 del siglo XX*, se señala que en el período comprendido entre 1984 y 1989, resultan detenidos 423 turcos, quienes *sin juicio y sin sentencia* han sido encarcelados en el campo de concentración en la ciudad de Belene[124].

A mediados de mayo de 1989, se preveía la celebración de la I Reunión de la Conferencia sobre la Dimensión Humana, que tendría lugar en París. Según la información de la Agencia para la Seguridad del Estado, Turquía se preparaba para plantear el problema de la libertad de movimiento en el extranjero de los búlgaros *de habla turca*[125], pues conforme a los textos del Acta final de la Conferencia sobre la Seguridad y la Cooperación en Europa de 1 de agosto de 1975[126], en su calidad de país participante, Bulgaria había declarado *la intención de dar a sus ciudadanos, mayores facilidades para viajes motivados por razones personales o profesionales*[127]. Además de ello, como señala DIMITAR STOYANOV, a finales de 1988, la Comisión de la Asamblea Parlamentaria del Consejo de Europa había preparado un proyecto de informe relativo al *estatuto de las minorías étnicas y la confesión musulmana en Bulgaria*, donde se habían puesto de manifiesto numerosas violaciones de los derechos fundamentales de los individuos, y en especial, de la libertad de salida del país[128]. Estas circunstancias serán aprovechadas por el régimen comunista para disminuir la tensión migratoria entre la población musulmana, al manifestar su voluntad de otorgar a todos los nacionales búlgaros mayores posibilidades de viajar al extranjero. A tal fin, el 19 de mayo de 1989, se promulgan modificaciones de la Ley de pasaportes de 1962[129], en cuyo artículo 1 se reconoce el derecho de salir y regresar al Estado a todo ciudadano búlgaro, que esté en posesión de un pasaporte, u otro documento sustitutivo del mismo. El 29 de mayo de 1989, en su discurso trasmitido por la radio y la televisión, Todor Zhivkov, anuncia que las autoridades *han promulgado leyes que permiten a todo nacional del Estado viajar*

---

en 1989 han muerto 9 búlgaros de origen turco. ANGELOV, VESELIN. (5). *Documentos secretos. Documentos sobre las actividades de la Agencia para la Seguridad del Estado (1944-1989)*. Sofía. 2007. Página 666.

[123] PETKOV, KRASTYO, y FOTEV, GEORGI. (180). *El conflicto étnico de Bulgaria* de *1989. Archivo Sociológico*. Instituto de sociología de la Academia Búlgara de las Ciencias. Sofía. 1990. Página 24.

[124] ANGELOV, VESELIN. (5). *Documentos secretos. Documentos sobre las actividades de la Dirección de Seguridad Nacional (1944-1989)*. Sofía. 2007. Página 661.

[125] STOYANOV, DIMITAR. (210). *La amenaza. El gran nacionalismo búlgaro y el espionaje turco en Bulgaria*. Editorial «Albatros». Sofía. 1997. Página 220.

[126] En: www.osce.org/es/mc/39506

[127] Punto D, *Viajes por razones personales o profesionales*. Sección *Contactos entre personas*.

[128] STOYANOV, DIMITAR. (210). *La amenaza. El gran nacionalismo búlgaro y el espionaje turco en Bulgaria*. Editorial «Albatros». Sofía. 1997. Página 221.

[129] BOE número 39 de 1989.

libremente al extranjero[130]. Con esta astucia política, el líder comunista prácticamente evita la necesidad de suscribir un nuevo Convenio de emigración con Turquía[131], pues el artículo 13, párrafo 2, de la Declaración Universal de los Derechos Humanos de 10 de diciembre de 1948 establece que *toda persona tiene derecho a salir de cualquier estado, incluso del propio, y a regresar a su país*[132]. De este modo a lo largo del verano de 1989, se produce una verdadera oleada migratoria de 320.000 búlgaros de origen turco, que provoca una situación crítica tanto para Turquía, como para Bulgaria, que sufre una grave crisis económica, desencadenándose nuevamente numerosas manifestaciones populares, que ponen de manifiesto el significativo descontento social contra la política de la dictadura. El 10 de noviembre de 1989, pierde el poder Todor Zhivkov, un hecho que colapsa definitivamente el régimen comunista de Bulgaria. A partir de esta fecha, la sociedad búlgara empieza a experimentar un interesante fenómeno migratorio, pues al país regresan el 42% de los emigrantes turcos[133].

Los estudios sociológicos realizados a principios de 1990 ponen de manifiesto, que pese a su sentimiento nacional turco la mayor parte de población emigrada resulta aceptada en Turquía como extranjeros, una actitud que sin duda se convierte en una de las causas principales para su retorno a Bulgaria.

Tabla 27.
¿Cómo les aceptaron en Turquía[134]?

Respuestas	%
Como turco	22.2
Como extranjero	38.5
No sabe	18.8
No contesta	20.5

130 VV.AA. (58). *«El proceso de regeneración». El estado búlgaro y los búlgaros de origen turco (de la segunda mitad de los años 30 a principios de los años 90 del siglo XX)*. Primera parte. En: *Los archivos hablan*. Volumen 55. Agencia de Archivo del Estado. Sofía. 2009. Página 32.

131 El Convenio de emigración suscrito entre Bulgaria y Turquía, el 19 de agosto de 1969, estará en vigor hasta el 30 de noviembre de 1978, cuando es abolido a raíz de un acuerdo bilateral denunciado por un canje de notas diplomáticas. STOYANOV, VALERI. (209). *La población turca en Bulgaria y la política minoritaria oficial (1878-1944)*. En: *Páginas de la historia búlgara. Acontecimientos, reflexiones, personalidades*. Segunda Parte. Editorial «Prosveta». Sofía. 1993. Página 216.

132 En: http://www.un.org/es/documents/udhr/

133 VV.AA. (58). *«El proceso de regeneración». El estado búlgaro y los búlgaros de origen turco (de la segunda mitad de los años 30 a principios de los años 90 del siglo XX)*. Primera parte. En: *Los archivos hablan*. Volumen 55. Agencia de Archivo del Estado. Sofía. 2009. Página 33.

134 PETKOV, KRASTYO, y FOTEV, GEORGI. (180). *El Conflicto étnico de Bulgaria de 1989. Archivo Sociológico*. Instituto de sociología de la Academia Búlgara de las Ciencias. Sofía. 1990. Página 147.

No menos interesante es la información sociológica a comienzos de los años 90 sobre la opinión de los miembros del Partido Comunista respecto a la organización y los objetivos del *proceso de regeneración.*

Tabla 28.
¿Cuál es su opinión sobre el concepto y las medidas de realización del *proceso de regeneración*[135]?

Medida	Estoy de acuerdo con el concepto y la medida de:	No estoy de acuerdo con el concepto, pero sí conforme con la medida de:	No estoy de acuerdo con el concepto, ni con la medida de:	No puedo dar una opinión	Total
Cambio de los nombres.	4.6	72.7	10.1	2.3	100%
Prohibición del uso de idioma turco.	20.4	55.5	20.3	3.9	100%
Anulación de las tradiciones étnicas.	13.4	39.3	43.7	3.4	100%
Prohibición de las prácticas religiosas musulmanas.	7.8	26.2	58.9	7.0	100%
Modificaciones legislativas del régimen de viajes al extranjero.	20.8	14.9	57.9	6.4	100%

5.5.3. La abolición del *proceso de regeneración*

El 19 de enero de 1990, el Parlamento búlgaro adopta la Declaración sobre la cuestión nacional[136], proclamando el carácter criminal del *proceso de regeneración*, y calificándolo como *una violación brutal de la libertad y los derechos fundamentales de los individuos.* Subrayando a continuación la importancia de la *conservación de la paz étnica en el país y del respeto de los derechos y las libertades fundamentales de todo habitante búlgaro.* A tales efectos en nuevo ordenamiento jurídico del Estado se informará por las siguientes directrices:

---

[135] PETKOV, KRASTYO, y FOTEV, GEORGI. (180). *El Conflicto étnico de Bulgaria de 1989. Archivo Sociológico.* Instituto de sociología de la Academia Búlgara de las Ciencias. Sofía. 1990. Página 218.

[136] BOE número 6 de 1990.

1) Todos los ciudadanos del país serán iguales ante la Ley, y disfrutarán de los mismos derechos y libertades[137].
2) Se reconoce el derecho de libertad religiosa, de conciencia y de pensamiento a todo habitante búlgaro, garantizándose asimismo el libre ejercicio en público o en privado, de toda forma de creencias, religiosas o no[138].
3) Se garantiza a todo ciudadano búlgaro el derecho de elegir libremente su nombre. Nadie puede ser obligado a cambiar el mismo contra su voluntad[139].
4) El idioma búlgaro se proclama como lengua oficial del Estado. No obstante lo anterior, en privado, los ciudadanos pueden usar libremente cualquier otro lenguaje[140].
5) Se proscribe toda forma de discriminación por razón de religión, origen nacional o étnico, así como todo tipo de incitación al racismo, nacionalismo u odio religioso[141].

6. LAS RESTRICCIONES DE LA DIVERSIDAD RELIGIOSA CONTENIDAS EN LAS DISPOSICIONES DE LA LEY DE CONFESIONES RELIGIOSAS DE 1 DE MARZO DE 1949

La Carta Magna de 1947 marcará el *avatar* en las relaciones entre el Estado y la Iglesia Ortodoxa, pues no reconoce su supremacía sobre ningún otro culto. Desde un punto de vista formal, esa actitud se asienta sobre dos grandes líneas orientadoras: el reconocimiento de la libertad religiosa y de conciencia, y la separación Iglesia-Estado. Sin embargo, desde una perspectiva esencial el nuevo rumbo legal conlleva a la introducción de un modelo *laicista*, pues como apunta acertadamente ATANAS KRASTEV, este sistema se caracteriza por favorecer y promover el ateísmo, al desacreditar por completo a la religión como *opio del pueblo*, y como factor social reaccionario, permitiendo su existencia al borde de la mera supervivencia[142].

A pesar de la implantación de garantías constitucionales en materia de libertad religiosa, este derecho se encontrará desarrollado en términos muy restrictivos por la Ley de Confesiones Religiosas de 1949, de manera que:

---

137 Artículo 2 de la Declaración sobre la cuestión nacional de 1990.

138 Artículo 3 de la Declaración sobre la cuestión nacional de 1990.

139 Artículo 4 de la Declaración sobre la cuestión nacional de 1990.

140 Artículo 5 de la Declaración sobre la cuestión nacional de 1990.

141 Artículo 8 de la Declaración sobre la cuestión nacional de 1990.

142 KRASTEV, ATANAS. *La Ley búlgara sobre religiones de 2002-primeras impresiones.* En: *Revista General de Derecho Canónico y Derecho Eclesiástico del Estado.* Iustel. Número 1. 2003. En: www.iustel.com

1) Pese a proclamarse el derecho a la libertad de conciencia y de cultos[143], y la separación Iglesia-Estado[144], y llegarse a otorgar al credo ortodoxo el *carácter tradicional* del pueblo búlgaro[145], se establece un estricto control sobre los estatutos de las confesiones religiosas, que deben ser ratificados por el Ministro de Asuntos Exteriores, el cual gozará para ello de la más amplia discreción, pudiendo retirar dicho reconocimiento siempre y cuando entienda que se están vulnerando las leyes[146].
2) Se reconoce a las diferentes comunidades de creyentes el derecho de organizarse libremente, en armonía con sus propias normas internas, siempre que tales reglas no infringiesen las leyes, el orden público o las buenas costumbres[147].
3) Los órganos dirigentes centrales de las confesiones religiosas deben estar registrados en el Ministerio de Asuntos Exteriores, y sus respectivas subdivisiones ante los Consejos Populares locales[148]. Este Ministerio se reserva además la aprobación de los contactos de las entidades religiosas búlgaras con otras organizaciones eclesiásticas con sede en el extranjero[149]. Las iglesias o comunidades religiosas fundadas fuera de Bulgaria o dependientes de una entidad religiosa extranjera, no podrán abrir nuevas instituciones en el territorio nacional, (misiones, órdenes, institutos de beneficencia, etc.), y las ya existentes serán cerradas en el término de un mes a contar desde la entrada en vigor de la Ley[150]. Las confesiones religiosas afincadas en Bulgaria no podrán recibir ayuda económica foránea, sin la previa autorización del Ministerio de Asuntos Exteriores[151].
4) El idioma búlgaro se proclama como lengua oficial en las relaciones y comunicaciones entre las comunidades religiosas y las autoridades es-

---

143 Artículo 1 de la Ley de Confesiones Religiosas de 1949.

144 Artículo 2 de la Ley de Confesiones Religiosas de 1949.

145 Artículo 3 de la Ley de Confesiones Religiosas de 1949.

146 Artículo 6 de la Ley de Confesiones Religiosas de 1949.

147 Artículo 5 de la Ley de Confesiones Religiosas de 1949.

148 Artículo 16 de la Ley de Confesiones Religiosas de 1949.

149 Artículo 22 de la Ley de Confesiones Religiosas de 1949.

De esta manera 70.000 búlgaros de confesión católica, organizados en torno a 2 diócesis latinas y un exarcado de rito oriental, atravesarán no pocas privaciones y un marcado aislamiento, que sólo se alivia con motivo de los contactos diplomáticos entre la Santa Sede y el Gobierno, a mediados de los años 60. TORRES GUTIÉRREZ, ALEJANDRO, KOLEV, ÁNGEL HRISTOV, DOBREV, EMIL NIKOLOV, y PETROVA, ILINA ANGELOVA. *Estatuto legal de las confesiones religiosas en Bulgaria*. En: CIMBALO, GIOVANNI, y BOTTI, FEDERICA (Editores). *Libertà di coscienza e diversità di appartenenza religiosa nell'Est Europa*. Bolonia University Press. 2008. Página 51.

150 Artículo 23 de la Ley de Confesiones Religiosas de 1949.

151 Artículo 24 de la Ley de Confesiones Religiosas de 1949.

tatales, reconociéndose el uso de cualquier otro idioma únicamente respecto al ejercicio del culto y de los ritos[152].

5) Se garantiza a las entidades eclesiásticas el derecho de edificar sus *propios templos*, donde los fieles podrán practicar y asistir libremente a actos y ceremonias religiosas[153]. Sin embargo a las mismas se les prohíbe abrir establecimientos no destinados a la práctica del culto como hospitales, orfanatos u otras instituciones similares[154]. Los institutos de este tipo ya creados, pasarán a ser administrados por el Ministerio de Sanidad y sus bienes se convertirán en propiedad del Estado, que por su parte se obliga a pagar una *indemnización equitativa*[155], susceptible de ser recurrida ante los tribunales regionales, que será fijada por una

---

[152] Artículo 17 de la Ley de Confesiones Religiosas de 1949.

[153] Artículo 7 de la Ley de Confesiones Religiosas de 1949.

Se castiga con penas de prisión de hasta 1 año, a quien por medio de violencia o de amenaza impida o perturbe el ejercicio legítimo del culto religioso, prescribe el artículo 27 de la Ley de Confesiones Religiosas de 1949.

[154] El texto de esta disposición suscitó un gran debate parlamentario, destacando la opinión del Ministro de Hacienda Ivan Stefanov, (1946-1949), quien consideraba que las instituciones confesionales sólo podrían ser titulares de inmuebles directamente destinados a fines religiosos, excluidos los bienes destinados a asistencia y beneficencia, educación y cultura, comercio y lucro. A tales efectos, en su opinión, la nueva normativa debería incluir las siguientes previsiones:

1) Se reconoce a las comunidades confesionales solamente la titularidad de los inmuebles destinados a prácticas religiosas.

2) Los bienes no destinados al ejercicio del culto, propiedad de la Iglesia Ortodoxa Búlgara, sus estructuras, los monasterios y las restantes instituciones eclesiásticas no ortodoxas pasarán a ser patrimonio del Estado.

3) Las confesiones religiosas podrán adquirir únicamente inmuebles destinados a fines religiosos.

KALKANDZHIEVA, DANIELA. (82). *La Iglesia Ortodoxa Búlgara y el Estado (1944-1953)*. Editorial «Albatros». Sofía. 1997. Página 245.

[155] De especial interés resulta la aplicación de la citada norma respecto a las propiedades de la Iglesia Católica, pues simultáneamente a la entrada en vigor de dicha Ley, el 1 de marzo de 1949, en el seno de la Dirección de las Confesiones Religiosas se instituye una comisión encargada de evaluar los hospitales, asilos de huérfanos y otros establecimientos católicos de interés social, los cuales pasarán a formar parte del patrimonio estatal. Como ha puesto de manifiesto SVETLOZAR ELDAROV, la valoración de los mismos resulta entre 7 y 8 veces más baja que su precio de venta. La Iglesia Católica demanda ante el Tribunal Regional de Sofía, la devolución de algunos de sus inmuebles situados en la región de la capital, y el Tribunal dicta a finales de 1949 una sentencia a raíz de la cual sube las indemnizaciones casi 8 veces. Ello subyace en el fondo de la adopción del Decreto número 88 sobre la nacionalización de inmuebles y muebles propiedad de la Iglesia Católica, ubicados en el territorio nacional de la República Popular de Bulgaria de 12 de marzo de 1953, (no promulgado), que prescribe la nacionalización, sin pagar ningún tipo de indemnizaciones, de 188 bienes inmuebles, titularidad de la Iglesia Católica, que comprenden edificios urbanos, fincas rústicas y terrenos agrícolas, excluidos solamente los templos y sus patios adyacentes. ELDAROV, SVETLOZAR. (65). *Los católicos en Bulgaria (1878-1989). Estudio histórico.*

comisión compuesta por un representante del Ministerio de Asuntos Exteriores, otro de la Hacienda y un tercero del Consejo Popular local[156].

6) Las confesiones religiosas se obligan a someter sus presupuestos al Ministerio de Asuntos Exteriores, *a título informativo*[157], y todas las cuestiones relativas a su mantenimiento material y administración interna, deben ser expuestas detalladamente en sus estatutos, previéndose la aprobación obligatoria de estas reglas por el Ministro de Asuntos Exteriores, en el plazo de 3 meses desde la entrada en vigor de la Ley[158], y que asimismo será competente de aprobar la organización y los programas de los seminarios religiosos[159].
7) El Ministerio de Asuntos Exteriores deberá ser *informado*:
   a) Por los dirigentes centrales de cada confesión religiosa, de la relación de ministros de culto y representantes de cada credo[160].
   b) De todas las letras pastorales, circulares y demás documentos eclesiásticos, pudiendo suspender o interrumpir su difusión en cualquier momento[161].
   c) De las denominaciones, signos simbólicos y sellos oficiales de las confesiones religiosas[162].
8) La enseñanza de los jóvenes será una competencia reservada al Estado, quedando expresamente excluida del marco jurisdiccional de las comunidades confesionales[163].
9) Se prohíbe a las organizaciones religiosas, y a sus integrantes fundar partidos políticos, así como realizar *propaganda contra el poder popular* y sus iniciativas, siendo sancionada penalmente en caso contrario[164]. Esta previsión desencadenará una política de represión y mano dura, que se ceba en especial sobre el clero católico[165] y evangélico, califica-

---

Centro internacional de los problemas de las minorías y las relaciones interculturales. Sofía. 2002. Páginas 604, 605 y 672.

156 Artículo 21 de la Ley de Confesiones Religiosas de 1949.

157 Artículo 13 de la Ley de Confesiones Religiosas de 1949.

158 Artículo 30 de la Ley de Confesiones Religiosas de 1949.

159 Artículo 14 de la Ley de Confesiones Religiosas de 1949.

160 Artículo 31 de la Ley de Confesiones Religiosas de 1949.

161 Artículo 15 de la Ley de Confesiones Religiosas de 1949.

162 Artículo 19 de la Ley de Confesiones Religiosas de 1949.

163 Artículo 20 de la Ley de Confesiones Religiosas de 1949.

164 Artículo 28 de la Ley de Confesiones Religiosas de 1949.

165 El 11 de noviembre de 1952, el obispo de Nicopol, Monseñor Eugenio Bosilkov, (1900-1952), fue fusilado junto con otros tres religiosos, después de haber sido condenados a muerte, el 3 de octubre anterior, a resultas de un proceso sin derecho a apelación. Otros 34 eclesiásticos y creyentes sufrirán penas de detención severísimas. El obispo Ivan Romanov, (1878-1953), fue condenado a 20 años de trabajos forzados tras un proceso a puerta cerrada, y muere estando detenido a los tres meses. El exarca de rito bizantino Monseñor

dos por la dictadura comunista como *espías del Vaticano y de Washington, que mantienen contactos con el mundo imperialista, tienen muchos bienes muebles e inmuebles, están arraigados en el pueblo búlgaro y disponen de medios de financiación y estructuras para realizar propaganda*[166].

10) Sólo podrán adquirir la condición de ministros de culto, los ciudadanos búlgaros, *honestos y leales*, que no hayan sido privados de sus derechos civiles por condena en curso[167], pudiendo ser removidos de sus funciones, siempre y cuando transgredan las *leyes, el orden público, las buenas costumbres, o actúen contra el régimen democrático del Estado*[168].
11) Nadie puede ser perjudicado o privado de derechos políticos y civiles, o exento de cualquier deber, en razón de su religión. Esta previsión será aplicada sin excepción alguna, incluso respecto a los eclesiásticos[169].

Siendo la Ley de Confesiones Religiosas de 1949 un utilísimo instrumento al servicio del régimen para anular el derecho de libertad de religión, esta normativa continuará parcialmente en vigor tras la declaración de la inconstitucionalidad de una buena parte de sus artículos más restrictivos, a raíz de la Sentencia 5/1992, de 11 de junio, del Tribunal Constitucional búlgaro hasta la promulgación de la nueva Ley de Confesiones Religiosas de 2002[170], y convivirá casi una década con la nueva Constitución democrática de 1991, dejando en manos del Gobierno un gran poder de intervención en los asuntos eclesiásticos[171].

Cirilo Kurtev, (1891-1971), es expulsado de su episcopado, y posteriormente arrestado en 1952. Pío XII, (1939-1958), tendrá palabras muy duras en la Encíclica *Orientales Ecclesias*, de 15 de diciembre de 1952, criticando estos acontecimientos, que decapitaban a la comunidad católica y la condenaban a ostracismo. BARBERINI, GIOVANI. *L´ostpolitik della Santa Sede. Un dialogo lungo e fatigoso.* Il Mulino. Urbino. 2007. Página 121.

166 Archivo Central de Estado, fondo número 147B, (en alfabeto cirílico Б), inventario 3, unidad de archivo 1639, páginas 15 a 38.

167 Artículo 10 de la Ley de Confesiones Religiosas de 1949.

168 Artículo 12 de la Ley de Confesiones Religiosas de 1949.

169 Artículo 4 de la Ley de Confesiones Religiosas de 1949.

170 BOE número120 de 2002.

171 KRASTEV, ATANAS. *La Ley búlgara sobre religiones de 2002-primeras impresiones.* En: *Revista General de Derecho Canónico y Derecho Eclesiástico del Estado.* Iustel. Número 1. 2003. En: www.iustel.com

CAPÍTULO V.
EL MODELO MULTICULTURAL BÚLGARO TRAS LA IMPLANTACIÓN DE LA DEMOCRACIA EN 1989: PRESUPUESTOS LEGALES BÁSICOS Y ASPECTOS ESTADÍSTICOS

1. EL CONCEPTO DE MINORÍA EN LA LEGISLACIÓN BÚLGARA. PRIMERA APROXIMACIÓN A SU ESTIMACIÓN CUANTITATIVA

Como afirma IRENA ILIEVA, Bulgaria no constituye una *excepción* de la tendencia universal a la ausencia *de una definición legal del término «minoría»*. Una circunstancia que proporciona a la doctrina científica la oportunidad de definir teóricamente el concepto de *minoría* a partir de diferentes vertientes doctrinales[1].

El meollo de la cuestión radica primeramente en delimitar los términos legales utilizados en la Constitución de 13 de julio de 1991[2], y las Leyes ordinarias de desarrollo, en cuanto a la regulación jurídica del *fenómeno minoritario*, y a continuación interpretar estos conceptos desde una perspectiva histórica, estadística y en relación con los compromisos asumidos por Bulgaria en la materia, a tenor de las normas del Derecho Internacional Público.

Los principios generales de la definición son los siguientes:

1) El concepto de unidad de la nación establecido en una serie de disposiciones constitucionales:
   a) En el Preámbulo de la Carta Magna de 1991, los Constituyentes, manifiestan expresamente que *son conscientes de su responsabilidad de proteger la unidad nacional y del Estado.*

---

[1] ILIEVA, IRENA. *The Rights of Individuals, belonging to Minorities in Bulgaria.* En: *Europa Ethnica.* Vol. 64. Issue 3/4. 2007. Página 135.

[2] BOE número 56 de 1991.

b) Conforme al citado principio Bulgaria se configura como un país *unitario*, prohibiéndose *la existencia de formaciones territoriales de carácter autónomo*[3].

c) Como proyección del concepto de unidad de la nación, el artículo 3 de la Ley Fundamental de 1991, proclama el *búlgaro como idioma oficial* del Estado. Este presupuesto legal básico encontrará un amplio reconocimiento y desarrollo en el marco del derecho interno[4].

d) Constitucionalmente se prescribe que el Presidente de la República de Bulgaria, *personifica la unidad nacional*[5].

2) Destaca como uno de los hitos principales del ordenamiento jurídico búlgaro el reconocimiento del principio de igualdad y no discriminación. Dicha garantía fundamental viene recogida en el ámbito del artículo 6 de la Constitución, al afirmarse literalmente que:

a) *Todos los seres humanos nacen libres e iguales en dignidad y derechos.*

b) *Todos los ciudadanos son iguales ante la Ley*, sin que se permitan *restricciones de derechos o privilegios basados en la raza, nacionalidad, pertenencia étnica, religión, sexo, origen, educación, ideología, adscripción política, condición personal y social o riqueza.*

Un factor clave que ayuda a comprender el concepto de minorías consagrado en la legislación de Bulgaria, es la consideración legal de que los individuos pertenecientes a un grupo minoritario son ciudadanos búlgaros. La equiparación jurídica de los términos *ciudadanía* y *nacionalidad*, hace posible la exclusión del concepto legal de minorías, de los colectivos de personas de nacionalidad extranjera[6], inmigrantes, trabajadores foráneos, refugiados y apátridas. Esta fórmula calificada por IRENA ILIEVA como una de las *más restrictivas en la doctrina europea*, pone claramente de relieve la distinción entre las minorías tradicionales y los nuevos grupos minoritarios en el país, así como determina las *diferencias de su estatuto jurídico*[7], planteando el dilema de no dar adecuada cobertura a los problemas, que presenta el fenómeno migratorio.

---

[3] Artículo 2, párrafo 1, de la Constitución de 1991.

[4] ILIEVA, IRENA. *Legal regulation of the religious rights and freedoms in Bulgaria.* En: CIMBALO, GIOVANNI, y BOTTI, FEDERICA (Editores). *Libertà di coscienza e diversità di appartenenza religiosa nell'Est Europa.* Bolonia University Press. 2008. Páginas 81 y 82.

[5] Artículo 92, párrafo 1, de la Constitución de 1991.

[6] Se entiende bajo *extranjero* según el artículo 2, párrafos 2 y 3, de la Ley de los extranjeros en la República de Bulgaria, de 23 de diciembre de 1998, (BOE número 153 de 1998), *toda persona que no sea ciudadano búlgaro, incluidos los individuos que carezcan de una ciudadanía reconocida por las normas de algún Estado.*

[7] ILIEVA, IRENA. *Legal regulation of the religious rights and freedoms in Bulgaria.* En: CIMBALO, GIOVANNI, y BOTTI, FEDERICA (Editores). *Libertà di coscienza e diversità di appartenenza religiosa nell'Est Europa.* Bolonia University Press. 2008. Páginas 81 y 82.

3) Llama la atención que en su artículo 36, párrafo 2, la Carta Magna de 1991 reconoce a los *ciudadanos cuya lengua materna no es el búlgaro* el derecho a *estudiar y usar su propio idioma, juntamente con la obligación de estudiar la lengua búlgara*. A raíz de esta disposición, el legislador abraza el concepto de minorías lingüísticas, garantizando la diversidad de idiomas en el país.

   En el artículo 8, párrafo 4, del Reglamento de aplicación de la Ley de instrucción popular de 30 de julio de 1999[8] se define a los afectos del mismo el concepto de *idioma materno*, como aquel lenguaje hablado por el niño en el seno de su familia.
4) Entrando en la regulación constitucional de la cuestión religiosa cabe subrayar la proclamación de la libertad de las confesiones religiosas[9], obligándose el Estado a colaborar al mantenimiento de la tolerancia y respeto entre los *creyentes de las diversas confesiones*[10]. De esta manera constitucionalmente se implanta el modelo de pluralismo religioso, teniéndose en consideración que la presencia del mismo por un lado contribuye a consolidar la democracia, pero por otro puede generar problemas de convivencia, los cuales deben ser resueltos bajo el *arbitraje neutral* del poder público.
5) Consciente de la importancia que tiene la protección de las diferencias raciales, nacionales, étnicas y religiosas para la cohesión y la paz sociales, el Poder Constituyente prohíbe *las organizaciones cuyas actividades inciten al odio racial, nacional, étnico o religioso*[11].
6) Por otra parte, con el fin de garantizar la igualdad de todos los ciudadanos búlgaros, la Constitución de 1991 proscribe la *creación de partidos políticos basados en adscripción étnica, racial o religiosa*[12].
7) En su artículo 54, párrafo 1, la Ley Fundamental de 1991, contempla el reconocimiento del derecho a cada persona a desarrollar su propia cultura *de conformidad con su pertenencia étnica, tal y como se reconoce y garantiza por la Ley*.
8) *Nadie podrá ser sometido a tortura, ni a tratos crueles, degradantes o inhumanos*, dice la Carta Magna de 1991, en su artículo 29, párrafo 1, matizando a continuación que ningún individuo puede estar sujeto a una *asimilación forzosa*. Una significativa modificación de la fórmula universal de reconocimiento del derecho a la integridad personal,

[8] BOE número 68 de 1999.
[9] Artículo 13, párrafo 1, de la Constitución de 1991.
[10] Artículo 37, párrafo 1, de la Constitución de 1991.
[11] Artículo 44, párrafo 2, de la Constitución de 1991.
[12] Artículo 11, párrafo 4, de la Constitución de 1991.

fruto de los episodios de intolerancia étnica y religiosa de la etapa comunista[13].

Fuera del marco constitucional, el derecho interno emplea el concepto de *minorías, étnicas, religiosas y lingüísticas*, en el sentido de los objetivos previstos en el artículo 27 del Pacto Internacional de Derechos Civiles y Políticos de 1966[14], reconociéndose a las personas pertenecientes a los citados colectivos el derecho que les corresponde, junto con los demás miembros de su grupo, a tener su propia vida cultural, a profesar y practicar su propia religión y a emplear su propio idioma.

Pese a promulgar el Convenio Marco para la Protección de las Minorías Nacionales, el 3 de septiembre de 1999[15], la única normativa del ordenamiento interno vigente que menciona el término *minoría nacional*[16] es el Reglamento de los requisitos estatales para el reconocimiento de enseñanza superior y períodos de estudios en Universidades extranjeras[17], de 22 de agosto de 2000[18].

A raíz de todo ello se puede deducir que según la legislación de Bulgaria[19]:

1) Las personas pertenecientes a un grupo minoritario están dotadas de todos los derechos individuales, reconocidos a los ciudadanos búlgaros.
2) Se garantiza la protección de la identidad personal y colectiva de las minorías.

---

[13] Respecto a las violaciones de los derechos fundamentales de los ciudadanos búlgaros realizadas en el período del comunismo, conviene poner de manifiesto la adopción de la Ley de proclamación del carácter criminal del régimen comunista de Bulgaria, el 5 de mayo de 2000, (BOE número 37 de 2000). Su artículo 2, párrafo 2, punto 2, hace especial hincapié en que la dictadura *infringía sistemáticamente los derechos humanos al oprimir a determinados grupos de la población, en base a sus diferencias étnicas o religiosas, en detrimento de los compromisos asumidos por el Estado en virtud de los Pactos Internacionales de Derechos Humanos, ratificados por la República Popular de Bulgaria en 1970.*

[14] BOE número 43 de 1976.

[15] BOE número 78 de 1999.

[16] En este contexto es preciso recordar que el concepto *minoría nacional* es conocido por el constitucionalismo búlgaro, por emplearse expresamente en la disposición del artículo 79, párrafo 2, de la Ley Fundamental 1947.

[17] Según el artículo 3 del Reglamento de los requisitos estatales para el reconocimiento de enseñanza superior y períodos de estudios en Universidades extranjeras, (BOE número 69 de 2000), en el proceso de reconocimiento de enseñanza superior y períodos de estudios en Universidades extranjeras, queda prohibida la discriminación basada en edad, sexo, raza, discapacidad, lengua, religión, adscripción política, origen nacional, étnico o social, *pertenencia a una minoría nacional*, posición social o riqueza.

[18] ILIEVA, IRENA. *The Rights of Individuals, belonging to Minorities in Bulgaria.* En: *Europa Ethnica.* Vol. 64. Issue 3/4. 2007. Página 136.

[19] ILIEVA, IRENA. *Legal regulation of the religious rights and freedoms in Bulgaria.* En: CIMBALO, GIOVANNI, y BOTTI, FEDERICA (Editores). *Libertà di coscienza e diversità di appartenenza religiosa nell'Est Europa.* Bolonia University Press. 2008. Página 82.

3) Se reconoce el concepto de *minorías lingüísticas, religiosas, étnicas y nacionales.*
4) El término *etnicidad* es de mayor amplitud que los conceptos de *nacionalidad y ciudadanía.* En este sentido constituye un interesante ejemplo la disposición del artículo 128 de la Estrategia de seguridad nacional de la República de Bulgaria, de 19 de marzo de 2011[20], en virtud del cual el Estado asume el compromiso de *fomentar las actividades de las organizaciones de ciudadanos extranjeros de origen búlgaro, contribuyendo a la conservación de su identidad cultural.*
5) A los nacionales búlgaros se les concede la capacidad de *auto-identificación* étnica, lingüística y religiosa, siendo libre la pertenencia a cualquier grupo étnico, idiomático y confesional, y no pudiendo existir ninguna restricción de los derechos colectivos e individuales de los miembros de tales colectivos, salvo aquellas previstas por la Ley.

Sin embargo no se puede ignorar que el concepto de *minoría* en Bulgaria:

1) Destaca con su naturaleza restrictiva, partiendo de la condicción de tener la nacionalidad búlgara.
2) Excluye el reconocimiento de derechos políticos de carácter colectivo, a los distintos grupos étnicos y religiosos.

2. ESTIMACIÓN CUANTITATIVA Y DISTRIBUCIÓN GEOGRÁFICA DE LAS MINORÍAS ÉTNICAS, RELIGIOSAS Y LINGÜÍSTICAS SEGÚN LOS ÚLTIMOS CENSOS DE LA POBLACIÓN BÚLGARA

2.1. La realidad multicultural de Bulgaria según el censo de 1992

A raíz de la Decisión de 26 de mayo de 1992 de la Asamblea Nacional[21] se procede a la realización de censo de la población búlgara en diciembre de ese mismo año, el primero en el Estado después de la caída del comunismo, exigiéndose un especial análisis de los procesos de restitución de bienes y medios de producción nacionalizados por el régimen, la privatización, así como del avance de las reformas sociales y económicas en el país.

En el ámbito del fenómeno multicultural los datos censales de 1992 arrojan los siguientes resultados:

---

[20] BOE número 19 de 2011.

[21] BOE número 45 de 1992.

Tabla 29. Composición étnica de la sociedad búlgara en 1992[22]

Etnia	Cifras absolutas	%
Búlgaros	7.271.185	85.7
Turcos	800.052	9.4
Romas (Gitanos)	313.396	3.7
Otros	102.684	1.2
Total	**8.487.317**	**100**

Tabla 30. La diversidad lingüística de la población búlgara en 1992[23]

Lengua	Cifras absolutas	%
Búlgara	7.275.717	85.7
Turca	813.639	9.6
Romaní (Gitana)	310.425	3.7
Otra y no señalada	87.536	1.0
Total	**8.487.317**	**100**

Tabla 31. La estructura religiosa de la sociedad búlgara en 1992[24]

Confesión religiosa	Cifras absolutas	%
Cristianos ortodoxos	7.274.592	85.7
Musulmanes	1.110.295	13.1
Católicos	53.074	0.6
Protestantes	21.878	0.3
Judíos	2.580	0.0
Armenio-gregorianos	9.672	0.1
Otros	6.745	0.1
No se autoidentifican[25]	8.481	0.1
Total	**8.487.317**	**100**

[22] Instituto Nacional de Estadística de la República de Bulgaria. (126). *Censo de población y viviendas de 2011.* Tomo 1. *Población.* Libro 2. *Características demográficas y sociales.* Sofía. 2012. Páginas 123 y 125.

[23] Instituto Nacional de Estadística de la República de Bulgaria. (126). *Censo de población y viviendas de 2011.* Tomo 1. *Población.* Libro 2. *Características demográficas y sociales.* Sofía. 2012. Páginas 128 y 129.

[24] Instituto Nacional de Estadística de la República de Bulgaria. (126). *Censo de población y viviendas de 2011.* Tomo 1. *Población.* Libro 2. *Características demográficas y sociales.* Sofía. 2012. Página 131.

[25] En el censo de 1992 en el grupo «no se autoidentifican» resultan incluidas las personas que no han señalado su confesión religiosa.

2.2. *La presencia de minorías étnicas, lingüísticas y religiosas en Bulgaria según el censo de 2001*

Tal actividad censal se realizó de conformidad con la Ley del Censo de población, viviendas y fincas agrarias en la Republica de Bulgaria de 16 de febrero de 2000[26], estableciendo como objeto de la misma[27]:

1) Los ciudadanos búlgaros con domicilio en el territorio nacional, independientemente de si al realizarse el censo, estuvieran residiendo o no en la localidad donde permaneciesen empadronados.
2) Los ciudadanos búlgaros, que a partir del 29 de febrero de 2000, se encuentren en el extranjero, y los miembros de su familia que les acompañen.
3) Los ciudadanos extranjeros con certificado de residencia permanente, expedido antes del 1 de marzo de 2000, según las disposiciones de la Ley de los extranjeros en la República de Bulgaria de 23 de diciembre de 1998.
4) Las personas, que tienen estatuto de refugiados otorgado con anterioridad al 1 de marzo de 2000, y sus familias.
5) Los ciudadanos búlgaros, residentes en el extranjero, que en el período de la realización del censo se encuentren en el territorio del país, incluidas las personas con doble nacionalidad.
6) Los extranjeros con certificado de residencia provisional o de larga duración, expedido antes del 29 de febrero de 2000, conforme a las normativas de extranjería vigentes.
7) Las personas, que estén en procedimiento de obtener estatuto de refugiados, así como los individuos asilados en el Estado, después del 29 de febrero de 2000, en virtud de la Ley de los refugiados de 11 de junio de 1999[28], incluidos los miembros de sus familias.

Es importante subrayar que, a afectos censales, la citada normativa prevé la recogida de datos referidos a la *pertenencia étnica, confesión religiosa y lengua materna*[29] de los individuos, concretando a continuación que las respuestas de las preguntas sobre dichas características serán proporcionadas por los entrevistados con carácter voluntario[30]. Una previsión que es acorde con la disposición del artículo 21, párrafo 2, de la Ley de la Estadística de 25 de junio de

---

[26] BOE número 16 de 2000.

[27] Artículo 3, párrafo 1, de la Ley del Censo de población, viviendas y fincas agrarias en la Republica de Bulgaria de 2000.

[28] BOE número 53 de 1999. Abolido a raíz de la Ley del asilo y los refugiados, de 31 de mayo de 2002, (BOE número 54 de 2002).

[29] Artículo 5, párrafo 1, puntos 12, 13 y 14, de la Ley del Censo de población, viviendas y fincas agrarias en la Republica de Bulgaria de 2000.

[30] Artículo 5, párrafo 3, de la Ley del Censo de población, viviendas y fincas agrarias en la Republica de Bulgaria de 2000.

1999[31], al afirmarse expresamente que las *personas físicas no pueden ser obligadas a facilitar a los órganos estadísticos información sobre su raza, nacionalidad, pertenencia étnica, religión, estado sanitario, vida privada, adscripción política, delitos cometidos, convicciones filosóficas y políticas.*

Realizado conforme a los señalados criterios, el censo de 2001 pone de manifiesto la siguiente situación de minorías étnicas, lingüísticas y religiosas en el Estado:

Tabla 32. Distribución étnica de la poblacion búlgara en 2001[32]

Etnia	Cifras absolutas	%
Búlgaros	6.655.210	83.9
Turcos	746.664	9.4
Romas (Gitanos)	370.908	4.7
Otros	69.204	0.9
No se autoidentifican[33]	86.915	1.1
Total	**7.928.901**	**100**

Los datos censales asimismo arrojan la presencia de pequeños grupos étnicos como 15.595 rusos, 10.832 armenios, 5.071 macedonios, 3.408 griegos, 2.489 ucranianos, 1.363 judíos y 1.088 rumanos, todos englobados en el capítulo de *«otros»*[34].

Tabla 33. Composición lingüística de la sociedad búlgara en 2001[35]

Lengua	Cifras absolutas	%
Búlgara	6.697.158	84.5
Turca	762.516	9.6
Romaní (Gitana)	327.882	4.1
Otra y no señalada	71.084	0.9
No se autoidentifican	70.261	0.9
Total	**7.928.901**	**100**

31 BOE número 57 de 1999.

32 Instituto Nacional de Estadística de la República de Bulgaria. (126). *Censo de población y viviendas de 2011.* Tomo 1. *Población.* Libro 2. *Características demográficas y sociales.* Sofía. 2012. Páginas 123 y 125.

33 En el censo de 2001 en el grupo «no se autoidentifican» resultan incluidas las personas que no han señalado su pertenencia étnica.

34 http://www.nsi.bg/Census/Census.htm

35 Instituto Nacional de Estadística de la República de Bulgaria. (126). *Censo de población y viviendas de 2011.* Tomo 1. *Población.* Libro 2. *Características demográficas y sociales.* Sofía. 2012. Páginas 128 y 129.

Tabla 34.
La diversidad religiosa de la sociedad búlgara en 2001[36]

Confesión religiosa	Cifras absolutas	%
Cristianos ortodoxos	6.552.751	82.6
Musulmanes	966.978	12.2
Católicos	43.811	0.6
Protestantes	42.308	0.5
Judíos	653	0.0
Armenio-gregorianos	6.500	0.1
Otros	7.784	0.1
No se autoidentifican[37]	308.116	3.9
Total	**7.928.901**	**100**

Los datos presentados por el *International Religious Freedom Report* para el año 2002[38], elaborado por el Departamento de Estado de EE.UU., en base al censo del año 2001, señalan que algunas de las minorías religiosas están geográficamente concentradas, de modo que por ejemplo en la cordillera Ródope, (en el límite sur del país, en la frontera con Grecia), se encuentra agrupado un importante contingente de musulmanes, incluyendo turcos, romaníes y búlgaros, especialmente en la vertiente oeste de las montañas, mientras que en el lado este predominan los turcos. La minoría turca y la etnia gitana se encuentran además fuertemente representadas en el noreste del país, en las ciudades de Shumen y Razgrad, así como en la costa del Mar Negro. Los católicos se distribuyen especialmente en la región de la ciudad de Plovdiv, y en núcleos de población a lo largo del Danubio. Asimismo hay católicos de rito oriental en Sofía y Smolyan, así como pequeñas comunidades de judíos en Sofía, Ruse y a lo largo de la costa del Mar Negro, mientras que la minoría protestante se encuentra dispersa a lo largo de todo el territorio del país, habiendo realizado una especial labor de evangelización entre la población romaní[39].

---

36 Instituto Nacional de Estadística de la República de Bulgaria. (126). *Censo de población y viviendas de 2011.* Tomo 1. *Población.* Libro 2. *Características demográficas y sociales.* Sofía. 2012. Página 131.

37 En el censo de 2001 en el grupo «no se autoidentifican» resultan incluidas las personas que no han señalado su confesión religiosa.

38 En: http://www.state.gov/j/drl/rls/irf/2002/13925.htm

39 TORRES GUTIÉRREZ, ALEJANDRO, KOLEV, ÁNGEL HRISTOV, DOBREV, EMIL NIKOLOV, y PETROVA, ILINA ANGELOVA. *El derecho a la libertad religiosa y de conciencia en la legislación búlgara postcomunista.* En: *Laicidad y Libertades.* Número 6. Volumen 1. *Artículos e informes.* Editor Asociación «Derecho, Laicidad y Libertades». Madrid. 2006. Páginas 534 y 535.

2.3. *La estructura multicultural de la sociedad búlgara según el censo de 2011*

2.3.1. REGULACIÓN JURÍDICA Y METODOLOGÍA EN MATERIA DE ESTIMACIÓN CUANTITATIVA DEL FENÓMENO MULTICULTURAL DE BULGARIA

La imagen actual y más detallada de la situación de las minorías en Bulgaria se encierra en los datos del último censo de la población búlgara, celebrado del 1 al 28 de febrero de 2011, conforme a la Ley del Censo de población y viviendas en la Republica de Bulgaria de 26 de mayo de 2009[40], las normativas europeas en la materia[41], así como la Ley de protección de los datos personales de 4 de enero de 2002[42] y la Ley de gestión electrónica de 12 de junio de 2007[43].

Al igual que ocurrió con el censo anterior de 2001, se han considerado como objeto de la actividad censal[44]:

1) Los ciudadanos búlgaros, que permanecen domiciliados en los territorios del país, independientemente de si con motivo de la celebración del censo estuviesen residiendo en la localidad de empadronamiento o en otra diversa.
2) Los ciudadanos búlgaros, que a partir del 31 de enero de 2010 se encuentren en el extranjero y los miembros de su familia que les acompañen.
3) Los ciudadanos de la Unión Europea, (en adelante UE), y los extranjeros con certificado de residencia permanente, expedido antes del 1 de

---

40 BOE número 39 de 2009.

41 Las normativas europeas aplicadas en la realización del censo de 2011 son las siguientes:

1) Reglamento (CE) número 763/2008, del Parlamento Europeo y del Consejo, de 9 de julio de 2008, relativo a los censos de población y vivienda.

2) Reglamento (CE) número 1201/2009, de la Comisión de 30 de noviembre de 2009, por el que se aplica el Reglamento (CE) número 763/2008, del Parlamento Europeo y del Consejo, relativo a los censos de población y vivienda, por lo que se refiere a las especificaciones técnicas de los temas y sus desagregaciones.

3) Reglamento (UE) número 519/2010, de la Comisión de 16 de junio de 2010, por el que se adopta el programa de datos y metadatos estadísticos, relativos a los censos de población y vivienda contemplado en el Reglamento (CE) número 763/2008, del Parlamento Europeo y del Consejo.

4) Reglamento (UE) número 1151/2010, de la Comisión de 8 de diciembre de 2010, por el que se aplica el Reglamento (CE) número 763/2008, del Parlamento Europeo y del Consejo, relativo a los censos de población y vivienda, en lo que respecta a las modalidades y la estructura de los informes sobre la calidad y al formato técnico para la transmisión de los datos.

42 BOE número 1 de 2002.

43 BOE número 46 de 2007.

44 Artículo 4, párrafo 1, de la Ley del Censo de población y viviendas en la Republica de Bulgaria de 2009.

febrero de 2010, según las disposiciones de la Ley de los extranjeros en la República de Bulgaria de 1998.

4) Las personas, que tienen estatuto de refugiados otorgado con anterioridad al 1 de febrero de 2010, en virtud de la Ley del asilo y los refugiados de 31 de mayo de 2002.
5) Los ciudadanos búlgaros, residentes en el extranjero, que en el período de la realización del censo se encuentren en el territorio del país, incluidas las personas con doble nacionalidad.
6) Los ciudadanos de la Comunidad Europea, y los extranjeros con certificado de residencia permanente, provisional o de larga duración, expedido a partir del 31 de enero de 2010, de conformidad con la legislación vigente de extranjería.
7) Las personas, que estén en proceso de obtener el estatuto de refugiado, así como aquellos individuos a los que se les concedió asilo en el Estado, después del 31 de enero de 2010, en virtud de la Ley del asilo y los refugiados de 2002.

Entrando en el marco metodológico del censo de 2011, destaca la definición de los siguientes conceptos, hecha a efectos del mismo, de conformidad con las normativas búlgaras y europeas en la materia:

1) Se entiende bajo el término *«ciudadanía» la específica vinculación jurídica entre un individuo y su Estado, adquirida de origen o por naturalización independientemente si ello ocurrió por declaración, opción, matrimonio u otra manera prevista por la legislación nacional.* Según este criterio las personas se dividen en ciudadanos búlgaros, ciudadanos de doble nacionalidad (búlgara y otra), ciudadanos de nacionalidad extranjera e individuos sin nacionalidad[45].
2) Se considera como *«grupo étnico» la comunidad integrada por personas que comparten características comunes como origen, tradiciones, cultura e idioma*[46].
3) Se entiende bajo el término *«lengua materna», el primer idioma que el niño aprende en el seno de su familia*[47].
4) Se considera como *«confesión religiosa», la pertenencia del individuo a un grupo configurado en términos históricos, que se caracteriza con la práctica de ritos y ceremonias religiosas particulares (ortodoxas, católicas, protestantes, musulmanas y otras)*[48].

---

[45] Instituto Nacional de Estadística de la República de Bulgaria. (143). *Libro de referencia. Censo 2011.* Sofía. 2012. Página 10.

[46] Instituto Nacional de Estadística de la República de Bulgaria. (143). *Libro de referencia. Censo 2011.* Sofía. 2012. Página 11.

[47] Instituto Nacional de Estadística de la República de Bulgaria. (143). *Libro de referencia. Censo 2011.* Sofía. 2012. Página 11.

[48] Instituto Nacional de Estadística de la República de Bulgaria. (143). *Libro de referencia. Censo 2011.* Sofía. 2012. Página 12.

En virtud del artículo 6, párrafo 3, de la Ley del Censo de población y viviendas en la Republica de Bulgaria de 2009, vuelve a reiterarse la previsión que la información sobre la pertenencia étnica, religiosa y la lengua materna de las personas entrevistadas será proporcionada voluntariamente. Asimismo en el ámbito de las instrucciones metodológicas del censo se especifica, que en la recogida de dichos datos se aplicarán los principios y las recomendaciones de la ONU, garantizándose la plena libertad de la *autoidentificación étnica, confesional y lingüística* de los individuos, así como la posibilidad de emitir una respuesta particular fuera de las opciones previstas por la encuesta[49].

Todas estas especificaciones facilitan a las autoridades administrativas búlgaras la realización del censo, evitándose una serie de errores estadísticos cometidos en el pasado, como por ejemplo[50]:

1) Hasta 1943, los macedonios no se consideraban como una nación independiente, siendo censados como búlgaros. En este sentido es importante hacer especial hincapié en la posición oficial de Bulgaria, según la cual Macedonia constituye una región geográfica, en cuyos límites entran los territorios suroccidentales del Estado búlgaro, el norte de Grecia y la Antigua República Yugoslava de Macedonia, que históricamente ha sido poblada por búlgaros. Una visión política, que plantea serias dudas a la hora de determinar la etnia macedonia en el país.
2) Según las estadísticas del período de 1900 a 1975, la minoría valaca figuraba como parte integrante de la comunidad rumana.
3) En los censos celebrados de 1905 a 1934, los arrúmanos se incluían en el grupo de los romas. Asimismo conforme a los datos censales de 1992, este colectivo resulta incorporado en la minoría de los valacos[51].
4) Los estudios estadísticos realizados en la época de 1934 a 1965 no examinaban los colectivos de tártaros, rumanos, eslovacos y serbios como grupos étnicos particulares.
5) Los censos oficiales de la población búlgara celebrados en el período entre 1946 y 1992, no comprenden información sobre la pertenencia religiosa de los ciudadanos[52].

---

[49] Instituto Nacional de Estadística de la República de Bulgaria. (143). *Libro de referencia. Censo 2011.* Sofía. 2012. Páginas 11 y 12.

[50] ILIEVA, IRENA. *The Rights of Individuals, belonging to Minorities in Bulgaria.* En: *Europa Ethnica.* Vol. 64. Issue 3/4. 2007. Página 129.

[51] ATANASOVA, KATYA. (10). *Arrúmanos.* En: KRASTEVA, ANNA. *Comunidades e identidades en Bulgaria.* Petexton. Sofía. 1998. Página 166.

[52] Instituto Nacional de Estadística de la República de Bulgaria. (126). *Censo de población y viviendas de 2011.* Tomo 1. *Población.* Libro 2. *Características demográficas y sociales.* Sofía. 2012. Página 31.

6) El censo de 1985 no recoge datos estadísticos respecto a la estructura étnica y religiosa de la sociedad búlgara, ni proporciona información sobre la variedad lingüística de la misma.

Fuera de la regulación de las materias concernientes a la estimación cuantitativa de los grupos étnicos, religiosos y lingüísticos, es preciso hacer algunas sugerencias respecto a la división territorial del Estado a efectos estadísticos, que a continuación nos facilitará el análisis de la localización geográfica de los distintos colectivos minoritarios.

De conformidad con el sistema europeo de *Nomenclature des unités territoriales statistiques*, introducido por la Oficina Europea de Estadística, *(Eurostat)*[53], el territorio de Bulgaria se divide en dos zonas estadísticas NUTS 1, cuales son[54]:

1) Bulgaria del Norte y Nordeste.
2) Bulgaria del Sudoeste y del Sur Central (figura 1).

Tales zonas quedan distribuidas en las siguientes seis regiones estadísticas NUTS 2[55]:

1) Noroeste.
2) Norte Central.
3) Noreste.
4) Sudeste.
5) Sudoeste.
6) Sud Central (figura 2).

Estas seis regiones a su vez se dividen en 28 áreas estadísticas NUTS 3, que en ámbito territorial[56] se corresponden con las provincias del Estado denominadas *óblast*[57] (figura 3).

---

[53] Esta división territorial se realiza conforme al Reglamento (CE) número 176/2008, del Parlamento Europeo y del Consejo, de 20 de febrero de 2008, que modifica el Reglamento (CE) número 1059/2003, por el que se establece una nomenclatura común de unidades territoriales estadísticas (NUTS) con motivo de la adhesión de Bulgaria y Rumanía a la UE.

[54] En: http://www.nsi.bg

[55] En: http://www.nsi.bg

[56] En: http://www.nsi.bg

[57] Conforme al artículo 2, párrafos 1 y 2, de la Ley de organización administrativo-territorial de la República de Bulgaria de 14 de julio de 1995, (BOE número 63), en términos administrativos el territorio del Estado se divide en provincias, que incluyen distritos y localidades.

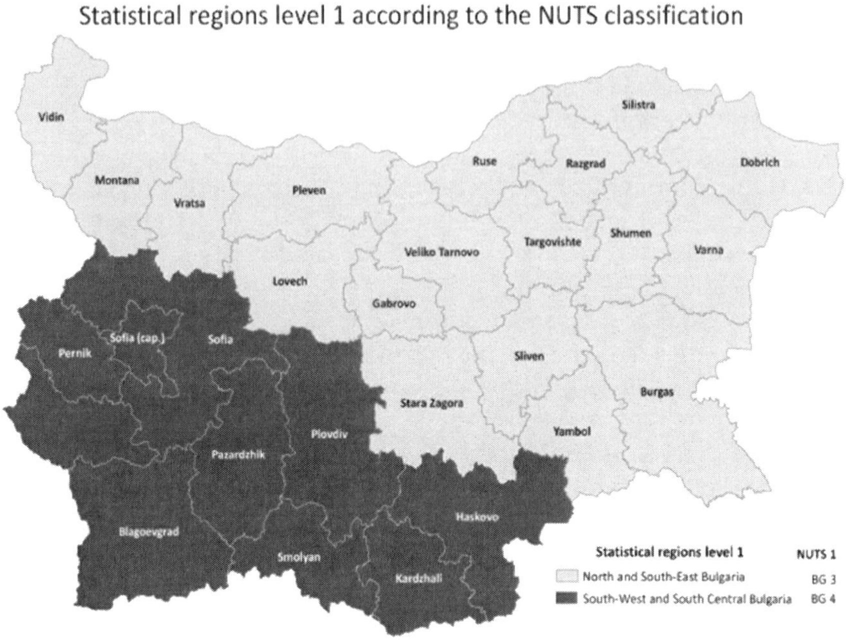

Figura 1

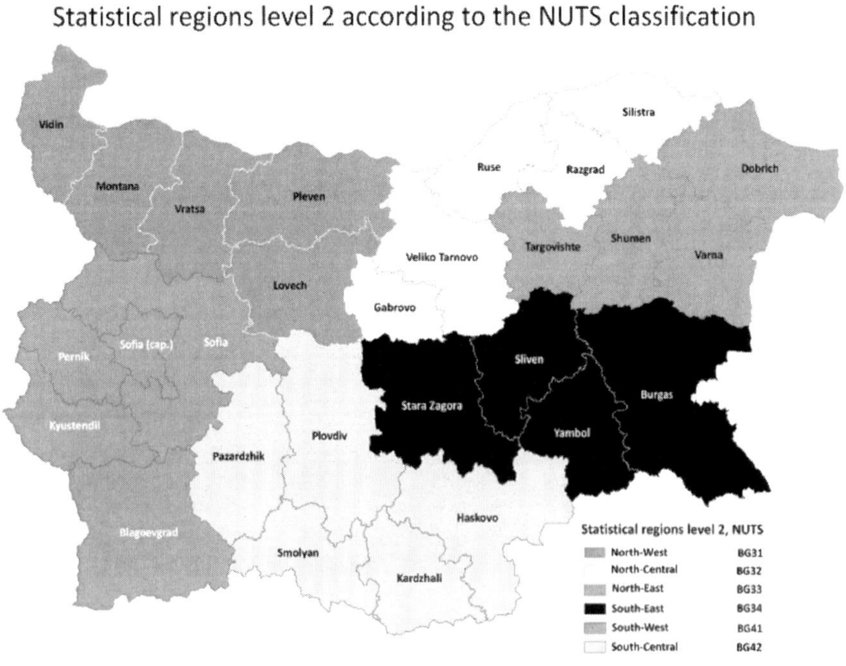

Figura 2

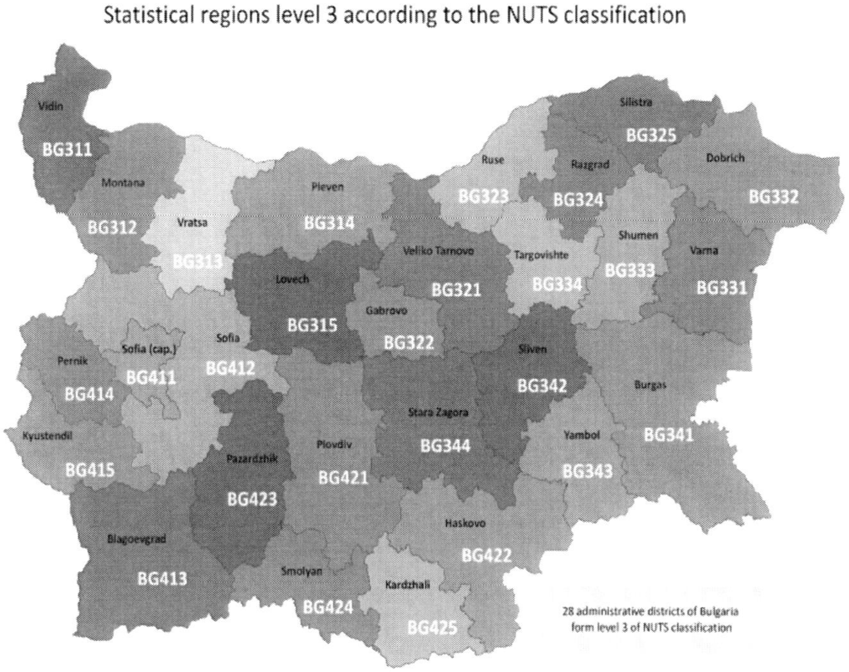

Figura 3

2.3.2. Minorías étnicas según el censo de 2011

2.3.2.1. Minorías históricas y *nuevas minorías*

Los datos del censo de 2011 señalan que con fecha 1 de febrero de ese mismo año la población búlgara tenía la siguiente estructura étnica (tabla 35).

Dada la variedad étnica de la población de Bulgara, cabe reconocer la profunda impronta que dejaron en la historia del Estado la etnia turca, romaní, armenia, judía, valaca, karakachana, rusa, macedonia y griega, calificadas por la doctrina como *minorías históricas*, a raíz de su presencia centenaria en los territorios del país, convirtiéndose en una parte integrante de la sociedad búlgara. Por otro lado, la apertura europea experimentada por Bulgaria, que corre pareja al incipiente proceso de globalización, hace inevitable la aparición de nuevos colectivos minoritarios compuestos por extranjeros como ingleses, alemanes, polacos, húngaros, franceses, sirios, iraquís, chinos etc., doctrinalmente denominados como *nuevas minorías*[58], que desde un punto de vista religioso y cultural, presentan un alto grado de diferenciación respecto a la población autóctona.

---

[58] ILIEVA, IRENA. *Anti-Semitism and Islamofobia in Bulgaria. Actual legal and sociological aspects.* En: *Stato, Chiese e pluralismo confessionale.* Revista Telemática. Noviembre 2011. Páginas 4 y 5. En: www.statoechiese.it

Tabla 35.
Etnias en Búlgara según el censo de 2011[59]

Grupo étnico	Cifras absolutas
Búlgaros	5.664.624
Turcos	588.318
Romas (Gitanos)	325.343
Armenios	6.552
Judíos	1.162
Valacos	3.684
Karakachanes	2.556
Rusos	9.978
Griegos	1.379
Macedonios	1.654
Rumanos	891
Ucranios	1.789
Otros	19.659
No se autoidentifican	53.391
Total respondientes	***6.680.980***
Total (Censo 2011)	**7.364.570**

Conforme al censo de 2011 en Bulgaria residen 36.723 ciudadanos extranjeros, que apenas representan el 0.5% la población, de los cuales el 83% habitan las ciudades[60]. La mitad del contingente de extranjeros es concentrado en las regiones de la capital Sofía el 31% y las ciudades de Varna el 10.5% y Plovdiv el 9.3%.

En el Estado residen 8.444 ciudadanos de la UE, que representan el 23% de todos los extranjeros. Entre dicha categoría de personas con mayor representación, se cuentan los nacionales del Reino Unido, que constituyen el 30.9% de los ciudadanos europeos. También son significativos los grupos de los alemanes, el 10% de las personas con ciudadanía europea, y los polacos que alcanzan la cifra de 819 individuos, suponiendo el 9.7 % de los ciudadanos de la UE residentes en Bulgaria[61].

---

[59] Instituto Nacional de Estadística de la República de Bulgaria. (126). *Censo de población y viviendas de 2011.* Tomo 1. *Población.* Libro 2. *Características demográficas y sociales.* Sofía. 2012. Página 179.

[60] Instituto Nacional de Estadística de la República de Bulgaria. (143). *Libro de referencia. Censo 2011.* Sofía. 2012. Página 41.

[61] Instituto Nacional de Estadística de la República de Bulgaria. (126). *Censo de población y viviendas de 2011.* Tomo 1. *Población.* Libro 2. *Características demográficas y sociales.* Sofía. 2012. Página 35.

Los ciudadanos procedentes de Asia representan el 22.9% de los extranjeros en el país, de los cuales el 8.9% son los ciudadanos chinos. Asimismo es importante la presencia de nacionales iraquís 509 personas, y sirios que, el 1 de febrero de 2011, suponían 749 individuos, cuyo número recientemente marca un significativo incremento debido al conflicto bélico, que actualmente tiene lugar en Siria[62].

En términos estadísticos destaca la baja representación de los ciudadanos extranjeros que proceden del Continente americano, apenas 902 personas, África 453, y Oceanía con tan solo 62 individuos[63] (figura 4).

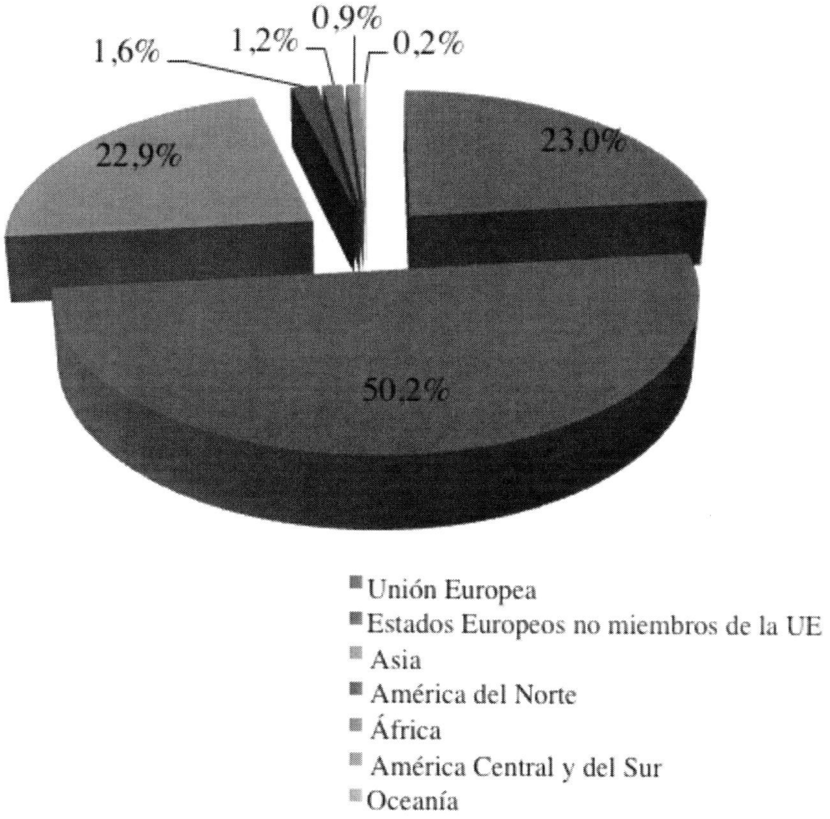

Figura 4. Población extranjera en 2011 según su región de procedencia[64]

---

[62] Véase: http://www.unhcr.org

[63] Instituto Nacional de Estadística de la República de Bulgaria. (126). *Censo de población y viviendas de 2011.* Tomo 1. *Población.* Libro 2. *Características demográficas y sociales.* Sofía. 2012. Página 212.

[64] Instituto Nacional de Estadística de la República de Bulgaria. (143). *Libro de referencia. Censo 2011.* Sofía. 2012. Página 41.

Tabla 36.
Ciudadanos extranjeros procedentes del Continente europeo según el censo de 2011[65]

Ciudadanos de los países de la UE	Cifras absolutas	Ciudadanos europeos de los países no miembros de la UE	Cifras absolutas
Austria	145	Albania	269
Bélgica	117	Bielorrusia	336
Gran Bretaña	2.605	Bosnia y Herzegovina	36
Alemania	848	República Macedonia	1.091
Grecia	1.253	Islandia	9
Dinamarca	47	Moldavia	893
Estonia	31	Noruega	35
Irlanda	78	Republica Croacia	38
España	155	Rusia	11.991
Italia	456	Serbia	569
Chipre	111	Ucrania	3.064
Letonia	65	Montenegro	19
Lituania	48	Suiza	58
Luxemburgo	4	Otros	5
Malta	8	**Total países no miembros de la UE**	**18.413**
Países Bajos	201	**Total Europa**	**26.858**
Polonia	819		
Portugal	27		
Rumania	334		
Eslovaquia	182		
Eslovenia	22		
Hungría	136		
Finlandia	40		
Francia	278		
Republica Checa	372		
Suecia	62		
Total UE	**8.444**		

[65] Instituto Nacional de Estadística de la República de Bulgaria. (126). *Censo de población y viviendas de 2011.* Tomo 1. *Población.* Libro 2. *Características demográficas y sociales.* Sofía. 2012. Página 210.

Tabla 37.
Ciudadanos extranjeros procedentes de Asia y África según el censo de 2011[66]

Asia		**África**	
País	**Cifras absolutas**	**País**	**Cifras absolutas**
Azerbaiyán	34	Argelia	59
Armenia	1.167	Angola	24
Afganistán	178	Egipto	62
Bangladés	41	Etiopia	31
Vietnam	473	Camerún	8
Georgia	131	Libia	17
Israel	154	Marruecos	32
India	123	Nigeria	50
Indonesia	14	Sudán	25
Irak	506	Túnez	36
Irán	181	Tanzania	8
Yemen	24	Sudáfrica	37
Jordania	98	Otros	64
Kazajstán	248	**Total África**	**453**
Kirguistán	30		
China	749		
Líbano	333		
Mongolia	33		
EAU	13		
Pakistán	30		
Corea del Norte	32		
Siria	729		
Tayikistán	14		
Tailandia	13		
Turkmenistán	89		
Turquía	2.741		
Uzbekistán	64		
Filipinas	31		
Corea del Sur	49		
Japón	49		
Otros	32		
Total Asia	**8.403**		

---

[66] Instituto Nacional de Estadística de la República de Bulgaria. (126). *Censo de población y viviendas de 2011.* Tomo 1. *Población.* Libro 2. *Características demográficas y sociales.* Sofía. 2012. Página 211.

Tabla 38.
Ciudadanos extranjeros procedentes de América y Oceanía según el censo de 2011[67]

América		Oceanía	
Países de Sud o Centroamérica	**Cifras absolutas**	**País**	**Cifras absolutas**
Argentina	14	Australia	34
Brasil	25	Nueva Zelanda	11
Islas Vírgenes	85	Otros	17
Venezuela	9	**Total Oceanía**	**62**
Ecuador	9		
Colombia	16		
Cuba	62		
México	9		
Nicaragua	11		
Perú	16		
Chile	11		
Otros	47		
Total Sud o Centroamérica	**314**		
Países de Norteamérica	**Cifras absolutas**		
Canadá	64		
EE UU	524		
Total Norteamérica	**588**		
Total América	**902**		

Como se ha indicado anteriormente la regulación jurídica del censo de 2011 no prevé la contabilización de los ciudadanos búlgaros emigrantes en el extranjero[68], que llama particularmente la atención por su alto número, que supera notablemente la presencia extranjera en Bulgaria como se desprende de las siguientes estadísticas:

---

[67] Instituto Nacional de Estadística de la República de Bulgaria. (126). *Censo de población y viviendas de 2011*. Tomo 1. *Población*. Libro 2. *Características demográficas y sociales*. Sofía. 2012. Página 211.

[68] Artículo 4, párrafo 1, de la Ley del Censo de población y viviendas en la Republica de Bulgaria de 2009.

Tabla 39. Número aproximado de emigrantes búlgaros en el extranjero, según los datos de la Estrategia nacional de la República de Bulgaria de emigración e integración (2008-2015)[69]

Estado	Número aproximado
Alemania	≈ 50.000
Austria	≈ 25.000
República Checa	≈ 10.000
Italia	≈ 50.000
Eslovaquia	≈ 3.000
Hungría	≈ 5.000
Bélgica	≈ 4.000
Grecia	≈ 110.000
Reino Unido	≈ 60.000
Suecia	≈ 2.000
Francia	≈ 15.000
Portugal	≈ 10.000
España	≈ 120.000
EE.UU.	≈ 200.000
Canadá	≈ 45.000
África del Sur	entre 15.000 y 20.000
Australia	entre 15.000 y 20.000

2.3.2.2. La minoría turca

Volviendo al ámbito de las *minorías históricas*, destaca la presencia de turcos en Bulgaria, caracterizada con una constancia remota, que data de la época de la dominación otomana (figura 5).

En términos cuantitativos la minoría turca presenta tradicionalmente el segundo grupo étnico más grande en el Estado, después de los búlgaros. Conforme a los datos del censo de 2011 una significativa parte de las 588.318 personas, que se han identificado como turcos están geográficamente concentradas en las zonas centrales del norte de Bulgaria, en las cuales la minoría turca representa el 18.7% de la población, así como en las regiones en el noreste del país, donde los turcos constituyen el 16.4% de los censados[70], alcanzando la condición de población mayoritaria en las Provincias de Kardzhali y Razgrad[71] (tabla 40).

---

[69] En: http://www.strategy.bg/StrategicDocuments/View.aspx?lang=bg-BG&Id=462

[70] Instituto Nacional de Estadística de la República de Bulgaria. (143). *Libro de referencia. Censo 2011*. Sofía. 2012. Página 44.

[71] Instituto Nacional de Estadística de la República de Bulgaria. (126). *Censo de población y viviendas de 2011*. Tomo 1. *Población*. Libro 2. *Características demográficas y sociales*. Sofía. 2012. Pág. 31.

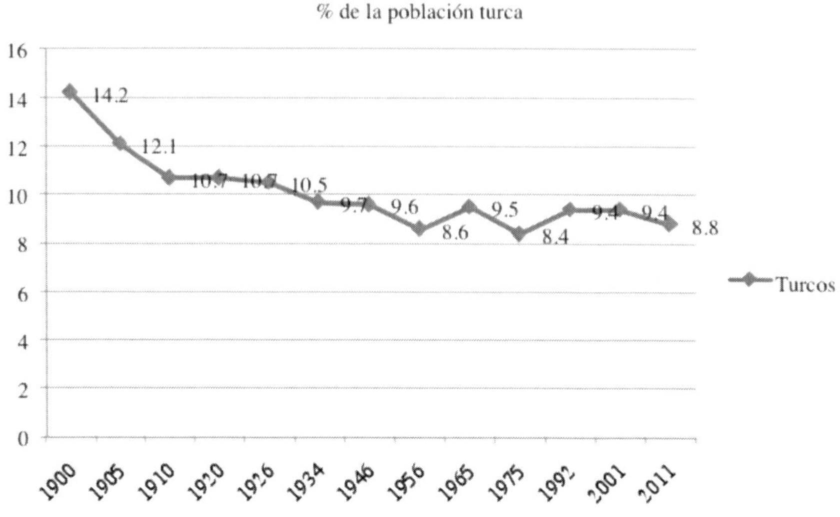

Figura 5. Evolución sociólogica de la minoría turca según los censos oficiales de la población búlgara de 1900 a 2011

Tabla 40.
Composicion étnica de las Provincias de Kardzhali [72] y Razgrad[73] según el censo de 2011

Grupo étnico	Kardzhali		Razgrad	
	Cifras absolutas	**%**	**Cifras absolutas**	**%**
Turcos	86.527	66.2	57.261	50.0
Búlgaros	39.519	30.2	49.229	43.0
Romas	1.296	1.0	5.719	5.0
Otros	753	0.6	702	0.6
No se autoidentifican	2.686	2.0	1.564	1.4
Total respuestas	***130.781***	***100***	***114.475***	***100***
Total (Censo 2011)	**152.808**	-	**125.190**	-

Asimismo la minoría turca se encuentra fuertemente representada en las siguientes Provincias[74]:

[72] Instituto Nacional de Estadística de la República de Bulgaria. (131). *Censo de población y viviendas de 2011*. Tomo 3. *Provincias*. Libro 9. *Kardzhali*. Sofía. 2012. Páginas 55 y 57.

[73] Instituto Nacional de Estadística de la República de Bulgaria. (135). *Censo de población y viviendas de 2011*. Tomo 3. *Provincias*. Libro 17. *Razgrad*. Sofía. 2012. Páginas 55 y 57.

[74] Instituto Nacional de Estadística de la República de Bulgaria. (126). *Censo de población y viviendas de 2011*. Tomo 1. *Población*. Libro 2. *Características demográficas y sociales*. Sofía. 2012. Página 31.

1) En Targovishte, el 35.8 % de la población pertenece a la etnia turca, que constituye una mayoría en tres de los cinco municipios, que comprende esta demarcación administrativa situada en el noroeste de Bulgaria. También es significativa en la Provincia de Targovishte la presencia de la minoría romaní, distribuida en todos los distritos de la misma, y en especial, en el Municipio de Antonovo, donde los romas suponen el 20.4% de la población[75].

Tabla 41.
Estructura étnica de los municipios de la Provincia de Targovishte según el censo de 2011[76]

Distrito	Grupo étnico					*Total respuestas*	Total Censo
	Búlgaros	Turcos	Romas	Otros	No se autoiden		
Antonovo	1.660	2.975	1.212	7	84	5.938	6.262
Omurtag	3.518	11.959	1.690	198	147	17.512	21.853
Opaka	1.433	3.858	4	5	8	5.308	6.664
Popovo	18.531	4.556	959	155	631	24.832	28.775
Targovishte	33.229	14.883	3.902	594	602	53.210	57.264
Total cifras absolutas	***58.371***	***38.231***	***7.767***	***959***	***1.472***	***106.800***	***120.818***
Total %	**54.7**	**35.8**	**7.3**	**0.9**	**1.4**	**100.00**	-

2) En Shumen el 30.3% de los encuestados se han identificado como turcos, constituyendo una mayoría en cinco de los diez distritos incluidos en dicha Provincia, también ubicada en el noroeste del país. Asimismo llama la atención la importante concentración de romas en los municipios habitados mayoritariamente por población turca, siendo los romaníes la segunda etnia más representada en los Distritos de Varbitsa, el 24.7% de los habitantes, Nikola Kozlevo, el 20.7% de los censados, Kaolinovo, poblada por 8.964 turcos, 1.675 ciudadanos de origen gitano y tan sólo 722 búlgaros, así como el Distrito de Venets, donde el 89% de la población es turca, el 8% son romas y únicamente 122 personas pertenecen a la etnia búlgara[77].

---

[75] Instituto Nacional de Estadística de la República de Bulgaria. (160). *Censo de población y viviendas de 2011. Libro de referencia de la Provincia de Targovishte.* Sofía. 2012. Página 36.

[76] Instituto Nacional de Estadística de la República de Bulgaria. (140). *Censo de población y viviendas de 2011.* Tomo 3. *Provincias.* Libro 25. *Targovishte.* Sofía. 2012. Páginas 46 a 48.

[77] Instituto Nacional de Estadística de la República de Bulgaria. (161). *Censo de población y viviendas de 2011. Libro de referencia de la Provincia de Shumen.* Sofía. 2012. Página 39.

Tabla 42.
Composición étnica de los municipios de la Provincia de Shumen según el censo de 2011[78]

Distrito	Grupo étnico					*Total respuestas*	Total Censo
	Búlgaros	Turcos	Romas	Otros	No se autoiden.		
Veliki Preslav	7.936	3.078	943	157	98	12.212	13.382
Venets	122	5.707	506	3	73	6.411	7.137
Varbitsa	919	5.597	2.434	675	220	9.845	10.391
Kaolinovo	722	8.964	1.675	12	175	11.548	12.093
Kaspichan	4.935	1.073	925	292	103	7.328	7.976
Nikola Kozlevo	1.299	2.883	1.176	115	199	5.672	6.100
Novi Pazar	9.872	3.941	1.720	59	112	15.704	16.879
Smyadovo	3.993	1.603	400	49	30	6.075	6.698
Hitrino	867	4.853	26	10	24	5.780	6.223
Shumen	68.781	13.179	4.042	721	654	87.377	93.649
Total cifras absolutas	***99.446***	***50.878***	***13.847***	***2.093***	***1.688***	***167.952***	***180.528***
Total %	**59.2**	**30.3**	**8.2**	**1.2**	**1.1**	**100.00**	-

3) En Silistra los turcos presentan el 36.1% de las personas censadas, alcanzando la condición de población mayoritaria en tres de los siete distritos, que forman parte de esta Provincia costera al Danubio. Conforme a los datos estadísticos Silistra es la tercera region a partir de Kardzhali y Razgrad, donde se encuentra agrupada una significativa parte de la minoría turca[79] (tabla 43).
4) Dobrich es una Provincia mayoritariamente búlgara, con la excepción de los distritos en el noroeste de la región, fronterizos con las Provincias de Silistra y Shumen, en los cuales la población turca presenta una mayoría. Por otro lado llama la atención, que en los Municipios de General Toshevo y Dobrich Rural, situados en el centro de la Provincia, así como en los Distritos de Shabla y Kavarna, en el sureste de la misma, los turcos constituyen el tercer grupo étnico más representado por detrás de la mayoría búlgara y la minoría romaní[80] (tabla 44).

---

[78] Instituto Nacional de Estadística de la República de Bulgaria. (141). *Censo de población y viviendas de 2011*. Tomo 3. *Provincias*. Libro 27. *Shumen*. Sofía. 2012. Páginas 60 a 62.

[79] Instituto Nacional de Estadística de la República de Bulgaria. (155). *Censo de población y viviendas de 2011*. *Libro de referencia de la Provincia de Silistra*. Sofía. 2012. Página 37.

[80] Instituto Nacional de Estadística de la República de Bulgaria. (146). *Censo de población y viviendas de 2011*. *Libro de referencia de la Provincia de Dobrich*. Sofía. 2012. Páginas 37 y 38.

Tabla 43. Estructura étnica de los municipios de la Provincia de Silistra según el censo de 2011[81]

Distrito	Grupo étnico					*Total respuestas*	Total Censo
	Búlgaros	Turcos	Romas	Otros	No se autoiden.		
Alfatar	2.201	453	329	8	-	2.991	3.036
Glavinitsa	2.880	6.701	215	8	44	9.848	10.930
Dulovo	4.694	18.521	2.417	468	210	26.310	28.282
Kainardzha	1.429	2.552	735	21	17	4.754	5.070
Silistra	40.707	6.258	899	284	230	48.378	51.386
Sitovo	2.423	1.925	360	144	12	4.864	5.396
Tutrakan	9.716	3.862	742	41	84	14.445	15.374
Total cifras absolutas	***64.050***	***40.272***	***5.697***	***974***	***597***	***111.590***	***119.474***
Total %	**57.4**	**36.1**	**5.1**	**0.9**	**0.5**	**100.00**	-

Tabla 44. Composición étnica de los municipios de la Provincia de Dobrich según el censo de 2011[82]

Distrito	Grupo étnico					*Total respuestas*	Total Censo
	Búlgaros	Turcos	Romas	Otros	No se autoiden		
Balchik	12.690	3.083	2.194	350	400	18.717	20.317
General Toshevo	10.619	1.270	1.811	233	99	14.032	15.097
Dobrich Rural	11.475	3.596	4.387	347	409	20.214	22.081
Kavarna	10.673	591	2.075	89	326	13.754	15.358
Krushari	1.538	1.513	433	8	168	3.660	4.547
Tervel	5.996	6.569	1.799	30	152	14.546	16.178
Dobrich ciudad	73.657	6.795	2.482	528	708	84.170	91.030
Shabla	4.466	67	142	24	107	4.806	5.069
Total cifras absolutas	***131.114***	***23.484***	***15.323***	***1.609***	***2.369***	***173.899***	***189.677***
Total %	**75.4**	**13.5**	**8.8**	**0.9**	**1.4**	**100.00**	-

81 Instituto Nacional de Estadística de la República de Bulgaria. (137). *Censo de población y viviendas de 2011*. Tomo 3. *Provincias*. Libro 19. *Silistra*. Sofía. 2012. Páginas 55 a 57.

82 Instituto Nacional de Estadística de la República de Bulgaria. (130). *Censo de población y viviendas de 2011*. Tomo 3. *Provincias*. Libro 8. *Dobrich*. Sofía. 2012. Páginas 56 a 58.

5) En Ruse, una región con tradiciones multiculturales[83], los turcos cuentan con una significativa presencia en los municipios ubicados en el sudeste de la Provincia, alcanzando la condición de población mayoritaria en el Distrito de Vetovo, que está en la frontera de la región de Razgrad. Especial interés presenta la situación en el Municipio de Borovo, donde existen dos minorías igualmente relevantes, al contar los turcos y los gitanos en dicho Distrito con la misma representación del 17.1%[84].

Tabla 45.
Estructura étnica de los municipios de la Provincia de Ruse según el censo de 2011[85]

Distrito	Grupo étnico					*Total respuestas*	Total Censo
	Búlgaros	Turcos	Romas	Otros	No se autoiden		
Borovo	3.791	1.005	1.000	28	29	5.853	6.101
Byala	10.480	731	1.669	35	110	13.025	13.467
Vetovo	3.145	6.044	1.744	338	52	11.323	12.450
Dve Mogili	5.107	2.519	999	19	16	8.660	9.442
Ivanovo	7.153	1.577	203	72	26	9.031	9.429
Ruse	137.337	12.500	1.721	1.195	702	153.455	167.585
Slivo Pole	4.731	3.838	1.102	176	111	9.958	10.855
Tsenovo	4.669	444	177	6	11	5.307	5.923
Total cifras absolutas	***176.413***	***28.658***	***8.615***	***1.869***	***1.057***	***216.612***	***235.252***
Total %	**81.4**	**13.2**	**4.0**	**0.9**	**0.5**	**100.00**	-

6) En Burgas, los turcos representan una mayoría en el Municipio de Ruen, siendo el 86.7 % de la población. La etnia turca además se encuentra fuertemente representada en los Distritos de Aytos, con el 33.7% de los censados, Sungurlare, el 32.7%, y Pomorie, el 20.2%, mientras que en los Municipios de Tsarevo y Malko Tarnovo, fronterizos con Turquía los turcos suponen tan sólo 54 personas. Asimismo es sig-

[83] Señala MICHAEL WALSER que el cosmopolitismo del Imperio Otomano se reprodujo en pueblos pequeños como Ruse, puerto fluvial de Bulgaria a orillas del Danubio, que se convirtió en una ciudad multicultural habitada por búlgaros, turcos, judíos, griegos, albaneses, armenios y gitanos. WALZER, MICHAEL. *Tratado sobre la tolerancia. Editorial Paidós.* Barcelona. 1998. Página 31.

[84] Instituto Nacional de Estadística de la República de Bulgaria. (154). *Censo de población y viviendas de 2011. Libro de referencia de la Provincia de Ruse.* Sofía. 2012. Página 38.

[85] Instituto Nacional de Estadística de la República de Bulgaria. (136). *Censo de población y viviendas de 2011.* Tomo 3. *Provincias.* Libro 18. *Ruse.* Sofía. 2012. Páginas 56 a 58.

nificativa la presencia de los romaníes en la Provincia de Burgas, concentrados especialmente en los Distritos de Sredets, Sozopol, Tsarevo, Malko Tarnovo, Primorsko y Kamenovo, donde dicha población constituye la minoría más numerosa[86].

Tabla 46.
Composición étnica de los municipios de la Provincia de Burgas según el censo de 2011[87]

Distrito	Grupo étnico					*Total respuestas*	Total Censo
	Búlgaros	Turcos	Romas	Otros	No se autoiden		
Aytos	13.847	8.766	3.101	77	223	26.014	28.687
Burgas	179.383	6.264	3.871	1.407	728	191.653	212.902
Kameno	7.989	327	654	147	83	9.200	10.393
Karnobat	19.030	2.125	1.202	289	141	22.787	25.477
Malko Tarnovo	2.902	23	429	16	20	3.390	3.793
Nesebar	18.367	1.240	565	199	140	20.511	22.348
Pomorie	17.992	4.947	1.307	176	101	24.523	27.658
Primorsko	4.268	84	577	37	37	5.003	6.064
Ruen	1.619	21.241	1.300	10	322	24.492	29.101
Sozopol	8.889	523	1.678	88	24	11.202	12.610
Sredets	10.912	230	2.063	68	47	13.320	14.934
Sungurlare	6.193	3.553	929	76	122	10.873	12.559
Tsarevo	6.737	31	748	42	18	7.576	9.291
Total cifras absolutas	***298.128***	***49.354***	***18.424***	***2.632***	***2.006***	***370.544***	***415.817***
Total %	**80.5**	**13.3**	**5.0**	**0.7**	**0.5**	**100.00**	-

2.3.2.3. La minoría romaní

Siendo el 4.9% de la población búlgara, los romas suponen el segundo grupo minoritario más grande después de los turcos. Pese a que a partir de 1985 se observa una sucesiva tendencia al retroceso demográfico de la sociedad búlgara, que únicamente en el período de 2001 a 2011 ha experimentado

[86] Instituto Nacional de Estadística de la República de Bulgaria. (145). *Censo de población y viviendas de 2011. Libro de referencia de la Provincia de Burgas.* Sofía. 2012. Página 41.

[87] Instituto Nacional de Estadística de la República de Bulgaria. (129). *Censo de población y viviendas de 2011.* Tomo 3. *Provincias.* Libro 2. *Burgas.* Sofía. 2012. Páginas 70 a 73.

una reducción de 564.331 personas, o el 7.1% de la población total[88], a lo largo del citado especio de tiempo la minoría romaní se ha incrementado un 0.2%[89], una consecuencia lógica de las altas tasas de natalidad en dicha comunidad[90] (figura 6).

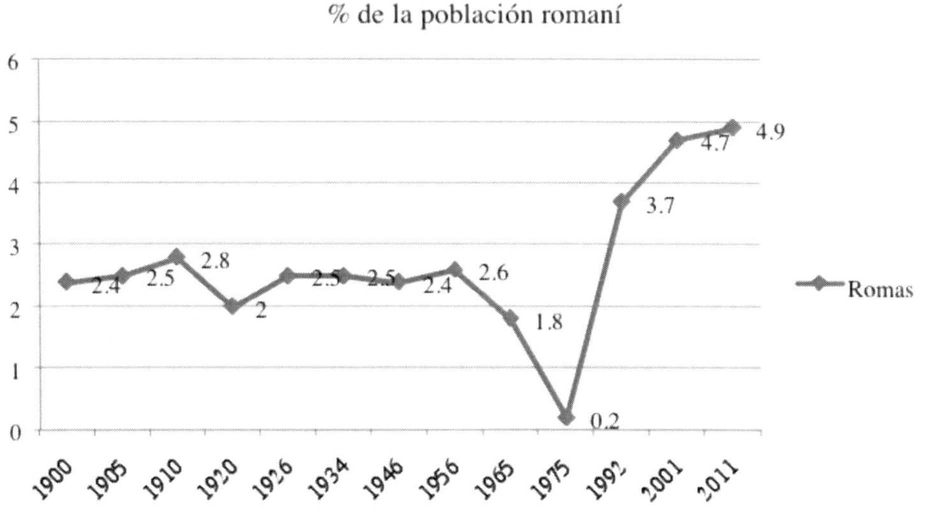

Figura 6. Evolución sociólogica de la minoría romaní según los censos oficiales de la población búlgara de 1900 a 2011

Geográficamente la minoría gitana se encuentra dispersa a lo largo de todo el territorio del país, contando con una significativa representación en las zonas situadas en el sureste de Bulgaria, donde los romaníes suponen el 7.5% de las personas que han señalado su grupo étnico[91]. Asimismo, de acuerdo con los datos censales de 2011, importantes contingentes de romas están concentrados en las siguientes Provincias[92]:

---

[88] Instituto Nacional de Estadística de la República de Bulgaria. (126). *Censo de población y viviendas de 2011*. Tomo 1. *Población*. Libro 2. *Características demográficas y sociales*. Sofía. 2012. Páginas 16 y 17.

[89] Instituto Nacional de Estadística de la República de Bulgaria. (143). *Libro de referencia. Censo 2011*. Sofía. 2012. Página 43.

[90] Instituto Nacional de Estadística de la República de Bulgaria. (127). *Censo de población y viviendas de 2011*. Tomo 1. *Población*. Libro 8. *Tasas de natalidad*. Sofía. 2012. Páginas 18 y 19.

[91] Instituto Nacional de Estadística de la República de Bulgaria. (143). *Libro de referencia. Censo 2011*. Sofía. 2012. Página 44.

[92] Instituto Nacional de Estadística de la República de Bulgaria. (126). *Censo de población y viviendas de 2011*. Tomo 1. *Población*. Libro 2. *Características demográficas y sociales*. Sofía. 2012. Página 32.

1) En Montana, una región ubicada en el noroeste del país, exclusivamente poblada por búlgaros, los romaníes constituyen la minoría más representada, siendo el 12.7% de la población censada y dejando significativamente atrás a los turcos, que suponen tan solo 171 personas. En diez de los doce distritos de la citada Provincia, el porcentaje de los gitanos resulta superior que la media nacional, contando con una importante representación en los Municipios de Valchedram el 20.2% de los habitantes, Brusartsi el 18.7%, Varshets el 17.4 % y Lom el 17.2%[93].

Tabla 47.
Estructura étnica de los municipios de la Provincia de Montana según el censo de 2011[94]

Distrito	Grupo étnico					*Total respuestas*	Total Censo
	Búlgaros	Turcos	Romas	Otros	No se autoiden		
Berkovitsa	15.065	12	3.059	76	75	18.287	18.803
Boychinovci	7.864	23	1.051	23	92	9.053	9.272
Brusartsi	3.976	3	944	14	106	5.043	5.078
Valchedram	7.628	24	1.954	12	58	9.676	9.900
Varshets	6.342	4	1.348	18	26	7.738	8.203
Georgi Damyanovo	2.688	3	40	4	7	2.742	2.771
Lom	22.375	50	4.729	66	201	27.421	28.139
Medkovets	3.262	4	635	3	17	3.921	4.029
Montana	47.464	34	3.764	180	217	51.659	53.856
Chiprovtsi	3.612	-	23	12	11	3.658	3.715
Yakimovo	3.544	14	681	12	18	4.269	4.332
Total cifras absolutas	***123.820***	***171***	***18.228***	***420***	***828***	***143.467***	***148.098***
Total %	**86.3**	**0.1**	**12.7**	**0.3**	**0.6**	**100.00**	-

2) En la Provincia de Sliven los romas también son la minoría más significativa, constituyendo el 11.8% de la población. Conforme a los resultados del censo de 2011, en esta región se encuentra agrupado el segundo contingente más importante de romaníes del país. Desde el punto

[93] Instituto Nacional de Estadística de la República de Bulgaria. (149). *Censo de población y viviendas de 2011. Libro de referencia de la Provincia de Montana.* Sofía. 2012. Página 39.

[94] Instituto Nacional de Estadística de la República de Bulgaria. (132). *Censo de población y viviendas de 2011.* Tomo 3. *Provincias.* Libro 12. *Montana.* Sofía. 2012. Páginas 62 a 65.

de vista territorial, los romas están fuertemente representados en los Distritos de Tvarditsa el 16.2% de los censados y Kotel el 26.7%[95], llamando este último particularmente la atención, pues al constituir el 32.3% de los habitantes, los turcos suponen la minoría más relevante en dicho Distrito fronterizo con la Provincia de Razgrad. Muy similar resulta la situación en el Municipio de Nova Zagora, donde la etnia turca cuenta con mayor representación que la comunidad gitana.

Tabla 48.
Composición étnica de los municipios de la Provincia de Sliven según el censo de 2011[96]

Distrito	Grupo étnico					*Total respuestas*	Total Censo
	Búlgaros	Turcos	Romas	Otros	No se autoiden		
Kotel	7.024	5.793	4.790	205	142	17.954	19.391
Nova Zagora	27.564	5.495	1.435	152	365	35.011	39.010
Sliven	88.750	4.209	12.153	1.515	649	107.276	125.268
Tvarditsa	9.359	1.287	2.100	82	137	12.965	13.804
Total cifras absolutas	*132.697*	*16.784*	*20.478*	*1.954*	*1.293*	*173.206*	*197.473*
Total %	**76.6**	**9.7**	**11.8**	**1.1**	**0.7**	**100.00**	-

3) En la región de Dobrich el 8.8% de los encuestados pertenecen a la etnia romaní, que se encuentra dispersa a lo largo de todo el territorio de la Provincia. No obstante importantes grupos de gitanos se concentran en los Distritos de Dobrich Rural el 21.7% de la población y Kavarna el 15.1%[97], así como en los Municipios de General Toshevo y Shabla, donde los romas suponen la segunda etnia más importante después de la mayoría búlgara[98].
4) En Yambol, una Provincia ubicada en el sudeste de Bulgaria, que en su lado sur limita con Turquía, los romaníes son la minoría más numerosa, constituyendo el 8.5% de los censados. Pese a permanecer distribuidos por toda la región, significativos contingentes de gitanos se encuentran

[95] Instituto Nacional de Estadística de la República de Bulgaria. (156). *Censo de población y viviendas de 2011. Libro de referencia de la Provincia de Sliven.* Sofía. 2012. Página 35.

[96] Instituto Nacional de Estadística de la República de Bulgaria. (138). *Censo de población y viviendas de 2011.* Tomo 3. *Provincias.* Libro 20. *Sliven.* Sofía. 2012. Páginas 47 y 48.

[97] Instituto Nacional de Estadística de la República de Bulgaria. (146). *Censo de población y viviendas de 2011. Libro de referencia de la Provincia de Dobrich.* Sofía. 2012. Página 37.

[98] Los datos censales referidos a la estructura étnica de la Provincia de Dobrich han sido analizados en el apartado anterior al estudiarse la minoría turca.

agrupados en los Distritos de Straldzha el 19% de los habitantes y Bolyarovo el 14.3%[99].

Tabla 49. Estructura étnica de los municipios de la Provincia de Yambol según el censo de 2011[100]

Distrito	Grupo étnico					*Total respuestas*	Total Censo
	Búlgaros	Turcos	Romas	Otros	No se autoiden		
Bolyarovo	3.312	33	566	27	19	3.957	4.160
Elhovo	13.433	35	1.211	111	109	14.899	16.219
Straldzha	9.866	241	2.403	68	84	12.662	12.781
Tundzha	20.374	106	1.990	157	173	22.800	24.155
Yambol	59.899	3.185	4.263	296	1.101	68.744	74.132
Total cifras absolutas	***106.884***	***3.600***	***10.433***	***659***	***1.486***	***123.062***	***131.447***
Total %	**86.9**	**2.9**	**8.5**	**0.5**	**1.2**	**100.00**	-

5) En la Provincia de Pazardzhik los romaníes representan el 8.3% de la población, estando concentrados en los Distritos de Rakitovo, donde suponen el 21.8% de los censados, Lisichevo, el 16% y Septemvri, el 11.3%. Asimismo llama la atención en la región de Pazardzhik la importante presencia de turcos en el Municipio de Batak, constituyendo el 40.1% de los habitantes[101] de esta localidad, que desempeñó un papel clave en el Levantamiento de abril de 1876 (tabla 50).

2.3.2.4. La imagen geográfica de la variedad étnica de la población búlgara

Como se ha puesto de manifiesto en términos territoriales la minoría turca se encuentra concentrada en las Provincias de Kardzhali, Razgrad, Targovishte, Shumen, Silistra, Dobrich, Ruse y Burgas en las que vive el 63.7% de la población perteneciente al citado grupo étnico[102].

---

[99] Instituto Nacional de Estadística de la República de Bulgaria. (162). *Censo de población y viviendas de 2011. Libro de referencia de la Provincia de Yambol.* Sofía. 2012. Página 36.

[100] Instituto Nacional de Estadística de la República de Bulgaria. (142). *Censo de población y viviendas de 2011.* Tomo 3. *Provincias.* Libro 28. *Yambol.* Sofía. 2012. Páginas 48 a 50.

[101] Instituto Nacional de Estadística de la República de Bulgaria. (150). *Censo de población y viviendas de 2011. Libro de referencia de la Provincia de Pazardzhik.* Sofía. 2012. Página 39.

[102] Instituto Nacional de Estadística de la República de Bulgaria. (126). *Censo de población y viviendas de 2011.* Tomo 1. *Población.* Libro 2. *Características demográficas y sociales.* Sofía. 2012. Página 31.

Tabla 50. Composición étnica de los municipios de la Provincia de Pazardzhik según el censo de 2011[103]

Distrito	Grupo étnico					*Total respuestas*	Total Censo
	Búlgaros	Turcos	Romas	Otros	No se autoiden		
Batak	3.285	2.356	211	9	13	5.874	6.144
Belovo	8.273	5	375	33	12	8.698	8.891
Bratsigovo	7.652	650	395	29	42	8.768	9.648
Velingrad	26.055	1.540	2.141	1.279	1.629	32.644	40.707
Lisichevo	4.085	130	809	16	30	5.070	5.408
Pazardzhik	89.787	5.686	10.132	423	847	106.875	114.817
Panagyurshiste	23.027	11	232	21	294	23.585	25.263
Peshtera	12.340	2.797	749	205	225	16.316	18.899
Rakitovo	8.234	40	2.373	54	171	10.872	15.064
Septemvri	19.734	841	2.646	43	84	23.348	25.794
Strelcha	3.638	6	287	11	10	3.952	4.913
Total cifras absolutas	***206.110***	***14.062***	***20.350***	***2.123***	***3.357***	***246.002***	***275.548***
Total %	**83.8**	**5.7**	**8.3**	**0.9**	**1.3**	**100.00**	-

A diferencia de lo que ocurre con los turcos, la minoría romaní está dispersa a lo largo de todo el territorio del Estado, agrupándose importantes contingentes de romas en las regiones de Montana, Sliven, Dobrich, Yambol y Pazardzhik, en las cuales el porcentaje de los gitanos casi dobla la media nacional[104]. Los colectivos de romaníes con frecuencia se encuentran distribuidos en distritos mayoritariamente poblados por turcos. Un hecho que pone de relieve la convivencia existente entre las dos minorías étnicas más representadas en el país (figura 7).

Desgraciadamente los resultados del censo de 2011, no aportan una clara imagen respecto a la concentración geográfica de las demás *minorías históricas* como armenios, judíos, karakachanos, rusos, macedonios y gagauzos, englobando estos grupos étnicos en el capítulo de «*otros*». Sin embargo recientes estudios del fenómeno multicultural búlgaro presentan la siguiente distribución geográfica de las etnias minoritarias en el país, marcando más nítidamente la ubicación territorial de los citados colectivos (figura 8).

---

[103] Instituto Nacional de Estadística de la República de Bulgaria. (133). *Censo de población y viviendas de 2011*. Tomo 3. *Provincias*. Libro 13. *Pazardzhik*. Sofía. 2012. Páginas 60 a 63.

[104] Instituto Nacional de Estadística de la República de Bulgaria. (126). *Censo de población y viviendas de 2011*. Tomo 1. *Población*. Libro 2. *Características demográficas y sociales*. Sofía. 2012. Página 32.

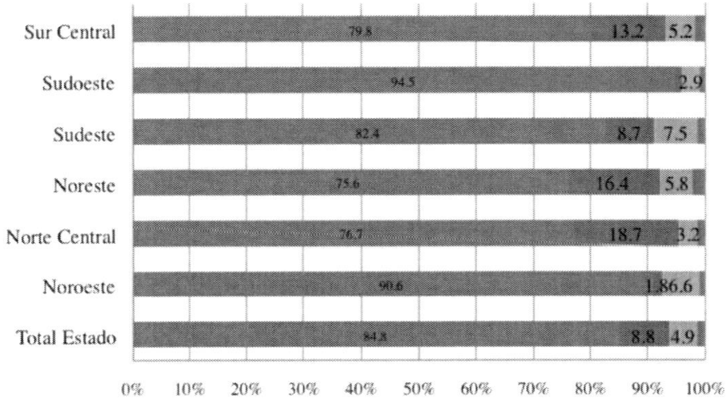

	Total Estado	Noroeste	Norte Central	Noreste	Sudeste	Sudoeste	Sur Central
■ Búlgaros	84.8	90.6	76.7	75.6	82.4	94.5	79.8
■ Turcos	8.8	1.8	18.7	16.4	8.7	1.5	13.2
■ Romas	4.9	6.6	3.2	5.8	7.5	2.9	5.2
■ Otros y no ident.	1.5	1	1.4	2.2	1.4	1.1	1.8

Figura 7. La distribución de las etnias en Bulgaria en 2011 por regiones estadísticas[105]

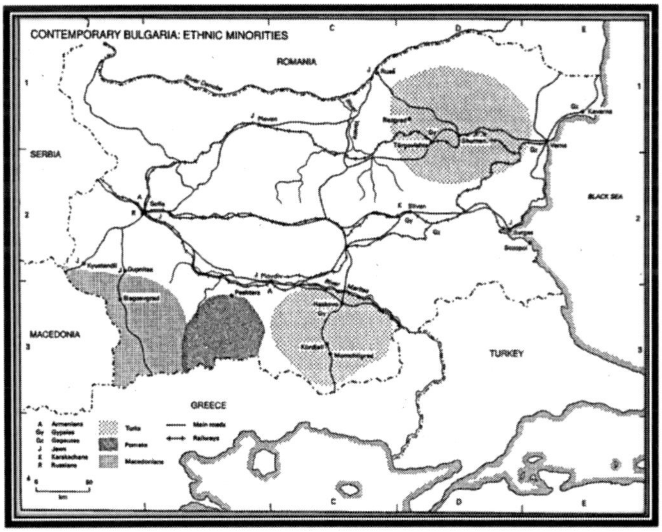

Figura 8. La distribución geográfica de las minorías étnicas en Bulgaria[106].

[105] Instituto Nacional de Estadística de la República de Bulgaria. (143). *Libro de referencia. Censo 2011.* Sofía. 2012. Página 44.

[106] Fuente: CRAMPTON, RICHARD, y CRAMPTON, BEN. *Atlas of Eastern Europe in the Twentieth Century.* Routledge. London and New York. 1996. Página 230.

2.3.3. MINORÍAS LINGÜÍSTICAS

Tradicionalmente la lengua materna es el segundo elemento identificador, que se toma en consideración en el análisis de la estructura *etno-demográfica* de la sociedad búlgara[107]. Dada la proclamación constitucional del búlgaro como idioma oficial del Estado, esta característica presenta un especial interés, pues permite la comparación de los datos obtenidos conforme a un criterio homogéneo.

Según el censo de 2011 el búlgaro es la lengua materna del 82.5% de la población, el 9.1% de los encuestados han apuntado el turco como su idioma nativo, el 4.2% son las personas de habla romaní y el 0.7% de los ciudadanos han señalado como su lengua materna un idioma distinto de los citados[108] (figura 9).

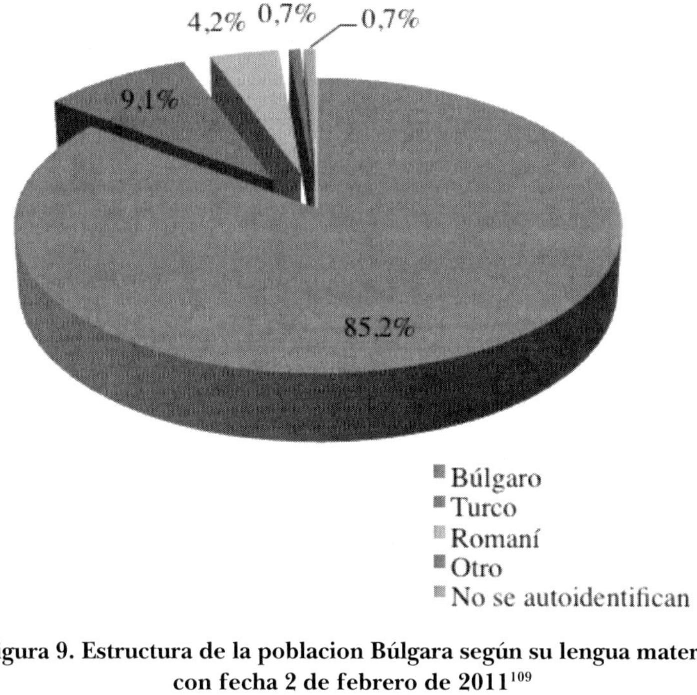

Figura 9. Estructura de la poblacion Búlgara según su lengua materna con fecha 2 de febrero de 2011[109]

[107] Instituto Nacional de Estadística de la República de Bulgaria. (126). *Censo de población y viviendas de 2011*. Tomo 1. *Población*. Libro 2. *Características demográficas y sociales*. Sofía. 2012. Página 33.

[108] Instituto Nacional de Estadística de la República de Bulgaria. (126). *Censo de población y viviendas de 2011*. Tomo 1. *Población*. Libro 2. *Características demográficas y sociales*. Sofía. 2012. Página 33.

[109] Instituto Nacional de Estadística de la República de Bulgaria. (126). *Censo de población y viviendas de 2011*. Tomo 1. *Población*. Libro 2. *Características demográficas y sociales*. Sofía. 2012. Página 33.

Especialmente interesante es la estructura lingüística de la población búlgara presentada en cifras absolutas, que arrojan el siguiente mosaico de idiomas:

Tabla 51.
La estructura lingüística de la población búlgara según el censo de 2011[110]

Lengua	Cifras absolutas
Búlgaro	5.659.024
Turco	605.802
Romaní	281.217
Armenio	5.615
Judío	147
Valaco	1.826
Ruso	15.808
Tártaro	1.372
Árabe	1.397
Griego	3.224
Macedonio	1.404
Rumano	5.523
Ucranio	1.755
Otro	10.476
No se autoidentifican	47.564
Total respuestas	***6.642.154***
Total población Censo	**7.364.570**

Conforme a los resultados censales, la población búlgara es mayoritariamente búlgaro-hablante, sin embargo el índice idiomático no es homogéneo en todo el país. Es notablemente superior el porcentaje de personas de habla turca en las regiones centrales de Bulgaria del Norte, donde representan el 19.7% de la población. No menos importante también es la concentración de individuos de lengua romaní en las zonas en el sudeste del Estado, llegando a ser el 7.2% de los contabilizados.

---

[110] Instituto Nacional de Estadística de la República de Bulgaria. (126). *Censo de población y viviendas de 2011.* Tomo 1. *Población.* Libro 2. *Características demográficas y sociales.* Sofía. 2012. Página 183.

Tabla 52.
La composición lingüística de la población búlgara en 2011 por regiones estadísticas[111]

Región estadística	Lengua materna					*Total respuestas*	Total Censo
	Búlgaro	Turco	Romaní	Otro	No se autoiden.		
Noroeste	703.468	12.411	43.478	3.129	3.571	766.057	847.138
Norte Central	603.183	155.078	18.454	5.599	5.420	787.734	861.112
Noreste	653.335	157.486	36.183	12.032	9.179	868.215	966.097
Sudeste	794.631	89.422	69.788	7.114	6.121	967.076	1.078.002
Sudoeste	1.854.140	13.981	48.574	14.439	10.430	1.941.564	2.132.848
Sur Central	1.050.267	177.424	64.740	6.234	12.843	1.311.508	1.479.373
Total	**5.659.024**	**605.802**	**281.217**	**48.547**	**47.564**	**6.642.154**	**7.364.570**

A nivel provincial cabe destacar que el turco es la lengua materna del 66.4% de la población de la Provincia de Kardzhali, y del 52.4 %[112] de los habitantes de la región de Razgrad[113]. Asimismo importantes contingentes de población turco-hablante se encuentran concentrados en las Provincias de Silistra, el 39% de los ciudadanos[114], Targovishte, el 37.4%[115], Shumen, el 32.6%[116], Dobrich, el 17.2%[117], Burgas, el 14%[118] y Ruse, el 13.6%.[119] Dentro de las citadas regiones el turco constituye el idioma dominante en todos los distritos, en los cuales la etnia turca alcanza la condición de mayoría.

Respecto al habla romaní, de acuerdo con los resultados censales, esta lengua no supone un idioma mayoritario en ningún municipio del país. No obs-

---

[111] Instituto Nacional de Estadística de la República de Bulgaria. (143). *Libro de referencia. Censo 2011.* Sofía. 2012. Página 53.

[112] Instituto Nacional de Estadística de la República de Bulgaria. (147). *Censo de población y viviendas de 2011. Libro de referencia de la Provincia de Kardzhali.* Sofía. 2012. Página 44.

[113] Instituto Nacional de Estadística de la República de Bulgaria. (153). *Censo de población y viviendas de 2011. Libro de referencia de la Provincia de Razgrad.* Sofía. 2012. Página 45.

[114] Instituto Nacional de Estadística de la República de Bulgaria. (155). *Censo de población y viviendas de 2011. Libro de referencia de la Provincia de Silistra.* Sofía. 2012. Página 45.

[115] Instituto Nacional de Estadística de la República de Bulgaria. (160). *Censo de población y viviendas de 2011. Libro de referencia de la Provincia de Targovishte.* Sofía. 2012. Página 44.

[116] Instituto Nacional de Estadística de la República de Bulgaria. (161). *Censo de población y viviendas de 2011. Libro de referencia de la Provincia de Shumen.* Sofía. 2012. Página 49.

[117] Instituto Nacional de Estadística de la República de Bulgaria. (146). *Censo de población y viviendas de 2011. Libro de referencia de la Provincia de Dobrich.* Sofía. 2012. Página 45.

[118] Instituto Nacional de Estadística de la República de Bulgaria. (145). *Censo de población y viviendas de 2011. Libro de referencia de la Provincia de Burgas.* Sofía. 2012. Página 51.

[119] Instituto Nacional de Estadística de la República de Bulgaria. (154). *Censo de población y viviendas de 2011. Libro de referencia de la Provincia de Ruse.* Sofía. 2012. Página 47.

tante es preciso destacar la significativa concentración de población de habla gitana en las Provincias de Montana, donde son el 11.3% de los participantes en el censo[120] y Sliven, el 10.6%[121].

Cabe precisar que todos estos datos, referidos a la composición lingüística de la población búlgara, deben ser interpretados con prudencia, pues desde el punto de vista metodológico, el censo se elabora sobre el concepto de *lengua materna*, entendida como *el primer idioma aprendido por el niño en el seno de su familia*, un término restrictivo, que entra en aparente contradicción con el principio de *autoidentificación idiomática*, pues excluye como criterios de la misma:

1) Cualquier otro idioma conocido en el ámbito familiar, posteriormente al aprendizaje del primero. En este contexto asimismo surge la cuestión de cuál será el lenguaje materno de un niño, que en el marco de su familia ha aprendido dos idiomas simultáneamente, algo muy típico en el caso de los matrimonios mixtos.
2) Todas las lenguas cuyo aprendizaje tiene lugar fuera del espacio familiar.

2.3.4. La cuestión de la correspondencia entre el origen étnico y el idioma materno de la población búlgara

De conformidad con los resultados del censo de 2011 en Bulgaria no siempre existe un vínculo homogéneo entre la pertenencia étnica y la lengua materna de los individuos. En términos cuantitativos los búlgaros representan el grupo étnico con mayor homogeneidad lingüística, de forma que el 99.4% de ellos son de lengua búlgara, el 0.3% son turco-hablantes, el 0.1% hablan romaní y otro 0.1 % tienen un idioma materno distinto de los citados. El 96.6 % de la población turca en el país se ha identificado como turco-hablante, y el 3.2% ha apuntado el búlgaro como su lengua materna. Especial interés presenta la situación de la etnia romaní, dado que el 85% de los romas han señalado el gitano como su lenguaje materno, el 7.5% el búlgaro, el 6.7% el turco y el 0.6% el rumano[122]. Diferencias idiomáticas también aparecen en el ámbito de las demás minorías étnicas, un fenómeno muy bien puesto de manifiesto en el seno de los siguientes datos estadísticos (tabla 53).

---

[120] Instituto Nacional de Estadística de la República de Bulgaria. (149). *Censo de población y viviendas de 2011. Libro de referencia de la Provincia de Montana*. Sofía. 2012. Página 50.

[121] Instituto Nacional de Estadística de la República de Bulgaria. (156). *Censo de población y viviendas de 2011. Libro de referencia de la Provincia de Sliven*. Sofía. 2012. Página 41.

[122] Instituto Nacional de Estadística de la República de Bulgaria. (126). *Censo de población y viviendas de 2011*. Tomo 1. *Población*. Libro 2. *Características demográficas y sociales*. Sofía. 2012. Página 34.

Tabla 53.
La población búlgara según el grupo étnico y la lengua materna en 2011[123] y [124]

Grupo étnico	Lengua materna														Total respuestas
	Búlgaro	Turco	Romaní	Armenio	Judío	Valaco	Ruso	Tártaro	Árabe	Griego	Macedonio	Rumano	Ucranio	Otro	No se autoid.	
Búlgaros	5.571.049	15.959	7.528	270	11	316	4.113	5	115	375	151	733	296	1.126	2.253	5.604.300
Turcos	18.975	564.858	549	-	-	-	15	8	4	-	-	4	-	52	555	585.020
Romas	24.033	21.440	272.710	3	-	4	17	-	-	-	5	1.837	-	32	673	320.754
Armenios	1.047	-	-	5.235	-	-	37	-	3	-	-	-	-	14	20	6.356
Judíos	897	-	-	-	120	-	61	-	3	-	-	-	-	39	5	1.125
Valacos	165	-	-	-	-	1.462	-	-	-	-	-	1.964	-	-	-	3.591
Karaka-chacnanos	465	-	-	-	-	-	-	-	-	1.479	-	-	-	549	-	2.493
Rusos	183	8	-	-	-	-	9.556	16	-	-	-	-	24	60	16	9.863
Griegos	98	-	-	-	-	-	-	-	-	1.237	-	-	-	14	-	1.349
Macedonios	411	-	-	-	-	-	-	-	-	-	1.163	-	-	13	17	1.604
Rumanos	37	-	-	-	-	3	-	-	-	-	-	822	-	-	-	862
Ucranios	33	-	-	-	-	-	428	-	-	-	-	-	1.279	18	-	1.758
Otros	7.390	383	19	30	-	24	430	1.335	1.103	45	-	53	18	7.520	895	19.245
No se autoident.	6.976	1.592	166	27	6	6	548	3	91	38	41	38	71	503	43.001	53.107
Total respuestas	**5.631.759**	**604.240**	**280.972**	**5.565**	**137**	**1.815**	**15.205**	**1.367**	**1.319**	**3.174**	**1.360**	**5.451**	**1.688**	**9.940**	**47.435**	**6.611.427**

[123] Instituto Nacional de Estadística de la República de Bulgaria. (126). *Censo de población y viviendas de 2011*. Tomo 1. *Población*. Libro 2. *Características demográficas y sociales*. Sofía. 2012. Páginas 190 y 191.

[124] En los capítulos de «*Total respondientes*» figuran todas las personas que han dado una respuesta a las preguntas sobre su pertenencia étnica y lengua materna.

Una cuestión que desata un arduo debate en los círculos políticos es el reconocimiento del idioma macedonio, y por consiguiente si los macedonios constituyen una minoría lingüística. Como afirma IRENA ILIEVA la posición de Bulgaria resulta bien conocida, según las autoridades búlgaras la *lengua macedonia no existe, es un dialecto del idioma búlgaro*[125].

2.3.5. Minorías religiosas

Respecto de las tres preguntas relativas a las características *etno-demográficas* de la sociedad búlgara, la cuestión de la confesión religiosa alcanza el índice más alto de personas, que se negaron a responder, el 21.8% de la población contabilizada[126].

Los datos del censo de 2011 arrojan una evidente mayoría cristiana ortodoxa, pues el 76% de la población búlgara se declara perteneciente a dicho credo. En el ámbito de la religión cristiana, el 1.1% de los censados se han apuntado como protestantes, siendo los católicos apenas el 0.8% de los cuestionados. El 10% de los ciudadanos búlgaros son de confesión musulmana, de los cuales 577.139 personas practican la doctrina suní y 27.407 individuos profesan el chiismo. Carecen de una religión el 4.7% de los habitantes del país[127] y el 7.1% no pueden identificar su creencia religiosa[128] (tabla 54).

2.3.5.1. La minoría musulmana

Tradicionalmente el Islam constituye la religión dominante en las Provincias de Kardzhali, el 70.1% de la población[129], y Razgrad, el 50.6%[130], que están mayoritariamente pobladas por turcos (tabla 55).

---

[125] ILIEVA, IRENA. *Anti-Semitism and Islamofobia in Bulgaria. Actual legal and sociological aspects.* En: *Stato, Chiese e pluralismo confessionale.* Revista Telemática. Noviembre 2011. Página 4. En: www.statoechiese.it.

[126] Instituto Nacional de Estadística de la República de Bulgaria. (143). *Libro de referencia. Censo 2011.* Sofía. 2012. Página 54.

[127] Este dato secularizador es especialmente relevante entre los jóvenes, y sobre todo entre los más instruidos.

[128] Instituto Nacional de Estadística de la República de Bulgaria. (126). *Censo de población y viviendas de 2011.* Tomo 1. *Población.* Libro 2. *Características demográficas y sociales.* Sofía. 2012. Página 34.

[129] Instituto Nacional de Estadística de la República de Bulgaria. (147). *Censo de población y viviendas de 2011. Libro de referencia de la Provincia de Kardzhali.* Sofía. 2012. Página 46.

[130] Instituto Nacional de Estadística de la República de Bulgaria. (153). *Censo de población y viviendas de 2011. Libro de referencia de la Provincia de Razgrad.* Sofía. 2012. Página 47.

Tabla 54. Estructura religiosa de la población búlgara según el censo de 2011[131]

Confesión religiosa	Cifras absolutas
Cristianos ortodoxos	4.374.135
Cristianos católicos	48.945
Protestantes	64.476
Musulmanes sunitas	546.004
Musulmanes chiitas	27.407
Musulmanes	3.728
Armenios apostólicos ortodoxos	1.715
Judíos	706
Otra	9.023
No tienen	272.264
No se autoidentifican	409.898
Total respuestas	***5.758.301***
Total Censo	**7.364.570**

Tabla 55. Composicion religiosa de la población de las Provincias de Kardzhali[132] **y Razgrad**[133] **según el censo de 2011**

Religión	Kardzhali		Razgrad	
	Cifras absolutas	%	Cifras absolutas	%
Musulmanes	82.227	70.1	52.706	50.6
Cristianos ortodoxos	23.916	20.4	41.116	39.5
Cristianos católicos	263	0.2	191	0.2
Protestantes	223	0.2	379	0.4
Otros	77	0.1	63	0.1
No tienen	1.726	1.5	2.002	1.9
No se autoidentifican	8.800	7.5	7.647	7.3
Total respuestas	***117.232***	***100***	***104.104***	***100***
Total (Censo 2011)	**152.808**	-	**125.190**	-

131 Instituto Nacional de Estadística de la República de Bulgaria. (126). *Censo de población y viviendas de 2011.* Tomo 1. *Población.* Libro 2. *Características demográficas y sociales.* Sofía. 2012. Página 187.

132 Instituto Nacional de Estadística de la República de Bulgaria. (131). *Censo de población y viviendas de 2011.* Tomo 3. *Provincias.* Libro 9. *Kardzhali.* Sofía. 2012. Página 62.

133 Instituto Nacional de Estadística de la República de Bulgaria. (135). *Censo de población y viviendas de 2011.* Tomo 3. *Provincias.* Libro 17. *Razgrad.* Sofía. 2012. Página 62.

El islamismo también constituye el credo más representado en Smolyan, una Provincia situada al norte de la frontera con Grecia, habitada mayoritariamente por población búlgara, incluyendo una significativa parte de *pomacos*, descendientes de los búlgaros eslavos, que se convirtieron al Islam durante la dominación otomana. Exactamente la presencia de este grupo *etno-confesional* da lugar a una serie de fenómenos culturales, que se pueden entender a partir de un detallado análisis de los resultados censales relativos a la pertenencia étnica, lengua materna y la confesión religiosa de los habitantes de la citada región.

De acuerdo con el censo de 2011 el 91.2% de los ciudadanos de la Provincia de Smolyan se han identificado como búlgaros, frente al 4.9% que se han apuntado como turcos, constituyendo la etnia búlgara una mayoría absoluta[134] en todos los distritos de la región, con excepción del Municipio de Borino, donde los turcos alcanzan la condición de población mayoritaria, siendo el 64.4% de los censados[135].

Tabla 56. Estructura étnica de los municipios de la Provincia de Smolyan según el censo de 2011[136]

Distrito	Grupo étnico					Total respuestas	Total Censo
	Búlgaros	Turcos	Romas	Otros	No se autoiden		
Banite	4.170	19	-	9	36	4.234	4.923
Borino	1.117	2.107	5	22	19	3.270	3.641
Devin	8.961	1.580	104	61	195	10.901	13.013
Dospat	4.469	65	31	309	290	5.164	9.116
Zlatograd	9.352	38	-	67	62	9.519	12.321
Madan	7.230	661	-	-	238	8.129	12.276
Nedelino	5.600	5	-	-	24	5.629	7.221
Rudozem	6.774	41	-	738	122	7.675	10.069
Smolyan	32.708	170	301	161	298	33.638	41.452
Chepelare	6.466	10	3	16	74	6.569	7.720
Total cifras absolutas	**86.847**	**4.696**	**444**	**1.383**	**1.358**	**94.728**	**121.752**
Total %	**91.2**	**4.9**	**0.5**	**1.7**	**1.6**	**100.00**	**-**

[134] Conforme a los datos estadísticos los búlgaros cuentan con una significativísima presencia en los Distritos de Nedelino, el 99.4% de la población, y Banite, el 98.5%. Instituto Nacional de Estadística de la República de Bulgaria. (157). *Censo de población y viviendas de 2011. Libro de referencia de la Provincia de Smolyan*. Sofía. 2012. Página 39.

[135] Instituto Nacional de Estadística de la República de Bulgaria. (157). *Censo de población y viviendas de 2011. Libro de referencia de la Provincia de Smolyan*. Sofía. 2012. Página 39.

[136] Instituto Nacional de Estadística de la República de Bulgaria. (139). *Censo de población y viviendas de 2011*. Tomo 3. *Provincias*. Libro 21. *Smolyan*. Sofía. 2012. Páginas 64 a 66.

Llama la atención también la homogeneidad lingüística de la Provincia de Smolyan, de modo que el 94.1% de sus habitantes son de habla búlgara, el turco constituye el idioma materno del 4.6% de los censados y tan solo el 0.4% han apuntado el romaní como su lenguaje nativo[137]. Al igual de lo que ocurre con la identificación étnica, el búlgaro representa la lengua materna de la mayoría de la población en todos los distritos de la región, con exclusión del Municipio de Borino, en el que el 63.8% de los encuestados han señalado el turco como su idioma materno[138].

Tabla 57.
Composición lingüística de los municipios de la Provincia de Smolyan según el censo de 2011[139]

Distrito	Lengua materna					Total respuestas	Total Censo
	Búlgara	Turca	Romaní	Otra	No se autoiden		
Banite	3.940	15	-	-	17	3.972	4.923
Borino	1.184	2.109	-	-	10	3.303	3.641
Devin	9.296	1.572	107	18	87	11.080	13.013
Dospat	5.509	37	8	31	138	5.723	9.116
Zlatograd	9.438	39	-	-	35	9.512	12.321
Madan	8.608	408	6	45	63	9.130	12.276
Nedelino	5.541	8	-	-	26	5.575	7.221
Rudozem	7.928	23	-	16	47	8.014	10.069
Smolyan	32.676	161	302	101	142	33.382	41.452
Chepelare	6.529	14	-	-	33	6.576	7.720
Total cifras absolutas	**90.649**	**4.386**	**423**	**211**	**598**	**96.237**	**121.752**

La mera comparación de los datos estadísticos arroja la homogeneidad tanto étnica, como idiomática de la población en la región de Smolyan, marcada por el predominio del elemento búlgaro. Algo que entra en claro contraste con la heterogeneidad religiosa de la Provincia, pues conforme al censo de 2011, el 39.4% de sus habitantes profesan el Islam, el 38.8% practican el cristianismo ortodoxo, el 0.3% son protestantes, el 0.2% pertenecen al credo

[137] Instituto Nacional de Estadística de la República de Bulgaria. (157). *Censo de población y viviendas de 2011. Libro de referencia de la Provincia de Smolyan.* Sofía. 2012. Página 49.

[138] Instituto Nacional de Estadística de la República de Bulgaria. (157). *Censo de población y viviendas de 2011. Libro de referencia de la Provincia de Smolyan.* Sofía. 2012. Página 49.

[139] Instituto Nacional de Estadística de la República de Bulgaria. (139). *Censo de población y viviendas de 2011.* Tomo 3. *Provincias.* Libro 21. *Smolyan.* Sofía. 2012. Páginas 69 y 70.

católico y el 0.1% tienen otra confesión religiosa distinta de las citadas. También cabe añadir que el 5.5% de los entrevistados son ateos y el 15.4% no pueden identificarse religiosamente[140].

Desde la perspectiva territorial, los búlgaros musulmanes se encuentran dispersos por toda la región, constituyendo una mayoría absoluta en los Distritos de Dospat, el 89.0% de los censados, Rudozem, el 82.6%, Madan, el 78.2%[141]. Importantes núcleos de *pomacos* además se concentran en los Distritos de Banite, Zlatograd, Devin y Nedelino, en los cuales también resulta significativa la presencia de individuos, que no pueden identificar su pertenencia confesional.

Asimismo el Islam es la religión dominante en el Distrito de Borino, declarándose musulmanes el 84.5% de sus habitantes[142]. En términos cuantitativos, esta cifra supera en más de 20 puntos porcentuales, el índice de la población turca en el Municipio, así como el de las personas turco-hablantes. Tomándose en consideración la citada diferencia porcentual, cabe deducir la heterogeneidad étnica y lingüística de la comunidad musulmana en dicha demarcación administrativa, matizada por la presencia del componente cultural búlgaro.

De acuerdo con los datos censales de 2011 el cristianismo ortodoxo constituye la religión mayoritaria únicamente en los Municipios de Chepelare, con el 76.3% de los interrogados, y Smolyan, el 65%.[143]

Un aspecto interesante del fenómeno multicultural en los territorios en el sur de la cordillera Ródope es la existencia del sincretismo religioso. Recientes estudios sociológicos, realizados en distintas localidades de la Provincia de Smolyan, señalan la introducción de costumbres cristianas ortodoxas en las prácticas del islamismo. Hipotéticamente esa interacción de doctrinas religiosas se puede explicar con la existente en el pasado tradición confesional denominada *cripto-cristianismo, (cristianismo secreto)*, que consiste en la *falsa* conversión al Islam, continuándose observando secretamente los ritos cristianos. Como afirma MARÍA KARAPETKO hoy en día ello *cristaliza en una mutua influencia entre la fe musulmana y cristiana*[144]. Del mismo modo los sucesivos intentos de devolver a los *pomacos* al seno del cristianismo ortodoxo han dado lugar a otro fenómeno, de índole totalmente diferente, que supone la *aparente recon-*

---

140 Instituto Nacional de Estadística de la República de Bulgaria. (157). *Censo de población y viviendas de 2011. Libro de referencia de la Provincia de Smolyan.* Sofía. 2012. Página 51.

141 Instituto Nacional de Estadística de la República de Bulgaria. (157). *Censo de población y viviendas de 2011. Libro de referencia de la Provincia de Smolyan.* Sofía. 2012. Página 51.

142 Instituto Nacional de Estadística de la República de Bulgaria. (157). *Censo de población y viviendas de 2011. Libro de referencia de la Provincia de Smolyan.* Sofía. 2012. Página 51.

143 Instituto Nacional de Estadística de la República de Bulgaria. (157). *Censo de población y viviendas de 2011. Libro de referencia de la Provincia de Smolyan.* Sofía. 2012. Página 51.

144 KARAPETKO, MARÍA. *Religious dimensions of Identity.* En: MORAVCÍKOVÁ, MICHAELA, y LOJDA, MIROSLAV *Religious freedom and its aspects.* Ustav pre vzt'ahy státu a cirkví v spolupráci s Centrom pre európsku politiku. Bratislava. Página 204.

versión al credo cristiano, siguiéndose en privado las prácticas religiosas islámicas. En este sentido especialmente interesantes son los resultados de la encuesta *Neighborhood of Religious Communities in Society under Transition*, efectuada a principios del siglo XXI, conforme a la cual el 50.9% de la población local musulmana ha celebrado las festividades cristianas y el 46.3% de los cristianos han conmemorado las del credo islámico[145].

Por otro lado no puede pasar desapercibida la influencia del chiismo en ciertos sectores de *pomacos*, concentrados en las regiones de Madan y Rudozem. Esto se debería a un complejo conjunto de razones, como la coyuntura de crisis social y económica, sufrida por la población a lo largo de la transición política a la democracia, la falta de confianza en el antiguo clero musulmán, que como señala KRISTEN GHODSEE *se mantuvo intacto* durante el *proceso de regeneración, si bien se ha visto forzado a colaborar con el gobierno comunista*[146], así como el redescubrimiento de la religión en cuanto factor social, buscándose su concepción más pura.

Tabla 58.
Estructura religiosa de los municipios de la Provincia de Smolyan según el censo de 2011[147]

Distrito	Confesión religiosa							*Total repuestas*	Total Censo
	Musulmanes	Cristianos ortodoxos	Católicos	Protestantes	Otra	No tienen	No se autoden		
Banite	1.074	233	7	-	-	287	1.175	2.776	4.923
Borino	2.059	169	-	-	-	64	145	2.437	3.641
Devin	2.339	2.273	9	37	3	640	1.981	7.282	13.013
Dospat	4.226	55	-	-	-	50	411	4.742	9.116
Zlatograd	1.241	1.151	-	39	-	710	1.713	4.854	12.321
Madan	6.055	636	14	15	4	217	802	7.743	12.276
Nedelino	631	584	9	7	-	592	862	2.685	7.221
Rudozem	5.675	630	8	4	3	83	464	6.867	10.069
Smolyan	5.052	18.042	63	78	46	1.169	3.136	27.586	41.452
Chepelare	649	4.521	16	9	5	201	523	5.924	7.720
Total	**29.001**	**28.294**	**126**	**189**	**61**	**4.013**	**11.212**	**72.896**	**121.752**

[145] KARAPETKO, MARÍA. *Religious dimensions of Identity*. En: MORAVCÍKOVÁ, MICHAELA, y LOJDA, MIROSLAV *Religious freedom and its aspects*. Ustav pre vzt'ahy státu a cirkví v spolupráci s Centrom pre európsku politiku. Bratislava. Página 204.

[146] GHODSEE, KRISTEN. *Muslim Lives in Eastern Europe: Gender, Ethnicity, and Transformation of Islam in Postsocialist Bulgaria*. Princeton University Press. 2009. Página 14.

[147] Instituto Nacional de Estadística de la República de Bulgaria. (139). *Censo de población y viviendas de 2011*. Tomo 3. *Provincias*. Libro 21. *Smolyan*. Sofía. 2012. Páginas 71 a 73.

Es llamativo en la Provincia de Smolyan el alto índice de personas, que se negaron a facilitar información sobre su pertenencia religiosa, el 40.1% de los contabilizados, elevándose este porcentaje hasta el 62.8% en el Distrito de Nedelino[148]. Sin lugar a dudas, esa actitud muestra que la religión constituye un factor particularmente sensible en cuanto a las relaciones entre los ciudadanos y las autoridades administrativas búlgaras, pues aún pesan en la memoria colectiva de los *pomacos* las consecuencias de las medidas administrativas del régimen comunista, destinadas *al redescubrimiento de su verdadera identidad cultural.*

Pese a ser una confesión religiosa minoritaria en las demás provincias del país, el islamismo cuenta con una significativa presencia en las siguientes regiones, pobladas por una relativa minoría turca:

1) En la Provincia de Targovishte, los musulmanes constituyen el 38.1% de las personas, que han señalado su creencia[149].
2) En la Provincia de Silistra, el 37.7% de los contabilizados, pertenecen al credo islámico, suponiendo los musulmanes una mayoría absoluta en los Distritos de Dulovo, el 75.9% de la población, Glavinitsa, el 70.1%, y Kainardzha, el 67.8%.[150]
3) Confesión religiosa islámica tienen el 33.9% de los censados en la Provincia de Shumen, (fluctuando entre el 90% en los Municipios de Venets y Kaolinovo, y el 80% en los Distritos de Hitrino, Varbitsa y Nikola Kozlevo)[151].
4) En la Provincia de Dobrich, el 15.8% de la población se ha declarado de credo islámico, concentrándose un importante núcleo de musulmanes en el Distrito de Tervel, con el 52.8% de los habitantes[152].
5) El 12.9% de los censados en la Provincia de Burgas se han identificado como pertenecientes a la confesión islámica, constituyendo los musulmanes una mayoría absoluta en el Municipio de Ruen, el 87.5% de la población. Por otro lado especial interés presenta la plena falta de personas de este credo en los Distritos de Tsarevo y Malko Tarnovo, los cuales en su borde sur limitan con Turquía. En este sentido tiene importancia subrayar, que conforme a los datos estadísticos el Municipio de Tsarevo cuenta con mayor presencia de cristianos ortodoxos en la región, el 90.5% de los individuos censados[153].

---

[148] Instituto Nacional de Estadística de la República de Bulgaria. (157). *Censo de población y viviendas de 2011. Libro de referencia de la Provincia de Smolyan.* Sofía. 2012. Página 51.

[149] Instituto Nacional de Estadística de la República de Bulgaria. (160). *Censo de población y viviendas de 2011. Libro de referencia de la Provincia de Targovishte.* Sofía. 2012. Página 46.

[150] Instituto Nacional de Estadística de la República de Bulgaria. (155). *Censo de población y viviendas de 2011. Libro de referencia de la Provincia de Silistra.* Sofía. 2012. Página 47.

[151] Instituto Nacional de Estadística de la República de Bulgaria. (161). *Censo de población y viviendas de 2011. Libro de referencia de la Provincia de Shumen.* Sofía. 2012. Página 51.

[152] Instituto Nacional de Estadística de la República de Bulgaria. (146). *Censo de población y viviendas de 2011. Libro de referencia de la Provincia de Dobrich.* Sofía. 2012. Página 47.

[153] Instituto Nacional de Estadística de la República de Bulgaria. (145). *Censo de población y viviendas de 2011. Libro de referencia de la Provincia de Burgas.* Sofía. 2012. Página 53.

6) El 12.4% de los ciudadanos de la Provincia de Ruse son de culto musulmán, y el Islam es la confesión religiosa mayoritaria en el Distrito de Vetovo, donde los musulmanes suponen el 58.6% de sus habitantes, así como en el Municipio de Slivo Pole, en el que los musulmanes conforman el 48.8% de la población contabilizada[154].

Es interesante la situación religiosa en Blagoevgrad, una Provincia situada en el suroeste del país, que al presentar una relativa homogeneidad étnica y lingüística de naturaleza búlgara concentra también una significativa minoría de musulmanes, incluyendo *pomacos*, y un pequeño contingente de turcos, agrupados geográficamente en los municipios ubicados en la vertiente oeste de la montaña Ródope. Al igual que ocurre con la Provincia de Smolyan, estas circunstancias exigen un análisis más detallado de los resultados censales, buscándose confirmar la importante diferencia cultural, existente entre los musulmanes de origen turco y los *pomacos*.

De acuerdo con el censo de 2011, la estructura poblacional de la región de Blagoevgrad comprende un 88.6% de búlgaros, el 6.0% de turcos y el 3.4% de romaníes. La etnia búlgara presenta una mayoría en todos los distritos de la Provincia, con excepción del Municipio de Yakoruda, donde se encuentra concentrado un importante grupo de turcos, que supone el 49.3% de la población, alcanzando la condición de mayoría étnica. Asimismo los turcos están fuertemente representados en los Distritos de Belitsa, el 30% de los habitantes, Gotse Delchev, el 24.2%, y Garmen, el 15.9%.[155] (tabla 59).

Lingüísticamente la estructura poblacional de la Provincia de Blagoevgrad resulta aún más homogénea que en términos étnicos, al identificarse como búlgaro-hablantes el 94.1% de los habitantes. Este predominio idiomático queda ligeramente matizado a raíz de la presencia de una minoría de habla romaní el 2.5% de los encuestados y otra de personas turco-hablantes el 2.3%. A diferencia de lo que ocurre con la composición étnica, que no supone la plena preponderancia del componente búlgaro en todos los distritos de la Provincia, los datos censales apuntan al carácter predominante de la lengua búlgara en la totalidad del territorio de la misma, incluido el Distrito de Yakoruda, en el que el 75.9% de la población contabilizada es de habla búlgara, frente al 19.3% que apuntó el turco como su idioma materno[156] (tabla 60).

---

[154] Instituto Nacional de Estadística de la República de Bulgaria. (154). *Censo de población y viviendas de 2011. Libro de referencia de la Provincia de Ruse.* Sofía. 2012. Página 49.

[155] Instituto Nacional de Estadística de la República de Bulgaria. (144). *Censo de población y viviendas de 2011. Libro de referencia de la Provincia de Blagoevgrad.* Sofía. 2012. Página 41.

[156] Instituto Nacional de Estadística de la República de Bulgaria. (144). *Censo de población y viviendas de 2011. Libro de referencia de la Provincia de Blagoevgrad.* Sofía. 2012. Página 51.

Tabla 59.
Composición étnica de los municipios de la Provincia de Blagoevgrad según el censo de 2011[157]

Distrito	Grupo étnico					*Total respon.*	Total Censo
	Búlgaros	Turcos	Romas	Otros	No se autoiden		
Bansko	11.903	14	227	54	31	12.229	13.125
Belitsa	4.450	2.215	186	198	342	7.391	9.927
Blagoevgrad	68.702	126	1.836	700	282	71.646	77.441
Gotse Delchev	20.424	6.820	318	263	315	28.140	31.236
Garmen	7.262	1.774	1.386	419	335	11.176	14.981
Kresna	5.137	4	21	18	17	5.197	5.441
Petrich	46.337	270	2.769	247	137	49.760	54.006
Razlog	18.694	21	834	64	95	19.708	20.598
Sandanski	35.771	245	596	187	332	37.131	40.470
Satovcha	7.200	783	251	376	339	8.949	15.444
Simitli	10.691	11	503	47	31	11.283	14.283
Strumyani	4.399	9	124	90	8	4.630	5.778
Hadhzidimovo	6.763	615	263	219	101	7.961	10.091
Yakoruda	3.364	4.120	425	198	248	8.355	10.731
Total cifras absolutas	**251.097**	**17.027**	**9.739**	**3.080**	**2.613**	**283.556**	**323.552**
Total %	**88.6**	**6.0**	**3.4**	**1.1**	**0.9**	**100.00**	-

Blagoevgrad es una Provincia prevalentemente cristiana, al declararse el 77.8% de sus habitantes cristianos ortodoxos, frente al 16.1% que se han contabilizado como musulmanes, no obstante lo cual, estos últimos alcanzan la condición de mayoría religiosa en los siguientes Distritos, dominados tanto étnica como lingüísticamente por el elemento búlgaro[158]:

1) En Satovcha, el 85.9% de los habitantes pertenecen al credo islámico.
2) El 74.7% de los censados en Belitsa se han identificado como musulmanes.
3) En Garmen, los mismos conforman el 73.3% de la población.

---

157 Instituto Nacional de Estadística de la República de Bulgaria. (128). *Censo de población y viviendas de 2011*. Tomo 3. *Provincias*. Libro 1. *Blagoevgrad*. Sofía. 2012. Páginas 76 a 79.

158 Instituto Nacional de Estadística de la República de Bulgaria. (144). *Censo de población y viviendas de 2011. Libro de referencia de la Provincia de Blagoevgrad*. Sofía. 2012. Página 53.

Tabla 60.
Estructura lingüística de los municipios de la Provincia de Blagoevgrad según el censo de 2011[159]

Distrito	Lengua materna					*Total respuestas*	Total Censo
	Búlgara	Turca	Romaní	Otra	No se autoiden		
Bansko	11.911	7	170	47	25	12.160	13.125
Belitsa	6.964	664	121	12	42	7.803	9.927
Blagoevgrad	68.815	131	1.406	761	234	71.347	77.441
Gotse Delchev	25.742	2.010	223	164	189	28.328	31.236
Garmen	9.316	1.189	1.081	17	177	11.780	14.981
Kresna	5.145	-	9	17	17	5.188	5.441
Petrich	46.131	261	2.619	235	133	49.379	54.006
Razlog	19.322	10	148	55	97	19.632	20.598
Sandanski	35.627	306	414	160	332	36.839	40.470
Satovcha	10.445	69	181	37	40	10.772	15.444
Simitli	11.066	7	54	40	28	11.195	14.283
Strumyani	4.370	20	58	41	13	4.502	5.778
Hadhzidimovo	7.890	200	241	141	35	8.507	10.091
Yakoruda	6.472	1.648	337	15	51	8.523	10.731
Total cifras absolutas	**269.216**	**6.522**	**7.062**	**1.742**	**1.413**	**285.955**	**323.552**

Asimismo llama particularmente la atención, la heterogeneidad cultural del Municipio de Yakoruda, marcada por una serie de fenómenos:

1) Al representar el 76.9% de la población[160] los musulmanes, incluidos búlgaros, turcos y romas, constituyen la confesión religiosa mayoritaria en dicho Distrito.
2) El búlgaro es la lengua materna del 75.9% de sus habitantes.
3) Al contar con 4.120 individuos los turcos se encuentran en mayoría, dejando atrás a los búlgaros y los romaníes, que suponen 3.789 personas en total.

---

[159] Instituto Nacional de Estadística de la República de Bulgaria. (128). *Censo de población y viviendas de 2011*. Tomo 3. *Provincias*. Libro 1. *Blagoevgrad*. Sofía. 2012. Páginas 83 a 85.

[160] Instituto Nacional de Estadística de la República de Bulgaria. (144). *Censo de población y viviendas de 2011. Libro de referencia de la Provincia de Blagoevgrad*. Sofía. 2012. Página 53.

Tabla 61.
Composicion religiosa de los municipios de la Provincia de Blagoevgrad según el censo de 2011[161]

Distrito	Confesión religiosa							*Total respuestas*	Total Censo
	Cristianos ortodoxos	Musulmanes	Católicos	Protestantes	Otra	No tienen	No se autoid.		
Bansko	9.797	487	20	199	8	109	269	10.889	13.125
Belitsa	1.533	5.199	13	19	3	40	156	6.963	9.927
Blagoevgrad	55.834	377	274	395	153	2.158	2.784	61.975	77.441
Gotse Delchev	17.104	8.258	31	102	24	137	584	26.240	31.236
Garmen	2.357	7.541	27	-	-	89	245	10.259	14.981
Kresna	4.686	5	-	12	-	34	84	4.821	5.441
Petrich	40.596	290	113	171	89	1.022	951	43.232	54.006
Razlog	14.954	47	48	271	32	341	873	16.566	20.598
Sandanski	30.321	155	119	208	24	457	1.236	32.520	40.470
Satovcha	856	8.215	-	18	-	68	392	9.549	15.444
Simitli	8.695	715	30	42	8	74	178	9.742	14.283
Strumyani	3.611	3	9	20	5	68	85	3.801	5.778
Hadhzidimovo	5.045	2.767	13	-	-	11	159	7.995	10.091
Yakoruda	1.553	6.608	5	14	3	31	378	8.592	10.731
Total	**196.942**	**40.667**	**702**	**1.471**	**349**	**4.639**	**8.374**	**253.144**	**323.552**

2.3.5.2. Otras minorías religiosas

El catolicismo, pese a contar con apenas el 0.8% de la población, destaca por su presencia remota en Bulgaria, que data de la época de la conversión de los búlgaros al cristianismo. Desde entonces los católicos se encuentran distribuidos por todo el territorio del país y especialmente en la Provincia de Plovdiv, donde actualmente conforman el 3.6% de las personas censadas, apreciándose una significativa presencia del catolicismo y sus tradiciones en las zonas centrales de la región. Conforme a las estadísticas de 2011, el Distrito de Rakovski constituye el único término municipal en el Estado, donde los cató-

[161] Instituto Nacional de Estadística de la República de Bulgaria. (128). *Censo de población y viviendas de 2011.* Tomo 3. *Provincias.* Libro 1. *Blagoevgrad.* Sofía. 2012. Páginas 86 a 88.

licos representan una mayoría religiosa, el 53.2% de la población. Asimismo el catolicismo cuenta con una especial popularidad en el Municipio de Kaloyanovo, siendo practicado por el 15% de sus habitantes[162].

Tabla 62.
Estructura religiosa de los Municipios de Rakovski y Kaloyanovo según el censo de 2011[163]

Distrito	Confesión religiosa							*Total respuestas*	Total Censo
	Cató-licos	Cristianos ortodoxos	Musul-manes	Protes-tantes	Otra	No tienen	No se autoid.		
Rakovski	11.400	8.869	68	250	4	149	683	21.423	26.381
Kaloyanovo	2.630	7.295	650	46	4	298	275	11.198	11.879

Compactos núcleos de católicos se asientan en los pueblos costeros del Danubio y, en especial, en la Provincia de Pleven, representando el 31.9% de las personas contabilizadas en el Distrito de Belene y el 11.0% de la población en el Municipio de Levski[164].

Desde el punto de vista territorial la confesión protestante se encuentra dispersa por todo el país. En ese sentido cabe destacar la presencia del protestantismo en la capital Sofía, donde pese a contar con sólo el 1% de los ciudadanos que han señalado su religión, constituye la minoría religiosa más relevante, llamando la atención que los musulmanes fuertemente implantados en amplios regiones del Estado alcanzan en 2011 una representación en la metrópoli de apenas el 0.7% de los encuestados[165]. Muy similar es la situación en la Provincia de Sofía, pues al constituir tan solo el 1.6% de la población, los protestantes presentan nuevamente la minoría religiosa más numerosa, dejando atrás a los musulmanes que resultan ser el 0.3%.[166]

Como señalan RUMYANA KARAPETROVA y EMIL KOEN, a partir de 1989, en Bulgaria tiene lugar la expansión de nuevas congregaciones evangélicas como la Verdad de Sion[167], la Iglesia de Dios y otras, que juntamente con las iglesias protestantes ya existentes en el país, (Pentecostales y Bautistas),

[162] Instituto Nacional de Estadística de la República de Bulgaria. (152). *Censo de población y viviendas de 2011. Libro de referencia de la Provincia de Plovdiv.* Sofía. 2012. Páginas 59 y 60.

[163] Instituto Nacional de Estadística de la República de Bulgaria. (134). *Censo de población y viviendas de 2011.* Tomo 3. *Provincias.* Libro 16. *Plovdiv.* Sofía. 2012. Páginas 95 y 97.

[164] Instituto Nacional de Estadística de la República de Bulgaria. (151). *Censo de población y viviendas de 2011. Libro de referencia de la Provincia de Pleven.* Sofía. 2012. Página 50.

[165] Instituto Nacional de Estadística de la República de Bulgaria. (159). *Censo de población y viviendas de 2011. Libro de referencia de la Provincia de Sofía (capital).* Sofía. 2012. Página 66.

[166] Instituto Nacional de Estadística de la República de Bulgaria. (158). *Censo de población y viviendas de 2011. Libro de referencia de la Provincia de Sofía.* Sofía. 2012. Página 65.

[167] Actualmente se conoce bajo el nombre de *Centro cristiano «Prelom».*

realizan una *evangelización masiva* de la población romaní[168], consiguiendo notables resultados[169], al apreciarse una mayor presencia del protestantismo en las regiones habitadas por un número considerable de romas, de modo que:

1) En la Provincia de Yambol, las cifras oficiales estiman que en 2011 los protestantes constituyen la minoría religiosa más relevante[170], contando con una representación del 2.9% de las personas censadas[171].
2) De acuerdo con los datos estadísticos los evangélicos también suponen la minoría confesional más significativa en la Provincia de Montana, conformando el 2.0% de la población[172].
3) El 4.0% de los habitantes de la Provincia de Sliven se han identificado como protestantes, siendo la tercera confesión religiosa más importante, por detrás de la mayoría ortodoxa el 71.8% y la minoría musulmana el 8.2%.[173]

Además hay compactos contingentes de protestantes en la Provincia de Kyustendil, donde representan el 2.3%[174] de los habitantes[175], así como un pequeño grupo concentrado en el Distrito de Perushtitsa, situado en la zona suroeste de la región de Plovdiv, en el que los evangélicos representan aproximadamente una cuarta parte de la población local[176].

---

[168] KARAPETROVA, RUMYANA, y KOEN, EMIL. (85). *Protestantes.* En: KRASTEVA, ANNA. *Comunidades e identidades en Bulgaria.* Petexton. Sofía. 1998. Página 313.

[169] En opinión de ALEKSEY PAMPOROV la masiva conversión de los romaníes al protestantismo se debe a *la flexibilidad social de los dogmas de este credo,* que garantiza a la población gitana la posibilidad de mantener su modo de vida tradicional. PAMPOROV, ALEKSEY. (176). *La vida cotidiana de los romas en Bulgaria.* Faber. Veliko Tarnovo. 2006. Página 283.

[170] En 1993 ELENA MARUSHIAKOVA, y VESELIN POPOV, calcularon que más del 90% de los feligreses de la Iglesia Pentecostal en la ciudad de Yambol pertenecen a la minoría romaní. MARUSHIAKOVA, ELENA, y POPOV, VESELIN. (118). *Los gitanos en Bulgaria.* Editorial «Club'90». Sofía. 1993. Página 165.

[171] Instituto Nacional de Estadística de la República de Bulgaria. (162). *Censo de población y viviendas de 2011. Libro de referencia de la Provincia de Yambol.* Sofía. 2012. Página 45.

[172] Instituto Nacional de Estadística de la República de Bulgaria. (149). *Censo de población y viviendas de 2011. Libro de referencia de la Provincia de Montana.* Sofía. 2012. Página 52.

[173] Instituto Nacional de Estadística de la República de Bulgaria. (156). *Censo de población y viviendas de 2011. Libro de referencia de la Provincia de Sliven.* Sofía. 2012. Página 42.

[174] Instituto Nacional de Estadística de la República de Bulgaria. (148). *Censo de población y viviendas de 2011. Libro de referencia de la Provincia de Kyustendil.* Sofía. 2012. Página 49.

[175] Como afirman ELENA MARUSHIAKOVA, y VESELIN POPOV la mayoría de los gitanos habitantes de la ciudad de Kyustendil pertenecen al culto evangélico. MARUSHIAKOVA, ELENA, y POPOV, VESELIN. (118). *Los gitanos en Bulgaria.* Editorial «Club'90». Sofía. 1993. Página 165.

[176] Instituto Nacional de Estadística de la República de Bulgaria. (152). *Censo de población y viviendas de 2011. Libro de referencia de la Provincia de Plovdiv.* Sofía. 2012. Página 60.

Los datos censales demuestran la existencia de pequeñas comunidades de armenios apostólicos en la capital Sofía, 439 personas, y en las siguientes ciudades: Varna, 433 individuos, Plovdiv, 341, Ruse, 146 y Burgas, 96[177].

Respecto a la minoría judía sus representantes se distribuyen en compactos núcleos de población especialmente en la metrópoli Sofía, 482 personas, y las Provincias de Plovdiv, 70, Varna, 40, Burgas, 19 y Ruse, 13[178].

Englobando el resto de las confesiones religiosas en el capítulo de *«otros»*, el censo de 2011 no aporta datos exactos referentes a la presencia en Bulgaria de comunidades confesionales como mormones, Testigos de Jehová y budistas, que recientemente han granjeado una notable popularidad en la sociedad búlgara, ni tampoco introduce información sobre confesiones minoritarias, que ocuparon un papel destacadísimo en la historia del pueblo búlgaro como por ejemplo la comunidad de los *uniatas*[179].

2.3.6. LA CUESTIÓN DE LA COHERENCIA ENTRE LA PERTENENCIA ÉTNICA Y RELIGIOSA DE LOS CIUDADANOS BÚLGAROS

La complejidad del fenómeno multicultural búlgaro se entiende mejor si se tiene en cuenta, que con frecuencia la confesión religiosa de los individuos no se corresponde con la religión tradicional de la etnia a la cual pertenecen, de forma que conforme al censo de 2011, de 5.664.624 personas que han declarado un origen búlgaro, 4.240.422 (el 86.7%) son cristianos ortodoxos, 43.985 se han identificado como católicos, 36.613 se han apuntado como protestantes y 67.350 búlgaros han señalado su pertenencia religiosa al credo musulmán[180].

Por otro lado, de 444.434 individuos que se consideran como turcos, 420.816 son musulmanes sunitas, 21.610 practican el chiismo y 2.008 se han identificado únicamente como musulmanes sin ningún tipo de especificación de su creencia. Fuera del culto islámico, 5.279 es la cifra de los turcos de con-

---

177 Instituto Nacional de Estadística de la República de Bulgaria. (126). *Censo de población y viviendas de 2011*. Tomo 1. *Población*. Libro 2. *Características demográficas y sociales*. Sofía. 2012. Páginas 263 a 271.

178 Instituto Nacional de Estadística de la República de Bulgaria. (126). *Censo de población y viviendas de 2011*. Tomo 1. *Población*. Libro 2. *Características demográficas y sociales*. Sofía. 2012. Páginas 263 a 271.

179 SVETLOZAR ELDAROV estima que hacia 1998 los *uniatas* eran unos 10.000 individuos, que al encontrarse dispersos a lo largo de todo el territorio del país, se constituyen como una comunidad en general debido a su *estructura eclesial, ritos religiosos y tradición histórica*, habiendo realizado intentos de optimizar su actividad social y cultural con el apoyo financiero de la Iglesia Católica. ELDAROV, SVETLOZAR. (63). *Uniatas*. En: KRASTEVA, ANNA. *Comunidades e identidades en Bulgaria*. Petexton. Sofía. 1998. Páginas 405 y 406.

180 Instituto Nacional de Estadística de la República de Bulgaria. (126). *Censo de población y viviendas de 2011*. Tomo 1. *Población*. Libro 2. *Características demográficas y sociales*. Sofía. 2012. Página 34.

fesión cristiana ortodoxa, 1.182 son católicos y 2.400 pertenecen al credo protestante. Llama la atención que 39.529 personas de etnia turca no identificaron su confesión religiosa y 14.698 se han declarado ateos. Un dato que pone de manifiesto el incipiente proceso secularizador, que comienza a experimentar la comunidad islámica en Bulgaria[181].

Especialmente significativa es la heterogeneidad religiosa de la etnia romaní, que según los datos estadísticos es mayoritariamente cristiana ortodoxa, pues el 36.6% de los romas se han declarado pertenecientes a dicho credo, el 18.3% se consideran musulmanes, el 10.1% se han identificado como evangélicos y el 0.5% profesan una creencia distinta de las mencionadas. No menos importante es señalar que el 13.1% de los gitanos carecen de una religión, y el 21.4% no consiguen identificar su pertenencia confesional[182].

Asimismo los datos estadísticos desprenden la existencia de judíos que tienen un credo cristiano ortodoxo, católico, protestante e incluso judíos ateos, un interesante fenómeno, pues al considerarse el pueblo judío un grupo étnico descendiente de los hebreos y antiguos israelitas del Oriente Próximo, el judaísmo constituye un aspecto de la pertenencia étnica al mismo.

También es llamativa la diversa composición religiosa de la comunidad armenia, al contabilizarse armenios de confesión cristiana ortodoxa, armenios apostólicos ortodoxos, así como armenios de fe católica y protestante (tabla 63).

2.3.7. La cuestión de la relación entre la pertenencia religiosa y la lengua materna de los ciudadanos búlgaros

Otro elemento interesante del fenómeno multicultural búlgaro es la frecuente no correspondencia entre la lengua materna del individuo y la religión tradicional de su etnia. En este sentido llama particularmente la atención la minoría de los *pomacos*, que como se ha puesto de manifiesto se compone por personas búlgaro-hablantes de credo musulmán. También un ejemplo ilustrativo de la citada complejidad cultural, lo constituye la comunidad de los *gagauzos*[183].

---

181 Instituto Nacional de Estadística de la República de Bulgaria. (126). *Censo de población y viviendas de 2011.* Tomo 1. *Población.* Libro 2. *Características demográficas y sociales.* Sofía. 2012. Página 34.

182 Instituto Nacional de Estadística de la República de Bulgaria. (126). *Censo de población y viviendas de 2011.* Tomo 1. *Población.* Libro 2. *Características demográficas y sociales.* Sofía. 2012. Páginas 34 y 35.

183 Pese a que el censo de 2011 no incluye datos sobre la minoría *gagauza*, este pueblo tiene una remota presencia histórica en el Estado búlgaro. ZHIVKA STAMENOVA estima que a finales de los años 70, la comunidad *gagauza* en Bulgaria contaba con unas 40.000 personas, observándose a partir de esta fecha un claro descenso, de modo que según estudios sociológicos realizados en 1994, la minoría *gagauza* comprendía apenas 1.478 individuos. STAMENOVA, ZHIVKA. (206). *Gagauzos.* En: KRASTEVA, ANNA. *Comunidades e identidades en Bulgaria.* Petexton. Sofía. 1998. Páginas 190 y 193.

Tabla 63. La población búlgara según el grupo étnico y la confesión religiosa en 2011[184] y [185]

Confesión religiosa	Grupo étnico								Total respuestas	Total Censo
	Búlgaros	Turcos	Romaníes	Armenios	Judíos	Rusos	Otros	No se autoid.		
Cristianos ortodoxos	4.240.422	5.279	84.867	3.823	51	7.905	12.244	2.734	4.357.325	4.374.135
Cristianos católicos	43.985	1.182	838	44	4	50	1.846	218	48.167	48.945
Protestantismo	36.613	2.400	23.289	85	6	95	869	278	63.635	64.476
Musulmanes sunís	63.260	420.816	39.890	-	-	22	8.554	3.282	535.824	546.004
Musulmanes chiitas	2.821	21.610	2.249	-	-	-	319	228	27.227	27.407
Musulmanes	1.269	2.008	65	-	-	-	258	32	3.632	3.728
Armenios apostólicos	40	-	5	1.649	-	-	9	3	1.706	1.715
Judíos	89	-	4	-	586	3	4	9	695	706
Otros	6.532	93	434	81	26	68	1.526	138	8.898	9.023
No tienen	222.387	14.698	30.491	111	217	459	1.300	1.199	270.862	272.264
No se autoidentifican	272.978	39.529	49.491	215	161	426	1.624	43.862	408.286	409.898
Total respuestas	**4.890.396**	**507.615**	**231.623**	**6.008**	**1.051**	**9.028**	**28.553**	**51.983**	**5.726.257**	**5.758.301**
Total Censo	**5.664.624**	**588.318**	**325.343**	**6.552**	**1.162**	**9.978**	**31.612**	**53.391**	**6.680.980**	**7.364.570**

[184] Instituto Nacional de Estadística de la República de Bulgaria. (126). *Censo de población y viviendas de 2011*. Tomo 1. *Población*. Libro 2. *Características demográficas y sociales*. Sofía. 2012. Página 207.

[185] En los capítulos de «*Total respondientes*» figuran todas las personas que han dado una respuesta a las preguntas *sobre su pertenencia étnica y religiosa*.

Encontrándose diseminada en pequeños núcleos rurales en la región de *Dobrudzha, esta específica etnia comprende individuos de habla turca, que profesan el cristianismo ortodoxo.* Tales peculiaridades de la cultura gagauza, que vienen acompañadas de una serie de dudas, surgidas respecto a la identificación y el génesis de dicha minoría, han dado lugar a la construcción de varias teorías tendentes a explicar esta extraordinaria combinación de fe e idioma[186]:

1) La primera califica a los gagauzos como búlgaros, que se han visto forzados a cambiar su lengua, para conservar su religión, (al contrario de lo que ocurrió con los búlgaros musulmanes, *los pomacos*, los cuales mantuvieron su idioma, pero se convirtieron al Islam).
2) Una segunda tesis, que doctrinalmente se considera más admisible, parte del origen turco del pueblo gagauzo, que al establecerse en los territorios búlgaros durante la Edad Media abrazó el cristianismo ortodoxo, adoptando asimismo una serie de elementos de la vida tradicional de la población autóctona búlgara. Tres factores claves que encierran una posible explicación de la peculiar identidad cultural de los *gagauzos.*

Este complejo aspecto de la realidad multicultural de Bulgaria también queda reflejado en el ámbito de los siguientes datos estadísticos, que demuestran algunas peculiaridades de la relación entre la confesión religiosa y la lengua materna de los ciudadanos búlgaros (tabla 64).

---

[186] STAMENOVA, ZHIVKA. (206). *Gagauzos.* En: KRASTEVA, ANNA. *Comunidades e identidades en Bulgaria.* Petexton. Sofía. 1998. Páginas 190 y 201.

Tabla 64.
La población búlgara según la confesión religiosa y la lengua materna en 2011[187] y [188]

Confesión religiosa	Lengua materna								Total respuestas	Total Censo
	Búlgaro	Turco	Romaní	Armenio	Judío	Ruso	Otro	No se autoid.		
Cristianos ortodoxos	4.238.306	8.650	74.727	3.233	14	12.270	14.277	1.615	*4.353.092*	**4.374.135**
Cristianos católicos	42.709	1.897	1.035	43	-	81	2.250	69	*48.084*	**48.945**
Protestantismo	36.965	3.142	22.095	-	-	167	992	180	*63.541*	**64.476**
Musulmanes sunnís	85.512	425.444	26.908	-	-	51	2.507	894	*541.316*	**546.004**
Musulmanes chiitas	3.068	22.200	1.614	-	-	7	288	125	*27.302*	**27.407**
Musulmanes	1.499	1.976	48	-	-	3	137	5	*3.668*	**3.728**
Armenios apostólicos	138	-	5	1.552	-	5	5	3	*1.708*	**1.715**
Judíos	558	-	4	-	63	21	40	-	*686*	**706**
Otros	6.695	-	388	69	-	140	580	890	*8.762*	**9.023**
No tienen	224.758	15.774	27.541	93	14	783	1.381	562	*270.906*	**272.264**
No se autoidentifican	276.186	41.990	44.737	169	17	821	1.751	42.539	*408.210*	**409.898**
Total respuestas	**4.916.394**	**521.073**	**199.102**	**5.159**	**108**	**14.349**	**24.208**	**46.882**	**5.727.275**	**5.758.301**
Total Censo	**5.659.024**	**605.802**	**281.217**	**5.615**	**147**	**15.808**	**26.977**	**47.564**	**6.642.154**	**7.364.570**

[187] Instituto Nacional de Estadística de la República de Bulgaria. (126). *Censo de población y viviendas de 2011*. Tomo 1. *Población*. Libro 2. *Características demográficas y sociales*. Sofía. 2012. Página 208.

[188] En los capítulos de «*Total respondientes*» figuran todas las personas que han dado una respuesta a las preguntas sobre su pertenencia religiosa y lengua materna.

3. FUENTES GENERALES DEL SISTEMA BÚLGARO DE TUTELA DE LAS MINORÍAS Y LA DIVERSIDAD CULTURAL: PLANTEAMIENTO CONSTITUCIONAL

3.1. Fuentes del Derecho Internacional Público

3.1.1. La fórmula constitucional de introducción de los mecanismos internacionales de protección de los derechos fundamentales

3.1.1.1. Génesis

A raíz de la caída del comunismo, el 10 de noviembre de 1989, se marca el inicio del proceso de transición a la democracia, que se precipitará por la promulgación de la nueva Constitución democrática, el 13 de julio de 1991. Configurada como una Carta Magna *auténtica*[189], que define el régimen básico de los derechos y libertades de los ciudadanos y delimita los poderes e instituciones de la organización política, la Ley Fundamental de 1991 estará llamada a desempeñar un papel clave en la historia de la democracia búlgara, al eliminar definitivamente los restos de un antiguo régimen totalitario, represivo y *asimilacionista*, implantando un nuevo modelo democrático, pluralista y humanitario. Algo muy bien puesto de manifiesto en el propio Preámbulo de la Constitución de 1991, proclamando como:

1) *Valores universales* de la sociedad búlgara, *la libertad, la igualdad, la tolerancia, la paz, la humanidad y la justicia.*
2) *Principios superiores* los derechos de la persona, *su dignidad* y las garantías de *su seguridad.*
3) *Objetivo principal* de la Carta Magna, *la creación de un Estado Democrático, de Derecho y Social.*

Aunque el carácter normativo del Prefacio ha sido cuestionado doctrinalmente por su falta de normas, es preciso subrayar que formando parte integrante del texto constitucional, el mismo tiene un *valor jurídico*[190], pues las ideas establecidas en su contenido[191]:

---

[189] BLIZNASHKI, GEORGI. (17). *Sobre la forma del Estado.* En: *Mundo jurídico.* Libro número 1/1999. Editorial Sibi. 1999. Página 36.

[190] NENOVSKI, NENO. (169). *Los derechos de la persona en la Constitución de la República de Bulgaria de 1991.* En: *Pensamiento jurídico.* Libro número 1/1995. Año XXXVI. Academia Búlgara de las Ciencias. 1995. Página 6.

[191] VV.AA. (13). *La Constitución de la República de Bulgaria.* Comentario. Editorial Ciela. Sofía. 1999. Página 21.

1) Manifiestan el contexto histórico y el espíritu jurídico de la Constitución.
2) Trazan las *directrices generales*, que serán desarrolladas por el articulado de la Carta Magna.
3) Señalan la filosofía e inspiración ideológica de los Constituyentes.

Manifestando su enorme deseo de promover los citados *valores supremos*, las fuerzas políticas representadas en la VII Asamblea Constituyente consiguieron durante el debate constitucional un amplio consenso de establecer como un *mínimo* en la regulación jurídica de los derechos fundamentales de los ciudadanos búlgaros los instrumentos internacionales de protección de los derechos humanos[192]. Una previsión desarrollada en dos grandes líneas orientadoras[193]:

1) La incorporación directa en la Constitución de los principios esenciales del Derecho Internacional en la materia.
2) El reconocimiento de la preeminencia de estas normas sobre las disposiciones del ordenamiento interno.

3.1.1.2. El principio de primacía de las normas del Derecho Internacional sobre las disposiciones del derecho interno

Viene recogido en el artículo 5, párrafo 4, de la Constitución de 1991, al establecer que los Tratados Internacionales, ratificados según el procedimiento constitucional[194], que hayan entrado en vigor una vez publicados oficialmente en Bulgaria, formarán parte del derecho búlgaro, reconociéndose la primacía de sus normas sobre las disposiciones del ordenamiento interno, que pudieran estar en contradicción[195].

---

[192] TANCHEV, EVGENI. (211). *Problemas constitucionales de la compatibilidad del derecho nacional con la Directiva 2000/43 de la Unión Europea de 29 de junio de 2000. Respecto a los principios de la igualdad étnica y racial.* En: *Mundo jurídico.* Libro número 1/2001. Editorial Sibi. 2001. Página 147.

[193] STALEV, ZHIVKO. (205). *La Constitución y los acuerdos internacionales sobre los derechos humanos y las libertades fundamentales.* En: *Mundo jurídico.* Libro número 1/1999. Editorial Sibi. 1999. Página 13.

[194] De conformidad con el artículo 85, párrafo 1, punto 6, de la Constitución de 1991 *la Asamblea Nacional búlgara ratifica y denuncia por Ley los Tratados Internacionales, referidos a los derechos humanos.*

[195] En su Sentencia 7/1992 de 2 de julio de 1992, (BOE número 56 de 1992), el Tribunal Constitucional búlgaro especifica que aquellos Tratados Internacionales, que fueran ratificados constitucionalmente, y que hayan entrado en vigor con anterioridad a la adopción de la Constitución de 1991, *sin que hayan sido publicados oficialmente*, forman parte del ordenamiento interno, careciendo de supremacía frente a las disposiciones del mismo.

Respecto a la posición de los Tratados Internacionales dentro del ordenamiento jurídico búlgaro, EMIL KONSTANTINOV puntualiza que[196]:

1) El artículo 5, párrafo 1, de la Constitución de 1991, proclama la supremacía material de las normas constitucionales, *no pudiendo estar en contradicción con las mismas las disposiciones de las demás Leyes.*
2) Conforme al artículo 85, párrafo 4, de la Carta Magna de 1991, *la estipulación de Tratados Internacionales, que requieren modificaciones constitucionales, debe ser precedida por la aprobación de las mismas.*
3) Según el artículo 149, párrafo 4, de la Ley Fundamental de 1991, *el Tribunal Constitucional deberá pronunciarse sobre la constitucionalidad de los Tratados Internacionales estipulados por la República de Bulgaria, antes de su ratificación, así como sobre la compatibilidad de las Leyes con las normas universales del Derecho Internacional y con los convenios de los que el Estado forma parte.*

El principio de *monismo moderado* concebido por el artículo 5, párrafo 4, de la Carta Magna de 1991[197], tiene una serie de hitos principales, de manera que:

1) Supone un cambio sustantivo en el seno del constitucionalismo búlgaro[198], añadiéndose paralelamente a los parámetros de constitucionalidad formal y material del derecho interno un segundo criterio de validez jurídica[199], de modo que la aplicación correcta de una disposición

---

¿Qué es la compatibilidad entre los Tratados Internacionales suscritos por la República de Bulgaria y el ordenamiento interno del país? Artículo 5, párrafos *2, 3 y 4, de la Constitución de 1991.* En: *Pensamiento jurídico.* Libro número 4/1992. Año XXXIII. Academia Búlgara de las Ciencias. 1992. Páginas 101 y 102.

196 KONSTANTINOV, EMIL. (94). *La incorporación del Derecho Internacional según la Constitución búlgara de 1991.* En: *Pensamiento jurídico.* Libro número 1/1993. Año XXXIV. Academia Búlgara de las Ciencias. 1993. Páginas 59 y siguientes.

197 DRUMEVA, EMILIA. (53). *Primacía del Derecho de la Unión Europea sobre el Derecho Nacional (en la práctica del Tribunal Constitucional).* En: *Mundo jurídico.* Libro número 1/2009. Editorial Sibi. 2009. Página 17.

198 Como afirma TSVETANKA LOZANOVA, en las tres antiguas Constituciones de Bulgaria no se establecía ninguna regulación específica sobre el rango legal de las normas del Derecho Internacional, que pasaban a formar parte del ordenamiento búlgaro. LOZANOVA, TSVETANKA. (100). *Implementación de las normas del Derecho Internacional en materia de derechos humanos en Bulgaria: el régimen jurídico de los tratados de derechos humanos en el ordenamiento interno búlgaro.* En: *Anuario Jurídico de la Facultad de Derecho de la Universidad Libre de Burgas de 1995.* Año III. Tomo IV. Editorial Universidad Libre de Burgas. 1995. Página 64.

199 NENOVSKI, NENO. (168). *Los derechos del hombre-evolución histórica.* En: *Pensamiento jurídico.* Libro número 2/1994. Año XXXV. Academia Búlgara de las Ciencias. 1994. Página 32.

del ordenamiento nacional dependerá no solo de su compatibilidad con las previsiones de la Ley Fundamental, sino también de su correspondencia con las normas del Derecho Internacional[200], constituyendo este último un criterio independiente, pues puede haber casos en que una disposición del derecho interno pueda ser compatible con la Constitución, pero al entrar en contradicción con un precepto convencional, que resultase *inaplicable*[201].

2) En cierto modo contribuyó a resolver un importante número de asuntos vinculados con la aplicación del párrafo 3, puntos 2 y 3, de las Disposiciones Transitorias y Finales de la Constitución de 1991, conforme a las cuales dentro del breve plazo de un año desde la entrada en vigor de la Carta Magna, la Asamblea Nacional debería abolir las normas legales incompatibles con la Constitución, que no hubieran sido derogadas a raíz de la eficacia jurídica directa e inmediata de las clausulas constitucionales, así como adoptar las nuevas Leyes expresamente previstas por la Constitución. En ese sentido el reconocimiento de la primacía de las disposiciones internacionales dejó inaplicables las normas anteriores a la misma, especialmente en materia de derechos fundamentales, que no se correspondieran con sus prescripciones, recortándose también el abismo jurídico que se abrió desde el momento de la entrada en vigor de la Carta Magna, hasta la promulgación de la legislación necesaria[202], pues como apunta ZHIVKO STALEV, según la fórmula del artículo 5, párrafo 4, de la Constitución, las normas que constan en las convenciones internacionales regularmente ratificadas o aprobadas, rigen en el ordenamiento interno desde su publicación oficial, en cuanto vincularen internacionalmente al Estado búlgaro, no exigiendo la adopción de una Ley nacional[203].

---

[200] En este sentido el artículo 149, párrafo 4, de la Carta Magna de 1991, reconoce al Tribunal Constitucional búlgaro la competencia de pronunciarse sobre la correspondencia de las previsiones del ordenamiento interno con los principios fundamentales del Derecho Internacional, así como con los Tratados Internacionales de los que Bulgaria forma parte.

[201] DRUMEVA, EMILIA. (53). *Primacía del Derecho de la Unión Europea sobre el Derecho Nacional (en la práctica del Tribunal Constitucional)*. En: *Mundo jurídico*. Libro número 1/2009. Editorial Sibi. 2009. Página 17.

[202] LOZANOVA, TSVETANKA. (102). *Mecanismo internacional de protección de los Derechos Humanos-concepto legal, tipos y tendencias de desarrollo*. En: *Mundo jurídico*. Libro número 2/1999. Editorial Sibi. 1999. Páginas 163 y 164.

[203] STALEV, ZHIVKO. (205). *La Constitución y los acuerdos internacionales sobre los derechos humanos y las libertades fundamentales*. En: *Mundo jurídico*. Libro número 1/1999. Editorial Sibi. 1999. Páginas 15 y 16.

3.1.2. Los compromisos específicos en materia de protección de los derechos fundamentales de las minorías, asumidos por Bulgaria desde la perspectiva del Derecho Internacional

3.1.2.1. Normas principales

Por aplicación del artículo 5, párrafo 4, de la Constitución de 1991 forman parte integrante del Derecho búlgaro:

1) El Pacto Internacional de Derechos Civiles y Políticos, de 19 de diciembre de 1966[204], en cuyo artículo 27 se establece que en los Estados en que existan minorías étnicas, religiosas o lingüísticas, no se negará a las personas que pertenezcan a dichas minorías, el derecho a tener su propia cultura, a profesar y practicar su propia religión y a emplear su propio idioma.
2) El Convenio Europeo de Derechos Humanos de 1950[205], cuyo artículo 14 al prohibir la discriminación, prescribe que el goce de los derechos y libertades reconocidos en el propio Convenio ha de ser asegurado sin distinción alguna, especialmente por razones de sexo, raza, color, lengua, religión, opiniones políticas u otras, origen nacional o social, *pertenencia a una minoría nacional*, fortuna, nacimiento o cualquier otra situación[206].

---

[204] Ratificado a raíz del Decreto número 1199, de la Asamblea Nacional de la República Popular de Bulgaria, adoptado el 23 de julio de 1970, (BOE número 60 de 1970). Promulgado el 28 de mayo de 1976, (BOE número 43 de 1976).

[205] Hecho en Roma, el 4 de noviembre de 1950. Ratificado por la Ley de la Asamblea Nacional, adoptada el 31 de julio de 1992, (BOE número 66 de 1992). Promulgado el 2 de octubre de 1992, (BOE número 80 de 1992).

[206] A día de hoy, julio de 2016, Bulgaria no ha suscrito el Protocolo número 12 del Convenio Europeo de Derechos Humanos de 1950, abierto a la firma, el 4 de noviembre de 2000, (Véase: http://conventions.coe.int/Treaty/Commun/ChercheSig.asp?NT=177&CM=8&DF=09/01/2014&CL=ENG). Esta normativa recoge los criterios que se habían ido elaborado en dicha materia por el Tribunal Europeo de Derechos Humanos, ampliando el contenido de la tutela antidiscriminatoria y los tipos de discriminación. Como señala TSVETANA KAMENOVA, en aquella fecha, el Gobierno búlgaro argumentó que *Bulgaria se necesita de un período de tiempo para realizar las reformas legislativas adecuadas, garantizándose la correspondencia de las normas del derecho interno con las disposiciones del Protocolo número 12.* KAMENOVA, TSVETANA. (84). *La prohibición de la discriminación en el nuevo XII Protocolo del Convenio Europeo para la Protección de los Derechos Humanos y de las Libertades Fundamentales.* En: *Los Derechos Humanos.* Libro número 1/2001. Edición de fundación «Abogados búlgaros por los derechos humanos». Página 44.

3.1.2.2. La Declaración sobre los derechos de las personas pertenecientes a minorías nacionales o étnicas, religiosas y lingüísticas de 18 de diciembre de 1992

En su calidad de Estado miembro de la ONU, Bulgaria[207] asume las obligaciones jurídicas previstas en la Carta de las Naciones Unidas[208]. A pesar de que dicha normativa no consagra una regulación específica dedicada a las minorías, sus disposiciones proclaman los principios de respeto de los derechos humanos y las libertades fundamentales, la igualdad y la prohibición de la discriminación[209], comprometiéndose los países a contribuir en el ámbito internacional al desarrollo y la promoción de las citadas garantías generales en colaboración con la Organización[210]. Este marco sirvió como base para la elaboración[211] de la Declaración sobre los derechos de las personas pertenecientes a minorías nacionales o étnicas, religiosas y lingüísticas, aprobada por la Asamblea General en virtud de la Resolución 47/135 del 18 de diciembre de 1992[212].

Compuesta por un Preámbulo y nueve artículos, esta normativa hace referencia a la necesidad de asegurar una puesta en práctica más efectiva de los instrumentos internacionales sobre derechos humanos, con respecto a los de-

---

207 Bulgaria ingresó en dicha Organización, el 14 de diciembre de 1955.

208 Firmada en San Francisco, el 26 de junio de 1945, en vigor desde el 24 de octubre del mismo año.

209 Preámbulo y artículos 1, 55 y 56 de la Carta de las Naciones Unidas.

210 KONSTANTINOV, EMIL. (95). *Los compromisos internacionales asumidos por Bulgaria en materia de protección de los derechos minoritarios y su regulación constitucional.* En: VV.AA. *La Constitución de 1991 y la participación de Bulgaria en los Tratados Internacionales.* Bajo la dirección general del Profesor. EMIL KONSTANTINOV. Editorial Sibi. Sofía. 1993. Página 136.

211 En 1946, la Comisión de Derechos Humanos crea una Subcomisión para la Prevención de la Discriminación y la Protección de las Minorías, la cual se convierte en la promotora de la idea de que las minorías merecen un tratamiento especial. Tal órgano publicó una serie de documentos, y al participar activamente en la redacción del artículo 27 del Pacto Internacional de Derechos Civiles y Políticos, recomendó la elaboración de una declaración referida a los derechos de las minorías. La Subcomisión asimismo trabajó sobre una definición del término «minoría», presentando a la Comisión de Derechos Humanos un texto sobre dicha problemática, (Parágrafo 12 de E/CN.4/1986/43).

En 1988, la Comisión de Derechos Humanos configuró un grupo de trabajo *ad hoc* por la Resolución 1988/64, para analizar un proyecto propuesto en materia de minorías por Yugoslavia, (E/CN.4/Sub.2/L734). Los expertos prepararon un texto, que fue aprobado por la Comisión de Derechos Humanos, el 21 de febrero de 1992, en virtud de la Resolución 1992/16. Este órgano asimismo estimó oportuno hacer constar el hecho de que las personas pertenecientes a las distintas minorías pueden disfrutar también, conforme al Derecho Internacional o local, de otros derechos adicionales a los incorporados en el proyecto de declaración. LERNER, NATÁN. *Las Naciones Unidas y las minorías: A propósito de la Declaración de la Asamblea General de 18 de diciembre de 1992.* En: *Revista Española de Derecho Internacional.* Vol. XLV-1993. Núm.2. Julio-Diciembre. Instituto de Ciencias Jurídicas, Consejo Superior de Investigaciones Científicas. Madrid. 1993. Página 272.

212 En: http://www.ohchr.org/SP/ProfessionalInterest/Pages/Minorities.aspx

rechos de las personas pertenecientes a minorías nacionales o étnicas, religiosas y lingüísticas[213].

A raíz de su artículo 1, los Estados se ven obligados a proteger la existencia y la identidad nacional o étnica, cultural, religiosa y lingüística de las minorías dentro de sus territorios nacionales. A tales efectos los países fomentarán las condiciones para la promoción de esa identidad, adoptando medidas apropiadas, legislativas o de otro carácter, para conseguir dichos objetivos.

En el artículo 2 de la Declaración, se contiene un amplio catálogo de derechos reconocidos a las personas pertenecidas a los diferentes grupos minoritarios, que pueden ser ejercidos individual o colectivamente con los demás miembros del grupo, sin discriminación alguna[214]. Conforme al citado precepto, las personas que pertenezcan a una minoría tendrán el derecho a disfrutar de su propia cultura, a profesar y practicar su propia religión, y a utilizar su propio idioma, en privado y en público, libremente y sin injerencia ni discriminación de ningún tipo[215]. Estos individuos asimismo gozarán de la capacidad para participar efectivamente en la vida cultural, religiosa, social, económica y pública[216] y, en concreto, del derecho a tomar parte en forma efectiva en las decisiones a nivel nacional y, en su caso regional, concernientes al grupo minoritario al que pertenezcan, o a las localidades donde vivan, de una manera compatible con la legislación nacional[217]. Con el fin de garantizar tal participación se diseñan las siguientes medidas:

1) Se otorga a los representantes de las minorías, el derecho de crear y sostener sus propias asociaciones[218].
2) Estas personas tendrán además derecho a establecer y mantener, sin discriminación alguna, relaciones libres y pacíficas con otros miembros de su grupo y con personas pertenecientes a otras minorías, así como contactos transfronterizos con ciudadanos de otros Estados, con los que compartan características nacionales o étnicas, religiosas y lingüísticas comunes[219].

---

[213] Prefacio de la Declaración sobre los derechos de las personas pertenecientes a minorías nacionales o étnicas, religiosas y lingüísticas de 1992.

[214] Artículo 3, párrafo 1, de la Declaración sobre los derechos de las personas pertenecientes a minorías nacionales o étnicas, religiosas y lingüísticas de 1992.

[215] Artículo 2, párrafo 1, de la Declaración sobre los derechos de las personas pertenecientes a minorías nacionales o étnicas, religiosas y lingüísticas de 1992.

[216] Artículo 2, párrafo 2, de la Declaración sobre los derechos de las personas pertenecientes a minorías nacionales o étnicas, religiosas y lingüísticas de 1992.

[217] Artículo 2, párrafo 3, de la Declaración sobre los derechos de las personas pertenecientes a minorías nacionales o étnicas, religiosas y lingüísticas de 1992.

[218] Artículo 2, párrafo 4, de la Declaración sobre los derechos de las personas pertenecientes a minorías nacionales o étnicas, religiosas y lingüísticas de 1992.

[219] Artículo 2, párrafo 5, de la Declaración sobre los derechos de las personas pertenecientes a minorías nacionales o étnicas, religiosas y lingüísticas de 1992.

Los citados textos son interesantes, pues a pesar del enfoque individualista de la Declaración, se refieren a unos derechos cuyo ejercicio supone una cierta dimensión colectiva. Como afirma NATÁN LERNER, la capacidad de asociarse y crear contactos externos, a nivel nacional e internacional, *implican actividades que obviamente demandan organización y conciencia colectiva.* Una interpretación restrictiva de las citadas disposiciones, desde una óptica individual no sería lógica, pues resulta difícil concebir que los autores de la Declaración estuviesen dispuestos a reconocer el derecho a dichos contactos únicamente con un carácter personal, excluyendo su ejercicio a nivel institucional o comunitario. De otro modo la Declaración sería *superflua,* dado que el derecho a asociación y comunicación *pertenece a la esencia de toda sociedad democrática.* Efectivamente la terminología podría haber sido más concreta, introduciéndose una regulación específica de los derechos de la propia minoría en cuanto colectivo de individuos[220]. Por todo ello coincidimos con la interpretación sostenida por THORNBERRY, al concluir que la dimensión colectiva de los derechos, recogida en la Declaración, *representa una vía intermedia entre los derechos de los individuos y los derechos colectivos*[221].

La disposición de su artículo 4 introduce un catálogo de derechos, que los Estados deben proporcionar a las distintas minorías. Primeramente los países se comprometen a asegurar a las personas pertenecientes a un grupo minoritario el ejercicio completo y eficaz de todos sus derechos humanos y libertades fundamentales, sin discriminación alguna y en plena igualdad ante la Ley. Estos individuos deben poder libremente expresar sus características y desarrollar su cultura, idioma, religión, tradiciones y costumbres, salvo en los casos en que determinadas prácticas violen la legislación nacional o sean contrarias a las normas internacionales. También hay que garantizar a tales personas la posibilidad de aprender su lengua materna o de recibir instrucción en la misma. Los Estados además tienen que proveer los medios adecuados para la promoción del conocimiento de la historia, las tradiciones, el idioma y la cultura de las minorías, que existen en su territorio. Por su contenido, esta fórmula presenta una importante garantía en cuanto a la preservación cultural de las *minorías históricas.*

Los derechos e intereses legítimos de dichas personas serán tomados en consideración, en la planificación y la aplicación de la política y los programas

---

[220] LERNER, NATÁN. *Las Naciones Unidas y las minorías: A propósito de la Declaración de la Asamblea General de 18 de diciembre de 1992.* En: *Revista Española de Derecho Internacional.* Vol. XLV-1993. Núm.2. Julio-Diciembre. Instituto de Ciencias Jurídicas, Consejo Superior de Investigaciones Científicas. Madrid. 1993. Página 278.

[221] THORNBERRY, PATRICK. *The UN Declaration on the Rights of Persons belonging to National or Ethnic, Religious and Linguistic Minorities: Background, Analysis, Observations, and an Update.* En: PHILLIPS, ALAN, y ROSAS ALLAN (eds.). *Universal Minority Rights.* Åbo Akademi Institute for Human Rights, Minority Right Group (International). Turku/Åbo and London. 1995. Página 54.

nacionales, así como en los proyectos de cooperación y asistencia internacionales[222], con miras al fomento de la comprensión y confianza mutuas. Los países asimismo asumen el compromiso de colaborar en cuestiones relacionadas con tales individuos[223], y en la promoción de los derechos proclamados por la Declaración[224].

Ninguna de las previsiones de la citada normativa impedirá el cumplimiento de las obligaciones internacionales de los Estados en relación con las personas pertenecientes a minorías. En particular, los países cumplirán de buena fe las obligaciones y los compromisos contraídos en virtud de los tratados y acuerdos internacionales en que sean partes[225]. El ejercicio de los derechos proclamados en la Declaración, lo será sin perjuicio del disfrute por todas las personas de los derechos humanos y las libertades fundamentales reconocidos universalmente[226]. Las medidas adoptadas por los Estados, a fin de garantizar el goce efectivo de los derechos prescritos en la señalada normativa, no deberán ser consideradas *prima facie* contrarias al principio de igualdad establecido en la Declaración Universal de Derechos Humanos[227], implicando esta última previsión el reconocimiento de la legitimidad de las medidas de tratamiento preferencial, *affirmative action*[228].

En el marco del artículo 8, párrafo 4, de la Declaración se pone de manifiesto la *cautela* de los autores[229], al preverse expresamente que ninguna disposición de la misma podrá interpretarse en el sentido de autorizar actividades contrarias a los propósitos y principios de las Naciones Unidas, incluidas la igualdad soberana, la integridad territorial y la independencia política de los Estados.

---

[222] Artículo 5 de la Declaración sobre los derechos de las personas pertenecientes a minorías nacionales o étnicas, religiosas y lingüísticas de 1992.

[223] Artículo 6 de la Declaración sobre los derechos de las personas pertenecientes a minorías nacionales o étnicas, religiosas y lingüísticas de 1992.

[224] Artículo 7 de la Declaración sobre los derechos de las personas pertenecientes a minorías nacionales o étnicas, religiosas y lingüísticas de 1992.

[225] Artículo 8, párrafo 1, de la Declaración sobre los derechos de las personas pertenecientes a minorías nacionales o étnicas, religiosas y lingüísticas de 1992.

[226] Artículo 8, párrafo 2, de la Declaración sobre los derechos de las personas pertenecientes a minorías nacionales o étnicas, religiosas y lingüísticas de 1992.

[227] Artículo 8, párrafo 3, de la Declaración sobre los derechos de las personas pertenecientes a minorías nacionales o étnicas, religiosas y lingüísticas de 1992.

[228] LERNER, NATÁN. *Las Naciones Unidas y las minorías: A propósito de la Declaración de la Asamblea General de 18 de diciembre de 1992.* En: *Revista Española de Derecho Internacional.* Vol. XLV-1993. Núm.2. Julio-Diciembre. Instituto de Ciencias Jurídicas, Consejo Superior de Investigaciones Científicas. Madrid. 1993. Página 278.

[229] LERNER, NATÁN. *Las Naciones Unidas y las minorías: A propósito de la Declaración de la Asamblea General de 18 de diciembre de 1992.* En: *Revista Española de Derecho Internacional.* Vol. XLV-1993. Núm.2. Julio-Diciembre. Instituto de Ciencias Jurídicas, Consejo Superior de Investigaciones Científicas. Madrid. 1993. Página 278.

En el seno del sistema de la ONU sus organismos especializados y las demás organizaciones quedan obligados a contribuir a la plena realización de los derechos y principios proclamados en virtud de la Declaración[230].

3.1.2.3. El Convenio Marco para la Protección de las Minorías Nacionales de 1 de febrero de 1995

En el ámbito regional europeo, en el marco del Consejo de Europa se configura un sistema de protección de derechos humanos, cuyo desarrollo viene aparejado al régimen internacional de protección de derechos humanos iniciado con la Declaración Universal de Derechos Humanos de 1948. La creación del Consejo de Europa en el Congreso celebrado en la Haya, el 7 de mayo de 1948, tiende a promover un espacio político y jurídico común, construido en torno a los principios de la Democracia, el Estado de Derecho y los Derechos Humanos, con los que se instituyen las bases político-jurídicas de la identidad cultural de Europa. Con esta expectativa de contribuir a la creación de un patrimonio común europeo se redacta el Convenio Europeo de Derechos Humanos de 1950, (en adelante CEDH), que tiene como objetivo introducir un estándar general de protección de derechos humanos. Sin embargo, no hay disposición alguna, ni en el Convenio, ni tampoco en los Protocoles Adicionales, que garantice de modo explícito las características culturales, las diferentes formas de vida y, en particular, los aspectos *identitarios* de los derechos minoritarios[231].

Será necesario esperar al colapso de los regímenes comunistas, para que vuelva a resurgir el problema de las minorías como uno de los elementos principales en el incipiente proceso de reorganización geopolítica del Continente. El Consejo de Europa, que en aquel momento lleva a cabo el *modelo OSCE* de protección de las minorías nacionales[232], reaccionará ante este acontecimiento con una Recomendación de la Asamblea Parlamentaria 1134 (1990)[233], proponiendo al Comité de Ministros elaborar un Protocolo al Convenio, o preparar una normativa separada, en el marco de la cual se garantizará la protección de

---

230 Artículo 9 de la Declaración sobre los derechos de las personas pertenecientes a minorías nacionales o étnicas, religiosas y lingüísticas de 1992.

231 CASTRO JOVER, ADORACIÓN. *Interculturalidad y Derecho en el ámbito regional y supranacional europeo*. En: CASTRO JOVER, ADORACIÓN. (Dir.). *Interculturalidad y Derecho*. Aranzadi Thomson Reuters. Cizur Menor. 2013. Páginas 27 y 30.

232 LÓPEZ BASAGUREN, ALBERTO. *Estado-Nación y minorías nacionales en la nueva Europa*. En: GURRUTXAGA ABAD, ANDER. (Editor). *El presente del Estado-Nación*. Servicio Editorial de la Universidad del País Vasco. Bilbao. 2004. Páginas 75 y siguientes.

233 En: http://assembly.coe.int/nw/xml/XRef/Xref-XML2HTML-en.asp?fileid=15168&lang=en

los derechos fundamentales de las minorías[234]. Las dificultades surgidas para seguir la primera de las propuestas, (la de añadir un Protocolo al Convenio), conllevan que se opte por la elaboración de dos Textos[235]: la Carta Europea de las Lenguas Regionales o Minoritarias de 5 de noviembre de 1992[236], y el Convenio Marco para la Protección de las Minorías Nacionales[237], que entra en vigor para la República de Bulgaria, el 1 de septiembre de 1999.

Siguiendo la misma tendencia que la Declaración sobre los derechos de las personas pertenecientes a minorías nacionales o étnicas, religiosas y lingüísticas de 1992, el Convenio Marco supone una ampliación de la tutela minoritaria, incorporando un significativo catálogo de garantías, protectoras de la identidad cultural de las minorías, cuya aplicación se ve restringida por las características del propio Convenio, al constituir un Tratado que pese a vincular internacionalmente a las Partes contratantes, deja a las autoridades internas competentes un amplio margen de discrecionalidad a la hora de diseñar fórmulas dirigidas a cumplir los objetivos previstos en el mismo.

A tales efectos el Convenio Marco incluye disposiciones programáticas, que los Estados se comprometen a seguir. Además conforme al último párrafo de su Preámbulo, se establece que estas normas *no serán directamente aplicables*, de modo que los principios proclamados en el citado Tratado se *pondrán en práctica por medio de las legislaciones nacionales y de las apropiadas políticas gubernamentales*[238]. En este sentido, con anterioridad a la ratificación del Convenio por Bulgaria, IVAN VLADIMIROV apuntó que la falta de aplicación directa de sus normas será de gran importancia para la legislación búlgara, teniendo en consideración la previsión del artículo 5, párrafo 4, de la Constitución, de forma que a pesar de la ratificación y la publicación oficial del Convenio, sus disposiciones no regirán en el derecho interno, ni tendrán primacía respecto a las normas del mismo. *Para ser aplicables tales cláusulas convencionales deberán ser reproducidas en las leyes nacionales*[239]. Sin embargo ello no significa que el Estado búlgaro queda eximido del compromiso asumido a raíz del Convenio de res-

---

[234] Artículo 17 de la Recomendación de la Asamblea Parlamentaria 1134 (1990).

[235] CASTRO JOVER, ADORACIÓN. *Interculturalidad y Derecho en el ámbito regional y supranacional europeo.* En: CASTRO JOVER, ADORACIÓN. (Dir.). *Interculturalidad y Derecho.* Aranzadi Thomson Reuters. Cizur Menor. 2013. Páginas 30 y 31.

[236] Hacia el mes de julio de 2016 Bulgaria no ha suscrito la Carta Europea de las Lenguas Regionales o Minoritarias de 5 de noviembre de 1992. Véase: http://www.conventions.coe.int/Treaty/Commun/ChercheSig.asp?NT=148&CM=8&DF=10/01/2014&CL=ENG

[237] BOE número 78 de 1999.

[238] Puntos 11, 13 y 29 del Informe Explicativo relativo al Convenio Marco para la Protección de las Minorías Nacionales. H (94) 10. Estrasburgo. Noviembre de 1995. Véase: http://www.coe.int/t/dghl/monitoring/minorities/1_atglance/PDF_Text_FCNM_es.pdf

[239] VLADIMIROV, IVAN. (27). *La protección de las minorías nacionales según el Derecho Internacional contemporáneo.* En: *Anuario Jurídico de la Facultad de Derecho de la Universidad Libre de Burgas de 1998.* Año VI. Tomo IX. Editorial Universidad Libre de Burgas. 1998. Página 90.

petar y desarrollar los principios previstos en sus normas, en cuanto estas últimas vinculan a Bulgaria como Parte contratante.

Es preciso señalar asimismo que el Convenio Marco no recoge ninguna definición del término *«minoría nacional»*, pues a la hora de su preparación se tomó la decisión de optar por un planteamiento pragmático, reconociéndose el derecho de los Estados a interpretar tal concepto de conformidad con el espíritu jurídico del Convenio y los principios del Derecho Internacional[240].

También es significativa la solución adoptada por el Convenio Marco de no contemplar el reconocimiento de derechos colectivos[241]. En su artículo 1 se hace referencia expresa *a la protección de las minorías nacionales* y *de los derechos de las personas pertenecientes a las mismas*, con objetivo de diferenciar ambos conceptos. En el resto de los preceptos sólo se aludirá a las *personas que pertenezcan a minorías nacionales*. Según el artículo 3, párrafo 2, del Convenio se permite el ejercicio, bien individualmente, bien conjuntamente, de los derechos y libertades derivados de los principios consagrados en sus normas[242]. Sin embargo como indica el Informe Explicativo, este ejercicio en común de los derechos no es equivalente al concepto de derechos colectivos[243].

En todo caso, conviene destacar el gran avance que suponen en materia de protección minoritaria, las siguientes garantías consagradas en el Convenio Marco:

1) El derecho de toda persona perteneciente a una minoría nacional a elegir libremente ser o no tratada como tal. El ejercicio de esa opción y de los derechos relacionados con la misma no dará lugar a ninguna desventaja[244]. En definitiva, como subraya BJÖRN esta previsión garantiza la libertad de elección de cada individuo para formar parte de determinada cultura nacional, de modo que no es el Estado, ni ningu-

---

[240] ARP, BJÖRN. *Un balance sobre el primer ciclo de informes estatales del Comité Consultativo del Convenio-Marco para la Protección de las Minorías Nacionales*. En: *Revista Española de Derecho Internacional*. Vol. LVI-2004. Núm1. Enero-Junio. Asociación Española de Profesores de Derecho Internacional y Relaciones Internacionales, Boletín Oficial del Estado. Madrid. 2005. Página 528.

[241] ILIEVA, IRENA. (74). *El Convenio Marco para la Protección de las Minorías Nacionales y su mecanismo controlador*. En: *Pensamiento jurídico*. Libro número 2/2000. Año XXXXI. Academia Búlgara de las Ciencias. 2000. Páginas 28 y 29.

[242] BAUTISTA JIMÉNEZ, JUAN MANUEL. *El Convenio Marco para la Protección de las Minorías Nacionales: construyendo un sistema europeo de protección de las minorías*. En: *Revista de Instituciones Europeas*. Vol. 22. Núm. 3. 1995. Página 953.

[243] Puntos 13 y 37 del Informe Explicativo relativo al Convenio Marco para la Protección de las Minorías Nacionales. H (94) 10. Estrasburgo. Noviembre de 1995.

[244] Artículo 3, párrafo 1, del Convenio Marco para la Protección de las Minorías Nacionales.

na autoridad pública, ni tampoco una organización o persona jurídica de Derecho Privado, que tendrá capacidad para decidir sobre la pertenencia del individuo a una minoría nacional. Tal decisión sólo se puede tomar por la persona *individualmente considerada*[245].

2) El derecho a la igualdad ante la Ley, y a una protección igual por parte de la Ley, al prohibirse toda discriminación fundada sobre la pertenencia a una minoría nacional[246].
3) El derecho a que se promuevan las condiciones necesarias para permitir a las personas pertenecientes a minorías nacionales mantener y desarrollar su cultura, así como preservar los elementos esenciales de su identidad, (su religión, lengua, tradiciones y patrimonio cultural), absteniéndose de toda política o práctica encaminada a la asimilación contra su voluntad de personas pertenecientes a minorías nacionales, y proteger a esos individuos contra cualquier intento de aniquilación de su identidad[247].
4) La promoción de un espíritu de tolerancia y de diálogo intercultural. Se deberán por ello tomar medidas eficaces para favorecer el respeto y la comprensión mutuos entre todas las personas que vivan en su territorio, sea cual fuere su identidad étnica, cultural lingüística o religiosa, en particular, en los campos de la educación, de la cultura y de los medios de comunicación[248].
5) El respeto de los derechos de libertad de reunión pacífica, de libertad de asociación, de libertad de expresión y de libertad de pensamiento, de conciencia o de religión.[249] Una serie de derechos que en términos generales corresponden a todo ser humano, sin embrago en este caso se formulan de tal manera que sean reconocidos y, por consiguiente, disfrutados por los individuos pertenecientes a una minoría nacional. Efectivamente como afirma DÍAZ BARRADO *se trata de derechos fundamentales humanos*, que pueden adquirir un significado específico cuando tengan como destinarios a personas que pertenezcan a una minoría, *tanto en razón de los elementos que definen a estos destinarios, como en razón del contexto en el cual han de ejercerse*, pues en realidad se trata de

---

[245] ARP, BJÖRN. *La aplicación del Convenio-Marco para la Protección de las minorías nacionales en España: el «segundo ciclo»*. En: *Revista Española de Derecho Internacional*. Vol. LX-2008. Núm.2. Julio-Diciembre. Asociación Española de Profesores de Derecho Internacional y Relaciones Internacionales, Boletín Oficial del Estado. Madrid. 2009. Página 692.

[246] Artículo 4 del Convenio Marco para la Protección de las Minorías Nacionales.

[247] Artículo 5 del Convenio Marco para la Protección de las Minorías Nacionales.

[248] A tales efectos conforme al artículo 6 del Convenio, Bulgaria se compromete a tomar las medidas apropiadas para proteger a las personas, que puedan ser objeto de amenazas o de actos de discriminación, de hostilidad o de violencia a consecuencia de su identidad étnica, cultural, lingüística o religiosa.

[249] Artículo 7 del Convenio Marco para la Protección de las Minorías Nacionales.

derechos fundamentales *reorientados* para el ejercicio de los mismos por parte de los individuos pertenecientes a un grupo minoritario, *y que a la postre, constituyen la condición previa para que éstos puedan asegurar, garantizar y preservar su identidad*[250].

6) El derecho a manifestar su religión o creencias, así como el derecho a crear instituciones religiosas, organizaciones y asociaciones[251]. Prácticamente con esta previsión se produce un refuerzo de los derechos a la libertad de conciencia y religión anteriormente citados, extendiéndose asimismo el alcance del Convenio respecto a las personas que pertenezcan a las minorías religiosas[252].

7) La libertad de opinión y la libertad de recibir y comunicar informaciones e ideas en la lengua minoritaria, sin injerencia de las autoridades públicas, y sin consideración de las fronteras, y la interdicción de toda discriminación en el acceso a los medios de comunicación, y en la creación y utilización de medios escritos por personas pertenecientes a minorías nacionales[253].

8) El derecho a utilizar libremente y sin trabas su lengua minoritaria tanto en privado como en público, oralmente y por escrito[254], junto a una serie de garantías procesales básicas, como el derecho a ser informados, en el plazo más breve y en una lengua que se comprenda, de las

---

250 DÍAZ BARRADO, CÁSTOR MIGUEL. *La protección de las Minorías en el seno del Consejo de Europa. (El Convenio Marco para la protección de las minorías nacionales)*. En: Anuario de la Facultad de Derecho de la Universidad de Extremadura. Núm. 17. 2000. Páginas 162 y 163.

251 Artículo 8 del Convenio Marco para la Protección de las Minorías Nacionales.

252 ILIEVA, IRENA. (74). *El Convenio Marco para la Protección de las Minorías Nacionales y su mecanismo controlador*. En: *Pensamiento jurídico*. Libro número 2/2000. Año XXXXI. Academia Búlgara de las Ciencias. 2000. Página 31.

253 Artículo 9 del Convenio, que no obstante matiza que ello no impedirá que Bulgaria pueda someter a un régimen de autorización, no discriminatorio y fundado en criterios objetivos, las empresas de radio, televisión o cinematografía, aunque en el marco legal de la radio y televisión deberá de velarse porque, en la medida de lo posible las personas pertenecientes a minorías nacionales, puedan crear y utilizar sus propios medios de comunicación, en el ámbito de lo anteriormente enunciado, adoptándose las medidas adecuadas con el fin de facilitar el acceso a los medios de comunicación a las personas pertenecientes a minorías nacionales, con el fin de promover la tolerancia y de garantizar el pluralismo cultural.

254 Artículo 10, párrafo 1, del Convenio. Añadiéndose a continuación en su párrafo 2, que en las zonas geográficas *habitadas tradicionalmente* o en número considerable por personas pertenecientes a minorías nacionales, cuando estos individuos lo soliciten y dicha solicitud corresponda a una necesidad real, las Partes se esforzarán por asegurar, en la medida de lo posible, unas condiciones que permitan la utilización de la lengua minoritaria en las relaciones entre esas personas y las autoridades administrativas. Especificándose en el punto 66 del Informe Explicativo que bajó el término *habitadas tradicionalmente*, no se hace referencia a las minorías históricas.

razones de su detención, de la naturaleza y la causa de la acusación, así como a defenderse en esa lengua, con asistencia gratuita de un intérprete en caso necesario[255].

9) El derecho a utilizar su apellido y sus nombres de pila en la lengua minoritaria, así como el derecho a su reconocimiento oficial[256], y a exponer en su lengua minoritaria signos, inscripciones y demás información de carácter privado a la vista del público[257]. Además en las regiones tradicionalmente habitadas por un *número considerable* de personas pertenecientes a una minoría nacional, se asume por Bulgaria el compromiso de realizar un esfuerzo por exponer las denominaciones locales tradicionales, nombres de calles y demás indicaciones topográficas destinadas al público, también en la lengua minoritaria, cuando exista una *demanda suficiente* de dichas indicaciones[258]. Pese a que a nuestro juicio se trata de un paso positivo, el mismo peca de una enorme tibieza, por su carácter deliberada y excesivamente indeterminado, al hablarse de un *número considerable* de personas adscritas a una minoría nacional, y de una *demanda suficiente* de tales indicaciones.

   Como se pone de manifiesto en el Informe Explicativo, conforme a esta previsión las personas a las que se haya obligado a renunciar a su nombre nativo, o cuyos nombres hayan sido *modificados forzosamente*, deberán gozar de la posibilidad de restablecerlos, sin permitirse ninguna práctica abusiva con el derecho de cambio de nombre con fines fraudulentos[259].

10) Asimismo *en caso necesario*, Bulgaria se compromete a tomar medidas en los campos de la educación y de la investigación para fomentar el conocimiento de la cultura, la historia, la lengua y la religión de sus minorías nacionales, así como de la mayoría[260].

---

[255] Artículo 10, párrafo 3, del Convenio Marco para la Protección de las Minorías Nacionales.

[256] Artículo 11, párrafo 1, del Convenio Marco para la Protección de las Minorías Nacionales.

[257] Artículo 11, párrafo 2, del Convenio Marco para la Protección de las Minorías Nacionales.

[258] Artículo 11, párrafo 3, del Convenio Marco para la Protección de las Minorías Nacionales.

[259] Punto 68 del Informe Explicativo relativo al Convenio Marco para la Protección de las Minorías Nacionales. H (94) 10. Estrasburgo. Noviembre de 1995.

[260] Artículo 12, párrafo 1, del Convenio. Puntualizándose en su apartado 2, que en este contexto, las Partes ofrecerán, en particular, oportunidades suficientes para la formación del profesorado y el acceso a los libros de texto, y facilitarán los contactos entre los alumnos y profesores de diferentes comunidades. Añadiéndose en el párrafo 3, que las Partes se comprometen a promover la igualdad de oportunidades en el acceso a la educación a todos los niveles, para las personas pertenecientes a minorías nacionales.

11) Para alcanzar la transmisión de la cultura y las tradiciones de las minorías nacionales[261], el Estado búlgaro les reconocerá el derecho a crear y dirigir sus propios centros privados de enseñanza y de formación, si bien el ejercicio de este derecho no implicará ninguna obligación financiera para las autoridades públicas[262].
12) Derecho a aprender su lengua minoritaria, por parte de toda persona adscrita a la misma[263]. De modo que en las zonas geográficas habitadas tradicionalmente o en número considerable por personas pertenecientes a minorías nacionales, si existe una demanda suficiente, las Partes *se esforzarán* por asegurar, en la medida de lo posible y en el marco de su sistema educativo, que las personas pertenecientes a esas minorías tengan la posibilidad de aprender la lengua minoritaria o de recibir enseñanza en ese idioma[264]. Si bien ello se aplicará sin perjuicio del aprendizaje de la lengua oficial o de la enseñanza en la misma[265].
13) Derecho a la participación efectiva en la vida cultural, social y económica, así como en los asuntos públicos, en particular los que les afecten[266]. Sin embargo el Convenio no especifica los mecanismos de esta actividad, dejando un vacío jurídico que viene a cubrirse por la previsión del punto 80 del Informe Explicativo, contemplándose una serie de acciones tendentes a facilitar dicha participación como:
    a) Consultas con las personas pertenecientes a las minorías mediante procedimientos apropiados y, en especial, a través de sus instituciones representativas, siempre que las Partes preparen medidas legislativas o administrativas, que puedan afectar a dichos individuos directamente.
    b) La participación de esas personas en el proceso de elaboración, aplicación y evaluación de los planes y programas, que puedan atañerles de una manera directa.
    c) Realizar estudios en colaboración con tales personas, procurando evaluar la incidencia que las previstas actividades de desarrollo podrían tener sobre ellas.

---

261 RELAÑO PASTOR, EUGENIA. *Una valoración del Convenio Marco para la Protección de las Minorías Nacionales del Consejo de Europa en su quinto aniversario*. En: *Migraciones*. Núm. 17 (2005). Página 190.

262 Artículo 13 del Convenio Marco para la Protección de las Minorías Nacionales.

263 Artículo 14, párrafo 1, del Convenio Marco para la Protección de las Minorías Nacionales.

264 Artículo 14, párrafo 2, del Convenio Marco para la Protección de las Minorías Nacionales.

265 Artículo 14, párrafo 3, del Convenio Marco para la Protección de las Minorías Nacionales.

266 Artículo 15 del Convenio Marco para la Protección de las Minorías Nacionales.

d) La participación activa de los miembros de las minorías nacionales en la adopción de decisiones, así como en los órganos representativos tanto a nivel regional como local.
e) La introducción de formas de gobierno descentralizadas o de carácter local.

14) La garantía de la abstención por parte de Bulgaria de tomar medidas que, al modificar las proporciones de la población en zonas geográficas habitadas por personas pertenecientes a minorías nacionales, tengan como finalidad restringir los derechos y libertades, dimanantes de los principios consagrados en el Convenio Marco[267].
15) La no obstaculización del derecho de las personas pertenecientes a minorías nacionales a establecer y mantener contactos libres y pacíficos, a través de las fronteras con personas lícitamente establecidas en otros Estados, en particular con aquéllas con las que compartan una identidad étnica, cultural, lingüística o religiosa, o un patrimonio cultural común[268]. Quedando prohibida también la interposición de obstáculos del derecho de tales personas a participar en las actividades de las organizaciones no gubernamentales, tanto a nivel nacional como internacional[269].
16) El esfuerzo por concluir, en caso necesario, acuerdos bilaterales y multilaterales con otros países, en particular Estados vecinos, con el fin de asegurar la protección de las personas pertenecientes a las minorías nacionales en cuestión, adoptándose en su caso medidas para fomentar la cooperación transfronteriza[270].

Todos estos principios deberán ser desarrollados en su pleno significado, introduciéndose en ellos, en caso necesario, únicamente aquellas limitaciones, restricciones o excepciones que estén previstas en los instrumentos jurídicos internacionales, en particular en el Convenio para la Protección de los Derechos Humanos y de las Libertades Fundamentales, en la medida en que sean pertenecientes para los derechos y libertades dimanantes de dichos principios[271].

Como señala CASTRO JOVER, el fracaso de crear un Protocolo Adicional al CEDH, conlleva la exclusión del control judicial por parte del Tribunal Europeo de Derechos Humanos, (en adelante TEDH), y el establecimiento de

---

[267] Artículo 16 del Convenio Marco para la Protección de las Minorías Nacionales.

[268] Artículo 17, párrafo 1, del Convenio Marco para la Protección de las Minorías Nacionales.

[269] Artículo 17, párrafo 2, del Convenio Marco para la Protección de las Minorías Nacionales.

[270] Artículo 18 del Convenio Marco para la Protección de las Minorías Nacionales.

[271] Artículo 19 del Convenio Marco para la Protección de las Minorías Nacionales.

mecanismos controladores *más lábiles* encomendados a órganos no judiciales[272], de modo que la supervisión del cumplimiento de las obligaciones asumidas por los Estados firmantes se efectuará por el Comité de Ministros[273], a través de la creación de un órgano de carácter consultativo denominado Comité Asesor en el Convenio Marco, que está formado por 18 expertos independientes con experiencia en el campo de la protección de las minorías[274], cuya función consistirá en evaluar la adecuación de las medidas facilitadas por los Estados con los principios proclamados en la Convención[275].

Actualmente el Convenio Marco para la Protección de las Minorías Nacionales constituye uno de los instrumentos jurídicos más relevantes en materia de protección de la diversidad en Europa. Su importancia puede cifrarse por un lado en el significativo número de ratificaciones realizadas en un período de tiempo muy corto a partir de su adopción, el 10 de noviembre de 1994[276], y por otro en la participación intensa de los Estados firmantes para lograr un estándar general europeo en la aplicación de los derechos humanos en sociedades culturalmente diversas, avanzándose en la concreción de la regulación jurídica de las minorías como parte integrante del sistema de los derechos y libertades universalmente reconocidos[277]. En este sentido el Convenio no resulta un instrumento revolucionario, *sino un texto adaptado a los principios democráticos y a la evolución política de una Europa, que ha abandonado el patrón de la asimilación cultural y la homogeneización por el de la cohesión social, a través del respeto a las identidades plurales*[278], consolidándose asimismo la integridad territo-

---

[272] CASTRO JOVER, ADORACIÓN. *Interculturalidad y Derecho en el ámbito regional y supranacional europeo.* En: CASTRO JOVER, ADORACIÓN. (Dir.). *Interculturalidad y Derecho.* Aranzadi Thomson Reuters. Cizur Menor. 2013. Página 32.

[273] Artículo 24, párrafo 1, del Convenio Marco para la Protección de las Minorías Nacionales.

[274] Artículo 26, párrafo 1, del Convenio Marco para la Protección de las Minorías Nacionales.

[275] THORNBERRY, PATRICK, y MARTÍN ESTÉBANEZ, MARÍA AMOR. *Minority rights in Europe. A review of the work and standards of the Council of Europe.* Council of Europe Publishing. 2004. Páginas 112 y siguientes.

[276] RELAÑO PASTOR, EUGENIA. *Una valoración del Convenio Marco para la Protección de las Minorías Nacionales del Consejo de Europa en su quinto aniversario.* En: *Migraciones.* Núm. 17 (2005). Página 212.

[277] Por todo ello no coincidimos con la opinión crítica sostenida por MIKHAIL MIHAYLOV al concluir que el Convenio Marco *no es una normativa muy necesaria con vistas a la reglamentación universal internacional del asunto de los derechos humanos.* MIHAYLOV, MIKHAIL. (121). *Aspectos jurídicos internacionales del Convenio Marco para la Protección de las Minorías Nacionales.* En: *Relaciones Internacionales.* Libro 3/1999. Año XXVIII. Sofía. 1999. Página 71.

[278] RUIZ VIEYTEZ, EDUARDO. *Minorías, nacionalidades y minorías nacionales. La problemática aplicación en España del Convenio Marco para la Protección de las Minorías Nacionales del Consejo de Europa.* En: *Revista Vasca de Administración Pública.* Núm. 82 de 2008. Páginas 219 y 220.

rial y la soberanía del Estado, en cuanto límites que encauzan el disfrute de los derechos de las personas integrantes de las minorías[279].

3.1.2.4. La cuestión de la compatibilidad del Convenio Marco para la Protección de las Minorías Nacionales de 1995 con la Carta Magna de 1991, según la Sentencia del Tribunal Constitucional de Bulgaria número 2/1998, de 18 de febrero

El artículo 11, apartado 4, de la Constitución de la República de Bulgaria de 1991, contiene una cláusula por la que se prohíbe la creación de partidos políticos de base étnica, racial o religiosa. Esta disposición fue entendida por un sector de la diputación de la Asamblea Nacional en su legislatura Nº 38 como incompatible con la ratificación por Bulgaria del Convenio Marco para la Protección de las Minorías Nacionales:

1) Pues afirmaban que el artículo 7 del Convenio, asegura *a toda persona perteneciente a una minoría nacional el respeto de los derechos de libertad ...de asociación, de libertad de expresión,* algo que sería según los diputados incompatible con el artículo 11, párrafo 4, de la Ley Fundamental.
2) Sobre una argumentación similar aducían en segundo lugar que el artículo 8 del Convenio reconoce que toda persona perteneciente a una minoría nacional tiene el derecho a manifestar su religión o creencias, así como el *derecho a crear instituciones religiosas, organizaciones y asociaciones.*

Además los diputados solicitaban al Tribunal Constitucional, que se pronuncie sobre la constitucionalidad de:

1) Los artículos 7, 8, 9, 10, 11, y «*otros del Convenio*» en los cuales se habla de la «*lengua de las minorías*», más especialmente en lo que se refiere a la posibilidad de utilizar una lengua minoritaria, en las relaciones con la Administración y en lo que respecta a las denominaciones toponímicas, nombres de calles, y otros signos topográficos, con un fin público.
2) El Convenio en su integridad, viniendo a afirmar que en Bulgaria no existen minorías nacionales, *tanto desde un planteamiento histórico y actual, así como desde el punto de vista constitucional y del Derecho Internacional,* añadiendo que *la Constitución excluye el reconocimiento de derechos colectivos a favor de grupos étnicos y religiosos.*

---

[279] BAUTISTA JIMÉNEZ, JUAN MANUEL. *El Convenio Marco para la Protección de las Minorías Nacionales: construyendo un sistema europeo de protección de las minorías.* En: *Revista de Instituciones Europeas.* Vol. 22. Núm. 3. 1995. Página 957.

El Tribunal Constitucional de Bulgaria, en su Sentencia 2/1998, de 18 de febrero[280], vino a constatar que el término «*minoría nacional*» está incorporado en el Derecho búlgaro vigente mediante el artículo 14 del CEDH[281], según el cual, *el goce de los derechos y libertades reconocidos en el presente Convenio ha de ser asegurado sin distinción alguna, especialmente por razones de sexo, raza, color, lengua, religión, opiniones políticas u otras, origen nacional o social, pertenencia a una minoría nacional, fortuna, nacimiento o cualquier otra situación.*

Como se ha mencionado los demandantes impugnan el texto del artículo 7 del Convenio, según el cual las Partes se obligan a asegurar *a toda persona perteneciente a una minoría nacional el respeto de los derechos ... de libertad de asociación ...* , por poder contradecir al artículo 11, párrafo 4, de la Constitución, cuando esa libertad tiene como consecuencia la creación de partidos políticos de base étnica o religiosa[282]. El Tribunal no está de acuerdo con el temor expresado por los recurrentes, por entender que *la libertad de asociación, tal y como está determinada en el Convenio, no se distingue en su contenido de la libertad configurada constitucionalmente en el artículo 44, párrafo 1, de la Carta Magna, «Los ciudadanos pueden asociarse libremente». El derecho de libertad de asociación es un derecho humano fundamental, reconocido por el Derecho Internacional, y proclamado en el artículo 22, párrafo 1, del Pacto Internacional de Derechos Civiles y Políticos, y también en el artículo 11, párrafo 1, del CEDH.*

Respecto al argumento[283] expresado por los recurrentes sobre la posible inconstitucionalidad del artículo 8 del Convenio que reconoce el derecho de toda minoría nacional a manifestar su religión o creencias, así como el derecho a crear *instituciones religiosas, organizaciones y asociaciones*, por ser contrario a la prohibición constitucional de «*creación de partidos políticos de base étnica y religiosa*», es decir, la eventual contradicción con el artículo 11, párrafo 4, de la Constitución, el Tribunal Constitucional subraya que el reconocimiento de la identidad religiosa de cada persona, es un derecho constitucional fundamental y tiene igual rango que el principio de respeto de las concepciones ateas, establecido en el artículo 37, párrafo 1, de la Constitución, pues ambos conceptos se derivan de los *valores supremos* del humanismo, tolerancia y respeto de la dignidad humana enunciados en el Preámbulo de la Carta Magna. El Tribunal Constitucional considera no obstante que el empleo de las confesiones e instituciones religiosas o de creencias religiosas, para difundir el fundamentalismo o el extremismo religioso, es siempre una violación grave, no solamente del artículo 11, párrafo 4, de la Constitución, sino de los demás principios constitucionales fundamentales, expresados en diferentes normas:

---

280 BOE número 22 de 1998.

281 Punto 12 de la Sentencia 2/1998, de 18 de febrero.

282 Punto 15 de la Sentencia 2/1998, de 18 de febrero.

283 Punto 16 de la Sentencia 2/1998, de 18 de febrero.

artículo 12, párrafo 2[284], artículo 13, párrafo 4[285], artículo 37, párrafo 2[286], artículo 44, párrafo 2[287], de la Constitución.

Respecto a la posible inconstitucionalidad de los artículos 9, 10 y 11 del Convenio[288], el Tribunal Constitucional argumenta que en *la Constitución el término «lengua materna» viene definido de un modo negativo, y se refiere a todas las personas «para las cuales el idioma búlgaro no es su lengua materna»*. Por ello, *no es necesaria la definición de«minoría» para que se utilice el «idioma materno», es suficiente con el establecimiento del hecho que la lengua materna de la persona no es el idioma búlgaro.*

El Tribunal Constitucional hace hincapié en que el artículo 10, párrafo 2, del Convenio, prevé que *«en las zonas geográficas habitadas tradicionalmente o en número considerable por personas pertenecientes a minorías nacionales, cuando estos individuos lo soliciten y dicha solicitud corresponda a una necesidad real, las Partes se esforzarán por asegurar, en la medida de lo posible, unas condiciones que permitan la utilización de la lengua minoritaria en las relaciones entre dichas personas y las autoridades administrativas»*. Este artículo del Convenio crea según el Tribunal Constitucional *una posibilidad jurídica.* Por ello *la obligación de los Estados contratantes de crear las condiciones previstas en el citado artículo, no es absoluta,* pues este compromiso está formulado muy flexiblemente, dejando a las Partes una libertad muy amplia, y además depende de una serie de condiciones preliminares establecidas categóricamente el Informe Explicativo al Convenio, a saber: *en función de las posibilidades financieras y administrativas, especialmente en materia militar, y las dificultades técnicas relacionadas con el empleo de las lenguas minoritarias, en las relaciones entre las personas que pertenecen a las minorías nacionales y la Administración.*

El Tribunal Constitucional considera este enfoque del Convenio, completamente conforme a los principios constitucionales de la República de Bulgaria. El derecho al uso de una lengua minoritaria, en las relaciones con los órganos de la Administración, no puede ser contrapuesto a los principios y los requisitos relacionados con el funcionamiento regular de las instituciones estatales y la defensa de la seguridad nacional, como elementos de independencia política y el orden social del Estado, o la protección a los otros derechos y libertades. Estas limitaciones comunes están proclamadas expresamente en el mismo Convenio, en los artículos 20, 21 y 22.

---

[284] *Las asociaciones de ciudadanos, incluso las sindicales no pueden perseguir fines políticos, ni desarrollar actividad política, inherente a los partidos políticos.*

[285] *Las confesiones e instituciones religiosas, así como las convicciones religiosas, no deberán ser usadas con fines políticos.*

[286] *La libertad de conciencia y religión no será practicada en detrimento de la seguridad nacional, el orden público, la salud y la moral públicas, o los derechos y las libertades de los demás.*

[287] *Quedan prohibidas las organizaciones cuyas actividades vayan en detrimento de la soberanía e integridad nacionales, o de la unidad de la nación, o inciten a la enemistad racial, nacional, étnica o religiosa, así como a la violación de los derechos y las libertades de los ciudadanos, y la creación de organizaciones clandestinas, o estructuras paramilitares, o que persigan sus fines mediante el empleo de la violencia.*

[288] Punto 17 de la Sentencia 2/1998, de 18 de febrero.

El Tribunal constata la necesidad de subrayar que el análisis del artículo 10, párrafo 2, del Convenio, no es contradictorio con el artículo 3 de la Constitución, según el cual el búlgaro es el idioma oficial de Bulgaria. En el Informe Explicativo se subraya afirmativamente que entre *«las obligaciones de los Estados en relación con el uso de las lenguas minoritarias, de ningún modo no afecta al estatuto de la lengua oficial, o las lenguas del país correspondiente»*. Por consiguiente, desde el punto de vista jurídico constitucional, la aplicación del artículo 10, párrafo 2, del Convenio es posible solamente en el marco del artículo 3 de la Constitución, «*la lengua oficial de la República de Bulgaria es el búlgaro*», y el artículo 36, párrafo 3, de la Constitución «*los casos en los que se empleará únicamente la lengua oficial serán determinados expresamente por la Ley*».

El Tribunal considera que el contenido básico del artículo 11, párrafo 3, no contradice la Constitución. Cada persona reconoce el mundo alrededor de si a través de su lengua materna. Este derecho está garantizado también en la Carta Magna búlgara cuando se refiere al empleo del idioma materno[289].

El Tribunal Constitucional recuerda que el respeto a la integridad territorial es un principio fundamental del Derecho Internacional, y es proclamado como un valor constitucional fundamental en el artículo 2, párrafo 2, de la Carta Magna. El ejercicio de los derechos y libertades enunciados en el Convenio es posible y deseable respetando este principio, así como en conformidad con la Constitución y el propio Convenio. Todo acto dirigido contra la integridad territorial del Estado, es incompatible con ambos ordenamientos. La unidad nacional no excluye la existencia de diferencias religiosas, lingüísticas o/y étnicas entre los ciudadanos de la República de Bulgaria[290].

Por todo ello el Tribunal Constitucional declaró que los artículos 7, 8, 9, 10 y 11 del Convenio Marco para la Protección de las Minorías Nacionales, firmado el 9 de octubre de 1997, así como el propio Convenio en su integridad, eran perfectamente compatibles con la Constitución de 1991.

3.2. La protección de los derechos fundamentales de las minorías según las normas del Derecho de la Unión Europea

3.2.1. EL RECONOCIMIENTO CONSTITUCIONAL DE LA PRIMACÍA DEL DERECHO DE LA UNIÓN EUROPEA SOBRE LAS DISPOSICIONES DEL ORDENAMIENTO INTERNO

Será el 18 de febrero de 2005, cuando la 39ª Asamblea Nacional búlgara adopta definitivamente la segunda modificación de la Constitución de 1991[291],

---

[289] En su artículo 36, parrado 2, la Carta Magna de 1991 establece expresamente que *los ciudadanos cuya lengua materna no es el búlgaro, tienen el derecho a estudiar y usar su propio idioma, junto con la obligación de estudiar la lengua búlgara.*

[290] Punto 22 de la Sentencia 2/1998, de 18 de febrero.

[291] BOE número 18 de 2005.

realizada de cara a la suscripción del Tratado de Adhesión de la República de Bulgaria y de Rumanía en la UE[292], el 25 de abril de 2005[293]. A tales efectos a raíz de la citada revisión constitucional se introducen las siguientes dos previsiones, garantizadoras de la *primacía de las normas del Derecho de la UE sobre las disposiciones del ordenamiento interno búlgaro*[294]:

1) En el seno del artículo 4 de la Carta Magna de 1991, que recoge el principio del Estado de Derecho se añade un nuevo párrafo 3, cuya previsión constitucionaliza la participación de la República de Bulgaria en la *construcción y el desarrollo de la UE.*
2) En el marco del artículo 85, párrafo 1, de la Constitución de 1991, regulador de la materia de los Convenios Internacionales, se añade un punto 9 que prevé un nuevo tipo de Tratados, a raíz de los cuales *se puede ceder o atribuir a la UE el ejercicio de competencias derivadas* de la propia Ley Fundamental.

A resultas de todo ello, a partir del 1 de enero de 2007, los derechos y las libertades fundamentales de los ciudadanos búlgaros quedan reforzados por las normas del Derecho de la UE, que además de su supremacía sobre los ordenamientos internos de los países miembros se caracteriza por su naturaleza *supranacional* y *eficacia directa*[295].

3.2.2. Los principios de igualdad y no discriminación como parte fundamental de la tutela de las minorías y el pluralismo cultural

Prácticamente el proyecto de UE nace con idéntico objetivo que el Consejo de Europa *crear una Europa unida en la diversidad*[296]. Así pues, los valores comu-

---

[292] YANEV, STAMEN. (241). *Evolución del Derecho Constitucional búlgaro y la participación de Bulgaria en la Unión Europea.* En: *Pensamiento jurídico.* Libro número 4/2011. Año LII. Academia Búlgara de las Ciencias. 2011. Página 11.

[293] Ratificado por la Ley de la 39ª Asamblea Nacional búlgara de 11 de mayo de 2005, (BOE número 40 de 2005), en vigor desde el 1 de enero de 2007.

[294] DRUMEVA, EMILIA. (53). *Primacía del Derecho de la Unión Europea sobre el Derecho Nacional (en la práctica del Tribunal Constitucional).* En: *Mundo jurídico.* Libro número 1/2009. Editorial Sibi. 2009. Páginas 11 y 12.

[295] Cabe precisar que el carácter supranacional y los efectos aplicativos directos del Derecho de la UE se refieren a las disposiciones de los Tratados Constitutivos. Respecto a las normativas del Derecho derivado (institucional) únicamente los reglamentos, y con exclusión del principio de obligación de transposición, una determinada parte de las directivas, tienen las mismas características. DRUMEVA, EMILIA. (53). *Primacía del Derecho de la Unión Europea sobre el Derecho Nacional (en la práctica del Tribunal Constitucional).* En: *Mundo jurídico.* Libro número 1/2009. Editorial Sibi. 2009. Página 20.

[296] CASTRO JOVER, ADORACIÓN. *Interculturalidad y Derecho en el ámbito regional y supranacional europeo.* En: CASTRO JOVER, ADORACIÓN. (Dir.). *Interculturalidad y Derecho.* Aranzadi Thomson Reuters. Cizur Menor. 2013. Página 50.

nes que los Estados miembros deben compartir no difieren sustancialmente de los planteados por el Consejo de Europa[297], encontrándose entre los fundamentos del ordenamiento jurídico de la Unión la dignidad humana, libertad, democracia, igualdad, Estado de Derecho y respeto de los derechos humanos, incluidos los derechos de las personas pertenecientes a las minorías[298]. Valores éstos que en opinión de ALONSO GARCÍA forman el *núcleo constitucional duro de la UE*[299].

Por ello, los mismos conceptos se proclaman en el Preámbulo de la Carta de los Derechos Fundamentales de la Unión[300] como valores comunes, que deben ser aceptados por todos los países miembros[301], al obligarse la Unión a contribuir a su defensa y fomento dentro del respeto de la diversidad de culturas y tradiciones de los pueblos de Europa, reconociéndose de este modo la pluralidad existente en las sociedades europeas.

Los elementos que integran los valores comunes aparecen desarrollados en el articulado de la Carta, incluyendo un amplio catálogo de derechos fundamentales agrupados bajo el rótulo[302] de la dignidad humana[303], los derechos clásicos de libertad[304], los derechos de igualdad[305], los derechos políticos de los ciudadanos[306] y los derechos judiciales[307].

---

[297] En ese sentido es de destacar el artículo 6 del Acuerdo de estabilización y asociación entre las Comunidades Europeas y sus Estados miembros, por una parte, y la República de Bulgaria, por otra, hecho en Bruselas, el 8 de marzo de 1993, (BOE número 61 de 1995), en cuyo artículo 6 se establece como requisito fundamental para la integración del Estado en la Comunidad Europea, el respeto de los principios democráticos y derechos fundamentales *proclamados en el Acta Final de Helsinki y la Carta de París para una Nueva Europa*. Ello como afirma VASIL MRACHKOV consagra implícitamente la idea de *la aproximación de la legislación búlgara al Derecho de la UE para conseguir el respeto común de los valores democráticos europeos y los derechos humanos*. MRACHKOV, VASIL. (124). *Cuestiones sobre la aproximación de la legislación búlgara al Derecho de la Unión Europea*. En: *Pensamiento jurídico*. Libro número 1/1998. Año XXXIX. Academia Búlgara de las Ciencias. 1998. Página 4.

[298] Artículo 2 del Tratado de la Unión Europea (Versión consolidada). Diario Oficial de la Unión Europea C 326 de 26 de octubre de 2012. Y su artículo 49 añade que precisamente el respeto y la promoción de estos principios, constituirán requisitos obligatorios que deben ser cumplidos por cualquier Estado Europeo a la hora de solicitar su ingreso como miembro en la Unión.

[299] ALONSO GARCÍA, RICARDO. *Sistema Jurídico de la Unión Europea*. 3ª Edición. Civitas Thomson Reuters. Cizun Menor. 2012. Página 373.

[300] Adoptada en Estrasburgo el 12 de diciembre de 2007. Diario Oficial de la Unión Europea C 326 de 26 de octubre de 2012.

[301] En virtud del artículo 6, apartado 1, párrafo 1, del Tratado de la Unión Europea, la Carta de los Derechos Fundamentales de la UE proclamada en 2007 tiene el mismo valor jurídico que los propios Tratados.

[302] WEBER, ALBRECHT. *La Carta de los Derechos Fundamentales de la Unión Europea*. En: *Revista Española de Derecho Constitucional*. Número 64. Enero/Abril 2002. Página 86.

[303] Artículos 1 a 5 de la Carta de los Derechos Fundamentales de la UE.

[304] Artículos 6 a 19 de la Carta de los Derechos Fundamentales de la UE.

[305] Artículos 20 a 26 de la Carta de los Derechos Fundamentales de la UE.

[306] Artículos 39 a 46 de la Carta de los Derechos Fundamentales de la UE.

[307] Artículos 49 a 50 de la Carta de los Derechos Fundamentales de la UE.

No obstante cabe precisar que la Carta se limita a otorgar una protección específica de las minorías, lo cual fue objeto de debate durante la redacción de su texto por la denominada *Convención*, pues la delegación de Austria insistía en la incorporación de una regulación especial en esa materia, algo frontalmente rechazado por los representantes franceses, que se mostraron contrarios a la idea de introducción de fórmulas de tutela de las minorías en el ordenamiento de la UE, acabando por prevalecer esta última opinión sobre la propuesta austriaca[308].

En ese sentido la aportación más importante en dicho ámbito, lo constituye la reglamentación del concepto de igualdad contenida en el Título III de la Carta, al tener como pilares básicos el reconocimiento de:

1) La igualdad ante la Ley[309].
2) La prohibición de toda forma de discriminación por razón de sexo, raza, color, origen étnico o social, características genéticas, lengua, religión o convicciones, opiniones políticas o de cualquier otro tipo, pertenencia a una minoría nacional, patrimonio, nacimiento, discapacidad, edad u orientación sexual[310], siendo este elenco de causas discriminatorias no sólo más detallado que la disposición del artículo 14 del CEDH[311], sino también que las demás cláusulas, reguladoras de la misma materia, incorporadas en las normativas internacionales adoptadas con anterioridad a la proclamación de la Carta, ampliando asimismo el perímetro del principio de trato igualitario de los individuos, fijado en el artículo 6 de la Constitución búlgara[312].
3) El *respeto* por parte de la Unión de la diversidad cultural, religiosa y lingüística[313]. La formulación de este precepto permite afirmar que no hay reconocimiento de un derecho individual o subjetivo de la ciudadanía, incluidas las personas pertenecientes a una minoría[314]. Sin embargo ello no significa que tal disposición no reconoce la protección de las distin-

---

[308] ILIEVA, IRENA. (75). *La Carta de los Derechos Fundamentales de la Unión Europea*. En: *Pensamiento jurídico*. Libro número 1/2001. Año XXXXII. Academia Búlgara de las Ciencias. 2001. Página 80.

[309] Artículo 20 Carta de los Derechos Fundamentales de la UE.

[310] Artículo 21 Carta de los Derechos Fundamentales de la UE.

[311] FONSECA MORILLO, FRANCISCO. *La gestión y el contenido de la Carta de Niza*. En: MATIA PORILLA, FRANCISCO JAVIER. (Dir.). *La protección de los derechos fundamentales en la Unión Europea*. Civitas. Madrid. 2002. Páginas 114 y 115.

[312] TANCHEV, EVGENI. (213). *Adaptación de la Constitución de la República de 1991 a los requisitos de asociación de Bulgaria a la Unión Europea*. En: *Mundo jurídico*. Libro número 2/2002. Editorial Sibi. 2002. Página 33.

[313] Artículo 22 de la Carta de los Derechos Fundamentales de la UE.

[314] MANGAS MARTÍN, ARACELI. (Dir.). *Carta de los derechos Fundamentales de la Unión Europea. Comentario artículo por artículo*. Fundación BBVA. Bilbao. 2008. Páginas 410 a 413.

tas culturas, religiones y lenguas tanto mayoritarias como minoritarias, pues se trata de un principio rector de la actuación de las instituciones comunitarias y los propios Estados en cuanto miembros de la Unión, obligándose con carácter general a no interferir ni impedir la expresión y el desarrollo de la riqueza cultural, así como a no obstaculizar o marginar la diversidad lingüística, ni tampoco anular o dificultar el ejercicio o el desarrollo de las convicciones religiosas. Por otro lado como señala STEFAN ENCHELMAIER el empleo del término «*respeto*» no significa que la Unión se abstendrá de tomar medidas tendentes a mejorar la situación desventajosa de cualquiera de las diversidades[315].

En virtud del artículo 3 del Tratado de Lisboa[316] la UE, vuelve a asumir tanto el deber de respetar la diferencia cultural, como la obligación de combatir la discriminación, contribuyendo ambos compromisos a la protección de las minorías. Y si el principio de diversidad era uno de los fundamentos constitutivos de la UE, el inicio de la regulación jurídica de la tutela antidiscriminatoria se marca por la disposición del artículo 13 del Tratado de Ámsterdam[317] suscrito, el 2 de octubre de 1997, en el seno del cual se crean las condiciones competenciales, que van a facilitar un desarrollo normativo posterior en dicho ámbito. Los primeros pasos en ese sentido se daban a partir de la década de 2000, fundamentalmente a través de la adopción de:

1) La Directiva 2000/43/EC, relativa a la aplicación del principio de igualdad de trato de las personas independientemente de su origen racial o étnico[318]. Estructurada en un Preámbulo y cuatro títulos, esta normativa tiende a establecer un marco común para luchar contra la

---

[315] ENCHELMAIER, STEFAN. *Equality, right: market economy, free competition, and rights of equality*. En: RUIZ MIGUEL, CARLOS. (Coordinador). *Estudios sobre la Carta de los Derechos Fundamentales de la Unión Europea*. Universidade de Santiago de Compostela. 2004. Página 58.

[316] Actualmente el artículo 19 del Tratado de Funcionamiento de la UE, cuyo párrafo 1 prescribe que *dentro de los límites de las competencias atribuidas a la Unión por los Tratados Constitutivos, el Consejo, por unanimidad con arreglo a un procedimiento legislativo especial, y previa aprobación del Parlamento Europeo, podrá adoptar acciones adecuadas para luchar contra la discriminación por motivos de sexo, de origen racial o étnico, religión o convicciones, discapacidad, edad u orientación sexual*. Versión consolidada del Tratado de Funcionamiento de la Unión Europea. Diario Oficial de la Unión Europea C 326 de 26 de octubre de 2012.

[317] KAMENOVA, TSVETANA. (83). *La prohibición de la discriminación en el nuevo XII Protocolo del Convenio Europeo para la Protección de los Derechos Humanos y de las Libertades Fundamentales, así como en las normativas de la Unión Europea*. En: *Pensamiento jurídico*. Libro número 3/2000. Año XXXXI. Academia Búlgara de las Ciencias. 2000. Páginas 48 y 49.

[318] Su transposición en el derecho búlgaro se ha realizado por la Ley de modificación de la Ley de Protección contra la Discriminación de 11 de abril de 2006, (BOE número 30 de 2006). Véase también la Ley de modificación del Código de Trabajo, de 13 de junio de

discriminación por razones de raza o pertenencia étnica[319], concretando el principio de igualdad enunciado en la Carta de los Derechos Fundamentales de la UE[320]. A diferencia de lo dispuesto en el Protocolo XII del CEDH, la Directiva contiene una definición del principio de igualdad de trato entendido a efectos de la misma, como *la ausencia de toda discriminación, tanto directa como indirecta, basada en el origen racial o étnico*[321]. Su alcance se extiende tanto al sector público como al privado, procurando conseguir un tratamiento igualitario en el acceso al empleo[322], el sistema educativo, la sanidad y otros campos[323]. Sin embargo dicha normativa no sanciona la diferencia de trato por motivos de ciudadanía, ni afecta a cualquier tratamiento derivado de la situación jurídica de los nacionales de terceros países y de los apátridas[324]. Al igual que el Protocolo XII del CEDH, la Directiva prevé la posibilidad de los Estados miembros de promover acciones afirmativas[325], manteniendo o adoptando medidas específicas para prevenir o compensar las desventajas que afecten a personas de un origen racial o étnico concreto[326]. Asimismo se especifica que esta normativa contiene un estándar mínimo, pudiendo los países aceptar otras disposiciones más favorables[327].

Los medios de defensa del principio de no discriminación vienen recogidos en el Título II de la Directiva, obligándose los Estados miembros a asegurar procedimientos adecuados de carácter judicial, adminis-

---

2006, (BOE número 48 de 2006), y la Ley de modificación de la Ley de Protección contra la Discriminación, de 31 de julio de 2012, (BOE número 58).

[319] Artículo 1 de la Directiva 2000/43/EC.

[320] TANCHEV, EVGENI. (212). *La igualdad-aspectos constitucionales y compatibilidad con la Carta de los Derechos Fundamentales de la Unión Europea y la Directiva 2000/43/.* En: *Los Derechos Humanos.* Libro número 1/2001. Edición de fundación «Abogados búlgaros por los derechos humanos». Página 26.

[321] Artículo 2 de la Directiva 2000/43/EC.

[322] Al comentar en 2001 la compatibilidad de los requisitos de no discriminación previstos por la Directiva 2000/43/EC en el ámbito laboral y de seguridad social con las disposiciones del derecho de trabajo búlgaro, KRASIMIRA SREDKOVA afirma la plena correspondencia entre sendos regímenes. SREDKOVA, KRASIMIRA. (202). *El principio de prohibición de la discriminación de origen étnico o racial según la Directiva N.º 2000/43/EC de 29 de junio de 2000 y la legislación búlgara laboral y de seguridad social.* En: *Mundo jurídico.* Libro número 1/2001. Editorial Sibi. 2001. Página 156.

[323] Artículo 3, párrafo 1, de la Directiva 2000/43/EC.

[324] Artículo 3, párrafo 2, de la Directiva 2000/43/EC.

[325] KAMENOVA, TSVETANA. (83). *La prohibición de la discriminación en el nuevo XII Protocolo del Convenio Europeo para la Protección de los Derechos Humanos y de las Libertades Fundamentales, así como en las normativas de la Unión Europea.* En: *Pensamiento jurídico.* Libro número 3/2000. Año XXXXI. Academia Búlgara de las Ciencias. 2000. Página 54.

[326] Artículo 5 de la Directiva 2000/43/EC.

[327] Artículo 6 de la Directiva 2000/43/EC.

trativo e incluso conciliadores para garantizar el cumplimiento de las obligaciones establecidas con arreglo a dicha normativa, para todas las personas que se consideren perjudicadas por la no aplicación, en lo que a ellas se refiere, del derecho de igualdad de trato[328]. Se incluyen también obligaciones de divulgación de información sobre las garantías previstas en la materia, tanto por las normas de la Directiva, como por las disposiciones del ordenamiento interno[329]. Especialmente importante es el compromiso asumido por los países de promover el diálogo social[330], así como fomentar la colaboración con las organizaciones intergubernamentales, al contribuir a la lucha contra la discriminación por motivos de origen racial y étnico[331]. Para conseguir todo ello, los Estados miembros configurarán uno o más organismos, que podrán formar parte de los servicios responsables a nivel nacional de la tutela de los derechos humanos o de la protección de los derechos individuales[332].

Asimismo son importantes las disposiciones recogidas en el Título IV de la Directiva, al contemplar que los países asumirán los deberes de:

a) Derogar, declarar nulas o modificar todas las previsiones contrarias al principio de igualdad de trato, incluidas las disposiciones de la legislación nacional o cláusulas que figuren en los contratos individuales o en los convenios colectivos, en los reglamentos internos de las empresas, en las normas que rijan las asociaciones con o sin ánimo de lucro, así como en los estatutos de las profesiones independientes y de las organizaciones sindicales y empresariales[333].

b) Establecer un régimen de mecanismos sancionatorios, aplicables en caso de incumplimiento de las normas del ordenamiento interno adoptadas en desarrollo de la Directiva, y promover todas las medidas necesarias para garantizar su observancia. Tales sanciones, que podrán incluir la indemnización a la víctima, serán efectivas, proporcionadas y disuasorias[334].

c) Adoptar las disposiciones legales, reglamentarias y administrativas necesarias para conseguir el cumplimiento de lo establecido en la normativa[335].

d) Comunicar a la Comisión periódicamente toda la información sobre la aplicación de los principios fijados en la Directiva, para que la

---

328 Artículo 7 de la Directiva 2000/43/EC.

329 Artículo 10 de la Directiva 2000/43/EC.

330 Punto 23 del Preámbulo y artículo 11 de la Directiva 2000/43/EC.

331 Punto 23 del Preámbulo y artículo 12 de la Directiva 2000/43/EC.

332 Artículo 13 de la Directiva 2000/43/EC.

333 Artículo 14 de la Directiva 2000/43/EC.

334 Artículo 15 de la Directiva 2000/43/EC.

335 Artículo 16 de la Directiva 2000/43/EC.

misma elabore un informe dirigido al Parlamento Europeo y al Consejo. Si se estime oportuno en la preparación de este documento, se podrá tomar en consideración la opinión del Observatorio Europeo del Racismo y la Xenofobia, así como los puntos de vista de los interlocutores sociales y de las correspondientes organizaciones no gubernamentales[336]. Mediante el compromiso de los Estados miembros de presentar informes periódicos la Directiva 2000/43/EC introduce uno de los típicos instrumentos controladores, contemplados por las normativas internacionales tanto regionales, como universales en el campo de la defensa de los derechos fundamentales[337].

2) La Directiva 2000/78/EC, relativa al establecimiento de un marco general para la igualdad de trato en el empleo y la ocupación[338]. De forma especial, esta normativa ha incorporado técnicas como la excepción de la regla general, pues al referirse su artículo 4 a los requisitos para el ejercicio de una actividad profesional, establece que los Estados miembros podrán prever que una diferencia de trato basada en una característica relacionada con cualquiera de los motivos de discriminación incluidos en el artículo 1 de la misma, como la religión o las convicciones, deficiencia, edad u orientación social, no constituya causa de discriminación, en los casos en que debido a la naturaleza específica de la actividad profesional en cuestión o del contexto de su ejecución, dicha característica constituya un requisito profesional esencial y determinante, siempre y cuando el objetivo sea legítimo y el requisito sea proporcional. Previendo a continuación que los Estados miembros puedan establecer diferencias de trato referidas a los trabajadores de empresas de tendencia. De este modo, el correcto desenvolvimiento de una relación laboral puede requerir que se introduzcan ciertas limitaciones al principio de igualdad en su vertiente de prohibición de la discriminación, justificadas precisamente por la naturaleza específica de actividad profesional, siempre que se respete el principio de proporcionalidad respecto a los objetivos legítimos a desarrollar.

---

[336] Artículo 17 de la Directiva 2000/43/EC.

[337] DRUMEVA, EMILIA, y KAMENOVA, TSVETANA. (55). *Derechos humanos. Texto y materiales*. Centro de asistencia jurídica, Facultad de Derecho de la Universidad de Plovdiv «Paisii Hilendarski». Plovdiv. 2000. Páginas 67 y siguientes.

[338] Su transposición en el derecho búlgaro se ha realizado por la Ley de modificación del Código de Trabajo de 13 de junio de 2006, (BOE número 48 de 2006). Véase también la Ley de modificación de la Ley de Protección contra la Discriminación de 11 de abril de 2006, (BOE número 30), la Ley de modificación de la Ley del fomento al empleo de 13 de julio de 2006, (BOE número 48), la Ley de modificación de la Ley de integración de las personas con discapacidades de 4 de agosto de 2006, (BOE número 63), y la Ley de modificación de la Ley de Protección contra la Discriminación de 31 de julio de 2012, (BOE número 58).

En la práctica esta previsión viene a modular la disposición del artículo 4 de la Directiva 2000/43/EC, según la cual a los Estados miembros se les permite disponer que una diferencia de trato basada en una característica relacionada con el origen racial o étnico no tendrá carácter discriminatorio cuando, debido a la naturaleza de las actividades profesionales concretas, o al contexto en que se lleven a cabo, dicha característica constituya un requisito profesional esencial y determinante, siempre y cuando el objetivo sea legítimo y el requisito, proporcionado. Como apunta CASTRO JOVER la misma técnica, del margen de apreciación, se encuentra aplicada en una serie de disposiciones del Derecho Derivado[339], sirviendo para que los países preserven sus específicos rasgos culturales ante una normativa europea común, que si fuera más imperativa podría ponerlos en peligro, pero igualmente se convierte en un instrumento que permite a los Estados *que hacia fuera reclaman el respeto de su diversidad, que hacia dentro puedan no reconocer la diversidad*[340].

3.3. Características básicas del modelo de protección de las minorías y la diversidad cultural previsto en las normas del ordenamiento interno búlgaro

El modelo búlgaro de tutela legal de las minorías y el pluralismo cultural se fundamenta en dos pilares básicos[341]:

1) El primero consiste en el principio general de igualdad ante la Ley y no discriminación establecido en el artículo 6, párrafo 2, de la Constitución de 1991, y desarrollado en amplios términos por la legislación búlgara.
2) El segundo constituye en el reconocimiento a los individuos pertenecientes a las distintas minorías de varias garantías jurídicas, otorgándoles derechos específicos tanto en la esfera de la vida pública, como en el campo de las relaciones privadas.

Así pues, las personas que pertenezcan a los colectivos minoritarios, disfrutan de todos los derechos y libertades fundamentales, reconocidos a los ciuda-

---

339 Por ejemplo igual enfoque jurídico se aplica en el Reglamento (CE) Núm. 1099/2009 del Consejo de 24 de septiembre de 2009, relativo a la protección de animales durante su sacrificio, que consolida lo establecido en la Directiva 93/119 CE, transpuesta en el derecho búlgaro a raíz del Decreto número 22 del Consejo de Ministros búlgaro, sobre la reducción al mínimo el sufrimiento de los animales durante su sacrificio.

340 CASTRO JOVER, ADORACIÓN. *Interculturalidad y Derecho en el ámbito regional y supranacional europeo*. En: CASTRO JOVER, ADORACIÓN. (Dir.). *Interculturalidad y Derecho*. Aranzadi Thomson Reuters. Cizur Menor. 2013. Páginas 53 y 54.

341 ILIEVA, IRENA. *The Rights of Individuals, belonging to Minorities in Bulgaria*. En: *Europa Ethnica*. Vol. 64. Issue 3/4. 2007. Página 137.

danos búlgaros y adicionalmente gozan de una serie de garantías dirigidas específicamente a la preservación y el desarrollo de su identidad cultural. Teniendo en consideración este último criterio, las disposiciones del ordenamiento interno en materia de minorías se pueden dividir en las dos siguientes categorías:

1) Garantías legales del principio de igualdad y no discriminación, por razón de pertenencia a un grupo minoritario.
2) Normas y medidas de discriminación positiva, que consagran la promoción y protección de las señas *identitarias* de las minorías y sus miembros.

CAPÍTULO VI
LAS GARANTÍAS LEGALES ESPECÍFICAS EN MATERIA DE PROTECCIÓN DE LAS MINORÍAS Y DE PROMOCIÓN DE LA DIVERSIDAD CULTURAL EN BULGARIA

1. EL PRINCIPIO DE IGUALDAD Y NO DISCRIMINACIÓN Y EL CONCEPTO DE DISCRIMINACIÓN POSITIVA SEGÚN LA LEY DE PROTECCIÓN CONTRA LA DISCRIMINACIÓN DE 1 DE ENERO DE 2004

Adoptada por la 39ª Asamblea Nacional, el 16 de septiembre de 2003[1], esta normativa contiene la regulación básica de la defensa contra todas las formas de discriminación, y la ayuda a su prevención[2], y supone un paso muy significativo en el proceso de aproximación de la legislación nacional al Derecho de la UE, pues sus normas comparten los mismos objetivos que las directivas europeas en materia de igualdad de trato, en cuyas previsiones se inspira y a las cuales busca trasponer al ordenamiento búlgaro, muy particularmente las Directivas de la UE 2000/43/EC y 2000/78/EC[3], que como se ha indicado imponen a los Estados miembros[4] una obligación de resultado, dejándolos libertad en cuanto a los mecanismos a seguir para ello.

---

[1] BOE número 86 de 2003.

[2] Artículo 1 de Ley de Protección contra la Discriminación de 2004.

[3] EKIMDZHIEV, MIKHAIL, y BONCHEVA, KATINA. (62). *La discriminación-concepción y conocimiento del problema.* En: *Los Derechos Humanos.* Libro número 4/2005. Edición de fundación «Abogados búlgaros por los derechos humanos». Página 11.

[4] Cabe precisar que hacia el momento de la entrada en vigor de la Ley de Protección contra la Discriminación, el 1 de enero de 2004, Bulgaria tenía el estatuto de Estado candidato a la adhesión a la UE, por ello el país búlgaro tenía como plazo límite para trasponer dichas normativas, el 1 de enero de 2007, la fecha de ingreso del Estado en la UE.

Debido a su carácter *específico* e *innovador*[5], la Ley de Protección contra la Discriminación de 2004, viene a satisfacer la necesidad sentida hace tiempo en el país de contar con un ordenamiento legal de referencia unificado en el campo de la defensa antidiscriminatoria.

Esa nueva normativa pretende asegurar a todas las personas la capacidad para los mismos derechos[6], la igualdad de trato, y en las posibilidades de participación en la vida social[7], así como la defensa efectiva contra la discriminación[8], que se extiende a la esfera laboral, así como al sector de los servicios públicos y privados, como por ejemplo la educación, las asociaciones, la sanidad, las relaciones laborales, o el derecho de propiedad.

A tales efectos según el artículo 4, párrafo 1, de la citada Ley con carácter general queda prohibida toda discriminación directa o indirecta basada en *el sexo, raza, nación, pertenencia étnica, genoma humano, ciudadanía, origen, religión o creencia, educación, convicciones, adscripción política, circunstancias personales o sociales, incapacidad, edad, orientación sexual, estado familiar, riqueza personal, o cualquier otra circunstancia, determinadas por la Ley o en un Tratado Internacional del que Bulgaria sea parte.* Con ello se consigue la matización del catálogo de causas de discriminación previsto en el artículo 6, párrafo 2, de la Carta Magna de 1991, introduciéndose nuevas características como *genoma humano, ciudadanía, incapacidad, edad y orientación sexual,* siendo además la lista de esos criterios no exhaustiva, pudiendo ser complementada con otros conceptos previstos tanto por las disposiciones del ordenamiento interno, como por las normas del Derecho Internacional.

Se considerará asimismo como discriminación, el obstáculo basado en las circunstancias anteriormente enumeradas, el acoso sexual, la persecución y la segregación racial, así como la creación y mantenimiento de elementos arquitectónicos que dificulten el acceso a lugares públicos a las personas incapacitadas[9].

Inspirado por el principio de acción afirmativa ampliamente reconocido en las previsiones del Derecho de la UE, el artículo 7 de la Ley de Protección contra la Discriminación de 2004, enuncia el carácter no discriminatorio de:

1) El diferente tratamiento de los individuos en base a su ciudadanía, o su situación de apátridas, cuando sea previsto en una Ley o un Tratado Internacional del que Bulgaria sea parte[10].

---

[5] PETROV, VLADIMIR. (182). *Algunos razonamientos sobre la efectividad de la aplicación de la Ley de Protección contra la Discriminación.* En: *Colección de conmemoración en homenaje al Profesor Zhivko Stalev.* Editorial Sibi. Sofía. 2005. Páginas 328 y 329.

[6] Artículo 2, párrafo 1, de la Ley de Protección contra la Discriminación de 2004.

[7] Artículo 2, párrafo 2, de la Ley de Protección contra la Discriminación de 2004.

[8] Artículo 2, párrafo 3, de la Ley de Protección contra la Discriminación de 2004.

[9] Artículo 5 de la Ley de Protección contra la Discriminación de 2004.

[10] Artículo 7, párrafo 1, punto 1, de la Ley de Protección contra la Discriminación de 2004.

2) El tratamiento diferente de personas en base a su religión, creencia o sexo, en conexión con la actividad realizada en instituciones u organizaciones religiosas, cuando por la naturaleza de la actividad o las condiciones en las que se realiza la misma, la religión, la creencia, o el sexo, es un requisito profesional, básico y definitivo, el fin es lícito, y el requisito no es desproporcionado para su consecución[11].
3) El tratamiento diferente de personas en base a su religión, creencia o sexo, en la educación o enseñanza religiosa, incluida la educación o enseñanza con el fin del ejercicio de las actividades anteriormente citadas[12].
4) Las medidas y los programas promovidos a raíz de la Ley del fomento al empleo[13] de 1 de enero de 2001[14], cuyo artículo 23 prohíbe a los empresarios establecer requisitos para el reclutamiento de trabajadores basados en el sexo, edad, nacionalidad, pertenencia étnica y estado de salud. Se aceptan sólo excepciones respecto a las características del género, la edad o la reducción de la capacidad de trabajo, en cuanto tales criterios constituyan un requisito profesional esencial y determinante.
5) Las medidas específicas a favor de las personas o los grupos de personas, que estén en una situación de desventaja, por motivo de las causas consagradas en el artículo 4, párrafo 1, de la Ley, destinadas a proporcionarles igualdad de oportunidades, en tanto en cuanto esta acción afirmativa se estime necesaria[15].
6) Las medidas de protección de la originalidad e identidad de las personas, pertenecientes a una minoría étnica, religiosa o lingüística, así como del derecho a mantener y desarrollar su cultura, a practicar y profesar su religión, o usar su lengua bien individualmente, bien conjuntamente, con los demás miembros de su grupo[16].
7) Las medidas en el campo de la educación e instrucción tendentes a garantizar la plena participación de los individuos que pertenezcan a un grupo étnico en el proceso educativo, no previéndose tal tipo de garantías respecto a las minorías religiosas y lingüísticas. De esta manera dentro de la terminología empleada en el texto de la Ley, se genera una

---

[11] Artículo 7, párrafo 1, punto 3, de la Ley de Protección contra la Discriminación de 2004.

[12] Artículo 7, párrafo 1, punto 4, de la Ley de Protección contra la Discriminación de 2004.

[13] Artículo 7, párrafo 1, punto 9, de la Ley de Protección contra la Discriminación de 2004.

[14] BOE número 112 de 2001.

[15] Artículo 7, párrafo 1, punto 14, de la Ley de Protección contra la Discriminación de 2004.

[16] Artículo 7, párrafo 1, punto 16, de la Ley de Protección contra la Discriminación de 2004.

> incoherencia, difícil de explicar, y que además contrasta con la regulación específica del principio de discriminación positiva por razón de la pertenencia étnica o la lengua materna, contemplada por las normativas en materia de enseñanza[17].

En cierto modo este inconveniente puede tener su explicación en la intención del legislador búlgaro de atenerse al máximo a las normas de la Directiva 2000/43/EC, que no prevé entre sus objetivos la lucha contra un trato discriminatorio basado en las diferencias idiomáticas. Por otro lado, a la vista de la formulación de las medidas en el ámbito de conservación y fomento de las señas de identidad minoritaria, destaca la fuerte influencia del artículo 27 del Pacto Internacional de Derechos Civiles y Políticos de 1966, cuya disposición emplea el concepto de *minorías, étnicas, religiosas y lingüísticas.*

La Ley de Protección contra la Discriminación de 2004, recoge una serie de cláusulas especiales que consagran dotar a los individuos de un tratamiento igualitario, tanto a la hora de acceder al mercado laboral, como en el ejercicio del derecho al trabajo, asumiendo el empresario la obligación de:

1) No establecer requisitos de acceso al empleo vinculados con las características enumeradas en el artículo 4, párrafo 1, de la Ley excepto en los casos de acción afirmativa[18].
2) No exigir información respecto a los citados criterios, exceptuando nuevamente las razones de aplicación de una medida de discriminación positiva, o cuando ello sea necesario para la investigación referida a la adquisición de un permiso de trabajo con documentos y datos clasificados, en los términos previstos por la Ley de protección de la información clasificada[19] de 30 de abril de 2002[20].
3) No abstenerse a emplear, o contratar un trabajador en peores condiciones, por motivo de las causas de discriminación proclamadas con carácter general[21].

---

[17] ILIEVA, IRENA. (76). *Regulación jurídica del principio de igualdad y no discriminación según las distintas leyes.* En: KAMENOVA, TSVETANA, DRUMEVA, EMILIA, e ILIEVA, IRENA. *Regulación jurídica antidiscriminatoria europea y nacional.* Asociación de los juristas por el desarrollo del derecho en el interés público y la armonización de la legislación búlgara y europea. Instituto de Ciencias Jurídicas de la Academia Búlgara de las Ciencias. Sofía. 2004. 2.ª Edición. Páginas 170 y 171.

[18] Artículo 12, párrafo 1, punto 14, de la Ley de Protección contra la Discriminación de 2004.

[19] Artículo 12, párrafo 2, punto 14, de la Ley de Protección contra la Discriminación de 2004.

[20] BOE número 45 de 2002.

[21] Artículo 12, párrafo 4, de la Ley de Protección contra la Discriminación de 2004.

4) Asegurar iguales condiciones de trabajo sin otorgar importancia a dichas características[22].
5) Tener idénticos criterios de evaluación de la calidad de trabajo y rendimiento en cuanto a la determinación de la remuneración de los trabajadores[23]. Tales parámetros deben fijarse a raíz de convenios colectivos, reglamentos internos o normativas especiales de evaluación de los empleados, sin discriminación alguna[24].
6) Proporcionar iguales oportunidades a todo el personal para promoción, formación profesional superior y reciclaje[25].
7) Realizar una investigación a la hora de recibir las denuncias de un trabajador o empleado que se considere víctima de acoso en el lugar de trabajo, incluido el acoso sexual, así como tomar medidas efectivas destinadas a poner fin a éste, imponiendo una sanción disciplinaria si tal acto fuese cometido por otra persona empleada en la misma empresa[26]. La señalada previsión tiene su antecedente inmediato en la implantación en el Código de Trabajo[27] búlgaro, el 31 de marzo de 2001, de la expresa obligación del empresario de respetar la dignidad de los trabajadores o funcionarios en el marco de las relaciones laborales[28], un principio inspirado del artículo 26 de la Carta Social Europea[29], de 3 de mayo de 1996[30].

Pese a la citada reglamentación innovadora[31] de la protección contra el acoso, como afirma IRENA ILIEVA, ésta no queda plenamente garan-

---

[22] Artículo 13, párrafo 1, de la Ley de Protección contra la Discriminación de 2004.

[23] Artículo 14, párrafo 3, de la Ley de Protección contra la Discriminación de 2004.

[24] STAYKOV, IVAYLO. (204). *Prohibición de discriminación en la determinación y la adquisición de la remuneración laboral.* En: *Derecho mercantil.* Número 5-6 de 2005. Sofía. 2005. Página 114.

[25] Artículo 15, párrafo 2, de la Ley de Protección contra la Discriminación de 2004.

[26] Artículo 17 de la Ley de Protección contra la Discriminación de 2004.

[27] BOE número 26 de 1986.

[28] Artículo 127, párrafo 2, del Código de Trabajo, introducido a raíz de la Ley de modificación del Código de Trabajo, (BOE número 25 de 2001), en vigor desde el 31 de marzo de 2001.

[29] MRACHKOV, VASIL, SREDKOVA, KRASIMIRA, y VASILEV, ATANAS. (125). *Comentario del Código de Trabajo.* Editorial Sibi. Sofía. 2009. 10ª Edición. Página 381.

[30] Ratificada por la Ley de la 38ª Asamblea Nacional búlgara de 29 de marzo de 2000, (BOE número 30 de 2000). Promulgada el 4 de mayo de 2000, (BOE número 43 de 2000). En vigor desde el 1 de agosto de 2000.

[31] El apartado 1, del parágrafo 1, de las Disposiciones Adicionales de la Ley de Protección contra la Discriminación de 2004 contiene la definición del término «*acoso*», que corre muy de cerca a lo establecido en las Directivas de la UE 2000/43/EC y 2000/78/EC, al entender bajo dicho concepto *un comportamiento no deseado, relacionado con alguno de los motivos indicados en el artículo 4, párrafo 1, de la Ley, expresado físicamente, por palabra u otra manera, que tenga como objetivo o consecuencia atentar contra la dignidad de la persona y crear un entorno intimidatorio, hostil, degradante, humillante u ofensivo.*

tizada en aquellos casos en los que el propio empresario resulte la persona acosadora, un hecho muy típico, especialmente cuando se trata de un acoso sexual[32].

8) Establecer idénticos criterios concernientes a la imposición de sanciones disciplinarias[33], así como respecto al ejercicio de su derecho a la resolución *unilateral* de la relación laboral por motivos específicos[34], como por ejemplo el cierre total o parcial de la empresa, la reducción de la carga de trabajo o la falta de cualificación por parte del trabajador[35].
9) Fomentar a las personas pertenecientes al género infrarrepresentado o a grupos étnicos en cuanto a la solicitud de un trabajo o puesto particular, si ello sea necesario para conseguir los objetivos previstos por la Ley de Protección contra la Discriminación[36], así como incitar, en condiciones de igualdad, la promoción de los trabajadores y empleados integrantes de dichos colectivos[37]. Nuevamente llama la atención la marcada actitud del legislador búlgaro de limitarse a garantizar tales medidas de integración en el mercado laboral a favor de las minorías religiosas y lingüísticas, generándose en el seno de la propia normativa, reguladora de la defensa contra la discriminación un tratamiento desigualitario, que entra en aparente contradicción con los estándares establecidos en la materia tanto por el Derecho Internacional[38], como por las normas de la legislación de la UE.

Por otro lado, desde la perspectiva del ordenamiento de la Unión, y especialmente según lo dispuesto en las Directivas de la UE 2000/78 EC

---

[32] ILIEVA, IRENA. *The Rights of Individuals, belonging to Minorities in Bulgaria*. En: *Europa Ethnica*. Vol. 64. Issue 3/4. 2007. Página 170.

[33] Artículo 20 de Ley de la Protección contra la Discriminación de 2004.

[34] Artículo 21 de Ley de la Protección contra la Discriminación de 2004.

[35] Artículo 328, párrafo 1, puntos 2 a 5, 10 y 11, y artículo 329 del Código de Trabajo de 1987. No obstante este deber asumido por el empresario no se corresponde con la causas generales de cese, prescritas en el artículo 325 del Código de Trabajo, pues estas condiciones no dependen de la voluntad de las partes y, en particular, de la intención del empresario, sino que constituyen el resultado de otros hechos jurídicos, susceptibles de poner fin a una relación laboral. STAYKOV, IVAYLO. (203). *Discriminación en la resolución de la relación laboral.* En: *Derecho Contemporáneo.* Libro número 6/2003. Editorial Sibi. Sofía. 2003. Página 22.

[36] Artículo 24, párrafo 1, de la Ley de Protección contra la Discriminación de 2004.

[37] Artículo 24, párrafo 2, de la Ley de Protección contra la Discriminación de 2004.

[38] En ese sentido el Convenio número 111 de la Organización Internacional del Trabajo sobre la discriminación, (empleo y ocupación), de 25 de junio de 1958, en vigor desde el 15 de junio de 1960, enuncia en su Preámbulo que *todos los seres humanos, sin distinción de raza, credo o sexo, tienen derecho a perseguir su bienestar material y su desarrollo espiritual en condiciones de libertad y dignidad, de seguridad económica y en igualdad de oportunidades*, y a continuación califica en su artículo 1 como «*discriminación*» *cualquier distinción, exclusión o preferencia basada en motivos de raza, color, sexo, religión, opinión política, ascendencia nacional u origen social que tenga por efecto anular o alterar la igualdad de oportunidades o de trato en el empleo y la ocupación.*

y 2002/73/CE[39], el enfoque de englobar en el ámbito de una misma disposición, dos colectivos de individuos, cuya índole es totalmente diferente, presenta cierta perplejidad de carácter técnico-jurídico, que en opinión de IRENA ILIEVA consiste en la combinación mecánica de elementos del sistema europeo de igualdad de trato y oportunidades y la fórmula aceptada por el derecho británico[40] de fomentar la inclusión en el mundo laboral de las minorías étnicas y raciales[41].

Fuera del ámbito de las obligaciones del empleador, las Direcciones Regionales de la Agencia de Empleo quedan encomendadas asegurar a las personas desempleadas, iguales posibilidades a la hora de buscar trabajo, sin distinción de las causas prescritas en el artículo 4, párrafo 1, de la Ley[42], reafirmándose a continuación con carácter general que dichas características de ningún modo pueden constituir una barrera de acceso al trabajo, de su ejercicio o de las oportunidades de promoción laboral[43].

Para garantizar un trato igual en el marco del sistema educativo búlgaro la Ley de Protección contra la Discriminación de 2004, recoge una serie de previsiones específicas a raíz de las cuales se contempla, que:

1) El Ministro de Educación y Ciencia y los órganos de la Administración Local, adoptarán las medidas necesarias para que no se realice segregación en base a la raza, en las instituciones educativas[44], obligándose a las personas encargadas de la gestión de los establecimientos de enseñanza a revisar inmediatamente las posibles actuaciones discriminatorias de las que hubieran podido tener conocimiento[45].
2) El responsable de la institución educativa que haya recibido queja de algún alumno, que crea haber sido objeto de discriminación por parte

---

[39] Esta normativa modifica la Directiva 76/207/CEE del Consejo, de 9 de febrero de 1976, relativa a la aplicación del principio de igualdad de trato entre hombres y mujeres, en lo que se refiere al acceso al empleo, a la formación y promoción profesional, y a las condiciones de trabajo.

[40] ILIEVA, IRENA. (76). *Regulación jurídica del principio de igualdad y no discriminación según las distintas leyes.* En: KAMENOVA, TSVETANA, DRUMEVA, EMILIA, e ILIEVA, IRENA. *Regulación jurídica antidiscriminatoria europea y nacional.* Asociación de los juristas por el desarrollo del derecho en el interés público y la armonización de la legislación búlgara y europea. Instituto de Ciencias Jurídicas de la Academia Búlgara de las Ciencias. Sofía. 2004. 2.ª Edición. Páginas 202 y 203.

[41] TORRES GUTIÉRREZ, ALEJANDRO. *Gestión de la diversidad en el Reino Unido.* En: CASTRO JOVER, ADORACIÓN. (Dir.). *Interculturalidad y Derecho.* Aranzadi Thomson Reuters. Cizur Menor. 2013. Páginas 335 y siguientes.

[42] Artículo 25 de Ley de la Protección contra la Discriminación de 2004.

[43] Artículo 26 de Ley de la Protección contra la Discriminación de 2004.

[44] Artículo 29, párrafo 1, de la Ley de Protección contra la Discriminación de 2004.

[45] Artículo 29, párrafo 2, de la Ley de Protección contra la Discriminación de 2004.

de un miembro del personal docente, o de los propios alumnos, estará obligado a revisar inmediatamente la actuación, y adoptar medidas para la finalización de la violencia, y exigir responsabilidades disciplinarias[46].

Asimismo destacan como hitos en la lucha contra la discriminación, las siguientes soluciones legales:

1) Las organizaciones sindicales, de clase, profesionales, y las organizaciones empresariales, no podrán imponer restricciones para la inscripción, pertenencia, y participación en su actividad, sobre la base de las circunstancias del artículo 4, párrafo 1, de la Ley, con excepción de los requisitos para la educación en los casos de organizaciones de clase, y profesionales[47].
2) Queda prohibida la denegación discriminatoria de bienes o servicios, o su prestación en calidad inferior, o en condiciones más onerosas, por motivo de dichas características[48]. Tampoco se permitirá discriminación alguna dentro del sector público o privado, en lo relativo al ejercicio de cualquier actividad económica[49].
3) Los órganos estatales y sociales, y de gobierno municipal, elaborarán políticas alentando la participación equilibrada de mujeres y hombres, así como la representación de personas pertenecientes a minorías étnicas, religiosas y lingüísticas, en el gobierno y en la adopción de decisiones[50].

La citada Ley crea además una Comisión para la Protección contra la Discriminación, con sede en Sofía[51]. Compuesta por 9 miembros de los cuales, *al menos*, 4 deberán ser juristas[52], su función es velar por el control de la aplicación y el seguimiento de todas las normativas reguladoras de la igualdad de trato[53], asumiendo asimismo el deber de entregar a la Asamblea Nacional cada año, con anterioridad al 31 de marzo, un informe de su actividad, que incluirá la información sobre las tareas realizadas de cada uno de sus órganos permanentes y especializados[54], y cuyas principales competencias son[55]:

---

[46] Artículo 31 de la Ley de Protección contra la Discriminación de 2004.
[47] Artículo 36 de la Ley de Protección contra la Discriminación de 2004.
[48] Artículo 37, párrafo 1, de la Ley de Protección contra la Discriminación de 2004.
[49] Artículo 37, párrafo 2, de la Ley de Protección contra la Discriminación de 2004.
[50] Artículo 38, párrafo 1, de la Ley de Protección contra la Discriminación de 2004.
[51] Artículo 40, párrafos 1 y 3, de la Ley de Protección contra la Discriminación de 2004.
[52] Artículo 41, párrafo 1, de la Ley de Protección contra la Discriminación de 2004.
[53] Artículo 40, párrafo 2, de la Ley de Protección contra la Discriminación de 2004.
[54] Artículo 40, párrafo 5, de la Ley de Protección contra la Discriminación de 2004.
[55] Artículo 47 de la Ley de Protección contra la Discriminación de 2004.

1) Determinar la violación de la legislación, relativa a la igualdad de trato, el autor del delito, y la persona afectada.
2) Prevenir y hacer cesar la acción ilícita, así como restablecer la situación preexistente.
3) Imponer las sanciones, previstas y aplicar medidas administrativas.
4) Dictar prescripciones obligatorias con respecto al cumplimiento de las normas, que contribuyan a la igualdad de trato.
5) Recurrir los actos administrativos en violación de las mismas, interponer demandas ante los tribunales competentes y actuar como parte interesada en los pleitos derivados de la infracción de las normativas antidiscriminatorias.
6) Promover propuestas y recomendaciones a los órganos estatales y municipales para la erradicación de prácticas discriminatorias.
7) Mantener un registro público, con sus resoluciones en vigor y prescripciones obligatorias.
8) Emitir dictámenes sobre proyectos de textos normativos, para su correspondencia con la legislación para la prevención de la discriminación, así como recomendaciones para la derogación, enmienda y adición de disposiciones relativas a dicha materia.
9) Proporcionar ayuda independiente a las víctimas de la discriminación en el momento de presentación de la queja por un trato discriminatorio.
10) Realizar investigaciones independientes en relación con la discriminación.
11) Publicar informes independientes y hacer recomendaciones sobre todas las cuestiones relacionadas con prácticas discriminatorias.
12) Informar a la sociedad a través de los medios de comunicación sobre las previsiones vigentes en materia de protección contra la discriminación.
13) Ejercitar otras competencias previstas en su estatuto.

La Ley de Protección contra la Discriminación de 2004 establece asimismo en sus artículos 76 y siguientes, una serie de mecanismos de carácter administrativo coercitivo y penal, con el fin de conseguir sus objetivos, de forma que:

1) En prevención y cese de las violaciones de ésta u otras normativas, que contribuyan a la igualdad de trato, así como la prevención o evitación de las consecuencias negativas de las mismas, la Comisión a su propia iniciativa o a proposición de las organizaciones sindicales, de personas físicas o jurídicas, puede aplicar las siguientes medidas de coerción administrativa[56]:

---

[56] Artículo 76, párrafo 1, de la Ley de Protección contra la Discriminación de 2004.

a) Emitir prescripciones obligatorias a los empresarios y los funcionarios para evitar los delitos de la legislación en materia de discriminación.

b) Hacer cesar el cumplimiento de las decisiones u órdenes ilegales de los empresarios, que conlleven o puedan conllevar a un trato discriminatorio.

2) Serán sancionados con una multa de 250 a 2.000 levas[57], si no se hubiera sido estipulada de otro modo una sanción superior, a quienes realizan discriminación conforme a lo dispuesto en las normativas antidiscriminatorias[58].

3) Idéntica sanción se impondrá a las personas que incumplan una obligación proveniente de la Ley de Protección contra la Discriminación de 2004[59]. Cuando la misma violación se hiciera con motivo de la realización de la actividad de una persona jurídica, la cantidad de la multa podrá aumentar hasta 2500 levas[60]. Además serán sancionados con una multa de 200 a 2.000 levas los responsables de las empresas privadas, y los empresarios, que hayan admitido el incumplimiento de un deber derivado de dicho ordenamiento[61].

4) Se impondrá una multa correspondiente a una sanción patrimonial en una cuantía equivalente al doble de la impuesta anteriormente, siempre que se produzca una reiteración de las citadas infracciones de la Ley[62].

2. MINORÍAS CULTURALES Y PARTICIPACIÓN POLÍTICA

2.1. *Presupuestos básicos*

Este conjunto de acciones se regirá por una serie de valores democráticos entre cuales destaca el principio de igualdad, de forma que las personas pertenecientes a un grupo minoritario disfruten de la misma capacidad para participar en la vida política del país que el resto de los ciudadanos búlgaros. La reglamentación básica del proceso político se recoge en el artículo 11 de la Carta Magna de 1991, cuyo párrafo 1 establece como pilar fundamental del sistema político búlgaro, el concepto del *pluralismo político*, que al garantizar el gobierno democrático del Estado se ve sensiblemente reforzado por numerosos preceptos constitucionales:

---

57 Un euro equivale a 1,95583 levas.

58 Artículo 78, párrafo 1, de la Ley de Protección contra la Discriminación de 2004.

59 Artículo 80, párrafo 1, de la Ley de Protección contra la Discriminación de 2004.

60 Artículo 80, párrafo 2, de la Ley de Protección contra la Discriminación de 2004.

61 Artículo 80, párrafo 3, de la Ley de Protección contra la Discriminación de 2004.

62 Artículo 81 de la Ley de Protección contra la Discriminación de 2004.

1) Ninguna parte del pueblo, partido político, u otra organización, institución estatal o persona singular puede arrogarse el ejercicio de la soberanía nacional[63].
2) Ningún partido político, ni ideología, puede proclamarse o implantarse como estatal[64].
3) Los partidos contribuyen a la formación y a la expresión de la voluntad política de los ciudadanos. El régimen de creación, funcionamiento y disolución, así como los requisitos de su actividad serán regulados por una Ley especial[65].
4) Se prohíbe la existencia de partidos políticos basados en una adscripción étnica, racial o religiosa, o que busquen la usurpación violenta del poder[66]. Como concluye EMIL KONSTANTINOV, esta previsión al constituir una proyección del principio de *indisoluble unidad de la nación y el Estado búlgaro*, excluye el reconocimiento de *derechos políticos de carácter colectivo a los diferentes grupos étnicos y religiosos*[67], garantizándose así la igualdad de los individuos dentro de la esfera política, en su calidad de *ciudadanos*, que forman parte de una *sociedad civil*[68], en el seno de la cual todos son iguales, independientemente de sus características privadas como pertenencia étnica y religiosa o lengua materna.

Por otro lado como señala EMILIA DRUMEVA, la Constitución de 1991, *sin formularlo explícitamente, sigue la tendencia contemporánea de establecer el monopolio de los partidos, en el proceso de formación y expresión de la voluntad política de los ciudadanos*, y no sólo eso, sino que además prohíbe a las demás asociaciones de ciudadanos, perseguir fines o realizar actividades, de carácter político[69]. A tales efectos pese a reconocer en su artículo 44, párrafo 1, el derecho de libre asociación a todo el ciudadano búlgaro, este último queda matizado por una serie de limitaciones:

---

[63] Artículo 1, párrafo 3, de la Constitución de 1991.

[64] Artículo 11, párrafo 2, de la Constitución de 1991.

[65] Artículo 11, párrafo 3, de la Constitución de 1991.

[66] Artículo 11, párrafo 4, de la Constitución de 1991.

[67] KONSTANTINOV, EMIL. (93). *Los derechos de las personas, pertenecientes a minorías religiosas, lingüísticas y étnicas según la Constitución búlgara de 1991.* En: RUSANOV, VALERIY. (Coordinador). *Actas del Segundo Seminario «Aspectos de la situación étnico-cultural en Bulgaria y en los Balcanes»*. Centro de Investigación de la Democracia, Fundación «Friedrich Naumann». Sofia 1992. Página 13.

[68] El artículo 4, párrafo 2, de la Ley Fundamental de 1991, consagra la creación de las condiciones necesarias para el *desarrollo libre del individuo y de la sociedad civil.*

[69] DRUMEVA, EMILIA. (52). *Los partidos políticos (aspectos jurídicos constitucionales).* En: *Pensamiento jurídico.* Libro número 2/2008. Año XLIX. Academia Búlgara de las Ciencias. 2008. Página 6.

1) Las asociaciones de ciudadanos sirven para satisfacer y defender los intereses legítimos de sus asociados[70], pudiendo ejercitar actividades con ánimo de lucro o no lucrativos, e incluso de índole religiosa[71]. Como excepción de esta regla general en su Sentencia 10/1994, de 6 de octubre de 1994[72] el Tribunal Constitucional búlgaro establece la posibilidad de creación de asociaciones de ciudadanos, autorizadas a realizar funciones públicas, especificándose que estas competencias deberán ser reguladas *por una Ley especial, respetándose el principio de voluntariedad.*
2) Tales entidades, incluyendo las organizaciones sindicales y religiosas no deberán ser usadas con fines políticos, ni desarrollar actividades inherentes a los partidos políticos[73].
3) No serán consentidas organizaciones cuyas ideología y actuaciones vayan en detrimento de la soberanía e integridad nacionales, o de la unidad de la nación, o inciten a la enemistad religiosa, racial, nacional o étnica, así como a la violación de los derechos y las libertades de los ciudadanos, o que persigan sus fines mediante el empleo de la violencia[74], debiendo la Ley determinar las organizaciones que estén sujetas a registro, el régimen de su disolución, así como sus relaciones con el Estado[75].

Sin embargo, estas matizaciones restrictivas de la libertad de asociación, no significan que la Ley Fundamental se limita a otorgar a las personas integrantes de las minorías otros derechos de naturaleza política, cuyo ejercicio exige una dimensión grupal, y que pueden ser ejercitados en común tanto con los demás miembros de su grupo, como con el resto de los ciudadanos, reconociéndose *a todo búlgaro*:

1) La libertad de reunión y manifestación pacífica[76].
2) La capacidad de presentar peticiones, quejas y sugerencias ante las autoridades públicas[77], si bien este último derecho puede ejercerse de una manera tanto individual como colectiva[78].

---

[70] Artículo 12, párrafo 1, de la Constitución de 1991.

[71] Sentencia del Tribunal Constitucional 2/1998, de 18 de febrero de 1998, (BOE número 22 de 1998). NENOVSKI, NENO. (170). *Constitución de la República de Bulgaria anotada con las Sentencias del Tribunal Constitucional.* Editorial Sibi. 2001. Página 109.

[72] BOE número 87 de 1994.

[73] Artículo 12, párrafo 2, y artículo 13, párrafo 4, de la Constitución de 1991.

[74] Artículo 44, párrafo 2, de la Constitución de 1991.

[75] Artículo 44, párrafo 3, de la Constitución de 1991.

[76] Artículo 43, párrafo 1, de la Constitución de 1991.

[77] Artículo 45 de la Constitución de 1991.

[78] VV.AA. (13). *La Constitución de la República de Bulgaria.* Comentario. Editorial Ciela. Sofía. 1999. Página 146.

En el ámbito de los derechos políticos individuales la Constitución reconoce a todos los *ciudadanos* que hayan cumplido la edad de 18 años, con excepción de las personas puestas bajo tutela, o quienes cumplan una condena privativa de libertad, la facultad de elegir órganos estatales y municipales, así como el derecho a participar en referendos[79].

Volviendo al campo de los partidos políticos, el legislador búlgaro al tomar en consideración la preocupación de los Constituyentes por asegurar la estabilidad democrática del país, y procurando crear un sistema político libre y accesible para todos, de acuerdo con el principio del pluralismo político, ha diseñado las siguientes garantías dispuestas en el seno de la nueva Ley de Partidos Políticos, en vigor desde el 1 de abril de 2005[80]:

1) Los partidos políticos se obligan a emplear medios democráticos para conseguir sus fines[81].
2) No pueden participar en elecciones, organizaciones que no constituyan partidos políticos[82].
3) La organización y la actividad de los partidos políticos se llevarán a cabo de conformidad con la Constitución y las Leyes[83].

Con el fin de evitar eventuales interferencias entre los partidos políticos y otras organizaciones del Derecho Público y Privado, incluidas las confesiones religiosas, esta Ley prohíbe a los partidos políticos:

1) Usar emblemas y símbolos nacionales o religiosos. Los símbolos de los partidos no pueden ofender las virtudes humanas universales, así como contradecir a las buenas costumbres[84].
2) Crear organizaciones sindicales, personas jurídicas e instituciones religiosas, así como intervenir en el gobierno y las actividades de las mismas[85].
3) Recibir una financiación anónima, o por parte de personas jurídicas, organizaciones eclesiásticas, otros estados o gobiernos y entidades extranjeras[86].
4) El uso gratuito de todo tipo de bienes muebles e inmuebles, así como el disfrute de servicios prestados por los sujetos anteriormente citados[87].

Además la Ley de Partidos Políticos de 2005 atribuye al Tribunal de la ciudad de Sofía, *con carácter análogo al procedimiento de registro de los partidos políticos,*

---

[79] Artículo 43, párrafo 1, de la Constitución de 1991.
[80] BOE número 28 de 2005.
[81] Artículo 2, párrafo 3, de la Ley de Partidos Políticos de 2005.
[82] Artículo 3 de la Ley de Partidos Políticos de 2005.
[83] Artículo 4 de la Ley de Partidos Políticos de 2005.
[84] Artículo 5 de la Ley de Partidos Políticos de 2005.
[85] Artículo 20, párrafos 3 y 4, de la Ley de Partidos Políticos de 2005.
[86] Artículo 24, párrafo 1, de la Ley de Partidos Políticos de 2005.
[87] Artículo 24, párrafo 2, de la Ley de Partidos Políticos de 2005.

la competencia de imponer como sanción la disolución de los mismos[88], siempre que su actividad:

1) Viole sistemáticamente las previsiones de la citada normativa[89].
2) Sea contraria a las disposiciones de la Carta Magna[90].

2.2. *La prohibición constitucional de partidos políticos de base étnica y religiosa y el caso del Movimiento por los Derechos y Libertades*

A pesar de la previsión del artículo 11, párrafo 4, de la Constitución, que como se ha indicado prohíbe la creación de partidos políticos de base étnica o racial, el Tribunal Constitucional en su Sentencia 4/1992, de 21 de abril[91], entendió que el Movimiento por los Derechos y Libertades, (en adelante MDL), apoyado por la minoría turca de Bulgaria, era perfectamente constitucional, resolviendo en una reñida decisión, el recurso planteado por dos colectivos de diputados. Uno integrado por 93 de ellos, cuyo argumento principal consistía en la pretensión que el Tribunal Constitucional interpretara las disposiciones del artículo 11, párrafo 4, y el artículo 44, párrafo 2, de la Ley Fundamental y se pronunciase sobre la constitucionalidad del MDL, y un segundo integrado por otros 53 diputados, que estando de acuerdo con el recurso anterior, añadían que el Tribunal Constitucional se pronunciara además sobre la constitucionalidad o no de la previsión del § 6[92] de las Disposiciones Finales y Adicionales de la Ley de Partidos Políticos de 29 de abril de 1990[93], así como sobre el estatuto de los diputados elegidos en la lista del MDL.

El Tribunal Constitucional de Bulgaria analizó la prohibición contenida en el artículo 11, párrafo 4[94], de la Constitución, estimando que este partido político, el MDL, no había sido creado, ni funcionaba en el ámbito limitado al

[88] DRUMEVA, EMILIA. (52). *Los partidos políticos (aspectos jurídicos constitucionales)*. En: *Pensamiento jurídico*. Libro número 2/2008. Año XLIX. Academia Búlgara de las Ciencias. 2008. Páginas 11 y 12.

[89] Artículo 40, párrafo 1, punto 1, de la Ley de Partidos Políticos de 2005.

[90] Artículo 40, párrafo 1, punto 2, de la Ley de Partidos Políticos de 2005.

[91] BOE número 35 de 1992.

[92] *Cuando organizaciones o movimientos, que no son partidos deseen participar con sus candidatos en las elecciones de Asamblea Nacional, Consejos Locales y otros órganos electivos, así como formar parte de coaliciones electorales para presentarse conjuntamente a las elecciones, deben registrarse según el procedimiento previsto para los partidos políticos, aplicándose las disposiciones de la Ley de Partidos Políticos.*

[93] BOE número 29 de 1990. Esta normativa es abolida a raíz del § 2 de las Disposiciones Finales y Adicionales de la Ley de Partidos Políticos de 28 de marzo de 2001, (BOE número 30 de 2001).

[94] Punto 3, del Título 1, de la Sentencia 4/1992, de 21 de abril.

grupo correspondiente, ni había sido creado sobre un principio étnico y/o religioso, ni servía como plataforma política de un grupo étnico o religioso, (de corte musulmán), sobre valores e ideas que pertenecieran exclusivamente a una comunidad cerrada.

El Tribunal Constitucional llegó a esta conclusión después de analizar los estatutos del MDL. Del contenido del artículo 4 de los estatutos que regula las condiciones para la incorporación y los derechos y deberes de sus miembros, se desprendía que podía ser miembro del mismo, todo ciudadano, y que los derechos referidos a la pertenencia al partido no estaban vinculados a la adscripción *a una determinada comunidad étnica o religiosa*, y que en principio la condición de miembro era voluntaria, y se otorgaba por una condición negativa, conforme a la cual, serían inadmisibles manifestaciones *de chauvinismo nacional, revanchismo, o fundamentalismo islámico y fanatismo religioso.* Manifestaciones y fines de este tipo no eran permitidos en el programa del MDL, en que además de esto, se proclamaba la idea contraria a la autonomía de un determinado territorio[95], (en referencia implícita a una eventual autonomía del sudeste de Bulgaria, que cuenta con la presencia de una importante minoría musulmana, que incluso alcanza la condición de población mayoritaria en numerosas localidades).

Como sujetos de los derechos y libertades eran señalados –en las disposiciones internas del partido– «*todos los ciudadanos búlgaros, incluidas las minorías y comunidades culturales y religiosas*». Pese al carácter protector de algunos de los fines y objetivos del MDL, concernientes a la preservación de la específica identidad cultural, étnica, religiosa y lingüística de determinados grupos de ciudadanos, el Tribunal Constitucional consideró que éstos se corresponden con el derecho de los individuos de desarrollar su cultura, su libertad religiosa y estudiar su lengua materna, todos enunciados por la propia Constitución, en los términos previstos en el artículo 27 del Pacto Internacional de Derechos Civiles y Políticos, y el artículo 14 del CEDH. Es más, el Tribunal estimó que el objetivo programático del MDL de perseguir a través de su actividad en el Parlamento, la modificación de aquellos textos constitucionales que no estén conformes con los Tratados Internacionales, relativos a los derechos de las comunidades en Europa, y que se formulara como fin la reformación y enmienda de la Constitución, no era contradictorio con la misma, siempre y cuando se realice de conformidad con el procedimiento constitucional, respetándose los criterios del orden democrático[96].

El Tribunal Constitucional consideró además que el MDL no se legitimaba ante la sociedad búlgara como un partido político, que buscaba sus miembros

---

[95] Punto 4, del Título 1, de la Sentencia 4/1992, de 21 de abril.

[96] Punto 4, del Título 1, de la Sentencia 4/1992, de 21 de abril.

y simpatizantes en los marcos limitados de comunidades propensas al autoaislamiento sobre la base de una diferencia étnica, y que su programa tenía una amplia cobertura, semejante a los demás partidos políticos, incluyendo la problemática de la democratización en el país, en el marco de la transición a la economía de mercado, garantías sociales para la población y la esfera espiritual, no expresando meramente los intereses de una comunidad étnica o religiosa[97].

El propio Tribunal Constitucional añadió otro argumento adicional, consistente en afirmar que, determinar si la actividad de los partidos políticos cabe bajo la prohibición conforme al artículo 44, párrafo 2, de la Constitución, no estaba incluido en sus competencias[98].

El Tribunal Constitucional subrayó que el MDL se registró como partido político según el procedimiento para el registro de los partidos políticos legalmente previsto, figurando en el correspondiente registro de inscripción, de forma que el MDL participó en las elecciones parlamentarias celebradas, el 13 de octubre de 1991, en su calidad de partido político, no aplicándose en este caso la previsión del § 6 de las Disposiciones Finales y Adicionales de la Ley de Partidos Políticos de 29 de abril de 1990[99].

Respecto al estatuto de los diputados elegidos en la lista del MDL el supremo intérprete de la Constitución afirmó la constitucionalidad de su elección, motivándose que estas personas formaron parte de la lista de un partido debidamente inscrito, que no había sido declarado inconstitucional en el momento de la celebración de las elecciones de Asamblea Nacional[100].

Por todo ello el Tribunal Constitucional no estimó las alegaciones de los recurrentes, y denegó la declaración de la inconstitucionalidad del MDL, en base al artículo 11, párrafo 4, de la Constitución de la República de Bulgaria, aceptando la legitimidad de la elección de los diputados incluidos en la lista del mismo en las elecciones realizadas, el 13 de octubre de 1991.

No obstante como afirma VLADIMIR HRISTOV, la cuestión sobre la creación de partidos políticos de base étnica, racial y religiosa sigue siendo muy polémica, existiendo doctrinalmente opiniones muy *polarizadas*, al proponerse por un lado la liberación del régimen, e insistirse, por otro, en la introducción dentro del ordenamiento constitucional de previsiones, garantizadoras de la *absoluta prohibición de participación en la vida política de cualquier formación organizada a base de la religión, pertenencia étnica o racial*[101].

---

[97] Punto 4, del Título 1, de la Sentencia 4/1992, de 21 de abril.

[98] Punto 5, del Título 1, de la Sentencia 4/1992, de 21 de abril.

[99] Punto 2, del Título 2, de la Sentencia 4/1992, de 21 de abril.

[100] Punto 2, del Título 2, de la Sentencia 4/1992, de 21 de abril.

[101] HRISTOV, VLADIMIR. (234). *Las ideas de los partidos políticos respecto a la modificación de la Constitución vigente.* En: *Pensamiento jurídico.* Libro número 4/2011. Año LII. Academia Búlgara de las Ciencias. 2011. Páginas 18 y 19.

3. EL DERECHO AL NOMBRE

La cuestión de los nombres de los ciudadanos búlgaros ha sido un campo particularmente sensible y, en especial, durante el denominado *proceso de regeneración*, teniéndose en consideración las vicisitudes sufridas tanto por las personas pertenecientes a la etnia turca, como por los miembros de la comunidad de los búlgaros musulmanes, surgiendo así la gran paradoja de convertirse un derecho personal y *políticamente neutral*, en una de las fuentes de tensiones sociales y, a continuación, en uno de los factores principales que generaron los cambios políticos en el Estado, operados a partir del 10 de noviembre de 1989[102].

En términos históricos destaca como característica esencial de la regulación jurídica del derecho al nombre, el amplio catálogo de normativas adoptadas en este ámbito, frecuentemente no sincronizadas entre sí, pudiéndose describir las siguientes etapas sucesivas[103]:

1) Una primera, que se extiende durante todo el periodo de la Monarquía, regulándose las cuestiones del nombre según las costumbres de las distintas comunidades étnicas y religiosas, debido a lo cual han existido diferentes reglas para la determinación y cambio del mismo.
2) Una segunda fase tiene lugar a raíz de la promulgación del Decreto-Ley sobre el matrimonio y la familia de 12 de mayo de 1945, que recoge disposiciones reguladoras del cambio de los apellidos de la consorte tras haber contraído matrimonio. Por primera vez en la historia del Derecho búlgaro una norma común, relativa a la regulación de los nombres se introduce en virtud de la Ley de las Personas y la Familia de 10 de septiembre de 1949[104], para cuya aplicación el 9 de julio de 1953, se promulga el Reglamento de los nombres de los ciudadanos búlgaros[105]. Previsiones en este campo también contienen el Reglamento de Llevanza del Registro de Estado Civil de 11 de febrero de 1950[106] y el Código de Familia de 25 de mayo de 1968[107]. Llegándose finalmente a la aprobación del Decreto del Estado Civil de 30 de septiembre de 1975[108],

---

[102] HRISTOV, VESELIN, y STOYANOV, VENTSISLAV. (232). *El derecho al nombre*. En: *Pensamiento jurídico*. Libro número 4/1991. Año XXXII. Academia Búlgara de las Ciencias. 1991. Página 13.

[103] HRISTOV, VESELIN, y STOYANOV, VENTSISLAV. (232). *El derecho al nombre*. En: *Pensamiento jurídico*. Libro número 4/1991. Año XXXII. Academia Búlgara de las Ciencias. 1991. Página 14.

[104] BOE número 182 de 1949.

[105] BOE número 48 de 1953.

[106] BOE número 35 de 1950.

[107] BOE número 23 de 1968.

[108] BOE número 75 de 1975.

cuyo Título II regula en detalle el régimen jurídico de los nombres de los nacionales búlgaros, previendo expresamente:

a) La *obligación administrativa* de cada persona de poseer su nombre particular, compuesto por *nombre de pila, y apellidos paterno y de la familia del padre*[109].

b) La prohibición de los nombres propios que incluyan *dos o más nombres, o tengan un carácter diminutivo o despectivo*, especificándose a continuación que *todos los apellidos paternos deben acabar en los sufijos tradicionales del idioma búlgaro de conformidad con el sexo del individuo*[110].

De forma paralela a esta normativa continuaban aplicándose las disposiciones del Código de Familia de 1968, más tarde reemplazado por el Código de Familia de 28 de mayo de 1985[111], que esencialmente se referían al cambio de los apellidos de los conyugues en cuanto a la celebración de matrimonio y su disolución por divorcio[112].

Será exactamente a lo largo de esta segunda etapa cuando a principios de 1985, en una sesión secreta del Buró Político del Partido Comunista, se adopta la decisión de continuar la campaña de asimilación forzosa de los turcos y los búlgaros musulmanes, iniciada en diciembre de 1984[113], poniéndose como objetivo el cambio definitivo de los nombres de 820.000 personas[114].

3) Un tercer período se inicia con la promulgación de la Ley de los nombres de los ciudadanos búlgaros de 9 de marzo de 1990[115], pudiendo destacarse como *occasio legis* de su adopción la grave violación del derecho de las personas de elegir y cambiar libremente su nombre, reflejada en el Punto 4 de la Declaración sobre la cuestión nacional de 15 de enero de 1990[116].

---

109 Artículo 7 del Decreto del Estado Civil de 1975.

110 Artículo 10, párrafo 4, del Decreto del Estado Civil de 1975.

111 BOE número 41 de 1985. Abolido a raíz del Código de Familia de 1 de septiembre de 2009, (BOE número 47 de 2009).

112 NENOVA, LILYANA. (165). *Sobre algunas reflexiones del Derecho Familiar en la Ley de los nombres de los ciudadanos búlgaros.* Estado y Derecho. Libro 10. Año III. Instituto del Estado y Derecho de la Academia Búlgara de las Ciencias. Sofía. 1990. Página 3.

113 BAEV, YORDAN, y KOTEV, NIKOLAY. (11). *La cuestión de la emigración en las relaciones búlgaro-turcas después de la Segunda Guerra Mundial.* Parte II. En: *Relaciones Internacionales.* Libro 2/1994. Año XXIII. Sofía. 1994. Páginas 55 y 56.

114 VAZHAROVA, MIKAELA. (29). *Parte de la verdad respecto al denominado proceso de regeneración. Una versión según las fuentes de la antigua Seguridad nacional.* En: *Revista Democrática.* Libros 4-5 de 1995. Sofía. 1995. Página 21.

115 BOE número 20 de 1990.

116 El Estado adopta la decisión de restablecer los nombres cambiados de los ciudadanos de origen turco y de los búlgaros musulmanes, el 29 de diciembre de 1989. ANTONINA ZHELYAZKOVA estima que a comienzos de 1991 aproximadamente 600.000 personas recuperaron su antiguo nombre. ZHELYAZKOVA, ANTONINA. (68). *Entre la adaptación y*

Con esta Ley el reconocimiento explícito del derecho al nombre[117] tendrá lugar en los siguientes términos:

1) El nombre de los ciudadanos búlgaros comprende el nombre de pila y los apellidos paternos y de la familia del padre[118].
2) El nombre propio del individuo se determina a la fecha de su nacimiento[119] por sus padres[120]. El apellido paterno constituye el nombre de pila del padre del niño[121]. El apellido de familia es el nombre patronímico del abuelo del padre, con el cual éste es conocido en la sociedad[122].
3) El apellido paterno debe terminar en sufijo *–ov (ов), –ev (ев),* para los varones y *–ova (ова), –eva (ева),* para las personas de sexo femenino, salvo cuando el nombre del padre no permita la posposición de dichos sufijos o contradiga a las tradiciones onomásticas del grupo al que pertenece el individuo[123].

Respecto a los ciudadanos cuyos nombres han sido cambiados durante el *proceso de regeneración* la citada normativa:

1) Prohíbe bajo una sanción penal el empleo de amenaza, coacción, violencia, abuso, fraudulencia o cualquier otra práctica ilegal a la hora de determinación, conservación, cambio o restablecimiento del nombre.
2) Reconoce el derecho a restablecer su antiguo nombre[124] mediante una mera declaración[125] dirigida al encargado del Registro Civil[126], estando exentos de tasas administrativas[127]. Si se trata de personas menores de edad tal petición se presenta por parte de sus padres o representantes

la nostalgia. Los turcos búlgaros en Turquía. Centro internacional de los problemas de las minorías y las relaciones interculturales. Sofía. 1998. Página 24.

117 Artículo 1 de la Ley de los nombres de los ciudadanos búlgaros de 1990.

118 Artículo 2 de la Ley de los nombres de los ciudadanos búlgaros de 1990.

119 Artículo 3, párrafo 1, de la Ley de los nombres de los ciudadanos búlgaros de 1990.

120 Artículo 7, párrafo 1, de la Ley de los nombres de los ciudadanos búlgaros de 1990.

121 Artículo 3, párrafo 2, de la Ley de los nombres de los ciudadanos búlgaros de 1990.

122 Artículo 3, párrafo 3, de la Ley de los nombres de los ciudadanos búlgaros de 1990.

123 Artículo 1 de la Ley de los nombres de los ciudadanos búlgaros de 1990.

124 § 2, apartado 1, de las Disposiciones Transitorias y Finales de la Ley de los nombres de los ciudadanos búlgaros de 1990.

125 Conforme al § 2, apartado 8, de las Disposiciones Transitorias y Finales de la Ley de los nombres de los ciudadanos búlgaros de 1990 esta declaración debe hacerse en el plazo de 3 años desde su entrada en vigor.

126 § 2, apartado 2, de las Disposiciones Transitorias y Finales de la Ley de los nombres de los ciudadanos búlgaros de 1990.

127 § 2, apartado 7, de las Disposiciones Transitorias y Finales de la Ley de los nombres de los ciudadanos búlgaros de 1990.

legales[128]. También tienen derecho de optar por la modificación de su nombre los ciudadanos búlgaros, mayores de 18 años, nacidos después de haber sido cambiados los nombres de sus progenitores[129], especificándose explícitamente que en todos esos casos la recuperación, o respectivamente el cambio, de los apellidos paternos o de familia puede efectuarse según la voluntad de las personas sin ponerse ninguno de los sufijos anteriormente citados[130].

La Ley de los nombres de los ciudadanos búlgaros de 1990 es abolida a raíz de la Ley de Registro Civil de 27 de julio de 1999[131], que regula el derecho al nombre de una manera idéntica, incorporando las siguientes previsiones:

1) El nombre de cada ciudadano búlgaro, nacido en el territorio nacional de la República de Bulgaria se forma por su nombre de pila y sus apellidos paterno y de familia, inscribiéndose estas tres partes del nombre en la Certificación de Nacimiento de la persona[132].
2) Los padres disfrutarán de la aptitud de elegir el nombre de pila de su niño[133], que a su vez no puede resultar *humillante, deshonroso,* o *incompatible con el moral público o los valores nacionales del pueblo búlgaro*[134].
3) El apellido paterno de cada persona se configura poniéndose al final del nombre propio del padre del niño el sufijo *–ov (ов), –ev (ев)*, seguido por la desinencia *–a (a)*, en el caso de las personas de sexo femenino, excepto cuando el nombre del padre o las tradiciones familiares, étnicas o religiosas de los progenitores no permitan la aplicación de esta regla[135].
4) El apellido de familia de la persona se compone por el apellido de familia del padre o por su nombre paterno, colocándose al final del mismo el sufijo *–ov (ов), –ev (ев)*, seguido por la desinencia *–a (a)* en el caso de las personas de sexo femenino, salvo cuando las tradiciones familiares, étnicas o religiosas prevean otras exigencias respecto a la formación del apellido de familia de la persona[136].

---

[128] § 2, apartado 4, de las Disposiciones Transitorias y Finales de la Ley de los nombres de los ciudadanos búlgaros de 1990.

[129] § 2, apartado 5, de las Disposiciones Transitorias y Finales de la Ley de los nombres de los ciudadanos búlgaros de 1990.

[130] § 2, apartado 6, de las Disposiciones Transitorias y Finales de la Ley de los nombres de los ciudadanos búlgaros de 1990.

[131] BOE número 67 de 1999.

[132] Artículo 9, párrafo 1, de la Ley de Registro Civil de 1999.

[133] Artículo 12, párrafo 1, de la Ley de Registro Civil de 1999.

[134] Artículo 12, párrafo 4, de la Ley de Registro Civil de 1999.

[135] Artículo 13 de la Ley de Registro Civil de 1999.

[136] Artículo 14, párrafo 1, de la Ley de Registro Civil de 1999.

5) Todos los ciudadanos búlgaros, cuyos nombres han sido cambiados forzosamente, podrán recuperarlos[137] por la mera decisión del encargado del Registro Civil. A tal fin las personas interesadas deben presentar ante dicha autoridad una *petición por escrito con legitimación notarial de su firma*[138]. A raíz del mismo procedimiento pueden modificar o restablecer sus nombres los menores de edad perjudicados por el cambio de los nombres de sus progenitores. En este caso la declaración hay que hacerse por parte de los padres o los representantes legales de las personas interesadas[139]. Además, la posibilidad de solicitar la modificación de su nombre vuelve a extenderse respecto a los ciudadanos búlgaros, mayores de 18 años, nacidos después de haber sido cambiados los nombres de sus progenitores[140].

Fuera de los citados supuestos el cambio de nombre se puede conseguir únicamente a través de un procedimiento judicial[141], siempre que el mismo tenga un carácter *humillante, deshonroso,* o *sea incompatible con el moral público o los valores nacionales del pueblo búlgaro, así como cuando importantes circunstancias lo requieran*[142].

También se realizará *judicialmente* el cambio de los nombres de las personas de origen búlgaro, que han adquirido o restablecido su ciudadanía búlgara[143], pudiendo modificar sus apellidos paternos y de familia, añadiendo los sufijos *–ov (ов), –ev (ев)*, seguidos por la desinencia *–a (а)* en el caso de las personas de sexo femenino, así como adoptar un nombre de pila búlgaro, según los procedimientos abreviados previstos en el Título L del Código Civil Procesal búlgaro de 2008 «*Establecimiento de los hechos*», estando estos juicios exentos de cualquier tasa administrativa[144].

4. LA INCLUSIÓN DE LA DIVERSIDAD CULTURAL EN EL SISTEMA EDUCATIVO BÚLGARO

Sin lugar a dudas la educación constituye un campo particularmente sensible cuando se trata de políticas de integración de la diversidad, y especial-

---

137 Artículo 19a, párrafo 1, de la Ley de Registro Civil de 1999.

138 Artículo 19a, párrafo 2, de la Ley de Registro Civil de 1999.

139 Artículo 19a, párrafo 3, de la Ley de Registro Civil de 1999.

140 Artículo 19a, párrafo 4, de la Ley de Registro Civil de 1999.

141 HRISTOV, VESELIN, y VALKOV, ATANAS. (231). *La Ley de Registro Civil y algunas cuestiones respecto a los nombres de los ciudadanos búlgaros.* En: *Anuario Jurídico de la Facultad de Derecho de la Universidad Libre de Burgas de 2001.* Tomo XII. Editorial Universidad Libre de Burgas Centro de Ciencias Jurídicas. 2001. Página 91.

142 Artículo 19, párrafo 1, de la Ley de Registro Civil de 1999.

143 TSANKOV, VESELIN. (235). *La nueva Ley de ciudadanía búlgara y su correspondencia con los estándares europeos.* En: *Pensamiento jurídico.* Libro número 1/2000. Año XXXXI. Academia Búlgara de las Ciencias. 2000. Página 49.

144 Artículo 19, párrafo 2, de la Ley de Registro Civil de 1999.

mente de cara a verificar el principio de igualdad y no discriminación. El artículo 53, párrafo 1, de la Constitución de 1991, reconoce a cada individuo el derecho a la educación. Asimismo constitucionalmente se establece que el estudio y el empleo de la lengua búlgara es un derecho y una obligación de los ciudadanos búlgaros[145], concretándose a continuación que las personas cuyo idioma materno no es el búlgaro, tienen el derecho a aprender y usar su propio lenguaje, juntamente con la obligación de estudiar la lengua búlgara[146].

Para garantizar el principio de igualdad y no discriminación en el ámbito de la educación primaria y secundaria la Ley de instrucción popular de 18 de octubre de 1991[147], prohíbe expresamente en su artículo 4, párrafo 2, cualquier tipo de restricciones o privilegios en base *a la raza, nacionalidad, sexo, origen étnico y social, confesión religiosa y posición social*, afirmando a continuación que mediante los métodos de instrucción, el Estado procura la formación de *una persona libre, de buena moral e iniciativa, que como ciudadano búlgaro respete las leyes, los derechos de los otros, su lengua, religión y cultura*[148].

Destacan además como características principales del modelo educativo búlgaro la proclamación de:

1) Los conceptos de *transparencia de la gestión y de previsibilidad del desarrollo del sistema de instrucción popular*[149].
2) El carácter laico de la enseñanza, como una proyección, y también exigencia expresa, del reconocimiento constitucional del principio de separación Estado-confesiones religiosas. Una solución, que se encuentra asimismo reforzada por las siguientes previsiones recogidas en el marco del Reglamento de aplicación de la Ley de instrucción popular de 30 de julio de 1999[150]:
   a) La educación laica, no admite que a los alumnos se les impongan doctrinas ideológicas y religiosas[151].
   b) En las escuelas seculares las religiones se estudian solamente en un aspecto histórico, filosófico y cultural, que formará parte del contenido educativo de varias asignaturas[152].

---

145 Artículo 36, párrafo 1, de la Constitución de 1991.
146 Artículo 36, párrafo 2, de la Constitución de 1991.
147 BOE número 86 de 1991.
148 Artículo 15, párrafo 1, de la Ley de instrucción popular de 1991.
149 Artículo 4a de la Ley de instrucción popular de 1991.
150 BOE número 68 de 1999.
151 Artículo 4, párrafo 1, del Reglamento de aplicación de la Ley de instrucción popular de 1999.
152 Artículo 4, párrafo 2, del Reglamento de aplicación de la Ley de instrucción popular de 1999.

c) En los establecimientos docentes laicos, la enseñanza de la religión queda permitida únicamente como una disciplina de carácter facultativo, organizándose conforme a las instrucciones del Ministro de Educación[153].

3) La educación impartida en las escuelas estatales y municipales es gratuita[154].

El derecho a la enseñanza del idioma materno se prevé en el artículo 8 de la Ley de instrucción popular de 1991, que al proclamar el búlgaro como lengua oficial en los jardines de infancia, los establecimientos educativos y los centros de enseñanza auxiliares reconoce a los alumnos para los cuales el búlgaro no es su idioma materno, aparte del aprendizaje obligatorio del mismo, la oportunidad de estudiar su lengua materna en todos los centros docentes públicos, bajo la protección y el control del Estado[155]. Este planteamiento se reitera en las disposiciones del Reglamento de aplicación de la Ley de instrucción popular de 1999[156], proporcionándose asimismo una definición del término *lengua materna*, que a afectos de esa normativa se entenderá como aquel *idioma hablado por el niño en el seno de su familia*[157].

Inicialmente la regulación jurídica de los estudios de la lengua materna se contenía en los Decretos del Consejo de Ministros búlgaro número 232 de 29 de noviembre de 1991[158] y número 183 de 5 de septiembre de 1994[159], relativos a la enseñanza del idioma materno en las escuelas municipales, incorporándose dicha asignatura en los planes de estudios de educación primaria[160] como una disciplina facultativa con un horario de 4 horas semanales. Un cambio importante en esta situación se introduce a raíz de la Ley del grado de educación, el mínimum educativo y los planes de estudios de 27 de julio de 1999[161], pues conforme a su artículo 15, párrafo 3, el aprendizaje de la lengua materna pasa a ser una asignatura *optativa*, tomándose en consideración los intereses

---

153 Artículo 4, párrafo 3, del Reglamento de aplicación de la Ley de instrucción popular de 1999.

154 Artículo 6 de la Ley de instrucción popular de 1991.

155 Artículo 8, párrafo 2, de la Ley de instrucción popular de 1991.

156 Artículo 8, párrafos 1 y 3, del Reglamento de aplicación de la Ley de instrucción popular de 1999.

157 Artículo 8, párrafo 4, del Reglamento de aplicación de la Ley de instrucción popular de 1999.

158 BOE número 102 de 1991.

159 BOE número 73 de 1994.

160 Según el artículo 23, párrafo 1, de Ley de instrucción popular de 1991, la enseñanza primaria en el Estado búlgaro se realiza en dos etapas: educación primaria básica del 1º al 4º grado y educación pre-secundaria del 5º al 8º grado. En este sentido el Decreto número 232 de 29 de noviembre de 1991 preveía los estudios de lengua materna en el período del 3º al 8º grado y el Decreto número 183 de 5 de septiembre de 1994 del 1º al 8º grado.

161 BOE número 67 de 1999.

individuales y las necesidades específicas de los alumnos. De esta manera se garantiza, que las clases se impartirán dentro del horario escolar por docentes con una formación especial. Además una vez proclamada como una disciplina de asistencia *optativa*, la enseñanza de la lengua materna se convierte en una materia complementaria del programa educativo básico, el cual según la previsión del artículo 8, párrafo 2, de la citada normativa debe ser configurado con respeto a *los derechos fundamentales*, y de acuerdo con *las tradiciones de la cultura y educación búlgaras, los valores de la sociedad civil y el principio de libertad de conciencia y pensamiento*, procurándose la implantación de condiciones adecuadas para la creación de valores sociales *vinculados con el sentimiento de identidad nacional búlgara, el respeto hacia el otro, y la solidaridad y responsabilidad civil*[162]. En ese sentido no pueden ignorarse las peculiares connotaciones surgidas en el sistema educativo, poniéndose un especial énfasis en las tradiciones culturales búlgaras[163]. Un hecho, que llamó la atención del Comité Consultivo del Convenio Marco para la Protección de las Minorías Nacionales, al señalarse en su Opinión sobre Bulgaria, adoptada el 27 de mayo de 2004, que el modelo educativo búlgaro carece de fórmulas promotoras de los conocimientos sobre la cultura, la historia, la lengua y la confesión religiosa de las minorías, al enfocarse generalmente sobre las costumbres, las virtudes y el pasado histórico de la mayoría, subrayándose asimismo la falta de una perspectiva intercultural que *permita a los alumnos desarrollar un espíritu de tolerancia y de percepción de la diversidad*[164].

Otro problema candente en materia de *educación inclusiva* se asienta en los preceptos del Decreto número 7 del Ministerio de Educación y Ciencia, de 29 de diciembre de 2000, relativo al número de alumnos en las clases y los grupos en las escuelas, los jardines de infancia y los centros de enseñanza auxiliares[165], al preverse como un requisito obligatorio para la impartición de la asignatura de idioma materno, la instauración de un grupo que cuente con un número mínimo de 12 alumnos[166].

La regulación del horario de las clases de lengua materna, viene recogida en el Decreto número 6 del Ministerio de Educación y Ciencia de 28 de mayo de 2001, relativo a la distribución del horario educativo para el cum-

---

162 Artículo 9, párrafo 2, de Ley del grado de educación, el mínimum educativo y los planes de estudio de 1999.

163 KOLEV, ÁNGEL HRISTOV. *Gestión de la diversidad en Bulgaria*. En: CASTRO JOVER, ADORACIÓN. (Dir.). *Interculturalidad y Derecho*. Aranzadi Thomson Reuters. Cizur Menor. 2013. Página 364.

164 Punto 84 de la Opinión sobre Bulgaria de 2004 del Comité Consultivo del Convenio Marco para la Protección de las Minorías Nacionales. En: *ACFC/OP/I(2006)001*. http://www.coe.int/t/dghl/monitoring/minorities/3_fcnmdocs/PDF_1st_OP_Bulgaria_en.pdf

165 BOE número 4 de 2001.

166 Artículo 26, párrafo 1, punto 1, del Decreto número 7 del Ministerio de Educación y Ciencia de 2000.

plimiento del mínimum educativo, según grados, etapas y fases de educación[167], cuyo artículo 6, párrafo 2, especifica que *el horario del programa optativo garantiza la posibilidad de impartir clases de idioma materno* dentro de la siguiente extensión temporal:

Tabla 65.
Horario del programa optativo

	Fases de estudios											
	Enseñanza primaria								**Enseñanza secundaria**			
	Educación primaria básica				**Educación pre-secundaria**				**Grados**			
	Grados				**Grados**							
	1º	2º	3º	4º	5º	6º	7º	8º	9º	10º	11º	12º
Horas	93	64	64	64	102	102	102	102	180	432	792	806
Semanas	3	2	2	2	3	3	3	3	5	12	22	26

En términos organizativos la enseñanza de la lengua materna se impartirá conforme a programas aprobados por el Ministerio de Educación y Ciencia[168].

Subiendo en la cúspide de la pirámide del sistema educativo, la Ley de Enseñanza Superior de 27 de diciembre de 1995[169], prohíbe la existencia en el seno de las Universidades de toda forma de privilegios y restricciones por razón de *edad, raza, nación, pertenencia étnica, sexo, posición social, posición política y confesión religiosa*, con exclusión de los casos expresamente previstos en los Estatutos de las Instituciones Universitarias, al tomarse en consideración los criterios específicos de la formación y el ejercicio de la futura profesión[170]. Esta Ley también proscribe la violación de la autonomía de las Universidades por medio de actividades que infringiesen los derechos constitucionales de los miembros de la comunidad académica por motivos *raciales, nacionales, étnicos, religiosos y políticos*[171].

Nuevamente se introduce el principio de laicidad de la enseñanza, añadiéndose asimismo que los estudios universitarios son libres y no dependen de ninguna ideología, religión o doctrina política. Respecto a las Universidades y las facultades de teología, se concreta que la citada Ley se aplicará de acuer-

---

[167] BOE número 54 de 2001.

[168] Artículo 7, párrafo 2, del Decreto número 6 del Ministerio de Educación y Ciencia de 2001, relativo a la distribución del horario educativo para el cumplimiento del mínimum educativo, según grados, etapas y fases de educación.

[169] BOE número 112 de 1995.

[170] Artículo 4 de la Ley de Enseñanza Superior de 1995.

[171] Artículo 22, párrafo 4, de la Ley de Enseñanza Superior de 1995.

do con sus actas de fundación y las normativas, reguladoras de las relaciones entre el Estado y las confesiones religiosas[172].

Tras analizar la regulación jurídica de todos los niveles del sistema de instrucción, claramente se puede constatar que el legislador búlgaro se ha limitado a diseñar un modelo de integración de la diversidad cultural en dicho campo, considerando que la mera introducción de una fórmula de no discriminación y respeto a los otros, podría ser susceptible de generar garantías de plena igualdad, en un atmósfera de mutua tolerancia. Algo que pese a su aspecto positivo, no estará exento de críticas, como la tendencia a la segregación de los alumnos de etnia romaní en establecimientos docentes ubicados en los barrios y pueblos gitanos, donde existen condiciones materiales insuficientes[173]. Sin embargo ello no puede llevarnos a no poner de manifiesto los esfuerzos, tendentes a mejorar la situación de las minorías en el ámbito de la educación pública, realizados por las organizaciones estatales e intergubernamentales especialmente en el período a partir de 2001.

Tabla 66.
Nivel de estudios de la población de bulgaria según los censos de 2001 y 2011[174]

NIVEL DE ESTUDIOS	Búlgaros		Turcos		Romas	
	2001	2011	2001	2011	2001	2011
	%	%	%	%	%	%
Universitarios y superiores	19,20	25,60	2,40	4,90	0,20	0,50
Estudios secundarios	47,60	52,30	21,90	29,70	6,50	9,00
Estudios primarios del 5º al 8º grado	24,90	18,00	46,90	44,50	41,80	40,80
Estudios primarios del 1º al 4º grado	6,90	3,40	18,60	13,40	28,30	27,90
Analfabetos, no cursados y no terminados sus est. prim.	1,40	0,70	10,20	7,50	23,20	21,80
Total	**100**	**100**	**100**	**100**	**100**	**100**

La comparación de los datos censales arroja una mejora de la instrucción y las condiciones de alfabetización de los miembros de la etnia turca y romaní. No obstante cabe señalar que las mujeres de la comunidad gitana presentan un porcentaje de alfabetismo tres veces más bajo en cuanto a los hombres del mismo grupo. Un hecho muy preocupante, que junto con la lucha contra la

---

172 § 3 de las Disposiciones Adicionales de la Ley de Enseñanza Superior de 1995.

173 Punto 88 de la Opinión sobre Bulgaria de 2004 del Comité Consultivo del Convenio Marco para la Protección de las Minorías Nacionales. En: *ACFC/OP/I(2006)001*. http://www.coe.int/t/dghl/monitoring/minorities/3_fcnmdocs/PDF_1st_OP_Bulgaria_en.pdf

174 Estrategia nacional de la República de Bulgaria de integración de los romas (2012-2020). (BOE número 21 de 2012).

segregación por motivos étnicos raciales y religiosos, obligaron a las autoridades búlgaras a adoptar la Estrategia nacional de integración en el ámbito educativo de los jóvenes y los alumnos procedentes de las minorías étnicas, cuyas principales prioridades son[175]:

1) La plena *inclusión educativa* de los niños y los alumnos de origen romaní, realizada mediante la desegregación de los jardines de infancia y los establecimientos docentes situados en los barrios poblados por romas, comprometiéndose asimismo el Estado a promover la igualdad de oportunidades en el acceso a las escuelas ubicadas fuera de los mismos.
2) El aumento de la subvención de los centros docentes de educación secundaria, para garantizar la mejor calidad de la enseñanza impartida en el marco de dichas instituciones.
3) La implantación de un nuevo modelo educativo de carácter intercultural.

Para conseguir estos fines las autoridades públicas tendieron a centrarse sobre la resolución de una serie de problemas divididos en dos grupos:

1) Un primer conjunto de retos pendientes por desatar, que tienen un carácter común incluye:
   a) La adopción de una normativa especial, reguladora de la integración de las minorías en la esfera de la educación, así como aseguradora de una suficiencia de recursos financieros y materiales para la realización de dicho proceso.
   b) Preparar docentes, cualificados para trabajar en un ambiente multiétnico.
   c) La elaboración de un adecuado mecanismo administrativo de gestión y control de la política de integración igualitaria del alumnado procedente de las comunidades minoritarias.
   d) La instauración de un sistema de indicadores, que señalen los resultados de las actividades de protección de la igualdad de oportunidades en el acceso a la educación.
   e) La mejora de las condiciones de enseñanza en los establecimientos docentes rurales, situados en los municipios poblados por minorías étnicas.
   f) La introducción en los planes de estudios de asignaturas, que incluyan conocimientos de la historia y la cultura de las etnias minoritarias.
   g) La creación de un clima social destinado a garantizar a los *diferentes*, tanto el derecho a la educación, como a la integración.

---

175 Adoptada por Decreto del Ministerio de Instrucción de 12 de junio de 2015. En: http://www.nccedi.government.bg/page.php?category=35&id=1279

h) La motivación de los hijos y los padres para estudiar su idioma materno.
i) Promover el aprendizaje de dicha lengua en los pueblos, donde no se pueda conseguir el mínimo de alumnos para formar un grupo.
j) La elaboración de una base normativa, que establezca instrumentos de fomento de la alfabetización de las personas pertenecientes a comunidades étnicas no búlgaro hablantes.
k) Introducir una enseñanza pre-escolar obligatoria y accesible a todos.

2) No menos importantes son los problemas específicos de las distintas etnias minoritarias, los cuales se pretenden resolver mediante las siguientes herramientas:

a) Minoría romaní:
1.—Luchar contra la segregación de los niños y los alumnos de origen gitano en los jardines de infancia y los establecimientos docentes ubicados en los guetos de romas.
2.—Prohibir el acceso a los centros docentes destinados para personas con necesidades específicas a los jóvenes romaníes, que no padezcan una enfermedad física o psíquica.
3.—Mejorar la adaptación de los niños procedentes de la etnia gitana en los jardines de infancia y en las escuelas públicas.
4.—Fomentar la asistencia de los alumnos romaníes a las clases de lengua materna, así como conseguir mejores niveles de enseñanza en esta asignatura.
5.—Formación de profesorado, que conozca la cultura y el idioma gitano.
6.—Elaborar y publicar libros, que faciliten el aprendizaje de la lengua romaní.

b) Minoría turca:
1.—Preparación de docentes especialmente cualificados en impartir la asignatura de idioma turco.
2.—Publicación de libros escritos en la citada lengua.
3.—Superar las dificultades en el proceso de enseñanza relacionadas con el no conocimiento del idioma búlgaro por parte de los alumnos turco-hablantes.
4.—Promover la participación del alumnado perteneciente a la etnia turca en las clases de lengua materna, incluyendo la mejora de la calidad de los estudios en dicho campo.
5.—Romper el modelo *etnocentrista* del sistema educativo, que juntamente con otros factores históricos y nacionalistas, que forman parte de los planes de estudios, crean una opinión negativa respecto a la población turca.
6.—Generar mejores condiciones para la adaptación de los niños turcos, en el seno de los establecimientos de educación pre-escolar y primaria.

c) Minorías armenia y judía:
1.—La promoción de la enseñanza del idioma hebreo en los centros docentes provinciales.
2.—Potenciar el acceso de los alumnos armenios a las clases de lengua materna.
3.—Proceder a la preparación y edición de libros en idioma hebreo y armenio.

d) Otras minorías étnicas:
1.—Preparar programas y materiales destinados a satisfacer las específicas necesidades educativas de los miembros del correspondiente grupo minoritario.
2.—Ofrecer una docencia impartida por un profesorado, que goce de formación especial, adquirida de acuerdo con las particularidades culturales y lingüísticas de la respectiva etnia.

5. NORMAS REGULADORAS DE LA DIVERSIDAD RELIGIOSA EN BULGARIA

Pese a mencionar en su prefacio el Islam, el Judaísmo y las demás religiones, y por consiguiente reconocer su existencia en el Estado búlgaro, la Ley de Confesiones Religiosas, de 29 de diciembre de 2002[176], se limita a otorgar una regulación específica a las minorías religiosas, contemplando un régimen general aplicable a todos los credos, que desarrolla los principios de libertad religiosa, tolerancia, separación e igualdad y no discriminación, consagrados en la Constitución de 1991.

5.1. El derecho de libertad religiosa y de conciencia

Establecido en el artículo 13, párrafo 1, de la Constitución de 1991, este principio se complementa con el artículo 37, párrafo 1, de la Ley de Confesiones Religiosas, por el que el Estado se obliga a mantener la tolerancia y respeto a los creyentes de las diversas confesiones religiosas y entre creyentes y no creyentes, en una redacción que es formalmente homologable con las exigencias del principio de libertad religiosa y neutralidad del Estado, al afirmar el citado artículo 37, párrafo 1, de la Carta Magna, que *la libertad de conciencia, de pensamiento, y de elección de religión y de pensamientos religiosos o ateos, es inviolable. El Estado colaborará al mantenimiento de la tolerancia y respeto entre los creyentes de las diversas confesiones, y entre creyentes y no creyentes.*

---

[176] BOE número 120 de 2002.

La redacción constitucional pretende compaginar la tutela de la libertad religiosa y de culto, y la idea de neutralidad del Estado, con el respeto a todo tipo de posicionamientos ideológicos, incluso los de aquellos que carecen de creencias religiosas, un dato sociológicamente importante en un país, que como Bulgaria, estuvo bajo el dominio comunista durante prácticamente la segunda mitad del siglo XX. Sin embargo, este *entusiasmo* por la afirmación de la idea de neutralidad del Estado se *diluye* en cierto modo debido a la mención expresa a la Iglesia Ortodoxa en el texto constitucional.

El derecho de libertad religiosa es definido en el artículo 2 de la Ley de Confesiones Religiosas de 2002, como un derecho *fundamental, absoluto, subjetivo, personal e inviolable*[177], que incluye *el derecho de cada persona a formar libremente sus convicciones religiosas, y a elegir, cambiar, y practicar libremente su religión, de forma individual o colectiva, en público o en privado, a través del culto, la enseñanza, los ritos y rituales*[178].

El artículo 4, párrafo 3, de la Ley de Confesiones Religiosas encomienda al Estado, el deber de velar por el libre ejercicio sin obstáculos de los derechos de libertad religiosa, ayudando al mantenimiento de la tolerancia y el respeto entre los creyentes de las diferentes religiones, y entre creyentes y no creyentes.

La práctica del derecho de libertad de conciencia y religión, encuentra su límite en el artículo 37, párrafo 2, de la Constitución, de modo que no puede ser practicada en detrimento de la seguridad nacional, el orden público, la salud y la moral públicas, o los derechos y las libertades de los demás. Una redacción en principio amplia, que puede dar lugar a eventuales riesgos, un temor manifestado por autores como BARBERINI[179], y que también estamos compartiendo. El ejercicio de este derecho, no justifica según, el artículo 58, párrafo 2, de la Constitución, el incumplimiento de las obligaciones establecidas en la misma y en las Leyes. Una idea, que se reitera en el artículo 3, párrafo 2, de la Ley de Confesiones Religiosas.

5.2. *El principio de separación Estado-confesiones religiosas*

Este concepto aparece expresamente incorporado en el artículo 13, párrafos 2[180] y 4[181], de la Constitución, y en el artículo 4, de la Ley de Confesiones

---

[177] Artículo 2, párrafo 1, de la Ley de Confesiones Religiosas de 2002.

[178] Artículo 2, párrafo 2, de la Ley de Confesiones Religiosas de 2002.

[179] BARBERINI, GIOVANI. *Il fenomeno religioso confessionale nel processo di democratizzazione negli Stati dell'Europa centro-orientale.* En: TEDESCHI, MARIO (Editor). *La Libertà Religiosa.* Tomo III. Rubbettino. Catanzaro. 2002. Página 914.

[180] *Las instituciones religiosas deberán estar separadas del Estado.*

[181] *Las confesiones e instituciones religiosas, así como las creencias religiosas, no deberán ser usadas con fines políticos.*

Religiosas, por el que se prohíbe cualquier injerencia del Estado en la organización interna de las confesiones religiosas. No obstante lo cual, se hace preciso un más detenido examen de la realidad legal y sociológica, pues no se puede pasar por alto el preeminente papel de la Iglesia Ortodoxa, no sólo desde un punto de vista sociológico, en un país en que aproximadamente el 76% de la población profesa ese credo, sino también desde una perspectiva legal, pues en el desarrollo del derecho de libertad religiosa que se hace en la legislación ordinaria, nos encontramos, por ejemplo, en el artículo 28 de la Ley de Confesiones Religiosas de 2002, el reconocimiento del compromiso de financiación económica directa por parte del Estado a favor de *todas* las confesiones religiosas registradas, algo que es más propio de un modelo de relaciones Iglesia-Estado de naturaleza confesional, que de uno laico, a lo que hay que añadir el reconocimiento de una serie de privilegios a favor de la Iglesia Ortodoxa, que más adelante analizaremos, y que empaña notablemente lo que convencionalmente conocemos como un modelo de *laicidad perfecta.*

Pese a ello no debemos pasar por alto que el reconocimiento constitucional de este principio de separación, supone una innovación sensible respecto a la tradición histórica búlgara, pues corrige tanto el precedente inmediato de separación hostil de la etapa comunista, como la preponderancia de la Iglesia Ortodoxa que caracterizó a la Monarquía instaurada a raíz de la liberación de la dominación otomana, hasta la Segunda Guerra Mundial[182].

La separación Iglesia-Estado se encuentra difuminada por estos dos importantes datos:

1) De una parte, la mención expresa en el artículo 13, párrafo 3, de la Constitución, a la Iglesia Ortodoxa Cristiana Oriental, a la que se considera *la religión tradicional de la República de Bulgaria,* lo cual trae a nuestro subconsciente jurídico una *difusa sensación* de confesionalidad sociológica. Sin embargo, esta *difusa sensación* a la que acabamos de hacer referencia, parece corregirse formalmente en el artículo 10, párrafo 3, de la Ley de Confesiones Religiosas de 2002, en que tras mencionarla de nuevo expresamente en sus apartados 1 y 2, se establece que ello no podrá servir de base para garantizar privilegios o ventajas legales o reglamentarias. Sin embargo, para llegar a una conclusión definitiva en este punto habrá que hacer un detenido escrutinio de la praxis legal y administrativa futura.

   ATANAS KRASTEV[183] ha querido ver en ello un cierto resquicio de la tradición legal de la Constitución de Tarnovo de 1879, que estuvo

---

[182] SANTOS DÍEZ, JOSÉ LUIS. *El factor religioso en Bulgaria y Rumania, nuevos miembros de la Unión Europea.* En: *UNISCI Discussion Papers.* Número XIV. Mayo 2007. Página 134. En: http://www.ucm.es/data/cont/media/www/pag-72527/Santos14.pdf

[183] KRASTEV, ATANAS. *An Attempt at Modernization: The New Bulgarian Legislation in the Field of Religious Freedom.* En: Brigham Young University Law Review. 2001. Número 2. Página 586. En: http://lawreview.byu.edu/archives/2001/2/kru7.pdf

en vigor hasta el final de la Segunda Guerra Mundial, y que proclamaba el carácter predominante en Bulgaria de la Iglesia Oriental Ortodoxa. SANTOS DÍEZ pone de manifiesto que ello no debe interpretarse como una *proclamación confesional de ningún género*, sino que a lo sumo sería una *consideración social en la vida histórica del país*[184]. Coincidimos con este autor en la implícita existencia de una difusa gradación de trato legal en el tenor literal de la Ley de Confesiones Religiosas de 2002, que puede comprometer una rigurosa configuración del principio de neutralidad del Estado, al incorporarse alusiones con consideraciones sociológicas, que muy bien pudieran haberse omitido en aras a una más nítida definición del principio de neutralidad, desde el momento en que puede apreciarse la siguiente diferenciación en dicha Ley[185]:

a) La Iglesia Ortodoxa Búlgara aparece citada en el prefacio, al *subrayarse su papel especial y tradicional en la historia de Bulgaria para la formación y el desarrollo de su espiritualidad y cultura*, y hacerse una mención especial a la misma en su artículo 10, atribuyéndola el calificativo de *tradicional*, y reconociéndola personalidad jurídica *ex lege*. Este reconocimiento del *particular papel* de la ortodoxia en la *historia de Rusia*, se encuentra ya con anterioridad respecto a ese país en la Exposición de Motivos de la Ley de libertad de conciencia y confesiones religiosas, aprobada por la Duma de Rusia, el 19 de septiembre de 1997[186].

b) El cristianismo, el credo musulmán y el judaísmo, que asimismo aparecen citadas en el citado prefacio, *sin más*.

c) Las demás confesiones, entre las cuales habría a su vez que distinguir entre *registradas* y *no registradas*.

2) Por otra parte, la previsión contenida en la Ley de Confesiones Religiosas sobre la posibilidad de distribución de subvenciones estatales a favor de las confesiones religiosas registradas, que se realizará conforme a la Ley anual de Presupuestos Generales del Estado[187].

---

184 SANTOS DÍEZ, JOSÉ LUIS. *El factor religioso en Bulgaria y Rumania, nuevos miembros de la Unión Europea*. En: UNISCI Discussion Papers. Número XIV. Mayo 2007. Página 135. En: http://www.ucm.es/data/cont/media/www/pag-72527/Santos14.pdf

185 TORRES GUTIÉRREZ, ALEJANDRO. *An Introduction to the History of Religious Freedom in Bulgaria*. En: TAIVANS, LEONS y PRIEDE, JĀNIS (Editors). *Oriental Studies. Between East and West: Cultural and Religious Dialogue before, during and after the Totalitarian Rule*. Scholarly Papers. Volume 793. University of Latvia. Riga. 2013. Página 206.

186 Confirmada por el Consejo de la Federación Rusa de 24 de septiembre y suscrita por el Presidente Borís Yelsin, el 26 de septiembre de 1997. CODEVILLA, GIOVANNI. *Stato e Chiesa nella Federazione Russa. La nuova normativa nella Russia postcomunista*. La Casa di Matriona. Bérgamo. 1998. Página 60.

187 Artículo 28 de la Ley de Confesiones Religiosas de 2002.

5.3. El principio de igualdad y no discriminación

Previsto en el artículo 6, párrafo 2, de la Carta Magna de 1991, este concepto se reitera en las disposiciones de la Ley de Confesiones Religiosas de 2002, al establecerse que nadie podrá ser perseguido, o verse limitado en sus derechos, debido a sus creencias religiosas, ni cabrá establecer límites o privilegios basados en la afiliación o el rechazo a la afiliación de una religión[188].

Pese a su amplio reconocimiento por el derecho búlgaro, la prohibición de discriminación por motivos religiosos, no siempre se ha visto implementada plenamente en la práctica, de forma que algunos ciudadanos adscritos a confesiones religiosas minoritarias han visto perder sus puestos de trabajo, a causa de sus creencias religiosas. El TEDH ha resuelto, el 12 de abril de 2007, en el asunto *Ivanova v. Bulgaria*, un caso de discriminación laboral por motivos religiosos[189] que acarreó la pérdida del puesto de trabajo[190] de una seguidora del nuevo movimiento religioso *World of Life*[191], que intentó ser disfrazado como una modificación de los requisitos en la definición de la plantilla de puestos de trabajo, condenándose a Bulgaria por vulneración de los artículos 9 y 14 del CEDH, dada la ambigua argumentación del Gobierno búlgaro, que por un lado aducía la implicación del demandante en actividades de proselitismo, a la vez que negaba su destitución por razones religiosas[192], y la *coincidencia* temporal del despido con un campaña de prensa contra esta minoría confesional, una entrevista previa con dos funcionarios públicos en que había sido coaccionado a abjurar de sus creencias o renunciar a su puesto de trabajo, así como el que el puesto de trabajo hubiera sido desempeñado durante más de dos décadas sin la *nueva* cualificación técnica tan exigente[193].

5.4. Ámbito del derecho de libertad religiosa

El artículo 5 de la Ley de Confesiones Religiosas establece que el derecho de libertad religiosa será ejercido mediante la formación y expresión de las convicciones religiosas, el establecimiento o participación en una comunidad

---

188 Artículo 3, párrafo 1, de la Ley de Confesiones Religiosas de 2002.

189 KOLEV, ÁNGEL HRISTOV. *Valoración crítica de un modelo de relaciones Iglesia y Estado. El derecho a la libertad religiosa y de conciencia en la legislación búlgara.* En: BRIONES MARTÍNEZ, IRENE MARÍA. *Libertad religiosa: Reflexión didáctica sobre persona, religión y derecho.* Digital Reasons. Madrid. 2012. Páginas 55 a 68.

190 TORRES GUTIÉRREZ, ALEJANDRO, y KOLEV, ÁNGEL HRISTOV. *The new Bulgarian legislation on Religious Freedom.* En: *Religion and Tolerance.* Journal of the Center for Empirical Researches of Religion. Volume IX. Number 16. Novi Sad. 2011. Página 343.

191 Texto completo en: http://hudoc.echr.coe.int/eng

192 *Ivanova v. Bulgaria,* § 82.

193 *Ivanova v. Bulgaria,* § 83.

religiosa, la organización de las instituciones de la comunidad, el desarrollo de la educación y la enseñanza religiosa, bien oralmente o de forma escrita, mediante la ayuda de medios electrónicos, en forma de lecturas, seminarios, cursos o programas, etc.[194]

Se reconoce además el derecho al culto en público y privado[195]. El derecho de libertad religiosa incluye también los siguientes derechos[196]:

1) El establecimiento y mantenimiento de:
   a) Las comunidades y organizaciones religiosas, con estructura y modo de representación que sea apropiado al común conocimiento de sus miembros[197].
   b) Los lugares de culto o de reunión religiosa.
   c) Las instituciones caritativas y humanitarias propias.
2) La producción, adquisición y uso, de los bienes y objetos necesarios para los ritos y costumbres religiosas, conforme a los fines de culto.
3) Escribir, publicar y difundir publicaciones religiosas.
4) Dar y recibir educación religiosa en la lengua libremente elegida.
5) Predicación y adoctrinamiento religioso o de creencias, en lugares apropiados a tal fin, conforme a las confesiones e instituciones religiosas, así como la creación y mantenimiento de establecimientos de formación que sean apropiados a las mismas, conforme a los requisitos establecidos por la Ley.
6) Recolección y recepción de ayudas financieras voluntarias, o de otra naturaleza, así como donaciones de personas particulares, o instituciones.
7) Cumplimiento de los días de descanso, y respeto de las festividades religiosas[198].

---

194 KOLEV, ÁNGEL HRISTOV. *The New Legislation on Religious Freedom in Bulgaria.* En: TAIVANS, LEONS y PRIEDE, JĀNIS (Editors). *Oriental Studies. Between East and West: Cultural and Religious Dialogue before, during and after the Totalitarian Rule.* Scholarly Papers. Volume 793. University of Latvia. Riga. 2013. Páginas 214 y siguientes.

195 Artículo 5, párrafos 2 y 3, de la Ley de Confesiones Religiosas de 2002.

196 Artículo 6, párrafo 1, de la Ley de Confesiones Religiosas de 2002.

197 La arbitraria anulación de permisos de residencia a Testigos de Jehová por parte de las autoridades búlgaras, fue recurrida ante el TEDH, quedando resuelto mediante una composición amigable en que las autoridades búlgaras se obligan a su readmisión y a una compensación económica. Caso *Lotter and Lotter v. Bulgaria,* de 19 de mayo de 2004. En: http://hudoc.echr.coe.int/eng

198 El Código de Trabajo búlgaro, establece que los trabajadores que profesen un credo diferente del cristianismo ortodoxo, con el fin de poder celebrar sus propias festividades religiosas podrán optar libremente bien por emplear a tal efecto una parte de los días de descanso remunerados de los que pueden disfrutar anualmente, o bien por un periodo de descanso no remunerado, siempre y cuando no superen los días de las vacaciones religiosas de los cristianos ortodoxos. Tales días de descanso religioso de los credos

8) Establecimiento y mantenimiento de relaciones en el Estado, y en el extranjero, con personas y comunidades, sobre cuestiones religiosas y de creencias.

Los padres y representantes legales, tendrán el derecho de asegurar la formación religiosa de sus hijos, de acuerdo con sus propias convicciones[199]. Las comunidades e instituciones religiosas no podrán captar a niños o menores de 18 años de edad, en contra del deseo de sus padres o representantes legales. Los menores de edad podrán participar en la actividad de las confesiones e instituciones religiosas, salvo oposición expresa de sus padres o tutores[200].

La libertad de las confesiones religiosas no podrá dirigirse contra la seguridad nacional, el orden público, la salud pública, la moral, o contra los derechos y libertades de otras personas[201]. Las comunidades e instituciones religiosas, así como las convicciones religiosas no podrán ser empleadas con fines políticos[202], y los derechos y libertades de las personas participantes en una confesión religiosa, no podrán ser limitados por reglas internas, rituales y ritos de esta confesión o institución religiosa[203].

El derecho de libertad religiosa no se configura como un derecho absoluto, en el artículo 8, párrafo 1, de la Ley de Confesiones Religiosas, pues podrá ser limitado, en caso de violación de los requisitos antes citados mediante[204]:

1) El secuestro de la distribución de publicaciones escritas.
2) La interdicción total de la actividad editora.
3) La limitación de actividades públicas.
4) La cancelación del registro de un centro educativo, sanitario o social.
5) La paralización de la actividad de una persona jurídica por un período de hasta 6 meses.
6) La cancelación del registro de la personalidad jurídica de una confesión religiosa.

---

diferentes al ortodoxo, deberán ser especificados por el Consejo de Ministros, a propuesta de los líderes oficiales de las confesiones religiosas más relevantes. (Artículo 173, párrafos 4 y 5, del Código de Trabajo).

[199] Artículo 6, párrafo 2, de la Ley de Confesiones Religiosas de 2002.

[200] Artículo 7, párrafo 5, de la Ley de Confesiones Religiosas de 2002.

[201] Artículo 7, párrafo 1, de la Ley de Confesiones Religiosas de 2002.

[202] Artículo 7, párrafo 2, de la Ley de Confesiones Religiosas de 2002.

[203] Artículo 7, párrafo 4, de la Ley de Confesiones Religiosas de 2002.

[204] El procedimiento para la limitación tendrá lugar a petición de la parte interesada o del Ministerio Fiscal. El Tribunal competente será el de la ciudad de Sofía, y su sentencia podrá ser apelada siguiendo el procedimiento común. (Artículo 8, párrafos 2 y 3, de la Ley de Confesiones Religiosas).

Cabría criticar que el artículo 8, párrafo 1, de la Ley de Confesiones Religiosas es en cierto modo algo *parco* a la hora de detallar los límites y las condiciones a seguir a la hora de cancelar el asiento registral correspondiente a una confesión religiosa, al hacer una remisión genérica a las circunstancias contempladas en el artículo 7 de la misma, que peca de una redacción un tanto *abierta*, en un tema tan *sensible* como es sin lugar a dudas éste[205].

La lengua vehicular en las relaciones entre las instituciones religiosas y el Estado será el *idioma oficial búlgaro*, lo cual no será obstáculo para que *durante la realización de los ritos religiosos y durante la práctica del culto pueda ser empleada otra lengua, conforme a la costumbre de la comunidad confesional*[206].

5.5. *Registro y autonomía organizativa interna de las confesiones religiosas*

5.5.1. REGISTRO DE LAS CONFESIONES RELIGIOSAS

Las confesiones religiosas pueden adquirir personalidad jurídica conforme a las condiciones y el procedimiento establecidos en la Ley de Confesiones Religiosas de 2002[207]. De este requisito para adquirir personalidad jurídica[208], como se ha indicado, está exenta la Iglesia Ortodoxa Búlgara a la que el propio artículo 10, párrafo 2, de la Ley, reconoce personalidad jurídica *ex lege*. Por otro lado, es preciso tener en cuenta que dicho registro no tiene carácter *obligatorio*, en el sentido que el ejercicio del derecho de libertad religiosa, puede realizarse a través de meras asociaciones de derecho privado no registradas.

---

205 Artículo 7 de la Ley de Confesiones Religiosas de 2002:

1. *La libertad de las confesiones religiosas no podrá dirigirse contra la seguridad nacional, el orden público, la salud pública, y la moral o contra los derechos y libertades de otras personas.*

2. *Las comunidades e instituciones religiosas, así como las convicciones religiosas no podrán ser empleadas con fines políticos.*

3. *Los derechos de una confesión religiosa no podrán ser limitados, excepto en los casos indicados en los párrafos 1 y 2.*

4. *Los derechos y libertades de las personas participantes en una confesión religiosa, no podrán ser limitados por reglas internas, rituales y ritos de esta confesión o institución religiosa.*

5. *Las comunidades e instituciones religiosas no podrán captar a niños o menores de 18 años de edad, en contra del deseo de sus padres o representantes legales. Los menores de edad podrán participar en la actividad de las confesiones e instituciones religiosas, salvo oposición expresa de sus padres o representantes legales.*

206 Artículo 11 de la Ley de Confesiones Religiosas de 2002.

207 Artículo 14 de la Ley de Confesiones Religiosas de 2002.

208 Las autoridades búlgaras negaron la concesión de permisos de permanencia a las Misioneras de la Madre Teresa de Calcuta y los Salesianos, al entrar en vigor la nueva Ley, que exigía el registro de todas las comunidades religiosas minoritarias, (es decir, diversas a la Iglesia Ortodoxa, la cual se encontraba *ex lege* exenta), en tanto en cuanto se implementaba el procedimiento burocrático de registro. Fuente: *Revista General de Derecho Canónico y Eclesiástico*. Iustel. Número I. 2003. En: www.iustel.com

El registro de las confesiones religiosas como personas jurídicas se realizará por el Tribunal de la ciudad de Sofía, no permitiéndose la existencia de más de una persona jurídica como confesión religiosa con un mismo nombre y una misma sede[209]. El parágrafo 3 de las Disposiciones Transitorias de la Ley de Confesiones Religiosas de 2002, añade que *las personas que se han separado de una institución religiosa registrada en violación de sus Estatutos, no pueden emplear un nombre idéntico y usar o disfrutar su propiedad*, lo cual fue recurrido ante el Tribunal Constitucional en febrero de 2003 por 50 diputados[210]. La división de sus magistrados en dos mitades iguales a favor y en contra, impidió que el recurso prosperase[211].

Estas cláusulas, unidas a la mención contenida en el artículo 10 de la Ley de Confesiones Religiosas a la Iglesia Ortodoxa de Bulgaria:

1) Impiden el reconocimiento de personalidad jurídica al grupo disidente denominado como *Sínodo Alternativo*, en conflicto con el Patriarca búlgaro, al que niegan una legitimidad que deriva de la Ley de Confesiones Religiosas de 1949, dictada durante la época comunista.
2) Imposibilitan cualquier reivindicación de bienes inmuebles por parte del propio *Sínodo Alternativo*. En el año 2004, la policía desalojó de 250 iglesias y otras propiedades eclesiásticas a los miembros del mismo, que se oponen al liderazgo del entonces Patriarca Maxim, (1971-2012)[212].

A los efectos de poder resolver sobre los procedimientos de inscripción, el Tribunal de la ciudad de Sofía podrá requerir el asesoramiento experto de la Dirección de Asuntos Religiosos, respecto al registro de las confesiones religiosas[213]. La Ley no detalla en exceso los criterios en base a los cuales debe otorgar la inscripción, o en su caso denegarla. Los estatutos de la confesión religiosa deberán incluir obligatoriamente[214]:

1) Su denominación y sede.
2) Una breve exposición de las doctrinas y la práctica religiosas.
3) La estructura y los órganos de la confesión.
4) El modo de configuración de los órganos directivos, sus poderes y la duración de su mandato.

---

[209] Artículo 15 de la Ley de Confesiones Religiosas de 2002.

[210] Ver el apartado 4 del epígrafe dedicado a *Relevant domestic law (and practice)*, en el asunto *The Holy Synod of the Bulgarian Orthodox Church and others v. Bulgaria*. En: http://hudoc.echr.coe.int/eng

[211] Sentencia del Tribunal Constitucional búlgaro número 12/2003, de 15 de julio de 2003, (BOE número 66 de 2003).

[212] *International Religious Freedom Report* para el año 2006, elaborado por el Departamento de Estado de EE.UU. En: http://www.state.gov/g/drl/rls/irf/2006/71373.htm

[213] Artículo 16 de la Ley de Confesiones Religiosas de 2002.

[214] Artículo 17 de la Ley de Confesiones Religiosas de 2002.

5) Las personas que tienen derecho a representar a la confesión religiosa, y el modo de su nombramiento.
6) El procedimiento de adopción de decisiones y de convocatoria de los órganos de la confesión religiosa.
7) Los modos de financiación y el régimen de sus propiedades.
8) El procedimiento de extinción y liquidación.

El Tribunal de la ciudad de Sofía llevará un registro público de las confesiones religiosas con estatuto de personas jurídicas en el que se inscribirán:[215]

1) Las resoluciones judiciales en materia de registro.
2) La denominación y la sede.
3) Los órganos de gobierno y representación.
4) Los nombres de las personas representantes de la institución religiosa.

Los órganos locales de las confesiones religiosas se inscribirán en el registro municipal correspondiente a su sede, bajo la condición de un régimen de notificación previa de 7 días, a instancia del dirigente local de la confesión, o de una persona autorizada conforme a sus estatutos[216]. Dicha solicitud deberá incluir[217]:

1) La resolución del Tribunal de la ciudad de Sofía sobre registro de la confesión religiosa y su órgano de gobierno central, junto con el respectivo poder de la persona autorizada.
2) Un certificado de los órganos dirigentes centrales, de las personas que les representan en el respectivo municipio, y la sede y dirección de la sección local.

El alcalde informará a la Dirección de Asuntos Religiosos de la verificación de la inscripción en el plazo de 3 días desde la realización de la misma. En la administración municipal se llevará un registro de las entidades locales de las respectivas confesiones religiosas[218]. Por resolución del Gobierno Central y conforme al estatuto de la confesión religiosa respectiva, los órganos locales podrán registrarse como personas jurídicas, dentro de la jurisdicción del tribunal regional correspondiente a su sede[219].

Aunque en principio dicha inscripción en los registros municipales parece revestir una naturaleza meramente *formal*, en la práctica algunas minorías religiosas, como los Testigos de Jehová, han denunciado dilaciones en el registro

---

215 Artículo 18 de la Ley de Confesiones Religiosas de 2002.
216 Artículo 19, párrafo 2, de la Ley de Confesiones Religiosas de 2002.
217 Artículo 19, párrafo 3, de la Ley de Confesiones Religiosas de 2002.
218 Artículo 19, párrafos 4 y 5, de la Ley de Confesiones Religiosas de 2002.
219 Artículo 20 de la Ley de Confesiones Religiosas de 2002.

de hasta dos años en ciudades como Dimitrovgrad, Veliko Tarnovo, y Smolyan, que vacían de contenido la filosofía *garantista* de la Ley[220].

5.5.2. Autonomía organizativa interna de las confesiones religiosas y tentativas de injerencias estatales

Ya hemos visto los problemas que se han presentado en el seno de la Iglesia Ortodoxa Búlgara, debido a la existencia del denominado *Sínodo Alternativo.* Las tensiones internas en el seno de una confesión religiosa, como la Iglesia Ortodoxa, se reproducen en el credo musulmán[221], habiendo llegado ante el Tribunal de Estrasburgo, que ha tenido ocasión de pronunciarse contra sendas injerencias estatales en la organización interna de la comunidad musulmana, en los casos *Hasan and Chaush v. Bulgaria,* de 26 de octubre de 2000, y *Supreme Holy Council of the Muslim Communiti v. Bulgaria,* de 16 de diciembre de 2004[222].

Para comprender mejor el trasfondo de lo que se dilucida en ambos casos hay que partir de la reflexión de FANTELLI[223], que ha puesto de manifiesto el problema de la falta de homogeneidad de las corrientes religiosas en el interior del credo musulmán, que pone no pocas dificultades a los Gobiernos de los países europeos a la hora de lograr un interlocutor confesional válido, capaz de dialogar con los poderes públicos, algo que se resolvió en España gracias a la habilidad negociadora del Gobierno socialista en 1992, mediante la creación de la Comisión Islámica, como interlocutor con el que se suscribió el Acuerdo de Cooperación contenido en la Ley 26/1992, de 10 de noviembre[224].

El TEDH tanto en el caso *Hasan and Chaush v. Bulgaria,* como en el *Supreme Holy Council of the Muslim Communiti v. Bulgaria,* tuvo ocasión de analizar ambas

---

[220] Fuente: *Informe sobre Libertad Religiosa,* elaborado en 2006 por HRWF, *Human Rights Without Frontiers.* En: http://www.hrwf.net. También: *Revista General de Derecho Canónico y Eclesiástico.* Iustel. Número X. 2006. En: www.iustel.com

Puede consultarse también en la Base de Datos del TEDH el caso: *Khristiansko Sdruzhenie «Svideteli na Iehova» v. Bulgaria,* que se resolvió con una composición amigable. Demanda 28626/95. Decisión de admisibilidad de 3 de julio de 1997. Informe de la Comisión de 9 de marzo de 1998. En: http://hudoc.echr.coe.int/eng

[221] KOLEV, ÁNGEL HRISTOV. *The New Legislation on Religious Freedom in Bulgaria.* En: TAIVANS, LEONS y PRIEDE, JĀNIS (Editors). *Oriental Studies. Between East and West: Cultural and Religious Dialogue before, during and after the Totalitarian Rule.* Scholarly Papers. Volume 793. University of Latvia. Riga. 2013. Páginas 217 y 218.

[222] El texto íntegro de ambos pronunciamientos puede consultarse en: http://hudoc.echr.coe.int/eng

[223] FANTELLI, PAOLA. *Le minoranze islamiche nella Bulgaria post-comunista: ingerenze statali e libertà confessionale.* En: *Stato, Chiese e pluralismo confessionale.* Revista Telemática. Julio 2007. Páginas 15 y siguientes. En: www.statoechiese.it

[224] Boletín Oficial del Estado de 12 de noviembre de 1992. En: https://www.boe.es/diario_boe/

interferencias de las autoridades búlgaras en la designación de los líderes de la comunidad islámica, que fueron resueltas por el Alto Tribunal, subrayando la vertiente colectiva del principio de libertad religiosa, y en la necesidad de proteger el pluralismo como nota característica de una sociedad democrática, en la que puedan coexistir diferentes realidades confesionales.

El Tribunal de Estrasburgo ha puesto en evidencia que una intervención estatal, favoreciendo a un líder de una comunidad religiosa divida, o emprendida con el propósito de forzar a una comunidad a estar bajo un único liderazgo contra sus propios deseos, constituiría una interferencia a la libertad religiosa, al no constituir una función del Estado el inmiscuirse en la resolución de disputas internas de los líderes religiosos que pugnen por la dirección de un determinado colectivo religioso[225]. La interferencia no podía ser admitida en Derecho desde el momento en que era arbitraria e ilimitada, no reuniendo los más mínimos requisitos de *claridad y previsibilidad*, por lo que no cabría calificarla como *justificada*[226].

La existencia autónoma de las comunidades religiosas, resulta indispensable para el pluralismo inherente a toda sociedad democrática, en opinión del TEDH, y aunque en cierto modo sea necesario a los poderes públicos el participar en la reconciliación de los intereses de las diferentes confesiones y colectivos religiosos que coexisten en una sociedad democrática, no se debe pasar por alto que el Estado debe permanecer *neutral* e *imparcial* en el ejercicio de su poder *regulatorio* y en sus relaciones con las diferentes confesiones religiosas y los propios creyentes,[227] no cabiendo favorecer arbitrariamente a uno de los líderes en perjuicio de otros, impidiéndose de este modo a las confesiones religiosas la administración autónoma de sus propios asuntos[228], sin justificar suficientemente que el fin perseguido de restaurar la legalidad y poner coto a las injusticias no se hubiera podido conseguir más que forzando a una comunidad dividida a un liderazgo unitario[229].

FANTELLI opina que la mayor *visibilidad* de los musulmanes en Bulgaria, no debe entenderse como un intento de *reislamización* del país, cuanto como un *renacimiento* religioso, tras las duras persecuciones del periodo comunista en que se buscó la aniquilación de su propia identidad, y cuyo epígono fue el *proceso de regeneración* desatado en los años 80 del siglo pasado y el éxodo forzado de muchos musulmanes búlgaros hacia Turquía, a finales del régimen comunista, que vino acompañada por una declarada hostilidad hacia las minorías[230].

---

225 *Hasan and Chaush v. Bulgaria*, § 78, reiterando la jurisprudencia sentada en el caso de *Serif v. Grecia*, de 14 de diciembre de 1999.

226 *Hasan and Chaush v. Bulgaria*, § 86.

227 *Supreme Holy Council of the Muslim Communiti v. Bulgaria*, § 93.

228 *Supreme Holy Council of the Muslim Communiti v. Bulgaria*, § 95.

229 *Supreme Holy Council of the Muslim Communiti v. Bulgaria*, § 97.

230 FANTELLI, PAOLA. *Le minoranze islamiche nella Bulgaria post-comunista: ingerenze statali e libertà confessionale*. En: *Stato, Chiese e pluralismo confessionale*. Revista Telemática. Julio 2007. Páginas 21 y siguientes. En: www.statoechiese.it

A ello hay que añadir otras cuestiones, más o menos *colaterales*, como los recelos que levantan en las autoridades búlgaras un latente nacionalismo secesionista de la minoría turca, o el desafío de una futura y muy compleja integración de Turquía en la UE.

5.6. *Derechos de propiedad y financiación*

Las confesiones religiosas y sus secciones locales, siempre que éstas hayan adquirido personalidad jurídica conforme a la Ley de Confesiones Religiosas de 2002, tienen derecho a la titularidad de su propia propiedad[231]. El patrimonio de las organizaciones religiosas puede incluir el derecho de propiedad y los derechos reales limitados sobre la bienes inmuebles, los frutos de la explotación de su propio patrimonio, incluidas las rentas, los beneficios o dividendos de la participación en sociedades mercantiles, el derecho de propiedad sobre bienes muebles, incluidos valores, derechos legales de propiedad intelectual, ingresos procedentes de subvenciones estatales, donaciones, disposiciones testamentarias y otros. El Estado y los municipios podrán ceder gratuitamente a las instituciones religiosas o a sus órganos locales, el derecho a usar propiedades estatales y municipales, así como asistir a las mismas mediante subsidios con cargo a los presupuestos estatales o municipales, algo que sirve para matizar sustantivamente cómo entiende el legislador búlgaro el principio constitucional de separación entre el Estado y las confesiones religiosas[232].

La confesiones religiosas tienen derecho a disponer de sus bienes conforme a sus propios estatutos[233], así como a producir y vender objetos relacionados con su actividad religiosa, rituales y ritos, actividades éstas que no serán consideradas como comerciales a los efectos de la aplicación de la Ley del Comercio[234]. Los lugares de oración, templos, monasterios, objetos y personas relacionadas con la actividad religiosa, no podrán ser utilizados con fines publicitarios mercantiles, en el sentido de la Ley del Comercio, sin la autorización de la respectiva confesión religiosa[235]. Las confesiones religiosas tendrán asimismo derecho a poseer y mantener cementerios a su propio cargo[236]. En los parágrafos 3 y 4 de las Disposiciones Adicionales y Finales de la Ley de Li-

---

231 TORRES GUTIÉRREZ, ALEJANDRO, KOLEV, ÁNGEL HRISTOV, DOBREV, EMIL NIKOLOV, y PETROVA, ILINA ANGELOVA. *El derecho a la libertad religiosa y de conciencia en la legislación búlgara postcomunista.* En: *Laicidad y Libertades.* Número 6. Volumen 1. *Artículos e informes.* Editor Asociación «Derecho, Laicidad y Libertades». Madrid. 2006. Páginas 549 y siguientes.

232 Artículo 21 de la Ley de Confesiones Religiosas de 2002.

233 Artículo 22 de la Ley de Confesiones Religiosas de 2002.

234 Artículo 23, párrafos 1 y 2, de la Ley de Confesiones Religiosas de 2002.

235 Artículo 23, párrafo 3, de la Ley de Confesiones Religiosas de 2002.

236 Artículo 24 de la Ley de Confesiones Religiosas de 2002.

bertad Religiosa, se regula el derecho de sucesión de las confesiones religiosas en los bienes de los que fueron titulares con anterioridad a la implantación del comunismo, tras la Segunda Guerra Mundial.

De este modo a instancia de parte de una confesión religiosa debidamente registrada, el Director de Asuntos Religiosos, emitirá certificación en lo referido a los derechos de sucesión de una confesión religiosa, sobre una entidad religiosa, educativa o de bienestar social preexistente antes de 1949[237]. Los representantes de la correspondiente confesión religiosa deberán presentar la oportuna demanda ante el Tribunal de la ciudad de Sofía, para el establecimiento de los derechos de sucesión, presentando el citado certificado del Director de Asuntos Religiosos[238].

Además se restablecen en su extensión actual los derechos de propiedad de las confesiones religiosas que hayan sido nacionalizados o confiscados por el Estado[239]. La restitución de los derechos de propiedad se ejercitará siguiendo el procedimiento previsto en la Ley de Restitución de la Propiedad sobre los Bienes Inmuebles Nacionalizados, en el momento de entrada en vigor de esta Ley[240].

El Estado podrá apoyar y estimular a las confesiones religiosas registradas, en la realización de sus actividades religiosas, sociales, educativas y sanitarias, mediante beneficios fiscales, crediticios, aduaneros y otras bonificaciones de naturaleza financiera o económica, dentro de las condiciones y los términos especificados en la respectivas leyes especiales. En caso de beneficiarse de estos incentivos, su contabilidad anual deberá estar sujeta a una auditoria financiera independiente, conforme a los requisitos previstos en la legislación específica de las entidades sin ánimo de lucro[241]. Llama la atención que el régimen de beneficios fiscales a favor de las confesiones religiosas no se especifique

---

237 § 3, apartado 1, de las Disposiciones Adicionales y Finales de la Ley de Confesiones Religiosas de 2002.

238 § 3, apartado 2, de las Disposiciones Adicionales y Finales de la Ley de Confesiones Religiosas de 2002.

239 Respecto a la Iglesia Católica se promulgó el 24 de diciembre de 1992 la Ley de restauración de la propiedad sobre los inmuebles y muebles, pertenecientes a la Iglesia Católica, ubicados en el territorio nacional de la República Popular de Bulgaria, nacionalizados en virtud del Decreto número 88 de 12 de marzo de 1953 del Presídium de la Asamblea Nacional, (BOE número 104 de 1992). KOLEV, ÁNGEL HRISTOV. *La nacionalización de las propiedades de la Iglesia Católica, por el régimen comunista búlgaro (1944 –1989) y la cuestión sobre su restitución tras la llegada de la democracia.* En: VEGA GUTIÉRREZ, ANA MARÍA, MARTÍN GARCÍA, MARÍA del MAR, RODRÍGUEZ BLANCO, MIGUEL, y VÁZQUEZ GARCÍA-PEÑUELA, JASÉ MARÍA. (Coordinadores). *Protección del patrimonio cultural de interés religioso.* Actas del V Simposio Internacional de Derecho Concordatario. Logroño, 19-21 de octubre de 2011. Colección: Derecho canónico y Derecho eclesiástico del Estado. Editorial Comares. Granada. 2012. Páginas 441 y 442.

240 § 4, apartados 1 y 2, de las Disposiciones Adicionales y Finales de la Ley de Confesiones Religiosas.

241 Artículo 25, párrafos 1 y 2, de la Ley de Confesiones Religiosas de 2002.

en la Ley de Confesiones Religiosas de 2002, y se haga una remisión a un desarrollo normativo ulterior, pese a que los borradores que se manejaron durante su elaboración, hacían mención a los mismos[242].

El artículo 24, párrafo, punto 9, de la Ley de Impuestos y Tasas Locales de 10 de diciembre de 1997[243], establece la no sujeción a tributación local de las casas religiosas, propiedad de las confesiones religiosas registradas.

La confesión religiosa que haya obtenido personalidad jurídica conforme a la Ley de Confesiones Religiosas, podrá crear y participar en entidades mercantiles[244], así como crear personas jurídicas sin ánimo de lucro, para el sostenimiento y difusión de sus creencias[245].

La Ley de Confesiones Religiosas prevé la posibilidad de distribución de subvenciones estatales a favor de las confesiones religiosas registradas, que se realizará conforme a la Ley anual de Presupuestos Generales del Estado[246], (una actitud que vuelve a matizar el sentido limitado del principio de separación Iglesia-Estado en el derecho búlgaro), remitiendo la determinación del marco jurídico que regulará las relaciones laborales de los clérigos y ministros de culto de las instituciones religiosas a los propios *estatutos de las confesiones religiosas, de acuerdo con la legislación social y laboral.*[247]

El Código de la Seguridad Social de 17 de diciembre de 1999[248] regula en su artículo 4, párrafo 1, punto 8, el régimen de la seguridad social de los empleados de la Iglesia Ortodoxa Búlgara y las otras confesiones religiosas legalmente reconocidas, que presten sus servicios de forma no remunerada, a los que se equipara al régimen de los trabajadores autónomos.

5.7. *Actividades sanitarias, sociales, educativas y asistenciales de las confesiones religiosas*

Las confesiones religiosas registradas, pueden abrir establecimientos sanitarios, sociales y educativos, que se regirán conforme la legislación vigente[249]. El Ministerio de Sanidad, el Ministerio de Trabajo y Seguridad Social, y el

---

[242] KRASTEV, ATANAS. *La Ley búlgara sobre religiones de 2002-primeras impresiones.* En: *Revista General de Derecho Canónico y Derecho Eclesiástico del Estado.* Iustel. Número 1. 2003. En: www.iustel.com

[243] BOE número 117 de 1997.

[244] Artículo 26 de la Ley de Confesiones Religiosas de 2002.

[245] Artículo 27, párrafo 1, de la Ley de Confesiones Religiosas de 2002.

[246] Artículo 28 de la Ley de Confesiones Religiosas de 2002.

[247] Artículo 29 de la Ley de Confesiones Religiosas de 2002.

[248] BOE número 110 de 1999.

[249] TORRES GUTIÉRREZ, ALEJANDRO, KOLEV, ÁNGEL HRISTOV, DOBREV, EMIL NIKOLOV, y PETROVA, ILINA ANGELOVA. *Estatuto legal de las confesiones religiosas en Bulgaria.* En: CIMBALO, GIOVANNI, y BOTTI, FEDERICA (Editores). *Libertà di cos-*

Ministerio de Educación y Ciencia supervisarán la observancia de los requisitos estatales, y la realización de las actividades ordinarias de los citados establecimientos sanitarios, sociales y educativos de las confesiones religiosas, que no podrán subordinar a la pertenencia a las mismas, la admisión en los establecimientos sanitarios y sociales de su titularidad[250].

En la esfera educativa las confesiones religiosas debidamente registradas pueden abrir[251]:

1) Escuelas confesionales destinadas a satisfacer sus propias necesidades culturales y rituales, siempre que cuenten con la autorización previa del Ministro de Educación y de acuerdo con las previsiones de la Ley de instrucción popular de 1991[252].
2) Establecimientos de enseñanza secundaria de conformidad con el régimen establecido en la Ley de instrucción popular de 1991 para las escuelas privadas.
3) Centros de Educación Superior, según las condiciones previstas en la Ley de Enseñanza Superior de 1995.

En el curso 1997 se introdujo por primera vez la *asignatura optativa* de la educación religiosa, cuyo currículo se centró en un primer momento en el cristianismo, pero que en 1999 comenzó a cubrir también el credo musulmán, examinando los aspectos históricos, filosóficos y culturales del fenómeno religioso, e introduciendo a los estudiantes en los valores de las diferentes religiones. Durante el curso académico 2004-2005, se ofreció a 13.209 alumnos de primaria y secundaria, en 199 centros escolares, siendo pagados por el Estado, los emolumentos de los 166 docentes implicados. Respecto al futuro de la presencia de la enseñanza religiosa en el sistema educativo búlgaro, recientes investigaciones sociológicas ponen de manifiesto que los búlgaros muestran su preferencia por los estudios no confesionales de historia, filosofía y cultura religiosa frente a la enseñanza de una religión concreta. Según el 46.7% de los encuestados la educación religiosa debe realizarse en el seno de la familia, el

---

cienza e diversità di appartenenza religiosa nell'Est Europa. Bolonia University Press. 2008. Páginas 73 y 74.

250 Artículos 30 a 32 de la Ley de Confesiones Religiosas de 2002.

251 Artículo 33 de la Ley de Confesiones Religiosas de 2002.

252 Respetando el principio de libertad de religión y de culto, el artículo 30 de la Ley de instrucción popular de 1991 atribuye a las entidades religiosas el derecho de abrir escuelas confesionales destinadas a la formación religiosa de jóvenes, que han acabado la etapa de la enseñanza primaria, especificándose con un carácter limitativo que la inauguración de tal tipo de establecimientos dependerá de la autorización previa del Ministerio de Educación. Los estudios adquiridos en las escuelas religiosas serán homologados a la correspondiente formación laica por dicha autoridad, siempre que se hayan cumplido los requisitos educativos estatales.

38.1% consideran que la misma debe impartirse en la escuela, y únicamente el 10.6% señalan que la enseñanza de la religión tiene que proporcionarse por las instituciones religiosas. En este contexto cabe añadir que el 80.5% de los búlgaros aprecian favorablemente el carácter facultativo de la enseñanza de la religión, haciendo un especial hincapié en que tal asignatura no debe ser impartida por eclesiásticos[253].

6. DERECHOS CULTURALES

Estos derechos se vertebran en torno al artículo 54 de la Constitución de 1991, que garantiza a cada individuo la capacidad para desarrollar su propia cultura de conformidad con su pertenencia étnica en los términos legalmente previstos, de forma que esta materia viene recogida en varias normativas como:

1) La Ley de protección y fomento de la cultura de 1 de junio de 1999[254], reguladora de los principios y las prioridades de la política cultural[255], que según su artículo 2 se fundamentan en los siguientes pilares:
   a) La democracia, la libertad de creación artística y la prohibición de la censura.
   b) La igualdad de los artistas y de las organizaciones culturales.
   c) La preservación y el fomento de la herencia cultual y la conservación de la lengua literaria búlgara, las tradiciones y las costumbres del pueblo.
   d) La protección de la identidad cultural nacional, la preservación y el fomento de la cultura, las tradiciones y las costumbres de las comunidades búlgaras en el extranjero.
   e) La promoción de la diversidad cultural, conservando la unidad de la cultura nacional.

   A raíz de esta Ley, se crean una serie de comisiones públicas de manera adjunta al Ministerio de Cultura, compuestas por representantes de las uniones de artistas[256], entre cuyas funciones destaca la competencia de dar opiniones sobre obras del arte y la cultura, que violen las buenas costumbres y la moral pública, así como inciten abiertamente a

---

[253] BOGOMILOVA, NONKA. *Religion, Law and Politics in the Balcans in the end of the 20th and the beginning of the 21st century*. Editorial «Iztok Zapad». Sofía 2005. Páginas. 127 y 128.

[254] BOE número 50 de 1999.

[255] Artículo 1 de la Ley de protección y fomento de la cultura de 1999.

[256] Artículo 16, párrafos 1 y 2, de la Ley de protección y fomento de la cultura de 1999.

odio racial, étnico o nacional, o perjudiquen el desarrollo normal de los adolescentes.[257]

Conforme al artículo 18, párrafo 1, de la citada normativa los municipios asumen la obligación de crear y realizar su política, asegurando la protección y el fomento de la cultura de forma acorde a las tradiciones y condiciones locales.

Pese a establecer un sistema de financiación de las actividades culturales de carácter no centralizado[258] esta Ley prevé la creación de un fondo nacional, denominado *Cultura*[259], que se configura como una persona jurídica con sede en Sofía[260], cuyo deber general será acumular, gestionar y conceder recursos financieros, tendentes a fomentar el desarrollo cultural[261]. Este fondo constituye la fuente principal de subvención de proyectos y programas destinados a proteger la libertad de las actividades culturales de los ciudadanos, incluidas las tradiciones y las costumbres de las distintas comunidades étnicas religiosas y lingüísticas[262].

2) La Ley de radio y televisión de 24 de noviembre de 1998[263], cuyo artículo 6, párrafo 2, obliga las emisoras de radio y de televisión, independientemente de su carácter público o privado, a garantizar la protección de los intereses nacionales, los valores culturales universales, la educación y la cultura de todos los ciudadanos búlgaros, sin distinción de su etnia.

En virtud de esta Ley, la radio y televisión públicas asumen los compromisos de[264]:

a) Colaborar a la promoción y la popularización de la cultura y la lengua búlgara, así como de la identidad cultural y el idioma de los ciudadanos de conformidad con su pertenencia étnica.

b) Presentar las diversas ideas y convicciones de la sociedad, desde la perspectiva del pluralismo de opiniones, en cada uno de sus programas informativos, políticos y económicos.

c) Fomentar el entendimiento mutuo y la tolerancia entre los individuos.

A las emisoras de radio y televisión se les prohíbe expresamente proporcionar servicios, que puedan incitar al odio basado en la raza, sexo,

---

[257] Artículo 16, párrafos 3 y 4, de la Ley de protección y fomento de la cultura de 1999.

[258] Artículos 23a y siguientes de la Ley de protección y fomento de la cultura de 1999.

[259] Artículo 24, párrafo 1, de la Ley de protección y fomento de la cultura de 1999.

[260] Artículo 24, párrafo 2, de la Ley de protección y fomento de la cultura de 1999.

[261] Artículo 24, párrafo 3, de la Ley de protección y fomento de la cultura de 1999.

[262] Artículo 31, párrafo 2, punto 6, de la Ley de protección y fomento de la cultura de 1999.

[263] BOE número 138 de 1998.

[264] Artículo 6, párrafo 3, de la Ley de radio y televisión de 1998.

religión o nacionalidad[265], rigiéndose en el ejercicio de su actividad por los siguientes principios[266]:

a) La garantía del derecho de libertad de expresión y de opinión.
b) La garantía del derecho de información.
c) La protección del secreto de la fuente de información.
d) La defensa del derecho a la inviolabilidad personal e intimidad.
e) La prohibición de programas, que inciten a la intolerancia entre los ciudadanos.
f) La prohibición de programas contrarios a las buenas costumbres, o que toleren o justifiquen actos de agresión o violencia, así como inciten al odio de índole racial, sexual, religiosa o nacional.
g) La garantía del derecho de respuesta.

La Ley de radio y televisión de 1998 prevé la transmisión de los programas en lengua búlgara[267], pudiendo asimismo difundirse en otro idioma en los casos cuando[268]:

a) Se transmitan con fines científicos.
b) Estén destinados para ciudadanos búlgaros, cuya lengua materna no es el búlgaro, o para telespectadores o radioyentes en el extranjero.
c) Formen parte de programas de radio o televisión extranjeros.

El artículo 17, párrafo 1, de esta Ley prevé la responsabilidad de las emisoras respecto al contenido de sus servicios, volviendo a reiterarse la prohibición de difusión de programas, que inciten a la intolerancia nacional, política, étnica o racial, así como promuevan la agresión y la violencia, o perjudiquen el desarrollo normal de los adolescentes[269]. Además queda prohibida la transmisión de soportes visuales o auditivos con contenido pornográfico, humillantes para la dignidad humana, o que entren en contradicción con el orden público y la moral[270].

La Ley de radio y televisión de 1998 garantiza en su artículo 53, párrafo 1, el derecho de acceso a la radio y televisión públicas, tanto a la Iglesia Ortodoxa Búlgara, como a las demás confesiones religiosas registradas, con el fin de facilitarles el contacto con sus fieles y posibilitar la retransmisión de ceremonias religiosas.

3) La Ley de los centros de cultura popular de 22 de octubre de 1996[271], reguladora del régimen jurídico de dichos establecimientos públicos, que realizan actividades culturales y educativas, igualmente accesibles a

---

265 Artículo 8, párrafo 1, de la Ley de radio y televisión de 1998.
266 Artículo 10, párrafo 1, de la Ley de radio y televisión de 1998.
267 Artículo 11, párrafo 2, de la Ley de radio y televisión de 1998.
268 Artículo 12, párrafo 2, de la Ley de radio y televisión de 1998.
269 Artículo 17, párrafo 2, de la Ley de radio y televisión de 1998.
270 Artículo 77 de la Ley de radio y televisión de 1998.
271 BOE número 89 de 1996.

todos los ciudadanos sin distinción de su edad, sexo, convicciones religiosas o políticas y pertenencia étnica[272].

7. TUTELA PENAL DE LAS MINORÍAS Y LA DIVERSIDAD CULTURAL EN BULGARIA

El Código Penal búlgaro de 1 de mayo de 1968[273] contiene una serie de garantías legales destinadas a la protección del pluralismo cultural y de los derechos de las minorías.

Muchas de esas previsiones vienen recogidas en su Capítulo III, denominado *Delitos contra los derechos de los ciudadanos*, cuya Sección I consagra la tutela penal de la igualdad de los ciudadanos.

El artículo 162, párrafo 1, de Código tipifica como delito la propagación o incitación a la discriminación, violencia u odio, sobre la base de la raza, nacionalidad o pertenencia étnica, realizadas a través de la palabra, la prensa o de cualquier otro modo, sancionándose tal actividad con una pena de prisión de 1 a 4 años, que viene acompañada de la imposición de una multa de 5.000 a 10.000 levas y una reprensión pública.

Con las mismas penas serán condenados, quienes empleen violencia o dañen bienes propiedad de otra persona por motivos de su raza, nacionalidad, pertenencia étnica o religiosa, o adscripción política[274].

El artículo 162, párrafo 3, del Código Penal prevé que quien cree o gestione una organización o grupo, cuyos fines persiguen la realización de los delitos anteriormente descritos, o tolere sistemáticamente la comisión de los mismos, será sancionado con una pena privativa de libertad de 1 a 6 años, a la cual se añadirán una multa de 10.000 a 30.000 levas y una reprensión pública. Las personas que tomen parte en estas organizaciones o grupos serán condenados a una pena de prisión por un espacio de hasta 3 años, acompañada de una reprensión pública.[275]

Conforme al artículo 163 del Código Penal quienes participen en una reunión con el fin de atacar a un colectivo de población, o un grupo de ciudadanos, o sus propios bienes, en función de su nacionalidad, o su pertenencia nacional o racial, serán castigados:

1) Los instigadores y dirigentes, a penas de prisión de hasta 5 años.
2) Los demás participantes, con la penas de prisión de 1 año o de trabajos en beneficio de la comunidad.

---

[272] Artículo 2, párrafo 1, de la Ley de los centros de cultura popular de 1996.
[273] BOE número 138 de 1998.
[274] Artículo 162, párrafo 2, del Código Penal de 1968.
[275] Artículo 162, párrafo 4, del Código Penal de 1968.

Si la reunión se hiciera portando armas, o algunos de los participantes estuvieran armados, se aplicarán las siguientes sanciones:

1) En el caso de los instigadores y dirigentes, serán condenados a penas de prisión de 1 a 6 años.
2) Respecto a los demás participantes, serán castigados con pena privativa de libertad de hasta 3 años.

Si el ataque se realiza y a consecuencia de él se producen lesiones corporales graves o muerte, los instigadores y dirigentes serán castigados con la pena de prisión de 3 a 15 años, y los demás participantes hasta 5 años, salvo que se haya previsto una pena superior.

Este Código también otorga una protección penal de los sentimientos religiosos[276], de forma que su artículo 164, párrafo 1, tipifica como delito la propagación del odio de naturaleza religiosa, a través de la palabra, la prensa o de cualquier modo, contemplando penas de hasta 4 años de prisión o de trabajos en beneficio de la comunidad, que puedan llevar aparejada la pena de multa de 5.000 a 10.000 levas. Estableciéndose a continuación que quien profanase, destruyese en todo o en parte un templo o lugar de culto, sus símbolos o monumentos funerarios será sancionado con penas de prisión o de trabajos en beneficio de la comunidad de hasta 3 años, pudiendo imponerse adicionalmente una multa de 3.000 a 10.000 levas[277].

El artículo 165, párrafo 1, del Código Penal condena a pena privativa de libertad de hasta un año, a quien empleando fuerza o amenaza dificulte a otro la libre práctica de sus creencias religiosas o la participación en rituales, ceremonias y servicios cultuales, que no sean contrarios a las Leyes del Estado, el orden público, y las buenas costumbres. Esta misma pena se impondrá a quien del mismo modo obligue a otro a tomar parte en actos de culto[278].

El propio artículo 165, párrafo 3, del Código Penal prevé la extensión de las penas previstas en el artículo 163 para el caso de delitos contra la igualdad étnica y racial, para los supuestos de confabulación con el fin de impedir el ejercicio del derecho de libertad religiosa a un determinado colectivo de ciudadanos, atacar a sus miembros o sus propiedades. Estas penas pueden llegar a 5 años de privación de libertad para quienes instiguen y dirijan las mismas, y hasta 1 para los que participen en las mismas, y se elevan a 6 y 3 años respectivamente, en el caso de empleo de armas, y a penas de 3 a 15 años y de 5 años respectivamente, si a consecuencia de un ataque se produjeran lesiones corporales graves o muerte.

---

[276] Capítulo III *Delitos contra los derechos de los ciudadanos*, Sección II *Delitos contra las Confesiones Religiosas*.

[277] Artículo 164, párrafo 2, del Código Penal de 1968.

[278] Artículo 165, párrafo 2, del Código Penal de 1968.

El artículo 166 del Código Penal establece que quien forme parte de una organización política o religiosa, o quien mediante la palabra, la prensa, acciones, o de cualquier otro modo, emplee a la Iglesia o la religión, para hacer propaganda contra la soberanía popular, y sus actividades, será condenado con la pena de prisión de hasta 3 años, salvo que se haya previsto una pena superior.

En el campo de la protección del derecho de trabajo, el artículo 172, párrafo 1, del Código Penal prevé la sanción de privación de libertad de hasta 3 años, o multa de hasta 5.000 levas, a quien conscientemente impida a otra persona ocupar un puesto de trabajo, o le obligue a abandonar el mismo, por motivos de su nacionalidad, etnia, religión, o adscripción política o sindical.

El Código Penal búlgaro regula además los delitos de *genocidio* y *apartheid*[279], de forma que su artículo 416, párrafo 1, prevé la imposición de una pena de prisión de 10 a 25 años, o cadena perpetua *sin derecho de sustitución* a quienes con propósito de destruir total o parcialmente un grupo nacional, étnico, racial, o religioso:

1) Causen la muerte, lesiones corporales graves o alteración psíquica permanente a una persona que pertenezca a este colectivo.
2) Sometan al grupo a condiciones de existencia, que conduzcan a su destrucción física total o parcial.
3) Adopten medidas destinadas a limitar la tasa de natalidad de tal colectivo.
4) Lleven a cabo traslados forzosos de niños de un grupo a otro.

Respecto a quienes realicen una actividad preparatoria para el *genocidio*, la pena se reduce de 2 a 8 años de prisión[280], previéndose asimismo la sanción de privación de libertad de 1 a 8 años, para los que inciten al *genocidio* de una manera abierta y directa[281].

Conforme al artículo 417 del Código Penal serán condenados por delito de *apartheid*, a penas de prisión de 10 a 20 años, o a cadena perpetua *sin derecho de sustitución*, a quienes con propósito de establecer o mantener la dominación u opresión sistemática de un grupo racial sobre otro, causen la muerte o lesiones corporales graves a una o más personas pertenecientes a tal colectivo, o impongan condiciones de vida de índole que pueda provocar su destrucción física total o parcial.

Serán sancionados con una pena privativa de libertad de 5 a 15 años, quienes con el fin de cometer el delito anteriormente citado[282]:

---

[279] Capítulo XIV *Crímenes contra la Paz y la Humanidad*, Sección III. *Delitos de genocidio y apartheid*.

[280] Artículo 416, párrafo 2, del Código Penal de 1968.

[281] Artículo 416, párrafo 3, del Código Penal de 1968.

[282] Artículo 418 del Código Penal de 1968.

1) Ilegalmente priven de la libertad los miembros de un grupo racial o les sometan a trabajos forzosos.
2) Pongan en acción medidas destinadas a impedir la participación de un grupo racial en la vida política, social, económica y cultural del país, así como deliberadamente creen condiciones que impidan el pleno desarrollo de tal colectivo de personas y, en particular, priven a sus miembros de las libertades y derechos fundamentales de los ciudadanos.
3) Introduzcan medidas tendentes a dividir la población según sus características raciales, a través de la creación de reservas y guetos, así como por medio de la prohibición de los matrimonios mixtos entre personas de distintas razas o mediante la expropiación de sus bienes inmuebles.
4) Priven de las libertades y los derechos fundamentales a las organizaciones y personas, que se opongan a la segregación racial.

Asimismo serán considerados como delitos la *justificación, ignorancia, indiferencia y minusvaloración de un Crimen contra la Paz y la Humanidad,* siempre que esta actitud conlleve la amenaza de producirse un acto de agresión o provoque odio contra determinados individuos o grupos de personas por razones de raza, color, religión, origen, pertenencia nacional o étnica. La sanción por comisión de ese delito es de la pena de presión de 1 a 5 años[283]. Siendo también castigados con pena de privación de libertad por espacio de 1 año a quienes inciten a su comisión[284].

En el ámbito del proceso judicial el Código Procesal Penal búlgaro de 29 de abril de 2006,[285] contempla en su artículo 11 la igualdad ante la Ley de todos los ciudadanos, que participen en el proceso penal, sin permitirse ningún tipo de privilegios o restricciones por motivos de raza, nacionalidad, pertenencia étnica, sexo, origen, religión, educación, convicciones, afiliación política, posición personal o social, o situación material. Los órganos judiciales, el ministerio fiscal y los cuerpos de investigación están obligados a aplicar las leyes con precisión y en condiciones de igualdad respecto a todas los individuos.

No obstante la previsión del empleo obligatorio de la lengua búlgara en el seno del proceso penal,[286] se contempla la excepción de esa regla general respecto a las personas que no dominen dicho idioma, a las que se les reconoce el derecho de usar su *lengua materna u otra,* previéndose en estos casos la designación de un intérprete judicial[287].

---

[283] Artículo 419a, párrafo 1, del Código Penal de 1968.
[284] Artículo 419a, párrafo 2, del Código Penal de 1968.
[285] BOE número 86 de 2005.
[286] Artículo 21, párrafo 1, del Código Penal Procesal de 2006.
[287] Artículo 21, párrafo 2, del Código Penal Procesal de 2006.

CONCLUSIONES

Para poder hacer una correcta evaluación del modelo multicultural búlgaro, conviene situarse a nuestro juicio desde la perspectiva de los individuos pertenecientes a las distintas minorías, en cuanto titulares de derechos fundamentales, que pueden adquirir un significado específico, al constituir una condición previa para que dichas personas puedan asegurar, garantizar y preservar sus propias señas de identidad.

El multiculturalismo en Bulgaria destaca por su larga e interesante evolución histórica, que sirve no solamente de zaguán para adentrarse en el análisis del ordenamiento jurídico vigente, sino que señala la naturaleza problemática del fenómeno multicultural búlgaro, y la necesidad de acometer una seria reflexión sobre los derechos y las libertades de los individuos integrantes de los distintos colectivos minoritarios.

Desarrollado sobre la base del derecho bizantino, el ordenamiento jurídico de la Bulgaria medieval estuvo fuertemente influido por los valores cristianos ortodoxos, de manera que según sus normas se consideran ilegales a los herejes, páganos y apostatas, sufriendo un trato de hostilidad marcado por una serie de restricciones como: la incapacidad para testificar, trasmitir bienes a herederos no ortodoxos, ocupar empleos y cargos públicos o residir en la capital. Una actitud que entra en claro contraste con los privilegios otorgados por parte de los soberanos búlgaros a los representantes de las colonias comerciales de la República de Ragusa, Venecia y Génova, al disfrutar estos últimos de la plena libertad de circulación, el derecho a heredar e incluso tener sus propios tribunales civiles y penales.

En lo tocante al período de dominación otomana será nuevamente el factor religioso, el que desempeñará el papel clave en cuanto a la regulación del régimen jurídico de las personas pertenecientes a las minorías, al dividirse los ciudadanos del Imperio en dos categorías:

1) Musulmanes dotados del pleno reconocimiento de derechos civiles, políticos y socio-económicos.
2) No musulmanes, cuyo grupo incluye en general cristianos, judíos y armenios, que las autoridades imperiales tenderán a encerrar en el ámbi-

to de su comunidad religiosa, fuera de la cual su estatuto se determina por la fórmula *protección-sumisión*, de manera que estos últimos gozan de un limitado catálogo de derechos civiles, excluyéndose asimismo su participación en la vida política del Estado.

La política de la Sublime Puerta referida a las minorías se convertirá en uno de los principales aspectos en la resolución de la *Cuestión de Oriente*, pues a finales del siglo XVIII, entre las poblaciones que habitaron la periferia del Imperio y sobre todo los Balcanes, surgieron fuertes tensiones autonomistas, acompañadas por el fortalecimiento de su sentimiento nacionalista, que en el caso de los búlgaros resulta ser incentivado por el Exarcado Ortodoxo Búlgaro, creado en 1870. Consciente de la delicada situación, el gobierno otomano trata de reaccionar mediante una serie de reformas uniformadoras e igualitarias, que se ven condenados al fracaso esencialmente a causa de la fuerte influencia del conservadurismo islamista, profundamente arraigado en amplios sectores de la élite otomana.

La expresa exigencia de las Grandes Potencias sobre la formación de un sistema de tutela internacional de las minorías religiosas, que en términos históricos se desarrolla en torno a una serie de congresos internacionales, iniciados por el Congreso de Viena de 1815, encuentra su máxima expresión en el Tratado de Berlín de 1878, que no sólo estipula la restauración definitiva del Estado búlgaro, sino también pretende establecer un sistema general de protección de las confesiones religiosas minoritarias tanto en los países balcánicos recientemente creados, como en el propio Imperio Otomano.

Sin embargo desde una perspectiva histórica se ha confirmado que el *statu quo* geopolítico, diseñado por las decisiones del Congreso de Berlín generó una serie de reivindicaciones nacionales, que como afirman ROULAND, PIERRÉ-CAPS y POUMARÈDE, *hoy en día vuelven a encontrarse precisamente en el lugar donde aparecieron, en el propio corazón de los Balcanes*[1]. En este sentido las Guerras Balcánicas resultaron la primera expresión de las pretensiones nacionales, destinadas a poner en tela de juicio lo estipulado en el Tratado de Berlín.

La forma en que concluye la Primera Guerra Mundial y el nuevo orden instaurado en Europa a raíz de la Conferencia de Paz de París de 1919, marcado por la descomposición de los imperios multinacionales, hizo que la cuestión de las *minorías nacionales* ocupase parte central en la doctrina del Derecho Internacional, consolidándose un nuevo sistema de *Tratados de minorías*, garantizador de su protección fundamentalmente en el ámbito lingüístico, educativo y religioso, cláusulas que fueron asumidas por Bulgaria en virtud del Tratado de Neuilly.

---

[1] ROULAND, NORBERT, PIERRÉ-CAPS, STÉPHANE, y POUMARÈDE, JACQUES. *Derecho de minorías y de pueblos autóctonos*. Siglo XXI editores. Madrid. 1999. Página 132.

Como asegura LÓPEZ BASAGUREN *el devenir de los acontecimientos en la Europa de entreguerras* plantea la duda que la aplicación del *principio de las nacionalidades* por dicha Conferencia en su sentido político más estricto, esto es, como concepto que exige la correspondencia entre la Nación y el Estado[2], de manera que toda nación *deba constituirse en Estado,* fue uno de los factores determinantes en la desestabilización del Continente europeo y en el estallido de la nueva guerra, que termina con la separación de Europa en dos bloques de distintos estándares en materia de protección de las minorías.

Pese a que las Constitución comunistas de 1947 y de 1971 reconocen formalmente a toda persona el derecho de participar en el gobierno del país, la igualdad ante la Ley, la libertad religiosa y de conciencia, así como el derecho a la enseñanza en la lengua materna, tales normas han sido objeto de una interpretación restrictiva por parte del legislador ordinario, cuando se trata del reconocimiento de derechos a favor de las minorías, optándose por un modelo represivo y asimilacioncita, incompatible con cualquier principio pluralista, (independientemente que el ámbito de su aplicación sea social, económico, religioso o cultural). Esta política se traducirá en duras persecuciones contra turcos y búlgaros musulmanes, buscándose la aniquilación de su propia identidad, y cuyo epígono fue la campaña de *bulgarización* de los apellidos musulmanes desatada en 1984, y el éxodo forzado de muchas personas pertenecientes a dichas minorías hacia Turquía, a finales del régimen comunista.

La caída del telón de acero abrirá un nuevo período en el establecimiento de un orden europeo, que garantice la paz y la estabilidad del Continente. En esta nueva etapa volverá a plantearse en Europa la cuestión de las minorías como uno de los elementos fundamentales en el proceso de la reorganización geopolítica del Continente. Sin embargo a diferencia de lo que ocurrió en el período de entreguerras no se trata de un resurgimiento del *principio de las nacionalidades,* sino que se procede a la *despolitización* del término, implantándose la protección de los derechos minoritarios en el sistema universal de derechos humanos como una fórmula de protección cultural, cuyos elementos están indicados en el artículo 27 del Pacto Internacional de Derechos Civiles y Políticos de 1966, y que consiste en *tener su propia vida cultural, profesar y practicar su propia religión y emplear su propia lengua*[3].

Este sistema de protección minoritaria, desarrollada en dos vertientes: tutela antidiscriminatoria y reconocimiento de la diversidad cultural, de forma

---

[2] LÓPEZ BASAGUREN, ALBERTO. *Estado-Nación y minorías nacionales en la nueva Europa.* En: GURRUTXAGA ABAD, ANDER. (Editor). *El presente del Estado-Nación.* Servicio Editorial de la Universidad del País Vasco. Bilbao. 2004. Páginas 72 y 73.

[3] CASTRO JOVER, ADORACIÓN. *Interculturalidad y Derecho en el ámbito regional y supranacional europeo.* En: CASTRO JOVER, ADORACIÓN. (Dir.). *Interculturalidad y Derecho.* Aranzadi Thomson Reuters. Cizur Menor. 2013. Página 30.

directa o indirecta, estará presente en la evolución de la regulación jurídica del fenómeno multicultural de Bulgaria.

A pesar de que la nueva Constitución democrática de 1991 no emplea en su texto el término *minorías* dicho ordenamiento reconoce la existencia de diferencias étnicas, religiosas, lingüísticas y culturales como proyección-y en cierto modo exigencia-del reconocimiento de la propia dignidad humana al consagrar una serie de previsiones, que:

1) Prohíben la discriminación por causas como raza, nacionalidad, pertenencia étnica, religión y origen.
2) Proscriben de forma explícita la asimilación contra la voluntad de las personas.
3) Obligan al Estado colaborar al mantenimiento de la tolerancia y respeto entre los creyentes de las diversas confesiones religiosas.
4) Reconocen a los ciudadanos cuyo idioma no es el búlgaro, el derecho de estudiar y usar su propia lengua, si bien junto con la obligación de estudiar el idioma búlgaro.
5) Garantizan la capacidad de cada persona de desarrollar su propia cultura de conformidad con su pertenencia étnica en los términos previstos por la Ley.

Siguiendo las tendencias del Derecho Internacional de evitar toda connotación política de los derechos minoritarios, la Carta Magna de 1991 prohíbe la creación de partidos políticos basados en adscripción étnica, racial o religiosa.

Fuera del marco constitucional, la reglamentación jurídica de la protección de los derechos fundamentales de las minorías en Bulgaria se encuentra distribuida en un catálogo de normativas relativamente amplio, empleándose una terminología no formulada de una manera consecuente. Un inconveniente planteado por la falta de una definición legal del término *minoría*, existente en las normas del ordenamiento interno y en las del Derecho Internacional, si bien a lo largo de las últimas décadas se ha logrado establecer algunos parámetros acerca del significado de este concepto, a pesar de que continúan los debates y discusiones sobre dicho asunto tanto en el ámbito normativo, como en el campo de la academia.

Para el Estado búlgaro la exigencia de protección de las minorías ha tenido un aspecto nacional, constituyendo un problema durante la transición del comunismo a la democracia, que esencialmente se traducía en la abolición de un antiguo régimen totalitario, represivo y *asimilacionista*, optándose por un nuevo modelo democrático, pluralista y humanitario. Tras el ingreso de Bulgaria en la UE en 2007, la tutela de los colectivos minoritarios en el país pasa a convertirse en un factor del que dependen la paz y la estabilidad en toda la Unión, profundamente vinculado al respeto de los derechos humanos y a la democracia. Principios éstos proclamados como valores comunes por el Derecho Comunitario, cuyo principal objetivo es crear una Europa *Unida en la Diversidad*.

A partir de dicha premisa, Bulgaria asume la obligación de combinar de una forma efectiva el modelo de protección de los derechos fundamentales de las minorías con una adecuada política de gestión e integración de la diversidad en la sociedad búlgara, tomando en consideración las siguientes medidas, bien conocidas en el ámbito internacional:

1) Fomentar el fenómeno del *interculturalismo*, definido por LLAMAZARES[4] como el diálogo entre culturas que se encuentran en pie de igualdad, sobre la base del respeto mutuo y de la vivencia del vínculo de solidaridad, y la aceptación de la diferencia como un valor positivo, enriqueciéndose mutuamente y superando así tanto la situación de conflicto como la mera coexistencia, lo que nos lleva a intuir la necesidad de superar modelos de convivencia basados en el concepto tradicional de patria, formado a partir de un conglomerado de vínculos de cohesión no voluntarios, con una marcada distinción entre nacionales y extranjeros a la hora de delimitar sus respectivos estatutos jurídicos, para pasar a adoptar fórmulas de convivencia apoyadas en el ideal habermasiano de patriotismo constitucional, asentado sobre la idea de comunión en una serie de valores libremente asumidos.
2) Tener en cuenta los principales derechos reclamados por las minorías, sistematizados por LLAMAZARES[5] en el siguiente orden:
    a) Reconocimiento como tales minorías y como titulares de derechos, es decir, de su personalidad jurídico civil en cuanto minorías religiosas, étnicas y/o culturales.
    b) Derecho a representar a sus miembros.
    c) Derecho a participar en la adopción de decisiones de los poderes públicos cuando les afecten como tales minorías.
    d) Derecho a su propia identidad, lo cual exige el respeto de la misma por la mayoría dominante, y su defensa y promoción, con la paralela elaboración de las oportunas medidas de discriminación positiva por parte de las autoridades públicas.
    e) Derecho a la cooperación del Estado.
    f) Derecho a un estatuto especial que garantice su autonomía interna y la conservación y fomento de las propias señas de identidad, con leyes, incluso, de vigencia personal.

---

[4] LLAMAZARES FERNÁNDEZ, DIONISIO. *Derecho de la Libertad de Conciencia. II. Libertad de conciencia, identidad personal y solidaridad.* Thomson-Civitas. Madrid. 2003. 2ª Edición. Página 617.

[5] LLAMAZARES FERNÁNDEZ, DIONISIO. *Derecho de la Libertad de Conciencia. II. Libertad de conciencia, identidad personal y solidaridad.* Thomson-Civitas. Madrid. 2003. 2ª Edición. Página 624.

3) El reconocimiento de estos derechos, debe venir acompañado de dos compromisos, por parte de las minorías y sus miembros[6]:
   a) Deber de lealtad respecto al Estado que habiten.
   b) Obligación de respetar los derechos fundamentales e intereses legítimos de los otros.

Al final nuevamente nos encontramos con la propia persona humana, que aparte de ser única e irrepetible es un *ser-con los-otros*[7], formando una unidad de individuos diversos en cuanto seres humanos, lo cual significa que debemos dar mayor protagonismo a las diferencias, excluyendo la uniformidad que empobrece las posibilidades del pleno y libre desarrollo de la persona.

---

[6] LLAMAZARES FERNÁNDEZ, DIONISIO. *Derecho de la Libertad de Conciencia. II. Libertad de conciencia, identidad personal y solidaridad.* Thomson-Civitas. Madrid. 2003. 2ª Edición. Página 624.

[7] LLAMAZARES FERNÁNDEZ, DIONISIO. *Tolerancia, laicidad y diálogo intercultural.* En: CASTRO JOVER, ADORACIÓN. (Dir.). *Interculturalidad y Derecho.* Aranzadi Thomson Reuters. Cizur Menor. 2013. Páginas 59 y siguientes.

BIBLIOGRAFÍA

ACEVES, OCTAVIO. *Un largo camino a Montsegur. La herejía cátara*. Heptada. Madrid. 1990.

AGUILERA BARCHET, BRUNO. *Iniciación histórica al Derecho Musulmán: seguida de un ensayo sobre la historia jurídica de Al-Andalus*. Instituto de Estudios Jurídicos Internacionales. Dykinson. Madrid. 2007.

ALEKSANDROV, EMIL. (2) *El Tratado búlgaro-raguseo de 1253. (Características desde la perspectiva del Derecho Internacional)*. En: *Revista histórica*. Libro 12/1991. Año XLVII. Academia Búlgara de las Ciencias. 1991. Páginas 35 a 46.

ALEKSANDROV, VALENTIN. (1). *El Congreso de Viena 1814-1815*. En: *Pensamiento jurídico*. Libro número 3/1999. Año XXXX. Academia Búlgara de las Ciencias. 1999. Páginas 57 a 70.

ALONSO GARCÍA, RICARDO. *Sistema Jurídico de la Unión Europea*. Civitas Thomson Reuters. Cizun Menor. 2012. 3ª Edición.

ALVIRA CABRER, MARTÍN. *La cruzada contra los Albigenses: historia, historiografía y memoria*. En: *Clio & Crimen*. nº 6 (2009). Páginas 110 a 141.

ANDREEV, MIKHAIL, y ANGELOV, DIMITAR. (7). *Historia del estado búlgaro y derecho*. Editorial «Nauka i izkustvo». Sofía. 1959.

ANDREEV, MIKHAIL, y MILKOVA, FANI. (8). *Historia del estado y derecho* búlgaro feudal. Editorial Sofi-R. Sofía. 1993.

ANGELOV, DIMITAR. *La formación de la nacionalidad búlgara. Su desarrollo en la época medieval (siglos IX-XIV)*. Sofia Press. Sofía. 1978.

— (6). *El bogomilismo en Bulgaria*. Editorial «Nauka i izkustvo». Sofía. 1969.

ANGELOV, VESELIN. (3). *Crónica de una traición nacional. Los intentos sobre la desnacionalización forzosa de Macedonia de Pirin (1944-1949)*. Editorial Universidad de Blagoevgrad «Neofit Rilski». Blagoevgrad. 1999.

— (4). *La cuestión macedonia en las relaciones búlgaro-yugoslavos (1944-1952)*. En: *Los archivos hablan*. Volumen 31. Dirección General de los Archivos de Consejo de Ministros, Universidad de Sofía «San Clemente de Ohrid». Sofía. 2004.

— (5). *Documentos secretos. Documentos sobre las actividades de la Dirección de Seguridad Nacional (1944-1989)*.Sofía. 2007.

ARKADIEV, DIMITAR. (9). *Investigación de la composición étnica de la población según los censos de Bulgaria*. En: *Revista «Población»*. Libro 6/1992. Instituto de demografía de la Academia Búlgara de Ciencias. Sofía. 1992. Páginas 47 a 57.

ARP, BJÖRN. *Un balance sobre el primer ciclo de informes estatales del Comité Consultativo del Convenio-Marco para la Protección de las Minorías Nacionales*. En: *Revista Española de*

Derecho Internacional. Vol. LVI-2004. Núm.1. Enero-Junio. Asociación Española de Profesores de Derecho Internacional y Relaciones Internacionales, Boletín Oficial del Estado. Madrid. 2005. Páginas 525 a 530.

— *La aplicación del Convenio-Marco para la Protección de las minorías nacionales en España: el «segundo ciclo»*. En: *Revista Española de Derecho Internacional*. Vol. LX-2008. Núm.2. Julio-Diciembre. Asociación Española de Profesores de Derecho Internacional y Relaciones Internacionales, Boletín Oficial del Estado. Madrid. 2009. Páginas 689 a 695.

ATANASOVA, KATYA. (10). *Arrúmanos*. En: KRASTEVA, ANNA. *Comunidades e identidades en Bulgaria*. Petexton. Sofía. 1998. Páginas 155 a 169.

BAEV, YORDAN, y KOTEV, NIKOLAY. (11). *La cuestión de la emigración en las relaciones búlgaro-turcas después de la Segunda Guerra Mundial*. Parte II. En: *Relaciones Internacionales*. Libro 2/1994. Año XXIII. Sofía. 1994. Páginas 50 a 61.

BAKALOV, GEORGI. (12). *La Iglesia y el Estado en la historia búlgara*. En: *Estado e Iglesia-Iglesia y Estado en la historia búlgara. Colección 135 años de la institución del Exarcado búlgaro*. Universidad de Sofía «San Clemente de Ohrid». Sofía. 2006. Páginas 19 a 24.

BARBERINI, GIOVANI. *Il fenomeno religioso confessionale nel processo di democratizzazione negli Stati dell'Europa centro-orientale*. En: TEDESCHI, MARIO (Editor). *La Libertà Religiosa*. Tomo III. Rubbettino. Catanzaro. 2002. Páginas 907 a 930.

— *L´ostpolitik della Santa Sede. Un dialogo lungo e fatigoso*. Il Mulino. Urbino. 2007.

BARUH, EMI. (14). *Judíos*. En: KRASTEVA, ANNA. *Comunidades e identidades en Bulgaria*. Petexton. Sofía. 1998. Páginas 221 a 242.

BAUTISTA JIMÉNEZ, JUAN MANUEL. *El Convenio Marco para la Protección de las Minorías Nacionales: construyendo un sistema europeo de protección de las minorías*. En: *Revista de Instituciones Europeas*. Vol. 22. Núm. 3. 1995. Páginas 939 a 957.

BENBASSA, ESTHER, y RODRIGUE, ARON. *Juifs des Bakans: espaces judéo-ibériques, XIVe - XXe siècles*. Éditions la Découverte. París. 1993.

— *Historia de los judíos sefardíes de Toledo a Salónica*. Abada Editores. Madrid. 2004.

BEROV, HRISTO. (15). *Nuevamente sobre la Historia Constitucional Europea del siglo XIX.-Tomo segundo de un libro de guía alemán*. En: *Pensamiento jurídico*. Libro número 4/2012. Año LIII. Academia Búlgara de las Ciencias. Sofía. 2012. Páginas 72 a 75.

BIDELEUX, ROBERT, y JEFFRIES, IAN. *A History of Eastern Europe. Crisis and change*. Routledge. London and New York. 1998.

BLACK, CYRIL. (16). *Establecimiento de gobierno constitucional en Bulgaria*. Princeton University Press 1943, Open Society Institute Sofia. 1996.

BLIZNASHKI, GEORGI. (17). *Sobre la forma del Estado*. En: *Mundo jurídico*. Libro número 1/1999. Editorial Sibi. 1999. Páginas 36 a 46.

BOGOMILOVA, NONKA. *Religion, Law and Politics in the Balcans in the end of the 20th and the beginning of the 21st century*. Editorial «Iztok Zapad». Sofía 2005.

BOKOVA, IRENA. (18). *Católicos*. En: KRASTEVA, ANNA. *Comunidades e identidades en Bulgaria*. Petexton. Sofía. 1998. Páginas 260 a 271.

BONAMUSA, FRANCESC. *Pueblos y naciones en los Balcanes (siglos XIX y XX). Entre la media luna y la estrella roja*. Editorial Síntesis. Madrid. 1998.

BONEVA, VERA. (19). *La petición de los búlgaros de Tsarigrad respecto a soberanía eclesiástica y nacional de 1856, y la evolución del nacionalismo político renacentista*. En: *Cultura espiritual*. Revista mensual de religión, filosofía, ciencia y arte. Año LXXVI. Libro 5. Sofía. 1996. Páginas 19 a 25.

BOSAKOV, VESELIN. (20). *Identidad y diversidad del Islam en Bulgaria*. Centro virtual de música, cultura e investigación. Sofía. 2006.

BOSHKOV, VANKO , EPSTEIN ALAN, MARK, y ANDREEV, STEFAN . *Ottoman documents on Balcan Jews. (XVITH-XVIITH) centuries*. Centre international d'information sur les sources de l'histoire balkanique et méditerranéenne. Sofía. 1990.

BRAVO, ANTONIO. *Bizancio. Perfiles de un Imperio*. Ediciones Akal. S.A. 1997.

BRIEUX, PABLO MANDIROLA. *Introducción al Derecho Islámico*. Marcial Pons, Ediciones Jurídicas y Sociales, S. A. Madrid; Barcelona. 1998.

BOYADZHIEVA, NADIA. (21). *Historia de las relaciones internacionales (XVII-XX). Aspectos históricos y jurídicos*. Editorial «Albatros». Sofía. 2002.

BÜCHSENSCSCHÜTZ, ULRICH. (22). *La política de minorías en Bulgaria. La política del Partido Comunista búlgaro*, relativa a los judíos, pomacos y turcos (1944-1989). Freien Universität Berlin. Centro internacional de los problemas de las minorías y las relaciones interculturales. Sofía. 2000.

CABRERA, EMILIO. *Historia de Bizancio*. Editorial Ariel. S.A. Barcelona. 1998.

CAPOTORTI, FRANCESCO. *Study on the rights of persons belonging to ethnic, religious and linguistic minorities*. United Nations. New York. 1979.

CASTRO JOVER, ADORACIÓN. *Interculturalidad y Derecho en el ámbito regional y supranacional europeo*. En: CASTRO JOVER, ADORACIÓN. (Dir.). *Interculturalidad y Derecho*. Aranzadi Thomson Reuters. Cizur Menor. 2013. Páginas 23 a 57.

CIMBALO, GIOVANNI. *Tutela individuale e collettiva della libertà di coscienza e modelli di relazione tra stato e confessioni religiose nei paesi dell'Est Europa*. En: CIMBALO, GIOVANNI, y BOTTI, FEDERICA (Editores). *Libertà di coscienza e diversità di appartenenza religiosa nell'Est Europa*. Bolonia University Press. 2008. Páginas 15 a 29.

CODEVILLA, GIOVANNI. *Stato e Chiesa nella Federazione Russa. La nuova normativa nella Russia postcomunista*. La Casa di Matriona. Bérgamo. 1998.

CRAMPTON, RICHARD, y CRAMPTON, BEN. *Atlas of Eastern Europe in the Twentieth Century*. Routledge. London and New York. 1996.

CHARFI, MOHAMED. *Islam y libertad. El malentendido histórico*. Almed. 2001.

CHUKOV, VLADIMIR. (236). *Elementos político-jurídicos de las relaciones islámicas internacionales*. En: *Relaciones Internacionales*. Libro 6/1994. Año XXIII. Sofía. 1994. Páginas 83 a 92.

— (237). *La filosofía jurídica de Abu Hanifah (696-767), el creador de Corpus juris islamicus*. En: *Anuario Jurídico de la Facultad de Derecho de la Universidad Libre de Burgas de 1994*. Año II. Tomo II. Editorial Universidad Libre de Burgas. 1995. Páginas 153 a 170.

DACHEVA, PENKA. (48). *La libertad de las confesiones religiosas en la Constitución de Tarnovo*. En: *Pensamiento jurídico*. Libro número 3/2001. Año XXXXII. Academia Búlgara de las Ciencias. 2001. Páginas 71 a 80.

DAGRON, GILBERT. *Lawful Society and Legitimate Power: «Εννομος πολιτεία, έννομος άρχή»*. En: ANGELIKI, LAIOU, y DIETER, SIMON. *Law and Society in Byzantium: Ninth-Twelfth Centuries*. Dumbarton Oaks. 1994. Páginas 27 a 51.

DE PLANHOL, XAVIER. *Minorías en el Islam. Una geografía de la pluralidad*. Ediciones Bellaterra. Barcelona. 2002.

DÍAZ BARRADO, CÁSTOR MIGUEL. *La protección de las Minorías en el seno del Consejo de Europa. (El Convenio Marco para la protección de las minorías nacionales)*. En: *Anuario de la Facultad de Derecho de la Universidad de Extremadura*. Núm. 17. 2000. Páginas 125 a 170.

DOBTCHEV, PETKO (Editor). (49). *La legislación antisemita y su abolición (1942-1945). Colección normativa acompañada del estudio del Prof. Dr. Dimitar Tokushev.* FENEYA Editorial de literatura jurídica. Sofía. 2010.

DONCHEV, KAMEN. (50). *La influencia del derecho consuetudinario búlgaro sobre el derecho europeo implementado en Bulgaria tras la Liberación*. En: *Pensamiento jurídico*. Libro número 3/1991. Año XXXII. Academia Búlgara de las Ciencias. 1991. Páginas 94 a 99.

DRONZINA, TATIANA. *El modelo étnico búlgaro: Los retos de la etnicidad en el proceso de la democratización y la integración de Bulgaria a la Unión Europea*. En: *Papeles del Este. Transiciones postcomunistas*. Número 8 (2004). En: http://pendientedemigracion.ucm.es/BUCM/cee/papeles/08/02.pdf

DRUMEVA, EMILIA. (51). *Derecho Constitucional*. 3ª Edición. Editorial Ciela. Sofía. 2008.

DRUMEVA, EMILIA. (52). *Los partidos políticos (aspectos jurídicos constitucionales)*. En: *Pensamiento jurídico*. Libro número 2/2008. Año XLIX. Academia Búlgara de las Ciencias. 2008. Páginas 3 a 15.

— (53). *Primacía del Derecho de la Unión Europea sobre el Derecho Nacional (en la práctica del Tribunal Constitucional)*. En: *Mundo jurídico*. Libro número 1/2009. Editorial Sibi. 2009. Páginas 11 a 24.

— (54). *Para la Constitución*. En: *Pensamiento jurídico*. Libro número 4/2011. Año LII. Academia Búlgara de las Ciencias. 2011. Páginas 3 a 8.

DRUMEVA, EMILIA, y KAMENOVA, TSVETANA. (55). *Derechos humanos. Texto y materiales*. Centro de asistencia jurídica, Facultad de Derecho de la Universidad de Plovdiv «Paisii Hilendarski». Plovdiv. 2000.

DUVERNOY, JEAN. *L'Historie des cathares. Le catharisme*. Privat. Toulouse. 1979.

DUYCHEV, IVAN. (56). *Fuentes de la antigua historia búlgara*. Sofía. 1945.

EKIMDZHIEV, MIKHAIL, y BONCHEVA, KATINA. (62). *La discriminación-concepción y conocimiento del problema*. En: *Los Derechos Humanos*. Libro número 4/2005. Edición de fundación «Abogados búlgaros por los derechos humanos». Páginas 5 a 14.

ELDAROV, SVETLOZAR. (63). *Uniatas*. En: KRASTEVA, ANNA. *Comunidades e identidades en Bulgaria*. Petexton. Sofía. 1998. Páginas 398 a 407.

— (64). *Bulgaria y el Vaticano (1944-1989). Relaciones diplomáticas, eclesiásticas y otras*. Editorial Logis. Sofía. 2002.

— (65). *Los católicos en Bulgaria (1878-1989). Estudio histórico*. Centro internacional de los problemas de las minorías y las relaciones interculturales. Sofía. 2002.

ENCHELMAIER, STEFAN. *Equality, right: market economy, free competition, and rights of equality*. En: RUIZ MIGUEL, CARLOS. (Coordinador). *Estudios sobre la Carta de los Derechos Fundamentales de la Unión Europea*. Universidade de Santiago de Compostela. 2004. Páginas 53 a 82.

ENCHEV, DIMITAR. (66). *Alianzas, tratados, pactos y convenios en los Balcanes (Comentario)*. En: *Relaciones Internacionales*. Libros 2/3 de 1999. Año XXII. Páginas 113 a 119.

FANTELLI, PAOLA. *Le minoranze islamiche nella Bulgaria post-comunista: ingerenze statali e libertà confessionale.* En: *Stato, Chiese e pluralismo confessionale.* Revista Telemática. Julio 2007. Páginas 1 a 23. En: www.statoechiese.it

FLORIN, CURTA. *The making of the Slavs.* Cambridge University Press. 2001.

FONSECA MORILLO, FRANCISCO. *La gestión y el contenido de la Carta de Niza.* En: MATIA PORILLA, FRANCISCO JAVIER. (Dir.). *La protección de los derechos fundamentales en la Unión Europea.* Civitas. Madrid. 2002. Páginas 85 a 121.

GARCÍA CRUZ, JOSÉ FERNANDO. *Un Análisis del derecho islámico: la Escuela Duodecimana o Ya'Fari: historia del pensamiento y la doctrina jurídica y Teoría General de la Ley Islámica.* Editorial Universidad de Extremadura. Cáceres. 2004.

GARCÍA DE LA MADRID, MIGUEL. *Historia de los tres derechos, romano, canónico y español.* Madrid. 1831.

GENOV, GEORGI. (30). *«La Cuestión de Oriente». (Historia política y diplomática).* Primera parte. Sofía. 1924.

— (31). *«La Cuestión de Oriente».* Segunda parte. *Del Congreso de París (1856) al Tratado de Neuilly (1919).* Imprenta «Houdojnik». Sofía. 1926.

— (32). *El Tratado de Neuilly y Bulgaria.* Editorial «Vanyo Nedkov». Sofía. 2000.

GEORGIEV, KIRIL. (37). *La «Ley Penal de Vasil Levski».* En: *Pensamiento jurídico.* Libro número 2/2000. Año XXXXI. Academia Búlgara de las Ciencias. 1995. Páginas 99 a 101.

GEORGIEV, VELICHKO, y TRIFONOV, STAYCO. (33). *Historia de los búlgaros (1878-1944) en documentos.* Tomo I 1878-1912. Primera parte. *Restauración y desarrollo del estado búlgaro.* Editorial «Prosveta». Sofía. 1994.

— (34). *La conversión de los búlgaros musulmanes 1912 - 1913.* Ediciones Académicas «Profesor Marin Drinov». Sofía. 1995.

— (35). *Historia de los búlgaros (1878-1944) en documentos.* Tomo I 1878-1912. Segunda parte. *Los búlgaros en Macedonia, Tracia y Dobrudzha.* Editorial «Prosveta». Sofía. 1996.

— (36). *Historia de los búlgaros (1878-1944) en documentos.* Tomo II 1912-1918. *El período de las guerras.* Editorial «Prosveta». Sofía. 1996.

GEORGIEVA, TSVETANA. (39). *El impuesto de sangre y la introducción del Islam en los territorios búlgaros.* En: STEFANOV, IVAN. *Asuntos demográficos y etnosociales del Ródope de Este.* Plovdiv. 1988. Páginas 42 a 59.

GEORGIEVA. SASHKA. (38). *La influencia de la legislación bizantina sobre el antiguo derecho matrimonial búlgaro.* En: *Revista histórica.* Libro 1/1997. Año LII. Academia Búlgara de las Ciencias. 1997. Páginas 58 a 66.

GHODSEE, KRISTEN. *Muslim Lives in Eastern Europe: Gender, Ethnicity, and Transformation of Islam in Postsocialist Bulgaria.* Princeton University Press. 2009.

GOODWIN, JASON. *Los señores del horizonte. Una historia del Imperio Otomano.* Alianza Editores. Madrid. 2006.

GRADEVA, ROSITSA. (43). *Respecto a las competencias jurídicas del tribunal del cadí durante el siglo XVII.* En: *Revista histórica.* Libro 2/1993. Año XLIX. Academia Búlgara de las Ciencias. 1993. Páginas 99 a 120.

GRANCHAROV, OGNYAN. (44). *La tradición jurídica búlgara en la Iglesia Rumana Ortodoxa, siglos XV-XVII.* Sofía. 1998.

GURR, T. R. *Minorities at Risk. A global view of ethnopolitical conflicts.* United States Institute of Peace Press. Washington. 1993.

GYUDUROV, DIMITAR. (45). *La política religiosa de Bulgaria y los musulmanes (1919-1925)*. En: *Anuario del Departamento de Ciencias Históricas de la Nueva Universidad Búlgara*. Tomo II de 2007. Páginas 342 a 390. En: http://ebox.nbu.bg/pro/12%20 Dimitar%20Giudurov%20+.pdf

GYUZELEV, VASIL. (46). *El estado búlgaro en actos y documentos*. Editorial «Nauka i izkustvo». Sofía. 1981.

— (47). *Fuentes de la historia medieval de Bulgaria (VII-XV), recogidas en manuscritos, colecciones y archivos austriacos*. Tomo II. *Fuentes italianas, latinas y alemanas*. En: *Los archivos hablan*. Volumen 9. Dirección General de los Archivos. Sofía. 2000.

HAKOV, DZHENGIZ. (229). *Sobre el problema de los búlgaros de origen judío*. En: *Relaciones Internacionales*. Libro 4/1993. Año XXII. Sofía. 1993. Páginas 25 a 35.

HALLAQ, WAEL. *A History of Islamic Legal Theories: An introduction to Sunni usul al-fiqh*. Cambridge University Press. 1999.

HILBERG, RAUL. *La destrucción de los judíos europeos*. Editorial Akal. Madrid. 2005.

HOWARD, SACHAR. *Adiós España. Historia de los sefardíes*. Thassàlia. Barcelona. 1995.

HRISIMOVA, OGNYANA. (230). *Sociedad de Naciones y la protección de las minorías. (Perspectiva histórica sobre las normas jurídicas)*. En: *Anuario Jurídico de la Facultad de Derecho de la Universidad Libre de Varna «Chernorizets Hrabar» de 1995*. Libro I de 1995. Editorial Universidad Libre de Varna «Chernorizets Hrabar». Varna. 1995. Páginas 188 a 199.

HRISTOV, VESELIN, y STOYANOV, VENTSISLAV. (232). *El derecho al nombre*. En: *Pensamiento jurídico*. Libro número 4/1991. Año XXXII. Academia Búlgara de las Ciencias. 1991. Páginas 13 a 23.

HRISTOV, VESELIN, y VALKOV, ATANAS. (231). *La Ley de Registro Civil y algunas cuestiones respecto a los nombres de los ciudadanos búlgaros*. En: *Anuario Jurídico de la Facultad de Derecho de la Universidad Libre de Burgas de 2001*. Tomo XII. Editorial Universidad Libre de Burgas Centro de Ciencias Jurídicas. 2001. Páginas 83 a 92.

HRISTOV, VLADIMIR. (233). *La responsabilidad política de los jefes del Estado en la tradición estatal búlgara*. En: *Pensamiento jurídico*. Libro número 3/2006. Año XLVII. Academia Búlgara de las Ciencias. 2006. Páginas 3 a 12.

— (234). *Las ideas de los partidos políticos respecto a la modificación de la Constitución vigente*. En: *Pensamiento jurídico*. Libro número 4/2011. Año LII. Academia Búlgara de las Ciencias. 2011. Páginas 17 a 22.

ILIEVA, IRENA. (73). *Las minorías en los Balcanes*. Editorial «Kronos». Sofía. 1994.

— (74). *El Convenio Marco para la Protección de las Minorías Nacionales y su mecanismo controlador*. En: *Pensamiento jurídico*. Libro número 2/2000. Año XXXXI. Academia Búlgara de las Ciencias. 2000. Páginas 24 a 40.

— (75). *La Carta de los Derechos Fundamentales de la Unión Europea*. En: *Pensamiento jurídico*. Libro número 1/2001. Año XXXXII. Academia Búlgara de las Ciencias. 2001. Páginas 72 a 80.

— (76). *Regulación jurídica del principio de igualdad y no discriminación según las distintas leyes*. En: KAMENOVA, TSVETANA, DRUMEVA, EMILIA, e ILIEVA, IRENA. *Regulación jurídica antidiscriminatoria europea y nacional*. Asociación de los juristas por el desarrollo del derecho en el interés público y la armonización de la legislación

búlgara y europea. Instituto de Ciencias Jurídicas de la Academia Búlgara de las Ciencias. Sofía. 2004. 2ª Edición. Páginas 136 a 219.
— *The Rights of Individuals, belonging to Minorities in Bulgaria.* En: *Europa Ethnica.* Vol. 64. Issue 3/4. 2007. Páginas 123 a 178.
— *Legal regulation of the religious rights and freedoms in Bulgaria.* En: CIMBALO, GIOVANNI, y BOTTI, FEDERICA (Editores). *Libertà di coscienza e diversità di appartenenza religiosa nell'Est Europa.* Bolonia University Press. 2008. Páginas 77 a 101.
— *Anti-Semitism and Islamofobia in Bulgaria. Actual legal and sociological aspects.* En: *Stato, Chiese e pluralismo confessionale.* Revista Telemática. Noviembre 2011. Páginas 1 a 32. En: www.statoechiese.it
IMBER, COLIN. *The Ottoman Empire, 1300-1650. The structure of power.* Basingstoke. Palgrave. 2002.
IMBERT, PAUL. *La rénovation de l'Empire Ottoman. Affaires de Turquie.* Librairie Académique Perrin et Cie. París. 1909.
INSTITUTO NACIONAL DE ESTADÍSTICA DE LA REPÚBLICA DE BULGARIA. (126). *Censo de población y viviendas de 2011.* Tomo 1. *Población.* Libro 2. *Características demográficas y sociales.* Sofía. 2012.
— (127). *Censo de población y viviendas de 2011.* Tomo 1. *Población.* Libro 8. *Tasas de natalidad.* Sofía. 2012.
— (128). *Censo de población y viviendas de 2011.* Tomo 3. *Provincias.* Libro 1. *Blagoevgrad.* Sofía. 2012.
— (129). *Censo de población y viviendas de 2011.* Tomo 3. *Provincias.* Libro 2. *Burgas.* Sofía. 2012.
— (130). *Censo de población y viviendas de 2011.* Tomo 3. *Provincias.* Libro 8. *Dobrich.* Sofía. 2012.
— (131). *Censo de población y viviendas de 2011.* Tomo 3. *Provincias.* Libro 9. *Kardzhali.* Sofía. 2012.
— (132). *Censo de población y viviendas de 2011.* Tomo 3. *Provincias.* Libro 12. *Montana.* Sofía. 2012.
— (133). *Censo de población y viviendas de 2011.* Tomo 3. *Provincias.* Libro 13. *Pazardzhik.* Sofía. 2012.
— (134). *Censo de población y viviendas de 2011.* Tomo 3. *Provincias.* Libro 16. *Plovdiv.* Sofía. 2012.
— (135). *Censo de población y viviendas de 2011.* Tomo 3. *Provincias.* Libro 17. *Razgrad.* Sofía. 2012.
— (136). *Censo de población y viviendas de 2011.* Tomo 3. *Provincias.* Libro 18. *Ruse.* Sofía. 2012.
— (137). *Censo de población y viviendas de 2011.* Tomo 3. *Provincias.* Libro 19. *Silistra.* Sofía. 2012.
— (138). *Censo de población y viviendas de 2011.* Tomo 3. *Provincias.* Libro 20. *Sliven.* Sofía. 2012.
— (139). *Censo de población y viviendas de 2011.* Tomo 3. *Provincias.* Libro 21. *Smolyan.* Sofía. 2012.
— (140). *Censo de población y viviendas de 2011.* Tomo 3. *Provincias.* Libro 25. *Targovishte.* Sofía. 2012.

— (141). *Censo de población y viviendas de 2011*. Tomo 3. *Provincias*. Libro 27. *Shumen*. Sofía. 2012.
— (142). *Censo de población y viviendas de 2011*. Tomo 3. *Provincias*. Libro 28. *Yambol*. Sofía. 2012.
— (143). *Libro de referencia. Censo 2011*. Sofía. 2012.
— (144). *Censo de población y viviendas de 2011. Libro de referencia de la Provincia de Blagoevgrad*. Sofía. 2012.
— (145). *Censo de población y viviendas de 2011. Libro de referencia de la Provincia de Burgas*. Sofía. 2012.
— (146). *Censo de población y viviendas de 2011. Libro de referencia de la Provincia de Dobrich*. Sofía. 2012.
— (147). *Censo de población y viviendas de 2011. Libro de referencia de la Provincia de Kardzhali*. Sofía. 2012.
— (148). *Censo de población y viviendas de 2011. Libro de referencia de la Provincia de Kyustendil*. Sofía. 2012.
— (149). *Censo de población y viviendas de 2011. Libro de referencia de la Provincia de Montana*. Sofía. 2012.
— (150). *Censo de población y viviendas de 2011. Libro de referencia de la Provincia de Pazardzhik*. Sofía. 2012.
— (151). *Censo de población y viviendas de 2011. Libro de referencia de la Provincia de Pleven*. Sofía. 2012.
— (152). *Censo de población y viviendas de 2011. Libro de referencia de la Provincia de Plovdiv*. Sofía. 2012.
— (153). *Censo de población y viviendas de 2011. Libro de referencia de la Provincia de Razgrad*. Sofía. 2012.
— (154). *Censo de población y viviendas de 2011. Libro de referencia de la Provincia de Ruse*. Sofía. 2012.
— (155). *Censo de población y viviendas de 2011. Libro de referencia de la Provincia de Silistra*. Sofía. 2012.
— (156). *Censo de población y viviendas de 2011. Libro de referencia de la Provincia de Sliven*. Sofía. 2012.
— (157). *Censo de población y viviendas de 2011. Libro de referencia de la Provincia de Smolyan*. Sofía. 2012.
— (158). *Censo de población y viviendas de 2011. Libro de referencia de la Provincia de Sofía*. Sofía. 2012.
— (159). *Censo de población y viviendas de 2011. Libro de referencia de la Provincia de Sofía (capital)*. Sofía. 2012.
— (160). *Censo de población y viviendas de 2011. Libro de referencia de la Provincia de Targovishte*. Sofía. 2012.
— (161). *Censo de población y viviendas de 2011. Libro de referencia de la Provincia de Shumen*. Sofía. 2012.
— (162). *Censo de población y viviendas de 2011. Libro de referencia de la Provincia de Yambol*. Sofía. 2012.
IVANOVA, SVETLANA. (71). *Las mujeres musulmanas y cristianas ante el Tribunal del cadí en Rumelia del siglo XVIII. Asuntos matrimoniales*. En: *Revista histórica*. Libro 10/1992. Año XLVIII. Academia Búlgara de las Ciencias. 1992. Páginas 76 a 87.

— (72). *Antes de nacer el millet búlgaro.* En: *Estado e Iglesia-Iglesia y Estado en la historia búlgara. Colección 135 años de la institución del Exarcado búlgaro.* Universidad de Sofía «San Clemente de Ohrid». Sofía. 2006. Páginas 135 a 184.

JELAVICH, CHARLES, y BARBARA. *The Establishment of the Balkan National States, 1804-1920.* En: *A History of East Central Europe.* Volume VIII. University of Washington Press. Seattle and London. 1977.

KALINOVA, EVGENIA. (81). *Las relaciones búlgaro-turcas desde la década de los años 20 hasta los finales de la década de los 50 en la búsqueda del tono correcto.* En: *Las líneas del entendimiento mutuo. Bulgaria y Turquía socios en el siglo XXI.* Centro internacional de los problemas de las minorías y las relaciones interculturales. Sofía. 2009. Páginas 83 a 97.

KALKANDZHIEVA, DANIELA. (82). *La Iglesia Ortodoxa Búlgara y el Estado (1944-1953).* Editorial «Albatros». Sofía. 1997.

KAMENOVA, TSVETANA. (83). *La prohibición de la discriminación en el nuevo XII Protocolo del Convenio Europeo para la Protección de los Derechos Humanos y de las Libertades Fundamentales, así como en las normativas de la Unión Europea.* En: *Pensamiento jurídico.* Libro número 3/2000. Año XXXXI. Academia Búlgara de las Ciencias. 2000. Páginas 44 a 56.

— (84). *La prohibición de la discriminación en el nuevo XII Protocolo del Convenio Europeo para la Protección de los Derechos Humanos y de las Libertades Fundamentales.* En: *Los Derechos Humanos.* Libro número 1/2001. Edición de fundación «Abogados búlgaros por los derechos humanos». Páginas 42 a 48.

KANCHOV, VASIL. (98). *Macedonia: etnografía y estadística.* Segunda Edición. Ediciones Académicas «Profesor Marin Drinov». Sofía. 1996.

KANEV, KRASIMIR. (97). *Legislación y política hacia las minorías étnicas y religiosas en Bulgaria.* En: KRASTEVA, ANNA. *Comunidades e identidades en Bulgaria.* Petexton. Sofía. 1998. Páginas 67 a 117.

KARAHASAN-CHANAR, IBRAHIM. (86). *Las minorías étnicas en Bulgaria. Historia, cultura, religión y tradiciones.* Editorial LIK. Sofía. 2005.

KARAPETKO, MARÍA. *Religious dimensions of Identity.* En: MORAVCÍKOVÁ, MICHAELA, Y LOJDA, MIROSLAV *Religious freedom and its aspects.* Ustav pre vzt'ahy státu a cirkví v spolupráci s Centrom pre európsku politiku. Bratislava. Páginas 199 a 213.

KARAPETROVA, RUMYANA, y KOEN, EMIL. (85). *Protestantes.* En: KRASTEVA, ANNA. *Comunidades e identidades en Bulgaria.* Petexton. Sofía. 1998. Páginas 309 a 328.

KAZAKOV, EMIL. (80). *La fuerza de una idea nacional-los judíos búlgaros durante la Segunda Guerra Mundial.* En: *Relaciones Internacionales.* Libro 4/2001. Año XXX. Sofía. 2001. Páginas 97 a 114.

KEMANOV, NEDELCHO, y VASILEVA, MARIA. (87). *Para la historia y el derecho del tercer estado búlgaro. (Fuentes).* Varna. 2000.

KENDEROVA, STOYANKA. (88). Recensión sobre: *Ottoman documents on Balcan Jews. (XVITH-XVIITH) centuries.* En: *Revista histórica.* Libro 5/1991. Academia Búlgara de las Ciencias. 1991. Páginas 102 a 104.

KESYAKOV, BORIS, y NIKOLOV, DIMITAR. (89). *El Tratado de Neuilly con notas explicativas.* Editorial «Martilen». Sofía. 1999. 2ª Edición.

KIROV, STEFAN. (90). *Los derechos de los ciudadanos búlgaros.* Academia Búlgara de las Ciencias y los Artes, Imprenta «Knipegraf». Sofía. 1942.

KOEN, DAVID. (91). *Los judíos en Bulgaria (1878-1949).* Sofía. 2008.

KOLEV, ÁNGEL HRISTOV. *La tolerancia étnica y religiosa en los proyectos para la independencia del estado búlgaro de la dominación otomana, el punto de partida del concepto legal sobre la protección de los derechos fundamentales de las minorías en Bulgaria.* En: BARRANCO AVILÉS, MARÍA del CARMEN, CELADOR ANGÓN, ÓSCAR, y VACAS FERNÁNDEZ, FÉLIX (Coordinadores.). *Perspectivas actuales de los sujetos de derecho. Colección Gregorio Peces-Barba, nº 2.* DYKINSON. Madrid. 2012. Páginas 379 a 390.

— *Valoración crítica de un modelo de relaciones Iglesia y Estado. El derecho a la libertad religiosa y de conciencia en la legislación búlgara.* En: BRIONES MARTÍNEZ, IRENE MARÍA. *Libertad religiosa: Reflexión didáctica sobre persona, religión y derecho.* Digital Reasons. Madrid. 2012. Páginas 55 a 68.

— *La nacionalización de las propiedades de la Iglesia Católica, por el régimen comunista búlgaro (1944 –1989) y la cuestión sobre su restitución tras la llegada de la democracia.* En: VEGA GUTIÉRREZ, ANA MARÍA, MARTÍN GARCÍA, MARÍA del MAR, RODRÍGUEZ BLANCO, MIGUEL, y VÁZQUEZ GARCÍA-PEÑUELA, JASÉ MARÍA. (Coordinadores). *Protección del patrimonio cultural de interés religioso.* Actas del V Simposio Internacional de Derecho Concordatario. Logroño, 19-21 de octubre de 2011. Colección: Derecho canónico y Derecho eclesiástico del Estado. EDITORIAL COMARES. Granada. 2012. Páginas 433 a 443.

— *El concepto legal sobre libertad religiosa de las minorías en Bulgaria, como base fundamental de la instauración del modelo multicultural búlgaro tras la liberación del estado de dominación otomana en 1878.* En: CAEROLS, JOSÉ JOAQUÍN. (Editor). *Religio in labyrintho.* Escolar y Mayo Editores. Madrid. 2013. Páginas 227 a 242.

— *Gestión de la diversidad en Bulgaria.* En: CASTRO JOVER, ADORACIÓN. (Dir.). *Interculturalidad y Derecho.* Aranzadi Thomson Reuters. Cizur Menor. 2013. Páginas 353 a 382.

— *The New Legislation on Religious Freedom in Bulgaria.* En: TAIVANS, LEONS, y PRIEDE, JĀNIS. (Editors). *Oriental Studies. Between East and West: Cultural and Religious Dialogue before, during and after the Totalitarian Rule.* Scholarly Papers. Volume 793. University of Latvia. Riga. 2013. Páginas 214 a 224.

— *La cuestión religiosa en el sistema educativo búlgaro.* En: CANO RUIZ, ISABEL. *La enseñanza de la religión en la escuela pública.* Actas del VI Simposio Internacional de Derecho Concordatario. Alcalá de Henares, 16-18 de octubre de 2013. Colección: Derecho canónico y Derecho eclesiástico del Estado. Editorial Comares. Granada. 2014. Páginas 503 a 519.

— *La interpretación del principio de igualdad según los ordenamientos constitucionales de Bulgaria.* En: GIMENO SENDRA, VICENTE, y REGUEIRO GARCÍA, MARÍA TERESA. (Coordinadores). *Nuevas tendencias en la interpretación de los Derechos Fundamentales.* Editorial Universitas. Madrid. 2015. Páginas 781 a 794.

KOLEV, YORDAN. (92). *La Ley de instrucción popular del Partido Demócrata de 1909. El puente jurídico hacia Europa.* En: Revista *«Educación preescolar».* Número 8 de 1999. Plovdiv. 1999. Páginas 6 a 11.

KONSTANTINOV, EMIL. (93). *Los derechos de las personas, pertenecientes a minorías religiosas, lingüísticas y étnicas según la Constitución búlgara de 1991.* En: RUSANOV, VA-

LERIY. (Coordinador). *Actas del Segundo Seminario «Aspectos de la situación étnico-cultural en Bulgaria y en los Balcanes»*. Centro de Investigación de la Democracia, Fundación «Friedrich Naumann». Sofía 1992. Páginas 9 a 20.

— (94). *La incorporación del Derecho Internacional según la Constitución búlgara de 1991*. En: *Pensamiento jurídico*. Libro número 1/1993. Año XXXIV. Academia Búlgara de las Ciencias. 1993. Páginas 54 a 63.

— (95). *Los compromisos internacionales asumidos por Bulgaria en materia de protección de los derechos minoritarios y su regulación constitucional*. En: VV.AA. *La Constitución de 1991 y la participación de Bulgaria en los Tratados Internacionales*. Bajo la dirección general del Profesor. EMIL KONSTANTINOV. Editorial Sibi. Sofía. 1993. Páginas 135 a 158.

KOSTOVA, MARIA. (96). *Sobre una contribución búlgara de la historia del Derecho Internacional y la diplomacia*. En: *Derecho Contemporáneo*. Libro número 4/1997. Editorial Sibi. Sofía. 1997. Páginas 118 a 121.

KRASTEV, ATANAS. *An Attempt at Modernization: The New Bulgarian Legislation in the Field of Religious Freedom*. En: Brigham Young University Law Review. 2001. Número 2. Páginas 585 a 602. En: http://lawreview.byu.edu/archives/2001/2/kru7.pdf

— *La Ley búlgara sobre religiones de 2002-primeras impresiones*. En: *Revista General de Derecho Canónico y Derecho Eclesiástico del Estado*. Iustel. Número 1. 2003. En: www.iustel.com

LABAL, PAUL. *Los cátaros. Herejía y crisis social*. Crítica. Barcelona. 2000.

LERNER, NATÁN. *Las Naciones Unidas y las minorías: A propósito de la Declaración de la Asamblea General de 18 de diciembre de 1992*. En: *Revista Española de Derecho Internacional*. Vol. XLV-1993. Núm.2. Julio-Diciembre. Instituto de Ciencias Jurídicas, Consejo Superior de Investigaciones Científicas. Madrid. 1993. Páginas 269 a 282.

— *Discriminación racial y religiosa en el Derecho Internacional*. Comisión Nacional de los Derechos Humanos. México. 2002.

LEVI, RUBEN. (99). *El Frente Popular y las minorías nacionales*. Biblioteca Frente Popular № 9. Sofía. 1946.

LOKER, ZVI. *Los judíos sefardíes de Bulgaria*. En: MÉCHOULAN, HENRI. *Los judíos de España. Historia de una diáspora. (1492-1992)*. Editorial Trotta. Madrid. 1993. Páginas 255 a 260.

LÓPEZ BASAGUREN, ALBERTO. *Estado-Nación y minorías nacionales en la nueva Europa*. En: GURRUTXAGA ABAD, ANDER. (Editor). *El presente del Estado-Nación*. Servicio Editorial de la Universidad del País Vasco. Bilbao. 2004. Páginas 65 a 91.

LOZANOVA, TSVETANKA. (100). *Implementación de las normas del Derecho Internacional en materia de derechos humanos en Bulgaria: el régimen jurídico de los tratados de derechos humanos en el ordenamiento interno búlgaro*. En: *Anuario Jurídico de la Facultad de Derecho de la Universidad Libre de Burgas de 1995*. Año III. Tomo IV. Editorial Universidad Libre de Burgas. 1995. Páginas 45 a 82.

— (101). *La protección internacional contemporánea de las minorías*. En: *Los Derechos Humanos*. Libro número 2/1997. Edición de «Centro Búlgaro de Derechos Humanos». Páginas 4 a 13.

— (102). *Mecanismo internacional de protección de los Derechos Humanos-concepto legal, tipos y tendencias de desarrollo*. En: *Mundo jurídico*. Libro número 2/1999. Editorial Sibi. 1999. Páginas 161 a 187.

LLAMAZARES FERNÁNDEZ, DIONISIO. *Derecho de la Libertad de Conciencia. II. Libertad de conciencia, identidad personal y solidaridad.* Thomson-Civitas. Madrid. 2003. 2ª Edición.

LLAMAZARES FERNÁNDEZ, DIONISIO. *Derecho de la Libertad de Conciencia.* Tomo I. *Conciencia, tolerancia y laicidad.* Thomson Reuters. 2011. 4ª Edición.

— *Tolerancia, laicidad y diálogo intercultural.* En: CASTRO JOVER, ADORACIÓN. (Dir.). *Interculturalidad y Derecho.* Aranzadi Thomson Reuters. Cizur Menor. 2013. Páginas 59 a 80.

MACEK, JOSEF, y MANDROU, ROBERT. *Histoire de la Bohême des origines à 1918.* Fayard. 1984.

MANCHEV, KRASTYO. (113). *Historia de los pueblos balcánicos (1918-1945).* Editorial Paradigma. Sofía. 2004.

— (114). *Historia de los pueblos balcánicos.* Tomo I. (1352-1878). Paradigma. Sofía. 2006.

— (115). *Historia del asunto nacional de los Balcanes.* Editorial Paradigma. Sofía. 2008.

MANCHEV, KRASTYO, y DOYCHINOVA, ELENA. (116). *La población musulmana en el noroeste de Bulgaria según la política búlgara-turca. (1919-1939)* En: *Revista histórica.* Libro 5/1991. Academia Búlgara de las Ciencias. 1991. Páginas 57 a 73.

MANGAS MARTÍN, ARACELI. (Dir.). *Carta de los Derechos Fundamentales de la Unión Europea. Comentario artículo por artículo.* Fundación BBVA. Bilbao. 2008.

MANOLOVA, MARIA. (104). *Aspectos jurídico-estatales de la preparación y la Proclamación de la Unión.* En: *Revista Ciencia.* Número 3 de 1995. Sofía. 1995. Páginas 20 a 22.

— (105). *La unión jurídica-estatal del Principado de Bulgaria y la Rumelia Oriental.* En: *Derecho Contemporáneo.* Libro número 5/1995. Editorial Sibi. Sofía. 1995. Páginas 50 a 59.

— (106). *90 años de la Proclamación de la Independencia de Bulgaria.* En: *Pensamiento jurídico.* Libro número 2/1998. Año XXXIX. Academia Búlgara de las Ciencias. 1998. Páginas 13 a 23.

— (107). *La Constitución de Tarnovo-una expresión de las tradiciones nacionales y de la experiencia común europea.* En: *Pensamiento jurídico.* Libro número 1/1999. Año XXXX. Academia Búlgara de las Ciencias. 1999. Páginas 3 a 12.

— (108). *Historia del Estado y del derecho búlgaro. El tercer estado búlgaro (1878-1944).* Editorial Ciela. Sofía. 2001.

— (109). *Para los símbolos del estado búlgaro.* En: *Pensamiento jurídico.* Libro número 3/2002. Año XXXXIII. Academia Búlgara de las Ciencias. 2002. Páginas 12 a 23.

— (110). *La actividad normativa del Gobierno Provisional Ruso en Bulgaria (1877-1879).* Editorial Ciela. Sofía. 2003.

— (111). *Que nos acordemos del conde Vladimir Alexandrovich Cherkasky, (1824-1878).* En: *Pensamiento jurídico.* Libro número 3/2008. Año XLIX. Academia Búlgara de las Ciencias. 2008. Páginas 3 a 11.

— (112). *La Asamblea Constituyente y el restablecimiento de los principios del gobierno parlamentario.* En: *Mundo jurídico.* Libro número 1/2008. Editorial Sibi. 2008. Páginas 136 a 154.

MARKOV, RUMEN. (117). *Sobre la cuestión de la categorización de los delitos.* En: *Pensamiento jurídico.* Libro número 3/2005. Año XLVI. Academia Búlgara de las Ciencias. 2005. Páginas 49 a 62.

MARUSHIAKOVA, ELENA, y POPOV, VESELIN. (118). *Los gitanos en Bulgaria.* Editorial «Club'90». Sofía. 1993.

— *Gypsies in the Ottoman Empire. A Contribution to the History of the Balkans*. Gypsy Research Center and University of Hertfordshire. Bristol. 2001.

— *The Roma-a Nation without a State? Historical Background and Contemporary Tendencies*. En: BERNHARD STRECK (Hg.): *Segmentation und Komplementarität. Organisatorische, ökonomische und kulturelle Aspekte der Interaktion von Nomaden und Sesshaften*. Beiträge der Kolloquia am 25.10.2002 und 27.06.2003. Halle 2004 (Orientwissenschaftliche Hefte 14; Mitteilungen des SFB «*Differenz und Integration*». Número 6. Páginas 71 a 100.

— *Gypsy/Roma European migration from 15th century till nowadays*. En: *Romani mobilities in Europe: Multidisciplinary perspectives*. International Conference. Refugee Studies Center, University of Oxford 14-15 January 2010. Páginas 126 a 131.

MAZHDRAKOVA-CHAVDAROVA, OGNYANA. (103). *La representación nacional búlgara-ideas e intentos de su creación (los años 40-60 del siglo XIX)*. En: *Revista histórica*. Libro 2/1993. Año XLIX. Academia Búlgara de las Ciencias. 1993. Páginas 3 a 35.

METODIEV, VESELIN, y STOYANOV, LACHEZAR. (119). *Las Constituciones búlgaras y los proyectos constitucionales*. Editorial «Petar Beron». Sofía. 2003. 2ª Edición.

MIGEV, VLADIMIR. (120). *Algunos aspectos de las relaciones entre la Iglesia Ortodoxa y el régimen comunista en Bulgaria*. En: *Estado e Iglesia-Iglesia y Estado en la historia búlgara. Colección 135 años de la institución del Exarcado búlgaro*. Universidad de Sofía «San Clemente de Ohrid». Sofía. 2006. Páginas 449 a 462.

MIHAYLOV, MIKHAIL. (121). *Aspectos jurídicos internacionales del Convenio Marco para la Protección de las Minorías Nacionales*. En: *Relaciones Internacionales*. Libro 3/1999. Año XXVIII. Sofía. 1999. Páginas 65 a 72.

MILOSEVIC, MIRA. *El proceso de reislamización de los musulmanes de Bosnia y Herzegovina (1990-2000)*. En: *Cuadernos de pensamiento político*. Enero/Marzo. 2006. Páginas 151 a 173.

MILLIOT, LOUIS, y BLANC, FRANÇOIS-PAUL. *Introduction à l'étude du droit musulman*. Éditions Dalloz. Paris. 2001.

MISHKOVA, DIANA. (123). *Respecto a los complejos nacionales búlgaros, o es «belga» o no la Constitución de Tarnovo*. En: *Futuro histórico*. Libro 2 de 1997. Asociación «Clio». Sofía. 1997. Páginas 100 a 108.

MITSEVA, EVGENIA, y PAPAZYAN-TANIELYAN, SIRANUSH. (122). *Armenios*. En: KRASTEVA, ANNA. *Comunidades e identidades en Bulgaria*. Petexton. Sofía. 1998. Páginas 138 a 154.

MRACHKOV, VASIL. (124). *Cuestiones sobre la aproximación de la legislación búlgara al Derecho de la Unión Europea*. En: *Pensamiento jurídico*. Libro número 1/1998. Año XXXIX. Academia Búlgara de las Ciencias. 1998. Páginas 3 a 21.

MRACHKOV, VASIL, SREDKOVA, KRASIMIRA, y VASILEV, ATANAS. (125). *Comentario del Código de Trabajo*. Editorial Sibi. Sofía. 2009. 10ª Edición.

MUTAFCHIEVA, VERA, y TODOROV, NIKOLAY. *El pasado de Bulgaria*. Sofía Press. 1970.

NACHEVA, SNEZHANA. (163). *La civilización constitucional y el primer modelo constitucional búlgaro-la Constitución de Tarnovo de 1879*. En: *Mundo jurídico*. Libro número 2/1999. Editorial Sibi. 1999. Páginas 73 a 84.

— (164). *La civilización constitucional y el constitucionalismo búlgaro*. Primera Parte. Editorial Sibi. Sofía 2004.

NENOVA, LILYANA. (165). *Sobre algunas reflexiones del Derecho Familiar en la Ley de los nombres de los ciudadanos búlgaros.* Estado y Derecho. Libro 10. Año III. Instituto del Estado y Derecho de la Academia Búlgara de las Ciencias. Sofía. 1990. Páginas 3 a 13.

— (166). *Disposiciones constitucionales reguladoras de las relaciones familiares.* En: *Pensamiento jurídico.* Libro número 2/1992. Año XXXIII. Academia Búlgara de las Ciencias. 1992. Páginas 3 a 14.

— (167). *Matrimonio civil y rito religioso.* En: *Revista «Sociedad y derecho».* Número 9 de 1993. Páginas 17 a 19.

NENOVSKI, NENO. (168). *Los derechos del hombre-evolución histórica.* En: *Pensamiento jurídico.* Libro número 2/1994. Año XXXV. Academia Búlgara de las Ciencias. 1994. Páginas 20 a 36.

— (169). *Los derechos de la persona en la Constitución de la República de Bulgaria de 1991.* En: *Pensamiento jurídico.* Libro número 1/1995. Año XXXVI. Academia Búlgara de las Ciencias. 1995. Páginas 3 a 13.

— (170). *Constitución de la República de Bulgaria anotada con las Sentencias del Tribunal Constitucional.* Editorial Sibi. 2001.

NIKOLCHEV, DILYAN. (173). *El derecho canónico y el derecho romano de Bizancio-dos partes de un mismo orden jurídico, (jurisprudencia y escuelas jurídicas).* En: *Historia.* Libro número 2/2000. Año VIII. Ministerio de Educación y Ciencia de Bulgaria. Sofía. Páginas 1 a 16.

NIKOLOVA, RAINA. (171). *La legislación búlgara de imprenta en el período 1878-1947.* En: *Mundo jurídico.* Libro número 2/2004. Editorial Sibi. 2004. Páginas 118 a 128.

— (172). *Los derechos de los ciudadanos según la Ley Orgánica de Rumelia Oriental.* En: *Mundo jurídico.* Libro número 2/2008. Editorial Sibi. 2008. Páginas 137 a 178.

NYAGULOV, BLAGOVEST. (174). *La protección europea de las minorías en Bulgaria-aspectos contemporáneos.* En: *Revista histórica.* Libro 5-6/2000. Año LVI. Academia Búlgara de las Ciencias. 2000. Páginas 250 a 269.

OSTROGORSKI, GEORG. *Historia del Estado Bizantino.* Akal Editor. Madrid. 1983.

PAMPOROV, ALEKSEY. (176). *La vida cotidiana de los romas en Bulgaria.* Faber. Veliko Tarnovo. 2006.

PAPASTATIS, HARALAMBOS. (177). *El estatuto del monte Athos según el derecho griego.* En: *Pensamiento jurídico.* Libro número 3/1993. Año XXXIV. Academia Búlgara de las Ciencias. 1993. Páginas 97 a 107.

PASHOV, GEORGI, y USHEV, KOSTADIN. (178). *La conversión de los búlgaros musulmanes, (1912-1913).* VV.AA. *«Druzhba rodina». Recuerdos para el futuro.* Academia Búlgara de Ciencias, Institutos de Historia, Balcanística y Sociología. Facultad de Historia de la Universidad de Sofía «San Clemente de Ohrid». Centro de investigación de los búlgaros «Tangra». Sofía. 2009. Páginas 384 a 383.

PENKOV, SAVA. (179). *Tratados Internacionales de Bulgaria (681-1947).* Les Editions Georges Naef S.A. Sofia-Genève-Paris. 1992.

PERÉZ, JOSEPH. *Los judíos en España.* Marcial Pons, Ediciones de Historia Madrid. 2005.

PETKOV, KRASTYO, y FOTEV, GEORGI. (180). *El conflicto étnico de Bulgaria de 1989. Archivo Sociológico.* Instituto de sociología de la Academia Búlgara de las Ciencias. Sofía. 1990.

PETKOV, PETKO. (181). *Ideas de organización y gobierno de la sociedad búlgara 1856-1878.* Ediciones Universidad de Veliko Tarnovo *«Stos. Cirilo y Metodio»*. Veliko Tarnovo. 2003.

PETROV, LYUDMIL. (183). *El Tratado de Craiova-un éxito de la diplomacia búlgara.* En: *Relaciones Internacionales.* Libro 1/1994. Año XXIII. Sofía. 1994. Páginas 79 a 97.

PETROV, PETAR, y PETROVA, GALABINA. (184). *Historia del estado búlgaro y derecho. Fuentes (680-1944).* Editorial «Albatros». Sofía. 2002. 3ª Edición.

PETROV, VLADIMIR. (182). *Algunos razonamientos sobre la efectividad de la aplicación de la Ley de Protección contra la Discriminación.* En: *Colección de conmemoración en homenaje al Profesor Zhivko Stalev.* Editorial Sibi. Sofía. 2005. Páginas 327 a 342.

PETROVA, GALABINA. (185). *Los delitos en la Bulgaria medieval.* Servicio de publicaciones de la Universidad de Sofía «San Clemente de Ohrid». Sofía. 1992.

— (186). *Los delitos contra el Estado y la religión a lo largo del Primer y el Segundo Estado búlgaro.* En: *Investigaciones jurídicas.* Academia Búlgara de las Ciencias. Sofía. 1992. Páginas 46 a 59.

— (187). *Definición de Derecho Eclesiástico.* En: *Pensamiento jurídico.* Libro número 4/1995. Año XXXVI. Academia Búlgara de las Ciencias. 1994. Páginas 116 a 123.

— (188). *Sobre las fuentes del Derecho Canónico.* En: *Pensamiento jurídico.* Libro número 4/1998. Año XXXIX. Academia Búlgara de las Ciencias. Sofía. 1998. Páginas 18 a 26.

— (189). *Las relaciones entre el Estado búlgaro y la Iglesia Ortodoxa Búlgara durante de la Edad Media.* En: *Pensamiento jurídico.* Libro número 2/2000. Año XXXXI. Academia Búlgara de las Ciencias. 2000. Páginas 3 a 14.

— (190). *Las relaciones Iglesia Ortodoxa-Estado en Bulgaria (1878-1944).* En: *Mundo jurídico.* Libro número 1/2000. Editorial Sibi. 2000. Páginas 117 a 129.

— (191). *El Derecho Familiar de la Bulgaria medieval.* En: *Mundo jurídico.* Libro número 1/2002. Editorial Sibi. 2002. Páginas 44 a 58.

— (192). *Cuestiones sobre el derecho penal en la Bulgaria medieval.* En: *Pensamiento jurídico.* Libro número 2/2002. Año XXXXIII. Academia Búlgara de las Ciencias. 2002. Páginas 3 a 20.

— (193). *Historia del estado búlgaro y derecho.* Primera parte. *Edad Media.* Editorial Sibi. Sofía. 2002.

— (194). *El desarrollo de la enseñanza y los conocimientos de Derecho Canónico.* En: *Mundo jurídico.* Libro número 1/2003. Editorial Sibi. 2003. Páginas 41 a 59.

— (195). *Nuevamente sobre el término «Derecho Canónico».* En: *Mundo jurídico.* Libro número 2/2003. Editorial Sibi. 2003. Páginas 55 a 67.

— (196). *La Iglesia Ortodoxa Búlgara durante la Edad Media. (Primer Estado búlgaro).* En: *Pensamiento jurídico.* Libro número 4/2004. Año XLV. Academia Búlgara de las Ciencias. 2004. Páginas 3 a 24.

— (197). *La Iglesia Ortodoxa Búlgara durante la Edad Media. (Segundo Estado búlgaro).* En: *Pensamiento jurídico.* Libro número 2/2005. Año XLVI. Academia Búlgara de las Ciencias. 2005. Páginas 9 a 18.

— (198). *Iglesia y Derecho Eclesiástico en la Bulgaria medieval.* Editorial Sibi. Sofía. 2008.

PINON, RENÉ. *L'Europe et l'Empire Ottoman. Les Aspects actuels de la Question d'Orient.* Librairie Académique Perrin et Cie. París. 1913.

PITASSO, ARMANDO. *Corso introduttivo allo studio della storia dell'Europa Orientale dall'antichità a Versailles.* Morlacchi Editore. Perugia. 2000.

POPOV, NIKOLAY, y PIRONKOVA, MARINA. (199). *El sistema educativo de Bulgaria.* Sofía. 2007.

PORTAL, ROGER. *The Slavs.* The Trinity Press. Worcester and London. 1969.

QUESADA, JUAN MARTOS. *Introducción al mundo jurídico de la España musulmana.* Ediciones G. Martín. Madrid. 1999.

RELAÑO PASTOR, EUGENIA. *La protección internacional de las minorías religiosas.* Centro de Estudios Políticos y Constitucionales. Madrid. 2003.

— *Una valoración del Convenio Marco para la Protección de las Minorías Nacionales del Consejo de Europa en su quinto aniversario.* En: *Migraciones.* Núm. 17 (2005). Páginas 185 a 214.

ROSHKOVSKA, ANNA. (200). *La oleada sefardí y la cultura búlgara del Renacimiento.* En: *Multiculturalismo. La cultura de las minorías en Bulgaria.* Centro internacional de los problemas de las minorías y las relaciones interculturales. Instituto de literatura de la Academia Búlgara de las Ciencias. Sofía. 2001. Páginas 34 a 47.

ROTH, KARL. *Historia del Imperio Bizantino.* Segunda Edición. Editorial Labor S.A. Barcelona-Buenos Aires. 1928.

ROULAND, NORBERT, PIERRÉ-CAPS, STÉPHANE, y POUMARÈDE, JACQUES. *Derecho de minorías y de pueblos autóctonos.* Siglo XXI editores. Madrid. 1999.

RUIZ VIEYTEZ, EDUARDO. *La protección jurídica de las minorías en la Historia Europea.* En: *Cuadernos Deusto de Derechos Humanos.* Número 3. *La protección jurídica de las minorías en la Historia Europea (siglos XVI-XX).*Universidad de Deusto. Bilbao. 1998.

— *Minorías, nacionalidades y minorías nacionales. La problemática aplicación en España del Convenio Marco para la Protección de las Minorías Nacionales del Consejo de Europa.* En: *Revista Vasca de Administración Pública.* Núm. 82 de 2008. Páginas 187 a 225.

RYABUSHKIN, TIMON VASILEVICH, y SIMCHERA, VASILIY MIHAYLOVICH. (201). *Descripción de la Estadística Internacional: metodología y organización.* Editorial «Nauka». Moscú. 1981.

SANTOS DÍEZ, JOSÉ LUIS. *El factor religioso en Bulgaria y Rumania, nuevos miembros de la Unión Europea.* En: *UNISCI Discussion Papers.* Número XIV. Mayo 2007. En: http://www.ucm.es/data/cont/media/www/pag-72527/Santos14.pdf. Páginas 131 a 148.

SEDLAR, JEAN. *East Central Europe in the Middle Ages, 1000-1500.* University of Washington Press. Seattle and London. 1994.

SHAW, STANFORD JAY. *History of the Ottoman Empire and Modern Turkey: Volume 1, Empire of the Gazis: The Rise and Decline of the Ottoman Empire 1280-1808.* Cambridge University Press. 1976.

SHAW, STANFORD JAY y SHAW, KURAL EZEL. *History of the Ottoman Empire and Modern Turkey: Volume 2, Reform, Revolution and Republic. The Rise of the Modern Turkey 1808-1975.* Cambridge University Press. 1977.

SHMUELEVITZ, ARYEH. *The Ottoman Jewish Communities and their Role in the Fifteenth and Sixteenth Centuries.* Klaus Schwarz. Freiburg. 1980.

SREDKOVA, KRASIMIRA. (202). *El principio de prohibición de la discriminación de origen étnico o racial según la Directiva № 2000/43/ EC de 29 de junio de 2000 y la legislación búlgara laboral y de seguridad social.* En: *Mundo jurídico.* Libro número 1/2001. Editorial Sibi. 2001. Páginas 154 a 163.

STALEV, ZHIVKO. (205). *La Constitución y los acuerdos internacionales sobre los derechos humanos y las libertades fundamentales.* En: *Mundo jurídico.* Libro número 1/1999. Editorial Sibi. 1999. Páginas 13 a 20.

STAMENOVA, ZHIVKA. (206). *Gagauzos.* En: KRASTEVA, ANNA. *Comunidades e identidades en Bulgaria.* Petexton. Sofía. 1998. Páginas 190 a 206.

STAYKOV, IVAYLO. (203). *Discriminación en la resolución de la relación laboral.* En: *Derecho Contemporáneo.* Libro número 6/2003. Editorial Sibi. Sofía. 2003. Páginas 16 a 32.

— (204). *Prohibición de discriminación en la determinación y la adquisición de la remuneración laboral.* En: *Derecho mercantil.* Número 5-6 de 2005. Sofía. 2005. Páginas 101 a 121.

STOYANOV, DIMITAR. (210). *La amenaza. El gran nacionalismo búlgaro y el espionaje turco en Bulgaria.* Editorial «Albatros». Sofía. 1997.

STOYANOV, VALERI. (209). *La población turca en Bulgaria y la política minoritaria oficial (1878-1944).* En: *Páginas de la historia búlgara. Acontecimientos, reflexiones, personalidades. Segunda parte.* Editorial «Prosveta». Sofía. 1993. Páginas 192 a 209.

STOYCHEV, KRASEN. (207). *El derecho búlgaro a finales del siglo XIX y a principios del siglo XX: contradicciones entre reglas nuevas y antiguas.* En: *Pensamiento jurídico.* Libro número 4/2000. Año XXXXI. Academia Búlgara de las Ciencias. 2000. Páginas 3 a 19.

STOYCHEV, STEFAN. (208). *Derecho Constitucional.* Editorial Ciela. Sofía. 2002. 5ª Edición.

SUIDAS (*lexicógrafo*). *Suidae Lexicon, Craece & Latine. Tribus volumis. Tomus I.* Cantabrigiae: Typis Academicis. 1705.

TANCHEV, EVGENI. (211). *Problemas constitucionales de la compatibilidad del derecho nacional con la Directiva 2000/43 de la Unión Europea de 29 de junio de 2000. Respecto a los principios de la igualdad étnica y racial.* En: *Mundo jurídico.* Libro número 1/2001. Editorial Sibi. 2001. Páginas 145 a 153.

— (212). *La igualdad-aspectos constitucionales y compatibilidad con la Carta de los Derechos Fundamentales de la Unión Europea y la Directiva 2000/43/.* En: *Los Derechos Humanos.* Libro número 1/2001. Edición de fundación «Abogados búlgaros por los derechos humanos». Páginas 23 a 31.

— (213). *Adaptación de la Constitución de la República de 1991 a los requisitos de asociación de Bulgaria a la Unión Europea.* En: *Mundo jurídico.* Libro número 2/2002. Editorial Sibi. 2002. Páginas 29 a 36.

TATARLA, IBRAHIM. (214). *La protección de los derechos de las minorías (ordenamiento interno e internacional).* En: *Revista Democrática.* Libro 1 de 1996. Sofía. 1996. Páginas 377 a 395.

— (215). *La actividad educativa de los turcos en Bulgaria.* En: TATARLA, IBRAHIM. *Los derechos del hombre, de las naciones y de las minorías, regulación jurídica nacional e internacional y asuntos de su ejercicio en Bulgaria. Estudios, artículos y discursos.* Editorial ET «Avrasya»-İbrahim Tatarlı. Sofía. 2009. Páginas 155 a 172.

TEMELSKI, HRISTO. (216). *El Fermán-el Cisma, el Exarcado-el Patriarcado y el Estado otomano.* En: *Estado e Iglesia-Iglesia y Estado en la historia búlgara. Colección 135 años de la institución del Exarcado búlgaro.* Universidad de Sofía «San Clemente de Ohrid». Sofía. 2006. Páginas 247 y 258.

THORNBERRY, PATRICK. *International law and the rights of minorities.* Clarendon Press. Oxford. 1991.

— *The UN Declaration on the Rights of Persons belonging to National or Ethnic, Religious and Linguistic Minorities: Background, Analysis, Observations, and an Update.* En: PHILLIPS, ALAN, y ROSAS ALLAN (eds.). *Universal Minority Rights.* Åbo Akademi Institute for Human Rights, Minority Right Group (International). Turku/Åbo and London. 1995. Páginas 13 a 76.

THORNBERRY, PATRICK, y MARTÍN ESTÉBANEZ, MARÍA AMOR. *Minority rights in Europe. A review of the work and standards of the Council of Europe.* Council of Europe Publishing. 2004.

TODOROV, NIKOLAY. (217). *La colonización turca y los cambios demográficos en los territorios búlgaros.* En: *Etnogénesis y herencia cultural del pueblo búlgaro.* Anuario del Instituto etnográfico de la Academia Búlgara de Ciencias. Sofía. 1971. Páginas 69 a 74.

TODOROV, TODOR. (218). *Protección jurídica internacional de las minorías nacionales.* En: *Anuario Jurídico de la Facultad de Derecho de la Universidad Libre de Burgas de 1998.* Año VI. Tomo IX. Editorial Universidad Libre de Burgas. 1998. Páginas 75 a 86.

TODOROVA, RUMYANA. (219). *Las relaciones búlgaro-turcas a partir de la Segunda Guerra Mundial (los años 50 y 60 del siglo XX).* En: *Revista histórica.* Libro 5/1994-1995. Academia Búlgara de las Ciencias. 1995. Páginas 34 a 57.

TOKUSHEV, DIMITAR. (220). *La legislación antisemita y la salvaguardia de los judíos en Bulgaria.* En: *Anuario Jurídico de la Facultad de Derecho de la Universidad Libre de Burgas de 1995.* Año III. Tomo III. Editorial Universidad Libre de Burgas. 1995. Páginas 13 a 26.

TOKUSHEV, DIMITAR. (221). *El poder judicial de Bulgaria (desde la Antigüedad hasta hoy en día).* Editorial Sibi. Sofía. 2003.

— (222). *Historia del estado y del derecho búlgaro contemporáneo (1878-1944).* Editorial Sibi. Sofía. 2008.

— (223). *Historia del estado y del derecho búlgaro medieval.* Editorial Sibi. Sofía. 2009.

— (224). *La legislación antisemita y la salvación de los judíos búlgaros.* En: DOBTCHEV, PETKO (Editor). *La legislación antisemita y su abolición (1942-1945). Colección normativa acompañada del estudio del Prof. Dr. Dimitar Tokushev.* FENEYA Editorial de literatura jurídica. Sofía. 2010. Páginas 7 a 26.

TOLEV, VAKLUSH. (225). *Las religiones en los territorios búlgaros.* En: PEYKOV, ATANAS. *Actas del Simposio «El problema étnico y la cuestión nacional de los búlgaros»,* celebrado en la ciudad de Plovdiv en 1994. Poligrafía SA-Plovdiv. 1994. Páginas 192 a 207.

TOMOVA, ILONA. (226). *Romas.* En: KRASTEVA, ANNA. *Comunidades e identidades en Bulgaria.* Petexton. Sofía. 1998. Páginas 329 a 355.

TORRES GUTIÉRREZ, ALEJANDRO. *El derecho de libertad de conciencia en Austria.* Editorial Dykinson. Madrid. 2006.

— *Minorías y multiculturalidad en Austria.* Dykinson. Madrid. 2007.

— *El derecho de libertad religiosa en Portugal.* Editorial Dykinson. Madrid. 2010.

— *Gestión de la diversidad en el Reino Unido.* En: CASTRO JOVER, ADORACIÓN. (Dir.). *Interculturalidad y Derecho.* Aranzadi Thomson Reuters. Cizur Menor. 2013. Páginas 321 a 352.

— *An Introduction to the History of Religious Freedom in Bulgaria.* En: TAIVANS, LEONS, y PRIEDE, JĀNIS. (Editors). *Oriental Studies. Between East and West: Cultural and Religious Dialogue before, during and after the Totalitarian Rule.* Scholarly Papers. Volume 793. University of Latvia. Riga. 2013. Páginas 201 a 213.

TORRES GUTIÉRREZ, ALEJANDRO, y KOLEV, ÁNGEL HRISTOV. *The new Bulgarian legislation on Religious Freedom.* En: *Religion and Tolerance.* Journal of the Center for Empirical Researches of Religion. Volume IX. Number 16. Novi Sad. 2011. Páginas 333 a 364.

TORRES GUTIÉRREZ, ALEJANDRO, KOLEV, ÁNGEL HRISTOV, DOBREV, EMIL NIKOLOV, y PETROVA, ILINA ANGELOVA. *El derecho a la libertad religiosa y de conciencia en la legislación búlgara postcomunista.* En: *Laicidad y Libertades.* Número 6. Volumen 1. *Artículos e informes.* Editor Asociación «Derecho, Laicidad y Libertades». Madrid. 2006. Páginas 533 a 598.

— *Estatuto legal de las confesiones religiosas en Bulgaria.* En: CIMBALO, GIOVANNI, y BOTTI, FEDERICA (Editores). *Libertà di coscienza e diversità di appartenenza religiosa nell'Est Europa.* Bolonia University Press. 2008. Páginas 47 a 75.

TREADGOLD, WARREN. *Breve historia de Bizancio.* Editorial Paidós. Barcelona. 2001.

TRIFONOV, STAYCO. (227). *Los musulmanes en la política del Estado búlgaro (1944-1989).* En: *Páginas de la historia búlgara. Acontecimientos, reflexiones, personalidades.* Segunda parte. Editorial «Prosveta». Sofía. 1993. Páginas 210 a 224.

TSANKOV, VESELIN. (235). *La nueva Ley de ciudadanía búlgara y su correspondencia con los estándares europeos.* En: *Pensamiento jurídico.* Libro número 1/2000. Año XXXXI. Academia Búlgara de las Ciencias. 2000. Páginas 37 a 50.

VASILEVA, BOYKA. (23). *Los judíos en Bulgaria 1944-1952.* Universidad de Sofía «San Clemente de Ohrid». Sofía. 1992.

VAZHAROVA, MIKAELA. (29). *Parte de la verdad respecto al denominado proceso de regeneración. Una versión según las fuentes de la antigua Seguridad nacional.* En: *Revista Democrática.* Libros 4-5 de 1995. Sofía. 1995. Páginas 21 a 26.

VEINSTEIN, GILLES. *El Imperio Otomano, desde 1492 hasta finales del siglo XIX.* En: MÉCHOULAN, HENRI. *Los judíos de España. Historia de una diáspora. (1492-1992).* Editorial Trotta. Madrid. 1993. Páginas 347 a 372.

VLADIMIROV, GEORGI. (24). *Una hipótesis de la creación de «Ley de enjuiciamiento de las personas.»* En: *Pensamiento jurídico.* Libro número 3/2000. Año XXXXI. Academia Búlgara de las Ciencias. 2000. Páginas 101 a 104.

— (25). *La Égloga y el espacio jurídico e informativo de Bizancio durante el siglo VIII.* En: *Pensamiento jurídico.* Libro número 1/2001. Año XXXXII. Academia Búlgara de las Ciencias. 2001. Páginas 103 a 108.

— (26). *La contribución de los búlgaros medievales a la cultura jurídica del Este Europeo.* En: *Pensamiento jurídico.* Libro número 3/2001. Año XXXXII. Academia Búlgara de las Ciencias. 2001. Páginas 98 a 104.

VLADIMIROV, IVAN. (27). *La protección de las minorías nacionales según el Derecho Internacional contemporáneo.* En: *Anuario Jurídico de la Facultad de Derecho de la Universidad Libre de Burgas de 1998.* Año VI. Tomo IX. Editorial Universidad Libre de Burgas. 1998. Páginas 87 a 93.

VUCHKOV, VESELIN. (28). *La presunción de inocencia: génesis, desarrollo histórico, realidad.* En: *Pensamiento jurídico.* Libro número 4/2002. Año XXXXIII. Academia Búlgara de las Ciencias. 2002. Páginas 77 a 95.

VV.AA. *Historia de Bizancio.* Editorial Crítica. Barcelona. 2001.

— *Ley Orgánica de Rumelia Oriental.* (175). Imprenta Hr. G. Danov. Plovdiv. 1879.

— (58). *«El proceso de regeneración». El estado búlgaro y los búlgaros de origen turco (de la segunda mitad de los años 30 a principios de los años 90 del siglo XX).* Primera parte. En: *Los archivos hablan.* Volumen 55. Agencia de Archivo del Estado. Sofía. 2009.
— (59). *«El proceso de regeneración». Dimensiones internacionales (1984-1989).* Segunda parte. En: *Los archivos hablan.* Volumen 61. Agencia de Archivo del Estado. Sofía. 2009.
— (61). *Rusia y la restauración del Estado búlgaro (1878-1885).* En: *Los archivos hablan.* Volumen 47. Agencia de Archivo de la República de Bulgaria, Agencia Federal de Archivo de la Federación Rusa, Foro Bulgaria-Rusia. Sofía. 2008.
— (41). *Mustafa Kemal Atatürk y las relaciones internacionales turco-búlgaras en documentos (1913-1938).* Dirección General de los Archivos de la República de Bulgaria y Dirección General de los Archivos de la República de Turquía. Ankara. 2002.
— (228). *El Renacimiento de Bulgaria. La Constitución de Tarnovo y las leyes del Principado búlgaro (1879-1882).* Universidad de Sofía «San Clemente de Ohrid». Club jurídico búlgaro-ruso. Sofía. 2003.
— (42). *Bulgaria en la Primera Guerra Mundial. Documentos diplomáticos alemanes. Colección de documentos en dos tomos. Tomo II 1916-1918.* Dirección General de los Archivos de Consejo de Ministros. En: *Los archivos hablan.* Volumen 39. Sofía. 2005.
— (57). *La diplomacia búlgaro-turca oficial y secreta (1903-1925).* Colección documental. En: *Los archivos hablan.* Volumen 56. Agencia de Archivo del Estado. Sofía. 2009.
— (60). *Cristianos y judíos en la región de Vidin. Registros fiscales de jiziya del Sandzhak de Vidin de los años 20 del siglo XVIII.* En: *Los archivos hablan.* Volumen 62. Agencia de Archivo del Estado. Sofía. 2010.
— (40). *Fuentes turcas, relativas a la historia de Bulgaria.* En: *Los Archivos hablan.* Volumen 13. Dirección General de los Archivos de Consejo de Ministros. Academia Búlgara de las Ciencias Instituto de historia, Instituto de estudios de los Balcanes. Biblioteca Nacional de Bulgaria «Stos. Cirilo y Metodio». Sofía. 2001.
— (13). *La Constitución de la República de Bulgaria.* Comentario. Editorial Ciela. Sofía. 1999.
WALZER, MICHAEL. *Tratado sobre la tolerancia.* Editorial Paidós. Barcelona. 1998.
WEBER, ALBRECHT. *La Carta de los Derechos Fundamentales de la Unión Europea.* En: *Revista Española de Derecho Constitucional.* Número 64. Enero/Abril 2002. Páginas 79 a 97.
WITTEK, PAUL. *Devshirme and Shari'a.* En: *Bulletin of the School of Oriental and African Studies.* Volume 17. Issue 02. June 1955. Cambridge University Press. 1955. Páginas 271 a 278.
YALAMOV, IBRAHIM. (239). *La prensa turca en Bulgaria (1878-1996).* En: IVANOV, MIKHAIL. *La prensa de las minorías en Bulgaria.* Sofía. 1998. Páginas 6 a 67.
— (240). *Historia de la comunidad turca en Bulgaria.* Sofía. 2002.
YANEV, STAMEN. (241). *Evolución del Derecho Constitucional búlgaro y la participación de Bulgaria en la Unión Europea.* En: *Pensamiento jurídico.* Libro número 4/2011. Año LII. Academia Búlgara de las Ciencias. 2011. Páginas 9 a 16.
YANOVSKI, BORIS. (242). *Los juristas, los conocimientos jurídicos y la enseñanza de derecho en la historia de Bulgaria.* En: *Mundo jurídico.* Libro número 2/2000. Editorial Sibi. 2000. Páginas 155 a 184.
YOCHEV, EVGENI. (78). *Historia de la legislación del Principado de Bulgaria.* Servicio de publicaciones de la Universidad de Ruse «Angel Kanchev». Ruse. 2006.

— (79). *110 años de la adopción de la primera Ley penal búlgara*. En: *Mundo jurídico*. Libro número 2/2006. Editorial Sibi. 2006. Páginas 98 a 113.

YOTOV, BORISLAV. (77). *Derecho y religión. Característica penal de los delitos contra las confesiones religiosas según la primera Ley Penal de 1896 y el vigente Código Penal. (Monografía)*. Ediciones de literatura jurídica. Sofía. 2004.

YUSHKOV, SERAFIM VLADIMIROVICH. (238). *Orden político-social y derecho del Estado de Kiev*. Moscú. 1949.

ZAMBON, FRANCESCO. *El legado secreto de los cátaros*. Ediciones Siruela. Madrid. 1997.

ZHELYAZKOVA, ANTONINA. (67). *La expansión del Islam en los territorios de los Balcanes Occidentales sometidos al dominio otomano (XV-XVIII)*. Servicio de publicaciones de la Academia Búlgara de las Ciencias. Sofía. 1990.

— (68). *Entre la adaptación y la nostalgia. Los turcos búlgaros en Turquía*. Centro internacional de los problemas de las minorías y las relaciones interculturales. Sofía. 1998.

— (69). *El fenómeno de Bosnia*. En: ZHELYAZKOVA, ANTONINA *Bosnia: el caso particular*. Centro internacional de los problemas de las minorías y las relaciones interculturales. Sofía. 2001. Páginas 11 a 58.

ZHELYAZKOVA, ANTONINA, ALEKSIEV, BOZHIDAR, y NAZARSKA, ZHORZHETA. (70). *Las comunidades musulmanas en los Balcanes y en Bulgaria. Croquis históricos*. Centro internacional de los problemas de las minorías y las relaciones interculturales. Sofía. 1997.

ZÚÑIGA AMARO, JUAN EDUARDO. *La historia y la política de Bulgaria*. Editorial Pace. Madrid. 1944.

BIBLIOGRAFÍA CON LIBROS Y ARTÍCULOS EN BÚLGARO
БИБЛИОГРАФИЯ С ИЗПОЛЗВАНА ЛИТЕРАТУРА НА БЪЛГАРСКИ ЕЗИК

(1) АЛЕКСАНДРОВ, ВАЛЕНТИН. Виенският конгрес 1814-1815. В: Правна Мисъл. Книга 3/1999. Година XXXX. Българска Академия на Науките. 1999. Страници 57-70.

(2) АЛЕКСАНДРОВ, ЕМИЛ. Българо-дубровнишкият договор от 1253 г.. (Международноправна характеристика). В: Исторически преглед. Книга 12/1991. Година XLVII. Българска Академия на Науките. 1991. Страници 35-46.

(3) АНГЕЛОВ, ВЕСЕЛИН. Хроника на едно национално предателство. Опитите за насилствено денационализиране на Пиринска Македония (1944-1949 г.). Университетско издателство «Неофит Рилски». Благоевград. 1999.

(4) АНГЕЛОВ, ВЕСЕЛИН. Македонският въпрос в българо-югославските отношения (1944-1952). Архивите говорят. Том 31. Главно Управление на Архивите при Министерски Съвет, Университетско Издателство «Св. Климент Охридски». София. 2004.

(5) АНГЕЛОВ, ВЕСЕЛИН. Строго секретно! Документи за дейността на Държавна сигурност (1944-1989). София. 2007.

(6) АНГЕЛОВ, ДИМИТЪР. Богомилството в България. Издателство «Наука и изкуство». София. 1969.

(7) АНДРЕЕВ, МИХАИЛ, и АНГЕЛОВ, ДИМИТЪР. История на българската държава и право. Държавно Издателство «Наука и изкуство». София. 1959.

(8) АНДРЕЕВ, МИХАИЛ, и МИЛКОВА, ФАНИ. История на българската феодална държава и право. Софи-Р. София. 1993.

(9) АРКАДИЕВ, ДИМИТЪР. Изучаване на етническия състав при преброяванията на населението в България. В: Население. Книга 6/1992. Институт по демография при БАН. София. 1992. Страници 47-57.

(10) АТАНАСОВА, КАТЯ. Арумъни. В: КРЪСТЕВА, АННА. Общности и идентичности в България. Петекстон. София. 1998. Страници 155-169.

(11) БАЕВ, ЙОРДАН, и КОТЕВ, НИКОЛАЙ. Изселническия въпрос в българо –турските отночения след Втората световна война. II част. В: Международни отношения. Книга 2 от 1994. Година XXIII. София. 1994. Страници 50-60.

(12) БАКАЛОВ, ГЕОРГИ. Църква и Държава в българската история. В: Държава & Църква-Църква & Държава в българската история. Сборник по случай 135-годишнината от учредяването на Българската екзархия. Университетско издателство «Св. Климент Охридски». София. 2002. Страници 19-24.

(13) БАЛАМЕЗОВ, БОЯН и др. Конституция на Република България. Коментар. Сиела. 1999.

(14) БАРУХ, ЕМИ. Евреи. В: КРЪСТЕВА, АННА. Общности и идентичности в България. Петекстон. София. 1998. Страници 221-242.

(15) БЕРОВ, ХРИСТО. Отново за европейската конституционна история през XIX в.-Том втори на един германски наръчник. В: Правна Мисъл. Книга 4/2012. Година LIII. Българска Академия на Науките. 2012. Страници 72-75.

(16) БЛЕК, СИРИЛ. Установяване на конституционно управление в България. Превел от английски език Румен Генов. Издателство Отворено общество. София. 1996.

(17) БЛИЗНАШКИ, ГЕОРГИ. Върху формата на държавата. В: Юридически свят. Книга 1/1999. Сиби. 1999. Страници 36-46.

(18) БОКОВА, ИРЕНА. Католици. В: КРЪСТЕВА, АННА. Общности и идентичности в България. Петекстон. София. 1998. Страници 260-271.

(19) БОНЕВА, ВЕРА. Прошението на цариградските българи за църковно-народен суверенитет от 1956 и еволюцията на възрожденския политически национализъм. В: Духовна култура. Месечно списание за религия, философия, наука и изкуство. Година LXXVI. Книга 5. София. 1996. Страници 19-25.

(20) БОСАКОВ, ВЕСЕЛИН. Идентичност и многообразие на исляма в България. Виртуален център за музика, изкуство и научни изследвания. София. 2006.

(21) БОЯДЖИЕВА, НАДЯ. История на международните отношения (XVII-XX в). Исторически и правни аспекти. Издателство «Албатрос». София. 2002.

(22) БЮКСЕНШЮТИ, УЛРИХ. Малцинствената политика в България . Политиката на БКП към евреи, роми, помаци и турци (1944-1989). Превод от немски език Иво Георгиев. Международен център по проблемите на малцинствата и културните взаимодействия. София. 2000.

(23) ВАСИЛЕВА, БОЙКА. Евреите в България (1944-1952). Университетско издателство «Св. Климент Охридски». София. 1992.

(24) ВЛАДИМИРОВ, ГЕОРГИ. Една хипотеза за появата на «Законъ соудный людьмъ». В: Правна Мисъл. Книга 3/2000. Година XXXXI. Българска Академия на Науките. 2000. Страници 101-104.

(25) ВЛАДИМИРОВ, ГЕОРГИ. «Еглогата» и юридическото «информационно пространство на Византия през VIII век». В: Правна Мисъл. Книга 1/2001. Година XXXXII. Българска Академия на Науките. 2001. Страници 103-108.

(26) ВЛАДИМИРОВ, ГЕОРГИ. «Приносът на средновековните българи в правната култура на европейския изток». В: Правна Мисъл. Книга 3/2001. Година XXXXII. Българска Академия на Науките. 2001. Страници 98-104.

(27) ВЛАДИМИРОВ, ИВАН. Закрила на националните малцинства според съвременното международно право. В: «Юридически сборник». Юридически Факултет. Бургаски Свободен Университет. Година VI. Том IX. 1998. Издателство на Бургаски Свободен Университет. 1998. Страници 87-93.

(28) ВУЧКОВ, ВЕСЕЛИН. Презумцията за невинност: генезис, историческо развитие, действителност. В: Правна Мисъл. Книга 4/2002. Година XXXXIII. Българска Академия на Науките. 2002. Страници 77-95.

(29) ВЪЖАРОВА, МИКАЕЛА. Част от истината за тъй наречения възродителен процес. Една версия по източниците на някогашната Държавна сигурност. В: Демократически преглед. Брой 4-5 от 1995. София. 1995. Страници 21-26.

(30) ГЕНОВ, ГЕОРГИ. Източният въпрос. (Политическа и дипломатическа история). Част първа. София. 1924.

(31) ГЕНОВ, ГЕОРГИ. Източният въпрос. Полтическа и дипломатическа история. Част втора. От Парижкия конгрес (1856г.) до Ньойския договор (1919г.). Печатница «Художник». София. 1926.

(32) ГЕНОВ, ГЕОРГИ. Ньойския договор и България. Издателство «Ваньо Недков». София. 2000.

(33) ГЕОРГИЕВ, ВЕЛИЧКО, и СТАЙКО ТРИФОНОВ. История на българите (1878-1944). Том I (1878-1912). Част първа. Възстановяване и развитие на българската държава. Издателство «Просвета». София. 1994.

(34) ГЕОРГИЕВ, ВЕЛИЧКО, и СТАЙКО ТРИФОНОВ. Покръстването на българите мохамедани 1912-1913. Академично издателство «Професор Марин Дринов». София. 1995.

(35) ГЕОРГИЕВ, ВЕЛИЧКО, и СТАЙКО ТРИФОНОВ. История на българите (1878-1944). Том I (1878-1912). Част втора. Българите в Македония, Тракия и Добруджа. Издателство «Просвета». София. 1996.

(36) ГЕОРГИЕВ, ВЕЛИЧКО, и СТАЙКО, ТРИФОНОВ. История на българите (1878-1944). Том II (1912-1918). Периодът на войните (1912-1918). Издателство «Просвета». София. 1996.

(37) ГЕОРГИЕВ, КИРИЛ. «Наказателният закон» на Васил Левски. В: Правна Мисъл. Книга 2/2000. Година XXXXI. Българска Академия на Науките. 2000. Страници 99-101.

(38) ГЕОРГИЕВА, САШКА. Влияние на византийското законодателство върху старобългарското брачно право. В: Исторически преглед. Книга 1/1997. Година LIII. Българска Академия на Науките. 1997. Страници 50-66.

(39) ГЕОРГИЕВА, ЦВЕТАНА. Кръвният данък и налагането на Исляма в българските земи. В: СТЕФАНОВ, ИВАН. Демографските и етносоциални проблеми в Източните Родопи. Издателство «Христо Г. Данов». Пловдив. 1988. Страници 42-59.

(40) ГЛАВНО УПРАВЛЕНИЕ НА АРХИВИТЕ ПРИ МИНИСТЕРСКИ СЪВЕТ. БЪЛГАРСКА АКАДЕМИЯ НА НАУКИТЕ ИНСТИТУТ ПО ИСТОРИЯ, ИНСТИТУТ ПО БАЛКАНИСТИКА. НАРОДНА БИБЛИОТЕКА «СВ. СВ. КИРИЛ И МЕТОДИЙ». Турски извори за българската история. Архивите говорят. Том 13. София. 2001.

(41) ГЛАВНО УПРАВЛЕНИЕ НА АРХИВИТЕ ПРИ МИНИСТЕРСКИ СЪВЕТ НА РЕПУБЛИКА БЪЛГАРИЯ. ГЛАВНО УПРАВЛЕНИЕ НА ДЪРЖАВНИТЕ АРХИВИ НА РЕПУБЛИКА ТУРЦИЯ. Мустафа Кемал Ататюрк и турско-българските отношения в документи (1913-1938). Анкара. 2002.

(42) ГЛАВНО УПРАВЛЕНИЕ НА АРХИВИТЕ ПРИ МИНИСТЕРСКИ СЪВЕТ. България в Първата световна война. Германски дипломатически документи.

Сборник документи в два тома. Том II 1916-1918. Архивите говорят. Том 39. София. 2005.

(43) ГРАДЕВА, РОСИЦА. За правните компетенции на кадийския съд през XVII в. В: Исторически преглед. Книга 2/1993. Година XLIX. Българска Академия на Науките. 1993. Страници 99-120.

(44) ГРЪНЧАРОВ, ОГНЯН. Българската юридическа традиция в Румънската Православна Църква XV-XVII век. София. 1998.

(45) ГЮДУРОВ, ДИМИТЪР. Религиозната политика на България и мюсюлманите. (1919-1925). В: Годишник на Департамент «История» на Нов Български Университет. Том II от 2007г. В: http://ebox.nbu.bg/pro/12%20Dimitar%20Giudurov%20+.pdf

(46) ГЮЗЕЛЕВ, ВАСИЛ. Българската държавност в актове и документи. Издателство. «Наука и изкуство». София. 1981.

(47) ГЮЗЕЛЕВ, ВАСИЛ. Извори за средновековната история на България (VII-XIVв.) в австрийските ръкописи сбирки и архиви. Част втора. Италиански, латински и немски извори. Архивите говорят. Том 9. Главно Управление на Архивите. София. 2000.

(48) ДАЧЕВА, ПЕНКА. Свободата на вероизповеданията в Търновската Конституция. В: Правна Мисъл. Книга 3/2001. Година XXXXII. Българска Академия на Науките. 2001. Страници 71-80.

(49) ДОБЧЕВ, ПЕТКО (Съставител). Антиеврейското законодателство и неговото преодоляване (1942-1945). Сборник с нормативни актове с изследване от проф. д-р Димитър Токушев. ФЕНЕЯ Издателство за правна литература. София. 2010.

(50) ДОНЧЕВ, КАМЕН. Влияние на българското обичайно право върху реципираното европейско право в България след Освобождението. В: Правна Мисъл. Книга 3/1991. Година XXXII. Българска Академия на Науките. 1991. Страници 94-99.

(51) ДРУМЕВА, ЕМИЛИЯ. Конституционно право. Трето допълнено и преработено издание. Сиела. София. 2008.

(52) ДРУМЕВА, ЕМИЛИЯ. Политическите партии (конституционноправни аспекти). В: Правна Мисъл. Книга 2/2008. Година XLIX. Българска Академия на Науките. 2008. Страници 3-15.

(53) ДРУМЕВА, ЕМИЛИЯ. Примат на правото на Европейския съюз пред Националното право (в практиката на Конституционния съд). В: Юридически свят. Книга 1/2009. Сиби. 2009. Страници 11-24.

(54) ДРУМЕВА, ЕМИЛИЯ. За Конституцията. В: Правна Мисъл. Книга 4/2011. Година LII. Българска Академия на Науките. 2011. Страници 3-8.

(55) ДРУМЕВА, ЕМИЛИЯ, и КАМЕНОВА, ЦВЕТАНА. Права на човека. Текст и материали. Център за правна помощ, Юридически Факултет Пловдивски Университет «Паисий Хилендаски». Пловдив. 2000.

(56) ДУЙЧЕВ, ИВАН. Стара българска книжнина. София. 1945.

(57) ДЪРЖАВНА АГЕНЦИЯ АРХИВИ. Официалната и тайната българо-турска дипломация (1903-1925г.). Документален сборник. Архивите говорят. Том 56. София. 2009.

(58) ДЪРЖАВНА АГЕНЦИЯ АРХИВИ. «Възродителният процес». Българсакта държава и българските турци (средата на 30 –те-началото на 90 –те години на XX век).Част I. Архивите говорят. Том 55. София. 2009.

(59) ДЪРЖАВНА АГЕНЦИЯ АРХИВИ. «Възродителният процес». Международни измерения (1984-1989). Част II. Архивите говорят. Том 61. София. 2009.

(60) ДЪРЖАВНА АГЕНЦИЯ АРХИВИ. Християни и евреи във Видинско. Джизие описи на Видинския санджак от 20-те години на XVIII век. Архивите говорят. Том 62. София. 2010.

(61) ДЪРЖАВНА АГЕНЦИЯ «АРХИВИ» РЕПУБЛИКА БЪЛГАРИЯ, ФЕДЕРАЛЬНОЕ АРХИВНОЕ АГЕНСТВО РОССИЙСКОЙ ФЕДЕРАЦИИ, ФОРУМ «БЪЛГАРИЯ-РУСИЯ». Русия и възстановяването на българската държавност (1878-1885). Архивите говорят. Том 47. София. 2008.

(62) ЕКИМДЖИЕВ, МИХАИЛ, и БОНЧЕВА, КАТИНА. Дискриминацията-осъзнаване и опознаване на проблема. В: Правата на човека. Брой 4/2005. Издание на фондация «Български адвокати за правата на човека». 2005. Страници 5-14.

(63) ЕЛДЪРОВ, СВЕТЛОЗАР. Униати. В: КРЪСТЕВА, АННА. Общности и идентичности в България. Петекстон. София. 1998. Страници 398-407.

(64) ЕЛДЪРОВ, СВЕТЛОЗАР. България и Ватикана (1944-1989). Дипломатически, църковни и други взаимоотношения. Логис. София. 2002.

(65) ЕЛДЪРОВ, СВЕТЛОЗАР. Католиците в България (1878-1989). Историческо изследване. Международен център по проблемите на малцинствата и културните взаимодействия. София. 2002.

(66) ЕНЧЕВ, ДИМИТЪР. Алианси, договори, пактове и конвенции на Балканите (коментар). В: Международни отношения. Книга 2/3 от 1993. Година XXII. София. 1993. Страници 113-119.

(67) ЖЕЛЯЗКОВА, АНТОНИНА. Разпространение на исляма в западнобалканските земи под османска власт XV-XVIII век. Издателство на Българската Академия на Науките. София. 1990.

(68) ЖЕЛЯЗКОВА, АНТОНИНА. Между адаптацията и носталгията. Българските турци в Турция. Международен център по проблемите на малцинствата и културните взаимодействия. София. 1998.

(69) ЖЕЛЯЗКОВА, АНТОНИНА. Босненският феномен. В: ЖЕЛЯЗКОВА, АНТОНИНА. «Особеният случай» Босна. Международен център по проблемите на малцинствата и културните взаимодействия. София. 2001. Страници 7-58.

(70) ЖЕЛЯЗКОВА, АНТОНИНА, АЛЕКСИЕВ, БОЖИДАР, и НАЗЪРСКА, ЖОРЖЕТА. Мюсюлманските общности на Балканите и в България. Исторически ескизи. Международен център по проблемите на малцинствата и културните взаимодействия. София. 1997.

(71) ИВАНОВА, СВЕТЛАНА. Мюсюлманки и християнки пред кадийския съд в Румелия XVIII в.: брачни проблеми. В: Исторически преглед. Книга 10/1992. Година XLVIII. Българска Академия на Науките. 1992. Страници 76-87.

(72) ИВАНОВА, СВЕТЛАНА. Преди да се роди българският милет. В: Държава & Църква-Църква & Държава в българската история. Сборник по случай 135-годишнината от учредяването на Българската екзархия. Университетско издателство «Св. Климент Охридски». София. 2002. Страници 135-184.

(73) ИЛИЕВА, ИРЕНА. Малцинствата на Балканите. Издателска къща «Кронос». София. 1994.

(74) ИЛИЕВА, ИРЕНА. Рамковата конвенция за защита на националните малцинства и нейният контролен механизъм. В: Правна Мисъл. Книга 2/2000. Година XXXXI. Българска Академия на Науките. 2000. Страници 24-40.

(75) ИЛИЕВА, ИРЕНА. Хартата за основните права на човека в Европейския съюз. В: Правна Мисъл. Книга 1/2001. Година XXXXII. БАН. 2001. Страници 72-80.

(76) ИЛИЕВА, ИРЕНА. Уредба на принципите за равенство и недискриминация в отделните закони. В: КАМЕНОВА, ЦВЕТАНА, ДРУМЕВА, ЕМИЛИЯ и ИЛИЕВА, ИРЕНА. Европейско и национално антидискриминационно правно регулиране. Второ преработено издание. Сдружение «АПОИ», Институт за правни науки при Българска Академия на Науките. София. 2004. Страници 136-219.

(77) ЙОТОВ, БОРИСЛАВ. Право и религия. Наказателноправна характеристика на престъпленията против изповеданията според първия български Наказателен закон от 1896 г. и сега действащия Наказателен кодекс. (Монография). Издателство за юридическа литература. София. 2004.

(78) ЙОЧЕВ, ЕВГЕНИ. История на законодателството на Княжество България. Издателство-печатна база при Русенски Университет «Ангел Кънчев». Русе. 2006.

(79) ЙОЧЕВ, ЕВГЕНИ. 100 г. от приемането на първия български Наказателен закон. В: Юридически свят. Книга 2/2006. Сиби. 2006. Страници 98-113.

(80) КАЗАКОВ, ЕМИЛ. Силата на една национална представа-българските евреи през Втората световна война. В: Международни отношения. Книга 4/2001. Година XXX. София. 2001. Страници 97-114.

(81) КАЛИНОВА, ЕВГЕНИЯ. Българо-турските отношения от 20-те до края на 50-те години-в търсене на верния тон. В: Общите граници на разбирателството. България и Турция партньори в XXI век. Международен център по проблемите на малцинствата и културните взаимодействия. София. 2009. Страници 83-97.

(82) КАЛКАНДЖИЕВА, ДАНИЕЛА. Българската православна църква и държавата (1944-1953). Издателство «Албатрос». София. 1997.

(83) КАМЕНОВА, ЦВЕТАНА. Забраната на дискриминацията в новия XII Протокол към Европейската конвенция за защита на правата на човека и основните свободи, и в актовете на Европейския съюз. В: Правна Мисъл. Книга 3/2000. Година XXXXI. Българска Академия на Науките. 2000. Страници 44-56.

(84) КАМЕНОВА, ЦВЕТАНА. Забраната на дискриминацията в новия XII Протокол към Европейската конвенция за защита на правата на човека и основните свободи. В: Правата на човека. Брой 1/2001. Издание на фондация «Български адвокати за правата на човека». 2001. Страници 42-48.

(85) КАРАПЕТРОВА, РУМЯНА, и КОЕН, ЕМИЛ. Протестанти. В: КРЪСТЕВА, АННА. Общности и идентичности в България. Петекстон. София. 1998. Страници 309-328.

(86) КАРАХАСАН-ЧЪНАР, ИБРАХИМ. Етническите малцинства в България. История, култура религия, обреден календар. Издателска къща ЛИК. София. 2005.

(87) КЕМАНОВ, НЕДЕЛЧО, и ВАСИЛЕВА, МАРИЯ. Из историята на Третата българска държава и право. (Извори). Варна. 2000.

(88) КЕНДЕРОВА СТОЯНКА. Рецензия на: Ottoman documents on Balcan Jews. (XVI-TH-XVIITH) centuries. В: Исторически преглед. Книга 5/1991. Българска Академия на Науките. 1991. Страници 102-104.

(89) КЕСЯКОВ, БОРИС, и НИКОЛОВ, ДИМИТЪР. Ньойския договор. С обяснителни бележки. Второ издание. Мартилен. София. 1999.

(90) КИРОВ, СТЕФАН. Правата на българските граждани. Печатница Книпер графъ. София. 1942.

(91) КОЕН, ДАВИД. Евреите в България (1878-1949). София. 2008.

(92) КОЛЕВ, ЙОРДАН. Законът за Народното просвещение на Демократическата партия от 1909г.. Законодателен мост към Европа. В: Списание Предучилищно възпитание. Брой 8 от 1999. Пловдив. 1999. Страници 6-11.

(93) КОНСТАНТИНОВ, ЕМИЛ. Правата на лицата, принадлежащи към религиозни, езикови и етнически малцинства в българската Конституция от 1991 г. Във: ВАЛЕРИЙ РУСАНОВ (Съставител). Втори Семинар «Аспекти на етнокултурната ситуация в България и на Балканите», 21-23 февруари 1992 г. София. Център за изследване на демокрацията, Фондация «Фридрих Науман». София. 1992. Страници 9-20.

(94) КОНСТАНТИНОВ, ЕМИЛ. Включването на Международното във вътрешното право според българската Конституция от 1991. В: Правна Мисъл. Книга 1/1993. Година XXXIV. Българска Академия на Науките. 1993. Страници 54-63.

(95) КОНСТАНТИНОВ, ЕМИЛ. Международните задължения на България за закрила на малцинствените права и Конституционната уредба. В: Конституцията от 1991г. и участието на България в международните договори. Под общата редакция на проф. ЕМИЛ КОНСТАНТИНОВ. Сиби. София. 1993. Страници 135-158.

(96) КОСТОВА, МАРИЯ. За един български принос в историята на международното право и на дипломацията. В: Съвременно право. Книга 4/1997. Сиби. София. 1997. Страници 118-121.

(97) КЪНЕВ, КРАСИМИР. Законодателство и политика към етническите и религиозните малцинства в България. В: КРЪСТЕВА, АННА. Общности и идентичности в България. Петекстон. София. 1998. Страници 67-117.

(98) КЪНЧОВ, ВАСИЛ. Македония. Етнография и статистика. Второ издание. Академично издателство «Професор Марин Дринов». София. 1996.

(99) ЛЕВИ, РУБЕН. Отечественият фронт и националните малцинства. Библиотека Отечествен Фронт. София. 1946.

(100) ЛОЗАНОВА, ЦВЕТАНКА. Имплементация на международноправните норми в областта на правата на човека в България: правното положение на договорите за човешки права в българското вътрешно право. В: «Юридически сборник». Юридически Факултет. Бургаски Свободен Университет. Година III. Том IV. 1995. Издателство на Бургаски Свободен Университет. 1995. Страници 45-82.

(101) ЛОЗАНОВА, ЦВЕТАНКА. Съвременна международноправна защита на правата на малцинствата. В: Правата на човека. Книга 2/1997. Издание на «Български център по правата на човека». 1997. Страници 4-13.

(102) ЛОЗАНОВА, ЦВЕТАНКА. Международен маханизъм за защита на правата на човека-правна същност, видове и тенденции на развитие. В: Юридически свят. Книга 2/1999. Сиби. 1999. Страници 161-187.

(103) МАЖДРАКОВА-ЧАВДАРОВА, ОГНЯНА. Българското национално представителство-идеи и опити за създаването му (40-60те години на XIXв.). В: Исторически преглед. Книга 2/1993. Година XLIX. Българска Академия на Науките. 1993. Страници 3-35.

(104) МАНОЛОВА, МАРИЯ. Държавно-правни аспекти при подготовката и обявяването на Съединението. В: Наука. Брой 3 от 1995. София. 1995. Страници 20-22.

(105) МАНОЛОВА, МАРИЯ. Държавно-правно обединение на Княжество България и Източна Румелия. В: Съвременно право. Книга 5/1995. Сиби. София. 1995. Страници 50-59.

(106) МАНОЛОВА, МАРИЯ. 90 години от обявяването на Независимостта на България. В: Правна Мисъл. Книга 2/1998. Година XXXIX. Българска Академия на Науките. 1998. Страници 13-26.

(107) МАНОЛОВА, МАРИЯ. Търновската Конституция-израз на националните традиции и общоевропейския опит. В: Правна Мисъл. Книга 1/1999. Година XXXX. Българска Академия на Науките. 1999. Страници 3-12.

(108) МАНОЛОВА, МАРИЯ. История на държавата и правото. Третата българска държава. (1878-1944). Сиела. София. 2001.

(109) МАНОЛОВА, МАРИЯ. За символите на българската държавност. В: Правна Мисъл. Книга 3/2002. Година XXXXIII. Българска Академия на Науките. 2002. Страници 12-23.

(110) МАНОЛОВА, МАРИЯ. Нормотворческата дейност на Временното руско управление в България (1877-1879). Сиела. София. 2003.

(111) МАНОЛОВА, МАРИЯ. Да си спомним за княз Владимир Александрович Черкаски (1824-1878). В: Правна Мисъл. Книга 3/2008. Година XLIX. Българска Академия на Науките. 2008. Страници 3-11.

(112) МАНОЛОВА, МАРИЯ. Конституционното събрание и възстановяването на парламентарните принципи на управление. В: Юридически свят. Книга 1/2008. Сиби. 2008. Страници 136-154.

(113) МАНЧЕВ, КРЪСТЬО. История на балканските народи (1918-1945). Парадигма. София. 2004.

(114) МАНЧЕВ, КРЪСТЬО. История на балканските народи (1352-1878). Парадигма. София. 2006.

(115) МАНЧЕВ, КРЪСТЬО. История на националния въпрос на Балканите. Парадигма. София. 2008.

(116) МАНЧЕВ, КРЪСТЬО, и ДОЙЧИНОВА, ЕЛЕНА. Мюсюлманското население от североизточна България в българската и турската политика (1919-1939). В: Исторически преглед. Книга 5/1991. Българска Академия на Науките. 1991. Страници 57-73.

(117) МАРКОВ, РУМЕН. Към въпроса за категоризацията на престъпните деяния. В: Правна Мисъл. Книга 3/2005. Година XLVI. Българска Академия на Науките. 2005. Страници 49-62.

(118) МАРУШИАКОВА, ЕЛЕНА, и ПОПОВ, ВЕСЕЛИН. Циганите в България. Издателство «Клуб '90». София. 1993.

(119) МЕТОДИЕВ, ВЕСЕЛИН, и СТОЯНОВ, ЛЪЧЕЗАР. Българските конституции и конституционни проекти. Второ преработено и допълнено издание. Издателска къща «Петър Берон». София. 2003.

(120) МИГЕВ, ВЛАДИМИР. Някои аспекти на отношенията между Българската православна църква и комунистическия режим в България (1944-1989). В: Държава & Църква-Църква & Държава в българската история. Сборник по случай 135-годишнината от учредяването на Българската екзархия. Университетско издателство «Св. Климент Охридски». София. 2002. Страници 449-462.

(121) МИХАЙЛОВ, МИХАИЛ. Международноправни аспекти на Рамковата конвенция за защита на националните малцинства. В: Международни отношения. Книга 3/1999. Година XXVIII. София. 1999. Страници 65-72.

(122) МИЦЕВА, ЕВГЕНИЯ, и ПАПАЗЯН-ТАНИЕЛЯН, СИРАНУШ. Арменци. В: КРЪСТЕВА, АННА. Общности и идентичности в България. Петекстон. София. 1998. Страници 138-154.

(123) МИШКОВА, ДИАНА. Из националните ни комплекси, или «Белгийска» ли е Търновската Конституция? В: Историческо бъдеще брой 2/1997. Асоциация Клио. София. 1997. Страници 100-108.

(124) МРЪЧКОВ, ВАСИЛ. Въпроси на сближаването на българското законодателство с правото на Европейския съюз. В: Правна Мисъл. Книга 1/1998. Година XXX-IX. Българска Академия на Науките. 1998. Страници 3-21.

(125) МРЪЧКОВ, ВАСИЛ, СРЕДКОВА, КРАСИМИРА, и ВАСИЛЕВ, АТАНАС. Коментар на Кодекса на труда. Десето преработено и допълнено издание. Сиби. София. 2009.

(126) НАЦИОНАЛЕН СТАТИСТИЧЕСКИ ИНСТИТУТ. Преброяване на населението и жилищния фонд през 2011 година. Том 1. Население. Книга 2. Демографски и социални характеристики. София. 2012.

(127) НАЦИОНАЛЕН СТАТИСТИЧЕСКИ ИНСТИТУТ. Преброяване на населението и жилищния фонд през 2011 година. Том 1. Население. Книга 8. Раждаемост. София. 2012.

(128) НАЦИОНАЛЕН СТАТИСТИЧЕСКИ ИНСТИТУТ. Преброяване на населението и жилищния фонд през 2011 година. Том 3. Области. Книга 1. Благоевград. София. 2012.

(129) НАЦИОНАЛЕН СТАТИСТИЧЕСКИ ИНСТИТУТ. Преброяване на населението и жилищния фонд през 2011 година. Том 3. Области. Книга 2. Бургас. София. 2012.

(130) НАЦИОНАЛЕН СТАТИСТИЧЕСКИ ИНСТИТУТ. Преброяване на населението и жилищния фонд през 2011 година. Том 3. Области. Книга 8. Добрич. София. 2012.

(131) НАЦИОНАЛЕН СТАТИСТИЧЕСКИ ИНСТИТУТ. Преброяване на населението и жилищния фонд през 2011 година. Том 3. Области. Книга 9. Кърджали. София. 2012.

(132) НАЦИОНАЛЕН СТАТИСТИЧЕСКИ ИНСТИТУТ. Преброяване на населението и жилищния фонд през 2011 година. Том 3. Области. Книга 12. Монтана. София. 2012.

(133) НАЦИОНАЛЕН СТАТИСТИЧЕСКИ ИНСТИТУТ. Преброяване на населението и жилищния фонд през 2011 година. Том 3. Области. Книга 13. Пазарджик. София. 2012.

(134) НАЦИОНАЛЕН СТАТИСТИЧЕСКИ ИНСТИТУТ. Преброяване на населението и жилищния фонд през 2011 година. Том 3. Области. Книга 16. Пловдив. София. 2012.

(135) НАЦИОНАЛЕН СТАТИСТИЧЕСКИ ИНСТИТУТ. Преброяване на населението и жилищния фонд през 2011 година. Том 3. Области. Книга 17. Разград. София. 2012.

(136) НАЦИОНАЛЕН СТАТИСТИЧЕСКИ ИНСТИТУТ. Преброяване на населението и жилищния фонд през 2011 година. Том 3. Области. Книга 18. Русе. София. 2012.

(137) НАЦИОНАЛЕН СТАТИСТИЧЕСКИ ИНСТИТУТ. Преброяване на населението и жилищния фонд през 2011 година. Том 3. Области. Книга 19. Силистра. София. 2012.

(138) НАЦИОНАЛЕН СТАТИСТИЧЕСКИ ИНСТИТУТ. Преброяване на населението и жилищния фонд през 2011 година. Том 3. Области. Книга 20. Сливен. София. 2012.

(139) НАЦИОНАЛЕН СТАТИСТИЧЕСКИ ИНСТИТУТ. Преброяване на населението и жилищния фонд през 2011 година. Том 3. Области. Книга 21. Смолян. София. 2012.

(140) НАЦИОНАЛЕН СТАТИСТИЧЕСКИ ИНСТИТУТ. Преброяване на населението и жилищния фонд през 2011 година. Том 3. Области. Книга 25. Търговище. София. 2012.

(141) НАЦИОНАЛЕН СТАТИСТИЧЕСКИ ИНСТИТУТ. Преброяване на населението и жилищния фонд през 2011 година. Том 3. Области. Книга 27. Шумен. София. 2012.

(142) НАЦИОНАЛЕН СТАТИСТИЧЕСКИ ИНСТИТУТ. Преброяване на населението и жилищния фонд през 2011 година. Том 3. Области. Книга 28. Ямбол. София. 2012.

(143) НАЦИОНАЛЕН СТАТИСТИЧЕСКИ ИНСТИТУТ. Справочник преброяване 2011. София. 2012.

(144) НАЦИОНАЛЕН СТАТИСТИЧЕСКИ ИНСТИТУТ. Преброяване на населението и жилищния фонд през 2011 година. Справочник Област Благоевград. София. 2012.

(145) НАЦИОНАЛЕН СТАТИСТИЧЕСКИ ИНСТИТУТ. Преброяване на населението и жилищния фонд през 2011 година. Справочник Област Бургас. София. 2012.

(146) НАЦИОНАЛЕН СТАТИСТИЧЕСКИ ИНСТИТУТ. Преброяване на населението и жилищния фонд през 2011 година. Справочник Област Добрич. София. 2012.

(147) НАЦИОНАЛЕН СТАТИСТИЧЕСКИ ИНСТИТУТ. Преброяване на населението и жилищния фонд през 2011 година. Справочник Област Кърджали. София. 2012.

(148) НАЦИОНАЛЕН СТАТИСТИЧЕСКИ ИНСТИТУТ. Преброяване на населението и жилищния фонд през 2011 година. Справочник Област Кюстендил. София. 2012.

(149) НАЦИОНАЛЕН СТАТИСТИЧЕСКИ ИНСТИТУТ. Преброяване на населението и жилищния фонд през 2011 година. Справочник Област Монтана. София. 2012.

(150) НАЦИОНАЛЕН СТАТИСТИЧЕСКИ ИНСТИТУТ. Преброяване на населението и жилищния фонд през 2011 година. Справочник Област Пазарджик. София. 2012.

(151) НАЦИОНАЛЕН СТАТИСТИЧЕСКИ ИНСТИТУТ. Преброяване на населението и жилищния фонд през 2011 година. Справочник Област Плевен. София. 2012.

(152) НАЦИОНАЛЕН СТАТИСТИЧЕСКИ ИНСТИТУТ. Преброяване на населението и жилищния фонд през 2011 година. Справочник Област Пловдив. София. 2012.

(153) НАЦИОНАЛЕН СТАТИСТИЧЕСКИ ИНСТИТУТ. Преброяване на населението и жилищния фонд през 2011 година. Справочник Област Разград. София. 2012.

(154) НАЦИОНАЛЕН СТАТИСТИЧЕСКИ ИНСТИТУТ. Преброяване на населението и жилищния фонд през 2011 година. Справочник Област Русе. София. 2012.

(155) НАЦИОНАЛЕН СТАТИСТИЧЕСКИ ИНСТИТУТ. Преброяване на населението и жилищния фонд през 2011 година. Справочник Област Силистра. София. 2012.

(156) НАЦИОНАЛЕН СТАТИСТИЧЕСКИ ИНСТИТУТ. Преброяване на населението и жилищния фонд през 2011 година. Справочник Област Сливен. София. 2012.

(157) НАЦИОНАЛЕН СТАТИСТИЧЕСКИ ИНСТИТУТ. Преброяване на населението и жилищния фонд през 2011 година. Справочник Област Смолян. София. 2012.

(158) НАЦИОНАЛЕН СТАТИСТИЧЕСКИ ИНСТИТУТ. Преброяване на населението и жилищния фонд през 2011 година. Справочник Област София. София. 2012.

(159) НАЦИОНАЛЕН СТАТИСТИЧЕСКИ ИНСТИТУТ. Преброяване на населението и жилищния фонд през 2011 година. Справочник Област София (столица). София. 2012.

(160) НАЦИОНАЛЕН СТАТИСТИЧЕСКИ ИНСТИТУТ. Преброяване на населението и жилищния фонд през 2011 година. Справочник Област Търговище. София. 2012.

(161) НАЦИОНАЛЕН СТАТИСТИЧЕСКИ ИНСТИТУТ. Преброяване на населението и жилищния фонд през 2011 година. Справочник Област Шумен. София. 2012.

(162) НАЦИОНАЛЕН СТАТИСТИЧЕСКИ ИНСТИТУТ. Преброяване на населението и жилищния фонд през 2011 година. Справочник Област Ямбол. София. 2012.

(163) НАЧЕВА, СНЕЖАНА. Конституционната цивилизация и първият български конституционен модел-Търновската Конституция. В: Юридически свят. Книга 2/1999. Сиби. 1999. Страници 73-84.

(164) НАЧЕВА, СНЕЖАНА. Конституционната цивилизация и българският конституционализъм. Част първа. Сиби. София. 2004.

(165) НЕНОВА, ЛИЛЯНА. За някои семейноправни отражения на Закона за имената на българските граждани. Държава и право. 1990 (10). Година трета. Институт за Държавата и Правото при БАН. Министерство на Правосъдието. Върховен съд на НРБ. Главна Прокуратура на НРБ. Върховен държавен арбитраж. Съюз на юристите в България. Централен съвет на адвокатурата. София. 1990. Страници 3-13.

(166) НЕНОВА, ЛИЛЯНА. Конституционни разпоредби със семейноправно значение В: Правна Мисъл. Книга 2/1992. Година XXXIII. Българска Академия на Науките. 1992. Страници 3-14.

(167) НЕНОВА, ЛИЛЯНА. Граждански брак и религиозен ритуал. В: Общество и право. Брой 9 от 1993. Страници 17-19.

(168) НЕНОВСКИ, НЕНО. Правата на човека-историческа еволюция. В: Правна Мисъл. Книга 2/1994. Година XXXV. Българска Академия на Науките. 1994. Страници 20-36.

(169) НЕНОВСКИ, НЕНО. Правата на личността в Конституцията на Република България от 1991г. В: Правна Мисъл. Книга 1/1995. Година XXXVI. Българска Академия на Науките. 1995. Страници 3-13.

(170) НЕНОВСКИ, НЕНО. Конституцията на Република България анотирана с тълкуванията на Конституционния съд. Издателство Сиби. София. 2001.

(171) НИКОЛОВА, РАЙНА. Българското медийно законодателство в периода 1878-1947. В: Юридически свят. Книга 2/2004. Сиби. 2004. Страници 118-128.

(172) НИКОЛОВА, РАЙНА. Правата на гражданите в Органическия устав на Източна Румелия. В: Юридически свят. Книга 2/2008. Сиби. 2008. Страници 137-178.

(173) НИКОЛЧЕВ, ДИЛЯН. Църковното право и Римското право във Византия-две части на един и същи правов ред (юриспроденция и юридически школи). В: История. Двумесечно научно-методическо списание. Брой 2/2000. Година VIII. Министерсво на Образованието и Науката. София. 2000. Страници 1-16.

(174) НЯГУЛОВ, БЛАГОВЕСТ. Европейска защита на малцинствата в България-съвременни аспекти. В: Исторически преглед. Книга 5-6/2000. Година LVI. Българска Академия на Науките. 2000. Страници 252-269.

(175) ОРГАНИЧЕСКИ УСТАВ НА ИЗТОЧНА РУМЕЛИЯ. Печатница Хр. Г. Данов. Пловдив. 1879.

(176) ПАМПОРОВ, АЛЕКСЕЙ. Ромското всекидневие в България. Фабер. Велико Търново. 2006.

(177) ПАПАСТАТИС, ХАРАЛАМБОС. Статутът на Св. Гора според гръцкото право. В: Правна Мисъл. Книга 3/1993. Година XXXIV. Българска Академия на Науките. 1993. Страници 97-107.

(178) ПАШОВ, ГЕОРГИ, и УШЕВ, КОСТАДИН. Покръстването на българите мохамедани (1912-1913). В: Дружба родина. Спомени за бъдещето... Институт по история към БАН, Институт по балканистика към БАН, Институт по социология към БАН. Исторически Факултет към СУ «Св. Климент Охридски». Център за изследване на българите «Тангра». София. 2009. Страници 384-397.

(179) ПЕНКОВ, САВА. Международни договори на България. Издателство Жорж Неф София-Женева-Париж. 1992.

(180) ПЕТКОВ, КРЪСТЬО, и ФОТЕВ, ГЕОРГИ. Етническият конфликт в България 1989. Социологически архив. Институт по социология при БАН. София. 1990.

(181) ПЕТКОВ, ПЕТКО. Идеи за държавно устройство и управление в българското общество 1856-1879 г. Университетско издателство «Св. Св. Кирил и Методий». Велико Търново. 2003.

(182) ПЕТРОВ, ВЛАДИМИР. Някои разсъждения върху ефективността при прилагането на Закона за защита срещу дискриминацията. В: Юбилеен сборник в чест на професор Живко Сталев. Сиби. София. 2005. Страници 327-342.

(183) ПЕТРОВ, ЛЮДМИЛ. Крайовския договор-един успех за българската дипломация. В: Международни отношения. Книга 1/1994. Година XXIII. София. 1994. Страници 79-97.

(184) ПЕТРОВ, ПЕТЪР, и ПЕТРОВА, ГЪЛЪБИНА. История на българската държава и право. Извори (680-1944). Трето преработено издание. Издателство «Албатрос». София. 2002.

(185) ПЕТРОВА, ГЪЛЪБИНА. Престъпленията в Средновековна България. Университетско Издателство «Свети Климент Охридски». София. 1992.

(186) ПЕТРОВА, ГЪЛЪБИНА. Престъпления против държавата и вярата по време на първата и втората българска държава. В: Правни изследвания. Българска Академия на Науките. София. 1992. Страници 46-59.

(187) ПЕТРОВА, ГЪЛЪБИНА. Понятие за църковно право. В: Правна Мисъл. Книга 4/1995. Година XXXVI. Българска Академия на Науките. 1995. Страници 116-123.

(188) ПЕТРОВА, ГЪЛЪБИНА. За източниците на църковното право. В: Правна Мисъл. Книга 4/1998. Година XXXIX. Българска Академия на Науките. 1998. Страници 18-26.

(189) ПЕТРОВА, ГЪЛЪБИНА. Отношенията между Българската Държава и Българската Православна Църква през Средновековието. В: Правна Мисъл. Книга 2/2000. Година XXXXI. Българска Академия на Науките. 2000. Страници 3-14.

(190) ПЕТРОВА, ГЪЛЪБИНА. Отношенията между Православната Църква и Държавата в България (1878-1944). В: Юридически свят. Книга 1/2000. Сиби. 2000. Страници 117-129.

(191) ПЕТРОВА, ГЪЛЪБИНА. Семейното право е Средновековна България. В: Юридически свят. Книга 1/2002. Сиби. 2002. Страници 44-58.

(192) ПЕТРОВА, ГЪЛЪБИНА. Възроси на наказателното право в Средновековна България. В: Правна Мисъл. Книга 2/2002. Година XXXXIII. Българска Академия на Науките. 2002. Страници 3-20.

(193) ПЕТРОВА, ГЪЛЪБИНА. История на българската държава и право. Част първа. Средновековие. Сиби. София. 2002.

(194) ПЕТРОВА, ГЪЛЪБИНА. Развитие на образованието и знанията за църковното право. В: Юридически свят. Книга 1/2003. Сиби. 2003. Страници 41-59.

(195) ПЕТРОВА, ГЪЛЪБИНА. Отново за понятието «Църковно право». В: Юридически свят. Книга 2/2003. Сиби. 2003. Страници 55-67.

(196) ПЕТРОВА, ГЪЛЪБИНА. Българската Православна Църква през Средновековието. (Първа Българска Държава). В: Правна Мисъл. Книга 4/2004. Година XLV. Българска Академия на Науките. 2004. Страници 3-24.

(197) ПЕТРОВА, ГЪЛЪБИНА. Българската Православна Църква през Средновековието. (Втора Българска Държава). В: Правна Мисъл. Книга 2/2005. Година XLVI. Българска Академия на Науките. 2005. Страници 9-18.

(198) ПЕТРОВА, ГЪЛЪБИНА. Църква и църковно право в средновековна България. Сиби. София. 2008.

(199) ПОПОВ, НИКОЛАЙ, и ПИРОНКОВА МАРИНА. Образователната система в България. Бюро за педагогически услуги. София. 2007.

(200) РОШКОВСКА, АННА. Сефарадската вълна и представителната култура на възрожденска България. В: Многоцветие. Из културата на малцинствата в България. Международен център по проблемите на малцинствата и културните взаимодействия. Институт по литература при БАН. София. 2001. Страници 34-47.

(201) РЯБУШКИН, ТИМОН ВАСИЛЬЕВИЧ, и СИМЧЕРА, ВАСИЛИЙ МИХАЙЛОВИЧ. Очерки международной статистики: методология и организация. Издателство Наука. Москва. 1981.

(202) СРЕДКОВА, КРАСИМИРА. Принципът за недопустимост на дискриминацията по етнически или расов признак според Директива № 2000/43/ЕС от 29 юни 2000 г. и българското трудово и осигурително законодателство. В: Юридически свят. Книга 1/2001. Сиби. 2001. Страници 154-163.

(203) СТАЙКОВ, ИВАЙЛО. Дискриминация при прекратяване на трудовото правоотношение. В: Съвременно право. Книга 6/2003. Сиби. София. 2003. Страници 16-32.

(204) СТАЙКОВ, ИВАЙЛО. Забрана за дискриминация при определяне и изплащане на трудовото възнаграждение. В: Търговско право. Брой 5-6/2005 г. София. 2005. Страници 101-121.

(205) СТАЛЕВ, ЖИВКО. Конституцията и медународните нормативни съглашения за човешки права и основни свободи. В: Юридически свят. Книга 1/1999. Сиби. 1999. Страници 13-20.

(206) СТАМЕНОВА, ЖИВКА. Гагаузи. В: КРЪСТЕВА, АННА. Общности и идентичности в България. Петекстон. София. 1998. Страници 190-206.

(207) СТОЙЧЕВ, КРАСЕН. Българското право в края на XIX и началото на XX век: сблъсъци между нови и стари правила. В: Правна Мисъл. Книга 4/2000. Година XXXXI. Българска Академия на Науките. 2000. Страници 3-19.

(208) СТОЙЧЕВ, СТЕФАН. Конституционно право. Пето допълнено издание. Сиела. София. 2002.

(209) СТОЯНОВ, ВАЛЕРИ. Турското население на България и официалната малцинствена политика (1878-1944). В: Страници от българската история. Събития, размисли личности 2. Издателство «Просвета». София. 1993. Страници 192-209.

(210) СТОЯНОВ, ДИМИТЪР. Заплахата. Великодържавният национализъм и разузнаването на Турция против България. Издателство «Албатрос» София. 1993.

(211) ТАНЧЕВ, ЕВГЕНИ. Конституционните проблеми на съобразяване на националното право с Директива 2000/43/ ЕС от 29 юни 2000г. Относно принципите на расово и етническо равенство. В: Юридически свят. Книга 1/2001. Сиби. 2001. Страници 145-153.

(212) ТАНЧЕВ, ЕВГЕНИ. Равенство-конституционни измерения и съобразяване с Хартата за основните права в Европейския съюз и Директива 2000/43/. В: Правата на човека. Брой 1/2001. Издание на фондация «Български адвокати за правата на човека». 2001. Страници 23-31.

(213) ТАНЧЕВ, ЕВГЕНИ. Адаптиране на Конституцията на Републиката от 1991 г. към изискванията за присъединяване на България към Европейския съюз. В: Юридически свят. Книга 2/2002. Сиби. 2002. Страници 29-36.

(214) ТАТАРЛЪ, ИБРАХИМ. Защита на правата на малцинствата (вътрешна и международноправна уредба). В: Демократически преглед. Брой 1 от 1996. София. 1996. Страници 377-395.

(215) ТАТАРЛЪ, ИБРАХИМ. Образователното дело на турците в България. В: ТАТАРЛЪ, ИБРАХИМ. Правата на човека, на нациите и на малцинствата-вътрешна и международна правна уредба и проблемите на тяхната реализация в България. Студия, статии, слова. ЕТ « Евразия-Ибрахим Татарлъ». София. 2009. Страници 154-176.

(216) ТЕМЕЛСКИ, ХРИСТО. Ферманът-Схизмата, Екзархията-Патриаршията и Османската държава. В: Държава & Църква-Църква & Държава в българската история. Сборник по случай 135-годишнината от учредяването на Българската екзархия. Университетско издателство «Св. Климент Охридски». София. 2002. Страници 247-258.

(217) ТОДОРОВ, НИКОЛАЙ. Турската колонизация и демографските промени в българските земи. В: Етногенезис и културно наследство на българския народ. Сборник. Етнографски институт с музей при БАН. Издателство Българска Академия на Науките. София. 1971. Страници 69-74.

(218) ТОДОРОВ, ТОДОР. Международноправна защита на националните малцинства. В: «Юридически сборник». Юридически Факултет. Бургаски Свободен Университет. Година VI. Том IX. 1998. Издателство на Бургаски Свободен Университет. 1998. Страници 75-86.

(219) ТОДОРОВА, РУМЯНА. Българо-турските отношения след Втората световна война (40-те-60-те години). В: Исторически преглед. Книга 5/1994-1995. Българска Академия на Науките. 1995. Страници 34-57.

(220) ТОКУШЕВ, ДИМИТЪР. Антиеврейското законодателство и спасяването на българските евреи. В: «Юридически сборник». Юридически Факултет. Бургаски Свободен Университет. Година III. Том III. 1995. Издателство на Бургаски Свободен Университет. 1995. Страници 13-26.

(221) ТОКУШЕВ, ДИМИТЪР. Съдебната власт в България (от Древността до наши дни). Сиби. София. 2003.

(222) ТОКУШЕВ, ДИМИТЪР. История на новобългарската държава и право (1878-1944). Сиби. София. 2008.

(223) ТОКУШЕВ, ДИМИТЪР. История на българската средновековна държава и право. Сиби. София. 2009.

(224) ТОКУШЕВ, ДИМИТЪР. Антиеврейското законодателство и спасяването на българските евреи. В: ДОБЧЕВ, ПЕТКО (Съставител). Антиеврейското законодателство и неговото преодоляване (1942-1945). Сборник с нормативни актове с изследване от проф. д-р Димитър Токушев. ФЕНЕЯ Издателство за правна литература. София. 2010. Страници 7-26.

(225) ТОЛЕВ, ВАКЛУШ. Религиите в българските земи. В: ПЕЙКОВ, АТАНАС. Етническият проблем и националния въпрос на българите. Сборник с доклади от симпозиума. Полиграфия АД-Пловдив. Пловдив. 1994. Страници 192-207.

(226) ТОМОВА, ИЛОНА. Роми. В: КРЪСТЕВА, АННА. Общности и идентичности в България. Петекстон. София. 1998. Страници 329-355.

(227) ТРИФОНОВ, СТАЙКО. Мюсюлманите в политиката на българската държава. (1944-1989). В: Страници от българската история. Събития, размисли, личности 2. Издателство «Просвета». София. 1993. Страници 210-224.

(228) УНИВЕРСИТЕТСКО ИЗДАТЕЛСТВО «СВ. КЛИМЕНТ ОХРИДСКИ», БИБЛИОТЕКА БЪЛГАРО-РУСКИ ЮРИДИЧЕСКИ КЛУБ. Възкресението на България. Търновска конституция и закони на Българското княжество 1879-1882. София. 2003.

(229) ХАКОВ, ДЖЕНГИЗ. Още към проблема за съдбата на българските евреи. В: Международни отношения. Книга 4/1993. Година XXII. София. 1993. Страници 25-35.

(230) ХРИСИМОВА, ОГНЯНА. Организация на нациите и закрилата на малцинствата. (Исторически преглед върху правните норми). В: «Юридически сборник». Юридически Факултет. Варненски Свободен Университет «Черноризец Храбър». Книга I от 1995 г. Издателство на Варненски Свободен Университет. «Черноризец Храбър». Варна 1995. Страници 188-199.
(231) ХРИСТОВ, ВЕСЕЛИН, и ВЪЛКОВ, АТАНАС. Законът за гражданска регистрация и някои въпроси относно имената на българските граждани. В: «Юридически сборник». Юридически Факултет. Бургаски Свободен Университет. Том XII. 2001. Издателство на Бургаски Свободен Университет. Център по Юридически Науки. 2001. Страници 83-92.
(232) ХРИСТОВ, ВЕСЕЛИН, и СТОЯНОВ ВЕНЦИСЛАВ. Право на име. В: Правна Мисъл. Книга 4/1991. Година XXXII. Българска Академия на Науките. 1991. Страници 13-23.
(233) ХРИСТОВ, ВЛАДИМИР. Политическата отговорност на държавния глава в българската държавна традиция. В: Правна Мисъл. Книга 3/2006. Година XLVII. Българска Академия на Науките. 2003. Страници 17-22.
(234) ХРИСТОВ, ВЛАДИМИР. Идеите на политическите партии за промяна на действащата Конституция. В: Правна Мисъл. Книга 4/2011. Година LII. Българска Академия на Науките. 2011. Страници 3-8.
(235) ЦАНКОВ, ВЕСЕЛИН. Новият Закон за българско гражданство и съответствието му с европейските стандарти. В: Правна Мисъл. Книга 1/2000. Година XXXXI. Българска Академия на Науките. 2000. Страници 37-50.
(236) ЧУКОВ, ВЛАДИМИР. Политико-правни елементи на ислямските международни отношения. В: Международни отношения. Книга 6/1994. Година XXIII. София. 1994. Страници 83-92.
(237) ЧУКОВ, ВЛАДИМИР. Правната философия на Абу Ханифа (696-767г.), създателят на Corpus juris islamicus. В: «Юридически сборник». Юридически Факултет. Бургаски Свободен Университет. Година II. Том II. 1994. Издателство на Бургаски Свободен Университет. 1994. Страници 153-170.
(238) ЮШКОВ, СЕРАФИМ ВЛАДИМИРОВИЧ. Общественно-политический строй и право Киевского государства. Государственное издательство юридической литературы. Москва. 1949.
(239) ЯЛЪМОВ, ИБРАХИМ. Турският периодичен печат в България (1878-1996). В: Периодичният печат на малцинствата в България (1878-1997). София. 1998. Страници 6-67.
(240) ЯЛЪМОВ, ИБРАХИМ. История на турската общност в България. София. 2002.
(241) ЯНЕВ, СТАМЕН. Еволюция на българското Конституционно право и членството на България в Европейския съюз. В: Правна Мисъл. Книга 4/2011. Година LII. Българска Академия на Науките. 2011. Страници 9-16.
(242) ЯНОВСКИ, БОРИС. Юристите, правните знания и правното обучение в историята на България. В: Юридически свят. Книга 2/2000. Сиби. 2000. Страници 155-184.

Made in United States
North Haven, CT
05 November 2026

21784551R00230